国家"十二五"重点图书

国际共产主义运动历史文献

第35卷

主　编　王学东
副主编　戴隆斌（常务）　童建挺

共产国际第四次代表大会文献（2）

本卷主编　童建挺

《国际共产主义运动历史文献》顾问委员会

贾高建 俞可平 顾锦屏 高 放 张中云 殷叙彝 胡文建
宋洪训 顾家庆 洪肇龙 沈志华 杨光远 林勋建

《国际共产主义运动历史文献》编辑委员会

主　　编：王学东
副 主 编：戴隆斌（常务） 童建挺
编　　委：（以姓氏笔画为序）
　　　　　王 瑾 邢艳琦 许宝友 张文成 张文红 陈新明
　　　　　林德山 胡振良 姚 颖 彭萍萍 薛晓源

参加本卷译校工作的有

林荣远 魏 威 潘海峰 李逵六 郑伊倩 赵晓红 朱章才 姜雅南
王亚汶 余瑞先 秦 牧 刘 宏 刘昌业 李晓辉 童建挺

参加本卷编辑出版工作的有

盛菊艳 苗永姝 薛晓源

丛书编务统筹

苗永姝 郑 锦 李媛媛 董 妍

总　序

国际共产主义运动，是由以马克思主义为指导的无产阶级政党领导的国际性的无产阶级革命运动，其宗旨是推翻资产阶级统治和一切剥削制度，建立和发展社会主义制度，进而最终实现人的彻底解放，建立共产主义社会。

国际共产主义运动迄今已有一百六十多年的历史。19世纪40年代，马克思、恩格斯在创立科学社会主义理论的同时，努力把它与当时西欧无产阶级的革命实践相结合，于1847年6月创建了第一个国际性的无产阶级政党——共产主义者同盟，亲自拟定并于1848年2月公开发表了同盟纲领《共产党宣言》。这标志着国际共产主义运动的兴起。

自从共产主义者同盟建立以来，历经第一国际（国际工人协会）、第二国际、第三国际（共产国际），国际共产主义运动由小到大、由弱到强，从西方推进到东方、从欧洲扩展到全球，终于突破资本主义链条上一个又一个薄弱环节，取得了社会主义由一国到多国的胜利。二战后社会主义阵营的建立、民族解放运动的胜利进军、社会主义国家革命与建设的重大成就，为国际共产主义运动史书写了辉煌的篇章。20世纪末，由于东欧剧变、苏联解体，国际共产主义运动遭遇了严重挫折。但是，历史并没有因此而终结。由《共产党宣言》奠基的国际共产主义运动仍在曲折中前进。各资本主义国家中的共产党、工人党仍在不断探索无产阶级取得解放的道路；中国等社会主义国家仍继续高举社会主义伟大旗帜，为完善社会主义、最终实现共产主义而不懈奋斗。

国际共产主义运动一百六十多年跌宕起伏的发展历程，积累了卷帙浩繁的文献档案，留下了丰富的历史遗产。深入发掘和充分利用这些文献档案，对于我们准确地了解和把握国际共产主义运动的发展进程及各个时期的特点，科学地研究和总结国际共产主义运动丰富且宝贵的经验教训，具有极其重要的意义。特别是无产阶级国际组织，作为国际共产主义运动的重要载体，其文献档案对于国际共产主义运动史研究更是具有特殊的重要意义。

早在1984年春，中国国际共产主义运动史学会就发起编辑出版《国际共产主义运动史文献》。当时由中共中央编译局、中国社会科学院马列主义毛泽东思想研究所和近代史研究所、中共中央党校和中国人民大学等单位共同组建了编辑委员会。编委会商定：这套文献主要收编共产主义者同盟、第一国际、第二国际、第三国际、共产党和工人党情报局这五个国际组织已发表的全部文献档案，包括历次代表大会、代表会议和其他重要会议的记录、决议和有关文件；收编材料力求齐全；凡外国有选编完整的版本者，根据外国版本翻译；凡文件散见于外国不同出版物者，尽力搜集完整，组织力量统一编译；文件完全按照原件翻译，译文力求准确，不作修改删节，以便读者根据完整、准确的第一手材料了解这些国际组织的历史。在当时代管全国哲学社会科学基金的中国社会科学院科研局的资助下，经过编辑委员会、编译工作者和中国人民大学出版社的共同努力，这套文献于1986年开始陆续出版，截至1997年共出版了21卷。

到上世纪末，文献的编辑出版工作遇到了巨大困难。首先是编委会发生了重大变故，主编林基洲、副主编王颖和校纪英相继谢世；其次是出版经费难以为继。为继续出版这套文集，中国国际共产主义运动史学会多方努力，组成以会长顾锦屏为主编的新编委会，从全国哲学社会科学规划办公室争取到一笔资助，于1999—2001年又出版了两卷。此后，因缺乏经费，编辑出版工作完全陷于停顿。

2010年，在中共中央编译局和中国国际共产主义运动史学会的鼎力支持下，中央编译出版社以这套文献申报国家出版基金项目，获得立项资助。中共中央编译局对此项目高度重视，在国家出版基金资助的基础上，给予了相应的资金支持，组建了新编委会，成立了专门机构负责文献整理和编辑工作，并将这套文献纳入"中央编译局文库"出版规划。

经新编委会研究决定，这套文献定名为《国际共产主义运动历史文献》，在其前身《国际共产主义运动史文献》的基础上重新编辑出版。通过进一步广泛搜集资料和适当改变编辑方式，新《文献》的资料更详尽、收文更齐全。例如，在原《文献》的某些卷次中，对已出版的马克思主义经典著作中译本只列目录，不收正文，而新《文献》则全部依据最新的中译本收录，以方便读者查阅。此外，《国际共产主义运动历史文献》扩大了文献资料的搜集和选材范围，采用开放式结构，规模暂定60卷，约2500万字。

中共中央编译局和中国国际共产主义运动史学会对这套文献的编辑出版工作给予了强有力的支持，中央编译出版社为这套文献的立项和出版做了大量艰苦细致的工作，文献的前两任编委会和编译工作者在十分困难的条件下为这套文献奠定了良好的基础，中国人民大学出版社为这套文献的重新编辑出版提供了帮助，在此一并表示衷心感谢。

《国际共产主义运动历史文献》

编辑委员会

2011年12月20日

编辑说明

共产国际第四次代表大会于1922年11月5日在彼得格勒开幕，9日移至莫斯科继续举行，12月5日闭幕。62个国家66个政党和组织的408名代表出席会议。大会的议程包括：共产国际执行委员会的工作报告，苏维埃俄国和世界革命的前途，资本的进攻，共产国际纲领，工会问题，东方问题，土地问题，黑人问题，青年运动，妇女运动，合作社运动，法国、意大利、捷克斯洛伐克、挪威、西班牙、丹麦以及其他国家支部的状况和其他一些问题。列宁在大会上作了《俄国革命五周年和世界革命的前途》的报告，这是他最后一次参加共产国际的代表大会。中国共产党代表刘仁静参加了大会，在大会上作了有关中国革命的报告，并与日本代表一起向大会提交了"关于日本帝国主义者占领俄国萨哈林岛问题的决议"。大会总结了俄国十月革命和苏维埃俄国建设的经验并指出了其国际意义，讨论了资本的进攻和法西斯主义危险的加剧，进一步发展了统一战线策略，提出了工人政府的口号，并概括了共产国际在民族解放运动中的战略和策略，为东方民族和殖民地的革命运动提出了反帝国主义统一战线的口号。此外，大会提出了建立"一个真正集中制的世界政党的任务"，对共产国际执委会的组织机构进行了改组，进一步加强执委会的集中领导体制，并强调要在共产国际及其支部内部贯彻最严格的纪律。

《共产国际第四次代表大会文献》分两卷出版，收录的内容包括三个部分：（1）共产国际第四次代表大会会议记录；（2）共产国际第四次代表大会决议；（3）附录，包括未在大会上宣读的声明、抗议书和公开信，以及列宁有关共产国际第四次代表大会的材料。前两部分及附录一的材料译自 1923 年共产国际出版社出版的德文本《共产国际第四次代表大会记录（彼得格勒—莫斯科，1922 年 11 月 5 日至 12 月 5 日）》(Protokoll des Vierten Kongresses der Kommunistischen Internationale, Petrograd-Moskau, vom 5. November bis 5. Dezember 1922, Verlag der Kommunistischen Internationale, 1923)。附录二选自《列宁全集》中文第 2 版。书中除编译者加的译者注外，本卷主编加的注释标明为编者注。决议单独列出，按议程顺序编排。

本卷是根据中国人民大学出版社 1990 年出版的《共产国际第四次代表大会文件》中译本重新编辑的。本卷主编对照原文对原中译本中的明显错误作了修正，依据中共中央编译局编译马克思主义经典著作的标准重新统一了人名、地名、组织机构名、报刊名等专用名，增加了对原书中一些名词和引语的注释，并将列宁有关共产国际第四次代表大会的材料以及原来仅列入目录的《12 月提纲》收入新《文献》。书中引用的马克思、恩格斯的论述均采用中共中央编译局编译的最新版本。

本卷内容包括：（1）共产国际第四次代表大会 1921 年 11 月 22 日至 12 月 5 日会议记录；（2）共产国际第四次代表大会决议；（3）附录，第一部分为未在大会上宣读的声明、抗议书和公开信，第二部分为列宁有关共产国际第四次代表大会的材料。

目 录

共产国际第四次代表大会会议记录

（1922年11月22日至12月5日） ……………………… 1

第十九次会议（1922年11月22日） ……………………… 3
  东方问题 ……………………………………………………… 3
  致德国工厂委员会代表大会的贺电 ………………………… 62

第二十次会议（1922年11月23日） ……………………… 64
  讨论东方问题 ………………………………………………… 64
  通过关于谴责南非白色恐怖的决议 ………………………… 93

第二十一次会议（1922年11月24日） …………………… 95
  瓦尔加作土地问题行动纲领的说明 ………………………… 95
  讨论土地问题 ………………………………………………… 107

第二十二次会议（1922年11月25日） …………………… 130
  继续讨论土地问题 …………………………………………… 130
  许勒尔作关于青年问题的报告 ……………………………… 141
  讨论黑人问题 ………………………………………………… 159

第二十三次会议（1922年11月25日） …… 171
  梅什切亚科夫作关于合作社运动的报告 …… 171
  讨论合作社运动问题 …… 180

第二十四次会议（1922年11月27日） …… 195
  共产主义妇女工作 …… 195
  表决通过关于在妇女中开展共产主义工作的决议 …… 231

第二十五次会议（1922年11月28日） …… 233
  党的共产主义教育工作 …… 233
  凡尔赛和约问题 …… 246
  致拉合尔印度全国工会代表大会的贺电 …… 262

第二十六次会议（1922年11月29日） …… 263
  凡尔赛和约问题（续） …… 263
  表决通过奥地利问题委员会关于日内瓦公约的呼吁书 …… 282
  共产国际执行委员会的改组及其今后的工作 …… 287

第二十七次会议（1922年11月30日） …… 298
  讨论共产国际执行委员会改组问题 …… 298
  表决通过反对南斯拉夫白色恐怖的呼吁书 …… 308
  关于埃及社会党问题的决议 …… 309
  表决通过关于黑人问题的决议 …… 311
  瓦尔加作土地问题行动纲领修改的说明 …… 312
  表决通过土地问题行动纲领 …… 315
  表决通过关于建立救援被捕人员红十字会的决议 …… 315
  犹太复国工人党问题 …… 316

第二十八次会议（1922年12月1日） …… 318
  托洛茨基作关于法国问题的报告 …… 318

第二十九次会议（1922年12月2日）·················· 364
 讨论法国问题·· 364
 表决通过关于法国问题的政治决议··················· 372
 表决通过关于法国党的组织机构问题的决议······· 372
 安贝尔-德罗作关于西班牙问题的报告··············· 373
 表决通过关于西班牙问题的决议······················ 376
 库西宁作关于丹麦问题的报告·························· 376
 表决通过关于丹麦共产党的决议······················ 378
 表决通过关于共产国际执行委员会的改组及其
  今后工作的决议··· 379
 表决通过关于青年共产国际的决议··················· 381

第三十次会议（1922年12月4日）······················ 382
 季诺维也夫作关于意大利问题的报告··············· 382
 表决通过关于意大利问题的决议······················ 410
 拉狄克作关于捷克斯洛伐克问题的报告············ 413
 表决通过关于捷克斯洛伐克共产党问题的决议··· 418

第三十一次会议（1922年12月5日）··················· 421
 表决通过关于无产阶级援助苏维埃俄国问题的决议··· 421
 费利克斯·柯恩作关于南斯拉夫问题的报告······· 422
 表决通过关于南斯拉夫问题的决议··················· 426
 布哈林作关于挪威问题的报告·························· 428

第三十二次会议（1922年12月5日）··················· 440
 表决通过关于挪威问题的决议·························· 440
 表决通过关于反对爱尔兰白色恐怖的决议········· 441
 表决通过关于凡尔赛和约问题的决议··············· 441

表决通过关于共产国际的策略提纲 …………………… 442
　　关于致阿姆斯特丹派的公开信 ……………………… 447
　　表决通过关于东方问题的决议 ……………………… 448
　　表决通过关于各国共产党的教育工作的决议 ………… 448
　　表决通过法国共产党的工作和行动纲领 ……………… 448
　　表决通过关于俄国革命的决议 ……………………… 449
　　选举执行委员会 …………………………………… 449
　　季诺维也夫致闭幕词 ……………………………… 455
　　柯拉罗夫代表外国代表团致谢词 …………………… 465
　　诺伊拉特代表大会主席团致谢词 …………………… 466

共产国际第四次代表大会决议 ……………………… 469
　　关于共产国际执行委员会工作报告的决议 …………… 471
　　关于共产国际纲领和各国共产党的决定 ……………… 473
　　关于日本帝国主义者占领俄国萨哈林岛问题的决议 …… 474
　　关于谴责南非白色恐怖的决议 ……………………… 475
　　关于合作社运动的决议 …………………………… 476
　　关于在妇女中开展共产主义工作的决议 ……………… 480
　　关于埃及社会党问题的决议 ………………………… 482
　　黑人问题提纲 ……………………………………… 483
　　土地问题行动纲领 ………………………………… 487
　　关于建立救援被捕人员红十字会的决议 ……………… 493
　　关于法国问题的政治决议 …………………………… 494
　　关于法国党的组织机构问题的决议 …………………… 504
　　关于西班牙问题的决议 …………………………… 510

关于丹麦共产党的决议 …………………………………………… 513
关于共产国际执行委员会的改组及其今后工作的决议 ………… 514
关于青年共产国际的决议 ………………………………………… 520
关于意大利问题的决议 …………………………………………… 525
关于捷克斯洛伐克共产党问题的决议 …………………………… 530
关于无产阶级援助苏维埃俄国问题的决议 ……………………… 534
关于南斯拉夫问题的决议 ………………………………………… 537
关于挪威问题的决议 ……………………………………………… 541
关于反对爱尔兰白色恐怖的决议 ………………………………… 543
关于凡尔赛和约问题的决议 ……………………………………… 545
关于共产国际的策略 ……………………………………………… 552
关于工人统一战线和关于对待第二国际、第二半国际和
　阿姆斯特丹国际的工人以及支持无政府主义—工团主义组织的
　工人的态度的指导原则 ………………………………………… 567
东方问题指导原则 ………………………………………………… 577
各国共产党的教育工作 …………………………………………… 590
法国共产党的工作和行动纲领 …………………………………… 594
关于俄国革命的决议 ……………………………………………… 600
共产党人在工会中的行动方针 …………………………………… 603

附录一　未在大会上宣读的声明、抗议、公开信 ……………… 613

澄清事实
　——多姆斯基声明（波兰）……………………………………… 615
美国问题委员会的抗议 …………………………………………… 616
公开信 ……………………………………………………………… 617

附录二　列宁有关共产国际第四次代表大会的材料………… 623
  致列·达·托洛茨基、格·叶·季诺维也夫、
    尼·伊·布哈林和卡·伯·拉狄克（1922年11月25日）……… 625
  致列·达·托洛茨基（1922年11月25日）………………… 627
  致国际工人援助会书记明岑贝格同志（1922年12月2日）……… 629
  致在莫斯科召开的青年共产国际第三次世界代表大会
    （1922年12月4日）…………………………………………… 630
  在共产国际第四次代表大会上的报告《俄国革命的五年和
    世界革命的前途》的提纲（1922年11月10日和13日之间）… 631

共产国际第四次代表大会会议记录

(1922年11月22日至12月5日)

第十九次会议

（1922 年 11 月 22 日）

会议开始：中午 12 时
主席：卡尔

主席：

主席团昨晚决定，向大会提议组成一个委员会，以审查明岑贝格同志的报告，并对他为大会起草的决议进行最后定稿。该委员会应有法国、德国、捷克斯洛伐克、荷兰、英国、俄国、巴尔干国家、斯堪的纳维亚半岛、美国、加拿大各派一名同志参加，另外红色工会国际主席团、协作部和青年国际也应各有一名代表参加。明岑贝格同志本人也应该参加委员会并负责召集。（通过）

东方问题

在今天的议程上，关于东方问题有四人发言，鉴于这一情况，主席团决定要限制每个报告人的发言时间，罗易同志和拉维斯泰因同志每人可以发言 45 分钟，布登加同志和片山潜同志每人 30 分钟。现在拉维斯泰因要就议程问题讲几句话。

拉维斯泰因（荷兰）：

　　同志们！我对主席团的提议不能表示同意。我不是说，在此之前就重要问题作报告的人的发言时间不受限制，但是他们的发言时间无论如何要比45分钟长得多。（很对！）同志们，大会会议开始得那么晚，丧失了很多时间，而我们却白白坐在这里无所事事，这不是大家的过错，也不是我的过错。我根本不可能在所允许的这么短的时间内按照原来的设想作这个报告（是执行委员会特意邀请我来讲这个问题的）。因此，如果大会通过了主席团的提议，我不得不在还没有结束的地方中断我的报告，请你们至少把我的报告的结尾部分收进记录中去。

柯拉罗夫（保加利亚）：

　　我必须坚持主席团的建议。我十分理解拉维斯泰因同志的愿望。他是为了这个问题被邀请来的，是在可以作长篇发言的前提下准备自己的报告的，但是大会必须考虑总的工作安排。如果我们让每个报告人和发言人都可以自由地需要谈多长时间就谈多长时间，以便能够把自己的所有想法都表达出来，那么大会就得延长三个星期。我们必须对这一情况加以考虑，大会拖长了，到目前为止甚至还没有完成一半工作，这是谁的过错？现在不是追究责任的时候。无论如何我们必须完成大会日程安排上规定的全部工作，而且还要尽快完成。

　　由于东方问题在委员会中——在这里它可以从各个方面得到阐明——已经得到了足够的研究，由于大部分有关代表团参加了这个委员会，并且已经有机会在那里发表自己的意见，所以我认为，大会限制所有报告人和在辩论中要求发言的同志的发言时间，是不会带来任何损失的。

　　如果大会决定把工作延长三个星期，大会当然可以随意利用俄国同志的热情好客，以满足拉维斯泰因同志的愿望以及其他一切相类似的愿望。

奥弗斯特拉滕（比利时）：

同志们，季诺维也夫同志在关于执行委员会的工作报告中强调，在国际今后的工作中必须对两个重要方面加以考虑：第一是西方的组织工作和阶级斗争，第二是支持殖民地半殖民地国家今后几年的自由运动。我认为，与会的同志通过他们到目前为止的态度一再证明，他们既没有充分地懂得也没有感觉到东方问题的重要性。在大会日程安排上只有一项是涉及东方问题的，而本来人们应该对这个问题给予更多的重视。

到现在为止，所有其他问题都得到了长时间的广泛的讨论。我认为，必须给予就东方问题作报告的同志以相当长的发言时间，这是极其必要的。我建议，允许前两个报告人罗易和拉维斯泰因每人发言一个半小时。

主席：

我们现在来表决，同意主席团建议的请举手。（通过）

主席团的另一个提议是，讨论中应该有一个英国的同志、一个中国的同志和一个埃及的同志发言，由拉狄克同志讲结束语。有人反对吗？没有人反对。

弗里德兰德（奥地利）：

结束语应该只限制在30分钟以内。

主席：

这一点反正是这么规定的。现在由拉维斯泰因同志发言。

拉维斯泰因（荷兰）：

同志们，在穆达尼亚大会期间，从纽约来的一份电报说，在纽约美国银行行长联合会的一次宴会上，曾任美国驻君士坦丁堡大使的摩根索先生就英国在近东危机中的做法发表了以下见解：摩根索对英国的态度表示赞赏，他说，英国在最近两周中拯救了文明；他还说，除了那些了解内幕的人以外，没有人会知道，英国又创造了多么光辉的业绩。也就是说，这位美国银行资本的代表宣称，英国又一次成了文明的救星，又一次起了所谓救世主的作用。

几乎与此同时，即10月6日，当时还只不过是英国前任大臣和下院联盟主义者领袖的博纳·罗先生，在给《泰晤士报》的一封信中说，总的来说，他同意政府对近东问题的态度。他说，如果不给土耳其人以如此肯定的警告，这些因胜利而发狂的土耳其人也许会企图入侵君士坦丁堡和色雷斯。最大限度地阻止君士坦丁堡和巴尔干半岛的大屠杀，这不仅仅关系到英国的利益，而且关系到全人类的利益。

博纳·罗先生甚至威胁法国帝国主义说，他不能再支持法国帝国主义根据凡尔赛和约向德国人民榨取巨额赔款的努力。博纳·罗先生在劳合-乔治政府时期，是劳合-乔治的忠实的同事和助手，对联合政府的一切行为负有责任，他在这里也重复了美国金融代表摩根索的讲话，以及劳合-乔治本人声嘶力竭的叫嚣：英国在斗争，而且近几周内不仅仅是为了自己的利益，而且也是为了全人类的利益而进行了斗争。

同志们，只要我们稍微看一看近东目前和不久前的危机的实际情况，我们就会看到他们是多么伪善。在经历了8年世界大战和世界混乱之后，像劳合-乔治这样的江湖骗子，这样道貌岸然的伪君子，像博纳·罗这样狭隘的英国中间阶级的真正代表，这样的政治家，竟然还有勇气把英国的态度及其政府将欧洲又一次推向令人毛骨悚然的大屠杀边缘的恶行，说成是为维护秩序和公理、为维护文化和文明而斗争。如果我们不知道这些先生灵魂深处的盎格鲁-撒克逊清教徒式的虚伪是典型英国式的，同时也是世界上最可憎最令人作呕的虚伪，这就太令人吃惊了。

同志们，你们的报纸《消息报》，我们无产阶级真理的喉舌，曾经趁热那亚会议之际写道：

"英国是莎士比亚和劳合-乔治的故乡。前者是一个喜剧家，后者也是。前者是闻名世界的历史剧的创作者，后者也很想成为这样一位名作家。前者为一点小事也要喋喋不休，后者也是。前者提出了存在还是不存在的问题，后者也面临着同样的问题。两人之间的唯一区别是：

前者通过自己的天才以和平的方式在历史上获得了一个位置，后者则通过暴力夺取了这一位置。"

在更深刻的意义上，这家无产阶级报纸的这种说法也是对的。拿莎士比亚与博纳·罗和劳合-乔治身上显现出来的带有当今资产阶级虚伪的莎士比亚精神作比较，揭示了二者之间的深刻差别：一方面是在无产阶级文化的黎明尚未到来之前，作为文艺复兴运动在西欧最高表现形式的资产阶级上升时期的文化，另一方面是在没落的帝国主义时期这种文化的堕落。这就好比是从高高的山巅跌落到令人作呕的腐朽的深渊。

同志们，也许没有比东方问题更能恰当地说明帝国主义毁灭文化的作用的历史事例了。一个世纪以来，东方问题就成为当时土耳其帝国的前途问题，同时也是南欧与亚洲通道上一切国家和民族将面临何种境地的问题。还在现代帝国主义刚刚开始发展的时候，这些国家的状况自然而然地成了帝国主义关心的首要问题，成为帝国主义摩擦的症结和焦点。

同志们，请允许我简短地回顾一下历史，以便我们能够从历史的高度来把握世界无产阶级，特别是俄国无产阶级十分关心的近东问题。

100年前，即19世纪初，拿破仑曾断言，谁掌握了君士坦丁堡，谁就掌握了世界，就是帝国主义以前的当时的资本主义世界。当时拿破仑这样说有一定的道理。总的说来确实如此，因为从战略上讲，当时君士坦丁堡正掌握着通向印度的要道。

整个18世纪都充满了法国和英国商业资本主义争夺在美洲和印度的贸易地位而进行的斗争。在七年战争中，斗争似乎已经明显地有利于不列颠的资本，然而，美洲殖民地起义又一次动摇了英国的统治。于是直到1793年，在英国反对法国资产阶级革命以及争夺海上绝对控制权的斗争中才开始了大决战。这是与伟大的资产阶级革命同时发生的一场斗争。拿破仑只不过是以战争方式征服整个西欧和中欧的18世纪法国商业资本的雇佣兵队长。莫斯科只不过是这场大型世界历史事件中决定胜负的最后一着棋——同志们，不久前你们大概已经举行了纪念这一事件发生110周年的庆典，9月15日和16日莫斯科燃起了熊熊烈火，拿破仑的部队从10月19日开始撤退。这一步棋的目的是利用还年轻的沙皇专制政体为拿破仑的全球计划服务。拿破仑想通过莫斯科来占领君士坦丁堡，并取道斯坦布尔①这座东方城市，在印度半岛，即真正的东方，给英国以致命一击。在这场大较量中，整个近东不过是棋盘上的一个小卒。我们都知道，拿破仑输了这盘棋。这个世界征服者的宏伟计划，这个自亚历山大以来在一个人头脑中设想出来的最庞大的计划，在广阔无垠的俄罗斯被仍然年轻的俄国力量彻底粉碎。

英国在长达几百年的斗争中获胜。不列颠商业资本在世界各大洋得到胜利，从那时候起，它完全可以从容不迫地继续向一个更高阶段即现代工业资本主义阶段发展了。根基奠定了，有史以来世界上最大的强国——包括从北极到南极世界各大洋和五大洲的不列颠世界帝国的基础

---

① 斯坦布尔是伊斯坦布尔的简称。——译者注

已经具备。大洋国①真的诞生了。

　　同志们！"谁掌握了斯坦布尔，谁就掌握了世界"，这句话今天已不再像当年那样适用了，那些日子似乎成为遥远的过去。今天的资本主义世界变得更大，世界政治的问题如现代资本主义一样变得更广泛了。100年以前远东还不是世界问题的中心，非洲的大部分还未曾为人知晓。在此，我们简短地回顾一下东方问题在19世纪所经历的各个阶段，是有益处的。

　　大约在100年以前，即1822年，随着当时的希腊人在爱琴海周围的起义，一个新的阶段开始了。这次起义证明了奥斯曼帝国的崩溃，它的崩溃在18世纪就已经开始，19世纪才发展得明显可见，有目共睹。与此同时，沙皇暴政的势力越来越像一个可怕的幽灵降临在近东世界。

　　18世纪还仅仅是半个欧洲势力，对欧洲事务完全不参与或几乎不参与，至少还没有被17世纪西方资本大国承认为势均力敌的对手的沙皇，由于历史的辩证法而被卷入了欧洲和世界一切事务之中。拿破仑远征莫斯科具有世界历史意义，其中特别重要的原因是它造成了莫斯科出征巴黎。还从未见过东欧征服者的北海沿岸各国，第一次看到乌拉尔和里海彼岸的儿子为不列颠资本效劳，战胜了法国的商业资本。

　　1812年以来，俄国不仅成为一个世界强国，而且是一大强国，甚至成了除英国之外的最大强国。

　　从1815年开始，东方问题尤其成了**俄国**问题，这有双重意义：对于俄国本身来说，向公海地中海扩张的问题就像彼得一世时期争夺波罗的海"窗口"和"大门"一样，是其外交政策的一个关键问题；对于西方各大国来说，俄国是否能长期得到拜占庭人和苏丹的遗产，君士坦

---

① 大洋国（Okeania）指的是掌握世界海洋霸权的英国，典出于英国17世纪政治思想家哈林顿的著作《大洋国》。——编者注

丁堡圣索非亚大教堂是否会重新成为希腊—俄国教会的主要教堂,从而使俄国成为地中海的一个大国,这个问题成了政治上突出的问题。希腊人的起义和解放战争得到了俄国的支持,虽然他们是造苏丹正统权威的反,而且得到一切在当时欧洲被看做是"自由的"即革命的人的支持。然而这一次起义已经包含了19世纪东方问题更近阶段的萌芽,甚至包含世界大战之前帝国主义阶段的萌芽。为什么?因为通过这次起义,俄国实际上要求得到地中海的大国地位。俄国的这一要求以及甚而想获得地中海海峡自由通航权的要求,从世界历史角度来看,与不列颠帝国是互相冲突的,后者19世纪初就已经力图把地中海变成通往印度的战略水路。

19世纪克里米亚战争之后,冲突不再发生,它停留在政治现象表面之下。19世纪后25年,由于柏林会议之后,普鲁士德国迅速成为土耳其事务中一个举足轻重的因素,英俄冲突退居后位。

但是德国的实力因素在这场较量中一消失,俄英对立必然重新显露出来。

正如1812年沙皇帝国为了打击法国而站在英国方面作战一样,在世界大战中,它抱着把君士坦丁堡变成自己战利品的希望,又同英国帝国主义联合,而当德国帝国主义在世界大战中败北的时候,英国帝国主义的利益与俄国利益之间的矛盾,又自然而然地公开化了。但是现在俄国的兴趣变成了对海峡真正自由的关心,这种关心是无产阶级俄国的关心。无产阶级俄国对海峡自由的关心同时也是世界无产阶级的关心。海峡的自由无非是意味着不让英国帝国主义控制这一世界交通枢纽。

今天在这一问题上无产阶级俄国的利益,不仅同黑海沿岸各国的利益一致,同时也同西方国家无产阶级的利益一致。

同志们,这种明争暗斗,即从1822年以来越来越成为西欧外交家、政治家的十字架和各国人民的危险的整个东方问题,其根源就在于奥斯曼帝国19世纪初开始崩溃,并且突然显得不再有生命力这一世界历史事实。

现在有必要简短地重温一下奥斯曼帝国崩溃的各个阶段。在19世纪的头10年,奥斯曼帝国实际上已经不再是一个统一体,各省的大帕沙实际上发展成为独立的总督。然而,希腊人脱离以后,一个改革阶段开始了,路西德帕沙改组帝国,在他以及阿里和傅阿德帕沙的领导下,一个强大的官僚机构得以建立。这个官僚机构为了控制各省的总督,运用了年轻的资本主义所提供的新手段,特别是电报技术。各省的行政长官不再是独立的诸侯,而是政府的守门奴,他们大多出身低微。这一体制最终发展成为阿卜杜尔-哈米德的专制政体,一个完全建筑在间谍活动和宫廷食客的控制之上的体制。1909年这个体制崩溃。使专制政体能够以更高形式出现的官僚机构本身成了专制政体的牺牲品,专制政体在所谓的土耳其革命那一年被废除了。资产阶级历史编纂家布雷斯福德把这一阶段简明扼要地概括为破产的无政府状态。但是欧洲资本主义却很懂得从这种破产的无政府状态中榨取丰厚可观的收益。

同志们,我们无与伦比的先驱和理论家罗莎·卢森堡在她最伟大、最优秀的理论著作中证明,如果没有一个供资本的积累过程破坏的非资本主义的环境,换句话说,如果没有被其破坏的资本主义以前的比较古老的生产方式,也就不可能有资本的积累过程。

撇开任何理论论证不说,从历史上讲,如果没有非资本主义的环境,资本积累的一切阶段包括最后阶段,都不会出现,也不可能出现,这是千真万确的事实。除了罗莎·卢森堡在著作中所提供的例子之外,整个奥斯曼帝国的历史就是一个最清楚的历史实例。罗莎·卢森堡还证明,不使用赤裸裸的暴力,一切历史阶段的积累都是不可理解的,在历史上也是不可能发生的。从15世纪到20世纪,资本主义的整个殖民政策——关于这方面的问题我不必多说——就是不断地运用暴力的历史。

暴力的形式是多样的，消灭自然经济以及一切资本主义①经济形式是主要形式之一。在此过程中，资本采用了各种手段和途径，不断升级的税收压力是普遍使用的手段之一，也是最重要的手段之一。土耳其王国的发展情况完全同英属印度、荷属印度、北非的法国领地以及所有的新殖民地国家一样。同志们，我在前面提到的那位英国有名的激进作家布雷斯福德几年前就已经在他自己的优秀作品《马其顿》一书中得出了同马克思主义者相同的结论。他在书中描写了在阿卜杜尔-哈米德统治下土耳其革命的斯拉夫各民族的斗争。例如他写道：

"如果说在克里米亚战争以后，欧洲的影响在把一种使人产生错觉的文明假象强加于土耳其人方面有什么成功的话，那就是它只不过促进了衰弱和崩溃。"

他还说：

"更为重要的影响也许是由所谓的**投降条约**造成的，这些投降条约为所谓的文明古国的臣民创造了一个国中之国。"

同志们，投降条约的历史根源在于奥斯曼统治的强大和西方外国资本主义商人的软弱，然而由于历史的发展，这些投降条约现在成了东方，特别是土耳其之所以软弱的主要原因。

同志们，外国资本家在土耳其的法律地位和经济地位，清楚地反映了资本同被它当做剥削对象的、软弱无能的东方各民族的关系。这些外来资本家的地位完完全全同资产阶级革命以前旧的等级君主制国家中贵族的特权地位一样，贵族也是绝对不纳税的，它享有各种特权，其中包括践踏下层民众的特权。唯一的区别就是在土耳其以及东方其他各国的这些现代资本家贵族是由外国人组成的。如果西欧资本主义在俄国也得

---

① 原文如此。——译者注

以用匕首和毒药镇压无产阶级革命的话，战争之后，它也会在俄国造成这样一种局面。简言之，投降条约可以说是外国资本主义控制东方的核心。外国资本主义不仅对东方进行榨取，而且也对它进行凌辱。

同志们，依靠自己的农民群众战胜了欧洲资本雇佣军的今天的新土耳其，在和约谈判中提出废除投降条约的要求，这是不言而喻的事情，这一要求的实现可以说是不可缺少的前提条件。

同志们，从这短短的历史回顾中，我们可以看出，废除投降条约问题是土耳其和一切东方民族的根本的和十分紧迫的问题，只要投降条约不废除，这些国家就不可能改变在欧洲资本主义面前卑躬屈膝的状况。

此外，要衡量奥斯曼帝国崩溃所造成的后果，必须考虑巴尔干半岛的地理、民族和历史情况。这些情况非常重要，因为只有从对这三个方面的考察中，才能得出关于未来的重要结论。这个结论就是，如果说无论在古代史还是近代史中，巴尔干与安纳托利亚①在政治上都是一个整体，这并非偶然。正如伟大的塞尔维亚地理学家茨维伊奇和另一些人所证明的那样，巴尔干半岛全部历史问题的最深刻的原因，就在于它的特殊地理位置。南欧其他两个半岛形成了大体相同的民族和文化，而巴尔干半岛却不是这种情况。

这是使居住在巴尔干半岛上的各个国家和各个民族彼此严重分离的因素。与此相反，爱琴海今天也还同古希腊时期一样，不是一个分离的因素，而是一个联合的因素。地理条件的一个直接后果是巴尔干半岛上的民族、种族地理分布和文化诸条件十分纷繁多样。地理学家如茨维伊奇区分出不少于四种文化，至少六种语言。正如我们的伟大导师马克思和恩格斯在其著名的关于克里米亚战争的研究中为俄国所证明的那样，这些地理情况归根结底对各民族的命运起了决定性的作用。在这些地理

---

① 安纳托利亚是土耳其的亚洲部分。——译者注

条件的基础上，人们在巴尔干战争以前就必然地得出了这样的结论：巴尔干问题的唯一令人满意的解决办法是巴尔干与中东地区的统一，特别是巴尔干本身的统一。根据这一结论，巴尔干的社会党人在巴尔干战争之前就已经制定了他们的纲领。正是沙皇帝国以其不光彩的模棱两可的政策同其他帝国主义列强一起，总是千方百计企图阻止巴尔干半岛的统一。19世纪末和20世纪初巴尔干半岛的情况又如何呢？比如，布雷斯福德在1903年就断言：在马其顿，民族思想造成了如此严重的灾难，或达到了无法节制和如此毫无理性的地步，地球上没有一个地方像这样。但是他同时也遣责了1877年英国外交的罪行，后者由于害怕马其顿归属大保加利亚，而大保加利亚又会成为俄国的一个强大盟国，所以它拒绝给马其顿以自由。在巴尔干半岛上，从19世纪末以来，民族间的战争采取了越来越骇人听闻的形式，就作为半岛的一个部分的马其顿而言，它的居民究竟属于哪一个巴尔干国家，这一问题是不可能解决的。在马其顿起义的那些可怕年代中，一切恐怖行为、数不清的谋杀、种种暴行和恶行，都是土耳其革命以前的资本主义政府欠下的血债。所有这些甚至在我们经历了血腥年代以后的今天仍然感到毛骨悚然的恶行，以及世界大战、各次革命和现在又在土希战争中所流的血，都应该算在资本主义的账上。这是同一条硕大无比的血债累累的链条。

还在1903年的时候，布雷斯福德就不仅指出了各个列强所起的悲惨作用，而且还指出了造成毁灭和破坏的另一个因素，一个至今还在充分施展其恶劣影响的因素，即基督教神父的权力。布雷斯福德在当地进行了十分详细地了解，当他了解到主教们对普通农民所具有的无限的权力以后——他们并非毫无道理地被称为独裁者——他写道：

"他们进行的肮脏勾当达到了令人发指的地步，他们的勾当就是宣传。十字架在东方完全变成了战争的象征，因此人们谈到东正教的时候，很难不带贬义的口吻。"他断言说，在这些东正教教士的身上已经再也看不到任何慈悲情感的痕迹。他详细地指出了希腊教会如何深深地沦入野蛮之中。基督的形形色色的仆人，尽管他们是同一信仰而且是同一教会的仆人，但是保加利亚的分立教派和希腊东正教仅仅因为分属于不同的行政管理区，他们就相互残杀，或者不断煽动他们的信徒去进行谋杀和格斗。也就是说，这些人不断鼓动人们去杀人，他们的动机并不比一个商人想扭断另一个商人的脖子时所能有的动机更为高尚。如果人们看一看今天的情况，并且想一想法纳尔的希腊教士在最近的土希冲突中所起的作用，那种同样令人恐怖和野蛮无比的作用，那么指出以上历史事实是具有极其重要的意义的。自中世纪以来，东正教在近东成了一种没有宗教目的或更高目的的纯粹世俗的统治工具，是利用贫苦农民的无知、贫困、迷信和恐惧来奴役他们的机器。

同志们，对于奥斯曼帝国来说，帝国主义战争时代，亦即由帝国主义造成的战争时代，开始于1911年的意大利的的黎波里冒险行动。我们完全可以说，帝国主义还从没有比这一次表现得更为无耻。对于1908年把波斯尼亚和黑塞哥维那并入奥地利一事，它至少还提出一些借口，例如说占领已经持续了很长时间，并且造成某种结局等。而意大利的这一次屠杀则除了禽兽般的掠夺欲以外，甚至没有任何其他的借口。凡是能回忆起这一事件异乎寻常之处的人都知道，这次强盗行径是一些大银行强加于仍然贫穷的意大利的，那些大银行曾直言不讳地披露了他们从中捞取的外快。意大利之所以打仗，是因为罗马银行要打仗，这次掠夺战争是帝国主义的最赤裸裸的无耻行径的一个典型事例。

大家都知道，意土战争一直局限在地区性战争的范围内，它没有导致大战，的确不是因为意大利很明智，它不敢触动它的"天然"扩张地区阿尔巴尼亚，如果这样做，它就会陷入同自己的"盟国"多瑙河君主国的战争之中。

通过1912年10月的洛桑和约也可以看出，意土战争是各列强不想解决近东问题的表现,因为这似乎已经意味着世界大战的到来。但意土战争是帝国主义在巴尔干半岛冲突的第二阶段开始的直接原因,因为它为四个巴尔干国家开创了一起在奥斯曼政府那里提出自己要求的可能性。因此它成了即将开演的以世界大战,以所谓世界末日而告终的可怕的三部曲的序幕。战争第一次清楚地暴露了在1908年革命赶走了阿卜杜尔-哈米德以后努力想摆脱不幸的过去的新土耳其的力量和弱点。

但是土意战争之所以极其重要,一个特别的原因是它给了正在觉醒的穆斯林世界以有力的推动,从这方面来说,意土战争具有世界历史意义。**在这个命运坎坷的1911年——1911年也是摩洛哥危机之年——穆斯林第一次完完全全地意识到自己身上显示出来的新的力量。一阵震颤穿过穆斯林教徒的行列,从赫库利斯之柱①一直到遥远的中国黄河入海处。**

为什么会发生这种情况呢?当然原因是极其复杂的,我们在这里只能说几点。但是在这个问题上,这些情况为以下论点提供了一个新的证明,即疯狂的帝国主义本身呼唤出了将置自己于死地的力量。一个重要的情况是的黎波里人冒险行动的由来。毫无疑问,当时在法兰西共和国政府中占优势的法国殖民帝国主义者激起了的黎波里人的冒险行动,他们的一个主要动机是害怕土耳其影响的重新建立或传播,害怕这种影响经由的黎波里和费赞内地扩大到几乎是还完全不依附任何国家的沙漠居民中去,尤其怕土耳其的影响波及提贝斯提,而提贝斯提是从的黎波里和地中海沿岸通往非洲腹地黑人之国苏丹——简言之,即中非——的一个重要枢纽。青年土耳其党人不久前巩固了自己在提贝斯提的统治。他们力求恢复斯坦布尔昔日的影响,并把影响一直扩大到黑非洲的心脏,在那里伊斯兰教仍然是极有吸引力和很得人心的宗教。法国和英国于

---

① 赫库利斯之柱是直布罗陀海峡的古名。——译者注

1899年达成协议，企图把的黎波里人局限在沙漠地带，不许他们进入大沙漠以南有人居住、有耕地的地方。1911年以来，法国人仍然想竭力扩大自己对位于那里的独立的伊斯兰教国家的统治，例如，1910年初他们在反对瓦代苏丹的斗争中遭到惨重的失败。提贝斯提、博尔库等地未开化的土匪部落和好战部落得到了土耳其正规部队的支持，瓦代就守不住了。法国殖民主义政治家从青年土耳其的政策中看出极大的危险。青年土耳其的政策也很刺痛他们的心，因为这关系到巨大的法兰西殖民帝国的加强与巩固，这个殖民帝国本来是要扩展到黑色大陆的整个西北部的。因此，他们在1911年就想同德国一起发动一场战争，即如果必要的话，打一场世界大战，这一点决定了法国当时对土耳其的态度。只要土耳其在非洲大陆还有牢固的立足之地，它就是威胁，凯道赛的法国外交部的殖民主义政客们就要利用意大利的工人和农民充当炮灰去打青年土耳其党人。

正因为意大利的掠夺战争是为了遏制土耳其政治影响的扩大，或更正确地说是阻止土耳其由于19世纪80年代英国占领埃及和苏丹、赤道地区的丢失而失去的一部分影响的重新恢复，所以它激起了十分强烈的伊斯兰教的感情。正如当时资产阶级报纸所写的那样，意大利的进攻在埃及、突尼斯以及整个法属北非直接引起了所谓的伊斯兰宗教狂热的剧烈爆发。在这些地区，不信真主的人的统治被伊斯兰教徒视为无法忍受的负担。有一位像法国的勒沙特利耶教授那样非常了解伊斯兰教的人、《穆斯林世界》杂志的出版者，曾经警告法国注意，穆斯林的联合将在各个方面——也包括经济方面——可能给欧洲带来严重后果。由于意大利的侵略，泛伊斯兰主义第一次真正变成了头等重要的政治因素。只是因为意土战争持续时间比较短，它才没有在地中海周围的穆斯林国家中引起太大的反响。不然像阿比西尼亚这样的当时和现在唯一还保持完全独立的非洲王国也会得到机会，重新与由于1896年的那次结局同样悲惨的意大利冒险而被隔绝的地中海取得联系。

同志们，作为意土战争的直接后果接踵而来的是所谓的盟国之战，即实际上的巴尔干战争。由战争产生战争，帝国主义的暴力引起了新的更残酷的暴力。

在沙皇的保护下，最主要的对手塞尔维亚人、保加利亚人和希腊人暂时达成和解。但这次战争在解决巴尔干半岛的任何问题方面都没有取得丝毫进展，相反，它使矛盾更加尖锐，使民族资产阶级的仇恨更加激烈，使民族主义达到真正的恶性膨胀，最终使巴尔干的所有民族更加听命于欧洲帝国主义势力的摆布，更加屈从于金融寡头。从这一方面来说，这次战争确实是世界大战的序幕。后者就其一切作用而言与前者没有什么差别，只是规模巨大。在当时，人们从上述种种问题中都可以清楚地证明这一点。

这些困难的一个特别明显的例子，就是关于爱琴海诸岛的前景问题。自从1770年在切什梅战役中俄国舰队击沉土耳其舰队以后，欧洲列强的所有内阁都知道爱琴海诸岛的战略价值和政治价值。例如属于安纳托利亚大陆的那些岛屿中的最西边的**斯坦帕利亚岛**，英国海军部早就知道它是一个合适的海军基地。斯坦帕利亚以东的岛屿不可能属于希腊，因为它们从地理位置上来讲是属于小亚细亚的。

对于这些岛屿的前景就像对巴尔干半岛的其他所有地区一样，唯一令人满意的解决办法是使这些地区尽可能广泛自治并建立联邦制。对于亚洲的土耳其和欧洲的奥斯曼帝国的剩余疆土来说，也同样是这种情况。1912年的战争教育了迂腐的青年土耳其党人，使他们懂得像奥斯曼帝国这样一个民族繁杂、文化各异、发展程度参差不齐的帝国，只有通过像暴虐的哈米德独裁那样的专制制度，才能用中央集权的办法进行统治。

他们想继续实行中央集权的尝试彻底失败，而且必然要失败。在一个甚至有着像库尔德人和阿尔班人那样还生活在原始部落联盟中的居民的帝国里，他们的议会制只能是一种讽刺和毫无意义的东西。1903年的马其顿革命委员会就已经把建立帝国各个部分的联邦制和实行自治的思想作为促进和平文化发展的唯一办法提出来。

但是如果说，像青年土耳其党人这样的空论家没有想到要建立联邦和自治，那么必须原谅他们，应该说：任何改革尝试都因欧洲资本的剥削而惨遭失败。欧洲资本拥有所谓的奥斯曼国债管理局，它像一台真正的抽水泵，这种水泵的特点是，它工作的时间越长，就抽得越快、越有力。奥斯曼国债管理局发展成为土耳其国家中的一个完全独立的国中之国。1911年，它的收入是500多万土耳其镑，即大约550万英镑，而土耳其的国家预算是：收入2600万，支出3300万。为了弥补这一赤字，当然必须不断借用新的贷款，而奥斯曼国债管理局正好控制着很重要的一部分苛捐重税。贫困的土耳其农民当时必须缴纳苛捐杂税，其中包括羊头税、什一税、盐税等，每年大笔钱流入欧洲的财政中去。仅什一税一项实际上就至少要上缴收成的12.5%，也就是说每个土耳其农民每年为缴什一税自己就得种田整整一个月，甚至更长的时间。青年土耳其党开始执政时，发现财政方面存在着无可救药的混乱，此后不久多瑙河君主国的进攻，两年后意大利的进攻，迫使青年土耳其党人不得不大规模扩充军备。于是他们被迫采取增加新税的办法，但仍然不可能达到收支平衡。收支平衡是不受允许的，贡金必须增加。金融家们付给土耳其新的贷款，当然一定要保证能不断获得新的巨额利润，巴尔干战争至少是服务于这一目的的。参与贷款的国家所承担的新贷款总共达16亿法郎，尽管如此，青年土耳其党人在巴尔干战争期间就已经不得不采取措施，这些措施假如得到正确贯彻的话，也许会赋予战争以革命的性质。在遭到迅速和惨重的失败后，和平谈判于秋天开始，停火得以实现，同时，哈米德原来的人马重新掌权，并且准备满足受欧洲外交使团保护的战胜国提出的一切要求。就在这时候,青年土耳其党人于1913年1月23日在恩维尔领导下发动了军事政变,重新夺取了政权并停止了谈判。在这一次军事政变中至少包含着反对欧洲帝国主义的可能性。从恩维尔及其同伙的反抗中可以清楚地看到,欧洲基督教资本的野蛮的暴力政策在整个穆斯林世界所引起的日益强烈的愤慨。当时,穆斯林世界各地区对把土耳其驱逐出欧洲的政策纷纷表示抗议。例如英属印度的勒克瑙的穆斯林代表大会抗议英国政府的政策,在埃及,人们对受威胁的土耳其的同情也在日益增长,并且越来越公开化。当时欧洲的新闻界也开始意识到,假如青年土耳其把保卫祖国的重心转向安纳托利亚,不考虑欧洲财政界,把他们所拥有的一切资金都用来保卫受到威胁的祖国,那么青年土耳其党的政变对于欧洲的金融巨头来说将会有多么大的危险。

同志们,今天的土耳其人难道不应该记取这一历史教训吗?可惜现在土耳其债务的利息又开始被支付了。一部分于1921年4月在法国首先得到支付,第二次支付是在1922年7月17日进行的。看来奥斯曼国债管理局的金融家先生们的意图是让土耳其不仅要重新按期付息,而且要向欧洲债权人补交战争期间以及青年土耳其为生存而斗争的那些年月里的过期息票的全部数额。欧洲帝国主义的夏洛克想要得到全部!尤其是法国债权人之所以对新土耳其如此友好,就是因为他们希望得到这笔补缴的利息,这比向俄国索取要好。

同志们,我也许不用再重复,只要土耳其不能像俄国那样摆脱这种债务的奴役,它就不可能从欧洲帝国主义的奴役下得到真正解放。如果安哥拉政府不赞同这种见解,土耳其的农民群众和土耳其无产阶级就不可能安定,直到通过最尖锐的斗争,使上述要求得到实现。土耳其的工人和农民流血八年,不是为了现在再一次辛辛苦苦地帮助欧洲资本获得厚利。同志们!我们已经提到过,1912—1913年的巴尔干战争不仅显示了土耳其的力量,也暴露了土耳其的弱点。那时青年土耳其党的弱点主要是害怕对帝国主义采取革命手段，首先是不敢取消国债管理局的权力。青年土耳其党的力量当时仍然突出地表现在军事方面，而且它甚至比1878年更强大。保加利亚的军队在查塔尔贾一线崩溃，小协约国之间很快就像神经错乱者那样互相扼住对方的咽喉，于是土耳其人轻而易举地重新夺取了东色雷斯和亚得里亚堡。信奉基督教的巴尔干各国，由于他们自己冲昏了头脑而没有能够把土耳其人赶出欧洲。然而更深的历史原因和地理原因在于君士坦丁堡是一个联结点，而不是一个分隔点，它的手既伸向西方，又伸向东方。博斯普鲁斯海峡和达达尼尔海峡不是像品都斯山脉那样有着无法通过的隘口，而是一条连接东西方的通道。从这方面来说，作为世界大战直接导火线的巴尔干战争的结局，对我们目前所耳闻目睹的事件具有借鉴和预言的作用。现在人们用更大的力量进行了这种尝试，但也未能成功。在如此团结一致的情况下开始的巴尔干战争，最后于1913年夏天以兄弟间的相互残杀而告终，这同样具有象征性和历史借鉴的意义。保加利亚统治者在20世纪初用全副精力进行反对土耳其暴政的民族斗争，他们的民族要求也伸展得最远，远远超出了民族的界限，他们在扩大保加利亚的影响时，本来应该有一个民族界限，他们的胜利极大地激发了其他战胜国的狂热和权欲。他们，保加利亚人在镇压自己的民族敌人方面曾经是最最冷酷无情的，现在保加利亚人不得不忍辱屈从，而且屈辱到如此地步，以至于其中已经潜伏着一场新的战争的萌芽。经过两年的筋疲力尽的斗争之后，1913年夏天，在列强似乎没有能够插手的情况下，当保加利亚人被迫接受布加勒斯特和约（7月28日）的时候，人们必然发现：唯一的胜利者是欧洲帝国主义。1870年以来的整整一年充满了欧洲所经历过的最恐怖的大屠杀，但是这并没有使世界在长远解决巴尔干半岛问题方面前进一步。此外，布加勒斯特和约使各小协约国有着同样不幸的后果，其境况同样令人不满，尤其是保加利亚，陷入了与1871年阿尔萨斯-洛林被割让以后的法国处境完全相同的境地。保加利亚的报复必然继续成为在资产阶级中占统治地位的因素。阿尔巴尼亚人获得独立，并且从独立以来一直同塞尔维亚人争执不休，在三个小协约国的关系中，可怕的复仇情绪发展成为一种新的摩擦的根源。完全可以肯定，如果不是1914年8月1日有大得多的灾难出现的话，三个小协约国之间的战争不久就会产生一场新的巴尔干大搏斗。而现在，世界大战爆发八年以后，在半岛经历了1914—1918年所有的战争灾难之后，形势与1913年相比可能没有多大区别。战争的命运又显示出来，按照英国首相阿斯奎斯的说法，应该被永远驱逐出欧洲、驱逐出欧洲天堂的土耳其人又回来了。巴尔干半岛上的民族对抗仍然是那样残酷可怕。保加利亚又处于受压抑、受屈辱的地位，成为欧洲资本主义的奴隶。如果看一看巴尔干其他民族的情况，那么与1913年相比，只有一点不同，就是他们的状况比那时候更加恶劣，更加令人绝望。至于希腊，由于本国资产阶级强加在它身上的对土耳其的新战争，它现在第二次被推到了覆灭的边缘。

拉狄克同志最近对希腊目前的财政状况和经济状况作了描述，他的描述能使我们大体了解希腊目前的贫困状况。然而，只有把希腊今天的情况以及巴尔干战争以前的情况同帝国主义战争以前的、尽管是缓慢的建设加以比较，我们才能从历史的高度来了解希腊局势。1890年希腊接受5.7亿法郎贷款，实际上得到其中的4.13亿。这个贫穷的小国每个居民要负担260法郎债务，用黄金支付。1893年这笔债款要求每年付息5800万，用黄金支付。由于国家全部收入大大低于这个数字，所以必然没有偿付能力。一场新的战争——希腊1897年对土耳其进行的给国家带来新的负担的不幸的战争——为国际金融界提供了机会，使它得以重新并更加残酷地勒紧套在这个贫苦国家脖子上的圈套。一个国际财政委员会得以成立，这个委员会完全控制了希腊税款的征收和使用，而希腊又必须用这笔税收来偿付国债和支付战争赔款。希腊人民因此又沦为债务的奴隶。在这一点上它与土耳其或其他东方国家不再有什么不同。于是国际资本财政委员会提供新的贷款,这种贷款自然又会给金融巨头带来可观的利润。各种专卖商品和某些最重要的税款收入都划归这个委员会。希腊为支付利息和分期偿还债务每年必须筹措近4000万金法郎。穷苦的人民要缴盐税、煤油税、火柴税和其他等专卖商品税款。由于这种严酷的财政制度,在巴尔干战争那一年,国际资本从这个贫穷的国家榨取了很多钱,以致使希腊国债降低到了8.24亿法郎。由于经济状况的好转,资产阶级发了财,国家的收支才得以达到平衡。这一切完全是实行了极端强制的赋税制度的结果,而这种制度在城市里使消费者,尤其是工人的生活费用大大提高,因此造成越来越多的人口移居国外,尽管希腊这个国家的人口一直很稀少,并且稀少的人口在农村阻碍了农业的发展。通过极大的努力,到巴尔干战争的前夜,这个国家才得以真正摆脱国际财政委员会的控制,或多或少可以自己来进行治理了。然而,巴尔干战争又很快破坏了好不容易才开始恢复的平衡。1904年,陆军和海军所需总费用仅为2025万法郎;1912—1913年,军事费用因战争上升到4.5亿。1914年,陆军和海军的正常预算已经被定为1.3亿。这个国家最终走上了帝国主义扩张的道路,为欧洲的帝国主义效劳。通过巴尔干战争的占领行动,希腊的面积扩大了5.6万平方公里,人口增加200万。但是,压在新老希腊身上的负担却大大增加。新的省份,特别是第二大商业城市萨洛尼卡,由于同天然后方隔绝、战争和经营不善而荒芜萧条,处在一种人们所能想象的最糟的经济状况之中。简言之,巴尔干战争使希腊陷入了一种在许多方面比20世纪初更加悲惨的境地,后来又加上世界大战和对土耳其的战争,衰落的现象更为严重。由于被荒废的经济、无可挽救的财政状况、沉重的债务负担以及来自安纳托利亚和色雷斯的大批难民,希腊今天的处境还远不如独立战争以后。

这就是帝国主义和帝国主义战争给1912—1913年的战胜国之一带

来的后果。无论对土耳其人民还是对希腊人民来说，能够帮助他们的只有一个办法：武装起义反对西方帝国主义及其在本国的帮凶。首要问题是：取消金融资本强加给贫穷国家的无力偿付的负担，取消希腊的国家债务，取消奥斯曼国债管理局。

塞尔维亚王国虽然地盘大大扩大了，还不无讽刺地自称为"塞尔维亚-克罗地亚王国"，但它的状况丝毫不比希腊好，也许更糟。因为除了和希腊一样存在着严重的经济灾难之外——塞尔维亚现在对美国资本也有纳贡义务，塞尔维亚—克罗地亚王国还有激烈的民族政治斗争。塞尔维亚统一政府完全靠恐怖主义和违反宪法才能对付工人和克罗地亚人。历史的碾盘使这个不幸的国家遭受了八年的磨难，而表面上看来似乎被碾碎的不过是稻草。受了磨难，经济荒芜了，如果共产主义工人阶级的斗争勇气和力量也没有增加的话，真可以说结果什么都没有改善。连资产阶级观察家也一致认为，塞尔维亚—克罗地亚国家缺乏牢固的联系，如果不及时迫使冲昏头脑的保加利亚统治者结束中央集权，并且答应各民族有更多的自治权的话，总有一天塞尔维亚—克罗地亚王国会重新分裂。

同志们，我们还可以把世界大战以前的情况拿来作进一步比较。当时是意大利帝国主义于1911年发起了第一次进攻，由此挑起了一直延续到今天的近东的血腥大屠杀。今天，意大利帝国主义虽然所谓属于战胜国，但是由于自身的疲惫不堪和意大利革命势力的日益发展，因此不敢再继续插手近东问题。它还一直占领着佐泽卡尼索斯群岛，这仍然潜伏着它插手巴尔干和近东事务的危险。但是，看来它不得不放弃对安纳托利亚的要求，意大利的资产阶级政客甚至还吹起和平主义的调子。一个叫法克塔和一个叫尼蒂的人对其他国家的帝国主义提出指控，而他们自己却似乎是驯良无辜的羔羊。然而在此期间，从这个战前的帝国主义破产的废墟中，一支新的力量已经崛起，它咄咄逼人，全副武装，它就是法西斯主义。像巴尔干半岛上的情况一样，法西斯主义把民族主义推向疯狂的地步。现在法西斯分子成为一股掌握意大利命运的势力，墨索里尼先生已经说过：一旦我们掌握了意大利，扩张就开始！扩张！——除了越过已被意大利民族主义分子看做是他们的内海亚得里亚海向外扩张外，还能向哪里扩张！诗人丹农齐奥的历险同世界大战的历史一样说明了这种扩张将导致什么结果，这将导致同塞尔维亚人的冲突，比如阿尔巴尼亚人一旦成为意大利向塞尔维亚扩张的盟国，塞尔维亚人就会马上重新把半岛置于熊熊烈火之中。

同志们，法西斯在意大利上台，帝国主义思想以更新的形式复苏，这一切重新成为不仅威胁意大利本身，而且也威胁整个巴尔干，从而威胁近东的可怕的危险，国际无产阶级有责任竭尽全力使我们的意大利同志能够彻底消除这一新的危险。

同志们，参加过1911—1922年大战并且通过这一系列战争显得更加强大和所谓得到复苏的唯一的巴尔干国家和唯一的近东国家是土耳共，即一个穆斯林国家。

在经历了种种可怕的事件以后，首先在意土战争，然后在巴尔干战争、世界大战和最后在土希战争中受到巨大损失之后，土耳其又重新站了起来，在西欧人的眼里这简直是奇迹。

在这11年中，安纳托利亚的农民在军事上完成的业绩是令人无法置信的，所以，在欧洲资产阶级的眼里这必然显得像奇迹一般。不久之前，有一位荷兰专家在《商业报》上对此发表了以下意见：

"对中东地区的变化，甚至连土耳其和土耳其最热诚的朋友也感到出乎意料。从这一令人意外的变化中产生了一个问题，即土耳其在历时4年的世界大战中已经耗尽最后一点物质力量和精神力量，在这次战争中，也没有特别显示出其能力和其他一些素质，这个看来已经十分衰弱并注定要灭亡的土耳其，怎么可能现在突然使全世界大吃一惊。这个看来濒临毁灭的国家，在完全孤立的情况下，表现出最高的组织能力和高度的振奋精神。"

这一评论典型地说明了土耳其最近几个月的胜利在欧洲造成的印象。他继续写道：

"土耳其的普通将领和政治家比唐宁街和别的地方的西方大国政府各部的所有穆斯林司都更加理解亚洲民族的心理。伦敦曾经有人精确地证明，穆斯塔法及其整个民族主义运动已经到了山穷水尽的地步，它被孤立在安纳托利亚高原中间，这迟早会使整个运动彻底失败。人们说，安纳托利亚在世界大战中已经流尽最后一滴血——成了一个真正的孤儿寡母之国。土地荒芜，缺少种子、农业机器和劳力。这个国家总有一天会感到忍无可忍，起来反抗民族主义领袖。在伦敦，人们就是这样说的。安纳托利亚确实成了孤儿寡母之国，这一点说得很对，但是在牺牲了几百万人以后又连续打了四年仗，还能用它的铁拳给敌人以这样的打击，还能把英国的雇佣兵抛入大海，这一切只有靠对民族的思想信仰才是可能的。

观望的态度已经不够了，我们必须从我们欧洲的高高在上或无知中跳出来去研究伊斯兰教的思想，不仅仅是为了多知道一点，而是纯粹出于正常的利己主义和对我们未来的担忧，这样我们才不至于有朝一日突然发现亚洲的大门对我们永远关闭着。"

同志们，土耳其的胜利给比较有远见的观察家的印象是那么深刻，而在整个穆斯林世界引起的反响则更大。从赫库利斯之柱一直到太平洋各岛，伊斯兰教寺院塔尖上呼报祈祷时刻的人又在赞美安纳托利亚的士兵和它的英雄凯末尔了。只要听一听一位与欧洲统治者有联系的摩洛哥大臣的话就行了，这位大臣在日内瓦的一次记者招待会上说："土耳其的胜利也使他很高兴，这一胜利在摩洛哥十分鼓舞人心，因为虽然我们国家同土耳其没有特殊的关系，但是我们的心同他们是相通的。法国十分明智，它在东方很注意土耳其的利益。为此我们大家必须对法国心怀感激之情。"

在这个目前还处在法国统治之下的无边无际的穆斯林世界中有着几

百万不同语言、不同种族的穆斯林教徒，其中包括黄种人、白种人、红种人和黑种人，人们至少必须尽可能迎合迁就穆斯林的统治阶级才能够站住脚。

法国统治阶级在这方面也不曾放过任何机会，只要这种做法与他们的霸权统治协调一致。他们尽可能采取同化政策。法国从土耳其帝国那里也确实得到了好处，它在叙利亚站稳了脚跟，而以前它在那里虽然拥有外交术语所说的旧的"权利"，却几乎没有指望过能够站住脚。

同志们，彭加勒先生的军国主义的和帝国主义的法国，在最近的东方危机中扮演了绥靖者的角色。如果说人们不难从总的世界政治中找出法国扮演这种角色的令人信服的原因（另外还有直接的经济原因和财政原因，关于这方面的问题下面再讲），那么从土耳其在劳合-乔治先生庇护下进军以来，英国所起的作用却令人费解得多了。甚至可以说，乍看起来几乎是无法理解的。劳合-乔治先生对土耳其和穆斯林的态度似乎同英国帝国主义的实际利益相矛盾。英国的一部分帝国主义大报对9月份向全世界充分显示出来的土耳其力量的复苏有一种很简单的解释。这种解释是一种魔术，是真正从阿拉伯故事《一千零一夜》中挖掘出来的，它的名字叫"莫斯科的手"。10月6日的《泰晤士报》写道：

"一个独特的、各种历史力量的混合体聚集在灾难深重的君士坦丁堡城周围。站在前台的是土耳其人，后台是由俄国操纵的力量，一种外来的、邪恶的力量，其目的与土耳其的民族抱负很不一致，肯定也与协约国上战场打仗的一切目的极其矛盾。"

这家报纸继续写道：

"凯末尔主义者同布尔什维克通过一系列公开的和秘密的条约和协定联合起来。由于同希腊的战争，土耳其长期同西方隔绝，这使它除了同布尔什维克联合以外别无选择。后者热情地用钱和军火援助他们，掌握了他们的一切政策机密。苏维埃莫斯科的帮助使土耳其获得了新生,但不是为了土耳其的生存,而是为了在西方文化的最薄弱环节——巴尔干——向西方文化重新发起进攻,借助新的动乱,在疲惫的欧洲重新开展革命的行动。"

"布尔什维克",该报接着写道,"企图利用土耳其的民族愿望,努力打开通往一直处于骚乱不安之中的东南欧各国的通道"。《泰晤士报》指出,布尔什维克现在有可能在巴尔干国家待下去。它说,各协约国有责任防止布尔什维克实现这一目的。大概就是这种思想对劳合-乔治也起了作用。另外一部分目光比较远一点的资产阶级报刊把劳合-乔治先生称为战争狂人和战争贩子,劳合-乔治先生也确实是这种人。自由主义的《民族》周报评论员指出,和平没有在10月初就遭到破坏,这完全应该归功于一个温和的将军哈林顿的出现。他把劳合-乔治、温斯顿·丘吉尔和洛德·伯肯黑德等先生称为战争贩子。《新政治家》还指控内阁中有一个主战派,劳合-乔治和丘吉尔就属于这一派,他们擅自决定用武力把土耳其人赶出所谓的中立地带。

最尖锐和最典型的也许是劳合-乔治先生原来的倾慕者和卫士加温在《观察家》杂志上用证据证明,劳合-乔治内阁在最近的东方危机中采取的政策实际是什么东西。他写道:"我们必须看到一个严酷的事实,四年以后,英国政府在东方大战中无可挽回地遭到惨败。外交上的色佛尔瓷器成了碎片,最后政府不懂得在东方像格拉德斯通那样依靠俄国或者像在比肯斯菲尔德那样依靠土耳其。大臣们只知道集以前一切政治方针错误之大成,现在必须停止把孩子同洗澡水一起倒掉和从一种错误陷入更大的错误的做法。我们不应该同时既向土耳其又向俄国挑衅,推开法国和意大利,与整个穆斯林世界为敌,从而动摇我们帝国的基础,而是必须结束整个丧失理智和错误的悲剧。我们不仅必须放弃贯穿这一政策的整个思想和整套方法,而且必须离开过去走过的老路,因为假如我们还沿着这一方向继续走下去，帝国很快就会面临空前巨大的致命危险。"

有几个最理智的资产阶级政治家也得出以下结论：从不列颠世界帝国的立场来看，劳合-乔治先生所推行的对土政策是缺乏理性的，甚至可以说是犯罪的政策。

即使让客观事实来说话，人们也必然得出这样的结论。

这位先生反土耳其而亲希腊的态度非常简单的实质性原因是能够被指出来的，例如，卢森堡同志在为《国际新闻通讯》所写的一篇文章中就指出了这种原因。劳合-乔治先生长期以来属于某一个与希腊商人关系密切的大财团。毫无疑问，这些希腊籍犹太金融家对他有着很大的影响。另外，从另一方面，例如通过有名的天主教作家切斯特顿，也可以看出这种富豪统治式的影响。毫无疑问，思想意识在劳合-乔治身上也有着影响作用，他的狭隘而狂热的基督教信仰使他认为，比起该诅咒的土耳其人，每一个基督徒，不论他是希腊人，或者是拜占庭人，都是上帝特选的子民。

但是事实胜于雄辩，劳合-乔治的政策使不列颠帝国在近东遭到了惨重的失败。早在穆达尼亚大会决定土耳其人返回色雷斯，因此使土耳其完全控制海峡这一时刻起，失败的迹象就已经显露出来了。

当大会决议的主要内容公布于众的时候，有一家荷兰的资产阶级大报在10月11日写道："给英国人留下的唯一东西，是以暂时还留驻在查纳克保护海峡自由为满足。不过问题在于如何理解海峡的自由。安卡拉国民公约第4条说：保护君士坦丁堡的安全，保护伊斯兰教教主居住地和马尔马拉海的安全，使其不受任何攻击。尽管有这一原则，海峡和博斯普鲁斯应该对所有国家的贸易和通航完全自由开放。这与土耳其的立场是相对立的，它承认海峡的自由，但并不意味着海峡两岸还给土耳其以后，英国的战舰始终可以自由进出。劳合-乔治对海峡自由的理解，人们可以从他的郑重声明中得出结论：不能允许像1914年那样，再发生战争时期封锁海峡的情况，当时俄国被隔离在黑海，协约国舰队无法与它们的盟国取得联系，从罗马尼亚一直到黑海全部被敌人占领。也就是说，劳合-乔治希望，永远不再有大炮向英国战舰开火，不允许利用达达尼尔海峡出口处的急流向英国战舰的船身发射水雷。但这个愿望是不可能实现的。国际联盟也许可以对海峡周围地区的非军事化实行某种监督，但是一旦发生战争，不管有没有堡垒要塞，俄国和土耳其都会一起采取措施，对付开进海峡的敌人。防御工事很快会修起，水雷封锁线很快就会敷设。在发生战争的时候，海峡会重新被封锁，因为协约国自己让土耳共人重新留在海峡两岸。因此不列颠帝国想争取的海峡完全自由仍然不过是一个有名无实的解决办法。"

资产阶级中立派在此直截了当地承认，劳合-乔治先生在9月份时如何力图夺回一个他已经放弃的阵地的。新土耳其纲领——例如，在土麦那被穆斯塔法·凯末尔重新拟定的纲领——现在通过穆达尼亚大会大部分已经得以实现。当时人们说：我们要求得到安纳托利亚、色雷斯直到马里查河和君士坦丁堡。我们愿意尽一切可能保证达达尼尔海峡的自由通航，我们将承担不在达达尼尔海峡设防的义务。只有当大国允许我们在马尔马拉海岸设置防御工事，以保卫君士坦丁堡不受意外袭击，这才是公正的。

我们看到，结果完全像荷兰的这家大报所说的那样，一旦土耳其重新完全占领两岸，所谓海峡的自由不过是有名无实的一纸空文。即使所谓的国际联盟来保证这一自由，而且土耳其也成为联盟的成员国，这种解决方式也只是在和平时期有意义。至于巴尔干半岛能否保持和平，这取决于欧洲帝国主义以及巴尔干各民族是否能从欧洲帝国主义及其本国帮凶的奴役中得到解放，并且联合起来。

凯末尔在同一次采访中还提出了以下和约条件：第一，废除完全有理由被称为干涉土耳其独立的投降条约；第二，希腊交出舰队，否则可能威胁安纳托利亚海岸；第三，希腊人赔偿由战争破坏所造成的损失。

关于这些要求的意义现在没有必要多讲，有一点我们遗漏了：要求撤销奥斯曼国债管理局。如果土耳其人民想得到真正的自由，就必须实现这一要求。

凯末尔在采访中指出了新土耳其之所以比旧土耳其强大得多的一个重要因素。新土耳其现在基本上是一个民族整体，它不再包括阿拉伯王国的部分地区，当时为了占领这些地区，哈米德统治下的独裁政府费了九牛二虎之力，而且土耳其士兵还不得不在这里充当宪兵。现在新土耳其就不用像以前那样把很大一部分力量用于民族之间的令人精疲力竭的斗争了。这些省份现在脱离了土耳其，成了西方帝国主义的战利品。叙利亚暂时处在法国统治之下，在巴勒斯坦和美索不达米亚（名义上是国际联盟的保护国）英国享有宗主权。但是人们不能说，帝国主义，特别是英国帝国主义，直到今天已经从新的征服中感受到什么愉快。

巴勒斯坦和美索不达米亚作为托管地的历史是一部漫长的痛苦的历史，那里的局势很不稳定。

在巴勒斯坦，两个主要的民族——犹太人和阿拉伯人都不满意。即使不概述一下该国近年来错综复杂的历史，人们也可以断定，英国的统治未能在新巴勒斯坦的各民族之间哪怕稍微建立一点和平合作关系。这个国家现在正处在一种用代议制方式进行选举的前夜，但是阿拉伯人已经宣布抵制这次选举。泛伊斯兰教运动还在不断发展，关于这个问题下面还要谈到。

伊拉克的局势更加复杂，对英国帝国主义更为不利。长期占领这个地区耗费大量钱财，这与目前所有资本主义国家所面临的克服资本主义危机的主要问题，即尽力减少支出是完全矛盾的。

战争所造成的对美索不达米亚的占领，给不列颠帝国造成了十分困难的局势,关于这一点布雷斯福德在战时就已经在他的《国际联盟》一书中提出过这样的警告,占领美索不达米亚对于英国来说无论在战略上还是政治上都会使自己受到削弱。

现在就伊拉克和处于英国影响范围之内的阿拉伯大陆其他部分而言,英国都宁愿让它们实行某种自治。这种在英国统治下的自治甚至对于英国本身来说也是必要的。但是自治将直接导致要推翻可恨的英国统治的愿望的加强,目前埃及就是这种情况。

根据最近的报道,10月份上半月,英国高级专员珀西·柯克斯爵士与伊拉克的第一部长在巴格达签署了一个联盟协议,协议确定了英国作为管理国与伊拉克之间的关系,它被看做是长期保证伊拉克自治的重要的一步。

然后不列颠承担保证伊拉克参加国际联盟的义务,这样不列颠的受托管理权将自行停止。

与此同时,我们还接到消息说,英国政府将尽一切努力解决伊拉克的边界问题。消息说,如果协议被正式批准,一个稳定的政府就会根据组织法建立;一旦边界确定下来,英国政府就可以满怀信心地指望伊拉克政府申请加入国际联盟。

同志们,从这里我们又可以特别清楚地看到英国帝国主义的虚伪政策。英国在这里也要制造一个与表面上独立的费赞王国完全一样的所谓独立的阿拉伯国家作为盟友,这个盟友甚至可以成为国际联盟的成员国。而埃及,一个现在已经声称是独立的伊斯兰教国家,却不能加入国际联盟这个列强的工具。现在看来,英国已经开始着手在广阔的阿拉伯大陆千方百计地实现其对附庸国统治的尝试。有一位名叫罗西塔·福布斯夫人的著名的为英国效劳的旅行家,这几天带着秘密使命到阿拉伯的沙漠去了。她的任务可能是用黄金和礼物把贝督因人的酋长重新拉到英国身边。事实上近年内英国在阿拉伯大陆面临的危险并不亚于同印度整个关系中的危险。如果阿拉伯部落和阿拉伯人几年后一起摆脱英国的监护，那么英国建造了近200年的整座战略桥梁就要崩溃。

目前在近东危险已如此之大。可以说，近几个月和近几年内阿拉伯的发展趋势如何，将决定近东世界的发展方向。

同志们，英国将根据情况，或用诡计或用武力，千方百计地维持自己在这些国家的宗主权。

世界无产阶级的利益与东方各民族的利益是完全一致的，这就是推翻英国的统治。

伊拉克大概是不列颠帝国桥梁联系中最薄弱的环节，战略上最不利的地方。从战略上看，伊拉克远远不如巴勒斯坦或埃及有利，它的居民主要由游牧民组成，这些游牧民不愿意屈从英国的奴役。把广阔的沙漠分割开来是不可能的。在未开化的贝督因部落那里，只有靠贿赂才能办成一点事。

* * *

同志们，如果观察一下英国帝国主义在近东世界大力扩大战略阵地的情况就会看得很清楚，它在近东的处境有多困难。因为从英国帝国主义的立场来看，整个近东世界，从俾路支边界线一直到地中海，不过是印度这座堡垒的巨大的前沿地带，它的中间被一条壕沟隔断，这条壕沟应该保证地中海和印度洋这两大水域之间的自由往来，而在这两大水域上，英国帝国现在是并且必须永远是海上霸主。

还在1918—1919年的时候，英国帝国主义就已经在这块辽阔的土地上采取攻势。

如果读一下一个英国军人写的书，我们就会对英国在世界大战最后阶段在这条广阔的战线上，即从中亚细亚到黑海长达几千英里的战线上所采取的攻势，有一个十分清楚的印象。这位军人在这份资料中泄露了一些秘密，也许泄露得太多了。同志们，我指的是巡逻队 L. V. S. 布莱克上尉的书，书名是《在亚洲高原的秘密巡逻》。

有名的英国帝国主义政治家和战略家**乔治·扬哈斯本**爵士在这部极有意思的著作的前言中写道，少数英国、印度和穆斯林部队消灭了1万名布尔什维克，在英国的领导下把上帝和印度士兵的威慑继续向亚洲推进了几千公里。

这部书最清楚明白地解释了这些军官大声倾诉的以下世界历史事实，即1918年，在从帕米尔高原和中国新疆到黑海的这块广阔的地域上，世界大战将自然而然地转变为**无产阶级俄国与英国帝国主义之间**的搏斗。

不列颠帝国的威力达到了顶峰，就在无产阶级共和国诞生的时刻，这两个不可调和的敌人突然相遇在这逶迤数千英里的广大丛山中和无垠的荒漠上。

从此以后，英国帝国主义每况愈下，无产阶级共和国蒸蒸日上。而现在，四年之后，骄横的不列颠世界帝国已经不得不以平等的关系同新的、它如此害怕而又藐视的无产阶级国家进行谈判了。

对英国帝国同样不顺利的是，它不得不在它以为已经被碾得粉碎的穆斯林政权面前偃旗息鼓。

同志们，这件事情使我们想起英国最伟大的戏剧家莎士比亚在他的那些描写帝王的戏剧，特别是在亨利五世的戏中所着力展现的命运的骤变。

但最重要的也许是，布莱克上尉为英属印度的穆斯林，为旁遮普人在英国人的指挥下完成了伦敦交付给他的肮脏的勾当而自豪，甚至炫耀自己说，只要伦敦要他这样做，他们就能够打击年轻的红军并扼杀红色共和国。

至于这一点从军事方面来说正确程度如何，让军事专家们去判断吧。但是我们知道，英国军官和英国军国主义，现在已经不能够像当时以及大战期间那样支配英属印度的穆斯林了。由于英国政策本身,现在连印度的穆斯林对英国的感情也改变了,他们不再愿意被利用来反对苏维埃共和国。或者顶多只有一小部分人还愿意。但是,同志们,我们的责任是尽力使以后不再有任何一个穆斯林士兵被利用来充当反对无产阶级自由的雇佣兵。

这里又涉及近东事件对世界无产阶级的斗争,对我们的共产国际,对资本主义崩溃的主要利害关系。

近东的事件形成了大搏斗中的一个新阶段,搏斗还在继续发展。在这场搏斗中,整个东方世界,特别是其中最勇敢善战的穆斯林世界,正在起来反对欧洲的资本统治。

这种起义具有极其重要的世界历史意义,因此无产阶级国际必须比以往给它予更加充分的关注,并且应该尽力支持他们,因为穆斯林各民族作为一个整体,不仅占亚洲和西亚地区人口的很大一部分,而且在黑非洲已经超过赞比亚成为一股日益强大的势力,整个东方世界的独立,整个亚洲的独立,整个穆斯林世界各民族的独立,本身就意味着西方帝国主义、首先是英国帝国主义末日的来临。

没有对亚洲各国人民的政治统治,没有对穆斯林各国人民以及印度、中国和远东其他各国人民的剥削,帝国主义就不可能继续存在。为什么?因为穆斯林人民和其他东方各国人民的解放同时也意味着他们向欧洲资本的纳贡义务的中止,而没有了这些贡金,资本积累就不可能继续进行。

积累的停滞,是最能使资本致命的东西,等于切断了它的生命的脉管。近两年来的发展情况再一次向我们证明了这一点。

已经席卷近东和整个东方,并将给东方带来政治上完全独立的革命运动是不可逆转的。

穆斯林各国人民不仅追求政治上的解放,同时也追求经济上的解放,而这对于西方资本主义来说恰恰是致命的。

几十年来,一个同样大规模的运动正遍及穆斯林世界,它(虽然是暂时的)克服和消除了民族和种族的差别,这就是泛伊斯兰主义运动。

一个最年轻的伊斯兰教史学家斯托达德指出,世界大战之前几年中发生的事件,就已经极大地唤起并增强了穆斯林的团结友爱和对欧洲人的仇恨感情。一位很有影响的伊斯兰教政治家在大战之前在《穆斯林世界》杂志上写道:"最近10年发生的事件和穆斯林世界所遭遇的命运,在穆斯林教徒的心中唤起了前所未有的彼此间的亲切和真诚感,一种对一切压迫者的普遍的仇恨今天正激荡着所有穆斯林的心。"

斯托达德强调指出,这种仇恨西方的感情并不局限于新闻记者和政治家,而是所有的阶级共有的。每个阶级仇恨欧洲政治统治都有其特殊的原因,但是他们大家都恨,这一点产生了某种在一定条件下压倒其他一切感情的共同的东西。世界大战受到广大伊斯兰教徒的欢迎,他们把它看做是对西方的贪婪和高傲的罪有应得的报应。1914年10月24日《塔宁》杂志写道:"他们对自己国家或其他地方种种弊端视而不见,但是对我们的任何小事都要进行干涉。他们每天都在侵犯我们的某项权利或某部分主权,他们对我们瑟瑟发抖的肉体进行活体解剖,整块整块地把它切下来,而我们只能把反抗的感情强压在心底,一筹莫展地握紧拳头,沉默地、灰心丧气地只在心里嘟囔,而怒火却在胸中燃烧,呼喊着:噢,但愿他们互相残杀,但愿他们互相撕咬。看,现在他们正在像土耳其人所希望的那样互相咬起来了。"

因此,比较有远见的伊斯兰教徒把世界大战看成是一件令人高兴的事情。

斯托达德先生还说,至于为什么大战以后没有马上发生一场大规模的伊斯兰教起义运动,这完全是因为最有影响的穆斯林领袖们认为起义的时机尚未到来,而且他们还普遍谴责青年土耳其党人站在互相争斗的帝国主义的一方的行为。泛伊斯兰主义真正的精神领袖,即大伊斯兰兄弟会特别是同道会的领袖认为,当时时机不合适,物质上也还没有准备就绪,他们还没有订立适当的协定。尤其是哈里发的神圣战争的号召十分明显地带有"德国制造"的标记。这些有远见的穆斯林没有兴趣为了互相厮杀的任何一个帝国主义国家而投身世界大战。虽然英国和法国统治下的穆斯林国家到处在爆发起义,但是起义都是自发的,都不是这些著名领袖支持的结果。这些领袖的判断是正确的,因为战争期间和战后发生的一切必然会大大加强泛伊斯兰主义运动。首先可以看出,资本主义大国在战争中没有吸取任何教训。大家都知道,他们在战争期间是如何通过秘密协定来继续他们的瓜分和征服世界的政策的。现在,当和平终于来到的时候,让我们听一听肯定不是革命者的斯托达德是怎样描述凡尔赛和平会议给伊斯兰教各国的印象的:他说,欧洲帝国主义列强的所作所为,进一步瓜分穆斯林世界的秘密协定,使穆斯林感到前所未有的愤怒,并且感到正义遭到了破坏。一种愤激的决心的浪潮正在升起,这似乎不过是在宣告一场更加严峻的风暴即将来临。

在这位伊斯兰教历史学家看来,这种愤激的决心越来越汹涌澎湃,这种预示更大风暴的浪潮从1919年以来就不断上升,越来越高涨。

斯托达德先生说,1918年以后的几年中,近东伊斯兰教各国人民的起义表面看来主要带有民族性质,人们不要因这一事实而受迷惑,因为穆斯林民族主义和泛伊斯兰主义之间不管有多大区别,归根结底在争取穆斯林世界完全摆脱欧洲的政治控制方面是一致的。

伊斯兰教能够达到与资本主义世界相似的某种程度的联合,因为把所有的伊斯兰教徒联合在一起的纽带超出了宗教的范畴。伊斯兰教不仅仅是一种信仰,它是一种完整的社会制度,它是一种具有自己的哲学、文化、艺术的文明,在同基督教的敌对文化进行了几百年之久的斗争中,它变成了一个具有自我意识的有机的整体。

这些话是一个英国的伊斯兰教通莫里森先生在战前说的,它表达了一个能干的伊斯兰教学者勒沙特利耶教授的意见。有一个叫万贝里的最著名的伊斯兰教专家在意大利进攻的黎波里之后写道:"西方在古老世界中的势力和权威越上升,联结亚洲人民各个部分之间的统一和共同利益的纽带就越牢固,对欧洲的强烈的愤恨就越深。"

斯托达德先生描写了世界大战给东方带来的一般后果和对伊斯兰教的特殊后果。他写道:

"战争破坏了欧洲在东方的威信,使东方人看到了西方的弱点。对于东方来说,战争是一个大讲座。我们只举一个例子,从亚洲和非洲遥远的森林中,几百万东方人和黑人被强迫拉去充当白人战争中的士兵和工人。虽然这些应急部队大部分被安排在殖民地战场,但也有 100 万或更多的人被输送到欧洲。他们在那里杀白人,奸污白人妇女,品尝着白人的珍馐美味,了解了白种人的弱点,回家后给自己人讲述这整个故事。今天,亚洲和非洲认识了过去他们从来不曾认识过的欧洲。我们可以确信,他们会利用这些知识的。因此,今天的形势是:由于新与旧的矛盾而四分五裂的东方与一个由于深深的敌对情绪而受到创伤并由于极度的疯狂行为而虚弱多病的西方相对峙。在这两个世界之间的关系中,从来没有像现在这样潜伏着这么多难以预料的大变动的可能性。"

这位资产阶级的伊斯兰教观察家与最有名的伊斯兰学者一致得出结论:一方是西方资本主义;一方是一个世纪以来处于自己的文艺复兴时期的穆斯林世界,它的文艺复兴大约在 19 世纪初始于阿拉伯;一个是资本主义世界,由于疲于奔命和深受创伤,已经精疲力竭,几乎丧尽元气,而且自身也有了裂痕,在自己内部出现了敌人,即革命的无产阶级;一个是伊斯兰世界,从宗教、文化、政治、经济领域各方面看来,它从 18 世纪跌入的衰退的深渊中又站立起来,这两个世界之间的关系,现在又像十字军远征时期那样异常紧张起来,当时,从 11 世纪土耳其入侵基督教世界以后，东西方进行了长达数百年的战争。

中世纪的这场长达几百年的战争，虽然给世界文化造成了深刻的，甚至几乎无法医治的创伤，但在战争中西方获得了胜利，而且变得更加强大。

现在关系颠倒过来了。资本主义日趋没落，而年轻的东方世界和穆斯林世界却正在崛起，咄咄逼人并日益强大。几十年来深受帝国主义凌辱、虐待、掠夺的亿万民众，越来越多地奋起反抗帝国主义。

西方现在的力量和范围都比以前小得多了。在它自己的家里出现了敌人，即革命的工人阶级。如果不是因为社会主义的叛徒保护这个正在走向没落的制度，革命的工人阶级早已把它消灭了。尽管如此，与战前的年代相比，情况有了很大的差别。1914年以前，沙皇制度就像西方帝国主义一样，也是东方民族自由和穆斯林各国人民自由的危险敌人。现在沙皇被消灭了，无产阶级俄国代替了它，无产阶级俄国是东方各国人民真正自决和自由的朋友。

德国在1914年以前表面上是穆斯林各国人民的朋友，但实际上它却同样是一个阴险凶狠的敌人。现在德国作为帝国主义大国已经不复存在，它的盟国多瑙河君主国也被消灭了。1914年以前，意大利是伊斯兰教国家独立的敌人之一，经过战争之后，意大利帝国主义被大大削弱，它甚至似乎不得不放弃对巴尔干和安纳托利亚的一切要求，看来只有在利比亚还能够维持其表面的统治，而这种表面的统治毫无疑问也将被推翻。意大利无产阶级从1920年以来向后退却了许多步，现在它只要向前跨出一步，就会使意大利帝国主义者失掉继续占领利比亚的兴趣。

现在，穆斯林的六大敌人中只剩下两个，另外还有一个比较小的荷兰资本主义，它在战争中已经捞足了，现在像一条辅助船一样跟在英国的战列舰队列中航行。大敌只有两个，而不是六个，这就是英国帝国主义和法国帝国主义。而这两大敌人中至少有一个,即法国帝国主义对穆斯林世界的态度比较软,或者可以说比较明智。战争刚结束的时候似乎还不是这样。在近东,人们肯定还没有忘记刽子手古罗手下的法国部队的野蛮行径。斯托达德先生1921年底在他的书中描写了近东的严重局势之后,写道:

"最近有一个极有希望的迹象,这就是英国政府似乎已经意识到时局越来越危险,因而开始改变自己的态度。但是另一方面,在近东又有一个十分阴暗的迹象,这就是法国的态度依然毫不妥协。看来法国的政策还是固执地坚持自己的旧传统,不愿意对现实加以考虑。如果法国不改变自己的态度,必然会出现一种爆炸的形势,而这种形势一旦出现,在一个不祥的日子里,二三十个法国营将被从沙漠深处升起的阿拉伯愤怒的旋风卷走,并且在一个新的阿杜瓦①被消灭。所有精通东方问题的专家只能作出这中令人遗憾的判断。这是法国政策自食其果。"

可以看出,在这位对法国的占领情况十分了解的作者看来,不久前,叙利亚的形势极其危险。他看到阿拉伯贝督因世界的旋风已经刮向法国部队,并将把它们一扫而光。从这以后,法国改变了对穆斯林世界的政策。在什么影响下改变的?除了我们上面已经说过的一些植根于法兰西帝国总的局势和我们已经谈到的一些原因之外,可以认为,资本家的利益,尤其是石油工业资本的利益在这里起作用。关于这个问题可以单独写一章,在这里我只是想提一下。更重要的是,斯托达德先生在1921年还能抱着这样的希望,以为英国可能会改变对穆斯林的政策,而现在这个希望完全破灭了。米尔纳勋爵在埃及的和解尝试没有取得任

---

① 1896年3月,埃塞俄比亚人民在阿杜瓦抗击意大利殖民军并取得胜利。——编者注

何成效。不久以前到过埃及的所有观察家都一致认为，埃及人民群众正在公开反抗英国帝国主义以及在英国刺刀保护下在那里实行的假立宪政体。关于美索不达米亚，从最近的报道中可以看出，英国在那里的处境多么危险。人们完全可以说，英国在阿拉伯半岛边缘地带，其中包括巴勒斯坦、西奈半岛、伊拉克和阿曼等地的整个统治取决于一种在欧洲完全不为人所知的因素，即自由阿拉伯贝督因酋长的情绪。无论如何可以肯定地说，西方帝国主义列强最近在有关德国赔款问题的欧洲政策上，它们的利益互相冲突，在东方政策上，它们的利益也是互相矛盾的。它们根本不是朋友，而是结成一伙的对头。

泛伊斯兰主义有着像同道会领袖那样的政治家，他们对千百万穆斯林的思想影响还在日益增长，他们肯定会不失时机地利用与穆斯林相对立的两大敌人之间的摩擦。这些穆斯林的思想领袖不着急，他们能够而且愿意等待有利时机，然后，可以肯定，只要有可能，他们就会给这一个或那一个敌人以打击。

在这一场争取穆斯林政治自由的世界历史性的斗争中，革命无产阶级的责任是，密切关注这场斗争，并在道义上给以一切可能的支持。全世界无产阶级只有一个敌人，这就是帝国主义。但是这个帝国主义并不是铁板一块的，它也不是只有无产阶级这么一个唯一的不可调和的敌手。无产阶级以及东方各国人民，尤其是伊斯兰教各国人民的最强大的敌人是不列颠帝国。不列颠世界帝国主义也是建立在对印度大陆的统治以及对地中海和印度洋的海上霸权之上的。穆斯林各民族应该用自己的力量摧毁支撑着英国帝国主义的桥梁。这一桥梁一旦被摧毁，英国帝国主义也将崩溃，而它的垮台将在整个穆斯林世界和东方世界引起巨大的反响，最终将使法兰西帝国也不能经受住这致命的一击。穆斯林世界特别是近东各国人民从欧洲的一切政治统治中得到解放，这不仅关系到那里人民的利益，不仅关系到还没有遭到资本主义侵袭的东方地区的工人和农民的利益，而且也关系到西欧无产阶级和世界无产阶级的重大利益。穆斯林世界的解放，将导致西方帝国主义的必然垮台，罪恶的帝国主义和约的废除，革命统治在欧洲的建立，西欧的苏维埃共和国与中欧和东欧国家的结合，导致巴尔干各民族的解放以及它们联合为一个解放了的各巴尔干共和国的巴尔干大联盟。

因此，国际无产阶级欢迎穆斯林各国人民争取经济上、财政上和政治上完全摆脱帝国主义各国影响和统治的政治努力。这种努力虽然不是以消灭穆斯林各国国内的雇佣劳动的奴役和生产资料私有制为目的，但是，它将威胁欧洲资本统治的根基。

罗易（印度）：

同志们，关于东方问题，本来应该在代表大会上多讨论几次。这个问题应该与资本的进攻联系起来谈，因为在谈到资本进攻的时候，不能忽视资本进攻赖以为基础或者将来可能要依靠的后备军。但是大会并没有这样做，而终于等到开始讨论这个问题的时候，规定的时间又这么有限，以致实际上根本不可能把问题哪怕稍微讲得清楚一点。因此，我对是否能够给你们系统详细地描述东方国家的形势相当悲观，而我认为，如果西方各国的运动要进行到最后胜利，很有必要系统详细地了解东方各国的形势。但尽管时间有限，我还是要尽自己的最大努力。

共产国际第二次代表大会确定了殖民地半殖民地国家民族解放斗争的主要原则，阐明了决定经济发达的工业国中无产阶级革命和无产阶级运动与落后国家民族斗争的关系的主要原则。但是，1920年，也就是共产国际第二次代表大会期间，我们已经取得的经验还不允许我们对这些原则作广泛的阐述。自那时以来，殖民地半殖民地国家的运动在最近两年中经历了一个漫长的发展阶段。尽管有些事是共产国际，特别是西方国家的共产党本来应该为与这一运动建立更密切的关系、为发展这一运动做的，但他们却没有去做，不过我们今天还是能够以更多的认识、体会和理解来谈论殖民地半殖民地的运动了。

共产国际第二次代表大会通过的提纲说，殖民地半殖民地国家的民族运动从客观上和其前提来说是革命斗争，是世界革命斗争的一部分。因此提纲决定，西方国家，特别是帝国主义国家的共产党必须竭尽全力促进这一运动。但是，当时我们不知道如何才能实现第二次代表大会的这一指示和决定，因为那时只有少数人理解"殖民地半殖民地国家"这一广泛的提法包括着不同的地区、不同的民族。这些地区和民族又包括着各种各样的社会发展阶段，它们在政治上、工业上的落后程度也各不相同。我们当时以为，由于它们在社会、政治和经济上都很落后，人们就可以对它们不加区别，一股脑儿全扔进一个口袋里，把这个问题作为一般问题来解决。但是，这种看法是错误的。今天我们知道，无论在政治上还是经济上或社会上，都不能把东方国家当做一个同一的整体来对待。因此，如果共产国际想认真解决东方问题的话，这个问题对于共产国际来讲具有比西方斗争问题更大的复杂性。在斗争中西方国家运动的社会性质是同一种类型的，而东方却不是这样。

东方国家可以划分为三类。第一类是资本主义相当发达的国家。在这些国家中，不仅从大的资本中心输入的资本发展了工业，而且本国的资本主义也已经发展起来，从而促进了一个阶级意识已经形成的资产阶级以及它的对立面——无产阶级——的产生。无产阶级同样也正在形成自己的阶级意识，正在进行经济斗争，并且逐步向政治斗争阶段过渡。第二类是资本主义发展已经开始，但还处在低水平阶段上，封建主义仍然是社会主要支柱的国家。接下来是第三类，在那里原始关系还占统治地位，社会制度还是封建的宗法制。对于这样一些可以划分为不同类型的、被称为"殖民地半殖民地国家"的国家来说，一个一般纲领或者一般的策略准则又怎么能够促进革命运动的发展呢？今天，我们第四次代表大会的任务就是全面地丰富共产国际第二次代表大会所确定的基本原则。今天，我们面临着如何才能促进这些国家运动发展的具体问题。因为尽管如上所说，这些国家有种种区别，但是我们必须在每个国家中都开展革命运动。然而，由于这些国家的社会结构各异，所以革命运动的性质也各不相同。由于社会性质不同，各国运动的纲领必须有所区别，策略也必须有所区别。

正因为这个原因，参加这次代表大会的所有的东方国家代表团与共产国际东方部一起准备了一个提纲提交大会讨论。提纲阐述了东方的总的形势以及第二次代表大会以来运动的发展情况，同时也提出了决定这些国家运动发展的方针路线。

第二次代表大会期间，也就是帝国主义战争结束后不久，我们断定，殖民地各民族正在普遍起来反抗，反抗的原因是战争时期经济上的加紧剥削。

这一伟大的革命的反抗运动引起了全世界的注意。1919年埃及爆发起义，同一年朝鲜人民也爆发了起义。在位于这两端之间的国家，到处可以看到或多或少激烈而广泛的革命，但是当时的运动无非是一些大规模的自发性的反抗。从那时候起，随着社会经济基础的发展，组成运动的各种人和社会力量越来越明朗。因此我们可以断定，两年以前，这一运动的某些积极参与者即使现在还没有离开运动，但以后终究会逐渐离去的。例如资本主义较发达国家中的资产阶级上层，也就是在本国已经占有可以称之为本钱的、进行较大规模的投资并且发展了某种工业的那一部分资产阶级，他们认为，今天处在帝国主义保护之下对他们更为有利。因为在战争临近结束的时候，大规模的反抗出现了，并且逐渐发展为革命的风暴，这时候不仅外国帝国主义感到受威胁，而且国内资产阶级也感到受威胁。这些国家中现在还没有一个国家的资产阶级已经发达到足以相信自己可以替代外国帝国主义，并且在推翻帝国主义以后能够维持"安定和秩序"。实际上他们现在害怕，一旦外国统治被推翻，革命暴动以后可能会出现无政府状态、混乱和内战的阶段，这对他们自己是不利的，换言之，资产阶级要发展工业，需要外国帝国主义给多数东方国家所带来的安定和秩序。安定和秩序受到威胁，骚乱和革命暴动的可能出现，使本国资产阶级觉得还是与帝国主义统治达成妥协比较适宜。

不言而喻，这样一来，有些国家的运动已经被削弱。尽管如此，这种暂时的妥协不可能从根本上削弱运动。帝国主义为了维持它在这些国家中的势力，不得不寻求当地的支持；它必须有社会基础，必须得到当地社会中的这个或那个阶级的支持。今天，它已经感到必须丢掉旧的剥削方式，它在政治上和经济上向当地资产阶级或当地资产阶级中的某一部分人作了某些让步。这些让步使当地的资产阶级暂时同它和解，但同时也为当地的资产阶级打开了更广阔的前景，吊起了它发展经济的胃口，造成一种资本主义的竞争，因为殖民地国家的工业一旦开始发展，它就将削弱帝国主义资本垄断的基础。

因此，本国资产阶级与帝国主义资产阶级之间的暂时妥协不可能持久。在这一妥协中，我们看到了未来冲突的萌芽。

在高利贷资本和商业资本、封建官僚和封建军阀作为民族运动的领袖和重要社会人士的那些第二类国家中，帝国主义也同样采取了这种妥协政策，但是它没有像第一类国家中那样产生令人满意的结果，因为封建官僚和殖民地封建领主的利益不像帝国主义资产阶级与所在国资产阶级之间那样容易得到满足。因此我们看到，去年土耳其的斗争即民族主义的斗争压倒了一切殖民战争。

但是土耳其最近发生的事件也使我们清楚地看到这种状况的弱点，因为我们知道，只要一个民族的社会经济还继续受封建宗法制度的束缚，那里的民族主义的斗争就不可能促进政治上民族感情的发展。只要没有一个可以承担社会领导的资产阶级，就不可能实现具有革命可能性的民族解放斗争。因此，在所有这些国家中，民族主义的斗争都随着资产阶级的发展深化了。虽然我们知道，假如殖民地的资产阶级总是同帝国主义资产阶级达成妥协，这是很危险的，但是从以上立场出发，原则上我们必须始终同意以下观点：殖民地国家的资产阶级民族运动客观上是革命的，因此必须予以支持；但是我们也不能忽视这样的情况，即我们不能无条件地接受这一客观力量，而必须考虑具体的历史原因。当资产阶级把斗争矛头指向落后的、过时的社会形态时，也就是说在斗争的矛头从根本上指向封建制度、资产阶级领导人民进行这一斗争的时候，它就成为革命的力量。这时，资产阶级是革命的先锋。

但是，东方国家的新兴资产阶级或者他们中间的大多数人谈不上是革命的力量和先锋。虽然在那里资产阶级是斗争的领导人，但是他们的斗争目标不是封建主义。他们领导的是弱小的、不发达和受压迫的资产阶级反对强大的、发达的资产阶级的斗争，这不是阶级斗争，而只能说是阶级内部的权力之争，它本身包含妥协的因素。

因此，殖民地的民族主义的斗争，殖民地的争取民族发展的革命运动并不完全和简单地建立在受资产阶级思想的激励并由资产阶级领导的运动之上。现在我们看到，在每个国家所有这些领导人——先进国家中的自由资产阶级和第二类国家中的封建军人集团——都逐渐转向试图与帝国主义宗主权和帝国主义资本主义达成妥协。

这种情况使我们面临这样的问题：是否有可能有一个其他的社会力量来插手这一斗争，并且从迄今为止一直领导斗争的人的手中夺过领导权。

我们看到，在那些资本主义已经有了足够发展的国家中已经开始出现这样一个社会力量。我们看到，在资本主义开始折磨农民，从而形成了一大批没有土地的贫穷的农业工人的国家中，一个无产者阶级正在形成。这些群众逐渐被卷入斗争，从而使斗争不再单纯地具有经济性质，而是日复一日越来越带有政治色彩。在那些封建主义和封建军人集团还掌握着领导权的国家中，我们也看到农民运动在不断发展。在每一次冲突、每一次斗争中都可以看到，帝国主义资本的利益同当地的地主和封建阶级的利益是一致的。人民群众一旦站起来，民族运动一旦具有革命的意义，它就不仅威胁帝国主义资本和外国人的统治，同时也暴露出本国的上层阶级与外国剥削者之间的互相勾结。

我们看到，殖民地国家如何进行双重的斗争，它反对外国帝国主义，同时也反对直接或间接加强和支持外国帝国主义的本国上层阶级。

这就是我们应该探索的问题的基点：如何才能鼓励和支持本国资产阶级和本国的上层阶级起来进行斗争？他们的利益同帝国主义利益有矛盾，或者由于帝国主义的统治，他们的经济发展受到阻碍。我们必须搞清，如何才能利用这些力量的客观的革命意义。同时我们必须看到，这些因素的作用只能到此为止，而不能继续下去。我们必须知道，他们只能走到一定的限度，然后就会企图阻止革命。我们在所有的国家里都有过这类经验教训。了解一下近年来所有东方国家运动的概况本来会有助于我们研究发展纲领中的具体问题，但是时间有限，不允许这样做。不管怎么说，我相信，你们中间大多数人都相当了解这些国家运动的发展情况。你们知道，在埃及和印度，由于资产阶级的怯懦和动摇，运动已经处于停滞状态，曾经有广大工农群众参加、严重威胁帝国主义的大革命运动不再能够给帝国主义以沉重的打击，其原因很简单，就是因为运动的领导权掌握在资产阶级手中。

资产阶级分成两个部分。资产阶级的上层发展了工业，它的工业和商业的巨大利益与帝国主义资本有着千丝万缕的联系，当这个阶层看到它的发展面临着什么样的危险的时候，它就去投靠帝国主义。由于它软弱的社会背景，它自己变成了革命民族运动的障碍。它缺乏站在大革命运动的前列把革命运动继续下去的决心和勇气，因此，这些人背叛了运动,把运动引入歧途,这场运动才发展到目前的低潮阶段。

另一方面我们可以拿土耳其斗争作为例子。土耳其目前正在进行斗争。你们知道,由于运动的领导权今天仍然掌握在封建军人集团的手中,所以土耳其人民的重大胜利没有带来合乎逻辑的结果。土耳其人民的最后胜利,土耳其民族在政治上和经济上的完全解放,已经遭到危害,而且现在还是个问题。土耳其人民的斗争只不过使一小撮封建军人集团的利益受到保护,因为这个封建军人集团认为,把自己出卖给某一个帝国主义集团对它更为有利。这个集团认为,与一个帝国主义集团联合起来反对另一个帝国主义集团,对它是最有利的,这将使这一集团扩大,并使穆斯塔法·凯末尔帕沙登位,代替主要充当英国帝国主义工具的苏丹,但是土耳其的民族问题绝不会因此而得到解决。我们知道,两三个月以前,全世界的革命者都为凯末尔帕沙的胜利而欢呼,但是现在人们又听到消息说,凯末尔在依靠工人和农民的革命力量才得到解放的自由的土耳其,正残酷地迫害一切为工农谋幸福的人士。这一切证明,有些国家的资产阶级和封建军人集团虽然可以领导民族革命斗争,但是到了一定的时候,它们肯定要叛变运动,转变为反革命势力。只要我们不从政治上去教育另一种客观上更为革命的社会力量,使它认识到,自己能够替代资产阶级和封建军人集团,担任运动的领导,我们在目前就不可能取得民族斗争的最后胜利。虽然两年以前我们对这个问题还没有认识得这么清楚,但是这一趋势作为一种客观趋势已经存在,目前的结果是几乎在所有的东方国家都成立了共产党,即群众的政党。我们知道,其中多数国家的共产党还不能被称之为西方意义上的真正的共产党,但是它们的存在的本身就证明了那里的社会力量需要有政党,不是资产阶级的政党,而是无产阶级的政党,这种无产阶级政党能够表达和反映人民大众即工人和农民的要求、利益和抱负,取代那种只为本国资产阶级的经济发展和政治上的强大而斗争的民族主义政党。如果我们从另一个角度来考虑问题，那么东方国家的这些共产党的存在及其历史作用越来越具有重要意义，这就是：殖民地半殖民地国家的资产阶级登上斗争舞台可惜有点太晚，晚了150年，而且它根本不准备扮演解放者的角色，因为它只能到此为止，它既不能够也不愿意继续走下去。因此，在那些成千上万的人渴望着民族解放，只有在经济上和政治上摆脱了帝国主义才能够争取进一步发展的国家中，民族革命运动不可能在资产阶级领导下取得成功。

因此，我们看到，这些国家的共产党虽然目前还只不过是一些很小的组织，但是它们的存在是必要的，它们注定要起大作用，因为一旦资产阶级背叛了民族革命斗争，共产党就可以接过这一斗争的领导权，它将有能力把争取从帝国主义压迫下得到解放的斗争继续下去，只有它们能够帮助殖民地的人民和被压迫民族获得政治上和经济上的完全独立。

历史决定这些党应承担这一任务，而社会决定了它们能够胜任这一任务，因为它们依靠的是客观上最革命的力量即工人和农民。这些力量同帝国主义毫无共同利益，只要这些国家还处在资本主义帝国主义的统治之下，他们的社会地位和经济条件就不可能得到改善。

因此，这些国家的民族革命斗争只有在工农领导下，也就是在一个代表工人和农民的政党的领导下，才能够取得最后的胜利。

同志们，现在这些国家组织共产党的必要性又把我们引导到这些党的纲领和策略上来了。必须指出，共产国际在讨论纲领问题的时候，必须认真地考虑到国际要研究制定一个关于东方国家的纲领是非常复杂的事情。遗憾的是必须承认，由于共产国际的同志至今很少花时间去研究这些问题，因而使问题更加复杂化。

在这个问题上，我们在起草一个纲领和制定一个为东方国家共产党所能接受的策略之前，国际的各个支部有必要对这些问题稍微多加些注意，并且做一点比较认真的研究。这对他们来说不是一项没用的工作，因为目前他们自己国家的资产阶级的势力同殖民地国家的状况有着非常密切的联系；因为目前帝国主义正在试图通过发展殖民地国家的工业来拯救自己。在战争时期，帝国主义特别是英国帝国主义就感到有必要放松对落后的殖民地国家工业生活和经济生活的控制与垄断。例如，150多年以来，印度一直是英国工业的农业储备仓库和原材料基地，战争期间，允许印度工业得到足够的发展。资本主义在欧洲的平衡遭到破坏，迫使帝国主义去寻找新的市场，以便恢复世界资本主义的平衡。他们希望能够通过发展像印度和中国这样的国家的工业，在殖民地国家中找到市场；他们企图通过这种途径找到解决问题的办法。帝国主义企图依靠殖民地国家的资源，把对欧洲无产阶级的进攻推向全面彻底的胜利。我们不应该无视这一趋势。虽然我们可以提出异议，认为这不可能发生，因为帝国主义的利益所在导致殖民地国家在经济上停留在落后状态，宗主国生产出来的商品可以在那里倾销。这是事实，但这是一种非常机械的看问题的方式。我们不能忘记，假如中国人的外衣下摆放大几英寸的话，世界上的纺织品生产就必须增加一倍。在发展工业的基础上，四亿中国人的生活水平才能得到提高，世界上的纺织品生产才能翻一番。中国的工业发展不一定会使主要资本主义国家的生产受到限制。如果这些国家的工业发展起来，它们就需要机器等它们自己不会生产的东西，因此，虽然对某些商品品种来说殖民地市场可能会缩小，但是就机器来说，这个市场肯定会扩大。

此外，英国和其他国家的一部分产品过去一般都只有在中欧和西欧有市场，现在也必须寻找新的买主，这一点只有通过提高殖民地国家的消费能力才能实现。

你们看到，帝国主义资本同殖民地半殖民地国家的本国资本的勾结将在资本的各种各样的进攻中起着重要作用。为了能够击退欧洲各国资本的进攻，我们必须使我们的斗争力量与殖民地半殖民地国家的运动协调一致起来。

近两年中，我们在使我们的力量与殖民地半殖民地国家资产阶级民族主义政党互相协调方面所取得的经验告诉我们，这种联合并不总是行得通的。在这些国家中建立我们自己的政党是必要的，而且我们必须有自己的党，只有通过自己的党，我们才能够最大限度地利用资产阶级革命政党。

这就涉及反帝统一战线问题。我们必须在殖民地半殖民地国家中组织一个反帝统一战线，同西方国家的工人阶级的统一战线并肩战斗。这个反帝统一战线的目的，是把一切可以调动的革命力量组织为一个伟大的反对帝国主义的统一战线。最近两年的经验告诉我们，在资产阶级政党领导下，不可能实现这种统一战线。因此，我们必须在这些国家中发展我们自己的党，以便把统一战线的领导和组织权掌握在我们手中。正如西方国家无产阶级的统一战线策略从组织上积蓄了力量，并且通过与社会民主党展开斗争，揭露了他们的背叛和妥协策略一样，殖民地国家的反帝统一战线运动将使运动的领导摆脱怯懦动摇的资产阶级，引导人民群众更加积极地加入先锋队伍，从而使社会中最革命的人构成运动的基础，以保证最后的胜利。

片山潜（日本）：

同志们！我想在这里给你们讲一讲日本问题和远东问题。日本在即将来临的社会主义革命中占有一个十分重要的位置。日本是远东唯一的一个无论在经济上还是在政治上都真正独立的国家。日本对于全世界的革命运动具有重要的意义，因为也许就在不久的将来日本工人就要起来反对资产阶级。因此，我想请你们注意听我的发言。不用说大家也都知道，我们必须捍卫俄国的革命。苏维埃俄国现在正受到日本帝国主义的威胁，仅仅为了这个原因，第四次代表大会和世界共产党人就应该对这件事情比以往给予更多的关注。日本派代表团来参加这次代表大会，就是为了帮助世界社会革命的继续进行。因此，同志们，我希望你们读一读我关于日本和日本形势的报告。我想给你们列举一些日本的具体情况，以便使你们对日本有一个初步的了解。

人口：5600万人

国民收入：870亿日元

1917年产值：83.72亿日元

1918年产值：56.08亿日元

日本是远东工业最发达的国家，我想举以下数字为证：

就业种类	男人（人）	青年（人）	妇女（人）	合计（人）
国家公职人员	133000	—	43000	176000
有10个或10个以上工人的工厂	706000	—	314000	1520000①
矿工	353000	—	112000	465000
林业工人	564000	—	147000	716000②
渔民	617000	20000	170000	808000③
铁路工人	2373000	20000	1186000	3860000④
农业工人	1856000	55000	1402000	3293000⑤
国民教师	173000		53000	226000
共计7364000名工人⑥				

---

① 合计数有误，原文如此。——译者注
② 合计数有误，原文如此。——译者注
③ 合计数有误，原文如此。——译者注
④ 合计数有误，原文如此。——译者注
⑤ 合计数有误，原文如此。——译者注
⑥ 合计数有误，原文如此。——译者注

以上都是靠工资为生的劳动者，有些受着很残酷的剥削。在纺织系统每天劳动时间长达11—12小时，还有夜班，在这些工厂里工作的都是妇女和青年姑娘。除此以外，还有416万户贫农和佃农。

在这些工人中，有一部分产业无产者已经组织起来，1920年有838个工会，26.9万名会员。1921年有671个工会，24.6万会员和229个佃农联合会，2.4万名会员。当然，后来数字又有所扩大。土地占有者联合会中除了有225名大地主以外，实际上是一个小农组织，有144.2万名会员。另外还有一些互助会，1920年有685个，200万名会员。这些互助会向316.9万人支援了155.1万日元。

同志们！这些未加粉饰的事实都是从政府的报告中摘出来的。关于工会的数字，政府当然竭力要把它缩小，实际上有更多的工会。日本工人受着军国主义政府的压迫和剥削，任何想建立自由运动的企图都遭到无情镇压。但是日本工人正在觉醒。他们不得不学习欧洲的技术和领导工业的方法。大约用了四五十年，在这短短的时间内他们学会了一切。我还清楚地记得，当我十三四岁的时候，根本没有什么值得一提的工厂，当时全国只有25英里铁路，至于煤和石油我们还从未听说过，我们用蜡烛照明，在整个日本除了水车和纺车没有任何机器。

今天我们已有6000英里铁路，有一支总吨位达400万吨的商船队和一支——我不好意思给你们讲——总吨位70万吨的船队。在四五十年中，日本人学会了制造轮船、火车头和复杂的机器，而工人却越来越受压迫。日本人还被迫学会了战争艺术。1894年日本进行了对华战争，1904年进行了对俄战争。日本工人被充当炮灰，但是他们已认识到，他们完全是为日本资本家打仗，这对日本工人来说是一个很重要的认识。他们不仅学会了复杂的现代工业技术，而且也组织了工人运动。我们的工会力量还很薄弱，但是我告诉你们，在日本既没有一个韩德逊，也没有一个龚帕斯，工会关心的不是现钱和工会的财产，它们是为日本的革命化而斗争。它们除了要求提高工资以外，还要求缩短劳动时间和对工业实行监督，它们决心要为建立一个新的社会制度而斗争。我们的工会领导人很了解资本主义的条件，并向工人证明，资本主义制度不可能消灭失业，只要资本主义不消灭，失业就不可能消灭。

　　同志们！我们的工人还很落后，但是关于工人运动，我们必须告诉你们，我们没有什么阻碍前进的传统，也没有反动的工人贵族，因此日本的运动发展得比其他国家快。大多数工会是在不久前即几年前才成立的，但是有一个工会已经成立了 11 年。我想给你们讲一讲日本工人运动是怎样发展起来的。日本工人联合会于 11 年前成立，目的是教育工人，由一个名叫铃木的大学生创建的，这位大学生有幸与东京的警察厅厅长结下了友谊。虽然这个运动是作为教育运动而成立，但是它带来了出人意料的结果。由于铃木是秘密警察厅厅长的朋友（他很为此而自豪），所以他就被允许组织一个工人运动。警察甚至还帮助他散发美国劳工联合会的机关报。不过，工人对一个纯粹的教育组织感到不满意。尽管如此，它还是发展得很快，数万名工人参加日本工人联合会。后来工人联合会组织了许多产业协会，尽管这些产业协会的创始人是资产阶级，但后来它们逐渐壮大，逐渐变得激进起来。开始的时候它们还是社会党人的，但在今年 10 月召开年度代表大会的时候，它们已具有特别明显的布尔什维克性质。参加联合会的有 63 个工会，共有会员 12 万名。在已提到过的 10 月的那次代表大会上，除了作出其他决议以外，还决定准备在 5 月 1 日举行 24 小时的总罢工，代表们一致同意立即承认苏维埃俄国以及退出国际联盟劳工局。他们还同意为学校采用比较激进的教科书而进行宣传。在日本学校里和美国一样，教科书向孩子们灌输的都是有利于帝国主义和资产阶级的有毒的思想，我们必须进行反对军国主义和反对沙文主义的宣传。

这一切表明，这个工会自从在警察厅保护下成立以来，10年中①已经变得强大了、革命了。为了参加红色工会国际，这个工会的左派派来了一名代表。这表明，日本工人运动正在前进。同志们！我对日本的工人运动坚信不疑。日本工人在四五十年中学会了掌握工业技术和领导现代工业，而欧洲工人为此用了100多年的时间。由于日本的工业是在这么短的时间内由工人建设起来的，所以我相信，日本工人也将学会如何进行革命斗争，不仅在日本本国，而且在整个远东。

确实，日本工人和朝鲜工人，特别是朝鲜的独立革命党人为了远东的革命工作已经联合起来了。我知道，世界上有许多国家骂日本工人低贱；我知道，在北美、加拿大和澳大利亚的这一实际情况是人们必须考虑的一个因素。但是，同志们，我要对你们说，日本的革命工人，不，是全体工会会员，都不抱怨北美和澳大利亚的反日运动。他们有比指责这些国家的反日运动更加重要的事情要做；他们也发现，他们可以在这方面做工作。日本工人反对并抗议开除中国工人，日本工会与残酷剥削朝鲜工人的资本家进行斗争。在日本的朝鲜工人组织也参加了日本工人联合会。他们等待着工人阶级在俄国革命的影响下得到完全解放的日子。因此我想向所有有反日运动的国家的同志保证，日本工人、进步的革命工人和激进的工会不关心这些反日运动。他们期待着你们建立全世界反对帝国主义和反对资本主义的统一战线。我很高兴能够在这里说，日本工人已经开始着手为建立远东的统一战线而奋斗。在苏维埃俄国和共产国际的支持下，我们于今年二三月召开了远东代表大会，在大会上我们建立了统一战线。日本、中国和朝鲜的共产党人首先建立了反对日本帝国主义的统一战线。西方的同志们！我想在这里说，虽然你们也许在你们国家中对日本工人评价很低，但是在必须努力粉碎日本帝国主义

---

① 原文如此。——编者注

这一点上，你们与我是一致的。是不是这样？我们在这面旗帜下组织起来，同远东的日本帝国主义进行斗争。

现在我想就妇女运动讲几句话。第四次代表大会对这个问题有点不太重视。日本女工受着严重的剥削，她们是企业主家里的囚犯，每天日夜班要工作12小时。早些时候日本妇女是不允许参加政治集会和成立政治团体的，但是，现在这些禁令已经被取消。日本妇女在国内最好的教育机构受教育，并且利用自己所受的教育来改善自己的地位。她们不仅参加国家的政治生活，而且有很多女工参加了工会，日本工人联合会中有好几千名女会员。妇女们积极参加每一次罢工，并且在很多方面帮助罢工者。她们还自己举行公开集会，发表演说。她们的演说很有影响，很有意思，甚至连资产阶级的报纸有时也提到她们的演说。这样，日本女工也终于觉醒了。在国民学校里女孩子和男孩子一样受着同等的教育。

同志们，说到远东，朝鲜也有一个民族主义运动。这一独立运动越来越强大。有一点到目前为止大家普遍都还不知道的，就是民族革命者现在正在组织力量实现他们的最终任务。他们认为，为了使朝鲜的独立斗争成功，日本工人的合作是不可缺少的。

现在日本帝国主义在日本工人中间已经很不得人心了，但是它仍然还很强大。我想给你们举一个例子。从前，假如一个母亲要吓唬孩子，她就对他说，要把他扔到监牢里去，而今则威胁说，要把他交给当兵的。帝国主义者正在为下一次战争作准备。由于这个原因，我们与中国代表团一起建议，共产国际第四次代表大会应该就反对日本占领萨哈林岛北部问题作出一项决议，以此激励日本革命工人的反帝斗争，并使他们对即将来临的日本的社会主义革命有所准备。

主席：

在下一个代表发言之前，先宣读一下日本和中国代表团提交的决议。①

塔希尔·布登加（突尼斯）：

同志们，我想我没有必要在这里宣读我的报告了，因为每个语种小组都得到了一份我的报告。我只想对报告中的几个问题做一些说明。

法国帝国主义占领了本土附近的殖民地，这使它有可能从那里任意招募士兵和攫取粮食。它这样做部分是为未来的战争做准备，部分是为了镇压法国无产阶级的革命。

但是在此期间，北非的不满已酿成运动。图尔大会以后，在突尼斯建立的共产党支部不放过利用这一机会。考虑到无产阶级革命中可能会出现的严峻局势，这个支部正在采取措施防范危险，这种危险是与法国资本主义现在牢牢控制着北非本地居民紧密相关的。为了完成这一任务，我们一方面通过自己的阿拉伯文报纸，另一方面在公开集会上向工人和农民发出呼吁。我们取得了很大的成绩，致使政府感到不安，开始采取迫害和逮捕行动。政府甚至已宣布解散我们的党，我们因此被迫转入地下工作。我不得不承认，解散我们的党和阿拉伯文报纸被迫停刊给我们带来很大的损失，因为我们的工作不仅仅局限于突尼斯，而是扩展到整个北非。同样我也应该告诉你们，卢宗同志在法国党中一再设法为我们的报刊争取资助。多亏一些同志施加影响，他终于从《人道报》搞到了一笔1万法郎的借款。另一方面，瓦扬-库蒂里耶同志来到阿尔及尔和突尼斯，了解了在本地人中占统治地位的思想，他本人承认，不仅在城市，而且在农村都有很适合担任纯粹无产阶级共产主义运动领导

---

① 见本卷收录的《关于日本帝国主义者占领俄国萨哈林岛问题的决议》。——编者注

的杰出人物。

但是在瓦扬-库蒂里耶的阿尔及尔和突尼斯之行以后，中央委员会做了些什么？人们不仅要进行宣传，而且必须不断地组织行动——不仅在突尼斯，还要在所有弥漫着不满情绪的殖民地。

所以，党必须有一个明确肯定的殖民地行动纲领。因为法国资本主义的殖民地政策就是煽动在它统治之下的各民族自相残杀。例如，今年就发生了这样的事情：在今年的四月五日事件中由于突尼斯步兵的行为，法国军国主义把两个旅的黑人部队开进了突尼斯。

法国共产党一直没有理解就殖民地问题制定一项切实有效的政策的必要性。它反而在阿尔及尔的假共产主义者的影响下，出于对选举的考虑，在巴黎代表大会上推迟了关于殖民地问题的讨论。

我必须给你们读一下中央委员会在代表大会召开前夕给殖民地问题研究小组的一封信。信的全文如下：

"中央委员会坚持决定，把关于殖民地问题的研究推迟到将于第四次世界代表大会以后召开的下一次全国代表大会进行。中央委员会认为，阿尔及尔的州选举对于海外联合会的同志所具有的意义，似乎比殖民地问题研究委员会所能想象的重要得多。这些州的选举将在10月8日和10月15日举行。联合会最有声望的同志都必须参加竞选，因此我们当然不能在这些同志缺席的情况下来最后确定党的殖民地政策。"

同志们，根据种种迹象看，党的殖民地政策似乎完全取决于阿尔及尔的公民。正是党在殖民地政策上如此重视的这些公民，擅自起草了一个与莫斯科的（二十一条中）第八条完全相对立的提纲。我给你们念一下这个在西迪贝勒阿巴斯（阿尔及尔）拟定的很成问题的提纲中的部分章节：

"由于这个原因，西迪贝勒阿巴斯的共产党支部认为，北非本地无产阶级的解放将只能是宗主国革命的结果,它还认为,促进我们殖民地任何争取自由运动的最佳方法,不是像加入共产国际的二十一条中的第八条中所说的那样放弃这个殖民地,相反,共产党的任务仍然是在那里加强宣传,发展工会运动和增强共产主义……此外,它不能老老实实地听从莫斯科的号召,等等。"

因此,结论就是说国际是不真诚的。这就是这些所谓的共产党人的思想,而法国共产党竟然还一直容忍他们留在自己的队伍里。阿尔及尔的这个提纲还继续写道:

"前两批连载文章符合阿尔及尔目前宣传的需要,它们得到一致的赞同,我们很希望多发表一些此类文章。

至于说到第三批文章,对这些文章的实质我们没有什么不同意见,因为它们都是在纯粹共产主义动机的支配下写出的,论述关于贯彻第八条的方法。但是我们觉得,如果它们是发表在譬如《共产党人公报》上,而不是发表在《人道报》上,也许更好些,因为《共产党人公报》只给数量有限的党的战士看的,他们受过良好教育,有能力正确理解意识形态和现实可能性。

尤其从瓦扬-库蒂里耶之行以来,《人道报》得到最广泛的传播。它的读者有欧洲人和当地人,这些人还不明白什么是共产主义思想,但对我们表示同情,我们希望把他们争取过来。帝国主义资产阶级报刊狡猾地利用这些文章来反对我们,凡是它们认为是我们在阿尔及尔计划宣传的一切东西,它们都很害怕,所以还要防范我们。帝国主义资产阶级报刊巧妙地利用这些文章来反对我们,而我们由于缺少地方报刊和组织机构,却没有办法与它们进行论战。"

他们确曾扬言要在土著群众中进行宣传,而当报纸上登载地地道道的共产主义文章的时候,他们又认为这是很危险的。

这就是这些所谓的共产党人的精神状态。

另一方面他们还说:

"阿尔及尔土著居民的解放只能是法国革命的结果。

土著居民遭受压抑,几百年来处于半奴隶状态,迷信而又听天由命,忍辱苟安,受压迫而又渗透了宗教偏见,他们至今还不能想象自己的解放为何物;只要争取较好的生活,他们就满足了,而他们以为这种生活通过改良和要求某些政治权利就可以实现……

为了达到这个目的,目前在阿尔及利亚完全没有必要进行公开的共产主义宣传,根本没有必要在我们的报纸上发表起义的号召,或像有些人所建议的那样散发阿拉伯文传单。

发表共产国际关于解放阿尔及尔和突尼斯的号召是错误的,以下事实可以证明:资产阶级殖民地报纸发表了这一号召,它们想利用公众舆论来反对我们,而且在某种程度上也确实达到了目的。"

也就是说,这些同志企望得到资产阶级的赞扬。

(**洛里当插话**:"这是谁写的?")这是阿尔及尔共产党支部的提纲。

关于这个问题我不想再多讲了。但是我认为,法国共产党不应该继续容忍这样的先生们,我认为,必须把这种人开除出去。

我希望,在世界代表大会之后,法国同志能不分派别地立即着手建立一个中央机关,让殖民地的同志参与中央委员会的工作,从而在殖民地开始采取共产主义行动。

法国的同志必须始终明确这一点:只要法国资产阶级还统治着殖民地的人民,法国无产阶级的革命就注定会失败;同样,只有当法国有了一个信奉革命行动、不搞机会主义的党;殖民地人民的解放才能够实现。

因此,共产国际必须把这事抓起来,任命一名法国殖民地的常驻代表。

我认为,英国党也没有做到它应该做的事情。英国党在支持印度和埃及革命运动方面做过些什么事情?昨天晚上埃及问题委员会想寻找一个能够保护年轻的埃及党的党,它想到了意大利共产党,虽然这个任务本来应该完全属于英国共产党的。

共产党人不应该不关心在资产阶级压迫下呻吟、在他们本国帝国主义的奴役下受苦受难的成千上万的人民，而把自己的行动完全局限于本国范围。我认为，人民的解放和未来完全取决于共产党，像英国党那样背弃人民，这是胆怯的表现。

另一方面马拉卡同志不久前曾为他是否可以支持泛伊斯兰主义问题感到为难。您不该这样为难。现在泛伊斯兰主义不过是所有的穆斯林联合起来反对压迫者，它应该得到支持。

另一方面，宗教性质的问题阻碍了共产主义的发展。我们在突尼斯也有着您在爪哇所面临的同样的困难。每当人们与我们就共产主义同伊斯兰教的不可调和性问题进行争论时，我们总是在公开集会上向这些狡猾的家伙表明，第一，伊斯兰教不承认雇佣劳动，这一点是这一宗教的最主要的基础；第二，我们的敌人如果真是那么笃信宗教的话，就必须每年拿出自己十分之一的财产，包括资本和利润，分给没有工作能力的人，这样来开始奉行教规。我告诉你们，每当他们要与我们争辩，并引用教规的时候，他们总是自讨没趣。

我认为，马拉卡同志的担心是没有理由的。我们的思想在伊斯兰教徒中取得的进步比人们原先所预见的要大。由于我们注意在伊斯兰教国家贯彻共产主义原则的方式和方法，尤其是当我们还有自己的阿拉伯文报纸的时候，我们从穆斯林世界的各个角落收到了许多祝贺信。

鉴于无论在北非还是在其他的殖民地都存在着革命运动，法国共产党有必要在国际和来自殖民地的有关同志的同意下，在这些国家采取经常不断的有效的行动，并且引导这一运动沿着通向我们的理想的方向前进。

我希望，大会能接受我的报告中的结论，它们将有助于共产主义思想在被压迫民族中取得胜利。

在北非和西非没有必要为过渡时期采取预防措施，我可以比较肯定地说，我们将直接从封建制度过渡到共产主义制度，而不必在本土先经历资本主义。

在突尼斯和阿尔及尔已经出现集体耕种的田地，当然这是一种宗法制的共产主义，但是我们可以发展它，改革它，并且用完全的共产主义来取代它。

最后我向国际代表大会致以问候。（鼓掌）

主席：

在宣布会议延期之前，还有几件重要的事情要通知。

致德国工厂委员会代表大会的贺电

贝龙：

主席团建议大会发一份电报，电报全文如下：

柏林-诺伊科隆，新世界饭店

工厂委员会代表大会，亲爱的同志们！

我们热切地关注着你们的运动。为了给德国工人阶级指出一条从灾难和贫困中求得解放的战斗道路，你们在这困难的时刻召开了这次大会。资本的进攻每天在加剧，现在主要的进攻目标是八小时工作制。社会民主党的领导人和工会的官僚主动地或被动地在其中充当帮凶，他们破坏无产阶级的每一次反抗行动，甚至为了资本家的利益不惜开始分裂工会。因此，当务之急是建立团结的无产阶级战线，捍卫八小时工作制，保证工人的温饱，工人监督生产，建立工人自卫队以抵抗德国法西斯主义。有鉴于此，共产国际第四次代表大会和红色工会国际第二次世界代表大会向第二国际、第二半国际、阿姆斯特丹工会国际和参加这些组织的政党与工会发出一封公开信，要求它们采取共同行动，以便实现上述各项要求。

把你们已经开始的事业顽强有力地继续下去吧！工厂委员会运动必将成为聚集一切工人进行反抗斗争的中心。它必将在最广泛的基础上组织和进行这一斗争。只要你们能排除一切阻力，建立起统一战线，你们就为成功地抵抗，甚至为过渡到进攻创造了最重要的前提条件。

我们在这里集会的来自全世界的革命工人的代表祝贺你们的事业取得决定性的胜利，并向你们致以兄弟般的革命敬礼！

共产国际第四次世界代表大会
红色工会国际第二次世界代表大会
1922年11月22日于莫斯科

（热烈鼓掌）

主席：

有谁反对发出这份电报？没有人反对。

女代表的讨论，也就是妇女委员会的扩大会议的讨论邀请书已经发出，定于明天上午11点准时在克里姆林宫侧厅举行。国际妇女书记处请各个代表团派代表参加。

（会议休会时间：下午4时）

第二十次会议

(1922 年 11 月 23 日)

会议开始：中午 12 时 15 分
主席：卡尔

讨论东方问题

主席：

今天的议程是讨论东方问题。

下面是一份提交大会的抗议书：

"参加签字的代表团在此抗议，主席团和大会在最后时刻缩短了发言时间，由此说明他们对东方问题和殖民地问题没有给予应有的重视。"

在抗议书上签字的有日本、英国、土耳其、安哥拉、波兰、比利时、澳大利亚、印度、爪哇、埃及、波斯、突尼斯、墨西哥和瑞士。

有两项提案，确切地说，是把厄尔斯曼同志（澳大利亚）和萨法罗夫同志（俄国）列入发言者名单的提案，已正式由东方委员会进行了详细讨论。主席团建议，把他们两人列入昨天通过的允许有 15 分钟发言时间的发言人名单。有反对意见吗？建议被通过。

在第一位发言人发言之前，我想简短地说明一下所有发言人遵守发言时间的必要性。这里是主席团草拟的议程。从现在起，议程上安排时间超出一天的唯一问题是东方问题,我们预定的是两天时间。从今天到12月3日,我们只能给议程表上的每个问题安排一天时间。为了把所有问题都谈完,我们必须遵守议程安排。东方委员会的同志们将看到,对他们并没有另眼相待,给他们的发言时间同给其他所有人的一样多。从现在开始,我们不能再浪费时间了。如果不是由大会决定延长发言时间,主席将只允许每位发言者讲15分钟。我们的时间很有限。为了完成我们的工作,我们也必须限制发言时间,每位发言人必须压缩自己的发言,在所允许的发言时间内讲最重要的,或者只讲结论。

韦布(英国):

同志们,由于我在这个重要问题——东方问题——中提到二十一条,我会再次受到拉狄克同志的批评,但即便冒着这种危险,我还是要谈到共产国际第二次代表大会通过的二十一条或二十一条中的第八条。在那次大会上,列宁同志在他的发言中提醒那些加入共产国际的政党,如果根本不明白它们自己所同意的那些原则的结论,就不要来参加这次大会或派代表来,就不要同意那些在共产国际提纲和章程中确定的原则。第二次代表大会在通过二十一条的同时也通过了关于民族问题和殖民地问题的提纲。从那时起,国际工人运动有了巨大的发展。人们可以不必担心拉狄克同志或共产国际内任何一位同志的反对而尽管断言,全世界共产党都没有理解共产国际第二次代表大会通过的关于民族问题和殖民地问题提纲的结论。

二十一条第八条的内容如下:"在资产阶级占有殖民地并压迫其他民族的国家里,党在殖民地和被压迫民族的问题上必须采取特别明确的路线。凡是愿意加入第三国际的党,都必须无情地揭露'本国的'帝国主义者在殖民地所干的勾当,不是在口头上而是在行动上支持殖民地的一切解放运动,要求把本国的帝国主义者赶出这些殖民地,教育本国工人真心实意地以兄弟般的态度来对待殖民地和被压迫民族的劳动人民，不断地鼓动本国军队反对对殖民地人民的任何压迫。"

这就是共产国际第二次代表大会的决议。大会以来，埃及、波斯、美索不达米亚和土耳其等地的民族革命运动迅速高涨。尽管如此，人们仍然可以断言，甚至连最成熟的共产党——不是小党或正处在向共产党发展阶段的革命小组，而是已加入共产国际的最成熟的共产党，都没有意识到刚才提到的有关民族运动的义务。

列宁同志在共产国际第二次代表大会之前，就在关于民族和殖民地问题提纲的草案中，指出了在先进的资本主义国家内组织进步的革命运动以及组织俄国周围的革命的民族主义力量的意义。在那个草案中，列宁强调指出，我们不能满足于简单地从纲领上承认与革命民族主义运动及殖民地结合的必要性。我们不可以停留在简单的声明上，而是必须制定一项由这些国家的资产阶级民主解放运动的发展阶段所决定的政策。我在此所代表的党因为对民族运动和殖民地问题发表了看法而受到过谴责，这确有其事。我们在英国这个世界帝国范围内，在爱尔兰、埃及、非洲的其他地区、印度以及组成不列颠世界帝国的其他殖民地掀起了解放运动。但是我们由于疏忽而犯的错误主要归于，当时我们的党还很小，也还很年轻，并且有无数的内部困难需要克服，所以我们的党对民族运动问题没有能够给予应有的注意。

托洛茨基同志在俄国革命爆发之前写的一部书中，批评了第二国际最强的支部德国社会民主党，并且指出，德国的社会民主党已经发展成为社会帝国主义。

有人企图把共产国际变成一个共产帝国国际，就像社会民主党的特征是社会帝国主义那样，因此，我们必须尽最大努力，绝不让所有这种人进入共产国际。

在通用英语的资本主义世界里，有份叫《双周评论》的非常著名的杂志，在这份杂志的最近一期中，可以找到一篇非常重要的文章，这篇文章清楚地表明，资产阶级已经认识到民族革命运动的重要性，他们竭力利用民族革命运动来反对苏维埃俄国，而且作为与共产国际的努力相对抗的措施，力图把这种力量变成自己的后备军。前面提到的那份杂志里有一篇关于土耳其民族革命运动的文章——《凯末尔其人与运动》——说："毋庸置疑，在凯末尔主义者追求纯粹民族主义目标的时候，布尔什维克利用土耳其的民族抱负，来攻击西方文明的最薄弱环节，由于这些新的震荡，革命运动得以在疲惫的欧洲重新爆发。"这家杂志在研究了苏维埃政府与安卡拉政府之间的关系后接着说："它同英国也有重要的关系。"它从英国共产党执行委员会的声明中援引了要求无条件地把君士坦丁堡归还土耳其人民的有关段落。接着，这家杂志写道："美国银行家联合会说得很对，英国拒绝从查纳克撤离，并让兰开夏郡的30名步兵与凯末尔的1000名骑兵对峙，一直等到援军赶到，英国在这两个星期中保护了欧洲文明。"这家杂志最后说，英国及协约国也许会把君士坦丁堡交给土耳其民族主义者凯末尔帕沙，但是事先必须向全世界证明，凯末尔帕沙不再是苏俄傀儡。像《双周评论》这样权威性的资产阶级杂志所作的这种解释，说明资产阶级清楚地意识到，民族革命运动变成针对它们的无产阶级革命运动的危险性。基于这点原因，罗易同志阐述的提纲中的那些条款值得给予极大的重视。他强调，必须团结这些国家的无产阶级群众，才能使他们脱离资产阶级解放运动而组织起来。这样做不仅对于殖民地国家革命的无产者具有意义，而且对于那些对民族运动采取镇压措施的国家的共产党也具有意义。

　　令我感到意外的是，到这里来参加继续讨论像这样一个重要问题的代表竟如此之少。与大会主席团主席今天早晨讲的相反，我认为，这次大会最好再占用12月的几天时间，而不要像现在这样匆匆忙忙地通过诸如东方问题这样如此重要的问题。

最后我还想说，土耳其革命运动的胜利是迄今为止对凡尔赛和约所进行的最沉重的打击（为讨论凡尔赛和约的问题我们将在这个讲坛上看见共产国际所有的重要成员），是迄今为止对和约所进行的决定性的打击，它粉碎了色佛尔条约。因此这个问题极其重要。这就是我想对第四次代表大会说的话。

刘仁静（中国）：

同志们，我发言的时间有限，因此我虽然有许多话要说，却只能向你们大概叙述一下中国目前的形势。

我首先要谈谈中国的政治形势。从今年5月到6月，中国有两个政府被推翻了，这两个政府被推翻对中国的革命运动至关重要。

首先被推翻的是南方政府即孙中山的革命政府。这个政府是被他部下的一个军人、一个国民党员推翻的。这是由于领袖孙中山和他部下的这个军人之间在北伐计划上有意见分歧。这意味着什么呢？这意味着革命的军事计划完全失败。中国的国民革命政党国民党多年前就已制订了军事革命计划，期望通过武力征服各省，然后在中国建立民主。它没有在国内开展群众性的宣传活动，它没有把群众组织起来，它企图单纯通过武力达到目的。它在1920年取得广东之前就已组织了政府。它希望倾广东全省的物力来装备一支远征部队，去讨伐充当封建军阀及世界帝国主义代理人的北洋政府。

开始，这个计划似乎是可行的，因为全体党员好像都同意这样做。但是一旦广东省被占领后，该省的军事长官，一个国民党党员，就抛弃了全部北伐计划，变得日益保守，日益满足于一省之地，不愿过问外省的一切事情。国民党内这种党员很多，他们在取得政权之前，是革命的，但夺取政权之后，就变得保守了，那位推翻南方政府的将军不过是这类人物的一个例子罢了。大多数国民党员，按其本质来说，都是反动的，如果他们有一天在其他省份取得政权，他们也会像这个军事长官一样，反对军事讨伐的计划。这就表明武力征服计划的失败，它还证明革命运动必须采取新的方针。这就是说，为了取得革命的成功，就必须组织群众，并且在群众中进行宣传，切不可单纯依靠武力。这种单纯依靠武力的方法在中国已经行不通了。

在北方，两派封建军阀在四五月间发生内战，一派军阀亲日，一派亲美。结果是吴佩孚派军阀的亲美集团获得胜利，这个结果对于中国革命运动也是异常重要的。

北洋政府处于日本的影响之下大约有五年之久。日本帝国主义是通过贷款来施加它的影响的，这些贷款使北洋政府有能力继续内战。日本政府贿赂中国北洋政府的官员，以保证它在中国的采矿业中拥有股份和有权在山东建筑铁路等。所有这些权利都是通过贿赂取得的。所以，中国人民对日本帝国主义和北洋政府中的日本代理人抱仇视态度。中国人由于痛恨日本帝国主义，就日益支持美国帝国主义。由于张作霖控制下的北洋政府十分反动，人民就开始比较同情吴佩孚那派军阀，因为吴佩孚思想比较进步。他主张裁减军队和废除督军制（各省的封建割据），并且得到美国人的支持。最近吴佩孚和美国帝国主义在中国得势，这将证明吴佩孚不可能解决中国的政治问题，而且他和张作霖没有多大差别。尽管他支持民主政纲，但他不能实现裁减军队和废除督军制的计划。这将使群众失望并转而反对美国帝国主义，这就意味着群众被激化了。人民将会认识到唯有自己才能够实现民主，他们不能信赖任何军阀集团。群众将看到吴佩孚不会履行他在未掌权时许下的动人诺言。和平主义的小资产阶级因为吴佩孚许诺改善他们的经济状况而支持他，但这种倾向将日益消失，并且最后在这样的政治变动中完全消逝。

让我们看看吴佩孚的所作所为。他声称不向列强借款，这使他赢得了人民的同情。但他取得政权后，依靠一帮亲美的知识分子组织内阁，这伙人就立即着手向美国告贷。诸如此类的行为将促使群众觉醒起来，这样的形势将愈来愈有利于中国的革命运动。

其次，我要谈谈工人运动。今年工人运动有了很大的发展。今年初，香港海员罢工50天，开始还只限于经济要求，不久就具有了针对英国帝国主义的民族主义因素。这次罢工开始只有海员参加，但是后来发展成为香港殖民地反对英国帝国主义的总罢工，并且向北方扩展，接着发生了一直扩展到华中的京汉铁路大罢工。此外，还有香港的钢铁工人罢工、上海的纺织工人和卷烟工人罢工以及矿山工人罢工，所有这些罢工此起彼伏，间隔很短。反抗资产阶级的斗争的扩大几乎唤醒了工人群众，这说明中国的群众运动并不光是社会主义者的梦想，而是明摆着的现实。这还说明，共产党在群众中的宣传工作是能够获得很大成就的。由此可见，共产党与前几年它还只是一个派别和一个教育组织时的情况相比，今后将会取得很大的发展。今年我们已经有机会看到我们共产党在群众中的影响扩大。

现在我来谈谈中国共产党最近的政治活动。要在中国消灭帝国主义，就必须建立反帝的统一战线，我们党根据这一原则，已决定和国民革命的政党即国民党建立统一战线，其形式是我们共产党员以个人名义参加国民党。通过这样的形式，我们想要达到两个目的：第一，我们希望通过我们在国民党内许多有组织的工人中进行宣传，把他们争取到我们这边来；第二，我们只有把自己的力量同小资产阶级和无产阶级的力量结合起来，才能打击帝国主义，我们打算在组织群众和通过宣传说服群众方面和国民党竞争。如果我们不加入国民党，我们就会孤立，我们所宣传的共产主义就会是一种虽然伟大崇高却不能为群众接受的理想。群众会宁可追随小资产阶级政党并且被该党利用来达到自己的目的。如果我们加入国民党，我们就可以向群众说明我们也是赞成革命的民主的，但是这种革命的民主，对我们来说，只是为了达到目的的一种手段。而且我们还能够指出，虽然我们是为了这一尚为遥远的目标而奋斗，但是我们并不忽视群众的日常要求。我们能够把群众团结在我们周围，并分化国民党。

考斯尼-艾尔-阿拉比（埃及）（讲阿拉伯语，由保尔同志译成英语）：

我受委托来告诉你们，我们埃及同志相信，红旗飘扬在金字塔上，与克里姆林宫上的红旗遥相呼应的日子已经不远了。

这就是埃及的工人、农民让我向你们转达的消息。现在我自己还想补充几句话。

埃及的工人在投降条约的重压下，在英国帝国主义、外国资本家以及本国资产阶级的奴役压迫下，正生活在水深火热之中。埃及肥沃的土地，埃及作为英国帝国主义向远东扩张的桥梁的地理位置，经埃及把小亚细亚与非洲连接起来的巴勒斯坦铁路的修筑，修筑开罗—南非铁路线的远景规划，所有这一切，都增强了帝国主义剥削分子的欲望，加重了埃及工人的痛苦。

埃及已经具有成熟的社会主义思想，其标志就是埃及社会党的成长。这个党今年8月公开成立，在成立以来短短的时间之内，先后吸收了1000名党员。因为埃及已具有成熟的社会主义思想，所以我们尽一切努力使共产主义宣传的不断传播和向共产主义的发展不遇到任何障碍。我们认为，如果埃及在共产国际这个大家庭中没有一席之地，如果人们让埃及的努力付诸东流，埃及革命发展的落后状况将有损于东方，并推迟西方的革命。

1919年和1920年的震撼人心的大起义动摇了英国帝国主义的势力，这对于埃及的资本家来说也是一次深刻的教训。被这些事件所震惊的英国政府与埃及的资本家都佯装高姿态，表示愿意保证埃及的完全独立。但是人民没有受这些空洞许诺的欺骗。这些许诺归根结底是什么？

第一，保护通道，英国之所以答应这一条是因为英国想保住通向印度之路；第二，共同管辖苏丹，目的是给英国开辟一个新的原料供应地，以满足曼彻斯特棉纺织厂的需求；第三，保护少数民族；第四，废除投降条约。提出这最后两项要求是为了使英国有参与决定埃及内政的权力。

为了保护新宪法以及批准英国与埃及之间的协定，埃及的资本家组织了自由党。他们制定了一个纲领，并推选了将在议会中代表自由党的候选人，选举日期将在明年1月公布。

埃及社会党非常庆幸敌人的公开亮相，有一句阿拉伯谚语这样说道："美，只有与丑放在一起，才越发显得其美。"

我们与自由党的斗争将十分激烈，但是我们不怕冲突，因为我们觉得，埃及社会党的力量和影响与日俱增，我们能够在经济和政治领域保持自己的地位。对于政府的任何无耻行径我们都不轻易放过，而总是在报刊上加以揭露；我们走到工人中间去开展活动，宣传社会主义思想和阶级斗争。我们不仅进行口头宣传，而且还印发了传单和小册子。庆祝"五一"国际劳动节的时候我们也没有白白放过宣传机会。尽管政府禁止一切公开的宣传，我们党目前还处于非法地位，全国处于戒严状态，但我们还是把无产阶级的力量团结在我们的旗帜下，在三个城市举行了盛大的游行示威。

我们打算充分利用即将来临的埃及第一届议会选举，在选举前几个星期，我们将尽力争取能有几位同志在这个新的机构中代表工人阶级。如果我们能成功地获得一个或两个席位，我们就能提高共产主义在东方的威望，巩固我们党在埃及的基础。

至于工业问题，埃及主要是个农业国，面临着紧迫的农业问题。我们党目前正在讨论这个问题，希望能在不远的将来制定出一个农业规划。

我们比较顺利地把产业工人组织在100个工会之中。自从埃及社会党成为合法党以来，又组织了两个工会，并向红色工会国际输送了三个现有的工会。在这些工会里，组织起来的工人总数虽然只有2750人，然而我们希望在下次大会召开前，在这个数字后面能够再加上几个零，按照列宁的说法，就是再加上从新卢布上所去掉的那么多个零。在这五个工会中，我们都有组织健全的共产党支部，在其他工会里也有我们的党员，但要在这些工会里建立支部，我们还需要做许多工作。

现在我谈一点别的事情。为了研究埃及问题，共产国际设立了一个下属委员会。这个委员会上次开会时，它的成员没有全体出席。与会者通过了一项决议，决议中指责埃及党犯了许多错误。我觉得，这恰恰证明了这个党是好的，因为无所事事者不可能有机会犯错误。即使埃及党在过去犯了错误，我相信它会努力在将来弥补这些过失。在作出此项决议的会议上，委员会只有三个委员到会，其中还有一人反对这项决议！因此，我坚信，明年共产国际将比过去更好地理解埃及社会党，而且这项决议必将在第五次代表大会上得到修正。

共产国际万岁！

厄尔斯曼（澳大利亚）：

同志们！我想就给代表大会提交的提纲谈两点。

第一点，是关于殖民地国家，特别是近东和远东受帝国主义压迫的殖民地国家革命运动的形成和发展。

我们特别感兴趣的第二点是正在发展的太平洋冲突所引起的问题。如果我们仔细观察一下形势就会发现，不同国家，特别是南太平洋和北太平洋国家的工人之间还存在着许多困难和误解，主要是白人工人与有色工人的问题。我们必须克服的主要困难是白人工人由于对有色工人廉价劳动力的担心而产生的偏见。大多数有关国家——澳大利亚、美国和加拿大——的法律规定，禁止有色工人由国外移入定居，因为工人认为，这些从国外移入的有色工人会被利用来降低这些国家已经达到的生活水平。因而，简单地说这些国家的工人是反动的，他们不了解处于这种形势下的经济因素，不理解自己所负的特别使命，这是不够的。我们是工人阶级的先锋队，我们必须向工人清楚地指出，在这种形势下应该怎么办。但是到目前为止，我们很少这样做，而且从来都不是从国际立场出发的。

现在，成千上万有色工人从印度和中国被送到南太平洋国家的甘蔗地，而且是在最恶劣的条件下，在契约制和合同制的条件下送去的。这些工人专门被送到斐济岛和澳大利亚邻近的其他群岛。迄今为止，资本家还没有能在澳大利亚和新西兰实行合同制度，但是，他们竭力要实现这一计划，他们要在澳大利亚也采用这种办法，这种企图使这些国家共产党的工作变得十分困难，因为工人在这种企图的压力下联合起来保护反对有色工人移入的法律。共产党也着手处理这个问题，并取得了一些成绩，这就是在今年墨尔本工会大会上，它成功地向工会领导人阐述了这些法律的全部意义及其对工人阶级利益不利的因素，因为这些法律维护了澳大利亚工人的利益却损害了日本、中国及其他南太平洋国家工人的利益。这就是我们必须解决的问题。我觉得，如果我们得到共产国际的支持，如果今天或以后的几年里我们时刻不忘记这个严肃问题的重要意义，我们是能够解决这个问题的。

所有关心太平洋问题的人，即使是暂时对这一问题表示关注的人都会理解：一场新的世界大战的危险正在那里增长。如果你们理解了这一点，你们就会得出以下结论：资本家在战时所散布的口号可能会比工人阶级反对这种暴力冲突的口号更有影响；如果资本家阶级以"黄种人入侵"的恐惧来加强澳大利亚目前已经存在的对"黄祸"的恐惧的话，就可能会使以往从未有过的大批群众倒向他们一边。因此，我们的一个特殊任务就是，在以后的几个月里取消这些口号，使工人意识到这些口号的真正含义。

提纲中有一条建议，我们认为，它将非常有利于我们反对这些国家的资本家的斗争。此外，今年的墨尔本工会代表大会通过了一项决议，决议要求召开一次泛太平洋会议，并认为这是达到北太平洋和南太平洋各国工人之间相互谅解的最佳办法。这次会议将把日本、中国、马来群岛、印度、美国、加拿大、澳大利亚、新西兰等国工人召集在一起，使他们有可能讨论自己的问题，找到使工人明白他们以前反对有色工人的行为之反动性的最佳方法和途径，并达成协议。他们会明白，他们不必对日本工人的侵入担心，也无须担心日本、印度以及其他有色工人到美国和澳大利亚来是有意要降低当地工人的生活水平。他们会了解到，北太平洋地区的工人已经组织起来了。一旦他们明白了来自资本主义的危险，他们将会为整个太平洋沿岸各国工人阶级队伍的巩固迈出第一步。

我们之所以在提纲上提出这条建议，是因为我们希望，这些国家的工人能得到支持，希望大会确实能达成一项决议，并且在一项提纲中确定泛太平洋会议确实应该举行。然而，我们觉得有义务说，这样的代表大会必须召开，在会上必须提出一份观点鲜明的纲领草案，然后再具体加工成文。

此外，我们还认识到，澳大利亚的工会也必须研究这个问题，一旦这些工会学会如何认识这些问题，研究肯定会有成果。因为澳大利亚有80%的工人已经组织起来，工会运动在那里很强大，我们可以通过工会让入境的每个有色工人参加我们的工会。明年1月，在我们革命工会的章程中仍占一席之地的种族偏见的最后残余也将消失。这样一来，工会掌握重点工业部门的道路便畅通无阻了。它们将把每个已经在澳大利亚的，或者将到澳大利亚来的有色工人吸收到自己的行列之中。过去工会确实曾经拒绝过吸收有色工人。如果我们完全懂得这种形势的历史意义，就不能责备他们的这种态度。但是今天我们就没有理由在工会内部搞这种区别对待的路线了，而且共产党消除这种区别对待的路线的尝试已经有了成绩。

然而，为了巩固这种形势，为了将提纲应用于实际政策，为了使工人在日常斗争中清楚地认识到这一点，我们必须尽快召开以上所建议的大会，并且希望得到共产国际的支持。我们现在必须得到执行委员会的支持。执行委员会必须比以往更加重视殖民地问题。它必须明白，殖民地问题同欧洲的任何问题一样重要。如果的确如此，我们澳大利亚的同志相信，我们将胜利地完成提纲所提出的任务。

萨法罗夫（俄国）：

尽管共产国际第二次代表大会作出决议，但帝国主义国家的共产党在着手处理民族和殖民地问题方面所进行的工作微乎其微。

只是最近几天英国共产党才把它的注意力转向印度和埃及的殖民地革命运动。

尽管在法属殖民地爆发了伟大的革命运动，法国共产党却没有真正组织一个中心去领导自己工作中的这一重要分支，而仅仅建立了一个殖民地问题研究小组。

更有甚者，在共产主义大旗后隐藏着君主统治思想，这种思想与无产阶级国际主义是背道而驰的。

西迪贝勒阿巴斯支部为此提供了有力的证据。

这些同志（如果还可以称他们为同志的话，因为他们是小市民，不是同志），这些小市民在一份反对共产国际向法属殖民地发出的号召的抗议书中说：

"殖民地问题的特点就是完全缺乏协调一致，而这种一致又是非常必要的。有些受监护的民族现在已经有能力自治，而另外一些民族则还不能。如果共产党的责任要求给前者以自由,那么前者就会更为急切地盼附,不能让后者听天由命。如果埃及也必须独立自主的话,但愿不要出现食人族的独立自主。"

这就是那些所谓的共产党人的立场。

这些人心里充满了这样的想法,即共产国际及其执行委员会想让食人族把西迪贝勒阿巴斯善良的人们吞噬掉。

我们并不如此残酷,我们并不怀有恐怖主义思想。西迪贝勒阿巴斯及阿尔及利亚联合会的善良的人们完全可以放心,因为,事情并非涉及人吃人,而只涉及民族和殖民地问题。

必须斩钉截铁地说,第二国际战前的那些观点在共产国际内是不允许存在的。在制定某些提纲诸如阿尔及尔提纲,以及我们不同国度的同志们就此问题发表声明时,必须清楚地意识到,这里涉及希尔德布兰德、诺斯克等人的观点。

因此,我们对第四次世界代表大会的大部分与会者所表现出的消极态度表示抗议。(掌声)

先进的帝国主义国家中反对世界帝国主义的无产阶级革命的命运是同落后国家内殖民地革命的命运紧密相连的。世界帝国主义竭力想通过加强对殖民地的剥削来恢复元气。因为资本主义正处于困难时期,因此它就愈发加紧对中国和印度等国的剥削。

请你们注意一下目前正在国际政治中发展的一切矛盾吧!英国博纳·罗的保守党内阁的纲领就是一项借助殖民地恢复英国帝国主义势力的计划。为了争夺太平洋和中国,美国、日本、英国等国的利益互相抵触,争执不休。

在小亚细亚,即北波斯和南波斯,英、美、法的利益互相冲突。在法国,米勒兰、彭加勒及其同僚的计划中,黑人军队占主要地位。米勒兰、彭加勒及其同僚比某些共产党人更清楚殖民地问题,因为他们相当明白,所有这些落后国家——如果它们尚未受到革命精神影响的话,所有这些食人族都可以被利用来反对革命,为帝国主义利益服务。这种形势是显而易见的。

到目前为止,我们在我们的报纸上——除少数几种报纸例外——都看到了关于殖民地问题的好听的声明:"必须解放被压迫民族,必须帮助他们,等等。"

但是谁都不说,**现在必须做什么**。

在一些落后的国家中,如印度、中国等,自从第二次代表大会以来,殖民地运动有了相当迅速的发展。

战争年代,由于帝国主义放松了对殖民地的监护,当地的资本主义得到很大发展。在一些国家,例如在印度,工业生产甚至增加了一倍。国内资本主义的发展是这些国家民主革命运动发展的基础。

外国帝国主义今天在殖民地所扮演的角色正与18、19世纪封建主义在资产阶级面前扮演的角色一样。

在落后国家内,殖民地民族革命是一场资产阶级民主革命。我们知道,此时此刻国际形势是革命的形势;我们知道,我们正处在阶级斗争的高潮时期;我们知道,无产阶级革命完全胜利的日子已经不远了。因此,落后国家的资产阶级民主政府对我们无产阶级运动是一种支持和极大的安慰。所以我们不可轻视这个运动,各国共产党必须尽一切力量支持这个运动,并把落后国家的优秀分子组织起来。

东方各国——中国、印度——仍然相当落后。农业封建主义和军阀主义是外国帝国主义的主要支柱,例如波斯的部落酋长就对英国人的征服政策有利。

在中国,那些被称作"督军"的最高军事长官阻碍了中国的统一。

我们的首要任务是,把殖民地革命运动的所有力量联合成为反对帝国主义的统一战线。

在这些落后的国家内，小资产阶级发展的因素仍未从封建因素中分离出来，而这些封建因素正是外国帝国主义的附庸。

反对封建农业政体的斗争是必要的。波斯的这种斗争正在进行，这也是反对外国帝国主义的斗争。

第二次代表大会召开的时候，这些国家中还没有共产党。在中国，1920年的抵制洋货运动中，工人运动的最初征兆已十分引人注目。在印度，1919年工人运动开始发展。

我们还可以举出许多类似的例子：战时及战后危机时期本国资本主义的发展导致了工人运动的高涨。这些国家的共产党还很弱小。只有几百人，有的甚至只有几十人。然而我们非常熟悉工人运动的历史。1883年，布尔什维克党只是一个五人小组，40年后它成了执政党。在我们这个时代，历史前进的脚步确实比以前更快。我们相信，那些小的共产党组织也同样会迅速发展起来。

战时才成长起来的这些国家的工人阶级，还总是被手工业和小农体制束缚着。印度有200万工人，这些工人被组织在不同的工会里。资产阶级律师领导运动。1920年，印度才出现第一个革命小组。孟买出版了一份社会主义报纸，它的编辑是丹盖同志，他正打算在印度建立一个工人政党。我们坚信，在印度建立这个独立政党的时机已经成熟。

不同国家的工人运动发展方式各不相同，但是，这些现象仍然有其普遍性。因此，我们完全可以说，殖民地国家的工人阶级正在成为独立的政治力量，这是迈向无产阶级革命最后胜利的一大步。

我这里有一份北京宪兵队头子的报告。中国的宪兵害怕列宁。他们的头子这样写道：

"与列宁打交道得出的经验便是一个生动的事例，说明异端思想的实现比洪水猛兽的威胁还要有害千百倍。"（笑声）

甚至连中国的宪兵也因为布尔什维主义思想的进步而惶恐不安。

我们不能在这些国家迫不及待地提出苏维埃革命的问题，我们在这些国家的头等任务是为解放工人阶级、为在经济和政治领域把他们组织起来而斗争。工人阶级甚至必须参加反对外国帝国主义的共同斗争。工人运动决不应当是民族运动的缩小的形式。

共产国际第二次代表大会已经宣告，我们必须支持最落后国家中各种形式的独立工人运动。我们遵循了这条方针路线。各国共产党已成为一支政治力量，它们有能力组织民族革命运动，并把这个运动推向前进。陈腐的偏见依旧束缚着民族运动的第一阶段，许多世纪以来受压迫的人民大众认为，消极反抗的办法能够帮助他们获得胜利。我们必须批评这些办法，因为它们不能帮助我们达到目的。

与此相反，我们必须把所有国家的注意力集中到殖民地问题上来，至今在共产国际内还只有殖民地问题研究小组，这是不够的。我们必须把这些落后国家的工人阶级组织起来，因为工人阶级以及殖民地半殖民地民族对无产阶级世界革命的胜利具有重大意义。（掌声）

奥尔昌（土耳其）：

同志们，共产国际的观点是，殖民地各民族的独立运动对于世界革命具有极为重要的意义。因此，使我们感到完全不可思议的是，西方共产党没有给予东方问题和殖民地问题以应有的重视。

非常遗憾，我们为此可以举出一个有力的证据，即意大利共产党在它的行动纲领中，还一直没有一章是专门写殖民地共产党的任务的。

我们遗憾地看到，第四次代表大会是依据第三次代表大会的样子讨论东方问题的。我们完全同意同志们的抗议书。

我们认为，反帝统一战线就是在满足劳动群众最低要求的基础上建立的最进步的阶级反帝斗争的一种联盟形式。

正如在工人的最低要求（八小时工作制、工资、结社权利等）的基础上形成的无产阶级反对资本进攻的统一战线，为自己定下的目标是用揭露第二国际和第二半国际的叛变政策办法来争取群众那样，反帝统一战线也要有自己的目标，这就是瓦解帝国主义的力量，争取群众，揭露统治阶级力图与帝国主义和解的外交政策。

为了使群众理解反帝统一战线的胜利，必须把这一策略具体化，以便把群众对农业、管理、税务、选举改革等方面的要求作为积极内容变成这项策略的基础。

鉴于第二国际和第二半国际现在也开始被迫在口头上反对东西方的帝国主义，我们必须向欧洲的机会主义政党建议，在东方和殖民地各民族独立的基础上建立反帝统一战线。

因此，我们必须向工党建议，在以下各方面向政府施加压力：

（1）使它在洛桑会议上要求缔结与国民公约相一致的和约；

（2）立即从君士坦丁堡和整个色雷斯撤军；

（3）按照俄土条约在黑海沿岸各国参与下解决海峡问题；

（4）在工人报纸上可以发表关于这个问题的文章；

（5）从叙利亚、美索不达米亚和巴勒斯坦撤军，承认所有殖民地和半殖民地的民族独立。

为了东方的民族运动和工人运动的利益，为了使全体劳动人民从入侵的资本主义政府的奴役压迫下解放出来，也为了组织统一战线的利益，我们建议，由东方国家的全体代表同英法代表共同协商，立即召开一次代表大会，邀请正在进行反帝斗争的所有革命组织参加。

土耳其人民在反对世界帝国主义的斗争中所取得的最近几次胜利，在亚非最偏僻的国家，甚至在交趾支那这个非穆斯林国家也引起了强烈反响。资产阶级报纸还专门报道了这个国家的欢庆活动。

根据这些事实，我们宣告，由土耳其共产党召开的所有被压迫民族的代表大会对于世界革命将具有头等重要的意义。

拥有殖民地和半殖民地的国家的所有政党，特别是法国和英国的政党必须支持每一个革命的独立运动，并且把本国殖民地的共产党当做自己的支部，采取一切手段给予援助。我们特别坚持这一点，是因为至今本土的共产党令人不可理解地疏忽了自己对民族解放运动和共产党的责任。我们要求，第四次代表大会责成所有支部贯彻二十一条中的第八条，并督促它们定期给东方各国共产党寄送便于他们揭露帝国主义分子政策的全部材料和文献。我们还希望，他们也能给这些国家的共产党寄发专门阐述瓦解占领军、使其革命化的做法的小册子、杂志、传单、公告等。

这些国家的共产党将承担散发这些出版物的任务。

在东方国家，生产力的发展阶段不允许工人阶级立即以无产阶级专政的形式实现它的最终目标（尽管土耳其的工业设备比较雄厚，无产阶级的阶级觉悟近几年有相当发展），对于这些国家年轻的共产党来说，最重要的问题首先是加强党的组织，使其摆脱一切机会主义与个人主义的因素，在政治和经济上教育并组织无产阶级，通过在工会内部不断的井井有条的工作把工人运动集中起来。

这些年轻的共产党必胜的先决条件是，扩大自己在半无产阶级和农民群众中的影响。

因此，这些国家的共产党必须在过渡时期提出有利于联合广大劳动群众、削弱与全体人民相对立的统治阶级的地位的口号。

简言之，东方国家年轻的共产党的重要任务如下：

1. 全力支持民族解放运动，联合一切力量建立反帝统一战线，提高警惕，防止统治阶级破坏民族解放运动；

2. 必须采用有利于广大劳动群众的比较民主的形式。这个策略将使党得到所有劳动阶级的同情，使共产党成为伟大的人民的党。

但是如果共产党的全部工作只局限于支持独立运动和要求改革,那么它就不再是共产党。它的主要任务之一是教育和组织工人阶级,建立牢固的组织并使其经受考验,以便在一定时刻,即使民族主义党和社会党领导人叛变革命,党也能够领导无产阶级和半无产阶级群众走向最后的胜利。(掌声)

尼克-本(波斯):

同志们,在我介绍波斯情况之前觉得有必要声明,迄今为止,东方国家、殖民地国家很不受重视。共产国际第二次代表大会的决议曾明确宣布,殖民地国家只有依靠占领殖民地的大国的共产党支持,才能得到解放,才能建立共产党,然而这项决议只是一纸空文。我们不但没有从西方帝国主义国家的共产党那里得到任何道义上的帮助,而且它们对东方问题也根本不关心。第四次代表大会今天的会议就是一个证据。在消灭资本主义制度的过程中,东方问题无疑起着非常重要的作用。为了消灭资本主义制度,必须堵死给资本主义提供生机与活力的所有渠道,必须在殖民地埋葬资本主义的力量。至于波斯,目前这个国家正处在由宗法制社会向资本主义过渡的阶段。波斯不是只有一股力量,还有二股、三股等,难以计数。那里的共产党不但要为反对本国的封建统治者而斗争,而且还要为反对帝国主义者,主要是反对英国帝国主义者而斗争,后者是封建君主最重要的盟友,他们与封建君主勾结,阻止波斯向资本主义制度过渡。在波斯,人们也可以觉察到世界工业危机,因为波斯市场只是在一定程度上尚未被资本家利用。这导致本国工业开始发展,与之相伴随的是无产阶级的兴起。由于这个原因和许多别的原因,波斯组织了共产党,这个组织目前在全波斯有1000名党员。此外还有工会,它在全波斯有1.5万名会员,其中1.2万人在首都德黑兰。如果严格地从党的立场来看,在波斯组织一个群众性共产党也许是错误的。这个组织只有一个核心，当然是完全健康的核心，主要由工人组成。另外还有以工会形式出现的组织，它们完全处于共产党的影响之下，党掌握政策，并对工会工作的进程施加影响。

工会大批成立，以致党不能完全掌握所有的工会。从以下事实中可以看出波斯共产党的力量是多么壮大：在党的领导下今年举行多次罢工，其中大多数——约有10次——是成功的。

当然也应该讲一讲新闻报纸的影响。我们在德黑兰有两份机关报，是全波斯最受欢迎的报纸。无论它们受欢迎的程度还是发行量，都超过所有其他报纸。党力求建立一个广泛的反帝战线，在这方面党提出了一个要把所有的民族和民主团体的代表包括在内的广泛的民主同盟计划。波斯共产党在这个同盟中起领导作用。具有深远意义的是波斯共产党已证实自己比资产阶级政党强大。资产阶级政党也力图与我们结成联盟，而且首先是有一个民主纲领的所谓社会民主党人力图与我们结盟。可以说，波斯共产党不久取得巨大成就的前提已经具备，因为波斯的工业区聚集着众多的无产阶级。例如，波斯南北港口有码头工人；波斯南部地区有英国的石油基地，四万名波斯工人在那里劳动。值得注意的是，今年在波斯的历史上首次举行了庆祝五一节的活动。五一节那天，人们不仅举行种种集会，而且趁五一节之机宣告了一次罢工。当然不是所有行业的工人都举行了罢工，只有排字工人协会宣告五月罢工。这一切证明，波斯共产党已经完全成熟，它正开始争取共产主义胜利的战斗。

拉狄克（俄国）：

同志们，我们必须检验一下自第二次代表大会以来我们在同东方运动的关系问题上所走过的道路。你们回想一下，当我们在共产国际第二次代表大会上提出关于东方运动重大革命意义以及关于共产国际必须支持这一运动的提纲时，这种态度不仅震惊了资本主义世界——它们明白自己为什么害怕我们的决议，而且也在第二国际、第二半国际的政党内引起很大反响。你们只要回忆一下克里斯平和希法亭在哈雷的发言就行了，他们说我们对奇瓦的毛拉的重视超过对某一个产业无产阶级，例如对德国独立社会民主党这样一个党的重视。

同志们，历史已经证明，我们是正确的，那些以西欧人的傲慢谈论奇瓦的毛拉的先生们是不正确的。你们回想一下，在巴库的东方会议之后人们是怎样骂我们与"土耳其人"结盟的。然而实践说明了什么？历史说明了什么？凡尔赛和约不顾希法亭之流的一切抗议而存在着，现在希法亭之流准备参加政府，充当协约国的走狗。希法亭一伙是历史的弱者，他们只会向世界哀诉痛苦。

但是，土耳其的革命运动、我们曾经答应给予支持的土耳其人民大众的斗争撕毁了色佛尔条约。整个第二国际和第二半国际没有做一点反对资本主义的事情，而土耳其的战斗却触动了整个西欧的均势，从而回答了以下问题：东方的运动是否是革命运动？它对摧毁资本主义势力是否具有重大意义，或者它是否是有共产国际参与的苏联对外政策的把戏？

在东方问题的意义突然十分明了，甚至连盲人也看得清之后，先生们又开始唱一支新歌，这次是我们第二次代表大会的主席之一，过去的共产党员保尔·莱维为这支歌起了调。现在不再说东方各民族和东方革命没有意义了，现在说：看看吧，凯末尔帕沙的胜利就是彭加勒的胜利。由于苏俄支持了凯末尔帕沙，它也就支持了彭加勒。保尔·莱维说，我们走得太远了！莱维的亮相比他本人关于德国对内政策的所有文章都更好地表明，他本人已经堕落到了什么程度，也说明社会党国际已经腐败到什么程度。社会党国际不懂得，在伟大的世界历史发展中有各种不同力量在起作用，也不懂得，虽然东方各民族的革命斗争被矛盾重重的国际帝国主义集团所利用，但这既不能改变这一革命斗争的性质，也不能解除世界无产阶级支持东方革命倾向的义务。第二国际和第二半国际的可怜虫们不懂得，正是因为资本主义势力企图把东方各民族变成资本主义的工具，国际工人阶级才有义务尽一切力量帮助东方各民族与欧洲和世界工人运动联合起来，共同反对世界帝国主义。

如果现在莱维先生之流说，是的，土耳其的胜利就是法国的胜利，那么他们就是提前两个星期预言：洛桑会议将清楚地说明，觉醒的东方将面对一个反对自己的世界资本主义联合战线；法国想在东方扮演德国战前在东方所扮演过的角色。法国想让英国面对一个较大的土耳其地区，但并不是为了让这个地区独立，而是把它作为法国扩张的对象。因此，法国政府帮助土耳其战胜希腊后，便会抛弃它。在投降条约问题上、在对土耳其实行财政控制的问题上，法国政府将同不列颠帝国主义采取同样立场。于是这将证明谁是正确的：是革命力量、共产国际、苏俄——他们曾经说过，应该排除一切混乱现象支持东方运动，因为它在本质上是革命运动——，还是那些人，他们由于害怕和胆怯，在每个发展阶段都看不到以后的事情。

所以，同志们，现在我谈第二个问题。这个问题无论在土耳其代表的报告中，还是在我们土耳其同志的报告中都占有重要位置。我们的论点是：受剥削的东方必须起来反对国际资本以捍卫自己而且它会起来自卫。正是出于这个原因，人们应该支持受剥削的东方。现在领导东方各民族的不仅不是共产党员，而且绝大多数连资产阶级革命者都不是。领导东方各民族的仍是行将就木的封建集团的代表，他们是这些国家的军官集团和官僚。因此，我们对东方各民族的支持提出了与这些统治者的关系问题。由于土耳其共产党受迫害，由于前几个星期在中国吴佩孚挑起反对罢工者的斗争，这个问题的提出是有现实意义的。我们共产党人能够清楚而公开地说明我们与这些事件的关系，而不用任何外交辞令作掩饰。我们答应支持觉醒的东方，同时一刻也没有忘记正在东方发生的阶级之间的斗争。1848年，马克思在《共产党宣言》中不仅对德国工人说过：只要资产阶级以革命的面目出现，我们就应该支持它。① 他甚至要求波兰的革命分子支持在农民问题上持革命立场的波兰大地主、大贵族。② 这意味着什么？他很明白，资产阶级就是资产阶级，波兰贵族就是波兰贵族；他知道，年轻的工人运动必将与这些同它相异的、相敌对的阶级进行阶级斗争；但是他也懂得，尽管两个阶级之间存在阶级对立，但正是为了阶级斗争的利益，为了阶级斗争今后发展的利益，在这一历史时刻需要工人阶级支持这些阶级。同志们，土耳其共产党遭受迫害是在土耳其刚刚开始发展的阶级斗争的一部分：阶级斗争不仅存在于工人阶级与年轻的资产阶级和官僚机构之间，而且存在于统治阶级的营垒内部。

　　众所周知，对迫害共产党应负主要责任的是内务部长拉乌夫·贝总督和雷法德帕沙，他们两人主张与协约国妥协，他们曾是苏丹的政敌。苏丹在土耳其遭废黜引起了一场斗争，这也不是秘密。现在的问题是：统治阶层中的革命者是否会向反动派投降？如果投降了，凯末尔帕沙就大势已去，围绕着土耳其的肮脏交易就将重新开始，土耳其人民就会因为小小的贿赂而被出卖。如果他们不投降，就必然会力图用群众的反抗去抵制天主教教士反革命帕沙和所有腐败分子的进攻。我们不知道哪一个政党将胜利，但我们一刻也没有懊悔过，我们曾对土耳其共产党人说：你们自己组织一个特殊的政党之后，首要任务是支持土耳其的民族解放运动。这关系到土耳其人民的整个未来，关系到土耳其人民为自己开辟道路还是成为世界资本的奴隶。如果帕沙出卖土耳其人民，如果投降条约的全部负担、财政监督等全部落到土耳其农民头上，土耳其农民

---

① 参见《马克思恩格斯文集》第2卷第66页。——编者注
② 参见《马克思恩格斯文集》第2卷第65页。——编者注

就会懂得，共产党人、年轻的工人阶级是为他们的利益而奋斗的，他们就会聚集在共产党周围。即使在目前受迫害的时刻，我们也对土耳其共产党人说：不要只顾眼前而忘记不远的将来。捍卫土耳其独立的任务还没有完成，这一任务具有重大的国际革命意义。你们应当起来反抗迫害者，你们应当针锋相对地进行斗争。但是你们应当懂得，解放斗争的历史时刻还未到来，你们必须和正在聚集起来的土耳其革命者一起走一条漫长的道路。

还是讲讲中国的情况吧！同志们，请你们想一想事件的过程吧！当吴佩孚同张作霖打仗时，他有长江一线和那里的兵工厂做后盾，但他没有掌握北方的铁路，控制铁路的人被日本收买了。他是怎么办的呢？他向年轻的中国共产党寻求支持，共产党派了一些党代表给他，在战争中间，党代表牢牢地掌握了铁路，供在那儿进行革命斗争的吴佩孚部队使用。在中国，谁进行反对日本帝国主义的斗争，谁就是为中国革命的发展而斗争。共产党人懂得了这一点，同时也使工人阶级加强了对自己的独立性、自身的重要性的认识。后来，工人向吴佩孚提出了自己的要求，也使这些要求部分地得到实现。由于这样的支持，由于革命的资产阶级力量实现了自己的历史使命，我们的同志就能够在华北的工人群众中站住脚。第二国际和第二半国际总是对我们说：傻瓜，你们不懂得，有些恩维尔帕沙、有些吴佩孚实际上一再出卖了你们。我们回答他们说：尊敬的第二国际和第二半国际的先生们，只要还存在小资产阶级（而你们是属于这一阶级的），它总是要动摇于资本和工人阶级之间。而你们，你们这些自称社会主义者的人，已经千百次出卖过工人阶级。尽管如此，在每次出卖以后，我们还是重新争取你们参加统一战线。你们反对统一战线，但历史却和你们开玩笑，你们被迫参加了。不管你们是否愿意，尽管你们也曾经出卖过我们，但是你们不得不再一次同我们合作，并且为我们的事业效劳。

请你们回想一下德国发生的事件吧！那个让吕特维茨上台的德国社会民主党在卡普叛乱中不是也不得不与共产主义的工人并肩战斗吗？它虽然后来又背叛了工人阶级，但尽管如此，它不得已与我们共同进行的战斗是对工人阶级有利的，因为卡普政府当然要比现在的政府糟糕。在东方，叛变与动摇当然就更频繁了，因为那里根本不是小资产阶级，而是行将就木的封建阶层占据政府的领导地位。他们将上千次地企图把自己出卖给世界资本的这一派或那一派，他们将上千次地企图出卖国家的革命利益。但是历史的幽默在于：大蜜蜂也必须通过狭小的入口进入蜂巢。他们必须战斗，因为长期与帝国主义和解对他们来说是不可能的。为了保证自己舒适的生活，帕沙们当然可以和解。但是，当他们明天需要为和解付出代价而向小亚细亚的农民敲诈勒索的时候，他们将会看到，历史并没有让土耳其农民在战争中白白熬了 12 年，现在的农民与战前不同了。社会革命党人的一家机关报——当然不会以一种对苏俄较友好的态度报道——从君士坦丁堡发来一篇通讯，描述了对凯末尔帕沙的胜利的印象。通讯中写道：成千上万人聚集在大街上，在那里可以听到两个口号："凯末尔帕沙万岁！苏维埃俄国万岁！"群众知道法国人也帮了忙，但没有人喊拥护法国的口号，因为他们凭直觉感到，法国出于外交上的原因，忽而支持土耳其，忽而反对土耳其，然而，尽管在沙皇与土耳其之间曾有过上百年的战争，但苏俄抛弃了沙皇的帝国主义政策，愿意与土耳其人民结成兄弟关系。这一事实使土耳其人民铭记在心，使他们走上胜利的道路。

因此，我们不是从苏俄的立场而是从共产国际的立场声明：不要吓唬人。我们不是把宝押在这个或那个集团的暂时政策上，而是押在西欧工人群众与觉醒的东方群众共同反对世界资本的伟大历史潮流上。

同志们！我现在对报告、对这次会上有关我们东方各党的情况和工作的发言讲几句话。

我还是像往常一样开头。同志们，不要把事情看得太美好，不要过高估计你们的力量。中国同志来这里说：我们已在整个中国牢固地扎了根。我却不得不说：尊敬的同志！在工作开始时感到自己有足够的力量来进行这项工作，这是好的，但是毕竟应当看到实际的情况。我们的中国党是在中国的两个部分发展起来的，彼此是相当独立的。在广州和上海工作的同志很不懂得同工人群众相结合。我们同他们进行了整整一年的斗争，因为许多人认为，一个好的共产党员怎么能干预像罢工这样平凡的事情呢？那里我们有许多同志把自己关在书斋里，研究马克思和列宁，就像他们从前研究孔夫子一样，几个月前还是这个样子。由于孙中山倒台，革命事业本来已在华南遭到一次打击，它怎么可能一下子就成为强大的力量呢？在北方，一般说来党是弱小的，只能依靠铁路工人，你们在那里怎么可能是一支巨大的力量呢？塔尔海默同志引用了列宁的一句话：不要事先夸耀胜利。这句话很好，正像中国古代圣贤的话一样，值得学习和好好理解。

中国同志的任务，首先是考虑中国的运动的可能性。同志们，你们必须懂得，无论是实现社会主义的问题，还是建立苏维埃共和国的问题，在中国都没有提上日程。遗憾的是，在中国甚至连全国统一和建立统一的共和国的问题，都还没有提上历史的日程。我们在中国的体验使人想起18世纪的欧洲、18世纪的德国，那时，那里的资本主义发展还很薄弱，资本主义还没有建立起单一的、统一的民族中心。你们谈到督军，你们喊道：孙中山在这里，吴佩孚在那里——这是什么意思呢？这就是说，资本主义是围绕好几个中心开始发展的。一个3亿人口的民族，没有铁路，怎么可能不是这个样子呢？尽管我们有远大的前途，而且你们要以你们年轻的共产主义信念的全部热情为之奋斗，但我们的任务仍旧在于，把工人阶级中正在形成的现实力量统一到两个目标上来：（1）组织年轻的工人阶级；（2）使它对资产阶级分子的客观革命力量采取明智的态度，以便组织反对欧洲和亚洲帝国主义的斗争。我们刚刚开始理解这些任务，因此，同志们，我们必须对自己说：我们必须在那里制定一个具体的行动纲领，使自己更加强大。共产国际对西方的共产党说：到群众中去！而我们对你们讲的第一句话是：走出孔夫子式的共产主义学者书斋，到群众中去！不仅到工人群众中去，不仅到苦力中去，而且也到已被这一切事件激动起来的农民群众中去！

我再谈谈日本和印度。这两个国家的力量对比状况很相似。在日本和印度已经存在着强大的工人阶级，两国都存在严重的社会危机，存在着资产阶级和土地贵族的不同阶层之间争权的斗争，在这两国，我们还都没有共产主义的群众运动。这是事实，请你们看看上一期《共产国际》中片山潜同志汇编的关于日本形势的号召吧。这些号召很有意思。在这些由不同的工人团体公开出版的号召中可以看到由托尔斯泰主义、工团主义、共产主义直至最起码的社会改良构成一道不同色调的彩虹。我不得不说：在这个多声部的大合唱中，共产主义的声音是最弱的。

为什么？我们至今还不知道尚处于英国宪章派所处时期的日本工人的意见，我们还不懂得如何架起通向他们目前具体任务的桥梁，这些任务就是把工人组织成一支能够干预日本阶级斗争的力量，首先实现民主。我的观点是，日本将不会简单重复英国的发展。

100年过去了，不言而喻，日本的发展速度会更快。整个历史将趋向集中，随之而来的是，甚至在日本目前正在酝酿的资产阶级革命中，苏维埃将不是作为权力机构而是作为团结工人的机构出现。但是我们现在必须组织工会，必须提出一个理智的纲领，指出工人阶级最近的任务，这一任务就是把工人阶级作为组织起来的群众，领导他们去进行斗争。

在印度，我们有一个思想中心。这里必须说明，罗易同志去年写了一篇用马克思主义分析印度情况的文章，这篇文章刊登在他的一本很好的书中，现在又发表在报纸上。这是一部极其伟大的著作，在东方还没有一个共产党曾独立地完成一部充满思想的作品。这项工作应该得到共产国际的最大支持。但是在实际工作中，在印度伟大的工会运动中，在罢工斗争的熊熊烈火中我们却什么都没干。我们还不懂得在英国的占领下利用他们不得不给我们的权利。罗易同志受到的欢迎说明，在那里合法活动的可能性是存在的。我们甚至不知道作为一个做实际工作的党应该如何迈出第一步。所有这一切表明："到蒂珀雷里的路还很长"。如果同志们在这里抱怨说，人们对他们的工作不大关心，我不得不说：做出的成绩可以引起党的关心。在一次代表大会上一而再再而三地说波斯有许多工人，这并不是人们需要在代表大会上了解的事情，从一本地理初级课本中就可以得知了。

同志们，我希望，在这次大会上成功地把我们的东方局和你们所做的工作纳入实际轨道，希望我们能在下一届大会上报告具体的组织方面的成果，果真如此的话，共产国际就不仅仅是感觉到东方问题的重要，而是意识到，它在做与这个问题的伟大意义相符合的工作。

同志们，我们现在面临的世界形势与第二次代表大会时期不同，在第二次代表大会上——虽然不十分明显，但是所有的东方代表都感觉到了——东方路线的目标是立即发起大规模的革命暴动。目前的世界形势是，我们在全世界正处于一个集聚革命力量的时代，这一事实对东方各国的局势也有影响，如果我们今后还想在东方国家起革命作用的话，我们首先必须做好大量的组织方面和政治方面的思想工作。当然东方的革命不用等太久，不用等到我们所有国家的同志都懂得，革命并不意味着阅读领会共产国际的提纲，而是在群众中进行实际革命工作的时候。但是，如果东方像现在土耳其一样，在我们的力量还很弱、尚未组织起来的情况下发生重大事件，使我们无法参与，那我们就不能从革命的立场去影响他们。因此，这次大会关于东方问题的口号应该是：走到受磨难的东方群众中去，教育他们，在东方建立共产国际的牢固的根据地，抓好实际工作，影响广大群众，进行战斗。在把工人团结在我们周围之后，我们就必须到农民中去，到手工业者中去，必须成为未来的人民党的领袖。（热烈鼓掌）

主席：

还有几件事要通知：

第一，主席团建议设立一个委员会，审查有关东方问题的提纲和决议，然后提交大会。委员会由下列同志组成：罗易（印度）、拉狄克（俄国）、萨法罗夫（俄国）、拉维斯泰因（荷兰）、韦布（英国）、萨利赫（土耳其）、片山潜（日本）、马拉卡（爪哇）、陈独秀（中国）、伊沙科夫（保加利亚）、加香（法国）。

我们建议，分别吸收一位波斯和南斯拉夫的同志进入委员会。（有人同意，有人反对。）

那我们只得进行表决了，让我们先就主席团原有的建议表决。建议通过。另一项建议已无必要表决。

通过关于谴责南非白色恐怖的决议

南非的**邦廷**同志要宣读一项有关南非局势的决议，并讲几句话。

邦廷（南非）：

同志们，决议全文如下。①

现在我还想补充几句话。（**插入的呼声**："南非殉难者万岁！"）我

---

① 见本卷收录的《关于谴责南非白色恐怖的决议》。——编者注

担心，他们中的一些人已经牺牲，祝他们万岁已经太晚了。但是如果我们通过海底电缆把这项决议发到南非，也许我们尚能拯救一些人的生命。此外，我们还可以做些其他事情。我们可以在幸存者的心灵中播种仇恨，使他们永远不再与双手沾满鲜血的斯马茨将军政府妥协，而是把反对资本主义的斗争坚决进行下去。

我认为，这一次是共产国际第一次有机会干预南非的政策而不必担心会招惹麻烦。目前，那里骚乱席卷全国，政府的行动引起各方面的抗议，这使共产国际有机会获得南非工人的尊重和高度评价。

我希望，为了达到这一目的，把决议通过海底电缆发到南非。

（决议获得一致通过）

（会议休会时间：下午4时10分）

第二十一次会次

（1922 年 11 月 24 日）

会议开始：上午 11 时 45 分
主席：先为柯拉罗夫，后为马尔赫列夫斯基

瓦尔加作土地问题行动纲领的说明

尊敬的同志们，关于土地问题，我们在共产国际第二次代表大会上就已经进行过深入的讨论，当时通过的提纲目前仍然是我们工作的基础。**土地委员会提交给你们讨论通过的行动纲领绝不意味着要改变那个提纲，而只是对它进行补充。**鉴于最近两年中所发生的历史变化，这种补充是必要的。

同志们，在第二次代表大会上，我们所有的人都相信，革命将在最短的时间里进一步向西方发展。当时是俄国军队在波兰胜利进军，共产主义运动在全欧洲展开的时期，在蓬勃发展的革命运动的影响下，第二次代表大会提纲中的主要观点都是与夺取政权直接相关的。目前我们必须看到，欧洲各国夺取政权的时间并非迫在眉睫，**因此必须把更多的群众培养成后备军，扩大共产党的进攻部队。**

这一思想是统一战线策略的基础，也是由我们提出的土地行动纲领的基础。如果我们要在欧洲取得重大的成就，建立无产阶级专政，我们就必须首先得到广大农民阶层的积极帮助，并且争取其他阶层的中立。

因为我们必须看到，同志们，从俄国革命中，不仅我们，而且资产阶级也同样学到了很多东西。资产阶级在布尔什维克夺取政权的时候，确信无产阶级专政仅仅是一种暂时的现象；今天，资产阶级从俄国专政的例子中看到了他们面临的危险的实际规模，全世界的资产阶级都提高了警惕。从目前情况来看，通过一个小的革命组织对资产阶级发动突然袭击是根本不可能的。

如果我们把争取每一个我们可以争取的阶层并使更多的阶层保持中立作为目标，那么我们首要的事情是确定我们的工作方法。这种方法无非是要以**资本主义内部农民有关阶层的现实的日常利益为出发点**。我特别要强调的是，争取这些阶层单单靠制定一个纲领是不可能达到的，一般说来，这些阶层对于共产党都是不信任的。如果我们要接近他们，那么仅仅依靠制定一个好的纲领是不够的，而是绝对必须通过行动，通过参加他们的日常斗争来争取他们，消除他们对共产党的不信任。因此我们首先有必要争取农村中的无产阶级、**贫苦农民，即只占有少量土地，不够维持生活，有时还要靠出卖劳动力生活的农民阶层**以及较贫苦的小农阶层。要想争取小农阶层，首先必须使他们摆脱大农和大土地占有者的思想统治。这在欧洲是一项艰苦的工作，因为欧洲农民不像革命前的俄国农民那样是一盘散沙，欧洲农民有他们的政治、经济和合作组织，在这些组织里，到处都是大农占领导地位，而我们工作的方法则必须以贫苦阶层的利益为出发点，并使他们摆脱大农的控制。这一任务是极其困难的，困难的主要根源在于欧洲各共产党的性质。

所有这些党几乎无例外地缺少开展农民运动所必要的骨干力量。在许多党内，现有的力量甚至还不足以做好工业无产阶级的工作，做农民工作的力量也就所剩无几。因此，在一个国家可能出现共产党与农民的联系完全隔绝的局面。

我想举一个例子。我向一位由罗马尼亚代表团委派到土地委员会的同志提出过这样一个问题：

罗马尼亚在农民中进行大规模的土地分配产生了什么样的政治后果？

他不得不对我说，我们不知道！我不想以此来责备罗马尼亚党。我们大家都知道，他们在过去的时期中是在多么困难的条件下进行工作的。我仅仅是想以此说明，在许多国家，对于大规模开展农村工作来说，共产党的力量是不足的。当然，问题的解决绝不是放弃农村工作，而是必须努力从农民本身，从农村无产者中间抽调出领导人、宣传鼓动者和党的工作者，对他们进行专门的培养，然后再让他们投身到运动中去。

同志们，以农村各劳动阶层的实际利益为出发点的这项工作也会遇到很大的客观困难。根据我的看法，其中最大的困难是**这些阶层在阶级内的地位模糊不清**。而在工业中，阶级层次要鲜明得多和清楚得多，人们完全清楚地知道，谁是产业工人，谁是手工业者，谁是工厂主，在这里从一个阶层转向另一个阶层是不容易的和少见的。当然在目前资本主义走向没落的时期经常出现产业工人附带从事某些小的投机性交易活动，或者在家里制造某些东西等情况。但是，一般说来，阶级层次还是清楚的、鲜明的。

而农民的情况则完全相反，那里经常出现原来完全没有土地和财产的农业无产者向富农转化的现象，经常出现由一个阶层向另一个阶层的转化。而且阶级状况也时时在发生变化。由于改种另一种农作物，一个农民，譬如说原来是一个小农，后来可能成为一个雇主。另一方面，由于某种其他外部条件的变化，又可能迫使他有时去当雇工，因此，阶级层次不仅相互交错，而且在时间上也是不稳定的。

另外，就中间阶层的重要性这个问题来说，我还要强调一下存在于农业中间和工业中间的**数量差异**。在城市里，我们的宣传工作可能不注意小业主、小商人等小资产阶级不稳定的阶层的群众。与此相反，有些国家真正的农业无产阶级为数很少，而小农和中农这样的半务农者却形成人口的绝大多数。因此，在我们的农村工作中，我们必须比在城市工作中更多地注意这些阶层。

同志们，我想简要地说明一下农业中这种阶层地位不明确现象所赖以存在的经济基础，这一状况是建立在这样一种事实上的，**也就是农业中最主要的生产资料即土地是很容易分的**，土地可以分开而不会使生产急剧下降。同志们，难以想象产业工人会突然想到要分铁路、电站、造船厂或者机器制造厂。显而易见，这是荒唐的，因为这样做会使生产遭到毁灭。但是在农业中，人们可以分掉主要的生产资料即土地，而产量不会因此特别地减少。如果一个小农很聪明，土地的分割决不会给生产带来不良后果。人们可以把地块卖来卖去，可以买地，也可能由于分遗产而变穷。因为基础本身是可分的，因此建立其上的阶层的层次地位同样是摇摆不定和模糊不清的。

最后，我还想说明一下由于各个地区、各个国家的条件不同而造成的重大困难。工业无产者的问题及其生活条件，本质上到处都一样，而在农业中则有很大的区别。这里我只区分为三种主要的类型。第一种类型是，有着被压迫的土生土长的农业居民的**殖民地国家**。这里我指的是埃及和印度这样的国家，这种国家的状况是：农民一方面受与当地封建大土地占有者有着极为密切联系的外国强盗的奴役；另一方面受大贵族即英国帝国主义盟友的奴役。在这些地区，反对帝国主义的斗争同时也是被压制、被奴役的农民反对他们自己的地主的社会斗争。在这里，民族解放斗争同时也是农民要求摆脱传统的社会奴役的解放斗争。

第二种类型是那些**还存在着浓厚的封建残余**、资产阶级革命不彻底的国家。即使在德国也还存在着浓厚的封建残余。如果我们再向东看一看，看一看波兰、巴尔干、罗马尼亚和小亚细亚，那么我们就会越来越多地发现封建类型的农村劳动者。

第三种类型是纯粹的资本主义国家，例如美国，农业是资本主义生产的一个部门，同样在英国的移民地区，比如在加拿大、澳大利亚和英国本身都是这样。剥削者与被剥削者之间简单的关系和工业完全相类似。譬如在小国南斯拉夫，剥削者与被剥削者之间的这种关系就显得相当纷繁，在新划归南斯拉夫的波斯尼亚和黑塞哥维那地区，农业劳动者和过去土耳其的大土地占有者之间几乎完全是封建关系；而古老的塞尔维亚却是一个完全民主的农业国：在由匈牙利并入的地区中，即南匈牙利和克罗地亚可以看到充分发达的资本主义农业、拥有现代化设施的农场。由此可见，在这个不大的地区内并存着社会、政治各不相同的三种类型，当然这也给农村工作带来了巨大的困难，因为根据当前的要求提出的口号，在古老的塞尔维亚、在波斯尼亚和在资本主义的克罗地亚或者由匈牙利并入的地区必须是各不相同的。

其次一个大区别是**土地问题**。有些国家对土地的渴望是农民全部利益的中心，而另一些国家，土地问题几乎不起什么作用。如果我们拿波兰或匈牙利，也包括德国和意大利的部分地区为例来看，在这些国家和地区，土地问题确实是一个问题，而在例如美国和移民地区则完全不是这种情况，因为那里有足够的土地。同样在法国也不是这种情况，因为那里的人口增长缓慢，战争中有150万农民的儿子阵亡，因此目前那里根本谈不上对土地的渴望。另一方面，在保加利亚虽然存在着对土地的渴望，但是那里根本就没有一个可分的大地产，因此，如果可以说那里有对土地的渴望，那也只是一句空话。正如你们所看到的，这方面条件也是极不相同的。

我认为，较贫苦农民阶层的主要特征就是其阶层层次不明确和不稳定。这一事实也决定了他们的政治作用：他们是摇摆不定的，正如他们的经济基础变幻不定一样,他们的政治态度也是经常动摇的。他们有时接近无产阶级,有时当经济状况比较好时又靠近大农。一般说来,他们是一种很不稳定的因素,人们必须努力去把握和始终现实地加以研究。

在这个问题上,我还必须指出由于战争给农民的阶级地位和政治观点方面所造成的变化,我想简短地概括如下:在战争期间,农业和工业之间、农村和城市之间的收入分配向有利于农村、有利于农业的方面转化。与此相联系,战前接近无产阶级的各农民阶层的社会地位提高了,并由此向大农接近。我要说的是,由于战争,无产阶级革命所能争取的阶层的分界线降低了,我们战后所掌握的群众比战前少多了。另一方面,由于战争,我们所能争取的部分和不能争取的部分二者之间的分界线变得更加鲜明。战争期间农村变富在很大程度上是由于食品的价格比任何其他商品的价格提高得快。因此,那些能把剩余产品拿到市场上出卖的农民阶层就富起来了。

与此相反,必须部分靠当雇工来维持生活的人,在战争期间变穷了,并且界线也更鲜明了,但是,自然也不像在工业中那么鲜明。

我还要补充一点,在最近一两年内情况又**重新恶化**。我们可以想一下,在美国和阿根廷发生的大的农业危机,以及由于现在工业品价格大幅度上涨,农民不再有可能高价出卖粮食,买进比较便宜的工业品,并从中得到好处。农民处境最近的这种恶化表现在各国农民负债又日益增多。

同志们!我把中产阶层的不稳定的阶级状况作为主要特征来强调,可以使我们理解,凡是有真正的农业无产阶级的地方,我们就**必须把这个农业无产阶级看做是革命运动的主要因素**。这些人是真正没有耕地的、真正的无产者,他们必将成为我们党可信赖和可依靠的、在任何情况下都可靠的战友。同志们,这一点在行动纲领中已经说得很清楚了。

因此在这里我必须指出,在提纲的法译本中有一个完全无法理解的错误，我简直想说，这是歪曲。在德文本中第六点写得很清楚：

"这是革命运动最重要的因素。"

而在法译文中却写得十分令人费解：

"最重要的因素之一。"

因此，我请将要担任翻译的同志注意，在法译本中要清楚地强调这一点，即签了字的德文本是最后有效的标准文本。

那么我们怎样才能接近农业无产阶级呢？我认为，关于这个问题没有必要说得很多。我们可以**从他们作为雇佣劳动者、作为无产者所提出的现实的日常要求出发**，支持他们为提高工资、改善劳动条件、扩大社会立法等方面的斗争去接近他们。当然，不仅仅支持，而且要把他们的斗争联合起来，要站在斗争的前列，并且努力把这些斗争与工业无产阶级的斗争结合起来，用这种方法向农业无产阶级证明，共产党真正是无产阶级的政党。我认为，关于这个问题没有必要讲很多，一切都已包括在纲领之中了。

现在讲一下我们对**半农民**阶层的工作，我想请大家注意在这方面可能发生的危险。可以说是存在着右的和左的危险。右的危险存在于那些现在有众多半农民和小农的国家，我们的宣传鼓动工作改变了方向，**共产党的工作和激进的农民党的工作之间似乎不再有原则性的、明显的区别**。我想在这里指出两件这类的事情。一件是法国勒诺·让同志的工作方法中好像就有某些这方面的危险，也就是由于强调了半农民和小农的利益而忘记了真正地地道道的农业无产者的利益。另一件就是我在美国代表团的报告中看到了这样一种迹象，报告中要求由国家确定农产品和所谓的大路货产品的最低价格，这不仅和农民的利益，而且也和作为消费者的城市工业无产阶级的利益是明显相矛盾的。这就是我说的右的危险。

另一方面，同志们，我也看到了某种左的危险。我看到有些同志害怕农民，头脑中还有一些宗派思想的烙印，认为只有真正的无产者、工业无产者和农业无产者才能成为积极的革命战士，相反，贫农阶层、比较贫困的小农不会积极地进行革命。我认为，这同样是一个极大的错误，因为在很多国家，如果没有这些阶层的积极帮助，无产阶级革命是不可能胜利的。我要说的是，如果资产阶级、富农、中农和小农阶层都反对我们的话，除了英国以外，欧洲没有一个国家能够坚持专政。

因此，我认为害怕农民的帮助，不相信广大农民阶层革命化的可能性，就像忽视农村劳动者的利益一样，是一个政治错误。事情很清楚，只有农村无产阶级才能为我们输送可靠的战斗部队和常备部队。但是在革命运动时期，我们必须吸收最广泛的农村劳动阶层。在许多国家中，不吸收农村中的劳动阶层就不可能夺取政权，并且在我们国家，没有他们的积极支持，也不可能维持专政。

现在的问题是，我们怎样才能接近农民中的各个阶层呢？在我们的行动纲领中已经指出了农民对资本的各种依赖关系：对借贷资本、高利贷资本的依赖性；对投机买卖的依赖性，投机商以低价买进小农的产品，然后在城市里以高价卖出；对工业资本的依赖性，工业资本通过垄断，人为地提高工业品的价格；对运输资本的依赖性，例如，运输资本在美国具有决定性的意义，因为那里有时50%的收益被运输费用占去了。也许这里有同志读过诺里斯的那本很有趣的小说，在那部小说里，他写道：在美国，铁路工会在一月之内的每星期或每两个星期改变一次他们的工资标准。一个可怜的人，通过艰苦劳动由无产者上升为啤酒花种植者的人问经理："请告诉我，您究竟是怎样确定工资的呢？"经理回答说："我们定的工资能够补偿您的工作。"也就是说，他们侵占了超过劳动工资之外的全部剩余部分。

此外，我们也要考虑农民反对资本主义**国家**本身的斗争，国家以征税的形式和战争的形式亦即血税的形式与农民处于尖锐对立之中。

我认为，我们实际的工作就在于研究农民对资本提出的具体要求，并且支持这些要求。我认为，解决在价格上很难表态的问题的办法就在于此。当然，我们绝不能说：是呀，农民就是应该要高价嘛。**但是，我们必须把价格问题引导到农民反对资本的斗争中去**。我们必须说：应该迫使资本为农民提供便宜的生产资料、便宜的机器、便宜的化肥等，以便使农民有可能便宜地出售粮食。我们绝不能说要确定一个高价格，而是应该说，资本家应该以低价向农民提供农民生产所必需的全部工业品。

但是，同志们，我们工作的关键是，必须对**土地问题**发表我们的看法。因为对土地的渴望是农村一切革命运动的最积极的推动因素。问题提得很明确：共产党是否应该支持资本主义社会内部贫困农民要求得到更多土地的运动？党应该反对还是赞同？这个问题是不可能回避的。在大多数国家这个问题提得如此尖锐，以致共产党不得不用"是"或"不"来回答。同志们，我说共产党在各地必须用明确的"是"来回答。党必须积极地支持农村劳动阶层为得到更多土地而进行的不懈努力。我们的策略必须是：**经常不断地把我们用革命解决土地问题的做法，同资产阶级的各种土地改革进行鲜明的对比**，并且把这些阶层的行动引导到我们解决问题的方向上来。

缺少土地的农民，例如半佃农、小佃户要求减少地租，共产党不能说：不，我们不赞成。而必须说：是的，我们赞成，但是同时我们也告诉你们，这不是解决问题的办法，而只有把你们现在租佃的田地夺过来，也就是采取革命没收的办法才能够解决。缺少土地的农民想**买地**，他们希望国家能够让他们用便宜的价格买到土地。共产党不能说，我们反对，而必须说，我们赞成，但是我们想要你们**不花钱**就得到它；虽然现在我们和你们一起斗争,让你们用便宜的价格买到土地,但是我们还要继续斗争,让你们不花一分钱就得到土地,包括设备、牲畜、机器等。

用这种方式,同志们,也只有用这种方式才有可能接触这些阶层,把这些至今与共产党几乎可以说是完全隔绝的阶层纳入我们的影响范围,并且把他们的行动,他们的革命运动与城市无产阶级的革命运动结合起来。现在人们可能会提出以下反对意见。

如果资产阶级政府看到,这种运动实际上已成为一种革命运动,那么它必然要力图通过把土地分给农民的领导成员和积极分子,以遏制这一运动。这种情况已经在俄国周围的许多国家中发生了,如芬兰、爱沙尼亚(在波兰只是受到许诺,但还没有得到贯彻实行)和罗马尼亚。英国《经济学家》杂志的一位通讯员在1922年10月21日的最近一期关于罗马尼亚的报道中十分清楚和明确地写道:

"显而易见,促使罗马尼亚进行土地改革的不是经济的考虑,而是恐惧。实际上这不过是统治阶级为了使农村不受布尔什维克主义影响而付出的代价。"

这是十分清楚和正确的。于是,这里也许会出现一种想法,认为既然如此,为什么我们要支持这样一种在一定时期会起反革命作用的运动?但是我必须说,这个问题提得很尖锐,共产党必须回答"是"或者"不"。而这些国家的共产党不能说"不",只能说"是",并且必须承担这种会削弱革命运动的局部胜利的危险。当然革命运动的理想应该是像俄国一样,**城市工人的斗争和农村缺少土地的农民的革命运动并行发展,直到城市工业无产阶级夺取政权以及农业无产阶级和缺少土地的农民占有土地**,农民从无产阶级专政手中得到土地。不是由资产阶级,而是由刚刚得到政权的革命的无产阶级来分配土地。革命发展的理想本来应该是这样的。但是战场上不光有我们,而且还有资产阶级在斗争,它可能会早些交出土地，从而削弱整个革命运动！

如果它这样做，我们也必须采取新的办法。我们必须马上充分利用资产阶级土地改革的所有缺点。我们必须立即指出，资产阶级的土地改革有其阶级的局限性。资产阶级改革不会给原来无地的无产者带来什么，因为这种改革都是通过付钱或债务的形式来分配土地的。因此它不会把土地交给那些没有生产资料、没有牲畜、没有种子、没有机器、没有牲畜圈等的人。如果像南斯拉夫那样，在新增加的匈牙利地区内把土地分给那些没有钱的穷士兵，这也不会有什么结果，因为这些人又把土地租了出去，事情也就到此为止。

总而言之，**我们必须自觉地应对资产阶级土地改革的危险**，如果出现了这种危险，就要立刻改变我们的策略，充分利用资产阶级土地改革的一切缺点。

这种资产阶级土地改革的社会效果如下：

它暂时削弱革命运动，造成一个与资本主义结合得更广泛的大农阶层；另一方面，它使富农与贫农之间的阶级对立更加尖锐，后者没有土地或者只有在成为债台高筑的奴隶的时候才能得到土地，在很短的时间内又会倒退到过去的贫困之中。

同志们，我们的宣传鼓动就像我已经说过的那样，一定要始终鲜明和明确地强调我们的纲领：没收土地、没收与此相联系的一切经营手段，无偿地把土地及全部设施交给无地的无产者和少地的农民。为了争取中立的中间阶层，我们必须始终强调，无产阶级革命要废除抵押权，废除租佃制：每一个以前租赁土地的人，从现在起无偿使用他原来租用的土地。我们必须始终并再三明确**指出资产阶级的土地改革和无产阶级的土地革命**之间的区别。

最后，我还要就提交讨论的行动纲领中所设想的组织措施说几句话。同志们，不言而喻，我们的任务就是在那些还没有建立工会组织的地方组织真正的农业无产阶级。我们的任务就是要在这些农业工会中建立共产党支部，并把这些支部置于我们的领导之下。但是我们也必须指出，我们要致力于把农业工会组织为产业联合会，也就是把所有长期在农村工作的工人，比如大庄园的五金工、铁匠、木工、建筑工和机械师吸收到农业工人工会中来，以便使我们在这些工会中能有更好的基础。

另一方面，同志们，我们希望生活在农村的共产党员们打进农村的黄色工会、资产阶级工会、法西斯主义工会以及所有的反革命工会，并且在那里建立支部，通过向人们证明那些工会不能实现其自称的目标，它们也不会进行反对雇主的斗争，从而起到分化瓦解作用。此外，共产党员还必须参加各种各样的小农组织、经济组织和合作社，以便在那些地方也建立支部，并把这些组织置于共产党的领导之下。

当然，在贫苦农民的行动中，共产党必须努力取得领导权。党必须力求对斗争发生影响，不断地为斗争提出革命的口号——当然这也要根据当时的策略形势而定，以便用这种方式对农民、无产阶级和缺少土地的农民实际证明，共产党不仅仅在它的纲领中，而且在它的工作中都是农村中所有贫穷的劳动阶层利益的代表。必须把农业无产者和贫苦农民的斗争与工业无产阶级的斗争结合起来，只要出现任何这种可能，我们就要通过相互支持对方斗争的办法，努力把两者结合起来。这绝不是乌托邦。在德国，我们了解到一些情况，例如贫苦的农民通过提供相当可观的粮食支持了德国南部钢铁工人的罢工，毫无疑问，那里也有工业雇佣劳动者支持贫苦农民斗争的情况。人们必须努力使这两种至今在很大程度上彼此没有联系的运动结合起来；通过建立大地产上的庄园委员会和建立小农委员会，就使那里有了一个强大的工厂委员会运动，从而形成农业企业和工业企业的共同的工厂委员会运动，以便使小农在工厂委员会运动中找到一个立足点，等等。当然在这里我不可能列举所有的情况，而只能举几个例子。

同志们，我的发言就要结束了。你们手头现有的、委员会已一致通过的行动纲领决不意味着在各个代表团内不存在意见分歧了。这些不同意见的存在，客观上是资料方面的困难和农村情况模糊不清造成的。我认为，有一位波兰同志的说法十分贴切，他说：土地纲领是一辆公共汽车，每个人都能上去。情况就是这样，同志们，只能是这样。正是由于农业中阶层划分的界线不清楚、不明确，由于阶层的划分不断变化，我们的行动纲领只能这样制定，在强调农村中真正的农业无产者优先参加共产党的革命运动的同时，也使农村中所有的劳动阶层有可能在这个纲领的基础上，积极参加这个运动。（热烈鼓掌）

讨论土地问题

勒诺·让（法国）：

从共产国际各支部关于各国土地问题状况的报告中可以看出，共产党在农村的活动到处都很困难。尽管如此，我们决不能把农民排斥在革命之外，尤其是在像法国这样的几乎半数居民靠种地为生的国家中，因为这样做简直就等于放弃革命。

因此，共产国际必须把在农民中进行宣传、鼓动工作当做它的一项重要任务。法国共产党自成立之日起就意识到了这一点，去年党在马赛代表大会上讨论并通过了一个土地纲领，这个纲领事先征得了执委会的同意。

这个纲领最本质的特点，就是忽略了当前的直接要求，而只阐述了夺取政权之后农业组织的大方针问题。为什么会这样呢？我知道，对一个土地纲领持这种观点，使共产国际其他支部的某些代表感到惊奇。然而，这是唯一符合今天法国农民心声的观点。

最近几个月来，为了起草一份执委会要求写的报告，我对所有的联合会作了一次调查。正如几天前我在《布尔什维克》上所写的那样，在集镇和农村工作的绝大多数同志都报告说，在许多地区，甚至在那些始终都是社会保守主义据点的地方，如在布列塔尼，农民的思想方式也发生了无可争辩的变化。战争的严峻考验猛烈地冲击了农民以前的政治幻想。的确，在1919年普选时，他们也和其他工人同志一样，大多数人是赞成资本主义制度及其代表的。但是可以肯定，今天他们已经走向另一个方面。

法国的大多数农民已经意识到，政治组织和经济组织正经历着一场严重的危机。他们中的很大一部分人对可能爆发一场革命并不感到惊恐，有时甚至对革命抱着同情感。

不仅个人的体会，而且从绝大多数农业协会那里来的消息都可以证明的这些事实，说明了法国共产党对土地纲领问题所持的态度。在某些国家，人们只有通过在有限基础——劳动条件、税收问题等——上的一系列行动，才能使农村的劳动人民理解革命这一概念。而法国农民由于某些我们现在将要探讨的原因，却能够跳越这些中间阶段。

在法国，土地问题还有另一个特点。或者直接地通过建立支部，或者间接地通过支部对犹豫不决的群众施加影响，不仅有可能争取农业无产阶级，而且有可能争取那些拥有田地、房屋以及农具的富裕农民拥护共产主义。

当然，没有财产的农民反对现存制度是有特殊原因的，对他们来说存在着与工业和商业中的雇佣工人同样形式的所有制问题。他们被剥夺了劳动工具——土地、牲畜厩、住宅和厂房，他们也和他们在厂房和仓库的同志们一样都是无产者——就像短工和奴仆一样，尽管资产阶级竭力夸大农村的富裕，但是那里的生活却非常困难。

虽然战争减少了劳动力市场上劳动力的供给，从而改善了农业工人的状况，但是农业工人得到的报酬仍然与所干的活很不相称：除吃住外,每年收入1200法郎—2000法郎,只有布里和博斯这两个地区例外,那里农业工人的工资一般都在3000法郎以上。因为我们这个时代的农民不安于过我们祖辈们乐意过的那种节俭的生活,而是要穿得衣冠楚楚,有机会还要消遣消遣,因此他们兜里总是剩不下几个硬币。到年底,半佃农也和小佃农一样拮据。那些没有应征入伍的人或者至少家里留有人(妻子、孩子或老人)的人,他们能够努力利用田地,节俭度日,省下一些钱,这些钱往往使他们能够摆脱农业资本家的剥削。然而,其余的人在战争结束后不得不重新受剥削。

这些没有财产的农民人数有多少呢?我不想隐瞒,对这一点我甚至很难提出一个大体估计的数字。统计表的目的都是为了欺骗使用统计表的人,而不是说真话的。估计1906年农业雇工大约有130万人。战后还剩多少人?100万人,也许是80万人。如果在这个近似数上再加上几十万小佃农和半佃农,那么由于1920年种地的男劳力不超过370万人,我们就得到下面这个结论:农业无产阶级在农业总人口中占三分之一,也就是说,大约有三分之一的法国农民存在着与工业和商业无产阶级相同的所有制问题。

还有小土地占有者问题。初看起来人们会认为,由于他们已经占有劳动工具,已经完成了为他们自己而进行的革命,现在他们对革命不再感兴趣;由于保守主义的宣传,他们甚至会害怕革命,而且注定要成为反革命的帮凶。然而还有一些相当重要的原因,使他们对现存制度怀有敌意,因而我们可以期望使这个居民阶层的绝大部分人接受共产主义。他们拥有耕地,这些耕地自战争以来始终没有负担,但是他们必须每天到市场上去卖掉自己的产品,买进他们的生活必需品。他们在劳动中要服从大资本的规律,大资本确定行情,然后把它强加给这些农民。由于国家的财政状况,这一点尤其令人担忧。他们把前几年积攒起来的积蓄(5000法郎、10000法郎、15000法郎)存入国家社会保险金中,他们心惊胆战地注视着国家债务的增加；他们担心会发生一场大灾难，他们感觉到这场灾难必定会来临。人们会说，这是资本主义的成见。非常简朴的资本家，他们的存款似乎只够在万一发生冰雹、畜疫、慢性病的情况下保障自己的生存。最后，问题在于究竟谁来关心引起这种反抗精神的原因。最重要的是，激发起这种反抗精神，抓住这种精神，使它转变为革命精神。（鼓掌）

然而，农民尤其厌恶军国主义和战争。使我吃惊的是，共产国际对这种加倍的仇恨没有给予应有的重视，这一意见我早就发表过。这场现代战争有20个国家卷入，并把4000万—5000万人抛入战场。这是人们在四分之三个世纪以前不可能预料的一个新情况。那个时代也和今天一样，资本主义的发展剥夺了劳动群众的工具，奴役着劳动人民。然而，那时候如果为了寻找销售地区、争夺原材料，为了征服主要的海陆交通线而发生武装冲突的话，被战争卷入的只有几十万人。那么今天随着新帝国主义的出现和某些原料的缺乏，冲突的危险增加了好几倍，战争把所有健康的人都卷进去了。

战争对农民来说是最可怕的剥夺。在法国，也和所有参战的国家一样，如今有数千人，一生中被资本主义制度夺去了7年或8年的时间；成千上万的残废人被资本主义制度夺去了四肢、力量，夺去了青春；150万户家庭被抽掉了顶梁柱……（**博尔迪加**插话："战争期间法国谁也没有看出这种情绪。每个男子汉都是爱国的，甚至包括你所称赞的反对军国主义的农民。"）我用1914年第二国际的可耻破产来说明这个事实。农民和其他所有人一样醉心于资产阶级报纸所进行的沙文主义宣传，他们也和其他所有人一样受到政府在国内挥霍无度的影响。

但是，他们得到第二国际领导人的支持。这些领导人的责任本来应该是号召农民起义。这些农民本来应该参加一次反战行动，而且进行革命。

农民开赴战场，这不是他们的责任，不是农民的责任，而主要是战前时期社会党的过错，是战前时期第二国际的过错，在1914年第二国际未能履行他们的职责。

这里我只能说；至少在法国（我不了解别的国家，我不习惯于谈论我不了解的事情），可以把农民对战争的憎恨和对军国主义的憎恨转变为进行社会革命的真正的动力，当然要在这样的条件下才能变成杠杆，即就像前几个月的情况那样，人们把农民对战争的憎恨和对军国主义的憎恨不是引向反对彭加勒和威廉这几个人，不是引向反对这些只能对历史发生肤浅影响的傀儡，而是引向反对资本主义制度本身……（**博尔迪加**插话："支持反对军国主义的战争！"）请您相信，法国农民，而且我希望，意大利农民也……（**博尔迪加**插话："参加了仅仅有利于资产阶级的战争。"）他们在1793年进行了反对封建地主的战争。他们进行了革命，他们可以再开始革命。

所有那些从大屠杀中幸存下来的人都知道，所签署的和平条约远远没有消除战争的危险，而只是增加了这种危险。向农民证明战争是资本主义制度的直接后果，因此可以通过农民的革命意志来消灭战争，是件很容易的事。

由于这种种原因，法国的农业资产阶级对小土地占有者的影响无论从方式方法还是从影响力来说，都不同于其他大部分国家。由于小土地占有者占有土地，他们也许会以为，他们必然同农村资产阶级站在一起，在某种程度上他们也是这么认为的。但是，他们的日常生活、他们分担的劳动，尤其是回想起他们的祖先为了土地和地产而进行的艰苦斗争，使他们更接近农业无产阶级；他们蔑视懒汉、富人和地主，战壕的苦难更增加了这种仇恨。农村小土地占有者与无产阶级之间不发生冲突，而资产阶级与小土地占有者之间却发生冲突，对此最好的证明就是，在法国不存在一个类似中欧那种起重要作用的农业党。

在此期间，政府千方百计要把广大的小土地占有者拉进自己的势力范围，它成立了很大的联合会、工会和合作社。不可否认，政府用这种方式有时能够把农民的政治领导集团拉过去。但是在大多数情况下，农民到工会去买肥料、种子，把他们的产品送到那儿去，在协会内投票赞成容克地主领导协会，然后在政治领域里同他们作斗争。农村的大地主总的说来都忠实于政治上反动的党派，而大多数小农群众自本世纪初以来是支持激进分子的。在所有的小农地区，农民和容克地主之间爆发了一场争夺市政管理的斗争，容克地主被现在成为小土地占有者的、他们从前的半佃农赶出了乡公所，安排在乡公所工作的农民保留了他们所取代的那些人的管理方法。另一方面，激进主义不过是资产阶级为了把人民进一步束缚在政治舞台上，使人民不接触社会问题而换来换去的各种假面具中的一种面具。

尽管如此，可以肯定，法国大多数小土地占有者在战前已经摆脱了容克地主的影响。而今天，战争的后果向他们证明，反教会的、教会的、激进的、温和派共产主义的以及反革命的各种资产阶级政党所结成的同盟向他们证明，实际上这些党派之间没有任何区别，他们代表的是资产阶级各个分支的利益。由于小农对富人的仇恨在战争期间更加尖锐化，这种仇恨将把小农引向革命，当然前提是共产党要懂得很好地执行自己的任务。

去年，我们在西南某些地区参加了一个工会运动，我们无法预言这一工会运动的结局将会如何，但是这一运动所固有的性质使它成了农村各种类型劳动人民之间的团结友爱的引人注目的范例。在最值钱的牲畜分配问题上，大土地占有者同半佃农和佃农之间产生了分歧。

大地主借口战争不可抗拒以及不可能预见突然发生的行情变化，因而拒绝履行已签署的合同。实际上只有半佃农和佃农关注这次冲突。然而工会自发地把小土地占有者、佃农、半佃农和雇工肩并肩地联合起来了。这是个真正的农民联盟,是一切被剥削者反对剥削者的联盟。这决不是什么偶然现象,在法国其他地区也发生了同样的情况。

一句话,尽管原因各不相同,但法国的农村无产阶级和小土地占有者都是可以争取过来支持革命的。因此共产党必须采取一种极其特殊的行动,它必须努力建立一个农村各种类型劳动人民的同盟,并使他们接近城市无产阶级。

在农村与这个同盟对立的只有两种顽敌:一种是游手好闲的大地主(封建贵族的后代或继承人),另一种在绝大多数情况下是大佃农,在有些地区,由于劳动力多,这些大佃农专门从事工业化的种植业。

然而农民在走上革命道路之前,他们即使不要求详尽地了解,也想大体上知道,革命将为他们做些什么事,革命将如何评价他们。

我认为,共产国际没有充分意识到农民这种想了解未来的要求,然而,假如你关心城乡工人生活的话,你就会很容易发现他们的这一要求。

因为工业无产阶级也要求,在他们毫无保留地参加革命之前,向他们说明革命的内容。不到一个月以前,我们的管道工人联合会的书记德尔福斯同志在联合会委员会中说,对推翻资产阶级统治犹豫不决,其主要原因是不知道将由什么机构来代替这种统治。

我担心,共产国际与无产阶级群众之间在这方面所存在的误解,总有一天会产生悲剧性的后果。我们要建立一个战斗的组织,夺权是我们的首要目标,其他所有目标都要与这个目标相适应,我们必须全力以赴地为这个目标而奋斗。谁不接受这个观点,谁就因此把自己置于共产国际之外。然而,法国一个最大的工人组织的书记却说,只要群众不相信共产主义会比资产阶级办事正确,他们就会对推翻现存制度和夺取政权一直持犹豫态度。所有与农民有接触的党的战士都知道,农民都有这样的情绪。

因此，谁要是顽固地反对确定专政时期经济组织的大政方针，谁就是放弃鼓舞无产阶级起来反对现存制度和激发无产阶级斗志的最合适的方法。人们不能拿着文件包去动员革命，战斗意志必须从下面产生。

局限于条条框框，提出一些抽象观点，对工人和农民的建设性意见充耳不闻，谈些乌托邦的设想，这是很便当的。这是空想吗？如果要详细地确定无产阶级国家的政治和经济组织，这的确是空想。

但是，我们并不是要这样做。而且我们可以不断指出，一个事先制定的过渡时期的纲领只能是一种可能性，而决不是什么既定的东西，并且事态并不一定按照人们所期望的那样发展。要么是根本没有建设性的纲领，要么是大胆冒险地事先作出规定，这两种做法之间总该有个折中办法。今天我们已经有了某些提法，如必须采取暴力、专政或社会化。这些提法是不够的。各地的农民听众都提出以下问题：夺取政权之后你们将干什么？什么叫专政？委员会将怎样起作用？你们将怎样解决所有制问题？

你们想想，这完全不是不可能的。由于战争及其造成的人员和物资方面的损失，由于经济和财政危机，10年前看来似乎要过许多年之后、过许多世纪之后才能成功的革命，现在可能大大地临近了。这就是说，要想勾勒出革命的大体轮廓，并不是梦想。假如无产阶级在三五年内或在十年内夺取政权，到那时候土地的分配、工具的完善程度以及农民的心理状态还会和今天一样。在这么短的时期内工业本身也不会取得显著的变化，更不用说农村了，在农村，每一个重大的发展都需要长得多的时间。

同志们，这就是对法国土地问题的最主要特征的粗略勾画。我们完全有可能在较短的时间内把大部分农民，不管是雇工、佃农，还是小土地占有者，争取过来支持革命。实行普选权和议会制以来，他们受骗已整整四分之三个世纪，他们不再相信改革，不再相信局部的改良和各个政党的声明。但是为了能把他们引向共产主义，就必须向他们指出，他们经历了斗争阶段之后，将会在新政权下过上好日子。

法国共产党一方面从农民的心理状态出发，另一方面根据法国农业的物质条件（这些条件在执委会任命的委员会的报告中作了探讨），制定了法共的土地纲领，这个纲领以及你们将要通过的纲领看来都是符合农村共产主义行动的主要要求的。

特奥多罗维奇（俄国）：

同志们，几乎到处都还保留着小农经济这一中世纪的残余，这个事实一般可以用以下三种情况来加以说明：一是因为存在着绝对地租的法则，之所以存在这个法则，是因为地产和耕地的私人垄断，因为只有小农经济才能在满足温饱需要之后向地主缴纳地租，虽然不是从地租范畴中，而是从利润中，甚至从工资中支付的；二是由于大经济，或者说得更确切点，是农业经济的资本主义剥削形式不能解决种植业的资本和劳动力来源问题；最后是由于商业资本、银行资本、借贷资本和收购资本与农业的关系使我们想到大工业的省俭的体制，它们既具有"交易制"的形式，又具有"工资制"的形式。最好是用马克思在论述40年代的德国时所说的话来描述农业的一般特征，马克思说：德国不仅吃了资本主义发达的苦头，而且还吃了资本主义不够发达的苦头。因此，资本主义生产方式中最主要的基本矛盾是：世界范围内农业和工业失去平衡，工业领域高度集中，最大限度的积累已经冲破了私有财产的外壳；而另一方面，我们看到农业的解体、腐败和落后过程（当然除了农业中以资本主义大地产和富农经济形式出现的那些已经以某种方式适应了资本主义经济形态的部分以外）。所以，总的说来，马克思当时谈到农民特征时所说的话是完全正确的，他说："资产阶级制度……吸吮它的心血和脑髓并把它投入资本的炼金炉中去。"①

现在我们来看看俄国。我们看到，农业所具有的一切基本特征在这里暴露得格外明显、格外清楚。20世纪初，我们在俄国的乡村一方面看到封建残余的部分统治，比如贵族的大庄园、实物地租和劳役地租制度；而另一方面我们看到商业资本、借贷资本和收购资本的暴力统治，看到农民工商业的衰亡，看到家庭手工业被破坏，因此我们看到了代表着整个乡村生活特征的所有形式。但是俄国农村经济的特征还在于它保留着我们在西欧早已看不到的残余，例如农田的三年轮种法、强制的轮种，以及拥有分散的村落、狭窄的、偏远的耕地的乡镇。如上所述，所有这些现象在欧洲已经不复存在了，因为在那里货币经济的发展过程，农村经济对市场需求的适应过程消灭了所有中世纪的这些最令人讨厌的残余。然而在俄国我们至今还能看到这些残余。

1917年革命爆发时，俄国只有六分之一的农民没有受农业危机的重负之苦，因为他们手中几乎拥有全部产品的一半和土地的一半，而六分之五的农民则在农业危机的魔爪中受煎熬。城市工业的微弱发展既不可以把剩余人口吸引到城市，也不可能把对小农经济产品的需求推进到可以提高集约化以及向畜牧业过渡的程度。我们的革命获得了成功，这个情况在很大程度上可以从以下事实得到说明，即我们的乡村以一个声势浩大的农业运动来响应城市运动、响应工业无产阶级的运动。农业运动在我们俄国获得了胜利，它之所以能获胜，只是因为它是由以共产党为首的无产阶级组织的。因此，乡村的根本弊病和痛苦一下子就被消除了。

你们知道，1867年第一国际在洛桑代表大会上宣布了土地国有化的思想，刚好在50年之后，我们于1917年首次把这一思想付诸实施。

---

① 见《马克思恩格斯文集》第2卷第570页。——编者注

我们没收了地主、修道院、皇属采地和王室世袭领地的耕地，我们把价值约50亿金卢布的土地转交给了农民。同时我们免去了农民的估计价值为15亿金卢布（不算西伯利亚）的押金。我们免去了俄国农民的租金，不算乌克兰、外高加索和高加索，每年共计达2亿金卢布。最后，我们还把总价值达3亿多金卢布的牲畜、家具和农具等交给了农民。所以我们不仅成功地达到使农民保持中立，而且使农民为共和国的成就而积极斗争，并且取得了这样的成果，即通过工人阶级和农民的共同努力，击退了地主和资本家反革命匪帮的所有进攻。我们党知道，只有夺取政权，才有可能形成工人和农民可以不再为剥削者劳动，而为自己劳动的这样一种局面。虽然他们意识到，这种翻天覆地的变化会暂时影响我们的生产，但是他们忍受着这种后果。我们知道，由于农民落后，他们对私田不会采取保持资本主义大经济的方法，而是采取分割的方法。我们确实看到了这样一种情况，用一位俄国学者的话来描述就是土地进入了一种流动状态，土地被占用，并且遭到所谓的"原始分割"。

因此，我们看到了我们的田地被弄得支离破碎的情况。统计报告说，在我们俄国，播种面积超过8俄亩的经营单位不超过2%—4%；没有播种面积的经营单位数字减小了，但是对俄国乡村来说，尤为典型的是下列现象：在中部、东部和西部地区，每户平均播种面积不超过4俄亩，南部地区每户平均播种面积不超过8俄亩。所以我们看到了一幅图画，它使我们想起了蜂巢：在法国革命时期就已经提出过"自由、平等、博爱"口号的小商品生产者（因为这实际上就是小商品生产者的口号）实现了平均占有被他们自己分成小块土地的要求。他们划分了许多小块土地，地块的大小几乎一样。

结果是粮食生产下降——结果也只能是这样，同时发生了这样的情况：农民使无产阶级感受到他们的力量，即粮食占有者的力量。那时正值革命时期，由于帝国主义战争以及强加给共和国的内战，共和国陷入了粮食供应紧张的状况。当粮食供应紧张状况迫使我们去征调粮食时，农民对这种要求作出了十分特殊的反应，总的说来，人们可以把这种反应描述如下：农民开始减少种植面积，最后种植面积比1916年减少了30%；另一方面，农民开始主要种植谷物，这样小麦被黑麦排挤了，燕麦排挤了大麦。农民的经营方向转向了种植谷物，前一时期出现的很明显的增长势头被扼杀。农民压缩经济作物的种植，而且从作物轮种中取消了饲料草的播种。当然在这件事上不仅仅表现出他们是有意识这样做的，表现出他们有意识让他们的经营转向这一方向；从这个现象中还必须看到，由于国内战争、帝国主义战争和歉收等动荡造成农村生产力的极大破坏。

但是，以下事实依然存在，即不能否认农民对无产阶级向他们提出的要求的主观反应。不发达的、在历史上世世代代受惊吓的农民不可能理解无产阶级理想的整个重大意义。

那时我们得到的结果是：土地被分成小块，生产下降，农民对无产阶级的斗争极端的不满意。恰恰在这个时刻，无产阶级和站在无产阶级前列的共产党决定修正其政策基础，并且建立无产阶级和农民之间的新形式。在所谓的"军事共产主义"的岁月里，我们想通过征收的办法收取农民一定的剩余原料和粮食，在此基础上恢复和发展我们的工业，工业则应该按分配计划把自己的产品运往农村，这等于是农村向城市提供某种特殊形式的贷款。但是农民坚决拒绝这种联盟形式，从这些重大事件中获得的历史经验，促使党大胆果断地改变了对农民的政策。于是，以容许农村存在资本主义关系、容许存在商品生产关系为基础的新经济政策得以宣布。关于这一状况，列宁作了详尽的阐述，他说："同社会主义比较，资本主义是祸害。但同中世纪制度比较，资本主义则是幸福，是进步。既然俄国农村存在着中世纪制度的明显残余，那么容许农村存在资本主义生产就等于能够以一种特殊的形式同这种残余作斗争。"①

　　新经济政策实行快两年了,现在我们可以得出一些结论了。根据最新的统计报告,根据我们最近所做的最新预算方案,我们从中看到的第一个趋势就是:**价格的协调**。在实行新经济政策之前,所有的农产品与黑麦相比都贬值了,俄国成了名副其实的黑麦俄国;然而,现在我们看到一个极其重要的情况,就是价格有协调的趋势,这是提高农业的主要前提条件。而农业的提高又解决了在向社会主义过渡时期的农村经济的根本问题。

　　我们所看到的由于新经济政策的实施而出现的第二种趋势,可以说是种植面积减少的速度放慢了,有些地方甚至可以说是根本不再有种植面积减少的现象。我们看到很多地区提高、扩大了种植面积,尽管某些地方,在饥饿的影响下种植面积仍在减少,但是无论如何是放慢了速度。在新经济政策的影响下,农村出现的另外一个趋势是,城市居民不再涌向农村,而是出现了城市又开始吸收农村剩余人口的最初迹象。

　　还有一种趋势可以称之为居民对**个体经营形式**的追求。早在1917年颁布农业法时我们就声明,使用土地的形式完全可以自由选择。当时农民仍然主要是追求原始的分割土地的方法,而破坏集体的趋势还不明显。但是现在人们确实可以看到这种趋势,不言而喻,这种趋势与我上面提到过的提高农业的过程是紧密地联系在一起的。因为对小土地占有者,对他们的心理状态和他们的经济来说,他们更喜欢的使用土地形式,自然是那种当市场对他们的产品的需求上升时,他们能够在市场上自由地灵活处理的使用土地的形式。而这样一种形式,或者说最自由、最适应市场的形式就是个体使用土地,而不是集体使用土地的形式。

---

① 引文与原文有出入。参见《列宁全集》中文第 2 版第 41 卷第 217 页。——编者注

最后，我们目前在农业中所看到的最新的趋势是**农民的分化**。因为凡是在市场法则起主要作用的地方，当然不可能没有幸运儿和倒霉鬼。我们如何来对待这一现象呢？我们千方百计地控制这些现象。例如，我们关于地产抵押交易的法令明确指出，我们把这个刚刚开始发展起来的过程引导到这样的范围内，引导到这样的轨道上，即一方面防止可憎的、令人发指的剥削形式的发展，另一方面又防止落后的蔓延。我们可以把刚才我所列举的这些趋势看做是新经济政策的成果。

也就是说，我们的土地被完全分割，我们的关系中完全没有非经济压力的因素。因为剥削者的专政被取消了，这使它不能通过教会、学校、军队和警察局来促进积累过程。它们被剥夺了剥削的手段。同时居民的合作现在处在工农政权的控制之下，而合作制摆脱了资产阶级意识形态的锁链，其目的并不是像资本主义国家那样，要去掉阶级斗争的锋芒，而是作为社会主义建设活动的一种形式。所有这些根本的经济前提、所有这些政治前提使我们能够完全有把握地说，我们将以毫无痛苦的形式完成克服中世纪残余的过程。从这个观点出发人们可能会同意列宁同志在这里、在代表大会上所发表的看法，他说，总的说来，农民是满意的。

最后我想提一提拉布吕耶尔关于法国农民的那段著名的话，这段话也非常适合革命前的俄国农民。拉布吕耶尔说："有一种类似人的生物，小男人和小妇人，他们肮脏、瘦弱、晒得黑黑的。他们在土中挖掘。但是当他们站起来时，人们可以在他们身上看到人的面孔。"我恰恰想给"当他们站起来时"这句话加上某种象征意义。的确，当农民站起来时，我们从农民身上看到了人的面孔，但是他们只有在无产阶级专政下才能站起来，只有无产阶级专政以及土地国有化才会创造农民能够站起来的条件，不仅是拉布吕耶尔所说的肉体意义上的站起来，而且是政治和社会意义上的站起来。（鼓掌）

约斯（大不列颠）：

同志们，农业问题对英国来说包括两个方面。一方面是国内的，另一方面是国际的。我们认为英国的农业状况问题是一个极其棘手的事情，因为最近150年中英国的工业力量是靠牺牲农业的发展才得以发展的。目前我国人口中有80%的人从事工业劳动，只有20%的人从事农业和粮食生产。由此我们必然得出这样的结论，即为了有可能在英国进行无产阶级革命，我们或者必须开发我们本国的辅助资源，或者必须关心其他国家的农业发展。

但是我们现在看到，不仅在我们本国的共产主义运动中，而且也在苏格兰的工人阶级中，常常有人向共产党的发言人提出这样的问题：如果你们完成了工业革命，你们将如何为你们本国的人民提供必要的粮食？人们会提醒我们注意工业劳动者和农业劳动者之间的比例关系。在英国和苏格兰的某些地区对劳动力的需求很大，这些劳动力过去从事农业生产，由于工业的发展，他们进入了城市。最近十一二年来由于大不列颠工业组织衰落，工人们又越来越强烈地要求回农村。在大不列颠北部和已经完全成为富人和资产阶级运动场的苏格兰，这块有着许多富饶山谷的土地过去曾经养活过很多居民，现在完全留给了山鸡和牝鹿，其结果是现在出现了一种要求回农村的潮流，这一潮流反映在大不列颠北部发生的反对当局的暴动中，暴动的目的就是要回农村。这些工人中有许多人在战争期间当过兵，并且得到过许诺，说战后他们可以得到一块专门给英雄的土地。由于许诺没有兑现，这些人就占领了这一地区的土地。在这些农业工人定居的地区，共产党的任务，或者是关心国家辅助资源的发展，或者是把没有土地的人移居到别处去。

在农业问题上还有另一个重要的情况。就是我们在英国没有发现像其他欧洲大陆国家中所存在的差别。我们农民的数量非常少，大多数农业工人都属于农业无产阶级。他们一般通过工会参加共同行动，并提出自己的要求，因此，就英国来看，农业劳动者和工业劳动者的结合是件简单的事。但是不久前又出现了另一种情况，即目前在英国的基础工业中，大约有 200 万失业工人，此外，在煤、铁、钢基础工业和农业中，由于经济的衰退，工人人数下降到战前水平的 60%，而现在英国的生活费用则比战前提高了 80%。煤炭和钢铁工人的工资比战前水平下降了 20%—30%，其结果是，他们的生活水平比战前下降了 60% 左右。同时我们也看到，资产阶级也开始意识到，有一个问题他们必须解决。在英国，一个拥有雄厚资金，并掌握工业资本的组织，即劳埃德银行，它的代表和董事长在翻阅 1921 年关于工业人口与农业人口之间比例的统计时说：如果英国的贸易不恢复到 1913 年的水平，大不列颠只能养活 1500 万居民，其后果很清楚，这就是过去向英国提供粮食的国家，即美国、加拿大、印度，越来越脱离英国，大不列颠对这些国家的依赖性越来越大，殖民地和美国越来越趋向于对英国采取袖手旁观的态度，这一切对大不列颠的共产党来说是一个特殊的问题。鉴于这种状况，我们在农业问题上不仅要坚持和英国农业无产阶级保持密切的联系，而且还要最大限度地扩大英国所必要的援军，同时还要保持与全世界农业工人的联系。瓦尔加教授提出了这样的看法，即除英国以外，世界上没有哪个国家离开农民无产阶级能够进行革命的，因此，我们再次面临这样的问题：如果我们要进行革命，我们将用什么方法来坚持革命，并且用什么方法来保持和无产阶级的联系？英国的革命将取决于共产党不仅在国内，而且在国际上，在解决农业问题上所取得的成就。

里厄（法国）：

我不同意勒诺·让同志的报告，至少是不同意他有关法国农民的共产主义革命能力方面的说法。勒诺·让同志的报告使人以为法国农民是革命的，而这是不正确的。或者使人以为法国农民愿意革命，并且通过一次反军国主义的宣传就能使他们很快变成革命的,这是一种危险的看法。

在法国,有与我们势不两立的阶级敌人即大土地所有者,此外还有农业雇佣工人,也就是一无所有的农民和小土地占有者。农业雇佣劳动者和城市无产者有着共同的利益,工会组织的任务——像统一总工会那样——在于建立农业工会,联合农村和城市的雇佣工人进行共同斗争。就小土地占有者来说,勒诺·让同志断言,与农村和城市雇佣劳动者相比,小土地占有者并没有一个优越的处境,我认为这种说法是不完全真实的。(**勒诺·让**插话:"我没有这样断定,这是你非常清楚的!")战争期间,土地占有者挣了不少钱,我们的一切宣传都是力图向他们证明,他们挣得的钱不过是没有实际价值的纸币。对此农民回答说,这些纸币由于有购买力和交易能力,使他们比雇佣劳动者的状况好多了。只要小土地占有者以较好的生活条件为满足,只要他们有一个优越的生活处境,人们就只能答应他们革命以后可以保留自己的土地,努力使他们中立。但是人们决不能指望他们成为革命的,也不能指望他们像农村和城市的雇佣工人一样参加夺取政权的革命斗争。

另外,勒诺·让同志讲到,通过反军国主义的宣传将把农民引上反抗的道路,这种反抗能形成农民的革命精神。我不认为这是正确的。我认为,勒诺·让没有认识到国内战争和武装斗争的必要性,没有国内战争和武装斗争,无产阶级就不能剥夺资产阶级的财产和夺取政权。

假如我们总是到农民那里去滔滔不绝地对他们说反对军国主义,总是不停地向他们宣传憎恨穿军装的人,憎恨军队,那么,当我们考虑到,无论是夺取政权,还是捍卫已经夺取的政权,我们也将需要有一支军队的时候,我们就会遇到严重的危险。人们的思想还存在着混乱,这种混乱反映在法国共产党内部和我们共产党的会议中。有不少的人说,这是一种庸俗的士官思想,我们也许又要当兵,又要做仆人。这些同志说,他们在适当的时候也许还要使用暴力，运用武装力量，但是他们又用战争的恐怖和抽象的反对军国主义的理论作借口，不愿意为将来所必要的军队做准备，不愿意组织将来不可避免要使用的武装力量。（**勒诺·让**插话："在法国除了政府军以外，你怎么还想组织军队？"）这是一个与此无关的问题，但尽管如此，我还要说，通过在军队中进行宣传，通过在军队中建立支部，我们是可以做到的……（**勒诺·让**："那么我们的看法是一样的，不是吗？"）通过支持你们过去没有支持过的对青年的宣传，通过力求征服军队的思想，把他们争取到我们这边来，不是通过大声宣布说，我们不再需要军队，从现在起，暴力手段已经成为多余，而是通过声明，我们需要这种力量，并且必须使这种力量为无产阶级服务。（鼓掌）

如果勒诺·让同志说，要求农民牺牲性命甚于剥夺他们的土地，那我就要紧接着博尔迪加同志的插话说，在战争中，法国农民以及所有其他国家的农民都做好了让他们的孩子和亲人去送死的准备；他们能够让人夺去他们的孩子，但绝不让人夺去他们节省下来的钱，如果说他们交出他们的孩子是无偿的，那么他们拿出他们节省的钱则只能是放债并要收回利息。

我认为，我们必须首先努力把农村中一无所有的雇佣工人（通过为他们的切身利益而斗争，如工资问题、住宅问题以及所有他们感兴趣的问题）争取到我们这方面来，并且我们必须给他们提出这样的口号：占有自己所耕种的土地。

此后，我们必须争取使小土地占有者保持中立。首先，我们必须把我们的全部力量和全部时间用于最重要的、最直接的夺取政权的任务上。为了能够夺取政权，我们必须使劳动群众、城市和农村的工人都投身于斗争。

至于建设纲领，俄国的同志已用各种各样的生产成果向我们证明，人们可以在一无所有的基础上建设起实实在在的东西；这些成果本身表明，各个国家在夺取政权以后有着何种现实的建设可能性。

托洛茨基同志也说到，在一定时期内，农村和农业工人的经济生活要服从国内战争的需要，服从无产阶级巩固政权的需要。

不能把法国农民是革命的这一奇谈怪论看得太重。国际的同志们，不能相信这种说法，否则人们一定要问，为什么他们至今还不帮助城市里的工人？为什么他们还没有从他们的资本主义制度下得到解放？

法国的农民不是革命的，法国的农民是保守的，法国农民中有一种思想观点，托洛茨基同志很正确地把它称作是小资产阶级观点。我们只有努力区分农民阶级，把农业雇佣工人争取到我们这边来，并且迫使其他分子接受无产阶级专政，才能够在法国实现社会革命。（鼓掌。**勒诺·让**喊道："你让人把你的演讲印出来转发给吉伦特省的农民们！"）

保克特（罗马尼亚）：

同志们，我们对提纲只是大致上同意。我认为我们有责任向瓦尔加同志作几点解释，因为他抱怨罗马尼亚代表团对罗马尼亚的土地改革在农民中产生了什么影响这个问题所作的明确回答是："我不知道。"

同志们，我必须证实一下瓦尔加同志的话。是的，是这么一回事——这也许是很遗憾的——，我们不知道，也就是说，同志们，我们不那么了解情况，因此我们不能够向国际提供足够的材料，对于那个不仅基于理论认识，而且基于实践经验的行动纲领的制定，没有能够作出贡献。是的，在这个意义上我们可以说，我们不知道。但是我们绝对不能忘记，尽管罗马尼亚共产党在这里和委员会中得到了表扬，实际上它还没有成为一个完整的、有工作能力的组织，而是刚刚处在形成过程中，同志们，而且是处在一个相当艰难的形成过程中。

另外，我认为，一般说来，说"我不知道"这不是一种耻辱。例如我们向瓦尔加同志提过一个明确的问题，即他是否认为一个高度工业化的农业大企业比农民的小企业更有成效？瓦尔加同志回答道：我不知道！这表明，就是在国际里，人们也还没有对农业生产和农村运动问题进行过充分的研究，那些比罗马尼亚共产党更强大更完善的组织也是如此。

由于罗马尼亚社会党过去的错误、叛变和反动等原因，使得罗马尼亚的组织目前还是处在形成过程中的很小的组织，所以它还不可能下乡去同反动派及罗马尼亚的宪兵作斗争，并且在那里站稳脚跟。

由于这种原因，而不是像瓦尔加的错误结论所说的，由于我们对农民问题没有给予足够的重视，我们不得不回答说："我们不知道。"

同志们，还有几个问题没有被列入行动纲领，但尽管如此，这些问题仍然相当重要。我只想简要地说一下。瓦尔加同志已经阐述了，在盎格鲁-撒克逊国家中，私人拥有的运输和铁路问题是一个尤其重要的问题。因为那些私人资本家很善于根据粮食价格的上涨和下跌来调整运输费用，以此侵占农民的部分所得。

在罗马尼亚，情况完全相似。罗马尼亚的资产阶级考虑到罗马尼亚是一个粮食出口国，农民把绝大部分粮食用于出口这一事实，随着国际市场上粮食价格的上涨和下跌来提高和降低粮食的出口关税，这些税收被资产阶级占有，并且这些关税绝不是只占收益中的一个很小的比例，而且有时竟高达价格的100%，目前情况就是这样。瓦尔加同志的看法却与此相反（我认为，委员会也持有与瓦尔加同志相同的看法，至少不反对这种看法），他认为我们不能反对这种关税，因为这是罗马尼亚国家的一种税收，而在资本主义国家税收也都如此。如果没有这种税，还会有另外的税。但是我认为，我们肯定也会反对其他的捐税，尤其是当这种捐税占去收入100%的时候。我们认为这是行动纲领中前后不一致的地方。

关于农村的宣传问题，我认为，虽然我们还没有取得广泛的实践经验，但是我们的看法仍具有一定的正确性。然而我们无论如何还要做进一步的研究，因为只有懂得如何真正去接近农民，我们的党和革命运动才能存在下去。对我们来说，农村中哪些劳动阶层真正能够革命，哪些阶层只能保持中立，这个问题具有决定性的意义。在这个问题上，我们与勒诺·让同志的意见完全不一致。我认为，这里确实存在着误解。勒诺·让同志在这里所说的具体情况都是完全正确的：通过反对军国主义可以争取农民，通过向小农许诺革命不会夺走他们的土地，从而争取小农，而我们明确地称之为农民的中立化的恰恰正是这个。农民将不会卡革命的脖子，他们不会采取行动反对革命，因为他们心里想，革命不会使他们失去什么。但是他们也不会去卡资产阶级的脖子，他们在革命前和革命期间不会积极参与，也不会起来进行斗争。我所说的是那些有足够的土地，能够养活自己家庭的那部分农民。我们将采用勒诺·让同志提倡并运用的方法，为革命争取这个农民阶层，使他们在夺取政权的时刻不会反对革命。但是对那些没有足够的田地养活自己和家庭、因而不得不当雇工的农民，如果不是现在，那么在几年之内，我们一定能够把他们争取过来参加革命斗争。他们将积极地参加我们的斗争，当然，我们也不能指望他们会有像工业无产阶级和真正的农业无产阶级所具有的那种朴素的革命积极性。

当然人们也可以这样来提出问题。我们现在在纲领中提不提我们将使这些农民革命化，提不提我们认为能够成功地使他们保持中立，这些终究都是一个细节问题。但是，勒诺·让同志说的话完全不是这样，因为勒诺·让同志说了一句后果严重的话，并且在个人交谈中反复重复这样一句话：我们的共产主义在农民中间取得的成就比在农业无产阶级中间所取得的成就大得多。我曾再三对他说：我也可以设想出一种共产主义，用这种共产主义可以使我们在大土地所有者和工业资本中间取得的成就大于在无产阶级中间取得的成就。这完全取决于人们对共产主义的理解。但是这表明，人们进行宣传的方式和方法，至少在法国的部分地区是错误的。因此，我们必须坚持，我们必须弄清，必须详细说明我们可以使哪一部分农民中立和用什么方法使他们保持中立；我们可以使哪一部分农民革命化以及用什么方法使他们革命化。当然，我们非常欢迎在我们的行动纲领中着重指出农业无产阶级的共同要求。

  同志们，现在讲罗马尼亚问题。我认为，我们也有责任作几点说明，并且我将以此结束我的讲话。罗马尼亚资产阶级所进行的土地改革是成功的，也就是说，它在这次改革中没有受到社会革命爆发以及无产阶级和农民直接夺取政权的干扰。众所周知，罗马尼亚是典型的农民暴动的国家。差不多每10年我们就有一次农民暴动，最近的一次在1907年，那是最可怕的一次。1907年以后到战争这一时期，是一部分企图使农民保持中立的资产阶级和想要继续维持旧封建剥削制度的大土地所有者之间斗争的时期。罗马尼亚十分封建，因此，直到俄国革命之前封建领主还能够继续统治。俄国革命是剥夺大土地所有者的土地，并把它交还给农民的决定性因素。资产阶级土地改革采取的方式和方法大致符合行动纲领第九条，也就是说，得到土地的农民，一般说来，不是富裕农民，就是在政治上支持资产阶级的人，也就是像村长或类似的很有影响的人。少数得到土地的贫苦农民，很快又陷于银行的奴役之下，因为他们没有足够的农具、机器和牲畜来耕种土地，因此自然不得不借款，从而受到银行的压榨。值得注意的是，甚至资产阶级的没收法本身也为破坏没收打开了大大小小的方便之门，例如允许农民卖地，这是照顾富农的一种办法。相反，我们的资产阶级保留的可耕地——更不用说森林、葡萄园了——的数量仍然很大，比被没收的土地多一半以上，至少在旧罗马尼亚是这样。因此，完全没收的问题还仍然是一个对农民说来具有彻底革命性的口号。由于这个原因，人们可以期待；如果党认识到——我们确信，它会认识到——这一口号需要深化和发展，党就会成功地达到这一步，党就有权得到瓦尔加同志和国际的表扬。（热烈鼓掌）

（会议休会时间：下午4时）

第二十二次会议

(1922 年 11 月 25 日)

会议开始：中午 12 时 20 分
主席：诺伊拉特，柯拉罗夫

继续讨论土地问题

科斯切娃（波兰）：

同志们，我想从一个特殊的方面来谈土地问题。我想提请代表大会注意，我们，即国际最杰出、最敏锐的思想家们，就革命时期农业居民的重要性问题所发表的意见，与我国共产党在理论上和实践上对这个问题的态度之间缺乏联系。

列宁在国际第二次代表大会上曾经说过：当代的和一切革命的——不仅俄国革命，而且一切社会革命——最基本和最深刻的问题**是工人和农民的革命联盟问题**。列宁的这些话在我们的国际中没有引起足够的反响。

1918 年 12 月，在斯巴达克同盟的代表大会上，罗莎·卢森堡对德国革命的特点作了如下描述：

"这首先是一场政治革命。但是就其本质来说，它必将成为一场经济革命。它同样也只是一场城市的革命。而农村却至今几乎没有被它所触动。如果我们想认真进行一场社会主义革命的话,那么我们必须像注意工业中心那样去注意农村,就这点而言,我们是刚刚起步。"

从那个时候起,四年过去了,这是世界历史上有着最可怕经历的四年,然而我们完全可以说,我们还一直处于开端的开端。

每逢我们讨论土地问题,我们面前的困难总是堆积如山,瓦尔加同志在这里说明了一切复杂原因和所有这些困难,他讲得很有道理。

在这里,我们面临着错综复杂的各种关系和种种问题,我们遇到的严重的技术障碍妨碍了我们在农村的工作。所有这些都是实实在在的。然而,还有一种情况,就是说还有一个干扰我们的因素,从政治观点上讲,这个问题在国际内部还没有完全澄清,可以说,它还没有成为我们政治理论的有机组成部分。

季诺维也夫同志在他的报告中说,人们可以把任何国家为了工厂委员会的利益而开展的运动的规模都看做衡量革命运动的力量的尺度。假如我们要寻求这种客观尺度的话,那么可以说,除了其他因素以外,客观存在的破坏因素的发展情况也可以作为衡量各国革命形势成熟程度的尺度。这些破坏因素不仅打乱了城市,而且也打乱了农村的经济与社会平衡。但是,我国的党几乎还完全没有想到从这一立场出发来分析形势。人们可以从我们的同志那里听到一切问题的说明,但却听不到任何有关我国农村的经济与社会结构,那里发生的斗争以及如何有效地投入斗争等问题的解释。我们对资本主义的进攻谈了很多。我们力求详细地汇报这种进攻对城市无产阶级的生活与斗争造成的一切后果,然而,我们却没有尝试对农村的阶级斗争进行同样的分析,并认识这种进攻在这一领域造成的后果。尽管如此,在一切农业国家,特别是在工人阶级发起进攻的时代,人们还是投票赞成现在有人试图取消的土地改革,资产阶级的这种企图可能会使所有这些国家中的土地问题变得更为尖锐。

我们之所以局限于一种不全面的分析、之所以要限制自己的分析，是因为我们习惯于限定自己行动的范围。

我认为可以这么说，在我们共产国际中，工人和小农的革命联盟的思想在缓慢地为自己开辟道路，这种缓慢的速度正是我们年轻的各国共产党向革命总参谋部转化速度缓慢的征兆。因为革命总参谋部必须注意所有这些问题，必须完全懂得这些利害关系。

我们总是谈论社会革命，然而多数情况下我们并没有弄懂这场革命给我们提出的种种问题，我们仍然是旧国际传统的奴隶，我们未能摆脱旧作风。我们总是乐于相信，只要在无产阶级的圈子里开展活动，只要捍卫工人阶级的利益就够了。然而在当代，即在无产阶级应该完成其解放一切被压迫者和被剥削者的伟大历史使命的时代，这并不是我们唯一的任务。在这个时代，我们必须接近其他被压迫的社会阶层并领导他们进行斗争，这种思想事实上还没有为我们大多数的党所接受。

因此，第二次代表大会通过的土地问题提纲，对于我们来说，在某种意义上仍然是死的条文，它没有对党的实践和工作产生足够的影响。

每当我们谈到土地问题时，就立即会发现一种很严重的倾向，这就是要把这个问题局限于一定的范围之内，声称我们在农村和在城市一样，只能依靠无产阶级，依靠雇佣工人。

同志们，各国共产党的主要任务是组织城市和农村的无产阶级，有一点是清楚的，如果说我们在这个领域还有什么问题的话，那么这就是组织问题。而我们在这里所面临的政治问题则完全不同。这就是要找到使我们接近被压迫劳动人民其他阶层的方法和途径的问题。而有人总是企图回避这个问题。

西欧的同志们对我们说，这个问题仅仅对东欧是重要的。那么东欧的同志们又怎么说呢？

例如在波兰，土地问题达到极其尖锐的程度，但是，我们很大一部分同志并不总是持这种观点。这些同志说，是的，当然在我们这里有150万小土地占有者，他们共占有400万公顷的土地，而同时，大地主占有800万公顷的可耕地，是小土地占有者占地面积的两倍。现在，实际困难阻碍着向国外移民，因此，农村人多地少的现象日益严重。这一切都是事实——这些同志说，然而这个问题并非如此重要，因为没有什么迹象可以证明，农村劳动群众将摧毁资产阶级的国家。

但是，如果看不到事情的全部复杂性，我们同样不能证明，单靠无产阶级的某一个阶层就可以摧毁资产阶级的国家。有人竟想极为简单地用这种方式解决这个问题。

同志们，每当我们的农村工作问题出现在议事日程上时，很多政治疑虑就会立即涌现。例如，如果我们不想冒险把自己变成农民党的话，我们就不要夸大农民的政治作用，对他们不要期待过多，不要为了农民而贬低农业无产阶级的作用，如此等等。

同志们，我们力求能互相理解。当我们提到要争取一部分农民支持革命的时候，这究竟是指什么呢？难道我们相信我们可以靠农民来建立革命先锋队吗？绝对不是！革命的先锋队及其创造力量只能是无产阶级，特别是城市无产阶级。我们永远不能靠农民来建立一支同工人阶级具有同样纪律性的革命大军，谁抱有这种希望，谁就是在幻想，这种幻想不仅对他本人，而且对他的党都是很危险的。但是问题并不在这里。

同样，问题也不在于幻想什么所有国家的农民在革命时刻都将起相同的作用。凡是分田地起决定性作用的地方，我们可以预见，在那里有可能发生自发的暴动，而在其他国家，农民参加革命就不那么积极了，然而无论在哪里，农民群众对革命的态度都具有重大意义。

当我们谈到有可能争取部分农民支持革命时，我们想说些什么呢？我们不过是想说，资本主义的没落时期为农民群众不满情绪的高涨、农村阶级斗争的尖锐化以及部分农民向工人靠拢创造了条件。加剧并利用这种不满情绪,向农民说明他们的基本利益同工人的利益相一致,这就是我们所说的争取农民支持革命。我们不应该忘记,资产阶级统治的稳定始终是建立在农村的僵化和完全无所作为的基础上,如果我们打破这种无所作为的局面,我们就会动摇现有制度的基础。

西欧的同志们对我们说,我们所能够做的一切就是让农民保持中立。然而,让农民保持中立并非一项简单的任务,这是一项伟大的政治任务,一项极为艰巨而复杂的任务。

争取部分农民支持革命,这对所有国家来说都是一项非常重要的任务,**这不仅仅是一个组织问题,而首先是一个政治问题**;这涉及要找到办法和途径来排除我们同小农之间的障碍;这种障碍是当前的实际利害冲突,这种冲突又被我们的敌人人为地激化了。

这是一个困难的问题。如果我们想准确地完成这项任务,就必须利用每一个有利的政治形势。

向这次代表大会提交的建议认为,仅有一个好的纲领是不够的;我们必须用行动来告诉农民,事实上我们是他们的代言人,告诉他们,我们能够维护他们的利益。因此,抽象地阐述这个纲领是不够的,我们必须很好地了解农村的生活,必须在适当的时候运用这个纲领。

在这项建议中,有许多提示指引我们走工人和小农接近的道路。建议指出了怎样在价格和税收等方面避免发生冲突,怎样才能建立小农和工人的统一战线。长期以来,我们和农民劳动群众之间存在着一个十分严重的障碍,这就是对被人误解的集体主义存在幻想。

这种幻想表现在有人声称革命后我们将能够立即实行全部土地公有制。共产国际第二次代表大会的提纲本来应该已经消除了这种幻想,然而它在相当一部分同志的头脑中仍然存在。

我们执行委员会的任务是,给提纲奠定理论基础,阐明它同新经济政策的原则、同整个马克思主义理论的联系,正是这一理论使我们的行动建立在事物客观进展的基础上。在一个渴望土地的国家中，事物的客观进展只能是分掉一部分大地产。

共产党不可坚持空想的立场，不去了解真实情况，也不可与革命本身的进展相对抗。

所有这些问题在国际中一直没有弄得很清楚，因而，需要经过深入的考查。

我确信，只要执行委员会协助我们，只要我们竭尽全力去澄清这些政治和理论问题，我们的主要任务就容易多了，我们也就会以快得多的速度朝着城市无产阶级与农村无产阶级和小农阶级的革命联盟大踏步前进。

我清楚地知道，在这条道路上有许多危险在等待着我们。我想我们会克服这些危险，但是，我想谈谈我对于那种只看到危险和背叛的可能的思想方法的看法。

只要人们走上一条道路，领导人就必须看清一切危险，但是，谁要是因为受到危险这个魔鬼的追逐而不去行动，那么他就不是革命的领袖，而纯粹是一个懦夫。

大家知道，工人同中农、小农之间存在着利害冲突，这种冲突是资本主义制度造成的，在许多方面它被人为地扩大了，这种利害冲突在无产者的国家中将不再存在。为了能够给我们未来的政权开辟道路，我们就必须尽一切努力，立即消除它们在次要利益上的多种多样的分歧，证明它们在基本利益上是一致的，使这两个阶级彼此接近，从而使他们联合起来，完成并捍卫社会革命。

主席：

同志们！在继续讨论之前，我想通知几件事。我们今天还要讨论的问题有：（1）土地问题；（2）黑人问题；（3）青年问题；（4）合作社问题的报告。很清楚，如果我们今天要完成这个日程，就不能像刚才那样延长发言时间。有人建议发言的人数不再增加。对此建议有谁要发表意见？没有。有人反对这项建议吗？通过这项建议。

片山潜（日本）：

同志们，我们日本代表团同意瓦尔加同志的报告。日本是一个新兴的资本主义国家，正如我在报告中所说，在日本，农业人口占多数，总人口中有63%—65%的人从事农业劳动。550万个家庭中，有375万个家庭每户耕地不到2.5英亩，因此，这里所说的都是小农。然而，在这些家庭中，只有150万个家庭有土地，而其余的则是佃农或半佃农，他们受到剥削，因为他们不得不缴纳重税：消费品税、所得税和其他地方税。这些贫苦的农民没有任何政治权利，他们甚至连选举国会的权力也没有。当我们讨论日本革命化工作的时候，我们必须看到这些情况。我要指出的是，日本的佃农从来都是真正革命的，因为几个世纪以来，即在封建社会时期，他们没有享受过任何政治权利，也没有受过教育。他们曾试图通过起义来改善自己的状况，近三四百年来，在我国发生了无以数计的起义，在这些起义中，农民总是要求得到某些民主权利。我要讲一个情况，这个情况西方作家乃至日本资产阶级作家从来没有提到过，这就是农民和佃户每次奋起反抗封建地主的时候，他们总是要求让他们自己选出他们的税务征收员。在封建时期，只要农民和佃户起来反抗，他们就总是提出这一要求。在这种情况下，只是起义的领导人受到惩办，而农民的这类起义总能获得某些成功。由此，他们得到的是降低税收和普遍改善自己的处境。当然，封建地主也总是力图压迫和剥削农民，因此，起义的传统一直保留至今。

从我们手头有的报纸上可以看到，目前，农民以鼓动性文章和呼吁书的形式向村长和村公所诉说他们的疾苦，而且还举行大规模游行示威。

因此，在历史上，农民对付地主是有彻底革命的经验的。

近 50 年来资本主义渗入了农村。

在日本，550 万个家庭中的多数，即 375 万个家庭可以被视为革命的因素。就在几星期以前，有消息说，国内有一些地方的农民举行起义，农民要求土地国有化。

日本的佃农和农业工人已经在力争组织起来，事实上，有 3.5 万—5 万人加入了组织，至少有 3.5 万人参加了日本工人联合会，这样，日本的农业工人和无产阶级为革命而合作的基础就得以奠定。

一般说来，日本农民的地位甚至比西方国家农民的地位要高，因为在教育领域他们已经争得了解放。在全国实行了初级义务教育。目前，我国农村学校（约 1 万所）同各地一样，有同样水平的教师，使用同样的教科书。农民子弟也能读能写，并有大量有关的教科书，其内容都是反映佃户和农民生活的。不仅如此，青年农民，不管是男青年，还是女青年都组织起来了，尽管他们这些组织都受到政府的庇护，然而，他们却反抗这种庇护。

因此，通向农村的道路对于日本共产党是畅通的，而且党已经在各农民协会中开展了工作，并由于开展了反对地主的工作而扩大了影响。日本的农业工人是能够组织起来的，并且在某些情况下已经组织起来了；此外，把他们组织起来也是容易的，因为他们都是季节工，即在丝织业干三四个星期，在碾米业干一个月，等等；他们也能索取较高的工资。事实上，他们的工资要比普通农业工人的工资高出三四倍。

日本的贫农跟产业工人很接近，这是由于日本的工业是在近四五十年中才产生的。日本的工人是从农村来到城市的，他们在农村按季节打工，那里有暴动的传统。因此，我认为，这种情况同俄国的情况是一样的。在一个刚刚处于发展中的工业国家里，工业和农村之间总是有着紧密的联系。因此，城市无产阶级的觉醒比较容易影响到农业工人，反过来，农业工人的觉醒也比较容易影响到城市无产阶级。因此，日本的革命不单单是由工业无产阶级来完成,而且也要由日本的农民和农业工人来完成。

主席诺伊拉特:

现在有人提交了一份有关议程安排的建议,要求结束讨论。有人要对这项建议发表意见吗?没有。有人反对这项建议吗?没有。通过。

瓦尔加(匈牙利):

尊敬的同志们,这里进行的讨论并不完全符合我的期望。我认为,正确的做法应该是,让那些在农村劳动群众中做过实际工作的各国同志汇报一下这项工作的方法、受到的阻碍以及获得的成果,以便从他们的经验中互相学习。可是,我们没有这样做,这次只是非常泛泛地进行了讨论。

如果把这些意见概括起来,就会发现我在报告中所指出的来自左的和右的危险完全得到了证实。事实上,许多同志对整个问题本来是生疏的。之所以如此,主要是因为共产党首先是在城市中作为工业无产阶级的政党而产生的。有一种人死守着无产阶级利益,极其糊涂地认为,在专政时期对国家政策完全能够起决定性影响的工业无产阶级,没有农村广大劳动群众的支持也能进行革命。这当然是一种谬误。没有农村无产阶级的支持,没有贫苦农民的其他阶层、农村半无产阶级、小农、小佃农及小农的贫苦阶层的支持,在欧洲大陆的任何一个国家都不可能成功地进行革命。同样,没有他们的支持,我们也不能掌握政权。

农民是革命的还是反革命的?在这个问题上,这里出现了严重对立的观点。在法国,这个问题在勒诺·让同志和里厄同志之间的争论中尖锐化了。一般情况下,我会说,**我们不能用这种方式来讨论问题**。我们不能像里厄同志那样以僵死的、非历史的、非辩证的方式处理一件事,我们会说，勒诺·让是不正确的，说法国农民不是革命的，是保守的，是反革命的，这不正确。对于农民劳动群众来说，最典型的是他们的阶层地位动荡不定，他们不断地从一个阶层转向另一个阶层，他们的阶层地位在不断地变化。在历史上，他们有时是反对革命的。我们不能像里厄同志那样肯定说，法国农民是保守的或是反革命的。

最后要说的一点是，有一种观点实际上是取消了我们自己开展革命工作的可能性。假如我们自己都说：毫无办法，这些人是反对革命的或是保守的，顶多我们只能使小农保持中立，那么我们又怎么能去接近农村劳动群众呢！这完全是一种非历史的，我想说，阻碍我们自己工作的看问题的方法。因此，我并不认为，有什么理由可以害怕农民和不相信小农。我们必须懂得，正如科斯切娃同志非常正确地强调的那样，农民不可能是革命的精锐部队，但是，在一定的历史时刻，它是革命力量的强大后备军，我们必须用它来补充自己的力量，并吸收一切可以吸收的力量。

出于这个原因，我还想从我这方面特别强调一下科斯切娃同志的阐述，她说，我们若不经常深入分析农民的情况，就不能争取更多的农民群众。如果我们不这样做，那么我们也会得出像里厄同志，也有些像勒诺·让同志所持的那些僵死的概念。他们两人，一个人说农民是革命的，而另一个却认为农民是保守的。这样，我们就不能开展工作。因此，我们必须经常注意和分析农民的情况，当我们可以从政治上争取他们的时候，就要及时把他们吸引到运动中来。

因此，我根本不同意像一些同志所希望的那样热衷于批判勒诺·让同志的工作。勒诺·让同志观点中某些地方确实不完全是共产主义的，但是，我们必须说，他在农民群众中做了工作，他为革命争取了人，他组织了很难接近的阶层，而这是一项重要的工作！至于他从理论上说，经过战争农民的心理发生了变化，这也是很重要的。我们不应该顽固不化，说什么，是的，农民过去一直如此，他现在如此，将来也还是如此，而应该是必须从实际情况着手，并历史地看待这些问题。

此外，我想简单地谈谈发言中的个别论述，也就是对英国同志发言的看法。他主要讲了下面一段话：由于英国不进口粮食就只能维持几个月，因而，我们那里的革命事业更加艰难。对此，我想指出，英国这方面的情况绝不像人们通常根据统计资料所认为的那么糟。

德国有一位教授名叫奥本海默，他在一篇论文中指出，即使切断一切外国的粮食供应，英国人也绝不会饿死。他首先指出，英国有大片地区尚未耕种，这种局面一年之内就可以改变。他还指出，英国总是拥有大量储备粮，英国的存栏牲畜也是它的食物储备。此外，它还可以通过捕鱼来补充食物储备，这样做的可能性是无限的。即使有人对英国实行封锁，它仍然可以很好地养活自己，当然，不是以英国人目前的食物标准，而是以意大利的平均食物的标准。因此，我认为，如果英国有人散布奇闻，说英国不可能进行革命，因为它不能养活自己，那是很危险的。（**拉狄克**插话："这也不可能！"）当然，可能会出现严重饥荒，但是，即使专政政权一时孤立无援，英国人也不会饿死。

罗马尼亚的一位同志是同志们当中唯一的一位对行动纲领提出了某些异议的同志。他说，我们不愿意在委员会中对他提出的反对罗马尼亚国家征收出口税问题表明态度。我非常反对这种说法，因为，如果罗马尼亚有人说：不，我们不希望国家征收出口粮食税，这将意味着什么呢？

我不想谈由谁缴纳税款——是外国买主，还是本国卖主，这是个经济理论问题。但是，我认为，对无产阶级来说，在这两种情况下都不可能反对这项税收，假如我们设想，这项赋税由外国买主缴纳，税款流进罗马尼亚的国库，这样，废除这种税收就意味着罗马尼亚国家将从工人那里征收更多的税款。另一方面，如果取消这种税收压低了国内的价格，那么也就压低了富农和地主卖谷物所得到的收入。但是，这并没有压低工人的收入，也没有压低那些只有少量剩余食品可以出售的农民阶层的收入。

同志们，我不想多占用你们的时间，在结束讲话之前，我只想重复一下我发言开头已经说过的内容。我们制定了一个行动纲领，这件事就其本身而言意义并不大。

这个纲领要成为事实，必须具备以下条件，这就是各国政党意识到为了取得革命成功，我们必须争取广大的农民劳动群众阶层；这些党不是机械地接受纲领所给予的指示，而是把它与进一步分析政治形势、分析农村劳动群众的形势相结合；各党按指示的精神运用指示，不是从理论上，而是从实践上着手解决这个问题，使共产党不仅在城市工人中获得成功，而且在最短的时间内，在组织和影响农村广大群众并使其革命化方面取得伟大成就。（鼓掌）

主席：

主席团建议，由下列同志组成编纂委员会：瓦尔加、勒诺·让、特奥多罗维奇、马尔赫列夫斯基、里厄、普列奥布拉任斯基、保克特、赫恩勒（或翁弗里德）、片山潜和约斯。

此外，请中国代表团委派他们的一位代表参加编纂委员会。

对这项建议有意见吗？没有意见。有人反对吗？被提名的人全部当选。

许勒尔作关于青年问题的报告

同志们，共产国际很重视在青年工人群众中开展共产主义工作的问题以及青年共产国际的形势问题，因而把这些问题提到了共产国际世界代表大会的议事日程上。

可能的话我们准备在发言中谈三点，这就是（一）对青年共产国际从第二次世界代表大会到今天的发展的分析；（二）当前条件下的青年工人的状况及其反对资本进攻和反动派的斗争；（三）各共产党与共产主义青年组织之间的具体关系。

青年共产国际第二次代表大会不论是在朋友那里还是在敌人那里都享有一定声誉，无疑，它理应受到这种重视，因为它使共产主义青年组织的活动发生了极为深刻的变化。你们知道，在战争期间，当社会民主党人公开倒向改良主义者阵营时，是各国共产主义青年组织首先再度举起了阶级斗争的旗帜，并首先发起了反对战争、拥护社会革命的斗争。你们也知道，是各国青年组织首先重新联合成国际组织，他们是俄国革命和共产国际最热情的追随者和先锋战士。当时，逐步形成了一种某种类型的社会主义青年运动——我们同时也称它为共产主义青年运动，人们可以用一句话来描绘这种运动的特征：政治先锋作用的时代。那时，各国共产党要么还没有成立，要么还很弱小，因而，当时共产主义青年组织在工人运动中起着政治领导作用。

青年共产国际第二次世界代表大会在自己的活动中开创了一个新的时期。各国共产党成立了，共产国际成了一个巩固的国际性的组织，因而共产主义青年组织的总的政治领导地位在那些曾经有理由存在的地方已经不再需要了，它们必须把政治领导者的地位让给共产党。青年共产国际第二次世界代表大会已经通过了关于这个重要问题的决议。

政治仍然应该是青年组织活动基本的和实际的基础，和从前一样，它应该是共产主义青年运动的灵魂。然而，从现在起，共产主义青年组织首先应该致力于完成青年本身的任务。我们认为，这些任务主要是指三件事：捍卫青年工人的经济要求、有计划地对青年进行共产主义、马克思主义教育和在资产阶级军队内部及外部的劳动青年中进行反军国主义的宣传。

然而，必须特别强调的是第二次世界代表大会的第三个重要成果，就是共产主义青年组织决定扩大和发展自己的组织。在战争期间及战后初期的革命年代里，各国共产主义青年组织像当时整个共产主义运动一样，不得不成为或多或少是抱成一团的小团体和带有相当宗派性的小型组织。口号是"首先是清白，而后是多数"。它的意思是，各共产主义青年组织只能吸收少数经过考验而又清白的优秀分子参加。这个口号是在战争期间由德国共产主义青年团提出的，从某种程度上说，我们可以把这个口号看做整个共产主义青年运动的座右铭。在战争期间及战后初期，在还没有党的时候，这个口号有其历史的合理性，但是当各个党本身必须转向把群众组织到党内时，这种提法也就失去了它的历史意义。对于共产主义青年运动来说，无论从我们队伍中青年运动组织的人数的角度，还是从由我们的组织来领导运动的角度出发去接近群众、理解群众、组织群众、成为群众性组织，这样一些提法都同样适用。共产国际第三次代表大会发出的口号"接近群众！"这一口号的精神也为共产主义青年团所理解和运用。不过，它不仅被当做眼前的策略口号，而且也被当做整个青年运动的原则。因为，人们必须非常明确地认识到，青年运动的组织规模应该比党的组织规模大得多。参加共产党的党员是在对党有明确的共同信念的基础上组织起来的，在共产主义思想方面，他们的阶级觉悟已经达到了一定的高度。而青年组织必须深入到广大青年工人中去，才能争取尚未成熟的对政治漠不关心的分子，把他们吸引到阶级斗争中来，并对他们进行最基本的教育，在有组织的斗争中使他们逐步成为有觉悟的工人。为了能够做好这一切，共产主义青年组织必须使自己的组织规模比共产党的组织规模大得多，它们必须向那些还不关心政治、尚未具备共产主义阶级觉悟的青年工人进一步敞开自己的大门。我们之所以不得不强调这种思想，是因为无论在各国党内，还是在各国共产主义青年组织中，这一思想都未被真正认识，还因为我们目前正在同意大利的同志们进行讨论，他们还没有明白，共产主义青年组织不能像党对党外人士那样，把组织之外的青年工人严厉而粗暴地拒之门外。

此外，我还必须说，第三次世界代表大会提出的"接近群众！"的口号，在当时对青年共产国际比对共产党更重要。如果说当各国共产党仍要继续贯彻战后初期的策略时，它们在第三次代表大会期间就已经处于同工人阶级广大群众失去直接联系的危险之中的话，那么对于共产主义青年组织来说就更是如此了。共产主义青年组织的作用不同于共产党。共产主义青年组织在战争期间完全起着政治作用，这是历史上的一种例外情况。但是，劳动青年内部已经出现了变化，这一变化迫切要求青年共产国际的工作也随之改变。在青年工人当中，再也没有战争期间和战后初期那种活跃的政治兴趣了。这是工人阶级中革命浪潮低落和暂时消沉的一种普遍现象。因此，如果共产主义青年运动想团结群众，并争取更多群众的话，那么它就更不能继续采用它那所谓战时共产主义的方法，即单纯开展政治工作的方法了，它必须使自己的策略适应客观上的新阶段和青年工人中的主观情况，找到与这种情况相适应的办法，以便争取青年工人，并把他们组织起来。正如以上所说的，青年共产国际第二次代表大会已经完成了这一任务，它决定把政治领导的作用交给党，而让青年共产国际主要成为各青年组织的代表，它给各共产主义青年组织指出的道路是从封闭的政治性的组织变成广大青年工人群众性的组织，而这种组织的任务是代表青年工人生活各个方面的切身利益。

同志们，我们自问，自第二次世界代表大会以来，青年共产国际有哪些发展，第二次世界代表大会的决议是否正确。

对于第二个问题我们完全可以作出肯定的回答。即使我们曾经有过困难，但是，我们仍然必须说，第二次世界代表大会的决议是完全正确的，它使我们更接近了正确的目标。然而，我们必须注意，第二次世界代表大会的决议对于我们青年运动来说，显然是新事物，毫无疑问，它要求做大量的宣传教育工作，直至共产主义青年运动使自己的队伍能够完全清楚地理解共产主义青年运动的当前任务。这需要相当长的时间，并会引起相当多的争论。我们知道，意大利是在今年3月、法国是在今年5月才接受青年国际第二次世界代表大会决议的。与此同时，共产主义青年团当然也必须密切注视工人阶级的事态发展，并对这些事态作出反应，而事态的发展也不允许我们尽可能把一切准备就绪后才去进行斗争。按照第二次世界代表大会的规定，今年之内，要求各国青年组织积极开展经济方面的工作，开展反对反动派的斗争以及教育工作，但是各共产主义青年组织还不能充分开展这些工作，因为它们在自己组织内还没有把这些问题搞得非常清楚。其结果是，今年冬天，共产主义青年组织在某种程度上中断了对组织外的青年工人群众的影响。此外，经济危机也使青年组织的发展更加困难，危机甚至使工人阶级的所有组织都丧失了活动能力，而反动派的迫害又使某些组织大幅减员，例如在意大利和其他国家，我们都感觉到了这种迫害的后果。

但是，一般地说，我们比较顺利地度过了最初的困难时期，在办公会议期间及共产国际执委会扩大会议期间，我们正处于有目共睹的继续前进时期。后来，在捷克斯洛伐克的共产主义青年运动中也出现过某种危机。这个中欧的青年组织也许是开展纯政治性宣传活动最坚决、时间最长的组织，因而它对青年工人的影响也大大削弱。其结果是组织内部也出现了危机。但是，我们也顺利地克服了这一后到的危机——它确实仅仅是一位迟到者。总之，今天我们可以说，我们的共产主义青年运动很好地理解了"新阶段"决议的必要性。这是一个不容忽视的成就。

把政治领导的任务移交给党是很成功的，并且进展得很快。它说明，这个问题确实已经成熟，现在不过是通过一项决议来肯定一个已成为历史必然的状况而已。

至于说到各国青年组织的政治活动，总体而言它是健康的。由于遵循了共产国际的路线，我们的政治工作在许多国家也取得了良好的结果。在法国，法国共产党左派之所以能赢得这样一种影响，以及共产国际的口号在工人中扎根越来越深，这在很大程度上应归功于共产主义青年团的活动。意大利的共产主义青年团也针对法西斯的反动开展了必要的政治活动。

我们再以挪威的共产主义青年运动为例，这几年，挪威共产主义青年运动完全赞同我们的意见，大大地加强了自己的政治工作，因为挪威共产党的情况要求这样做。近来出现了一些意见分歧，但是这都只是对个别问题的意见分歧，一般地说，政治工作的情况直至近几个月都是相当健康的。

然而，我们不得不说，应该看到在中欧各国共产主义青年团体中政治工作有所削弱，甚至政治兴趣有所低落，而且这种情况不仅在广大群众中，不仅在我们组织的成员中有，甚至直至中央委员会都有。这种现象使我们绝大多数党员感到不安。例如，当我们同来自中欧了解青年情况的同志们交谈时，他们总是首先发表这样的看法：青年人很少关心政治，他们所关心的最多只是他们的教育工作。这些同志对此表示十分不安，并非毫无道理。就某些方面而言，这有些夸张。产生这种情况的部分原因在于，许多党员同志还没有正确地理解新时期青年工作的任务。但是这种看法的实质是正确的，而且今天仍然正确。无疑，中欧共产主义青年组织中的政治工作和政治兴趣都减弱了。这种现象原因何在？首先，我们不得不指出普遍存在的一种事实。当然，我们的共产主义青年组织是青年工人的一部分，并且像全体青年工人一样，会受到青年工人中的情绪和情况变化的影响，这种情绪和情况，即青年工人的整个形势，可以说自1921年以来在某些方面已经有了变化，变得更多地注意与他们自身直接有关的青年问题、经济问题、培养教育问题以及满足青年自己社交活动的需要等。这是第一个原因，也是总的原因。整个青年工人中的这种情绪当然也反过来影响作为青年一部分的青年共产党员。第二，中欧共产主义青年团政治兴趣的下降和政治工作的减弱，还可以用这种情况来解释：除了捷克斯洛伐克之外，这些党内直到近期都未曾有过像法国和挪威共产党那样的危机，也未曾遇到过意大利党遇到过的那种急需人们直接关心的重要问题。在德国曾有过莱维问题。但是，在第二次和第三次代表大会期间，一般说来，中欧的各个党都没有受到更多的干扰，因而也就不存在必须表明政治态度的问题了。第三，对第二次代表大会确定的青年共产国际政治工作的错误的理解。代表大会的决议使得一些地方的青年中形成了一种错误的看法，认为必须大大限制他们的政治工作，矫枉必须过正。青年共产国际很重视这种现象，并同这种现象作斗争，它不仅自己这样做，而且要求各个国家的中央委员会也这样做，它努力使它们认识这一点，并使各个国家重新开展更多的政治工作，像以往一样进行讨论、发表意见、做宣传教育工作以及参加党的政治生活和斗争。我相信，我们可以向共产国际保证，通过这种途径，我们将达到自己的目的，纠正这种矫枉过正的现象，必要的话，让共产主义青年团员再度积极参加党的政治斗争。

我们应该看到，青年共产国际在其经济工作中取得了重大成就。我想说明的是，经济斗争问题亦即为青年工人眼前的日常要求而斗争的问题，在青年共产国际第二次乃至第三次世界代表大会上是一个很有争议的问题，而且会后它也成了热烈讨论的话题。除了俄国、奥地利和德国之外，对于共产主义青年组织的群众来说，这个任务是一项新任务。然而，今天我们可以说，共产主义青年组织必须开展经济斗争，这一点不仅已经为所有青年组织所认识，而且人们已经实际开始了这项工作。今天，经济问题，即青年工人的经济斗争在各地都是我们青年联盟所关心的中心问题和工作的重点,并且在使工人关心这个问题的道路上,在为青年的要求而斗争的道路上,具体的措施已经得以采取。如果今天我们看看共产主义青年团的报刊,并把它同第二次世界代表大会以前的报刊相比较的话,那么我们就看到,有许多关于企业中的劳动青年和手工业者、农民以及土地占有者中的劳动青年日常生活的生动的报道和反映,我们也发现,报纸上登满了关于剥削劳动青年的报道和文章。

我们还到处看到共产主义青年组织在具体考察青年状况的基础上,开始以口头和书面形式提出了种种要求,他们在工会中也开展了工作,开始在这些组织中开展经常性的工作。我们看到,几乎在所有的国家都开始为某些具体要求进行广泛宣传。最后我们还发现,德国、奥地利、捷克斯洛伐克、丹麦的共产主义青年联盟真正领导各个组织开展了反对资本、反对国家政权、争取具体要求的斗争,而且部分地实现了这些要求。

共产主义青年组织的全部斗争是在青年统一战线的口号下,在反对资本进攻、反对劳动青年贫困化的口号下进行的。在工会经济领域,即代表劳动青年经济利益的领域开始的这项工作,是共产主义青年团继续开展工作的很有意义的开端。

同志们,现在我再谈谈反对军国主义工作的问题。各国青年组织反对军国主义的工作仍然一如既往,青年同志始终充满热情地开展这项工作,继续进行他们反对军国主义的宣传和斗争。他们在工作中不可避免地付出了牺牲。不过,在中欧,我们不得不指出,人们对反对军国主义问题的兴趣在下降,对这方面工作本身的兴趣也在下降,如同对待整个政治兴趣下降那样,我们也必须认真对待这个问题,而且必须以同样的方法与之进行斗争。

在教育工作领域也迈出了第一步。但是,我们必须看到,我们在教育工作方面,还没有像在工会经济领域中的工作那样获得那么多成果。

因为教育工作需要人力，我们要求各国党给我们提供人力，可是并没有得到这些力量。在组织关系方面，我们也进行了许多改进。以法国和英国的共产主义青年团为例，它们与那里的党一样，是建立在联盟的基础之上的。在那里，我们成功地促使他们在组织内部做到集中领导下的合作。现在，一般情况下实行分工，他们成功地提高了团员的独立行动能力并加强了集中制。在国际关系方面，我们也有所进展。今天，青年国际执行委员会和各联盟之间的合作，一般说来像一个联盟的中央理事会同专区、小组之间的合作一样紧密。而且可以说，在许多问题上，特别是在听取建议方面，青年共产国际比某些国家的联盟中央委员会做得更好。

总之，如果我们回顾一下世界代表大会以来的这段时间，我们可以说，经验已经证明我们的工作是正确的，证明共产主义青年运动很善于适应新阶段的任务，理解这些任务，并开始付诸行动。我们在各个方面，特别是在经济领域进行了斗争，并且也部分地开展了组织工作和教育工作，这些都是发展共产主义青年联盟和团结群众的重要前提。但是，在这15个月中，我们还没有成为群众性组织。我们所说的群众性组织是这样一种组织，它不仅成员众多，而且是一个能经常影响广大劳动青年群众，并引导他们参加自己的斗争，用自己的口号引导他们经常与自己一起前进的组织。在发展成为群众性组织的过程中，我们自然也遇到了整个共产主义运动所遇到的困难，当时的运动，除了德国共产党之外，自第三次世界代表大会以来，由于总的条件不利，在向群众组织发展的方向上，在增加人数、扩大在群众中的影响和较牢固地在群众中扎下根来等方面都未能获得重大进展。我们并不对此抱幻想，而是严肃地对待这个问题，我们知道，就这点而言，共产主义青年运动取决于共产国际的发展，但是，我们也知道，青年运动正是在这个领域的某些方面能够而且必须走在共产国际的前面。在第三次代表大会上，我们详细而具体地研究了为加速发展为群众性组织所必须完成的工作。关于这个问题，我还想谈一谈，因为有一个情况也许有人并不怎么理解，因此我想再说一下。如果你们注意一下以前社会民主党领导下的青年运动，你们就会得到这样的印象：工人阶级的政治组织即社会民主党作出过决议，决议也得到了贯彻，青年组织多少成了开展内部教育工作的消极追随者，而这种教育工作又或多或少总是老一套。尽管工人阶级运动还是那么强大，重大事件不断出现，但青年社会民主党人的工作就整体来说却总是老一套，不受党的斗争的影响，不受工人阶级斗争的影响，是封闭性的、并非值得称颂的。我们看到，今天，青年工人运动的形式改变了，并且创造了一种崭新的生动的形式。我们看到，当共产国际提出一个口号，决定一项策略时，青年共产国际不是在形式上，而是实际地去实现国际的决定。我们看到，共产主义青年运动正竭尽全力在自己的范围内实际地积极地运用共产国际的口号。

现在我谈谈青年工人运动的情况，谈谈青年共产国际在这方面进行的斗争。你们大家都知道，在第二次世界代表大会以来的15个月中，青年工人的情况和成年工人的情况一样，不但没有改善，而且在经济方面，由于反动派的压力、战争危险和军国主义威胁的压力，情况更糟了。你们知道，在资本进攻的情况下，青年工人遭受了与成年工人一样的苦难：工资减少、工时延长、失业以及手艺方面的盘剥。然而，青年工人的情况比成年工人的情况更糟，对于他们来说，还有特殊的恶劣情况。在此，我不想用细节来耽误你们，谈到青年工人的经济情况，那么，我们只能承认，9个月以前的共产国际执委会的扩大会议就这一情况所说的话是对的，这就是，整个工人阶级必须极认真地对待当今资本主义崩溃时期条件下的青年工人的经济状况，青年工人正受着肉体上的摧残和精神空虚的威胁。

这一事实，即9个月以前共产国际的这种论断并没有被9个月以后的事实所驳倒，如果说它肯定有所变化，那只能是指青年工人的情况变得更糟了。

在这段时期中，反动派也开始加紧反对共产主义青年运动。我们直接面临所有国家的反动派对共产主义青年运动发起的看来是有计划的进攻。例如在法国、波兰、意大利、德国、奥地利、匈牙利和捷克斯洛伐克都可以看到对共产主义青年运动的迫害，这种迫害在许多情况下都是专门针对共产主义青年组织的。例如在法国和捷克斯洛伐克，那里的共产主义青年组织由于进行反对军国主义的宣传而被解散，而党组织却完全合法地存在着。

首先受到不断增长的军国主义威胁的是那些要为资产阶级充当炮灰的青年工人，数以万计的英国青年失业工人入伍，数万人在摩洛哥、亚洲和非洲，即几乎在世界各地参加了战争。

因而，各地青年工人的情况都极为严重。然而，我们也不得不指出，有一种情况我们没有给予足够的重视，这就是有人利用青年工人作为高压手段来反对成年工人，使成年工人的情况恶化。这种情况是怎样发生的，那是尽人皆知的。为了能够压低成年工人的工资，青年工人的工资受到压低，而且总是青年工人的工资首先被压低，并且被压低得更多。有关这方面的材料，你们在所有青年报刊上都能看到。青年工人劳动时间的延长也比成年工人严重；它首先遭到延长，然后被用做对付成年工人的强制手段。德国就是这种情况的例证，那里在校进修的时间以往都计入八小时工作日，政府还不敢冒险取消工人八小时工作日制，但是，政府在社会政策委员会中通过了一项法律草案，该草案不再把在校培训时间计入劳动时间，并允许雇主让徒工每天除劳动时间以外，再用1小时进行清理工作。这样，8小时劳动时间就被10小时或者至少被9小时劳动时间所取代！这种例子我们在所有国家都找得到，这就是对成年工人的一种高压手段。让我们再举一个现实的例子。当一个工厂的青年工人劳动 10 小时的时候，雇主当然不会让成年工人劳动的时间比他们短，因此，他会转而同样延长成年工人的劳动时间。

此外，大家都看到这样一个现象，青年人在各生产部门被雇用，而成年工人都被解雇。可以说青年工人使失业的成年工人增加，从而使工人的状况恶化。此外，还有无数这样的事例，即青年工人成了反对成年工人罢工的破坏者，他们不得不身着戎装去为资本主义反对成年工人。然而，利用青年工人反对成年工人在资本的进攻中具有特殊意义，这是当前资本主义使用的重要手段。而各国的改良主义者面对青年工人的这种情况，也像面对工人阶级一切切身问题那样，同样采取了背叛态度。然而，反动的工会官僚机构即阿姆斯特丹工会国际，不仅不能掌握实际情况，对这些问题采取实际行动，而且在所有这些事情上，它恰恰牺牲了青年工人的要求。每当为工资而罢工，签订劳资合同时，每当涉及劳动时间，涉及参与罢工问题时，我们总可以看到，反动的工会官僚机构对青年工人的要求采取消极的态度，我们甚至看到，它直截了当地取消了青年工人的要求，并花言巧语地说什么这样做的目的在于替成年工人争取点什么；然而，实际的作用却是，为了成年工人而忽视青年工人，这对成年工人是有害的，这样做只能使成年工人自己的生活水平下降。

是青年共产国际首先提出了开展反对资本进攻的斗争的口号以及建立青年工人与成年工人统一战线的口号！这一口号不仅在各个国家的运动中，而且也在国际范围内的运动中得到拥护和贯彻。

我们在社会民主党青年国际那里看到什么呢？我们看到的是在第二国际中曾发生过的情况在青年问题上的重演，他们同阿姆斯特丹工会官僚机构及自己的党完全一样，面对青年工人的贫困，面对反动派和军国主义，没有采取任何行动。我们发现，凡是在青年工人开展活动的地方，凡是在发生战斗的地方，社会民主党青年国际总是力图扼杀这些斗争，他们转移劳动青年的斗争注意力，平息他们的斗争。青年共产国际向阿姆斯特丹青年工人国际及维也纳社会主义青年国际提出了共同召开一次青年工人世界代表大会的具体建议，其目的是组织青年工人进行反对资本进攻的斗争，并参加成年工人的斗争。然而，社会主义青年国际在我们写信以前曾声称，他们同意召开青年工人世界代表大会，说单靠我们不可能召开这次大会。而现在却暴露了他们的真面目，他们甚至拒绝参加商讨召开青年工人世界代表大会问题的预备会议。与此相反，他们同阿姆斯特丹工会领导人一起提出了一个纲领，纲领中有一些颇具欺骗性以至于根本不能被接受的所谓要求。他们不指导青年工人在共同的战场上同成年工人并肩战斗，而是耍了合并的花招。今天，我们正面临着第二半青年国际同青年工人国际合并的事，就是说，面临中派官僚向第二国际彻底投降。

现在来谈谈我们认为极其重要的问题，这就是在劳动青年及那些持冷漠态度的群众中，可以看到反对贫困化并参加成年工人斗争的运动。我们也看到这样的例子，有些地方的青年工人违背社会民主党工会和社会民主党青年组织的意愿——可惜不是在我们的直接发动下，完全自发地参加斗争和罢工。英国冶金工人的罢工就是这样的例证，工会禁止徒工离开工厂去罢工。值得注意的是，一些现在和过去都从来没有开展过青年工人运动的地方，那里的徒工自发地集会，他们声明："不，我们不待在工厂，我们要参加罢工！"德国也有这样的例子，汉堡造船厂的1000多名学徒和青工自发地参加了罢工，他们为提高工资而斗争，尽管工会领导人进行破坏，他们的罢工仍达五六天之久。此外，在慕尼黑、曼海姆和波兰也有举行这类自发罢工的事例。据我们所知，奥地利的一个城市也有400名青工由于签订劳资合同时没有得到考虑而参加了罢工。我们看到，青年工人中的不满情绪越来越引人注目，青年工人自发地投入了反对资本进攻的斗争。

这种现象不得不引起我们的深思，我们应该从中得出什么结论呢？

第一个结论是，我在前面已经谈到的，青年工人有参加成年工人斗争，并开展反对青年工人贫困化的斗争愿望，并且这种愿望在不断加强。

我们必然从中得出的第二个结论是，工人阶级的组织并不关心青年工人，而且青年工人再也不愿意等待由这些组织来代表他们的要求。我所说的工人阶级的组织不关心青年工人，不仅是指工会和社会民主党，而且在某种意义上也是指共产党和共产主义青年组织。对这件事我们不应该抱幻想，参加过这类运动的德国同志们都知道，即使青年共产党人积极参加了这些运动，但这些运动仍然是自发的运动，不是由共产国际直接发动的，而是事后才被置于共产国际的领导之下的。就是说，这些运动并不是由我们的组织发动的，而是自发产生的。现在清楚了，劳动青年再不想等待由别人来代表他们的利益。这件事有好的一面，也有坏的一面。好的一面是，它说明青年工人要参加斗争，他们不想再等待，他们要参加革命斗争。然而，它也有一些值得我们认真思考的问题。它告诉我们，如果共产主义青年组织和共产主义工会等仍不懂得要比以往更加积极地关心青年工人的利益的话，那么青年工人就会疏远工会组织和他们的所有组织，并且不信任这些组织。另一方面，如果共产国际像德国共产主义青年团以往所做的那样，支持青年工人的运动，那么它就一定会在广大青年工人中保持影响。

有一点是清楚的，如果没有成年工人的参加，而工会又不支持青年工人，那么他们的罢工是无益的，也不可能获得成功。因此，我不得不说，在最近青年工人局部的自发运动中，我们看到了一种现象，遗憾的是，这种现象恰恰悲剧性地同利用青年工人反对成年工人这件事相呼应，就是说，在青年工人发起的局部运动中，成年工人几乎总是成为反对青年工人的罢工破坏者。仅以汉堡为例，在那里徒工工资低得可怜，而成年工人的工资却明显提高，因此徒工们举行了罢工。徒工工资1000马克，成年工人工资4500马克。船厂主声称，如果成年工人不承担罢工青工的劳动,即便和青工拿同样的工资,他们也得被解雇。其他地方也一再出现同样的情况。那么在这种情况下,成年工人做了些什么呢?他们顶替罢工者去上班,而且不是拿自己的工资,而是拿青年工人不足以糊口的工资。这种情况是令人不安的,它说明青年工人群众和成年工人群众之间有一道深深的鸿沟。它还表明,资本达到了使工人阶级这两部分人彼此对立的目的,他们用一部分人反对另一部分人,使其两败俱伤,就是说,使整个工人阶级蒙受损失。

因此,在这个问题上,共产国际必须讲个明白,而且共产国际也愿意这样做。**它指出,青年和成年工人之间建立统一战线,共同开展反对资本和反动派的斗争是绝对必要的;它要求所有的党和整个工人阶级在它们的日常斗争中,也要代表青年工人的利益和要求,并把这些利益和要求作为日常斗争的内容!** 我们知道,在共产国际向自己的成员和成年工人提出这样一个号召并就此作出一项决议时,这并不仅仅是口头上的表白,而是准备在实践上把这一决议付诸行动,责成自己的所有组织认识这个问题的严肃性,并在日常斗争中实际贯彻这项决议及其基本原则。共产国际绝对不能容许青年工人脱离自己的影响,它不能容许广大青年陷入冷漠,而是必须使青年工人站在自己一边。在全体革命工人顽强的抵抗面前,资本主义的进攻必然失败,反动派必然失败!如果今天我们懂得去代表青年工人的利益,并把青年工人吸引到我们这边来,那么我们就打开了争取青年工人的大门,并且真正把广大青年工人组织到共产国际当中来了。

为青年工人而斗争的全部问题是一个现实问题,它是共产党和青年团实际合作的问题。总之,我们可以而且必须说,今年,共产党和青年团的实际合作有好转,但是总的说来,为了达到作为不可缺少的理想和必要的实际要求的目标,还必须为双方的关系做更多的努力。我只想举一个例子,它关系到对青年组织的总评价。在捷克斯洛伐克,我们同党的有关机关进行了数月之久的讨论,讨论的问题是,究竟需要不需要共产主义青年组织。那里党内的许多领导同志当时的观点是:我们不需要共产主义青年组织,有党、工会和体育组织就够了,这些组织同样可以教育青年人。这是对共产主义青年组织任务的一种完全错误的认识,青年组织应该是吸引广大劳动青年、进行共产主义政治教育的组织。我们总算说服了这些同志,但是尽管我们的领导层已经克服了这种观点,然而仍然不能说,这种观点在党内确已不复存在了。

我们曾经不得不在英国开展一项艰巨的工作,以使共产党相信,开展无产阶级青年运动是必要的,而且事实上在数月之后,我们才得以使党的代表大会对此表示赞同。

这些都是少数国家对青年运动的评价令人不满的例子,但是大体上我们可以说,合作有了根本的改进。

我们作出了一项决定,在决定中对于一切实际领域的合作提出了一系列切实的建议,这项决定将提交各国代表团。因为我讲话的时间有限,所以只能简短地谈几个问题。

现在首先谈谈经济斗争问题。遗憾的是,在这个问题上我们并没有得到共产党方面的理解,而这种理解对这个问题是必要的。当然,我们也得到了一些党的理解,如德国、奥地利和捷克斯洛伐克的党,意大利的党在这方面也给了我们很大的支持,但是,也还有一些党员同志的态度简直令人不能容忍。我只想举一个例子,顺便说一下,这个例子涉及德国的一位同志。我们举行了一次红色工会国际执委会会议,并对红色工会国际中设立青年工人代表机构问题提出了各种建议。我们得到的回答是:局外组织根本不应该过问我们的工会。几天以前,我们才同西班牙的一个同志交谈过,他是共产党工会的一位领导人,我们向他说明,在谈到反对资本进攻时,也应该提出充分发挥青年工人作用的问题,我们得到的回答是:没有必要让成年同志过多地过问我们的问题,这里流露出一种行会精神。也就是说，有人要求不要让青年工人置身于成年工人的行列之外，而是要把他们吸引到工会的斗争中来，青年工人应该参加成年工人的斗争，这种要求反而流露出一种行会精神！我们声明，行会精神来自那些不懂得工人阶级的斗争只能是整个工人阶级的斗争的人。这类例子还可以举出很多。党内和工会中的同志必须更多地理解青年工人的经济斗争，理解青年组织的经济斗争。人们绝不允许重演法国发生过的这样一件事情。在那里举行过一次工会代表大会，会上青年人提出了一系列有关青年的要求，而当时在150多名共产党员中只有7名同志同意讨论青年工人的问题，并且只赞成宣读一下共产主义青年团的信！其余的同志则干脆弃权或甚至投反对票。这种情况再也不能重演了。党组织必须更多地理解青年人的利益，工会中的党员同志必须支持把工会中的青年人组织起来，同意在签订集体合同时考虑青年工人的利益，支持共产主义青年团建立党团，支持在各个工厂和作坊中建立共产主义青年团支部。

现在，我还想就反对军国主义的斗争问题谈几句话。在我们多数党内，这是一个相当敏感的问题。在这个问题上，我们必须比以往更要加强合作，因为当前的形势已经再也不允许共产主义青年团单独进行斗争，党必须切实加强并领导这一斗争，而加强合作是绝对必要的。

关于教育工作，我们也在自己的决定中提出了一系列建议，建议的中心思想是要求党以提供培训力量和党校场地等行动来支持共产主义青年团的教育工作。

在这里，我们也必须谈谈党的新闻报刊问题。应该说，党的新闻报刊对青年问题的态度有了相当的改进，因为大多数报纸对青年问题给予了更多的注意。尽管如此，在这方面，仍有一些事要做。德国无疑是青年工人经济斗争的焦点，然而在德国我们看到，报刊领导人的会议竟能通过决议，让德国共产党所有的报刊停止出版青年副刊！有人告诉我们，柏林的《红旗》在刊登青年问题文章时遇到了极大的阻力，几乎不可能在《红旗》上刊登什么东西。《红旗》的青年副刊不能继续保留，有人为此进行了长期的斗争；政治局作了决定，而编辑们却说不行。令人遗憾的是，在德国这样一个国家，党的中央机关刊物对青年工作做得如此之少。捷克斯洛伐克的中央机关报也没有青年副刊。同样，英国的报刊杂志连一篇有关青年组织的文章也未曾登过，从来没有一篇报道建立青年组织的文章被采用过。要在《人道报》上刊登有关青年的文章则比在柏林《红旗》上刊登更难。因此，在这方面还有一些事情必须改进。

最后，我还要谈一谈**儿童团组织**的问题。今年，这一运动在许多国家大大加强了，各党开始关心这项工作。这种关心应该受到极大欢迎，并且应该要求各党克服对工人子女进行的一般教育中的是非不清的倾向，要求他们抛弃纯属资产阶级的关于一般理性教育的一派胡言，而对孩子进行共产主义教育。不应该像法国那样在组织内散发由一部分小资产阶级知识分子出版的杂志《小好心人》，却不散发共产党人自己的杂志。还有捷克斯洛伐克共产党也容忍自己的组织针对青年组织正在出版的共产主义儿童杂志，发行一份乏味的小报，并且为其大肆宣传。共产主义青年团在儿童团运动中开展的工作还应该得到更多的支持，资产阶级教育的倾向必须得到克服。同志们，我在这里当然不可能详细阐述党组织和青年组织实际合作中的一切问题。我们希望，这项决定会得到支持，并在实践中得到运用，希望共产主义青年组织以这种方式完成它对党的义务，并且比去年更热心；希望党的方面也对合作采取比某些情况下更加热心的态度。通过共产党和共产主义青年团在一切领域的合作与配合，我们将在近期内把青年工人置于自己的影响之下，争取他们站到我们一边来，并参加我们的组织，只要我们争取了青年工人，只要共产国际有青年工人作后盾，那么，未来和革命的胜利就一定属于自己。

再过几天就是青年共产国际在柏林成立三周年的日子。那是在柏林郊区一个小酒馆的一间烟雾弥漫的小房间里，在诺斯克的统治下（他迫使党转入地下），我们几个同志不得不在那里召开第一次代表大会。从1919年11月起，青年共产国际有了巨大的发展，它的力量几乎增长了三倍，它强大了、巩固了，而且也纯洁了。同志们，我们希望，共产国际将成功地同青年共产国际一起继续沿着走过的道路，深入到青年工人群众中去，唤醒他们，并用这样的方法给共产主义运动输送新的强大的战斗部队。我们还希望，在下次代表大会上能向你们说明，在共产国际的帮助下，国际共产主义青年运动懂得了代表青年工人群众的利益，把他们吸引到成年工人的斗争中来，并争取他们赞成共产主义的旗帜。（鼓掌）

主席：

主席团建议，把青年问题的决议提交主席团，不指定特别委员会，对此有反对意见吗？没有。那么通过。

讨论黑人问题

比林斯（美国）：

同志们！殖民地问题对于世界革命的重要性已经得到共产国际第二次代表大会的承认。然而，从东方来的不少同志以及从殖民地来的一些同志却责备说这个问题遭到冷遇，它没有得到作为世界革命的一部分的问题所应有的重视。黑人问题是种族问题和殖民地问题的另一个方面，对这个问题以往人们没有给予重视。因此，我想说，第二国际对于黑人问题一直没有给予特别的注意。因此，在第二次代表大会的提纲中有这样一句话，说第二国际是白人工人的国际，而共产国际是世界工人的国际。

季诺维也夫和布哈林同志在他们的讲话中指出，殖民地问题是今天我们必须加以研究的最重要的问题之一。由于现在正在讨论这个重要问题，我期待这次代表大会承认已经取得的经验，承认在殖民地问题上我们所提出的策略。这次代表大会或者至少是共产国际在自己对近东和远东各国人民开展的活动中肯定已经取得了某些经验，并且从这个特殊的问题中，也许还获得了一些认识。我们会发现，在处理这个问题时，有人犯了某些无法避免的错误，应该从中吸取教训。如果我们现在来研究黑人问题，我们就必须从头开始，而且一开始就应该有一个正确的方向。

现在，当我们研究黑人问题时，我们应该把黑人问题的心理因素也纳入我们的研究范围。由于这个原因，我们必须认识到，在一定的时期达到一定发展阶段的各个不同的民族，一般说来必然也会以某种方式在心理上对世界作出反应。如果我们想在这部分群众中开展工作，并在他们当中进行宣传和鼓动，那么我们就必须考虑到我们在这些有待研究的特殊问题中所发现的种种因素。

尽管黑人问题主要是经济问题，然而，我们认为，白种人和黑种人之间的摩擦也使这个问题更加严重、更加尖锐了。大家知道，种族问题虽然只是由某些社会集团的阶级偏见引起的，但仍具有重大影响。例如在美国，虽然黑人工人和白人工人之间的竞争确实是种族仇恨的主要基础，但我们不能忘记，黑人额头上仍然带着渊源于奴隶时代的奴隶标志。由于这一原因，我们认为，白人工人与黑人工人之间的特殊对立具有一种特殊的形式。在全世界，大约有1.5亿黑人，其中2500万住在新大陆，其余住在非洲。美洲和西印度群岛的黑人是美洲资本家廉价劳动力的来源。我们看到，资本家阶级过去一直利用，现在仍然利用黑人来镇压白人工人阶级的日常斗争。一旦有什么地方爆发革命起义，他们就从黑人队伍中招募"白卫军"成员。剥削非洲黑人使他们有可能继续积累资本。作为阶级的资本家阶级承认黑人群众给了他们最宝贵的援助。因此,多年来,他们都把用资产阶级思想影响黑人劳动群众的思想作为自己的任务。当然,他们这样做是为了他们自己的利益,而不是为了帮助黑人。为了替资产阶级进行宣传和反对白人工人,资本家谨慎而有计划地在黑人中成立了组织。他们创建了有名的洛克菲勒基金会和乌尔班联合会,前者给黑人学校提供资金,后者是众所周知的工贼机构,当大多数革命者还在睡大觉时,工贼们却在坚守岗位。尽管存在这类情况,仍无法阻止黑人劳动群众用某种方式对他们在世界各地遭受的压迫进行反抗。他们的反抗最初采取宗教机构的形式,这是在某些时期黑人被允许的唯一的自娱形式。然而,后来我们看到,黑人的组织在不断发展,这些组织虽然全部由黑人组成,但在一定程度上都直接或间接地与资本主义为敌。

最重要的黑人组织有三个。首先是"有色人种全国联合会",这是一个由资产阶级知识分子领导,但主要由无产阶级分子组成的组织。该组织的行动原则是以书面请愿来谋求资产阶级改善黑人的状况,这种做法实际上不过是一种乞讨。下面我们谈第二个,也是比较引人注目的一个组织,这就是贾维联合会,它由激进分子组成,是一个极端民族主义的组织。尽管这个组织用某些廉价的股票学说来点缀自己的纲领,但它毕竟还动员黑人起来反对帝国主义,该组织于世界大战之后建立。当然,它没有采取明显激进的形式,这是因为它自己的领导人当时反对这样做。尽管如此,种族意识被唤醒了,并且影响的范围很大,一直延伸到非洲内地,人们几乎不会想到,在美国兴起的组织,竟会在那里找到一个据点。第三个组织是"非洲歃血兄弟同盟",这是一个激进的黑人组织,它的纲领以消灭资本主义为基础。在塔尔萨(美国俄克拉何马州)的种族斗争中,这个组织是进行了光辉而英勇斗争的唯一的组织,而且，它也是唯一的一个最先引起美国资产阶级注视的组织。

非洲也有各种（民族主义的）小型组织，例如埃塞俄比亚运动，然而，所有这些组织都受到美国——即黑人中各种政治倾向的中心——的激励。这类组织一直扩展到苏丹。如果我们采取谨慎、认真而积极的宣传方法去团结这些运动的话，这些组织就可能为共产党人所用。因此，我们认为，已经存在着这样一种组织，它将奋起反抗世界帝国主义。

在美国，黑人报纸杂志有近450种，这些报纸杂志大多只报道种族问题，因而对黑人群众产生了巨大影响。例如，有《芝加哥卫士》周刊，印数达25万份，在世界各地有大量黑人居住的地方发行。此外，还有《危机》月刊，印数也在6万份以上。这些杂志，特别是《芝加哥卫士》和其他发行量较少的杂志一直采用由我们提供的激进的宣传材料。

黑人感觉到南部的白人与黑人之间的危机即将爆发。在南部，种子已经播下，而且，不管怎样，在南部种子肯定会发芽。这一危机很有可能将采取种族仇恨的形式。

同志们，黑人问题是我们极其关心，并且对我们也是极为重要的问题。例如，我们看到，居住在美国的大约1200万黑人中，有200万在北部工业区劳动，而其余的1000万或900万则在南部。（我想，你们大家都能够想象南部的情况，如果你们到那里去，你们会以为是到了但丁所描写的那种地狱之中。有时你们会感到，一切希望都是徒劳的。）南部几乎成了一个独立王国。80%的黑人住在农村，有人划了一道鲜明的界线，剥夺了他们的选举权。在这里，阶级斗争以它最野蛮的形式进行着，因而，我们认为，黑人与白人的关系就是不断的冲突和斗争，直至死亡。在那里，你们会看到私刑虐杀和种族反抗。你们看到，在南方私刑虐杀黑人成了某些人的乐趣，竟像是在别的地方人们到电影院消遣一样。当你们知道，南部的白人居民受白人统治黑人的思想影响是如此之深时，你们也就会认为，我们必须研究这个问题。目前，当美国北部正举行大罢工的时候，我们看到，资产阶级立即把它豢养的大批特务派到南部，把那里的黑人带到北部来顶替罢工的人上班。这些特务通过许诺更高的工资、更好的条件等手段让黑人进入罢工区，这对白人罢工者是一种不断的威胁。然而，我们不能让黑人对此负全部责任。美国的工会，我这里说的是真正的工会，近几年来一直坚持，黑人，即使是熟练工人，也由于他们的肤色绝不允许参加工会。只是在最近，美国劳工联合会才作了一次无力的尝试，让黑人有可能加入正式的工会。但是，即使在今天，如果我没有弄错的话，像机械工人工会这样的组织，在自己的纲领中仍然决定入会条件是每个白人同事介绍其他白人工人入会，或者一些类似的规定。这意味着黑人应该永远待在工会外面，理由很简单，因为他们是黑人。而资本家阶级和反动黑人报纸则尽量利用这种情况来影响黑人，使其反对工会。如果我们同一位黑人谈及加入工会或者必须成为激进分子时，我们总是得到毫不客气的回答："不要对我说教，去劝白人吧。他们需要工会，而我不需要它。如果他们愿意吸收我的话，我时刻准备同他们并肩战斗。但是，只要他们拒绝吸收我，我就要在罢工时去顶班工作，上帝作证，我有权这样做，我要维护我的生活。"这是他们的理由之一，也是我们不能不加以考虑的理由。在理论上，我们说尽一切动听的词句，但在日常斗争中存在的却是一些严酷而具体的事实。

黑人问题委员会起草了一个黑人问题提纲，就是我现在要宣读的这个提纲。我们在谈黑人问题的时候，也提出了一些明确的建议，我们认为，共产国际中凡有黑人的国家和殖民地的各个支部都应该贯彻这些建议。当然，我们提出这些建议，不是为了让它们仅仅是一纸空文，而是为了使各个支部去付诸实施。因此，我们请求共产国际注意，根据文件的精神对这些建议逐条详加说明。我们把这一工作大体上归纳为关于立即开始在全世界黑人中开展工作的一项建议。我们还建议成立黑人局,作为共产国际执行委员会的一个部分,其理由是便于我们协调,并统一领导这项工作,而且,我们认为,该局或该部门——或你们想怎么称呼都行——的所在地最好设在莫斯科。黑人问题对于我们极为重要,出于这一原因,我们尽了很大努力认真研究非洲的,特别是美洲的实际情况。我们并不妄想制定一个纲领,尽管我们对建立一个黑人组织的计划提出过某些肯定的建议,这个计划考虑到了现阶段黑人所具有的思想特点。

黑人问题的提纲如下:

"作为世界大战的结果,战前所存在的维持了资本主义发展的积累过程的基础,已被彻底摧毁,这也涉及到实行资本输出的先进的资本主义国家同这些国家统治下的殖民地和半殖民地各族人民之间的关系。同时,这些国家的人民越来越卓有成效地反抗世界资本势力的运动得到发展,正如在不列颠帝国主义国家中所表现的那样,而且这一运动的发展,使得侵入黑人居住地区和加强该地殖民地化成为资本主义积累进一步发展所需要解决的最后一大问题。法国的资本家已经清楚地认识到,只有建立以一条横贯撒哈拉大沙漠的铁路把法国本土连接起来的一个法兰西—非洲世界帝国,才能维持法国战后的帝国主义实力。美国的金融巨头在美国剥削着1200万黑人,他们现在也专门向非洲进行和平渗透。英国以极端手段镇压兰德地区的罢工,这清楚地表明它对自己在非洲的地位受到威胁而感到恐惧。正如帝国主义列强在太平洋地区相互竞争加剧了在那个地区发生世界大战的危险一样,非洲已显出行将成为帝国主义列强争夺对象的可悲迹象。

此外,战争、俄国革命以及亚洲和穆斯林各族人民声势浩大的反帝运动也唤醒了千百万黑人的种族觉悟。几百年来,这些黑人不仅在非洲，而且更主要在美国（那里反抗运动日益高涨，并对所有的黑人群众产生了影响），也一直遭受着资本主义的压迫和凌辱。

由此看出，不仅在主观上，而且在客观上，黑人问题已经成为世界革命的一个重要问题。共产国际已经认识到，支持资本主义国家中的亚洲有色民族的无产阶级革命该是多么重要；共产国际也认为，和我们被压迫的黑人兄弟合作，对于无产阶级的革命和摧毁资本主义政权都是必要的。为此，第四次代表大会宣布，把'殖民地问题提纲'同时应用到黑人问题上，是共产党人的特殊任务。

1. 第四次代表大会认识到，必须支持一切形式的破坏和削弱资本主义或帝国主义，或者阻止其继续进逼的黑人运动。

2. 各地的黑人工人应该组织起来，并且在所有黑人工人和白人工人同在一处的地方，都应该抓住一切时机建立统一战线。

3. 黑人的工作主要应该由黑人自己去做。

4. 立即着手筹备在莫斯科召开一次世界黑人大会，或者召开一次代表大会。"

同志们，最后我还想提一个希望，希望共产国际中凡有黑人工人的各国支部的同志都能理解今天实际存在的黑人问题，希望他们不是把这件事看做应景的决定，而是切实直接地去完成这项工作，以唤醒黑人大众的觉悟，并且使我们能够引导他们去参加无产阶级革命。

麦凯（美国）：

同志们，我觉得比起让我试着向思想先进并且最有批判能力的世界听众讲话，我更情愿去面对文明美国的私刑审判。我的民族是善于言辞的，然而我的公开演说却总是非常的糟，所以我的同胞曾告诫我，还是不要再去尝试发表演说，能写写文章就行了。但是，当我听说黑人问题要提到代表大会议事日程上的时候，我想，尽管如此，如果我只字不提我的同胞的事情，这对我来说将永远是一件丢脸的事，特别是我会给美国的黑人丢脸，因为我在1919年发表了尽人皆知的长诗之后，由于我诗中的激情，作为美国黑人激进主义的代言人之一的我便成了人们注目的人物。

我觉得，邀请我的民族中的一员在现在的第四次代表大会上发言，这是给我的种族的荣誉。这一荣誉并不是因为我的种族与白种人、黄种人不同，而是因为它尤其是一个工人、伐木工、航运工人的种族，属于世界工人阶级中受压迫、受剥削和受奴役最深的一个部分。共产国际主张解放世界所有工人，不分种族和肤色。而且共产国际这样表明态度并不像美利坚合众国对宪法第15条的注释那样仅只是一纸空文，它是一项实际的任务。

当前在世界经济生活中，黑人具有一种极其特殊的地位。在黑人和白人不得不一起劳动的所有国度里，资本家总是使黑人和白人互相对立。有迹象说明，国际资产阶级想利用黑人作为反对世界革命斗争的一张王牌。大不列颠在各殖民地都有它的黑人统治者，在上次战争中它利用这些黑人统治者为它效劳，这说明了黑人士兵对英国的作用。由于不列颠帝国对其奴役下的各国人民进行剥削的手段很高明，因而英国的革命仍遥遥无期。在欧洲，我们看到，法国拥有一支30多万人的黑人军队，法国也要利用它的黑人奴仆实现其统治欧洲的帝国主义政策。在美国，我们也看到相同的情况。北美的资产阶级知道，尽管黑人士兵几乎都是文盲，没有受过训练，但他们在内战中仍出色地为资产阶级自身的解放而战斗。他们也知道，在西班牙和美国的战争中，黑人士兵在西奥多·罗斯福的领导下，打仗很出色。资产阶级知道，在上次战争中被动员的40多万黑人都经受住了考验，他们除了为资本家打仗，也勇敢地为自身的利益而顽强地斗争。回到美国之后，他们又在芝加哥、圣路易斯、华盛顿等城参加了反对白人暴徒的斗争。

但是，还有比美国资本家在他们反对工人利益的斗争中利用黑人士兵更为严重的事情，这就是美国资本家要调动美国所有的黑人去反对组织起来的工人。因此，美国当前的形势极为严重，充满了巨大危险，比俄国沙皇统治下的农民和犹太人的情况更骇人听闻、更恶劣，其骇人听闻和恶劣的程度简直到了美国很少有人能容忍的地步。资产阶级改良主义者开展了一场反对美国的种族隔离和种族偏见的斗争。社会党人和共产党人在进行这场斗争时表现得十分谨慎小心，因为在美国的社会党人和共产党人中，还明显存在这种偏见。他们并不想关心黑人问题。在与美国同志的交往中，我在白人同志和黑人同志会面的各种不同场合都看到了这种偏见。美国共产党人要克服的最大困难是，他们必须首先放弃自己对黑人的这种态度，才有可能通过某种激进的宣传去接近黑人。我自己对黑人问题的态度是，我觉得，像其他被压迫民族一样，黑人也要到莫斯科来，学习应该怎样开展斗争，怎样反对剥削他们的人。1919年，当共产国际发表自己的宣言并在其中劈一段论述受剥削的殖民地问题时，在美国就有许多黑人激进小组在黑人中进行这种宣传。1920年，当美国政府准备反对并压制黑人中这种激进的宣传时，一些激进的黑人小组用公开声明回答了政府的这种企图，声明说，社会党人正在努力争取黑人的解放，而改良主义的美国不可能为黑人的解放做任何事情。我想，这件事说明美国的黑人在美国的历史上第一次理解了卡尔·马克思是关心黑人解放的，并且热情地为此进行过斗争。我想引用卡尔·马克思在内战时期写的一篇文章中有关的一段话：

"代表着30万奴隶主的寡头集团竟敢首次在世界历史上把'奴隶制'写在武装叛乱的旗帜上；不到一个世纪之前第一次出现了建立伟大民主共和国的思想，由此产生了第一篇人权宣言，并给予18世纪欧洲革命以第一次推动；而恰恰是在第一次出现建立伟大民主共和国思想的这个地方，反革命势力无耻地宣称，把人当作财产的制度是'新大厦的基石'。在这样的形势下，欧洲工人阶级甚至还在上层阶级狂热地倒向同盟老爷们一边从而发出不祥的警告之前就立即看出：奴隶主叛乱是一场财产对劳动所进行的普遍的十字军征讨即将开始的信号，对劳动者说来，不但他们未来的希望，就连他们过去争得的权益也因大西洋彼岸那场大冲突而陷于危险之中。"①

写下以上这段话的卡尔·马克思，是作为科学社会主义之父，作为划时代的被民众誉为"社会主义圣经"的《资本论》这一著作的作者而闻名于世的。

他同理查·科布顿、无神论者查理·布拉德洛和约翰·布莱特一起周游英国，在各地发表演说，促使工人阶级起来反对邦联②，致使想要承认南方的首相帕麦斯顿勋爵不得不辞职。与马克思1861年反对农奴制度完全一样，马克思精神的追随者，今天的社会党人也在反对雇佣奴隶制度——反对人剥削人。

如果美国工人党是一个包括黑人在内的真正工人政党的话，那么它在南部必然会是非法的。我要告诉美国同志们，在南部弗吉尼亚州的里士满城有美国人党的一个小组，它是非法的，之所以非法，因为它有有色人种的党员。我们这里有一个小组，由黑人同志和白人同志组成，他们在一起工作。但是，在弗吉尼亚州和大多数南部各州却有禁止白人和黑人一起集会的法律规定，其结果是南部的工人党也必然是非法的。为了对付弗吉尼亚州的法律规定，同志们不得不按肤色分别开会，白人和黑人只好每个月秘密集会一次。

这就是南部将要开展的工作的特点。南部黑人工作必须由北部组织得力的合法宣传加以引导，因为目前美国南部各州（1000万黑人居民

---

① 原文引自马克思《致美国总统阿伯拉罕·林肯》，但中间遗漏了一句话，参看《马克思恩格斯全集》中文第2版第21卷第16页。——编者注
② 即南部支持奴隶制的11个州组成的美利坚联盟国。——编者注

中，有900万住在这里）的形势就是如此，其至连黑人中的自由资产阶级和小资产阶级，也由于这项法律规定而不能出版自己的机关报去开展改良主义的宣传。

事实是，仅在南部各州存在着限制言论自由的做法，相反，北部就没有这种限制。在北部，人们为特殊情况制定了特殊的法律，例如，战争期间的反共产党人和反社会党人法。反之，在南部我们看到，禁止黑人集会讨论他们的疾苦这一法律规定已存在了55年之久。关心黑人的事业白人被禁止接近黑人、同黑人交谈。如果我们把白人同志派到南部去，那么他们常常被白人的寡头统治驱逐出境，如果他们不离开那个地区，他们就会遭到暴徒的袭击，被涂上焦油和粘上羽毛踢翻到地上打滚。但是，如果我们派黑人同志去，他们就再也回不来了，因为他们将被私刑处死或烧死。

我希望国际资产阶级在反对世界革命的决战中，不能达到它利用黑人的预期目的。我希望作为向现在懂得了黑人问题全部重要性的国际资产阶级的挑战，我们将很快在世界最优秀、最英勇、装备最精良的军队行列中，即在俄国的红军和红海军的行列中看到一些黑人士兵，他们不仅将为自己的解放，而且也为世界整个工人阶级的解放而战。

主席：

我请大家注意，这是第一次在共产国际世界代表大会上研究黑人问题，我认为，不必一定要指出这个问题的重要性。这关系到争取一个至今受压迫很深的民族的问题。黑人问题委员会通过了一项决议，该决议就其文稿措词而言，显得有些理论气，不能完全为整个工人阶级和黑人下层人民所理解。因此主席团决定，把决议退回该委员会，并指定它对决议再一次进行修改，文字要明白易懂。

对此有反对意见吗?没有。

那么主席团的建议被接受。

(会议休会时间:下午 4 时 55 分)

第二十三次会议

(1922 年 11 月 25 日)

会议开始：晚 7 时 10 分
主席：马尔赫列夫斯基

梅什切亚科夫作关于合作社运动的报告

如果人们不是从组织的稳固性和纪律性，而是从成员的人数来衡量合作社运动的力量，那么合作社运动就是工人运动的最有力的形式之一。

如果我们说，世界合作社组织的队伍成员不是以几百万人，而是以几千万人来计算，那么这种说法一般来讲并不过分。

合作社组织不只是一个偶尔去找合作社社员去采购必需品的组织，合作社还是这样一个组织，它努力创造自己的意识形态，使自己的全部工作都与这一意识形态相适应，并使这一意识形态深深扎根于每个社员的思想意识之中。合作社运动的旧领导人顽固地支持这样一种观点，即合作社是"运动的第三种形式"，而且，它必须完全独立于其他两种形式——党组织和工会组织。这种观点使每个积极的合作社社员在头脑中都产生了一个特别的"合作社之角"，在这里，合作社运动的那些旧领导人便成为拥有无限权力的主人。然而，人的头脑当然不可能被完全不渗透的隔膜分为几个部分。革命斗争的新思想也会深入到这个被奉若神明的"合作社之角",不过,这一过程进行得极为缓慢。另一方面,除了内渗的现象,还会发生这样一种外渗——渗出也会从相反的方向进行,根深蒂固的机会主义思想会从"合作社之角"向工人头脑的其他部分渗入,并施以机会主义的影响。

迄今为止,合作社仍是一个**纯粹的经济组织**。它从来就不是一个无产阶级的战斗机构,因此,合作社就得不到那些在政党和工会中工作的、始终处于斗争洪流之中的工人阶级革命分子的重视。这种情况被各种各样的形形色色的社会主义的叛徒巧妙地加以利用,由于在无产阶级的革命分子那里没有遇到什么反抗,他们就在合作社中为自己建立了特别牢固的地位。他们能够自由地支配合作社资金,同时还能同样随意地从这一阵地中释放出叛离社会主义的机会主义思想的毒气,用以毒害无产阶级的阶级意识。为此,他们拥有了一个能容纳上千万工人的合作社讲坛。

所有这些情况清楚地说明:将合作社运动的旧领导人——这些工人阶级事业的叛徒——从他们最后的避难所中驱逐出去并占领这个最后阵地,即极右机会主义分子的最后根据地,对无产阶级的革命组织来说是多么重要啊!同时,俄国无产阶级革命的经验也清楚地说明,如果夺取了政权的无产阶级不**首先**占领合作社这块阵地,那么在组织人民生活和商品交换的时候,它将会面临多么巨大的困难。无产阶级必须在它不得不全力巩固政权和组织新社会的时候,去占领这块阵地,而合作社必须根据无产阶级新政权给予的任务,毫不迟疑地开始自己的工作。然而,占领阵地的任务是不能一蹴而就的。从上至下地清除旧合作社腐臭的污泥,在短时间内是不可能实现的。合作社许多重要的职位仍将长期掌握在合作社旧的领导人——这些无产阶级敌人——的手中;他们对工作进行破坏,人民的食品供应和商品交换的组织工作搞得非常糟糕,由此引起了群众的不满,并削弱了新的革命政权的力量。

所有这些情况清楚地表明，将合作社运动的旧领导人——这些工人阶级事业的叛徒——在革命发生之前从他们最后的避难所中及时地驱逐出去，及时地占领极右机会主义的这块最后根据地，这对于革命的无产阶级来说是多么重要。

共产国际及时地认识了这一必要性，早在1921年夏的第三次代表大会上，它就把有关共产党人在合作社运动中开展工作的问题提到了议事日程，并且批准了报告人提出的关于这一问题的若干原则。

这些原则主要关系到共产党人在合作社运动中进行工作的普遍而又具有纲领性的路线。在这些原则中，策略问题以及其他更多的问题——如组织问题——只是被一般地谈了谈。这些原则主要坚持，合作社再也不许成为"工人运动的第三种形式"，不许完全独立于和脱离于其他两种形式，革命合作社的工作与无产阶级革命组织、政治组织和工会组织的工作必须被更密切地联系起来。这些原则坚持，必须坚决摈弃所谓合作社运动保持政治中立的机会主义合作社的旧口号，因为在这一口号之下，社会主义的叛徒业已放肆地、毫无廉耻地实施其将合作社变为资产阶级奴仆的政策。在组织工作方面，这些原则只是坚持，合作社的共产党员必须在各地成立自己的支部，这些支部必须按照区域并在全国范围内联合起来，整个运动必须由共产国际的合作社工作部来领导。

这一部门受命召开第一次共产主义合作社运动工作干部国际会议。

它执行了这一决定，1922年11月1日，第一次共产主义合作社运动工作干部国际会议在莫斯科召开了。

20个国家有发言权或有表决权的36名代表参加了这次会议。拥有表决权的是：俄国、乌克兰、格鲁吉亚、阿塞拜疆、亚美尼亚、远东共和国、德国、法国、意大利、瑞士、奥地利、保加利亚、波兰、丹麦、瑞典、挪威、芬兰、爱沙尼亚和立陶宛、盎格鲁-撒克逊语国家的代表和共产国际合作社工作部的成员。在合作社运动声势浩大的国家中，捷克斯洛伐克和比利时没有派代表参加,英国的一位特别代表也未出席会议。

大会的工作持续了6天——从11月1日至6日,而且每天都举行两次会议。

会议的议程安排如下:

1. 成立大会的领导机构;

2. 各国代表们就本国合作社运动的情况和共产党人在合作社中的工作作报告;

3. 共产主义与合作社;

4. 策略问题;

5. 组织问题;

6. 选举。

从代表们的报告中可以看出,各国的合作社运动都在经历着一场深刻的危机,其原因是经济危机、物价的剧烈波动以及资本的猛烈进攻。在这种情况下,希冀迄今为止一直在狭窄的圈子里闭关自守的合作社给予任何帮助,都将是幻想。由于合作社仍在继续采用旧的工作方法,因此,它绝不可能给工人以根本性的帮助。它的领导人虽然已经感到旧的合作社在破产,但是,他们没有能力找到新的工作方法。所有这一切,为在合作社中成长和发展革命的新思想创造了合适的土壤。

此外,这些报告一致确认,西欧共产党极不重视合作社运动和共产党人在这一领域中的工作。党的报刊对于宣传这个问题,很难、也很不情愿留出一席之地。在不少国家中,共产国际第三次代表大会关于建立共产主义合作社运动干部基层组织的决议,至今都还没有实现。这些国家的共产党没有选派同志去合作社中从事党的工作,并且没有尽力担负这一工作的领导职责,也没有努力把合作社纳入它们正在进行的政治斗争和经济斗争的运动中去。在法国,人们特别怨气冲天。那里的共产党至今对合作社没有给予丝毫的重视，并且对在这一领域工作的共产党员从未发出过指示，因此，在这些同志中间出现了很大的争端。法国共产党虽然有过一个决议，规定所有党员有义务成为合作社运动的积极分子，并有义务在这一领域中开展工作。但是这一决议根本就没有得到实行。正如我们的征询得到的答复所说的那样，"党内大部分党员不是合作社社员"。这一复信中的另一段落还说："只有信仰共产主义的工人是合作社的社员"，"至今，共产党对由党内引起的、在合作社社员中产生的一些派别倾向，还没有以任何方式表明态度，党没有努力把这一运动置于自己的影响和领导之下。"复信还抱怨说："共产党没有给予共产主义合作社运动积极分子委员会以任何帮助。经过艰难的努力，我们才刚刚开始在《人道报》上发表了几篇论述我们活动的文章。"这种政策的结果是显而易见的，如果共产党不去努力接近共产主义合作社运动积极分子，那么后者也将以同样的手段回敬它，他们也不会去努力争取接受党的领导。对征询得到的答复这样说道："我们共产主义合作社运动积极分子委员会与共产党没有任何正式的联系，但是我们却在寻求与它保持友好关系。"

只是与负有领导全国整个无产阶级革命运动使命的司令部保持"友好关系"！况且在这方面，革命的合作社运动的最重要基本原则之一，正是尽可能密切地接近各种各样的工人革命运动，服从统一的意志和统一的领导，按照统一计划进行工作，正是共产党对各种形式的无产阶级组织拥有领导权。只有这个由所有的组织结成的广泛的统一战线，才能使我们的工作顺利地进行下去。在这种党与共产主义合作社运动积极分子相脱离以及后者与党相脱离的状态之下，革命的合作社运动在法国发展得非常缓慢就不会令人感到惊奇了。复信还说："至今党仍然没有给我们以我们所期待的支持，因此，我们的影响比所应有的影响小得多。"

党对合作社工作越不重视，这一工作中的意见分歧就越大，统一就

越难。在这方面,法国就是一个可悲的例证。在法国同志所写的一封信中,我们可以看到如下内容:

"在合作社代表大会上,我们看到了令人遗憾的现象:共产党的任何一位同志对改良主义者的报告表示反对,立即就会有党的另一位党员上台,要求对合作社领导人进行信任表决,这使我们的对手欣喜若狂。因此结果是,反对共产党人观点的大多数意见都是来自我们的党员。改良主义者则抱着分裂和削弱共产党的愿望,利用每一个有利的时机,洋洋得意地强调我们中间存在的意见分歧。"

共产党必须给各地的合作社事业以极大的重视。否则,无纪律的缺点就会在共产主义合作社运动积极分子中间深深扎根,成为恶习,而以后再与这种恶习作斗争将是很困难的。在战争中必须及时地占领所有的阵地,后来再夺取一个没有及时占领的阵地,则需要付出巨大的牺牲。

况且,共产党人在合作社中进行严肃斗争的时刻业已到来。人们对旧领导人不满,对合作社运动的陈旧的理论和实践不满,处处怨声载道。革命的思想确实在孕育着。虽然法国共产主义合作社运动积极分子的工作非常混乱、非常薄弱,并处于无组织状态,但是他们的成绩本身也是明显的。在我们法国同志所写的一个报告中,我们可以读到如下内容:

"我们工作的成绩最为明显地表现在我们代表大会的选举上,1919年根本就没有进行选举;1920年,我们的同志在总共4000个席位中占21个;1921年,我们在同样席位中占51个;1922年,我们在同样席位中占300个。每天都有新的追随者向我们靠拢,在不久的将来,人们可以期望获得更辉煌的成就。"

在某几个国家中(如荷兰),共产党人和合作社之间根本就不存在任何联系;在西班牙、葡萄牙、南斯拉夫、罗马尼亚、希腊、拉脱维亚

(我只谈欧洲国家),共产国际的支部对合作社运动中的工作则毫无所知。

另一方面,代表们的报告也确认,只要共产党人和共产党对合作社的工作稍微给予重视,工作就会很快地结出丰硕的成果。德国在这方面独占鳌头,那里有一批经验丰富的同志从事这项工作。德国共产主义合作社运动积极分子是合作社社员,在他们所属的合作社中组织了 112 个团体,有些合作社的人数虽少,但它们的整个领导机构都是由共产党人组成的。为了加强各个基层组织之间的联系,他们还建立了 20 个区级代表机构。共产主义合作社运动积极分子有时还召开区级代表会议(1921 年召开过 3 次会议,1922 年召开过 4 次会议),而且偶尔还召开过全国代表会议。他们还发行了一本为运动服务的杂志《共产主义合作社运动家》,同时有 5 种党报出版合作社副刊,在共产党中央委员会还有一个由为数很少的人组成的合作社工作部。总之,人们可以说,德国共产党已经开始着力于合作社工作了,但是,毫不隐瞒地说,迄今为止,它在这一领域所做的事情并不算多。共产国际得到的征询答复说:"直至今天,党没有把合作社问题放到应有的地位。"

然而,合作社革命工作即使是刚刚开始,它的巨大成果也是引人注目的。有组织的共产主义合作社运动积极分子的人数迅速增长,他们对工作的兴趣也在增长,这可以从参加全国代表会议的代表人数得到说明。迄今为止,人们已经召开过三次这样的会议,来自 16 个区的 24 名代表参加了第一次会议(1921 年),参加第二次会议的是来自 21 个区的 30 名代表,参加第三次会议(1922 年 8 月 20 日于魏森费尔斯)的有 96 名代表。同时,报告强调指出,如果会议组织得更好些,参加会议的人数还会更多。可见,假如德国共产党认真重视这一运动,那么不久以后,这一工作就会显示出更加辉煌的成就。

只要捷克斯洛伐克共产主义合作社运动的积极分子更加坚定地进行工作,在那里的共产党人的工作也同样可以展现出灿烂的前景。

各个国家的所有这些报告说明,第四次代表大会必须以特殊的紧迫感来重申第三次代表大会的决议,这一决议说,共产党人必须在合作社里组织起自己的支部,所有党的组织都必须尽可能地重视合作社运动,这是十分必要的。

从《共产主义和合作社》这一报告中,以及从关于这一报告的辩论中可以得出结论:共产国际第三次代表大会的决议完全正确地制定了关于这一问题的基本纲领和路线。第一次共产主义合作社运动积极分子国际会议在这一问题上没有做任何改进和补充的工作,在这方面也没有再提出任何新的建议。

在策略问题上,这次国际会议也绝对无条件地承认:合作社有必要以强有力的方式介入围绕涉及合作社或消费者的一切问题而进行斗争。它们必须与共产党和红色工会密切联系,肩并肩地进行这种斗争。反对物价上涨并反对给抑制物价上涨制造困难的任何尝试,这样的斗争具有特殊的重要性。反对任何提高关税、消费税和间接税的斗争,反对企图向合作社征收高额税和特别税的斗争,以及把给人民分配生活必需品的工作完全交给消费合作社的要求,都属于此类斗争。合作社及其社员应当参加各种形式的这类斗争。目前,特别是对德国来说,工厂委员会已经坚决地发起了一场斗争,合作社参加这场斗争的问题在当前具有特别的意义。共产主义合作社运动积极分子必须在自己的组织和协会中,特别坚决地开展一场运动,以便使合作社能参加这场斗争和参加工厂委员会的代表大会。

意大利共产主义合作社运动积极分子的任务是,不仅要使城市的消费合作社,也要使农村的生产合作社投入到反对法西斯主义的斗争中去。

军国主义的扩张将必然导致消费者税收负担的加重,导致战争危险和干涉他国的行为,因此,在这类问题上,共产主义合作社运动积极分子必须开展强有力的宣传鼓动工作。

只有与共产党和红色工会携起手来共同进行这种斗争的实践,才能够打破由合作社旧领导人培植起来的根深蒂固的合作社政治中立的原则,才能够打破合作社运动是完全独立的工人运动的第三种形式的观念。只有通过这种共同斗争的实践,才能够建立各种形式的工人运动的统一战线,并实现工人运动完全的统一。

然而,共产主义合作社运动积极分子的任务并没有就此完结。他们必须在工作中运用**纯合作社的方法**,就是说,他们还必须在现有的情况下,寻找对作为劳动者(农民、工人和手工业者)机构的合作社的工作来说最为适合的工作方法。例如,在这里有以下必须解决的问题:取消在合作社社员中分配红利的做法,并且将这些收入上缴到不应分散的储备资本中去,以便增加合作社的资金;建立特别互相基金,用于资助罢工工人,资助资本主义反动势力的受害者和被解雇的工人,等等。另外,还要在合作社女社员中开展工作,在青年中开展工作,还要开展反对行会社会主义思想侵蚀合作社的斗争,等等。

在组织问题上,代表大会为从基层组织直至共产国际合作社工作部中的共产党人开展合作社工作的范围确定了界限。合作社工作部应当由国际会议选出的各个国家的 20 名代表组成。为了进行日常工作,合作社工作部成立了一个由 7 名同志组成的主席团。

这样,在共产党人第一年在合作社运动中开展的工作的基础上,会议取得了两个较大的新进展:确定了运动的策略和制定了运动的组织形式。

鉴于这一卓有成效的工作,合作社工作部向共产国际第四次代表大会全体会议提出建议，就合作社运动的问题作出如下决议①。

讨论合作社运动问题

洛里当（法国）：

给我们提出的这份建议中提到的提纲和第三次代表大会的决议，都以在我看来非常笼统的方式谈论合作社问题。

上面的批评对某些错误进行了纠正，据我看，这些批评不是从西方来到莫斯科的。梅什切亚科夫同志刚才抱怨说，特别是在法国的合作社中，人们没有做出应有的工作来。另一方面，梅什切亚科夫同志所作的报告主要还是针对消费合作社而言的。

毫无疑问，我同意报告人关于消费合作社的作用和意义的说法。我希望，人们将来会给予这一问题以应有的充分重视，因为现在这里存在着一个很大的危险，即合作社会被人用来服务于某一目的。

1876年，盖得从流放地返回家乡的时候，在一次合作社社员大会上，就遇到了这样一种中立主义的情绪：当人们要求为蒙索矿区的罢工工人提供援助时，合作社委员会的委员沙贝尔却表示反对，并以政治中立的名义拒绝了提供援助的要求。

雇主的政策和基督教的政策利用这种政治中立，来实现其反对工人合作社的企图。有一天，鲁贝的一位名叫莫特的雇主对那个在北方宣传合作社思想并在鲁贝建立第一个合作社的茹尔·盖得说：工人合作社不折不扣地就像一头革命者的"奶牛"。

因此，有必要谨慎小心地密切注视着合作社运动，而且，如果我们认为，合作社会为新社会准备一些因素，那么我们就犯了一个根本性的

---

① 见本卷收录的《关于合作社运动的决议》。——编者注

错误。物质因素、人的因素不是通过合作社，而是通过资本主义本身，通过资本的集中而形成的。

盖得有一个非常精辟的说法："手工作坊的共产主义就已经使工人们非常满足了。"显而易见，我们一方面应当仔细地考察合作社的所作所为，另一方面则应当仅仅赋予它们相应的意义；我们必须致力于使合作社为战斗的无产阶级提供避难所，首先是提供弹药。在法国北部，所有的合作社都为工人组织建立了人民之家，它们为罢工工人和失业工人分配援助物资。有些合作社还直接地或间接地对党进行资助。

我们可以用一种典型的表达方式来予以说明：今天，合作社应该是党的一支辅助力量，明天也必将是无产阶级政权的辅助力量。

因此，共产党人占领合作社是必要的，是绝对必要的。我刚才谈的是北部和加来海峡省的传统做法。在那里，有许多合作社，有类似在比利时发生的合作社运动。在图尔的分裂之后，社会党就一直想把共产党人开除出合作社。

在某些合作社中，共产党人占了多数，例如：在有 6 万人口的城市图尔宽，在法国人称之为"红色阿吕安"的阿吕安城，在马科，在巴卢尔，在索莱姆，等等；但是在鲁贝，共产党人则占少数，那些反对派使用了的一系列令人难以置信的阴谋诡计，成功地把共产党人开除出合作社。

因此，针对反对派把持的合作社，共产党人着手建立另外的合作社。鲁贝无产阶级的合作社已经成立一年了，在前 6 个月的时间中，货物的销售额达 50 万法郎。这个合作社拥有面积达 1000 平方米的地产，拥有若干烤炉，一个位于运河边的煤店，一个咖啡馆，若干会议室和音乐厅，等等。

这些显而易见的成就，激励着北方其他地区和其他城市的共产党人行动起来去仿效这一榜样。

"不给改良主义者即反对派一分一厘",从这一原则出发,在反对派把持的合作社中,共产党人应当为政治中立说话。我知道,将钱财交给反对派或用来资助社会民主党,这对于共产党人来说,是非常难堪的。然而,尽管这种姿态十分难堪,我们对呼吁合作社中立的答复则是一个很大的错误。在这个问题上,重要的不是资助的原则,而是接受资助的那个党,我们必须要求资助真正的工人党,也就是共产党。

我请报告人注意法国北部这个孤立的共产党合作社,明天,它将具有一种象征性的意义,并可能引起合作社内部的整个分裂运动。统一,这就是我们的口号。

当然,鲁贝的共产党人有义务支持鲁贝的共产党合作社,而且,他们还必须运用一切可能的手段,努力使这个合作社加入法国合作社联合会。

我希望,法国的同志们以及其他党的所有同志们都来支持我们鲁贝的共产党员加入联合会。

哪里有被开除者,我们就要迫使哪里的合作社重新接纳他们。然而同时,当我们为了和解已经做到仁至义尽时,我们就要着手做些物质准备,以建立自己的合作社,就像鲁贝建立的合作社一样。

关于消费合作社就谈这些,对此,上述报告已经热情洋溢地全面地进行了论述。但实际上还存在着其他形式的合作社,特别是农业合作社。我这里说的不是农业工人工会,农业工人基本上与产业工人一样,都是雇佣工人。我这里指的是小佃农以及有时与小土地占有者联合在一起的部分租佃的佃农的联合组织。

建立这种组织也要遭到反对吗?不该把这种农村小土地占有者看做是自食其力的劳动者吗?难道我们不应当反过来努力帮助这些农民加入联合组织,加入共同买卖的正规合作社吗?

加入合作社是一种必然,之所以如此,这不仅因为合作社能够有助于土地的社会化——这点从未有人想过,而且还因为在共同劳动的时候,一种新社会的思想可以灌输到农民个人主义的思想中去,还可以把个人主义从今天的社会中清除出去。

这是一种灌输即教育的方法,它能够使农民相信:共产主义可以使每一个人获得他在集体中和在集体的管理下要求得到的那部分东西。

还有一些生产合作社,人们对此则根本没有或者很少谈及。

明年即将召开的共产国际第五次代表大会将不得不面临这一棘手而又危险的问题。我绝没有为生产合作社辩护的意思,关于这一问题,我也只能重复一句话:根本就没有人想过,除了资本主义中的一种资本主义,还能把它说成是其他什么东西。然而,如果我们面对危险而闭上眼睛,那么这也不是解决问题的办法。

法国北部的同志们已着手解决生产合作社的问题,而且在这一问题上他们还更进了一步:他们正在考虑**建立**劳动集体的**银行**,吸收工人的积蓄,将工人的钱聚集起来,这样,工人就不必把自己的钱交给资本主义或者反对无产阶级的国家。

对这一问题的研究是危险的开始,而实施则是危险本身。工人成立了生产合作社。在图尔宽有一个织造工场,名字叫"工人团结",这是一个许多年以来就在发挥作用的生产合作社。当许多合作社——在我国遭到破坏的地区重建的合作社——相继出现的时候,我所说的这种生产合作社就变成孤立的了。

我们不能回避这些重建的合作社,我们必须让它们发挥作用。它们滋长了行会思想,今天,这些行会受到"工农商技术人员工会联合会"的袒护。

同时,革命的建筑工人联合会也在学习这些行会。因此,共产党对此应当拿出一种意见,共产国际应当说明自己对这些行会的想法以及说明它们可能会在法国和其他地方导致什么后果,这样做是绝对必要的。

从重建的合作社到小市民联合起来的组织——维修合作社——只有一小步之遥。如果人们考虑到工人——不管是由于有关廉价住宅的法律，还是以其他的方法——变成了小有产者，那么我们最终必须做到，让他们站在我们一边，而不是反对我们，这才是我们的利益之所在。此外，所有的工人，不管他们是不是小有产者，都非常关心住房问题，这一问题正在变得越来越紧迫，以致房客联合会在法国取得了显著的进展。这个工作领域不应当留给我们的对手。我们必须谈谈住房的社会化问题，必须寻找一种能够阻止工人房客反对拥有少量房屋的工人的方式。这种方式要向小有产者表明，资本主义对他们决不会有任何怜悯，资产阶级将会以所谓小有产者——他们几乎全部都是工人——利益的名义，轻易地剥削已经发展成为维修合作社的重建的合作社。

不言而喻，共产主义在世界各国，尤其是在法国的首要任务是，给工业无产阶级以应有的意义和重视，以此来重新纯洁革命的源泉。然而，这一任务也要求我们努力使那些有可能服务于反革命事业的分子保持中立。

因此，我想给梅什切亚科夫同志的报告附上几条实际的意见；因此，我要向他说，我们必须以我们共产党人的豪迈感，将我们火热的战斗激情，将我们理论的警惕性和我们革命的信念带到合作社的领域中去。（掌声）

昂列（法国）：

同志们！在这次莫斯科代表大会召开之前举行合作社代表大会的时候，我们一致同意，在这次代表大会上，我们不想对此进行任何讨论，因为我们都非常清楚地知道，我们共产党的同志们对合作社问题不是特别感兴趣，所以，如果讨论再拖延下去，很可能我们的听众将会越来越少。

我们对此并不感到十分自豪，尽管如此，我们也不能沉默不语地走开。

我们曾考虑过，我们要在这次代表大会上避免讨论生产合作社问题。这一问题是极其复杂的，除此之外，我们还非常赞同以下看法，即在资本主义统治下，生产合作社会左右那些致力于合作社工作的工人，使他们对革命的行动完全保持中立。

一个合作社要想发展起来，它需要三个条件：

1. 充足的资本；
2. 技术人员和经验丰富的管理人员；
3. 销售产品的地区。

然而，在资本主义统治下，将工人组织起来的生产合作社极少具备这三个条件。

一般说来，合作社首先缺少的是资本，人们将不得不求助于资本家的投资和贷款，其结果或者是陷入资产阶级政府的统治即强权的掌握之中，因为资产阶级政府为了使生产合作社为自己所用而给以资助；或者是陷入资本家的控制之中，一旦合作社的技术或管理有问题，这些资本家一夜之间就会变成生产合作社的财产所有者。

因此，要使共产党人能够组织生产合作社，我们在资金——资本主义统治下最最重要的东西——方面，还存在着一个很大的困难。

另外一个困难则在于技术和管理方面；事实本身说明，建立了一个公司，并不意味着人们就具备了一切必需的行政管理上和技术上的素质。除此之外，还可以说，在资本主义的统治下，产品的销售也完全得不到应有的保障，因为与资本主义制度拴在一起的合作社，就像这个制度一样，会出现生产过剩或生产不足的危机，而且不能幸免。实际上，合作社只有和资本主义制度完全结合在一起，才能够得以发展。在这种情况下，对于革命事业来说，就几乎完全要失去那些从事合作社工作的同志。

在我们面临危机日益严重的这一混乱的年代,我请求共产党员同志们,在着手成立这类组织之前,先把事情认真地考虑一下。现在的局势不再是以前那种资本主义制度似乎显得还很牢固的局势了。相反,今天每个共产党员都必须努力不去做任何可能压抑自己的干劲、可能在共产党的宣传领域和活动领域妨碍自己活动的事情。

刚才还谈到了行会,我认为,最重要的是提醒我们的同志,这些行会无非是一些一般的生产公司,其差别仅仅在于,前者的章程没有规定在其股东中间分配利润,而且它们经常要把工人工会拉入自己的范围。在这种情况下,我刚才所说的那种恶果就会与日俱增,于是,就会出现以下事实:刚才提到的那些工会,甚至是最革命的工会也接近了改良主义的形式,并且还相信,在资本主义制度下,人们可以做出一些持久的、重要的、有益的事情。(**洛里当**插话:"关于这点,您为什么不在报告中提出来呢?因为这是您的观点,您完全有必要把它全部说出来。")我们在报告中讲过,我们要提醒同志们注意那些自称为"行会"的生产公司。出于我刚才所讲的同样的原因,对此我们就不想更详尽地论述了。(**洛里当**:"危险是存在的,他们像鸵鸟一样把头藏在沙土中。")洛里当是完全正确的。对他来说危险很大,但这不是对共产主义合作社运动的活动家的。

70年以来,在工人阶级当中就存在着一种把自己从资本主义解放出来的倾向。人们尝试过各种各样的制度——蒲鲁东的制度、布赫尔的制度,这些制度试图把工人阶级在生产公司中组织起来。直至1879年召开的工人代表大会,在法国,人们还是谈论生产性公司,似乎工会的创立不是为了在阶级斗争中保护工人阶级;而只是为了在建立生产合作社的时候,把它们作为骨干力量来使用。

第一批生产合作社是在1840年至1848年之间的那段时期建立的。1848年，由于临时政府的资助，法国各地都开始成立生产公司。在整个帝国时期，也就是从1848年到1870年，蒲鲁东的制度——"互助原则"盛行起来。在那个时期，有几千个公司建立起来，然而，今天它们几乎全都不存在了。

那些自1848年以来所建立的公司，也只剩下了少数几个幸存者。巴黎眼镜制造公司就是其中一个最糟糕的资本主义公司。

这是一个无可辩驳的论据。

在1879年工人代表大会之后，法国成立了一个生产合作社的组织，起名为工人生产公司协会，它囊括了大约150个这类公司。可以确切地说，如果它们得不到国家的资助，享受不到管理当局和巴黎市对企业家实行的优惠，那么没有一个公司能够生存下去。

因此，事实已经解决了这一问题，对此继续进行讨论是没有什么用处的，因为70年来的这一经验不是法国特有的经验，它也存在于英国，在那里，生产公司的组织也是以罗伯特·欧文的制度为基础的，而这一制度已经完全失败了。人们今天试图革新并受到我们在工农商技术人员工会联合会的同志宣传的那种制度，就是建立在这同一原则的基础上的；我们的同志借口要使之上升为理论，企图用他们在德国学会的某些学说，来实现这些原则。

然而，他们没有说出来的、他们永远不会说出来的正是以下事实：在德国，以行会的形式组织了生产合作社，如果说，它们为德国的小资产阶级提供了某些服务，那也只是由于眼前的局势在某种程度上有利可图，而这种局势是经过建筑业中八年的间歇形成的。由于人口过多，必须刻不容缓地为他们找到栖身之地，然而，一旦出现正常的情况，这些德国行会的利润，就会像必须与之竞争的资本主义公司的利润一样不断下降。比阿特里萨·韦布同志研究了英国的合作社，他指出：它们在某些情况下先后落入资本家之手，或者根本不复存在了，因此给工人阶级及其进行的阶级斗争带来了绝望的情绪。

资产阶级接受了上述这种理论，因为如果人们深入研究这一理论，就会意识到，必须与资本主义进行竞争的合作社是不可能达到夏尔·吉德所宣传的那种结果的，而且，假若这种理论在25年、30年、40年、50年中一直助长工人阶级的幻想，那么这就意味着为资本主义社会提供了一段时间。夏尔·吉德的这种梦想又一次被当时合作社联合会的那些持改良主义态度的同志们接受了。

因此，共产党员同志们要是没有首先考虑一下这些经验，考虑一下这些事实，就不要走这条路。我不仅要谈这个题目，而且还要谈合作社的社会作用。洛里当总是照搬茹尔·盖得的理论，他刚才说，合作社没有什么社会价值，它最多是对其成员进行了某些集体的社会教育，或者是为党及其革命活动提供了某些援助。我不同意这种观点，而且我认为，合作社是一股巨大的社会革命力量；我不是合作社运动活动家，我不信奉夏尔·吉德的学说。他做着一个美梦，幻想把全体资本家和全体工人联合在消费合作社里，并且可以借助于聚集在这些公司里的资本，逐渐地改造世界以及消除生产和消费之间的经济对立，总之，他相信能够因此而建立一个共产主义社会。

夏尔·吉德的梦想是一个美好的梦想，但它只能是一个梦想。

1910年，当法国社会党决定成立合作社并给这一决定冠以革命的辞藻之时，它也只是又一次接受了夏尔·吉德的观点。即使社会党本身对此事不是十分关注，也会有些同志认为，加入消费合作社是多么重要，并且他们实际上也加入了合作社，在那里成为夏尔·吉德观点的积极维护者。他们要求政治上保持中立，并以此来麻痹工人阶级的斗志。

（**洛里当**插话："也有你！你刚才似乎说，党在合作社中得不到什么东西。你不同意吉德的思想，你认为合作社不可能给党提供弹药。关于这一观点，我们必须达成谅解。"）

我说过，我们老党中的同志们认识到了加入合作社的重要性，这不是为了给党争取一些资助——当然人们也不禁止合作社这样做，而是为了在政治斗争之外，在我们的政治组织生活中已成为家常便饭的危机和暴风骤雨之外，建立一个舒适安逸的环境，以便总是能够坐在一张铺着台布的桌子旁吃饭。另一方面，在战争中，在社会民主党的总叛卖之后，那些坐镇合作社的人也没有感到有必要去试图了解合作社的价值，去占领合作社的全部领导岗位，因为，他们自己非常清楚地感觉到，合作社能够给他们提供可观的资助，所以他们在政治中立的外衣下，用合作社——甚至共产党合作社——提供的资助，从容不迫地推行反对派即社会民主党人的政策，推行反动派的政策。在法国，接受合作社社员33.6万法郎会费的全国联合会办了一个刊物，出版发行15万册。这一刊物的订阅者是合作社，它遵循的只是极端反动的改良主义者和中立主义者的政策，虽然共产党人也提供一些费用。人们利用合作社的总局势，甚至利用茹尔·盖得宣传的思想，去实行一种反革命的政策，即便不是以直接的方式，也是以隐蔽的方式。在我们的合作社中，这个问题以同样的方式摆在我们面前。

我们在这些合作社里思想并不统一，在全体大会上很少充满团结一致的气氛，但我们对下列看法倒很一致：我们要进行宣传，我们要把利润用做发展基金，用做社会互助基金，或者用于共产主义宣传，而且，这种宣传允许我们在各个方面发展共产主义的原则，同时在经济领域坚持这些原则。

然而，这只是问题的一方面。如果问题只涉及向党提供资助，那是很不充分的，因为合作社也存在着自己的危险。合作社全体大会在同意为共产党的宣传提供资金之后，它也会同意为改良派的宣传提供资金。

（**洛里当**插话："问题是我们应当在合作社中尽我们的义务。"）

我认为，合作社是社会活动的另一种形式。只要资本主义制度还占统治地位，合作社就绝不会为我们提供刚才所谈到的东西。然而，如果谈到像俄国那样的社会制度，由于那里的无产阶级掌握了政治领导权，由于那里存在着无产阶级专政，事情就完全不一样了。革命的目的是社会化，这决不会意味着，共产主义社会的一切都将社会化。肯定还会有大量的个体经济组织存在，它们是不能够被社会化的。如果有大地产和大企业，谈论社会化是轻而易举的，那里的工人已经组织起来，那里人们的精神状态特别适合于承担领导责任，而且那里有工人委员会。工会是无法使小工业、农业、手工业、商业和以物易物的贸易实现社会化的。这正是问题之所在。我们正在这里开会的苏维埃共和国，人们有过惨痛的经验，因为人们以前从未搞过合作社，有些人把合作社看做是多余的，甚至怀疑它会妨碍革命。我听说过，社会党人是怎样援引巴塞尔公司作为例证的，那里合作社制度的发展达到了世界的最高水平。社会党人想要借此说明，这个城市合作社出售的商品价格低廉，这促使工人阶级蜕化变质，因为这种价格使雇主有可能降低工人工资，同时，他们并没有考虑到工人为反对降低工资所进行的斗争。这曾经是一条将工资降到最低生活水准的铁的规律。从未搞过合作社的俄国共产党人也不得不经受掌握着合作社的孟什维克对合作社进行的破坏。在那段时期，合作社提供了俄国四分之三的生活必需品，由于合作社中引人注目的反抗，俄国人被迫完全撤销合作社，使它仅仅限于发挥一个简单的分配机构的作用，因为国家征收了全部生活用品。这就是对这一问题认识不清的结果。因此，如果人们不是被迫撤销合作社，而是理解合作社在社会组织中的作用，并且善于利用这一机构，我们今天本可以避免采取新经济政策的。显而易见，合作社不是公司的一种最后的形式，它只是一种暂时的形式。它利用资本，但是不为资本效劳。就其本质来说，它是民主的，它具有一种形式，使每个关心合作社的人，不论他们自己付出了多少资本入股，都有可能参加表决。因此，从社会的角度来看，其协作价值是无可辩驳的。尤其是，假若不把利润分配给每个社员——某些公司已经发生过这种个人主义的事件，而是取消这种利润分配，使之成为不可分的集体资本，情况就更是如此了。这样，人们就能借助于一个间接的手段达到了一个社会化的制度。（**加香**插话："您又滑到夏尔·吉德那里去了。"）在资本主义统治下，我能够清楚地理解这种意见，因为合作社由于竞争是不能够充分向前发展的。例如在意大利，法西斯主义纵火烧掉合作社。然而，在苏维埃俄国的这种制度下，人们进行了革命，无产阶级实行了专政，这就是有效地对付在无产阶级专政组织中具有破坏作用的资本主义残余的唯一手段。

不存在其他的手段。没有任何一种力量能够迫使1亿或1.2亿俄国农民走集体化的道路。

必须用不同于暴力的其他手段，去督促农民们组织起来，必须通过间接的手段去达到这一目的。蒲鲁东在他的著作《我不接受教条》一书中与马克思进行论战时说，马克思只考虑革命，然而他却代表巴黎的小工业者，他感到：马克思预言的世界无产阶级的革命需要一个已经形成的无产阶级以及当时在巴黎还不存在的现有大工业。

这一论断构成了想要借助生产合作社实现社会化的这种错误的社会教条的基础。但是，如果说在资本主义统治下蒲鲁东的观点是错误的，那么我坚信，苏维埃是不会错误的，它在实行新经济政策的同时改组消费合作社和生产合作社，通过合作社之间的竞争来阻止资本主义经济制度的发展。

为了达到这一目的，苏维埃政府做了些什么呢？它给合作社提供资金和必要的设施，并把所有那些能够促进合作社的巩固和发展的东西拿出来供它们支配。当我们召集合作社第一次会议的时候，莫斯科苏维埃的书记出席了会议，他对我们说，他很幸运地看到共产党人在从事合作社的工作，因为如果人们懂得组织合作社，如果这一机构一直掌握在共产党人的手中，那么就可以不用制定新经济政策了。

我们必须像列宁所说的那样，经历一个过渡时期。要让世界走向共产主义，光有无产阶级专政是不够的。在革命的初期，我们没能经历这一过渡阶段，因为我们还有其他一些事情要做，还要消灭一些事物，以免反过来被它们消灭掉。然而，如果你们拥有必要的才能去运用你们所掌握的手段，那么你们就能够避免去做我们做过的蠢事，你们就能建立共产主义。在无产阶级专政建立之后，你们将会使大生产资料社会化，使合作社成为所有那些立足于资本主义和个人主义基础的经济组织的基础。

这就是共产主义合作社的意义。（掌声）

主席：

因为没有人再要求发言了，按照协议，现在由琴丘克同志作最后的发言。

琴丘克（俄国）：

洛里当和昂列之间的争论与问题本身没有任何联系，甚至根本就没有谈及问题本身。

如果洛里当指责我们，说我们忘记了生产合作社，那他是不正确的。在决议中，我们没有涉及这个问题，那是因为我们对它还没有研究。这个问题，我们在共产主义合作社运动干部会议上谈过了，并作了决议，决议第11条谈到："生产合作社和信贷合作社几乎一直是小资产阶级的会社，因而没有能力去进行反对资本的斗争，因而注定要走向毁灭或变为资本主义的股份公司。"我现在只给你们读决议的一部分即第

11条，由此你们可以看到，我们是了解这个问题的。

如果我们不敢在我们的决议中谈及这个问题，那么原因最终还在于，共产国际代表大会是一个很高的机构，不能讨论一些还没有经过充分研究的问题。

我们要把这一问题移交给共产国际第五次代表大会研究，我们将向大会提交一份特别决议草案。当昂列说道，我们现在之所以有"新经济政策"，是因为我们以前没有办合作社，他是不正确的。"新经济政策"的目的是建立国家资本主义，对此，合作社是不可能作出什么贡献的。

如果昂列说，倘若在革命之前正确发展了共产主义合作社，就会从根本上减轻了革命的任务，但是"新经济政策"仍然是不可避免的，那他就说对了。合作社问题与新经济政策风马牛不相及。

洛里当指出，必须保持合作社运动的统一。在这里，他是完全正确的。我们是这个统一的拥护者，在第三次代表大会的决议中，我们谈到了这一点；在第四次代表大会上，我们对此没有再重复，因为人们不能够总是老生常谈。无论如何，在俄国，我们尽了自己最大的努力，使合作社联合会更具有普遍性，并准备把它发展到还没有参加合作社联合会的保加利亚去。而且，我们也同意你们的说法，即共产党人必须留在合作社内，我们必须像占领工会那样去占领合作社这块阵地。我们没有理由把合作社的固有权力拱手让给我们的敌人。单独组织一场合作社运动的尝试是永远不可能成功的，我们必须赢得整个合作社运动。

虽然合作社是拥有巨大权力和利益的一种手段，但是共产党人还没有完全理解它的重要性。我们看到，1919年，当苏维埃政府被迫借助合作社来进行产品分配，而合作社又掌握在我们敌人手中的时候，我们不得不丢下产品分配的工作，去与我们的敌人进行斗争，去把他们关进监狱。这样一来，合作社的工作就遭到了破坏，人们会感到不满意，因为他们一无所获。如果你们想要避免这类困难，你们就必须在夺取政权之前把合作社掌握在自己的手中。

（会议休会时间：晚9时45分）

第二十四次会议

(1922 年 11 月 27 日)

会议开始：中午 12 时 40 分
主席：诺伊拉特

共产主义妇女工作

克拉拉·蔡特金（德国）（受到热烈欢迎）：

同志们！在作关于共产国际执委会国际妇女工作书记处的工作和共产主义妇女工作的进展情况的报告之前，我必须先做几点简短的说明，这些说明也许是多余的，因为它们重复的只是一些确定了的东西，形成决议的东西。尽管如此，它仍是必要的，因为我们面临的事实是：人们对我们的工作一直存在着误解，这不仅存在于敌人的队伍中，而且还存在于自己的同志中，存在于男人和妇女中，他们对什么是共产主义妇女工作以及共产国际和各国支部的机构的任务是什么，一直有误解。显然，这些误解在某些人身上作为某种陈旧观点的残余继续发挥着作用；而另一些人则是有意提出来的，因为他们终究对妇女工作本身并不表示什么同情，甚至在某种程度上还持反对态度。

从事共产主义妇女工作的国际妇女工作书记处并不像有些人认为的那样，是某些独立组织和妇女运动的联合机构，它是共产国际执委会的一个辅助机构，它的工作不仅与执委会始终保持密切的联系，而且直接处于执委会的领导和指挥之下。我们惯常说的共产主义妇女运动，完全不是一个独立的妇女运动，并且与任何女权主义的派别也毫无共同之处。有计划的共产主义妇女工作有着双重目的。一方面，让那些已经接受了共产主义思想的妇女从思想上和组织上牢固地加入共产国际的各国支部，使她们成为本国支部的党的全部生活和活动的积极而有觉悟的工作者和代表；另一方面，争取那些还不具备共产主义思想的妇女的支持，吸收她们参加无产阶级的一切行动和斗争。应当把劳动妇女群众组织起来，让她们积极踊跃地参加革命斗争。我们妇女感到第一位重要的责任是参加共产党的每一项工作和斗争。我们有志气，不仅在共产党和将其联合起来的共产国际领导的工作和斗争中站在最前列，冒着密集的枪林弹雨冲锋陷阵，而且在最平凡的日常工作中也努力奋斗，绝不落后。

事实表明，尽管共产主义妇女工作与各国党的生活在思想上存在着有机的密切联系，但我们还需要建立开展这项工作的专门机构。这是确定无疑的！共产主义妇女工作不应只是妇女的事业，它是我们全体的事业，是每个国家共产党的事业，是共产国际的事业。然而，如果我们想到达到这一目标，我们就有必要在各地建立能够统一的、有计划的领导共产主义妇女工作并使其朝着上述目标发展的党的机构，人们可以把这一机构称为妇女工作书记处、妇女工作部，或者冠以其他任何名称。我们也不排除这样的可能性，即在特别有利的情况下，某个强有力的人物——不论是男同志还是女同志——能够承担某个地方或整个地区的共产主义妇女工作。况且，我们是以多么赞赏的心情来看待党内这类个人的工作成绩啊，但是我们必须时时告诫自己，如果不是某个个人有计划地工作，而是众人有计划地共同工作，那么这对共产主义来说，效果和作用肯定就会更大。因此，从共产主义妇女工作来看，党内和国际上的许多人为了一个目标而同心协力地开展工作，必须成为一个值得提倡的口号。同时，在共产主义妇女工作的专门机构中的工作，首先和最好由妇女来担任，这已经被证明是一个恰当的要求，是党内实际分工的要求，理由是显而易见的。我们不能无视这样的历史事实：广大的妇女群众今天仍在特殊的社会条件下生活和工作。我们不能无视这样的历史事实：女性在社会中的特殊地位造就了一种特殊的女性心理，作为性别天生就有的东西和在历史上由社会的环境和状况造就的东西交织在一起。我们必须根据小农具体的生活条件考虑小农的特殊心理，我们也必须去考虑广大妇女群众的特殊心理。所以，一般来说——我强调"一般"这个词——妇女本身能够最好、最快、最敏锐地认识劳动妇女生活的某些基本特点，从这里，她们可以开始进行共产主义的工作。另外，一般地说，妇女们也会更快、更好地找到在受剥削和奋起反抗的最底层妇女群众中进行共产主义工作的最有效的方式和方法。不言而喻，这仅仅是就一般而言。参加党的每一项活动，从散发传单等最不起眼的工作开始，直至大的决战，我们共产党人都看做是自己的义务和权利。假若有人认为我们在党和共产国际的整个伟大的历史性活动中是低人一等的，我们会感到是一种侮辱。我们也欢迎每个男同志参加特殊的共产主义妇女工作，不仅对于我们的机构，而且对于我们在各个领域中的全部工作来说都是如此。

同志们！在过去的一年中，从事共产主义妇女工作的妇女工作机构的作用，既显示了其积极的一面，也显示了其消极的一面。积极的方面是：在一些国家中，国际的共产党支部本身成立了这类专门机构，例如**保加利亚和德国**，在那里，妇女工作书记处致力于完成所面临的任务，把女共产党员组织起来进行培训，并动员劳动妇女去参加社会斗争，那些国家的共产主义妇女运动成为共产党一般党内生活的一支强大的力量。

毫无疑问，在这些国家中，我们有了许多女共产党员和在党内一起工作的妇女同志，越来越多的妇女群众成为我们的党外战友。这些情况也同样发生在我将要提到的这个国家，从意义上来讲它却应当站在第一位，这就是**苏维埃俄国**。在苏维埃俄国，共产党的妇女工作部门始终与党同心协力，并在党的领导下进行工作。这些部门证明，目前，正值苏维埃政权走向共产主义的经济变革和社会变革的困难时期，妇女们所起的作用是多么重要和不可缺少。我们的俄国女同志们通过妇女工作部，在党的帮助、同意和领导之下作出的贡献和还将作出的贡献，具有头等重要的意义，他们的目的是争取所有经济领域和所有社会生活领域中的女工和农村妇女，让她们参加建立新型的社会关系，去共同解决出现的难题，例如失业、食品短缺等，这些问题是与在特定的历史条件下进行的变革相联系的，同时，还要争取她们共同参加建设走向共产主义的新社会。我可以这样说，苏维埃俄国共产党妇女工作的专门机构在这方面所作的贡献和正在作的贡献具有典范性和方向性的意义。因为有一点我们知道得很清楚，苏维埃俄国是在从资本主义到社会主义这一过渡时期中作为社会巨大变革的体现者出现在我们面前的第一个典型。在俄国，出现在共产党和无产阶级面前的这些问题和这些任务，即使情况不同，有朝一日——希望是不久的将来——也同样将成为那些今天还处于资产阶级的阶级统治之下的国家的共产党与无产阶级的问题和任务。因此，斯米多维奇同志后面所作的关于俄国共产党妇女工作部工作的报告，是特别重要的。

同志们！消极方面的事例告诉我们，共产党内设立妇女工作的专门机构对于妇女工作是多么必要。消极事例产生的原因是，在那些没有妇女工作书记处之类的机构或者这类机构又被解散的国家中，妇女同志们很少参加共产党的党内生活，无产阶级妇女很少参加本阶级的斗争。至今在波兰，党还是拒绝建立妇女工作的专门机构。共产党只是满足于妇女们以最高的效率有秩序地进行斗争，满足于在进行罢工和开展群众运动的时候有妇女参加。但是人们也开始相信，为了使共产主义运动深入到无产阶级妇女中间去，仅靠这一点是不够的。我们希望，在波兰能很快地建立一个党的妇女工作书记处，并以此作为有计划地在最广大的劳动妇女阶层中开展工作的新起点。这样，在具有光荣的斗争传统的波兰，在波兰共产党的工作中，城乡的劳动妇女就会发挥与现今相比完全不同的、一往无前的作用。波兰上一次议会选举表明，反动势力及其蒙骗群众的宣传在没有受到共产主义思想熏陶和启蒙的妇女群众中有很大的市场。这种情况不允许再发生了。

为在无产阶级妇女中开展必要的、系统的工作而设立的党内机构，在英国几乎完全不存在。**英国**共产党借口去年物质力量薄弱，一再搁置或推迟建立对无产阶级妇女进行有计划工作的必要机构。国际妇女工作书记处在这方面的建议和提醒也都毫无结果。虽然已有一位女同志被派去做党的宣传员，但真正的妇女工作部并没有得以建立。在英国，妇女同志们用自己的力量并用简单的方法，对追随共产主义的妇女进行政治教育，使她们与党建立起牢固联系。这些活动收到了良好的效果，应该成为共产党建立类似教育机构的榜样。我认为，英国共产党执委会的态度不能仅用财政拮据来解释，而应当部分地归咎于它的年轻以及与此相关的组织不健全。我不想对英共进行批评，更何况它的上一次代表大会表明，英国共产党已经决心在组织上和政治上与共产国际紧密团结，并且不断改进工作，不断斗争，使自己发展成为一个革命的群众党。

我们看到，这种严肃的意志及其实际成就就已经得到证明，这就是共产党在英国上次选举中的胜利。然而，这次选举胜利正如已作出的开展政治行动和进行改组的决议一样，使英国共产党现在——当它从以宣传为主的小党的狭窄圈子里走向工人阶级群众的时候——负有责任，同时去开展教育无产阶级妇女的斗争。共产国际的英国支部不能不顾及这样的事实,即在英国有数百万无产阶级妇女参加各种女权协会、旧式妇女工会、消费合作社等,她们还参加工党,参加独立工党。英国共产党应当从所有这些组织中把无产阶级妇女的头脑、心灵、意志、行动争取过来。因此,它会越来越强烈地感觉到建立妇女工作专门机构的必要性,借助这些工作机构,它可以把女共产党人在党内组织起来进行教育,并把党外的广大无产阶级妇女培养成为本阶级的勇于牺牲的战士。不言而喻,国际妇女工作书记处作为执行委员会的代表和辅助机构,在英国共产党开展妇女工作的时候要给它以应有的帮助。

这里特别要提及的是**法国**的有关情况。在法国,马赛党代表大会促使革命的无产阶级妇女运动大大地向前迈进了一步,在妇女界进行活动的革命力量在法国第一次联合起来了,而且是在共产党的组织中联合起来了。这次党代表大会和马赛法共第一次妇女会议作出决定,接纳具有共产主义思想的妇女加入共产党,建立共产主义妇女运动的工作机构——党的领导机构中设妇女工作书记处和出版一个妇女刊物。

同志们,非常遗憾的是,巴黎党代表大会破坏了这个已经存在的开端,但愿这只不过是一个短暂的时期。在党内危机阴影的笼罩下,由于党内危机的影响,党的领导作出了解散妇女工作书记处和停止出版妇女刊物《女工》的决定。我们坚信,法国共产党党内的危机必定会被克服,建立工作机构的问题也会得到完满的解决,一个团结的、坚强有力的、目标明确的共产党需要这些机构,以便把一大批无产阶级的先进妇女变为我们共产国际工作和斗争的共同承担者。

在**意大利**,去年在接纳女共产主义者入党和建立必要的妇女工作专门机构方面,没有出现太大的困难,这些机构将引导妇女界中沦为失业者和受剥削者的广大最基层群众接受共产主义思想和参加无产阶级的战斗。赫塔·施图尔姆同志将向你们就我一般论述的某些内容进行具体的说明,介绍建立必要的工作机构的现状。为了使女共产党员和无产阶级妇女成为推动受剥削和受压迫群众进行阶级斗争和革命运动的力量,不论是就一个国家还是就国际而言,我们都必须建立这种机构。

由于国际妇女工作书记处从组织方面给予帮助,荷兰成功地解散了那里的一个特别的妇女组织。这个组织除了女共产党人外,还包括了一些无政府主义分子和捣乱分子。女共产党人都加入了荷兰共产党的组织,她们在整个组织中同男同志们一道从事活动。一般来说,荷兰共产党的经验在于,女共产主义者加入党的组织,她们有计划地在党内共同进行工作,在群众中开展活动,这已经被事实充分地证明是行之有效的和富有成果的。

在**挪威**,接纳女共产主义者加入共产党的工作,还不完全符合共产国际的原则和路线,这是挪威党党内生活的普遍特性的影响所致。那里的妇女工作专门机构是与挪威共产主义工人党的组织结构联结在一起的,这个党今天还自称是社会民主党。这种妇女工作机构的组织基础不是单独的妇女组织成员,而是工会组织的成员。可以预料,随着党的重新改组,所有这类妇女专门组织也将寿终正寝,人们会找到某些工作形式,去激励所有现在开展共产主义思想宣传工作的妇女,以最高的效率进行工作,以最大的热情从事活动。

在**瑞典**,情况也大致相似,尽管没有党内危机,共产国际瑞典支部也没有设置相应的一般党内机构。这里也存在着共产主义妇女工作的专门组织。此外在挪威和瑞典,还有一些妇女组织是由过去强大的女权运动遗留下来的,它们有一部分在社会民主主义运动中仍有影响。随着社会民主党传统的一切思想残余被消除,随着严格的共产主义思想的胜利,它们也将销声匿迹。我们共产党的工作对社会底层受剥削的广大劳动妇女阶层的影响如何呢?它扩展到这一值得重视的范围了吗?在我的报告中,我想首先提出一个具有特别深远的历史意义的事实,这就是,在近东和远东,灾难深重的妇女们已经开始觉醒,开始聚集在共产主义的旗帜之下。同志们，这是一件十分重要的事实，对于它的意义，我们评价再高也不为过。情况是怎样的呢？在那些国家中，必须对妇女群众进行启蒙工作，去争取她们。在那里的妇女身上，几百年来，也可以说几千年来的旧的偏见，虽然经过了一个长期深入的资本主义发展，但并没有被消灭掉。资本主义没有创立新的东西，也没有破坏和摧毁旧的东西。资本主义刚刚渗入到那些地方，首先就将妇女群众置于自己的剥削和奴役之下。在日本、在印度、在外高加索，还有在中国等，情况都是如此。然而，资本主义不但没有消灭在社会生活方面对妇女的旧的奴役，反而利用她们为自己的目的服务。

在东方各国，妇女们绝大部分都是在前资本主义的宗法制的社会生活方式中生活和劳动，她们屈服于旧的偏见，遭受社会机构、宗教、风俗和习惯的层层压迫。尽管如此，妇女们还是开始觉醒了，她们开始接受共产主义思想，开始起来反抗，开始谈论解放。这说明了什么？这说明资本主义在世界上正在失去其最后的后备力量，失去那些具有前资本主义文化或资本主义阶段刚刚开始、尚未充分发展的国家，它们遭受着资本主义国家的残酷统治，或者作为未来的殖民地而被资本主义的剥削狂所包围着。这些国家和地区比较容易遭受外来的剥削，因此，资产阶级使用了各种手段，对当地的人民群众进行卑劣的和不人道的掠夺，并用小小的让步和改革这类残羹剩饭去对付老牌资本主义国家中造反的工人和暴动的雇佣奴隶。如果在那些东方国家中，迫切要求解放和仇恨资本主义及其统治的情绪蓬勃高涨，如果那里受压迫者最底层的妇女们起来进行反抗，如果她们自愿在共产主义的旗帜下进行工作和进行战斗，那么资本主义就一定会大步走向自己的末日。因此，卡斯帕罗娃同志就共产国际执委会国际妇女工作书记处在东方国家的工作情况所作的报告，特别值得大家重视。在那些国家中，越来越多的妇女怀着牺牲的决心，团结在共产主义的伟大旗帜周围，她们把共产主义看做是能使自己摆脱剥削和奴役的唯一救星。

在某些国家，尤其在罗曼语国家发生的情况，似乎可以使我们确信：我们在妇女群众中不可能做出什么值得一提的革命工作，宗教意识和因袭的古老传统对家庭和社会的影响太大、太强烈了。因此，引导妇女群众脱离家务劳动的束缚，让她们作为女战士投身到劳动与资本之间的历史性斗争的疆场上去，这种种努力都是徒劳的。

同志们！在东方国家可能办到的事情，对我们生活在西方的人是一种启示：我们不能对历史环境熟视无睹，而必须予以重视。同时，它们还严厉地提醒人们注意，人的意志具有何等的能力。为了原谅弱点和缺陷而去引证唯物主义历史观，这种做法并不总是那么适宜的。历史环境的影响固然强大，但并不是万能的，我们的认识和意志能够战胜和改变它。如果我们没有这种信念，我们就不是马克思主义者，就不是革命战士。费尔巴哈理论曾是马克思历史观的出发点，马克思在同他辩论时是怎样说的呢？"哲学家们只是用不同的方式**解释**世界，而问题在于**改变世界**。"① 如果在高加索苏维埃共和国，妇女们能够表达自己的意志，愿作为共产主义者去争取自身的解放，而且她们的榜样也激励着土耳其和波斯的妇女，那么我认为，问题并不在于说明罗曼语国家共产主义妇女工作的困难几乎是不可克服的。不，哪里存在意志，哪里就会出现道路。我们有进行世界革命的意志，我们就一定能找到深入受剥削、受奴役的广大妇女群众的道路，不管历史环境会如何使我们意志的实现变得困难重重。

在资本主义统治的国家，在无产阶级的苏维埃俄国和其他苏维埃共和国，通过宣传鼓动，首先通过行动即工作和战斗，争取广大妇女群众的工作在报告年度里取得了很大的进展。在世界各地，只要无产阶级行

---

① 《马克思恩格斯文集》第 1 卷第 506 页。——编者注

动起来，开展反对企业主总攻势的斗争，只要群众开始加入反对提高物价、反对苛捐重税、反对延长劳动时间的斗争，简言之，加入反对无产阶级生存条件恶化的斗争，只要无产阶级奋起反抗资本的进攻，反对将战争和经济建设的费用转嫁给广大受剥削群众，那么在所有这些地方，妇女们也都已经以令人欣慰的规模和冲天的干劲投身到斗争中去。可以肯定，各地都有越来越多的妇女群众开始参加共产国际及本国支部的活动。不论在哪里，只要以共产国际的名义去号召，她们就会群起响应。这一点尤其在两次国际性的活动中表现了出来。其中一次是**国际妇女节**，与过去两年相比，今年庆祝这个节日的规模更大，气氛更团结，也吸引了更多的无产阶级妇女群众参加。这一点清楚地表明，庆祝节日不仅是妇女的一次特别活动，不仅是妇女的事情，而且是党的事情，是党的行动，是共产主义向资本主义的宣战，是这场斗争的开始。为了进行斗争，千百万受剥削和受压迫的无产阶级大军应当聚集起来，武装起来，严阵以待。几乎在所有地方，妇女节的活动都或多或少地成为共产党全党的一次行动。

我们参加的另一次国际性活动是**国际工人援助苏维埃俄国**的活动，情况也大致相同。这次活动正是在各国无产阶级妇女的积极倡导和出色合作之下进行的。从挪威和芬兰到瑞士和意大利，从西方到东方，妇女们与共产党步调一致，成为党内开展这次国际工人援助活动的积极的宣传者、募集者和组织者。她们在这次活动中慷慨、机敏，强有力地表现了无产阶级团结一心的觉悟。

不论是国际劳动妇女节，还是国际工人援助苏维埃俄国的活动，有一点是必须强调的。在这两次活动中，特定的目标成为政治活动和政治目的的出发点。在庆祝国际妇女节时，我们把庆祝活动与作为家庭妇女和母亲的劳动人民向社会提出反抗压在自己身上的深重苦难的特殊要求联系起来。而在援助苏维埃俄国的活动中，我们则以无产阶级的团结为出发点。但是，不论在这一次还是那一次活动中，我们都还有另一个目的，这就是唤起广大的妇女群众去进行政治思考，去参加政治活动。无论是妇女们保护母亲和儿童的要求，还是援助苏维埃俄国的实践，这一目标都体现在政治活动和政治斗争之中。从根本上说，这也是共产主义妇女工作的目标。妇女的经济苦难和社会苦难以及她们对文化生活的要求，可以成为开展大规模政治活动的起点，可以成为向资产阶级社会进行激烈斗争的起点。

当然，各国的女共产党员也与本国共产党同心协力，在党的领导之下利用一切时机，唤起和发动无产阶级的妇女群众，引导她们参加反对资本主义制度的斗争。例如在**德国**，反对所谓堕胎法的斗争，成为为反对资产阶级的阶级统治和阶级法律以及反对资产阶级国家而进行的一场广泛和卓有成效的运动的起点。这场运动得到了其他妇女阶层的同情和响应。它不仅被看做是妇女的事情，而且被看做是政治工作，是无产阶级的事业。

我们的一切运动和活动都是在无产阶级统一战线的旗帜下进行的，都是在共产国际第三次代表大会提出的"到群众中去"的口号下进行的。因为我们深深感到有理由、有必要建立无产阶级统一战线，所以，我们认识到了在工会运动和合作社运动这些专门领域中加强和深入开展工作的极端重要性。对于我们在这两个领域中有计划地加强工作具有决定作用的是，我们能够用这种办法团结最广泛的妇女阶层，并使她们积极参加斗争。争取女工即职业妇女的工作可以通过工会运动来进行；而争取无职业的妇女，即家庭妇女、无产阶级和小资产阶级妇女的工作则可以通过合作社运动来进行。

现在，情况特别有利于发动更多的非无产阶级妇女——不论是职业妇女还是家庭妇女，使她们团结在共产主义的旗帜下，与资本主义进行斗争。资本主义的衰败，不仅在德国，而且还在英国和其他资产阶级国家，造就了一小撮新富人和一大批新穷人。中间阶级业已无产阶级化了，或者至少或多或少地正在迅速无产阶级化。因此，生活的穷困今天已将其残酷无情的手伸进了许多妇女们的钱箱，并搅扰着她们的心灵。以前她们在资本主义的统治下，某种程度上生活还有所保障并享受着安逸的生活条件。这样一来，现在的职业妇女，尤其是知识分子，如各种各样的女教师和女公职人员等，对这个"全世界的最好制度"产生了反抗的情绪。在物价飞涨的压力下，由于收入和生活费用之间可怕的失调，越来越多的家庭妇女，包括资产阶级家庭妇女觉醒了，她们认识到目前状况的矛盾性，这就是资本主义的继续存在与她们的基本生活利益的矛盾。同志们！我们必须利用那些妇女阶层中所出现的不满和骚动的情绪，让萎靡不振的绝望心情燃起愤怒的星星之火，星星之火最终会成为革命认识、革命愿望和革命行动的熊熊烈焰。我们的工作——在工会和合作社妇女中开展的共产主义工作，特别有助于这一目标的实现。在这两个领域中，妇女们不仅仅是统一战线的重要承担者，不，她们能够做很多的工作，她们能够作出更大的贡献，而不仅仅是某些运动中统一战线的开路先锋。

我曾经指出，苦难的生活是怎样无情地侵扰着数以百万的妇女的生存，所以她们开始觉醒。迄今为止，我们感到非常棘手的问题是妇女群众政治上的落后，是她们的麻木不仁。在无穷的苦难的压迫下，情况可能变得对我们事业有利，可能便于我们争取正在觉醒的妇女们加入共产主义阵营。妇女们的心灵不像男人们的心灵那样，还没有被刻画上很多政治方面和社会方面的印痕，她们的心灵较少沾染上社会民主党的改良主义者、资产阶级改良家和其他分子的错误而虚伪的口号的污秽，它们通常还是一张白纸。因此，这对我们来说，就能够比较容易地不用通过女权运动社团、和平主义社团和其他改良主义的社团，将随遇而安的妇女群众直接吸收到我们的斗争中来。即使她们起初不会参加为最终目的、为无产阶级革命而战的斗争——我想提醒大家注意别抱这种幻想，也会参加我们回击资产阶级总进攻的保卫战。毫无疑问，无数的广大妇女群众肯定会以极高的热情去参加这一战斗。

我相信，我们**保加利亚**的女同志们——我们要对她们在共产国际中提出的那些建议和做出的那些扎扎实实的工作表示感谢——给我们指出了一条切实可行的道路，在进行保卫战的时候，我们可以在妇女群众中，为我们今后具有内容更高尚和意义更深远的目标而进行的斗争，创建组织方面的根据地，简单地说，就是为决定性的斗争做好准备。我们保加利亚的女同志们成立了由同情革命的妇女们组成的团体，这些团体不仅仅是妇女群众加入共产党的预备学校，而且同时也是为发动妇女群众参加党而开展一切工作和一切活动的牢固的组织根据地。我们**意大利**的女同志们已经开始学习这一榜样。她们为"同情革命的妇女"建立了团体，把那些对加入政党和参加政治集会等还有顾虑的妇女群众团结了起来。我坚信，她们的工作成果将是令人可喜的。各国从事共产党妇女工作的同志们，对现有的榜样不仅要予以重视，而且必须学习仿效。这些榜样不仅在世界各国增强了我们国际的共产党支部，而且还有另外两个良好的结果：共产主义在无产阶级和非无产阶级各阶层人民群众中间影响的扩大，以及资产阶级营垒的混乱、瓦解和分裂——我们死敌的削弱。然而，资产阶级的削弱就意味着无产阶级力量在战胜资本主义和推翻资产阶级阶级社会的斗争中的增强。

同志们！在这里，我不想详尽地说明，我们是怎样考虑通过工会运动和合作社运动来进行争取妇女群众的共产主义工作的。赫塔·施图尔姆将在我的发言之后，对此进行详细的说明。我只想指出，在工作中，我们必须考虑的是，不要抱错误的幻想，而要打破一切幻想，即仿佛在资本主义制度的土地上，工会运动和合作社运动似乎能够有益于和有利于无产阶级，似乎能够把资本主义的规律和生存条件消灭掉。不，不管工会和合作社所能够进行的工作是多么宝贵和必不可少的，它们不能够破坏资本主义，也不能够推翻资本主义。它们只有在无产阶级夺取了政权之后，在无产阶级建立了专政之后，才可以显示出充分的作用。到那时，工会和合作社就不仅是消灭资本主义残渣余孽的一种手段，而且是建设共产主义社会新的更高尚的生活不可缺少的机构。

鉴于无产阶级专政对工会和合作社的性质和作用的决定性意义，我们必须在当前情况下再一次强调：对共产党的妇女工作来说，在苏维埃共和国和在资本主义统治的国家之间存在着什么样的差别。在资产阶级统治的国家中，作为广大群众的保卫机构和战斗机构，这两种组织形式的作用非常鲜明地表现出来了。工会运动是为了维护作为生产者的群众的利益而进行的斗争，合作社运动则是为了反对商业资本、高利贷资本和投机商资本而进行的斗争。反之，在苏维埃国家中，无产阶级的这两种组织形式的任务主要是进行教育和进行建设。

同志们！我必须提请大家注意，去年我们的工作为我们指明了我们工作具有的一个特殊的意义——使妇女们接受共产国际的影响，争取使她们成为共产国际的拥护者。女共产党员和同情我们的妇女群众在各地的作用很重要，尤其在那些地下活动是工作和斗争的唯一形式的地方和那些除了表面合法的团体外，地下组织也必须发挥作用的地方。在**芬兰**、**波兰**以及其他国家，目标明确而又勇于牺牲的女共产党员的工作是非常有益的，我想说，是必不可少的。如果说，最黑暗的反动势力即法西斯主义的进攻，可能使我们在许多国家中必须进行地下斗争，以暴制暴，以对资产阶级合法性的蔑视来回答资产阶级对法制的破坏，那么没有广大妇女群众的支持，同志们就不可能前进。**都灵**的女同志们表明，哪里有法西斯虎视眈眈，哪里就能指望妇女们富于牺牲的支持。不久前，在都灵举行了无产阶级反对法西斯主义的盛大游行，武装起来的无产阶级妇女在一面红旗的引导下列队前进，旗上写着：罗莎·卢森堡。

这一事实使资产阶级不得不承认：无论何时何地，罗莎·卢森堡的勇气都将激励着工人阶级队伍的战斗豪情。

同志们！如果共产主义妇女工作应该完成我们在这里只能简短提出的所有任务，那么我们就有必要向自己提出这样一个问题：共产国际支部中的女共产党员在认识、意志和行动上是否已经成熟，她们能够圆满地完成自己的任务吗？我们不应当隐瞒，女共产党员和男共产党员一样——一般来说，我们不比他们差，也不比他们笨——还缺乏必要的理论和实践的基本训练。妇女们在政治运动上的不成熟和有缺陷，总的来说是共产党队伍本身的不成熟和有缺陷的一种反映，其主要原因是各国支部都还年轻。克服这些缺陷是一项严肃的工作，但我们党的年轻也带来了许多优点，因而对某些缺陷还应当有所容忍。同志们，迅速克服那些从事共产主义无产阶级妇女工作的同志身上的不成熟和缺陷，具有极为重要的意义。因此在这里，我迫切地敦促大家，请你们注意，要让你们队伍中的女共产党员承担党的实际任务，我的意思是，让她们单独承担和亲自负责党的实际工作任务。请你们注意，要为她们提供一切培训机会，所有现有的对党员进行理论和实践教育的培训机构都应该向她们开放。请你们注意，要在那些不可能进行全面训练的地方，以短训班、报告会的形式，以适当的报刊和文学形式，为妇女建立必要的训练机构。同志们，从原则上和实际上来讲，把妇女们培养成真正的完全的共产主义战士，这是你们的培训教育工作的一部分，也是你们的工作取得成就的一个重要的不可缺少的先决条件。这是确定无疑的。

正是在目前这一时期，我认为，考虑对妇女进行最明确、最深刻的基本原则教育，是非常必要的。在这一过渡时期，共产主义的航船应当驶向伟大的人民群众为夺取政权和建立无产阶级专政而进行革命决战的汪洋大海。现在，存在着两种危险的威胁。来自左的危险是，航船会撞上冒险主义盲动思想的危岩暗礁而粉身碎骨；来自右的危险是，航船会在改良主义的沙滩上搁浅，会掉进机会主义腐败发臭的污泥浊水之中。只有一个办法能消除左的和右的危险，这就是把意志化为最崇高的活动，就是把意志变为行动。这种意志所遵循的是对历史情况的最明确的了解，是对当前世界性危机的实质以及克服这一危机的条件的最清楚的认识，这就是对革命斗争的条件明察秋毫。丹东在他那个时代曾号召法国革命的先锋战士："勇敢、勇敢、再勇敢！"是的，同志们，我们要对志愿为共产主义而奋斗的全体妇女天天讲这句话。她们当中的一部分人至今还是一种特别消极的因素，形势迫切要求她们，必须积极地行动起来。因此，要勇敢、勇敢、再勇敢！然而，我们必须对这句话再作一些补充，这就是世界无产阶级的伟大领袖列宁同志一再号召我们的：清醒、清醒、再清醒！以及：聪明、聪明、再聪明！这不是畏惧的表现，不是动摇和犹疑的结果。这是确保我们能给资本主义致命打击的先决条件。

  同志们！这一点我们必须牢记在心。迄今为止在这次代表大会上所听到的所有发言告诉我们，共产国际的上一次代表大会对国际局势的估计是多么正确啊！我们这个时代的一切标志说明，从客观上来讲，消灭和推翻资本主义的社会条件已经成熟，已经熟透了。从历史的意义来说，直到现在还没有成熟的是无产阶级的意志，是负有资本主义制度掘墓人使命的这个阶级的意志。然而，同志们，这种历史形势就像阿尔卑斯山的一片景色，高山顶上覆盖着巨大深厚的冰雪，这些冰雪经历了多少世纪以来的各种气候，并且似乎还能经住以后许多世纪的阳光、雷雨和风暴的一切考验，尽管存在一切假象，它们下面已被掏空，被风化，它们已经"成熟"到了坍塌的地步。也许一只小鸟搧动翅膀，用自己的坚翅利爪向冰峰撞击，就足以引起巨大的雪崩，填平身下的沟谷。在当前的形势下，我们并不知道，世界革命什么时候才来临，来到我们——男人们和女人们——的面前。因此，我们必须利用每一小时和每一分钟去进行工作,为世界革命的即将到来做好各种准备。世界革命,这不仅仅意味着毁灭世界,消灭资本主义,而且还意味着创造世界,创建共产主义。让我们记住这句话的意义!让我们准备着,让无产阶级群众准备着,准备成为共产主义的创造者。(热烈的掌声)

赫塔·施图尔姆(德国):

同志们!共产党在妇女运动方面的任务是,动员最广大的劳动妇女群众参加无产阶级的阶级斗争,为了这一目的,将妇女们组织起来,并进行培训。在走向这一目标的进程中,我们的面前还有很远的路程。如果一般地说,共产党还没能把无产阶级的大多数群众争取过来,那么这在更大的程度上适用于无产阶级的妇女群众。因为在这里,除了使工人阶级难以迫切追求共产主义的一般原因外,还有一些特殊的原因在起作用:妇女社会意识的落后,她们对政治极少关心,后一点也表现为,妇女们加入其他政治党派的人数也很少。

如果我们想要估计一下今天我们对无产阶级妇女群众的影响究竟有多大,那么共产党女党员的人数就是我们进行衡量的一种尺度。于是我们看到,无产阶级妇女的人数今天已占无产阶级人数的半数以上,尤其是战后20岁至45岁之间的妇女,这个年龄正是从事政治活动的时期,妇女对男人人数上占有特别明显的优势。尽管如此,在共产党党内,妇女党员的人数却没有占从纯数字计算应该有的50%或者更多,而只占了一个小得多的百分比,平均最多大约是10%。但是,如果进一步观察就会发现,各个党之间在这个问题上存在着很大的差别,一个党的人数越多,组织得越好,不仅它的女党员的绝对人数越多,而且,它的女党员在整个党员人数中所占的比例也就越大。

我举几个例子来说明这一情况。例如,捷克斯洛伐克有3.6万名女共产党员,占全体党员人数的20%;德国大约有3.5万名女党员,占全体党员人数的11%—12%；挪威有1.5万—1.6万名女党员，占全体党员人数的15%。还有一些党的情况则与此相反，其中以法国、意大利、英国和比利时为例：法国有1800名女党员，是党员总数的2%；意大利有350—400名女党员，大约是党员总数的1.5%；英国女党员的人数几乎还没有确定，不管怎么说，女党员的绝对人数和所占比重及百分比都是极低的；比利时有30名女党员，占全体党员人数的6%。

我想更加详细地介绍一下这个例子，我想说明，在各个党的内部也出现了很大的差别，这些差别主要取决于党的各个地区组织在完成某些任务时进行组织，具体实施和开展活动的情况。例如，在德国，共产党最大的地方组织柏林，女党员人数约占20%，而全国平均比例是12%。反之，在某些地区，党的组织薄弱，政治上很不开展，也不巩固，妇女党员的所占比例就低于6%。捷克斯洛伐克也有类似的情况，在妇女运动历来就组织得很好的德语区奥西希，女党员占总数的50%，是最高的比例，而全国平均比例只有20%，在另外几个捷克地区和斯洛伐克地区，其比例甚至低得多。

从这些例子中可以看出，共产党的党内工作越是深入，全党或者党的部分组织越是巩固，目标越是明确，党对妇女群众的影响就越大。这一点从妇女加入共产党组织的规模也可以反映出来。

还可以看到另一种倾向，即在某些国家，共产党是强大的工人政党，当它们把大批群众在组织上从老社会民主党那里争取过来之后，妇女党员在全体党员中所占的比例也就显得比较高。

在捷克斯洛伐克和挪威，这一点表现得特别突出。在这两个国家里，政治上接受社会民主运动影响的妇女们经由组织的途径转入了共产主义运动，而那些年轻的、弱小的共产主义工人党，则必须一个一个地去争取每一个党员，即使是已经脱离了改良主义政党的妇女，或者即使是那些至今在政治上还根本没有组织起来的妇女群众中表现较为突出的人。

如果说，在法国共产党所处的局势比社会民主党有利，虽然那里的妇女党员人数仍旧很低——2%，那么还有一种类似于意大利的情况在对共产主义妇女运动起着不利的作用。在工人阶级的广大群众中乃至在共产党人的队伍中，有一种根深蒂固的思想，这种思想在1865年——第一国际成立后的一年——举行的伦敦代表大会上典型地表现出来。在这次大会上，女工是否也可以被理解为"工人"作为一个争论的问题被提出来。当时，法国代表团的代表提出的准则是，男人进行工作和研究社会问题，女人照顾孩子和美化工人的住宅。这种思想在法国和意大利仍然非常盛行，我们必须用全力与之斗争，它也应该是加入组织的女党员人数如此之少的原因之一。当然，我们不应当忽视这种思想的经济原因，即在法国、意大利和西班牙等国，大工业并没有把广大妇女群众从农民家庭、从小资产阶级家庭的狭小圈子里拉入到公众生活中来，她们还没有像某些大工业国家的妇女那样聚集在大企业中，而且我们也不能忽视，这种状况自然而然也强烈影响着关于妇女在政治生活中的作用的观点。

出于非常明显的原因，在那些共产党处于非法地位的国家中，关于妇女入党的比例根本就不可能有确切的数字。然而，比起其他党的情况，在地下党党内，妇女们似乎往往更多地参与了党内的一般工作。

从上述援引的事实中我们可以得出什么结论呢？我们可以从中为我们的工作得出什么结论呢？从列举的数字中，我们首先可以看到，把妇女们争取到共产主义这边来，使她们从组织上加入共产党，是多么艰难啊！

另外还可以得出结论，将无产阶级妇女组织起来的任务，在共产党内并没有被放在头等重要的位置，相反，为了使它在党内得到承认，得到贯彻，我们必须进行顽强的斗争。

从如何争取妇女党员的方式上，可以得出第二个结论：党内一部分妇女同志是缺乏训练的政治战斗员，她们中间的大部分人不是工人，而是家庭妇女，是我们男同志的妻子，她们多数是通过说服才参加党的，而不是出于自己的坚定信念。这些因素自然都是消极的，她们对工作缺乏经验，也缺乏训练，而且首先她们还没有与工厂和工会中的女工群众建立广泛而密切的联系，这种联系对我们来说是至关重要的。

因此，通过建立能使我们用最少量资金做最大量工作的机构，有计划地安排和合理地使用我们还很薄弱的力量，具有迫切的必要性。

出于这种看法，妇女委员会得以在共产党内建立起来。

今年年初，国际妇女工作书记处把工作重点迁至柏林，它首要的任务是，帮助这些出于工作需要而建立起来的组织在共产国际内部发挥作用。而且我们可以说，争取党外广大妇女群众的第一个先决条件，在某些范围内已经具备了。至少我们做到了以下一点：在思想认识上，必须建立专门的妇女机构的思想为人们接受了。当然，到妇女委员会开始实际工作，我们还需要走很长一段路程，因此，我必须就蔡特金同志已经谈过的几点再简要地说明一下。

我要指出下列事实：在英国这个对无产阶级国际斗争来说特别重要的国家中，时至今日，在共产党的领导机构的所在地，竟然还没有建立有计划地领导全国妇女工作的中央妇女委员会。

我还要指出，在整个法国，共产党现有的几百个地方组织，至今也只成立了15个妇女委员会，法共中央妇女工作书记处甚至也由于党内危机受到了损害，即被解散了。

此外，我要提一下，捷克斯洛伐克，那里有一个总体而言强大的和组织严密的党，但是，尽管如此，从布拉格妇女工作书记处送来的一个调查表中可以得出以下结果：只有七分之一的地方组织认为有必要回答调查表上的全部问题，只有十分之一的地方组织有女党员，只占2%，也就有大概47个地方组织成立了妇女委员会。

如果说在这个组织得比较好的大党中,妇女工作从组织上来讲还是如此薄弱,那么在一些小党中,如奥地利、荷兰和丹麦,这一工作从根本上来说还仅仅局限于国家的主要地区,局限于党的执行委员会的所在地,就更不足为奇了。

倘若要在全国范围内开展大规模的无产阶级斗争,那么在今后的时间内,就迫切地需要继续扩建妇女委员会,直至所有共产党的最后一个地方组织都有妇女委员会。

这些妇女委员会的任务是什么呢?

最基本、最直接的任务是,让现有数量很少的积极的女同志去承担那些迫在眉睫的工作。她们必须是"什么都能做的姑娘"。首先,她们必须在全国范围内从事组织工作,她们必须演讲、写作,必须向所有政治生活的特定工作领域发布指示。但是,如果她们的工作仅限于此,那就错了。依靠现在这一小批妇女骨干去完成我们面前的大量任务,是不可能的。这些同志的主要注意力,应集中在对已经加入党组织、但尚无经验的女同志进行培训,使她们有能力积极完成工作和特定的任务。从这一着眼点出发,我们的女同志们为妇女们举办各种晚间讨论会、短训班、妇女团体,使参加这类活动的妇女们开始能为党外群众工作做好准备,是十分重要。在这一点上,所有那些严肃对待工作的共产党都是一致的。我们英国的同志们自觉地走上一条使工作活跃起来的正确道路,她们开办蔡特金同志谈到过的那种小型妇女党校。这就是力量的标志,至少,这是英国党的工作的一个积极的开端。某些共产党拥有大量女党员,但她们只是凭着感情进行革命,没有受过有计划的培训。我认为,有必要在这些党内,特别是在捷克斯洛伐克,依靠妇女工作书记处的领导和党的执委会的支持,不仅在个别区县,而且在全国有计划地为妇女提供培训机会,让众多的女同志发挥积极作用,让她们明白,共产党人应该是什么样的人；作为共产党员，她们应当承担什么样的义务和任务。

然而，第三项最重要的任务还在于，在全党范围内建立的妇女委员会，应当使在广大的无产阶级妇女群众中所要进行的工作牢牢扎根于党的一般工作之中，使妇女工作不再是一小部分女共产党员的事；妇女委员会必须利用一切机会和党的一切活动，致力于使妇女工作成为整个运动的一个环节，并使用一切组织上的和政治上的辅助手段，借助党和它的所有机构的权威，开展和支持这一工作。

在这方面，我们还需要迈出第一步，而且贯彻这一原则的尝试并不总是成功的。特别是在那些女同志不得不与包括自己同志在内的小资产阶级观点进行坚决斗争的罗曼语国家中，我们可以看到某些女权主义的情绪。自从妇女运动开始以来，我们大家就指导这样一种看法，即女同志和男同志之间互相争斗。女同志们时常抱怨，男同志们不承认她们的工作，不支持她们；男同志们则抱怨说，妇女们工作做得太少，妇女工作应当是她们自己的工作。同志们，这就是幼稚病，这就是我们都要经历的初始阶段。在报刊上，例如在法国的妇女机关刊物《女工》（尽管这一刊物大体上办得还比较好），有时在意大利的妇女机关刊物《运动》上，我们可以看到女同志与男同志进行辩论的文章，说妇女也是与男人平等的人，她们也有权参加政治活动和维护自己的权利。

甚至在国际劳动妇女节，英国《共产党人》头版的妇女专页刊登了这样一些文章，它们与广大妇女群众的革命化毫无关系也没联系英国女工的苦难和忧虑，而是在栏目中展开了一场共产党的自我辩解的诉讼战。我要说，这是一个不足之处。但是，当时我们欢迎《共产党人》杂志上的这篇文章，因为我们从中看到了启蒙进程的开端，它必然导致党内的男同志和女同志在党的这项共同工作中同心协力地进行合作。

然而，如果我们提出一个问题：在争取党外妇女群众的工作中，在争取她们加入无产阶级斗争的工作中，我们的成绩怎样？那么我们不得不承认，收效甚微。蔡特金同志提到过的两次进行得比较好的国际行动——国际劳动妇女节和对苏维埃俄国的援助活动，假如说这两次活动在某种程度上成功地动员了妇女群众，以致使她们倾向于共产主义思想，或者使她们对此发生了兴趣，那么这是有其特定的原因的。

国际劳动妇女节本身存在的原因是：它从第二国际接受了某种革命传统，因此，即使那些赞同社会民主党人、在许多方面一般都持消极态度的党派，在这一方面也不示弱。至于对苏维埃俄国的援助活动能取得成功，有两个原因：第一，妇女们在各国援助委员会中有强大的组织基础，她们按照统一的思想严密地组织起来了；第二，是一个客观原因，这次活动正好触动了人们强烈的内心感情，它有幸牵动着女性最善良的感觉，牵动着她们母亲一般的心肠，这种感觉终于有机会超越个人家庭的狭小圈子而发挥作用，其表现形式是声援整个无产阶级，声援世界无产阶级的先驱——苏维埃俄国。

然而，我们和国际共产主义青年团共同开展的工人儿童日则显示出，我们只在青年组织发挥了很好作用的地方取得某些成绩，反之，在有些国家情况就并非如此，如在捷克斯洛伐克，这次活动意味着明显的失败。

从这些经验中，我们得出了某些结论。在柏林召开的共产国际女记者代表大会对国际妇女工作书记处的工作提出了批评。会上说，我们不善于利用各种时机开展妇女的国际活动。如果情况果真如此，那么这既不是由于我们的认识不足，也不是由于我们有些消极被动因素。我们不是没看到，在国际上，哪些问题已经提上议事日程；我们不是不知道，怎样有计划地把各个国家的问题变为共同行动。毋宁说，我们的态度是出自于一种很简单的认识：如果没有所有共产党在背后给予全力支持，想开展大规模的国际性妇女活动，我们这些机构的力量在妇女运动中是太弱小了。例如在法国、保加利亚和其他国家开展争取妇女政治权利的运动，本来是可想而知的和极其必要的；我们本来能够也必须去开展和领导一些运动，以捍卫和扩大对女工的保护，与所有国家的物价飞涨进行斗争，关心贫困儿童日益陷入水深火热之中的问题，反对日渐迫近的战争危险，反对大量无产阶级妇女因丈夫被抓进监狱而蒙受的白色恐怖。但是我们知道，首先引导妇女们去参加各个国家的共产党议事日程上特别重要的普遍斗争，在今天现有的情况下是更为必要的和更有成效的。例如在英国，我们的工作重点必须是，动员失业工人中的失业妇女群众，争取使她们赞同我们的理想。我们必须争取所有国家的广大妇女群众，参加反对资本进攻的统一战线的斗争。我们必须特别支持德国工厂委员会运动中的妇女们。简言之，我们必须努力把各个国家的工人阶级妇女纳入无产阶级的普遍斗争。如果我们能够在斗争中成功地使每个党认识到无产阶级妇女群众参加斗争的必要性，那么我们今后就有可能在开展专门涉及妇女的运动时，得到各党的支持。例如，蔡特金同志曾提到过这样的活动，即反对所谓堕胎法的斗争，这一斗争目前只在德国以较大的规模进行着，并且以后也有可能在捷克斯洛伐克、奥地利、法国和英国成为共产党议事日程上的工作。

关于英国的失业问题，我要指出，英国党对于吸收失业妇女参加这个运动的问题根本还没有清楚的认识。大约半年以来，我们一直敦促英国党，并且希望共产国际执委会能够在这一方面发挥一些作用，希望英国党能够通过运用某种特殊的手段，激励妇女群众起来斗争，例如，现在可以用向群众散发传单的办法。我们看到几份来自英国的报告，其中谈到邓迪的情况，邓迪是一个以女工为主的工业——麻织工业——的城市，从事此种工作的妇女和男人的比例是7∶1——正如这种以女工为主的工业非常集中一样，这里的失业现象也十分严重。在这里，有必要向女工们进行宣传，向她们说明，在她们的失业、资本主义经济和英国帝国主义之间存在着什么样的联系。因为，特别是由于英国帝国主义在印度发展了麻织工业，所以，印度殖民地工人的低廉工资使英国女工今天被解雇失业。

为了使共产国际各国支部把女工引入斗争的行列，我们必须完成的最重要的任务是在企业和工会中开展工作。这不是偶然的，而是出自于共产国际妇女工作书记处的一个目标明确的计划。一旦建立一些妇女委员会，我们在国际中的任务就是转入组织这些机构与工会机构进行合作。为争取和教育广大工人妇女群众，党在企业和工会中建立了相应的机构。从这个角度看，意大利的兄弟党在最近几周将其原来设立在罗马的妇女工作书记处转移到都灵，是一件大好事。因为在罗马没有一个女党员，也因为在罗马以女工为主体的工业微乎其微。反之，在都灵、在皮埃蒙特、在意大利北部、在拥有强大的纺织工业的城市伦巴第，我们的同志有可能去接近工厂中和工会中的职业妇女群众。另外，让我再看一看挪威的问题。同志们，我们一直坚持并催促挪威党，不仅要解散挪威妇女联合会，而且还要解散挪威妇女协会。这不是因为我们在组织原则上崇拜偶像，非得到处推行统一的路线，把妇女们纳入一般的组织不可。我们这样做，更主要的是出于充分的客观原因。由于组织的独立状态和内部闭关自守的状态，妇女协会与党的日常生活分离开了，因为迄今为止，妇女协会的存在限制了争取这个小圈子以外的企业和工会中的女工群众。

保加利亚由于有一个在共产国际里堪称模范的党（用季诺维也夫的话讲，这当然是相对的），它成为一个把企业和工会中的女工组织得最好的国家。在这里，党内和工会内成立了完全由保加利亚党领导的妇女工作专门机构；在这里，党和工会委员会之间的合作通过各种条例和方针详细地作了规定；在这里，共产党在制定关于发动企业和工会的妇女群众方面应当完成的伟大任务时，极其认真和深入地研究女工的需要和特殊情况。

在共产党处于非法地位的国家中，工会的工作发挥着一种特殊的作用。我只提出一种情况，例如，在芬兰、罗马尼亚、西班牙等共产党人不能公开活动，并且不能通过专门的妇女机构接近女工群众的国家，工会在某种程度上可以说是唯一能够接近女工群众并对她们施加共产主义影响的领域。

工会妇女工作的困难是与各党普遍存在的工会工作的困难联系在一起的。我们非常清楚地知道，一般而言，当工会工作开展得比较好的时候，工会的妇女工作也就能取得进展。我们也了解到，在英国，共产党由于其组织上的薄弱，与其他工人组织相比，它在工会中的影响很小，自然也就几乎不可能着手进行争取女工群众的工作。在法国，共产党还在自己的队伍中争论共产党人是否或应当按照什么精神在工会中开展政治工作的问题，我们看到，女工运动的薄弱由此也得到反映。我们少数正在战斗的法国同志，如果他们一方面必须在党的最高领导层中，为保留自己的妇女工作书记处及其妇女刊物而斗争；另一方面，还要在工会问题上为贯彻基本原则——共产党有义务在工会中对群众施加共产主义影响——而斗争，那么他们想在工会中完成一件卓有成效的工作，就是非常困难的了。

在捷克斯洛伐克，虽然大批工人从组织上接受了红色工会国际的影响，但是，由于缺少时间，缺少力量，或者说缺少干劲，我们还没有更好地对这些群众进行共产主义教育。因此，捷克斯洛伐克的女同志们不无道理地向共产国际执委会、向国际妇女工作书记处以及向红色工会国际提出要求，请它们设法使它们在捷克斯洛伐克各个联合组织中的追随者——例如，其中仅仅全国工人联合会加入工会组织的就有3万名女会员——加紧进行实现女工要求的斗争。

同志们，发动女工的必要性；迫使我们要有计划地开展整个工会工作，也就是说，共产党员必须无条件地在一般党内工作的这一最重要组成部分中发挥积极的作用。只要不是通过建立共产党支部来建立我们在工会和企业的每项工作的基础，那么女共产党员的一切有关企业和工会的女工革命化的专门计划和组织建议都不可避免地成为空中楼阁。正是从这种至今妇女工作收效甚微的事例中，我们可以非常清楚地看到，共产主义妇女运动是与普遍开展的共产主义运动休戚与共、密切相关的。倘若我们想要在女工中站稳脚跟，那么我们所有共产党的女党员就必须以极大的热情和高度的谨慎，有计划地、脚踏实地去完成从下至上建立共产党支部的任务。这一任务完成得越迅速、越彻底，担负着女工问题专门任务的机构也就能够及早地适应这些要求。在支部建立的同时，我们必须让那些参加了工会组织的女共产党人加入支部，并交给她们代表女工要求的任务。共产党的工会女会员必须同党的妇女委员会保持密切联系，以便互相交流经验，并商讨怎样才能继续启发女工群众，怎样才能更深入地引导她们进行无产阶级反对资产阶级的斗争。

关于消费合作社，我还要说一点：消费合作社与工会的区别在于，它不仅包括女工，还包括着大量的无产阶级家庭妇女。因此，这里为我们提供了一个争取广大新群众的战场，这部分群众我们在企业和工会中是不可能接触到的。

当前对我们来说，还有第二种因素提醒我们要做好合作社的工作。事实摆在我们面前，今天几乎在所有的国家中都发生着物价飞涨和民众贫困的现象，消费合作社是对付无产阶级贫困化过程的合适机构，它与工会和工人政党密切结合，发挥着至关重要的作用。因此，在消费合作社内部的妇女中间进行启蒙工作，在相当大的程度上是一种革命的因素，它将加强在外围区域即没有参与生产过程的女工中的无产阶级统一战线。

同志们，最后谈一谈报刊问题。报刊是争取没有参加组织的广大群众并对他们施加共产主义影响的最重要的手段之一。

在共产国际，我们有相当多的妇女刊物，除此之外，我们还能够通过一般的报刊向妇女群众提出我们的问题。必须指出，妇女刊物从组织方面还没有完成在尽可能广泛的群众范围内进行宣传的任务。在一系列国家里，党的妇女杂志发行量甚至还达不到女党员的人数。相反，也有好的例子，我想再一次突出强调保加利亚党，此外还有意大利党。这两个党成功地通过妇女刊物，卓有成效地争取了那些组织上没参加党的其他阶层的群众。这当然必须成为我们在各国的目标。

至于刊物的内容，从中自然会反映出共产主义妇女运动和整个共产主义运动的所有弱点。我想列举两点主要的错误，也可以说是两个极端。

一个极端也许在荷兰党的妇女杂志《先驱》上，尤其在刊物刚开始创办时表现得十分突出。这家杂志在理论上和原则上是非常清楚的和无可指责的，但它很少涉及无产阶级妇女群众日常的、具体的忧患和苦难，很少涉及荷兰本身的特殊环境。这样，它就很难适应没有受过教育的群众的理解力，它就不能深入到广大妇女的内心深处。不过，这家杂志在此期间已较好地适应群众的需要。另一个极端表现得最为明显的是布吕恩（捷克斯洛伐克）的地方报纸《妇女》。它为了赢得人们的欢心，背弃了共产主义的明确的基本路线，毫无批判地接受了无产阶级妇女中的小资产阶级观点，过分迎合群众的猎奇心理，它刊登了与共产主义毫无关系的种种奇谈怪论。

在这里提一下法国的刊物也许是有益的。尽管《女工》的责任编辑很好地维护了自己的观点，但是为了支持它我们在此还必须指出，自从在马赛党代表大会上成立这一刊物直至今日，它就一直与共产党内的要把这一刊物办成一个时装杂志和一个烹饪杂志的各种倾向进行着斗争。

因此，在这里，在共产国际面前，我们要强调，我们不能这样奢侈，我们办刊物的目标是在女工中间进行共产主义宣传，而不是为了别的什么！

最近，我们在宣传工作中遇到一个与我们共产党财政上的难题联系在一起的困难。有征兆表明，我们将不得不在某些范围内削减妇女报纸。《女工》将停止出版，必须用其他办法来取代它。我们一定要继续敦促各党，在执行去年的妇女代表会议决议和国际代表大会决议的时候，应该在所有党的机关报上增加妇女副刊，而且这种副刊不能因某位有关编辑或书记兴之所至偶尔为之，它必须定期出版。我们还必须继续努力，使妇女工作成为全党工作的重点，从而使我们能够深入到党报、党刊的一般栏目，深入到党的其他机关报、专业报刊、工会报刊、科学杂志、农业报纸等一切刊物。只有在一般刊物中统一研究所有这些问题，使人们对妇女工作的必要性取得一致的认识，我们的妇女运动才能确立其在全党中的牢固地位，才能获得全党的支持。

我的发言即将结束。妇女运动的前景是十分有利的；它将随着共产国际的全面发展而发展。各国共产党在运动的进程中将会更加明确、更加坚定、更加积极地完成阶级斗争的任务。我们可以满怀信心地说，正是现在，通过完成共产国际所面临的伟大任务，通过进行反击资本进攻的斗争，通过开展在群众中建立统一战线的斗争，我们已经创造一个稳固的基础，我们可以成功地团结党内的一切力量，团结我们自己队伍之外的无产阶级的一切力量，引导最广泛的群众去投入斗争。

我们知道，如果说我们在上一次代表大会上不得不断定，在共产主义妇女运动方面，从根本上来说，我们还百事待举，那么我们今天也能够断定，我们已经有了新的开端，妇女工作的基石已经奠定了，而且在下一次国际代表大会上，我们将必定能够断定，妇女工作已经成功地与党的其他工作紧密地联系在一起了,我们已经取得一些成绩了。随着无产阶级的广大群众在党的领导下投身于革命运动的暴风骤雨,众多的妇女群众也发动起来了,她们在统一战线的队伍中,为了无产阶级战胜它的所有敌人而勇敢战斗着。

斯米多维奇(俄国):

在俄国,对女工——只要她们不是落后的群众因而必须使用特别的方法——进行的宣传工作,是由党委的专门部门领导的。这些部门与党委的其他所有部门一样,在工作中拥有同等的权利。

妇女工作部门的工作方法在于,领导女工的活动,推动她们去完成那些体现工人阶级愿望和要求的具体和实际的任务。这种推动女工开展实际活动的方法,使共产党在女工和农村妇女中的影响大大提高了。

在共产党的任何一个工厂支部中,都有一个同志受委托做妇女政治思想工作,他被称为"女工组织委员"。每个工厂的女工每年都定期举行2至3次全体妇女大会,选举妇女代表,然后由妇女工作部召开代表会议。整个俄国的这种代表的数字大约是7万人。代表会议实际上成为一所政治学校,人们会议上作有关于政治和经济生活的种种问题的报告。我们用这种方式促使代表们在社会活动的领域中开始她们的尝试。代表们被派遣到苏维埃机构的各个委员会和机关去做实际工作。所有的代表都有责任向选举自己的女工报告工作,因而,她们在共产党和广大的非党女工群众之间成为一条有组织的纽带。

苏维埃选举期间的情况表明,代表们是很能干的,她们参加选举,投票选举共产党员,而且她们中间的相当一部分人本身也成为共产党人,成为俄国共产党的成员。

在共产党的队伍中有29773名女工,这个数字不很大,但是人们必须注意到,俄国共产党要求自己的党员要经常参加党的工作。

工会中，女工的人数每年也在增长。我们有将近 150 万女工参加了工会。

有相当一部分女工是工厂委员会和工会管理委员会的成员，还有一些女工成为工会中央委员会的成员。

新经济政策曾使我们面临着这样一个任务：制止由于紧缩企业而失业的女工的涣散现象。在这件事上，妇女工作部显示了巨大的力量，在它的倡导下，失去了工作的妇女组成了失业妇女合作社。这样，成千上万的女工仍然处在共产党的影响之下，妇女工作部在女工合作社社员中间进行共产主义宣传和鼓动。合作社的代表参加由妇女工作部领导的代表会议。在我国所有的城市和农村中，出现了一批由于我们妇女工作部的倡导而产生的针织、编织、缝纫和刺绣等合作社。把妇女们组织起来参加合作社运动，是我们的妇女工作部面对目前的经济形势所做的一项重要工作。我们试图以这种方式把分布在全国的家庭女工联合为合作社，并将她们置于党的影响之下。这同样也是一种把城市女工和农村女工的利益统一起来的手段，而且合作社还是一种改善工人家庭生活条件的手段。在资本主义国家，借助于合作社来建立一个新的社会制度的一切企图，不仅注定会失败，而且还会滋长改良主义的幻想。相反，只有在实行无产阶级专政的国家，人们才能合理地利用合作社去减轻女工的家庭负担。

在目前实行新经济政策的情况下，苏维埃政权暂时没有办法去帮助母亲们，而合作社的形式恰恰最适于发挥女工在这方面的积极性。在彼得格勒，有 2.4 万位母亲组成一个"母子"合作社，它是彼得格勒消费者联合会的一部分。这种合作社为母亲们提供她们能够付得起价钱的必需食品，另外，它将来还打算成立托儿机构。

在普斯科夫的某些县城和乡镇，也有类似的合作社。从 1922 年国际劳动妇女节以来，妇女工作部就有权将女工作为学徒派往合作社。现在，有一定数量的女工已经在合作社工作，女工和农村妇女常常同是农村企业合作社管理委员会的委员，等等。

此外，还有相当数量的女工参加了合作社的训练班。我们把合作社领域的工作看做是一种把城市和农村女工的利益结合在一起，并将她们置于党的影响之下的方法。

在农业经济和合作社的领域中，我们在农村妇女中进行的政治宣传鼓动是建立在她们利益的基础之上的。为了这一目标，我们在每一个乡镇或每一个地区都召开了农村妇女代表会议；我们也对个人进行宣传，把最先进分子送去上农业训练班和学校。

在这里，我想举例说明，在梁赞州，有50名从农业学校毕业的女农民，其中有20人加入了共产党，并成为优秀的战士。在萨马拉州，农业学校中50%的学生是农村妇女，她们在那里学习各种妇女和儿童保健知识。甚至在一些离中央最偏远的区县，也有农村妇女参加创办托儿所。有人数相当多的农村妇女被送到妇幼保健训练班学习。

根据我们收到的还不完全的统计报告，在上次选举中，被选入各级苏维埃的妇女人数是2000人，其中还有一些人当选为乡镇苏维埃主席。

在中央执行委员会的委员中，也有9位妇女同志。

抗饥荒的斗争得到了城市和农村最广大女工阶层的同情，妇女工作部积极利用这个时机，为党和苏维埃的工作争取了劳动妇女界的一批新人。她们以极大的热忱去帮助不幸的人，单单这一点就能战胜严酷的灾难。

女工们把饥民的孩子接到自己的家中，她们在饥荒严重的州积极参与建立幼儿园，成为那些不幸儿童的母亲。女工们不辞劳苦，在"共产主义星期六"为孩子们缝制衣物，她们甚至经常不断地把自己微薄的工资分给那些不幸的人。

妇女工作部竭尽全力，千方百计地使女工和农村妇女进入成人学校。人们为她们组织了预备班，在工人速成专科（拉布法克）中有3683名妇女在学习，还有相当数量的妇女进入共产主义大学接受教育。党中央为女工们发行了两种刊物，就是各省也出版了几种报纸和大约60种女工刊物。我还想强调的是，现在，这些杂志和报纸拥有几百名身为工人和农民的女记者。

在女工群众中进行的这项繁重的工作，只有在无产阶级专政的条件下才有可能实现，然而，共产党懂得用特殊的方法来评价在女工中开展的宣传鼓动工作的意义，如果这种宣传鼓动工作有益于争取群众加入无产阶级的斗争行列的话。开展妇女工作的第一步是于1905—1906年迈出的。资产阶级女权主义者企图将她们的影响扩展到俄国女工中去，但是，在党的领导下，女工的阶级觉悟却帮助她们对女权主义宣传的资产阶级内容作出了正确的判断，于是她们毫不犹豫地把自己的命运交给了共产党。与此同时，彼得格勒成立了第一个女工俱乐部，不久以后，它就被警察当局取缔了。反动派迫使工人将自己的斗争转入地下。1914年，我们党进行新的尝试，以半合法的方式在女工中进行宣传鼓动。《女工》杂志被允许出版了，同时，它也是团结战斗着的女工的中坚力量。萨莫伊洛娃、库杰拉、杰莉萨罗娃、曼申斯卡娅、罗斯米罗维奇以及在这段时间出国的阿尔曼德、克鲁普斯卡娅和斯塔尔等女同志，都是这家杂志编辑部的成员。但是，反动派的迫害使这一尝试失败了，女战士们遭到逮捕，刊物被禁止出版。

在克伦斯基的统治下，共产党被迫转入半地下斗争，这时，它重新开始了妇女工作；党善于评价女工参加建立无产阶级专政的斗争的价值。1917年，《女工》杂志在彼得格勒重新出版，政论性刊物《女工生活》也在莫斯科得以出版；同时，党中央还在莫斯科组织了一个专门负责对女工和农村妇女进行政治宣传的委员会。团结在委员会周围的女工都成为女战士，她们中间相当一部分人在十月革命中发挥了重要的作用。

十月革命从根本上改变了女工的处境，在她们面前以及最终也在农村妇女面前展现了远大的前景。现在，苏维埃国家不再有那种俄国女工不能施展才能的地方，再也没有任何战线不能证明女工和农村妇女是优秀的战友。有成千上万的女工在我们的斗争中牺牲了，她们连名字都没有留在史册上。

觉醒了的女工充分表现了一种真正的共产主义思想，她们忠诚地投身于实现工人阶级的愿望和要求的伟大斗争，并在共产主义建设中显示出无限的毅力。

共产党善于评价女工们这种品质的价值，它也清楚地知道，应当用非常有意义的方法在工人阶级的内部建立一个牢固的基础，这将大大地有助于新的社会制度的巩固。

我充满信心地对其他共产党的同志们提出这样的要求：以最大的努力在女工中开展宣传鼓动工作。她们能参加无产阶级的统一战线，这对于统一战线最后胜利的影响和成就来说，是必不可少的条件。

卡斯帕洛娃（俄国）：

同志们！在无产阶级革命的伟大斗争中，共产国际始终非常重视反帝民族革命运动，这一斗争包括东方所有殖民地和半殖民地国家的劳动群众、女工和农村妇女。只要这一运动维护东方国家广大工人群众的利益，共产国际就给予支持，它不会不考虑妇女群众加入这一运动的问题，因为正如卡尔·马克思所强调的那样，任何社会运动没有妇女参加都不可能实现。

但是，自从共产国际第二次代表大会提出关于帝国主义和无产阶级专政开展斗争时期的殖民地民族问题的方针路线以来，在东方国家发生了下列情况：

1. 反帝斗争在所有殖民地半殖民地国家，如朝鲜、英属印度、荷属印度、埃及和叙利亚、中国和波斯，都在向前发展。这一运动已经扩展到了妇女群众，另外，土耳其也重获独立。

2. 几乎在所有东方国家，无产阶级革命运动正开始进行，首先在资本主义的日本兴起；同时，几乎所有这些国家都成立了共产党。

同时，我们可以看到，首先在那些大工业刚刚开始发展的东方国家，**遭受沉重奴役的、灾难深重的妇女们，越来越多地积极参加革命运动**。关于日本，可以用以下数字说明：

全国人口由 28042395 名男子和 27918145 名女子构成，其中有 3047902 名男工和 3255363 名女工。

1911 年，在英属印度 3.2 亿的全部人口中，有大约 101825424 名男子和 47359582 名女子是劳动者。其中在工业中，总共有 1150 万男子和 600 万妇女从业。**纺织厂**本身就有 1764193 名妇女从事劳动，纺纱厂有女工 1215714 人，食品行业有女工 220 万人，服装行业有女工 1071310 人。另外，农业女工的总人数也超过 1200 万人，男工 1300 万人。

在埃及和叙利亚，棉纺厂和丝织厂女工人数和卷烟工业女工人数一样在持续上升。甚至在工业发展薄弱的中国，工厂中的妇女也有 20 万人之多。持续增长的大批妇女参加工业生产，导致越来越多的妇女积极参加普遍的工人运动。1918 年和 1920 年日本的有大批女工参加的罢工以及 1921 年中国纺织工人大罢工都向我们**证明**了这一点。

在印度，1916 年孟买和艾哈迈达巴德发生了纺织工人罢工，以后于 1920 年又发生了马德拉斯的马都拉工厂罢工（有 700 名女工参加），以及后来 1922 年的孟买瓷器工厂罢工。1922 年，在孟买出现了一个全印女工工会联合会和其他一些类似组织。

另一方面，我们还看到，在东方，不论是在殖民地还是在半殖民地国家，如波斯和土耳其，虽然还没有出现大工业，但是由于这些国家受战后时期经济条件所逼迫，妇女作为生产要素，也已经变得越来越不可或缺。在所有那些掀起高涨的民族革命运动的东方国家中，如朝鲜、印度、埃及，甚至土耳其，妇女都积极参加了革命运动。

几乎在所有这些国家中都存在着非法的或合法的妇女革命组织，它们受民族资产阶级的影响，然而却往往团结了大量的女工和农村的妇女群众。各个东方国家的女工和农村妇女的经济状况都非常糟糕。她们作为廉价的工具，替欧洲的和日本的资本主义当牛做马，成为毫无抵御能力的受剥削对象。

这样，东方国家妇女群众的发展状况就为共产主义的宣传鼓动工作提供了肥沃的土壤。苏维埃高加索地区和土耳其斯坦地区的共产主义宣传工作的经验，尤其是穆斯林妇女工作的经验，在大多数情况下，也就适用于东方其他地区。我们要引导东方国家共产主义的党派和团体、英国和法国共产党以及其他占领殖民地的国家中的共产党，去注意妇女工作在这一革命时代的特殊重要性；在这一工作中，人们必须重视每个国家不同的客观条件。在那些我们已经建立了共产党和工人运动兴起的地方，如日本，部分地还有在中国和印度，共产党应当为开展妇女工作而成立专门的机构。在那些有广大劳动妇女参加的民族革命运动日益高涨的地方，我们的党必须利用这一运动，与群众保持密切联系，把她们从资产阶级的影响之下解放出来，并且用民主革命的口号去引导她们投身于反对外国帝国主义的斗争，引导她们进行无产阶级革命。

在东方国家，共产党的任务是通过同民族自由运动建立联系，来深化和扩大民族革命斗争，在这些国家，共产主义妇女团体必须通过争取妇女组织（既包括文化和教育协会，也包括女权主义者的组织），在这一斗争中扩大工作基础，发现革命的妇女知识分子的骨干。

反帝统一战线和女工统一战线一样，只有通过**争取**最广大妇女群众参加，才能够**实现**。（热烈的掌声）

主席：

同志们！首先，我要请大家注意，主席团对妇女们非常关心，它决定用一整天的时间来讨论这一问题。想用更多的时间来讨论，主席团是无能为力了。你们应该考虑一下，我们的会议现在是很难按期结束的。我想，你们不会打算在莫斯科逗留到今年年底吧。如果我们按这种速度进行，我看，会议就不能早点结束了。出于这一原因，主席团决定，虽然准许四位妇女报告人发言，但是不能作进一步的讨论。还有一位英国女同志要求发言。我曾请求她放弃发言，她不愿放弃。因此，我还要再次询问英国代表团以及伯奇同志，这位同志是否可以放弃发言，否则，我只得向代表大会征求意见了。

墨菲（英国）：

英国代表团已经准备撤销她的要求。但是，她想提请主席团注意，如果以后不打算再继续进行讨论，就应当通知报告人，让他们不要再谈论有争议的问题。

主席：

请注意，我们当然愿意准许这位女同志发言，但是显而易见，随后必然还会出现一个答复发言，而且我们又不能拒绝其他同志发言的要求。

表决通过关于在妇女中开展共产主义工作的决议

现在，我们对**决议**进行表决，我把决议向大家宣读一下。①

---

① 见本卷收录的《关于在妇女中开展共产主义工作的决议》。——编者注

还有人想就决议草案的文本提意见吗?——没有。我们现在进行表决。决议一致通过。(掌声)

(会议休会时间:下午4时20分)

第二十五次会议

(1922年11月28日)

会议开始：中午12时50分

主席（轮流担任）：诺伊拉特，马尔赫列夫斯基，蔡特金，卡尔

党的共产主义教育工作

赫恩勒（德国）：

同志们！教育问题委员会一致认为，这次代表大会不讨论共产主义教育政策的全部问题，只讨论党本身所进行的共产主义教育工作问题，即对党员和党的干部的教育问题以及由党员和党的干部在党外广大群众中进行的政治教育问题。

共产主义政策与资产阶级和改良主义政策的区别不仅在于它们的目的不同，而且还在于它有严格的科学依据，它以对社会状况的认真分析、对资本主义制度中起作用的社会力量的认识为依据。在这里，它所运用的方法是马克思主义的研究方法，历史唯物主义的方法。共产国际作为革命无产阶级的领导者和一切被压迫、被剥削群众的维护者，只有把自己的政策严格地建立在马克思主义的基础上，才能完成任务。因此，各国共产党对党员和党的干部进行认真的理论教育是必要的。

然而共产党的政治教育工作之所以必要，也还因为所有的共产党都是年轻的党，它们从两个方面来看都是年轻的：不只是由于绝大多数党

刚刚成立几年才说它年轻,并且纯粹从党员的年龄结构上看,至少从广大党员的政治阅历上看是年轻的。今天,共产党的广大党员群众大部分还受着小资产阶级和旧的改良主义立场和思想意识残余的影响。然而,我们当前所处的斗争环境,尤其是现在正在进行的斗争环境,使这些年轻的、一部分迅速成长的党面临着新的和日益艰巨的任务。特别是统一战线策略,不仅要求党的干部,而且要求党员既要有坚定的原则性,又要有高度的思想灵活性、机智性和机动性。因此,在广大党员群众中开展党的共产主义教育工作,而不把这种工作局限在干部的狭小范围内,就显得更加必要。共产党的工作重点不是为数不多的干部,而是广大的党员群众;他们不仅是投票的阿斗、大会的参加者和持有党票者,而且必须从事党的责任重大的工作,这正是与改良主义政党的不同之处。党进行工作的形式,议会党团工作也好,支部工作也好,要求每个党员必须具备起码的政治常识、马克思主义的素养以及像演讲技能、召集会议的本领、进行辩论、组织活动等这类工作的能力。

共产主义教育工作与改良主义政党所进行的教育工作是有根本区别的。改良主义教育工作使工人脱离阶级斗争,它使工人产生幻想,仿佛在资本主义范围内,尽管无产者遭受种种剥削和贫困,但至少可以在知识和艺术王国里与资产阶级平起平坐,仿佛全人类的平等和自由至少在这个理想王国里,可以在资本主义制度下得以实现。另外,改良主义的教育工作首先求助于个人利己主义,这种教育工作给工人以机会,当然是微不足道的机会,通过个人的勤奋,通过五花八门的科普性报告以及一定的专业教育,使他们的个别人高于本阶级同志的一般水平,并在损害本阶级同志利益的前提下,使自己过上较好的生活。共产主义教育工作的宗旨则完全相反。共产主义教育工作的目的是培养革命的阶级战士,教育每个人,使他们具备伟大的阶级友爱品质,提高和增强党的战斗力、组织能力和宣传鼓动能力。这就是说,改良主义教育工作的结果是使工人更深地受到资产阶级意识的影响，而共产主义教育工作的宗旨则是使工人摆脱资产阶级意识的束缚。它向工人指出，任何意识形态都是由经济和社会基础决定的，在经济上和社会上受奴役的条件下，精神的自由是不可能的。改良主义的教育工作大体上是向工人提供现成的结果，企图用低劣的普及手法向工人传授现成知识，讲授资产阶级科学和资产阶级艺术的令人怀疑的成果，它用有毒的面包屑来打发工人，同时又总是给人以这样的假象，仿佛它真的给工人以面包。而共产主义教育工作则向无产者指出整个资产阶级科学的阶级局限性，并向一切资产阶级的科学、艺术、道德和宗教宣战；它指出，资产阶级如何在社会科学中、在政治等方面、在表面上中立的科学中、在表面上看来无关紧要的领域中、在所有的领域中施加影响，它通过对资产阶级的科学和艺术、资产阶级的道德和宗教的批判和分析，来奠定无产阶级的社会主义新文化和生活方式的基础。除了通过这种为阶级斗争、为无产阶级革命服务、对资产阶级科学和艺术进行批判和分析外，任何以为无产阶级的新文化可以通过别的方式而产生的看法，都是空想。

今天，无产阶级之所以一无所有，不仅由于它缺乏物质财富，而且还由于它缺乏精神财富，因为它被剥夺了精神财富的继承权。这是无产阶级革命与资产阶级革命的根本区别。在资产阶级革命中，资产阶级知识分子恰恰在革命时期创造了伟大的、有力的、永恒的艺术作品和科学上划时代的成就。他们能够做到这一点，是因为资产阶级早在其革命之前就得到了满足，是因为它早在政治革命前就占有物质和精神的生产手段。无产阶级的情况则恰恰相反，无产阶级只有在夺取了政权之后，才能占有物质生产资料以及精神生产手段。从历史发展的意义来看，无产阶级的第一件划时代的精神作品是无产阶级在斗争中锻造了历史唯物主义这一有力武器，是无产阶级在自己的初期发展阶段就促使马克思和恩格斯的思想成为马克思主义的雄伟大厦。

共产主义的教育工作之所以不得不对自身加以某些限制，是因为它为斗争服务。一个财政上拮据的、置身于最严重的政治斗争中的党，根本不能去随意研究那些就其本身而言是很好的、有用的，但与斗争没有直接联系的科学领域。它必须进行一定的选择，它必须限于研究其党员和干部可以直接用于斗争的东西。例如，它必须使它的成员初步了解革命工人运动的历史，它必须使他们初步了解马克思主义的经济和社会学说的基本概念。它必须使他们了解共产国际的原则和策略方针。在广大群众尚在很大程度上受制于教会、受宗教意识束缚的地方，它还必须更进一步，必须使他们了解自然界的发展史，了解宗教的产生和作用。诚然，在那些无产阶级广大群众还是文盲，即使连最基本教育也没有受过的国度里，共产党甚至还要进行基础教育，至少要对党员进行这种教育，以便使他们能成为党的宣传员、鼓动员、报道员，原因很简单，不这样做他们就无法完成他们的政治和革命任务。

诸位看到，这里涉及的始终是这样一个问题：怎样才能最好地和最大限度地提高党的战斗力、宣传鼓动能力、组织能力？

然而，除了在广大党员群众中的这种普遍的马克思主义政治教育工作外，每个党要想完全履行自己的职责，都必须对干部进行专门的教育工作。共产党必须在工会、合作社里，在房客组织中，在妇女、青年中进行工作。它必须在议会中、在乡镇中进行工作。为此，党的干部必须具备自己专门工作领域的一定的专门知识；没有一定的专门训练，是根本不可能进行工作的。具有一般性的基本知识，并不是就具备了每个人在自己专门的工作领域中所必要的全部知识。如果不进行这样一种系统的和有组织的速成教育工作，那么就很容易出现这样的危险：党员就要像改良主义政党的党员那样，在思想上陷入对领袖的不独立和依赖性，这使他们没有能力去对自己的领袖怀着必要的、符合民主原则的不信任，没有能力对他们的领袖进行必要的批评。这样他们就会变成领袖动摇不定的牺牲品。

然而，共产主义教育工作仅仅局限在党的干部和党员范围内，还是不够的。共产主义教育工作还必须面向党外群众，面向同情者，面向改良主义的工人，面向处于中间状态的广大群众。这就意味着，共产党的任务不是用一般性的口号进行宣传鼓动，而是把它置于严格的科学的马克思主义基础上；而且，尽管有这种科学的基础，仍要以真正通俗的、能为群众所理解的形式进行其宣传鼓动。一位伟大的哲学家曾说过这样一句话：最伟大的艺术莫过于以最简单的方式说明最深奥的事物。绝大多数的共产主义宣传鼓动家将会同意这一说法，最困难的事情莫过于以十分简单、十分通俗易懂的方式，结合广大中间群众的理解能力，联系他们的偏见和成见，结合他们日常的微小利益及直到伟大的原则目标，叙述马克思主义研究的科学成果。因此，共产党必须重视应用新手段，振奋人心的手段，进行宣传鼓动，以引起广大中间群众的注意、唤起他们的关注。让我们来看一看，资产阶级是多么懂得借助电影、幻灯、教会活动的场合等手段来操纵、控制广大群众的吧！共产党也必须学会应用这些手段，幻灯、电影、文艺演出、庆祝活动、演戏、政治宣传品等手段。迄今为止，这件事情在西欧备受忽视，必须有计划地加以推动。

此外，共产党还必须深入到党外的无产阶级教育组织中去，深入到独立的或者同情党的无产阶级教育组织中去。几乎在所有的国家都有这种无产阶级的教育组织。比如，我想到了德国的"无产阶级的自由思想者"。这一运动在别的国家称为"平民同盟"，在英国称为"劳工神圣"运动。今天，大部分的这类组织已经有共产党人在进行工作，然而这种工作还没有由共产党来进行集中的领导。在这种无产阶级教育组织中，是某个人想当然办事，还是把这种工作按派别联合起来，并由党来集中领导，这两者之间是存在着巨大区别的。

此外，在另外一些国家，还有一系列的地方性或国立的民众教育机构，所谓民众大学，等等。在这些机构中，在一定情况下也存在着党进行革命活动的可能性。大批工人群众进入了这类民众教育的部分机构，凡是工人群众设法满足自己求知渴望的地方，假如党不去进行工作，那么党就疏忽了一项重要任务。因此，党必须认真地调查研究，党可能对这类民众大学的领导施加多大的影响，党能够在多大程度上影响教学计划，在多大程度上可能通过党的乡镇代表机构及类似的机构的间接途径施加影响，党必须设法加强党和整个无产阶级的战斗组织对这类教育机构的影响。党必须设法使在那里听课和学习的工人群众反对资产阶级的教授和教学人员，党必须要求用自由讨论取代教师讲课的方法，党必须让自己最优秀的党员参与讨论，以这种方式唤起人们从思想上反对资产阶级的影响。

不言而喻，在夺取政权之后，共产党的教育问题具有完全不同的、大得多的意义。这时对于共产党来说，关键问题不再是仅仅培养一小批自己的宣传鼓动者、组织者、编辑等；这时对于共产党来说，关键也不仅仅在于把党员的政治知识提高到一定水平，相反，在胜利地实现了无产阶级专政的国家里，共产党的任务当然是继续前进，并且要负责使共产主义思想在所有的机关、企业、文化机构，在小学、中学和大学里，成为占统治地位的思想，把城乡的全部文化生活都置于共产党的领导下。

共产主义教育工作在教学方法方面，也与资产阶级和改良主义教育工作的教学法有着根本的区别。资产阶级民众大学进行教学的方法，目前绝大多数依然是教授讲授，这使学生处于被动地位，把学生变成单纯的受众。

传授现成的知识，传授让学生死记硬背、可能的话抄写下来带回家的知识。这种方法绝对不适用于共产主义的教育工作，因为在我们看来，重要的恰恰不在于仅仅传授知识，而首先应该教给学生科学研究的方法、马克思主义的方法，以使他们懂得自己去分析历史状况、经济及政治形势，以使他们能够自己参加与改良主义者以及资产阶级对手的争论、斗争，使他们自己能够在行动中辨别应该做什么，提出什么样的提案，在活动中必须如何行动。

这就是说，在共产主义教育工作中，取代教师讲授方法的主要是师生之间共同合作的形式，在可能的情况下，代之以讲课与课堂讨论相结合的形式。讨论形式就是生动活泼的课堂教学，在这种教学中，学生由被动因素变成主动因素。

共产主义教育工作在党的斗争和日常宣传的实践中得到不断的改进。因此，它必须与日常实践及日常斗争工作最紧密地联系起来。决不允许使党所从事的教育工作与政治斗争工作平起平坐，而必须使它服从于政治观点和政治的日常利益。单从组织方面看，这必须表现在不能选用文学家、美学家、作家作为党内教育工作的负责干部，他们作为革命的旁观者在所谓党的外围游游荡荡；而要选用党的最优秀政治干部和战士，通过他们使整个教育工作严格地从属于党的政治斗争利益。这种教育工作必然要根据形势来调节自己的规模，这一点将会很快显示出来。如果党在进行一种需要竭尽全力的行动，号召每个党员上前线，把重点放在大街上、放到工厂里等，那么在这种紧张的时候，教育工作、平静的理论工作当然必须让路；而在不紧张的时刻、在平静的时候，又要立即把它提到首要的位置，以便尽快地总结斗争经验，总结无产阶级取得胜利的经验或遭到失败的教训，并充分利用这些经验教训，立即把它们变成新的知识和新的力量。

简言之，当前对共产党的最起码要求是，对党员进行集中领导的、有组织的教育工作，对党员干部进行专门的教育，借助一切艺术的、直观的、音乐的、舞台的手段，用人民群众喜闻乐见的宣传形式，用科学的、马克思主义的方法深化宣传鼓动工作。

最弱小的党也能够实现这些为数不多的要求，它可以建立受过马克思主义培训、对其他党员进行培训的党的工作人员小组。在党员、新入党的党员，在党的同情者，在预备党员中进行工作，不需要伟大而杰出的科学人物，优秀的、经过实践考验的同志就能够使新党员、政治上尚属落后的党员初步了解自己的任务。教这些党员怎样阅读共产主义的报刊，怎样应用所阅读过的内容在企业工厂、工会等处进行宣传鼓动，这些常常都是必要的。

让教科书、教学计划和教学大纲的出版发行工作听任党的地方小组、个人、出版机构单独支配，这种做法是个大错误。这些方面也要集中，这样才能使工作合理，以团结一致的力量创造出最好的成果。

领导教育工作的党的书记处，必须与党的出版机构及党的书店精诚合作，必须设法促进这类对于教育工作特别重要的文章及小册子的出版发行。创办图书馆，这是不能忘记的。工人阶级的贫困化愈使个人无力购置最重要的书籍，不仅无力购买最主要的日常文学作品，也无力购买最重要的马克思主义科学文献，党的地方组织就愈有责任通过创办小型图书馆来帮助克服这种匮乏。同时，必须设法把共产主义文献介绍给工会图书馆，带给乡镇的小型图书馆，以此来减少党的开支。尽管如此，还必须为党员们提供了他们接受教育所必不可少的东西。由党创立的领导教育工作的中央机构，除了出版发行教学大纲、教学计划样板等外，还必须设法组织现有革命的或具有革命思想的艺术家、演员、作家为宣传共产主义服务。只要这些人各自为政，在自己的地方单门独户地干，他们的工作成果对党就不会很有利，而如果由某个地方来协调他们的工作，交流民间艺术宣传或艺术家的宣传方面的经验，其成果会对党更有助益。

在任何情况下，共产党的教育工作都包括对**青年**工人和工人子女的教育工作。党必须从财政上和通过提供师资、购置书籍等，给共产主义青年组织独自举办的教育工作以最有力的支持。共产主义青年团的每个成员必须被无条件地包括在内，他们可以参加党的一切教育活动。党必须和共产主义青年团一道，由我们的共产主义儿童团开始，把对无产阶级儿童的革命教育抓起来。

委员会向这次代表大会提出这样的建议——我们将向主席团呈交一份相应的决议，为了组织、领导和检查各党的共产主义教育工作，在共产国际执行委员会中设立一个工作部，它将把各党的教育书记处在本国范围内必须做的工作，在国际范围内加以总结，加以组织，加以领导。委员会认为，在莫斯科，在执行委员会的所在地，在这个国际的所有联系的汇合处，在这个最能擦亮同志们的国际主义眼睛之处，创立一个社会主义学院，作为整个教育工作的最高机构，那是最好不过的。用什么形式办学，这将作为以后讨论的议题。然而，我们认为，必须使各国经过实践考验并在理论上有一定基础知识的同志有可能在执行委员会所在地受到真正的马克思主义的全面教育。因为除苏维埃俄国党之外，的确所有的西方的党都吃着这样的苦头：虽然我们有大批能干的具有革命思想的同志，但是具有马克思主义素养的却很少、很少。

我们深感各国共产党必须建立一个由真正具有马克思主义科学素养的同志组成的工作小组，在这里建立学院应当有助于消除这一缺点。

同志们！我在这里简要阐述了这种党内集中组织、系统领导的教育工作。委员会认为，假如着手进行这项工作（在形式上，必须在地下工作的党，当然不同于可以进行合法工作的党；已经拥有大批党员、群众，因而在财政及物质上处于较好地位的党，当然不同于仍相当弱小的、在思想意识上还不巩固的党），假如这种系统地、集中地组织的教育工作以这里为基地，由执行委员会集中系统地领导，那么，通过这种共产主义教育工作和通过理论教育大大提高共产党和共产国际的战斗力，将是可能的。（热烈的掌声）

克鲁普斯卡娅（俄国）：

同志们！我想就刚才赫恩勒同志所说的作几点补充。我们俄国共产党在宣传鼓动方面有很丰富的经验，这是我们党过去所处的环境的结果。党曾经长期处于地下状态，参加党就意味着有失去一切的危险，被捕的危险。党根本不会提供什么好处，它要党员履行十分重大的义务。因此，只有积极分子才入党。

然而，对于我们来说，这个问题在理论上也是从一开始就清楚的。20年前，列宁同志在他的《怎么办？》这篇文章中就论述了这样的立场：党的每个成员都必须是积极的。党员资格的问题正是1903年的第二代表大会上布尔什维克与孟什维克分裂的原因。当时列宁提出的条文是：党的每个成员必须同时是党的一个积极的成员；党员不仅必须承认党的纲领，而且必须参加党的组织生活。相反，马尔托夫提出的条文是：党员只需承认党的纲领和在党的领导下进行工作。乍看上去区别似乎并不大。当时许多同志认为，这是围绕着小事情的争论，并不是什么重要的问题。党的后来的历史证明，这是一个十分重要的问题。我们党仅仅是由于这样一种状况才对群众产生了巨大的影响，仅仅是由于这样一个原因才取得了胜利，即它的成员是积极的党员。

每个党员都是积极的，这个事实对于整个形势和我们对于宣传鼓动问题的态度产生着影响。

仅仅出于兴趣爱好而研究理论和研究各种问题是一回事，而假如是工作的要求使理论研究和彻底了解某个问题的努力成为必要，这又是完全不同的另一回事。党的每个成员必须要么在宣传鼓动方面，要么在组织活动领域进行工作。我想着重谈谈鼓动这个问题。由于对鼓动问题的正确理解，共产党，布尔什维克党才能够始终对群众产生十分巨大的影响。鼓动对感情及情感的方面产生作用，广大群众被鼓动到党里来。

对于我们来说，在广泛的经济运动开始之时，鼓动问题第一次变得迫切了。第一次大规模的鼓动是与争取改善物质状况的斗争结合起来展开的。这是 90 年代末期的事。那时许多同志被事情的这一方面过分地吸引住了，因为我们当时有一种特别的派别倾向，我们有《工人思想报》的倾向。这种倾向过高估计了直接的初级的工人运动的重要性。这种倾向被鼓动所显示的那种巨大成功所吸引，这一倾向的支持者们开始说，理论根本就不必要，只有基本运动才是最重要的，他们竟敢这样声称：人们不需要马克思和恩格斯，没有他们，工人阶级也能达到社会主义。党当时对这种倾向进行了有力的斗争。

这个时期所出现的另外一个问题是深化鼓动的方式问题。这是同一时期的事情；20 年前，我们在这方面有过种种争论，当时有一部分同志声称，不应该加强鼓动，只应当局限在群众所关心的问题上。当时群众最关心的是经济形势，有部分党员断言，人们必须局限在这个形势问题上，不应当继续前进，不应当深化鼓动，必须停留在工人阶级目前所达到的水平上。

我们当时有一个所谓的经济主义派别，"工人事业"派，这些人断言：不必深化鼓动，只需要跟着工人阶级走。《火星报》小组对这个他们认为极为有害的派别进行了毫不留情的坚决斗争。要是党当时站到经济主义者的立场上去，那实际上就意味着党不能够领导群众。

马克思主义帮助党正确地估价了鼓动的重要性。我们当时是以什么方式进行鼓动的呢？我们一直在确定宣传鼓动的中心——在这个问题上我们花了许许多多时间。90 年代末期，经济上的宣传鼓动成为中心。1905 年鼓动的中心是工人阶级的无权状况。最后，最近一个时期，世界大战期间，战争成为一切问题的中心。然而，不仅中心问题得以确定，而且种种分散的基本问题得到处理，被归纳汇总。一大批鼓动员联合成一个集体，大家在集体里讨论这所有的问题。

我们党能够在战争期间进行这样巨大的工作，这只能归功于我们党在这之前的整个时期，就极为重视宣传鼓动的这些问题。当我们谈宣传鼓动的形式时，我们必须比较详尽地谈谈口头宣传鼓动。鼓动的成功并不完全取决于演讲者的口才和演讲艺术，而主要取决于鼓动所围绕的问题在多大程度上涉及群众的切身利益，在多大程度上打动了群众的心，我们可以完全确信这一点。例如，在战争期间曾出现过这样的情况：一个只能讲不多几句话的士兵登台讲话，由于他能够表达群众的心声，所以就对群众产生了巨大的作用。我们必须十分重视这种情况。我不谈地区性的鼓动问题，但是我想指出在战争期间获得巨大发展的另一种鼓动形式。

我所指的是借助于艺术的宣传鼓动。工人，工人群众进行形象思维的时候比进行逻辑思维的时候更多，由于这个原因，借助于宣传画、音乐和戏剧等艺术形式进行鼓动，对劳动人民产生着巨大的影响。当所涉及的事情是要鼓舞和动员群众来进行工作时，艺术的应用就具有十分重大的意义。俄国在这方面的经验证明，要进行最简单的鼓动时，这种形式恰好具有重大的意义。

我们党内还有另外一种传统。过去曾经常在我们党内起重大作用的不单单是宣传和鼓动。早在鼓动获得广泛应用之前，我们就在地下小组中开始了宣传。一般情况下，一个马克思主义者来到这个小组，在那里朗读马克思和恩格斯的著作，领导人们讨论现实问题。讨论的题目是文化史和国民经济。这种传统在我们的工人大众中——不仅在成年工人中，而且在青年工人中——扎下了深深的根子。例如，我本人就亲眼看见在一个偏僻的小村庄里，学生们向他们的女教师要求，要她一定让他们研究从前在小组里研究过的东西，要她和他们一道议论国民经济和文化史。在这些孩子们看来，不这样做就没有出路。但不久以后，工人小组由于逮捕而被打断，于是工人们不得不在流放期间和监狱里完成他们的学习。我们党的这些传统使得监狱和流放都变成了一种大学和学校，后来成为党的领导干部的工人们在这些地方受到了良好的马克思主义教育。而"工人事业"派却低估了宣传的意义。列宁同志在与他们的论战中指出——正像恩格斯在《德国农民战争》的序言中所强调指出的那样，除了工人阶级的经济斗争、政治斗争以外，理论的制定也具有同样重要的意义。因此，共产党从来不把鼓动和宣传问题与它的根本任务割裂开来。鼓动宣传的问题始终是党的工作的核心。

在工人阶级夺取政权、党成为合法的党之后，现在我们的全部宣传教育工作，我们的整个工会工作都充满着同样的传统。中央机关的每个干部，无论他在什么地方工作——在成人学校或者在图书馆——都在进行政治宣传教育工作，每个工会干部也有义务尽自己的力量和能力开展宣传。党现在也像工会运动一样，领导着对成年人的政治宣传教育活动。这些活动因此而变成一股巨大的力量。全国各地都在进行着马克思主义教育。我们看到，我们的青年正在拼命地抓紧学习。我们无论如何都欢迎这种研究理论的努力。尤其是在上一次青年代表大会上，这种努力强有力地表现出来。总而言之，在我们这里现在可以看到一个明显的转变。在革命的最初几年中，我们的全部注意力都集中在前线和后方的鼓动上，然而在当前，当我们已经转移到经济建设工作上来的时候，更深入地工作的问题业已提到首要位置上，对理论的兴趣，对马克思主义的兴趣不寻常地增长了。我在中央政治宣传教育工作机关工作，人们每天都获得报告，证实群众现在渴望这种深化了的知识的事实。这也是完全可以理解的。

在1905年，革命使群众激动起来，并震撼了全国。之后反动的年代到来了，在这些反动的年代里，知识分子的勇气完全下降了，在他们看来，革命的所有成就被消灭了，一切都完蛋了。然而，群众却永远不会忘记革命，1912年我们坚信这一点。连拿事件一下子使群众觉醒了，它表明，在这些年代里群众觉悟有了何等巨大的提高。在这个时期，一件肉眼看不见的巨大的工作在人们的心中得以进行。群众认真地思考和研究了通过革命所获得的印象，1912年的群众已经完全不同于1905年。当前我们看到了同样的过程，我们看到，群众退到思考的领域中，退到自我深思中去。现在，为了取得革命成果，人们把全部注意力集中到创造物质基础上面。然而，物质基础的创造问题，是与人员的变化、群众文化水平的提高，与整个工作方法以及群众的整个心理的变化息息相关的。

我们现在正生活在这样一个时期，一种深刻的、内在的、察觉不到的工作正在悄悄地进行着。俄国的工人阶级、青年工人现在正在全力以赴地学习。他们在为提高生产而工作的同时，也为自己的发展而工作。这给我们以希望：当世界革命风起云涌之时，我们将万事俱备。

主席：

同志们！委员会受命仔细研究政治教育问题，它已就政治教育问题制订出了提纲，提纲先提交主席团审议，后提交代表大会表决。

现在我们继续进行我们的议程。大会议程的第二项是：**凡尔赛和约**。现在由第一位报告人加香同志发言。

凡尔赛和约问题

加香（法国）：

同志们！我们要在这里讨论研究凡尔赛和约以及随后签订的条约的后果。

首先必须指出，这些条约，尤其是凡尔赛和约，给人留下的印象是，条约是强迫人们接受的报复性的、苛刻的和约，它们给世界和欧洲造成了最严重的危害。

凡尔赛和约的罪行是否比战争本身的罪行更大，这是人们必须反躬自问一个老生常谈的问题。

这些条约证明，条约的缔结者对当前时期的经济和政治的必然性是如此无知，所以现在协约国的资产阶级被迫第三次在洛桑集会，修改他们本来认为已经定稿的条文——而这还不是最后的尝试。

据说，12月份将在布鲁塞尔召开一次新的会议，令人担心的是，这次会议的结果将给现在脆弱的和平带来严重的危害。

我主要想向诸位谈谈一个协约国的态度，自1918年以来，这个国家除了对现实的必然性完全一无所知外，还表现出最大的贪欲，我所指的是法国。

当权者们说，法国是当前欧洲最巩固的国家，是最不用担心发生社会痉挛的国家。

法国资产阶级在正式场合顽固地采取最心安理得的态度。然而，实际上由他们签署的凡尔赛和约的经济和财政规定也给他们自己带来了巨大困难。他们身上有一个正流着血的伤口，这就是咄咄逼人的债务，他们都不能确定偿还债务的日期，法国资本主义的许多杰出代表人物断言，现在再也不可能提出预算，不能以正常方式编制预算。

人们还预计，不久的将来——在3年或4年之后——将会出现法国的预算几乎不够支付债务的全部利息的时刻。

议会的预算报告人说，1929—1930年的预算将剩不下任何资金来弥补国家工作部门的经费。借助过高税收所收入的成千上万亿法郎，几乎不够偿还国债的利息。

指出法国资产阶级的这个主要伤口，指出这一危险始终像梦魇一样重重地压在法国资产阶级身上，这是重要的。

起初法国资产阶级认为，它将能够从德国获得足够的高额赔款来支付它的国债本金，它的经济学家和财政专家也不想去纠正这种看法。

诸位请回忆一下法国资产阶级直到1921年5月伦敦条约时还向德国要求的那闻所未闻地高的赔款数目：3000亿或者4000亿，人们告诉容易轻信的法国人民说，将一分不少地要求战败的德国支付。历届财政部长们声称，国家的整个政策必须指向敦促德国支付黄金和白银这个唯一的目标。

1921年5月，人们开始降低原来的荒唐要求。

现在人们确定了德国应当支付的最终数目：1320亿金马克，其中52%即800亿将归法国。

直到最近一个时期，这是唯一的题目，是共和国部长们的、奴性十足的新闻报刊和全部公众舆论的唯一主题，人们有意识地让舆论界对此确信无疑。

然而，当人们看到在什么东西也没有拿到时，原来的计划就被逐渐改变了。人们看到，直到1922年，法国既没有得到一个金马克，也没有得到任何商品作为赔偿，德国已经用黄金向比利时和英国支付了数目为10多亿的金马克，法国却一无所获，此时，公众舆论就渐渐地不再那么相信德国将会支付战争赔款了。

迄今为止，法国向它的战争受损者预支了大约9800亿，自1918年12月起，它养着一支占领莱茵河畔的9万之师，耗资120亿金法郎。

在这种情况下，迄今为止被它的官方领导人的荒唐引入歧途的法国，现在开始不再相信德国会支付赔款的旧教条，这就不难理解了。

与这种情绪状态相一致的是吕贝尔萨克协定。我不打算探讨它的细节，只想强调指出，当战争的受害者和某些政治家看到最终采取的行动将会徒劳无益和毫无结果时，他们就设法直接与德国工业家联系，以获得实物支付，因为已经不可能得到货币支付了。

由此便产生了那些如此引人瞩目的有名协定，透过这些协定，可以看到法国和德国资本家之间一系列谈判的基本特点。

这些协议如今已经在多大程度上成为现实了呢？我们不十分了解这方面的情况。在这两国之间存在着过高的关税税率、货币兑换价的浮动、一系列的经济和财政的、政治和道德的困难，这些困难使这些协定无法实现。

因此，目前已经出现一种完全不同的潮流。看来，斯汀尼斯—吕贝尔萨克式的协定里的一些协议，不可能马上得到实际应用。

资本主义的法国声明，它处于困境之中。我们最坏的沙文主义者、法国企业家、担心会丧失他们妄想独占重建北部地区任务的资本家，发动了一个反对斯汀尼斯—吕贝尔萨克协定的强大运动。

议会最近的几次公告和资产阶级新闻界最近的报道证明，目前人们打算把公众舆论的注意力引向完全不同的目标。

于是不久前在参议院的会议上，对赔款问题进行了第一百次商讨，吕贝尔萨克先生为臭名昭著的协定进行辩护的企图没有获得丝毫的成功，他受到了激烈的批评。我想，他所持的看法相当孤立，政府也不给他以任何支持。相反，许多参议院成员声明，强烈反对这些协定，他们之中有一个人声称，斯汀尼斯—吕贝尔萨克这类谈判和那些迄今为止所尝试过的谈判完全一样，目前在法国不能像他们指望的那样，得到热烈的欢迎。他补充道，人们必须采取有力的行动，应当重新采取以前那种政策，那种彭加勒迄今为止自称是其捍卫者的政策。

在众议院中也可以看到同样的情绪，我只打算列举这方面的一个证明。

卢舍尔先生是反对斯汀尼斯—吕贝尔萨克协定和反对把这种经济协定普遍化的人物，他声称，有必要持久地占领莱茵河左岸，进而对德国采取强有力的政策。

因此当前看来，布鲁塞尔会议的前景是：资本主义的法国不再抱有它将得到货币支付赔款的错觉，失去了它会得到货物支付的希望，现在将把它的努力针对两个确定的目标。

第一个目标是占领——声明持久地、无限期地占领——以及对莱茵河左岸进行经济剥削。

显而易见，莱茵河左岸也就意味着是右岸的桥头堡。不应当忘记，人们把这也理解为鲁尔区，而且不仅仅理解为那个已经被占领的地区。一位法国最有影响的人物声称，我们的军队目前占领着鲁尔区的一个部分，那里大约有44座高炉，只要把占领区稍稍向右扩展一点儿，处于我们的步枪、坦克和机关枪的射程之内的，就不仅是45①座高炉，而是60座高炉。他接着说，假如你们在这60座高炉的那边设置一个关税边界，那么德国冶金业的支架就坍塌了，并且切断了德国重工业的生命线。他还声称，他个人认为，这一解决办法是有决定性意义的。

人们不能忽视下述考虑。法国资产阶级界所普遍持有这样的看法：德国不支付赔款，就必须打碎和消灭德国的工业，当然是在有利于法国冶金工业的条件下这样做。目前无限期地占领莱茵河左岸的思想日益明确，人们当然要像往常一样，用五花八门的夸夸其谈的名目来掩饰这种资本主义的欲望。据说，有必要维护法国的安全，在英国和美国都不愿签署它们于1919年所要求的保障条约之后，法国通过它驻莱茵河左岸广大纵深地区的军队来维护自身的持久安全是必要的。

这些由外交家、军方人士、工业家和整个资本主义的资产阶级口中所说出的话，其意思就是把莱茵河左岸与德国分割开来，这不是吞并，人们不需要这种粗暴的字眼，而是在关税、政治和军事都在法国军队的控制下保证其独立。

1919年为从德国获得重建法国所必要的那千百万金马克所进行的尝试，总的情况就是这样。我们的义务是不断地抗议这种政策，然而，

---

① 原文如此。——译者注

我们必须强调指出的不仅是凡尔赛和约的这种后果。还有一种另外的、大家都一目了然的后果,来自其他国家的同志将要就此发表自己的见解。资本主义的法国要想从德国获取的不仅是金钱和物资,它还想肢解德国。此外,法国还想利用自己的胜利来确保它的经济和政治霸权,它要鲸吞战后它所建立的那些弱小的欧洲国家;这些国家既没有独立的经济生活,也没有自由的政治生活,它们借助于协约国资产阶级所提供的道义上和物质上的支持才得以生存。从这种立场出发,人们就要了花招,这些花招表明法国资本主义显而易见的企图是妄图建立对中欧所有国家的经济及政治统治。我们来自这些国家的同志,将向诸位报告这种事实的后果。

由于它的要求,凡尔赛和约在很大程度上促成了目前出现的这种财政状况,促成了欧洲绝大部分货币的极大幅度的贬值。和约证明了资产阶级的完全无能和不谨慎,资产阶级丝毫没有预见到这种政策的不可避免的后果,而且现在越来越证明他们自己没有能力使这种政策有丝毫的改变。

列举所有共产党人所熟悉的凡尔赛和约以及随后签订的和约的种种后果,定会使人们感到无聊。关键的后果是,资本主义欧洲已不能从废墟堆中崛起了。

我们有必要指出所有战胜国资本主义政权的没落。

我们必须确认这种令人忧郁的事实,被称为最有聪明才智的资产阶级,证明自己是无能力制止外汇下跌的,外汇下跌震撼着整个资产阶级,加剧着社会危机和贫困化。面对这种事实和后果,各式各样的阶级斗争自然会日益加剧,必定会日益汹涌澎湃。对于我们法国的同志来说,我们的义务是从阶级观点出发,对凡尔赛和约进行最有力的斗争,经常不断地指出我国军方不断增强的影响,对这种军事的发展进行最坚决的斗争,要求立即撤离莱茵河左岸,要求立即解放被控制在我国军队的枷锁及铁蹄下、甚至不能参加德国宣布的任何罢工的600万莱茵河地区的居民。

德法两国的无产阶级最直接地受这种局势的影响,因此使这两国伟大的无产阶级的行动日益协调一致并相互联系起来是必要的。过去我们之间的联系太少了,我们仅仅会晤过两三次,前段时间,尤其是在法国,由于我们内部的纷争占用了许多时间,所以我们没有能为发展这一行动投入所必要的精力。

这次代表大会上必须促成德国和法国共产党代表团之间达成明确的协议,取得更精诚而巩固的团结。必须多多印发两国各种形式的声明,让越来越多的法国同志到德国,让越来越多的德国同志到法国,以便使这两种宣传以这种方式相互渗透。

不久以前,10月15日,法国资本家用降低工资来威胁法国的矿工。矿工们决定反对降低工资,他们声明,宁可罢工也不肯接受资方的提议。他们当中许多人是共产党人,他们在党的赞同下,决定到鲁尔区去访问德国的同志,为的是与他们一道制订共同斗争的计划。

威胁着鲁尔区矿工的不是降低工资,而是工作日的延长。我们想,这里提供了一种特别有利的机会,这两支无产阶级队伍可以在同一行动中团结起来。我们当时希望,也许可以同时在鲁尔区、在北部地区煤田、在加来海峡以及我们所有的煤炭中心组织一个运动。我们希望这是一种积极的运动,领导得好,就能够对两国和整个无产阶级产生道义和物质上的可观影响。然而,这一计划未能付诸实现。但是我认为,我们恰恰必须朝着这个方向加倍努力。我们认为,应当向这次代表大会呈交一份形式具体而实际的、简单而清楚的决议,联合代表团为了对布鲁塞尔会议可能给欧洲带来的严重后果有所准备,必须相互谅解。在这方面准备一个大规模的行动,一个共同的、用各种可能的形式以最大力量进行的反对凡尔赛和约的行动,这是十分必要的。这就是我要向大会呈交

的一个具体的、可以立即实现的计划。(鼓掌)

克拉拉·蔡特金主席：

同志们！我告诉你们一个令人高兴的消息，我们的意大利同志杰纳利刚才到达这里，他受到法西斯分子的追捕并负了伤。我想，你们是会同意主席团的这一决定的：我们在这里向他表示衷心的欢迎，我请他在主席团就座。(热烈鼓掌)

我们向杰纳利致敬！我们把他看做是勇敢的、受迫害的、负伤累累的意大利无产阶级的代表。意大利无产阶级正准备冒着白色恐怖把革命力量联合起来，团结一致地进行反对资本主义和争取未来的胜利的新进军。杰纳利同志，我们大家最衷心地欢迎你！意大利的共产主义万岁！意大利无产阶级万岁！

(热烈鼓掌。大会代表全体起立唱《国际歌》，这时杰纳利走上主席台，又一次爆发了鼓掌声。)

杰纳利（意大利）：

同志们！我向你们表示感谢，特别是因为刚才宣布的致敬是为长年累月在恐怖形势下进行斗争的所有同志、所有工人和意大利所有的革命者而发出的，是为那些受虐待及受创伤，尽管如此，依然在社会革命的战壕里坚持战斗的人而发出的。

假如这次代表大会要讨论研究意大利共产党的态度，那么它一定要指出所犯的错误，然而它必须首先记住，意大利的同志是在何种环境中进行斗争的。

作为对所有同志的回答，我可以担保，不管意大利的政治形势多么险恶，党依然完好无损，并进行着斗争。共产党人和革命工人愿意和你们一道为无产阶级世界革命而斗争。(鼓掌)

什麦拉尔（捷克斯洛伐克）：

凡尔赛和约创立了捷克斯洛伐克国家。因此，捷克斯洛伐克的大部分居民，还有一部分无产阶级抱有幻想，以为凡尔赛和约是历史进步的一个因素，是民族自决和民族解放的基础和保证。捷克斯洛伐克共产党成立以来，工作不是没有成就的，它将继续工作，使捷克斯洛伐克无产阶级摆脱这种纯属资产阶级谎言的幻想的束缚。我们必须使捷克斯洛伐克无产者们认识到，在凡尔赛创建捷克斯洛伐克这个国家的过程中，争取各民族解放的努力并不具有决定性的作用。捷克斯洛伐克将成为一个名不副实的独立国家。实际上，它将成为协约国资本主义大国的附属国，成为它们的霸权，特别是法国霸权的一根支柱。

在创建捷克斯洛伐克国家时，起决定性作用的既不是本国人民的民族利益，也不是它的经济利益，而是军事的利益及帝国主义的利益。

在凡尔赛和约里，**一些操着完全不同语言的居民**被不合理地划入新创建的捷克斯洛伐克国家的国界内，他们的民族自决权没有得到考虑，这并非偶然。在这当中，协约国的统治者们是根据早先的奥匈帝国以之为支柱的口号行事的："分而治之！"他们的如意算盘是："如果我们把几乎三分之一的德国人、匈牙利人、波兰人和乌克兰人并入捷克斯洛伐克国家，那么我们就能够愚弄统治者和被统治者这两部分人。我们将在两者之中培植民族偏见，我们将利用一部分人去反对另外一部分人，这样一来，我们就能够使这个国家依赖于我们。捷克斯洛伐克占人口多数的民族将估计到少数民族会发生民族统一运动。他们就会因此而限制公民的权利，保持反动的政权，仅仅由于内政的原因就不得不保持一支强大的军队并依靠我们。这种反动政权和强大的军队不仅有利于反对少数民族，而且有利于反对无产阶级，有利于强化协约国大国的资本主义现在渴望在全欧洲实现的那种制度。捷克斯洛伐克的强大军队将在战争冲突的紧急情况下，听任协约国大国的调遣和指挥！"

在凡尔赛和约里，举足轻重的仅仅是协约国的军事动机和帝国主义动机。在成立中欧和东南欧国家时，连那些从资本主义社会本身的立场看来符合逻辑的经济要素都没有得到考虑。之所以发生了世界大战，是因为甚至连最大的国家的幅员对于生产力的蓬勃发展来说都太狭小了，而这一次战争在中欧和东南欧并非以经济的统一，而是以这个地区的巴尔干化而告终。在协约国的影响下，欧洲这一部分的所有小国各自孤立，每个国家都力争实现一种完整的经济自立，每个国家都努力在其国界内建立全部工业，包括那些本国没有良好自然条件的工业，那些能够通过有计划的国际交流途径更便宜地得到其产品的工业。在由于战争而贫困化的世界急需发展生产的时候，这种做法造成了巨大的浪费，并束缚了生产力。

在一系列国家由于缺乏工业产品而经受着严重危机时，捷克斯洛伐克却拥有一个技术良好、可供7000万人消费的工业体系，而这个国家只有1400万居民。资产阶级统治集团不但不向东方和俄国寻求摆脱孤立的途径，反而准备听从协约国资本的命令，至少要把已经建立起来的技术良好的工业体系的一半拆除并最后毁掉。统治集团毫不考虑生活在倒闭的工厂周围的成千上万群众的死活。这就是说，凡尔赛和约的巨大后果直接导致了已有生产资料的拆除。这种状况最清楚地证明，资本主义没有能力自行解决这种制度所固有的矛盾。在现时代，资产阶级妄图继续维持生命的任何企图，都是与生产力的发展背道而驰的。

凡尔赛和约体系并没有在捷克斯洛伐克实施资产阶级关于少数民族的民族自决权原则，它甚至也没有为今天占统治地位的捷克民族解决民族问题。在捷克各民族的资产阶级中，人们处处可以发现，他们对国家和民族今后的命运感到惶恐不安。资产阶级感到，它与今天作为反动派及反革命的主要势力的力量风雨同舟，它感到，这个小小的民族若沿着这条违背不可抗拒的历史潮流的道路走下去，就会被推入死胡同，推入巨大的社会风暴洪流中，那就会有被吞没的危险，社会风暴进入了激烈阶段，它将决定全世界和欧洲明天的面貌。

凡尔赛的方案仅仅是为协约国的军事目标效劳的，它不仅不考虑捷克斯洛伐克工人的真正需要，也不考虑大部分非无产阶级居民的真正需要。后果当然是：一旦那些人为的幻想破灭，那么捷克国家的这种方案就不能以民主的原则为支柱。今天来自法国的影响就企图在政府中扶植一个在社会上和政治上根底很弱的集团，这个集团在民众中丧失的影响越多，它就越加驯服地作为工具卖身投靠法国资本政策的帝国主义趋势及反革命趋势，既反对因赔款而土崩瓦解着的德国，也反对奥地利，特别是反对苏维埃俄国。人们必须对此有所准备，那些在凡尔赛和约基础上扶植捷克斯洛伐克的外国影响，将迫使捷克斯洛伐克内部形成公开的少数政府，形成赤裸裸的资产阶级专政，形成法西斯主义的反动政权。

捷克工人们已经开始认识到并将进一步认识到，凡尔赛和约并没有解决民族问题，它对于工人阶级直接意味着不幸。资产阶级经常挂在嘴上的、关于被协约国解释为世界大战政治目标的"民族权利"的言词，只不过是空话和谎言。捷克斯洛伐克的共产主义工人必须认识到，对于我们来说，民族的思想并不是首要的思想，我们也不盲目地对待民族的愿望和斗争。认为共产国际的想法无非是要剥夺弱小的、生活在资本主义环境中的民族——其中包括捷克斯洛伐克——的国家的所谓独立自主，这是滑稽可笑的。然而，我们是根据具体形式来判断所有的民族运动的，我们对它采取的立场取决于具体的民族运动是否意味着增强我们的战线，增强社会主义，或者是否是世界反革命手中的工具。这样，捷克斯洛伐克人所作的民族的努力，只要它旨在瓦解欧洲以前的组织、旨在毁灭封建王朝式的奥匈帝国，那么它就可以被看成是历史的进步现象。只要这种民族的努力在捷克资产阶级的影响下，与凡尔赛和约以及协约国资本主义大国的反革命阴谋同流合污，就必须把它视为反革命的力量。从这时起,捷克斯洛伐克资产阶级的民族主义就变成了全欧洲一切反动派的同盟者。

只有在资产阶级无政府状态和生产竞争被消灭之后,民族问题才能够得到解决,资产阶级无政府状态和生产竞争必然导致战争冲突。在生产中采用计划、保证各民族的真正自由和安宁的共同生活的欧洲新秩序,将在凡尔赛和约的废墟上产生,其形式将不是一种孤立和"主权"——即今天只充当小国依赖大国的附庸式独立外衣的主权,而是一种包括世界上一切苏维埃国家的联邦。这个意味着摆脱现在经济和政治上无政府状态的唯一出路的口号,首先开始对中欧和巴尔干国家变得紧迫起来。它与复辟以前的奥匈帝国是根本不同的;由于资本主义和资产阶级的绝望境况,法国和英国的保守集团、教会集团又开始考虑重新恢复奥匈帝国。只有工人和贫苦农民无情的、国际性的、协调一致的革命行动,才能够战胜聚集在这里的拥护君主制的反革命势力。我们阶级的伟大斗争,社会革命的胜利,也是解决中欧和东欧小民族的民族问题所必不可少的先决条件。

拉迪奇(南斯拉夫):

1919年以来,协约国召开的许多会议十分清楚地表明:凡尔赛和约以及随后签订的确保法国帝国主义在欧洲、英国、在近东和海上霸权的和平条约是行不通的。它们正处在完全破产的过程中。

在拟定这些和约时,协约国依据经济发展的铁的逻辑,以它们的帝国主义倾向为指导。战败国所要支付的战争赔款,远远超出了它们的财政及经济能力。新的国家被创建了,而丝毫不考虑这些新国家是否有生存的能力,丝毫不考虑为这些新国家所划定的国界是否与其经济需要和民族要素相适应。这样,就在全欧洲,特别是在多瑙河盆地和巴尔干半岛造成了一种无法驾驭的局势。巴尔干半岛和多瑙河盆地是一个经济整体，并且是一幅奇特的由众多民族组成的镶嵌画，它们现在被肢解成许许多多小小的国家，每个国家都包括着大量的少数民族。这些曾经合在一起长达数百年之久的国家，现在经济困难，它们的领土被外国人剥夺，从而造成了这些国家之间关系极为紧张，时时刻刻都有发生武装冲突的危险。民族主义之疾复发，资产阶级，特别是新拼凑国家的资产阶级，极力把他们的帝国主义和强盗的阶级利益硬说成是民族的共同利益，以利用这个口号来争取整个民族，以维护由凡尔赛和约所造成的状态。同时，资产阶级还利用这个口号来肃清反对国家的分子，实行最反动的政治统治和社会统治，其锋芒首先指向革命的无产阶级。从前巴尔干半岛和多瑙河盆地习以为常的民族斗争，现在同样是剧烈的。凡尔赛—纳伊—特里亚农条约不但没有解决民族问题，反而使它变得更加复杂化和尖锐化。拥有大量少数民族的新国家，对少数民族执行一种肆无忌惮的非民族化政策，这些少数民族被贬低为二等公民。这些少数民族在土地改革中被排除在外，在文化方面也得不到考虑，谁对政府持有异议，哪怕是善意的异议，就会遭受最残酷的镇压。由于小协约国对少数民族推行这种政策，这些少数民族的反抗越来越强烈，并且以不同的形式表现出来。马其顿的保加利亚人和阿尔巴尼亚人，就拿起武器进行反对塞尔维亚资产阶级的帝国主义政策的斗争，所有新国家里的德国人和匈牙利人，都用消极抵抗和有计划的破坏来反对这种政策。有关的国家充分利用这种状况来加强其民族统一运动，邻国之间的关系变得日益无法继续维持。

所有这些条约不仅使不同民族间的关系，而且也使同一民族的各部族之间的关系恶化，南斯拉夫提供了这方面的一个典型例子。在南斯拉夫，同属一个民族的塞尔维亚人和克罗地亚人之间的斗争，已经具有如此大的规模，以至于最强大的克罗地亚人的党派提出了完全独立的口号。这里不仅有内政的原因，而且也有外交的原因。塞尔维亚的资产阶级,由于条约中保证给塞尔维亚人的战争赔款,对凡尔赛、特里亚农、纳伊条约的彻底实施感兴趣。因此,塞尔维亚资产阶级在这个问题上与法国的意见完全一致,并盲目地附和着法国的帝国主义政策。除了塞尔维亚外,克罗地亚和南斯拉夫其他地区的资产阶级对赔款问题不直接感兴趣,他们与政府处于尖锐的对立状态之中,在热那亚会议期间,这一点就最明显地表现出来,当时克罗地亚人向会议递交了脱离南斯拉夫的备忘录。

所有这些新国家主要是法国为了保护它的帝国主义利益而资助和拼凑的,是完全依赖于法国资本的,处于法国殖民地的地位。法国通过这些国家来推行它在欧洲的霸权主义政策,并企图维护凡尔赛和约。波兰和罗马尼亚反对苏维埃俄国,维护法国的利益,南斯拉夫与意大利对峙,捷克斯洛伐克则作为法国近东利益的守卫者与德国对峙。对法国的共同依赖,对和平条约彻底实施的共同关心、共同受到匈牙利威胁的危险,这就是捷克斯洛伐克、南斯拉夫和罗马尼亚之间结成在法国保护下的更密切的军事联盟的原因。法国不仅资助着这些国家的军国主义,而且还组织、控制和实际上把这些国家的军队占为己有。波兰也与这些国家有着紧密的联系。尽管这些国家之间存在着这种同盟,但是它们之间也存在着经常表面化的分歧。巴纳特地区始终是南斯拉夫与罗马尼亚之间争端的祸根。捷克人问题同样使波兰与捷克斯洛伐克之间的局势尖锐化。所有这一切表明,这些国家的这种状况是不可能持久的。

然而,这些国家是所有条约最热心的维护者,因为任何对条约的修改,对于它们来说都会意味着领土和经济的重大牺牲。因此,它们满足于以超出它们的财政和经济能力的强大军国主义来维护这种无法维持的状况,它们当中的每个国家的资产阶级都企图把一个经济整体一分为几,在小范围内确保本国资产阶级的垄断地位。

看一看巴尔干半岛和多瑙河盆地就可以清楚地看出，自1913年以来与这些地区有关的所有和平条约的十足的荒谬性。比方说，阜姆这个对于匈牙利和南斯拉夫西北部来说最好的和几乎唯一的入海口，却实际上被意大利所占领，这就使得南斯拉夫与意大利之间的关系变得极为紧张。萨洛尼卡的情况也是如此，它是整个巴尔干半岛最好的海港，它和它周围小小的陆地是希腊的领土，但是对于希腊的贸易却毫无意义。

奥地利这个工业国被与它获得粮食、食品和原料的地区完全分割开来，因此成为无生存能力的国家，等等。

这些不符合逻辑的现象是与资本主义的本质相联系的，并且导致有关国家之间不可避免的冲突。

在对待苏维埃俄国的态度上，小协约国的作用始终是十分清楚的，它们不可调和的态度是很典型的。不仅在领土方面与俄国有直接的利益关系的波兰和罗马尼亚对苏维埃政权持敌对态度，南斯拉夫也是如此，它作为法国的附庸与俄国敌对。比方说，在南斯拉夫，尽管南斯拉夫政府官方的种种正式辟谣，当年弗兰格尔军队的残部仍被充分武装起来，组织完好；那里有俄国的反革命军事学校，一直还有一个由高尔察克政府委任的公使作为俄国政府的代表在那里工作。这支反革命军队、它的学校和其他机构完全由南斯拉夫和法国资助，是国中之国。这支军队是用来进行反对苏维埃俄国的行动的，同时也是用来实施与法国的帝国主义利益相一致的反革命意图的，例如保加利亚的情形也是这样。

另外，小协约国的作用，还表现在所有会议上以及所有为反对苏维埃俄国而采取的措施上。然而，尽管小协约国政府对苏维埃俄国采取敌对政策，但是人民群众的情绪却是完全不同的，这就是说，人民群众十分同情苏维埃俄国，在这当中，没有得到解决的土地问题起着重大的作用。

近东最近的危机表明，小协约国完全依赖于法国。南斯拉夫作为法国帝国主义在近东的代理人，扮演了一个特别的角色。在危机的初期，南斯拉夫还极力指出它自己的利益，并站到英国的立场上，这就是说，由于担心保加利亚与土耳其之间由于领土更为接近而可能形成反南斯拉夫的同盟，它反对土耳其重返欧洲。同时，南斯拉夫又利用这一危机来强占萨洛尼卡。然而，所有这些独立的尝试都被南斯拉夫的保护国法国阻止了。总的看来，在这次危机中，法国的矛头主要也是指向俄国。

经济统一的破坏，小协约国与巴尔干和多瑙河盆地其他国家之间的严重对立，小协约国各国之间的矛盾，每个国家内部严重的民族斗争，对少数民族残酷无情的去民族化的做法和压迫，对所有这些国家的工人阶级实行反动统治和戒严——所有这一切都是以超出这些国家经济力量的军国主义为支柱的，这一切将导致凡尔赛条约和其他条约及其所造成的状态的瓦解和彻底崩溃。

在这种情况下，各国共产党的任务必须是动员全体革命的无产阶级来进行反对帝国主义的和平以及反对帝国主义战争的斗争。在这场斗争中，各国共产党必须懂得利用已经提到的所有这些矛盾，尤其是民族的对立。必须告诉巴尔干和多瑙河盆地的无产阶级和半无产阶级，只有在共产党的旗帜和领导下，通过革命斗争，才能获得他们的民族解放、政治解放和经济解放；巴尔干和多瑙河盆地的和平、正常发展的保障和解决一切争端的保障，只能是多瑙河和巴尔干国家组织的一个苏维埃联邦共和国。

巴尔干国家的巴尔干共产党联盟，已经在这种意义上进行了相当长时期的工作，但是今后必须更加努力地工作，同所有其他共产党合作，直到取得最后胜利。（热烈鼓掌）

致拉合尔印度全国工会代表大会的贺电

主席：

现在建议发出下面这份电文：

致拉合尔印度全国工会代表大会

同志们！西方的无产阶级热烈地祝贺你们在过去的年代里为改善印度工人阶级的经济状况所进行的斗争。共产国际第四次代表大会向你们致以最衷心的问候。同志们，我们向你们表示我们的同情，并保证完全支持你们事业的胜利，同时，我们还要提醒你们，你们的任务是十分伟大的，人们不能对它进行任何限制。印度工人阶级不是为了获得一份"按劳付酬"的工资而进行斗争的，印度工人和农民经济上的解放取决于民族的政治自由，在帝国主义剥削的范围内，生活条件的任何改善都是不可能的。由于这一原因，你们在争取民族独立的斗争中将起着重大作用，请你们为担当这一历史任务做好准备。出席本次代表大会的52个国家的先进无产阶级和你们站在一起！你们要提防那些帮助帝国主义的工人领袖，不要被他们的虚伪友谊及错误主张所迷惑。

顺致兄弟般的敬礼！

共产国际第四次代表大会

（一致通过）

（会议休会时间：下午4时15分）

第二十六次会议

（1922 年 11 月 29 日）

会议开始：中午 12 时 45 分
主席：马尔赫列夫斯基

凡尔赛和约问题（续）

墨菲（英国）：

同志们，凡尔赛和约与帝国主义争夺世界权力的斗争是不可分割的。它不是和平条约，而是战争条约，它把 1914—1918 年间的军事冲突转移到经济领域和政治领域。要是我们试图采取另一种立场来研究了解这个课题，那么我们就会像第二国际的领导人那样陷入同样的困境而不能自拔，他们对凡尔赛和约的态度恰好证明他们是结成同盟的帝国主义的工具。例如拉姆赛·麦克唐纳先生，当他对 1921 年和 1922 年阿姆斯特丹和法兰克福会议提出的工人阶级政策表示自己的看法时，作出了这样的断言："在赔款问题上，工人阶级政策所依据的原则，简要地说来就是：

1. 赔款的数额和形式要求体现两种制裁：第一，法律制裁；第二，经济制裁；

2. 法律制裁必然要受到缔结和约之前所进行的谈判的限制；

3. 经济制裁不仅要受德国能够支付什么这个问题的限制，而且还要受在不损害我国人民的条件下,我们能够得到什么这个问题的限制,受到赔款可以采取什么形式这个问题的限制。"

这是战胜国资本家当中自由主义者的语言,这根本不是工人阶级的语言,战胜国和战败国的工人阶级都同样被迫忍受着这一和约的后果之苦。另外,这种语言是以如下看法为基础的,即唯有德国是这次战争的罪魁祸首,这在第二国际领导人中间也已经是过时的论调。

证明大炮会自动发射炮弹也许确实是件十分有趣的事,然而,就考察由凡尔赛和约产生的斗争而言,这种论证对我们毫无帮助。我们只能把该和约视为帝国主义战争的继续,共产国际除了以它反对战争的同样坚强不屈的斗争来反对这一和约外,别无其他选择。正像共产党人的任务是变帝国主义战争为国内战争一样,现在共产国际的任务是利用该和约的全部后果作为群众中的杠杆、作为发展世界性的反对结成同盟的帝国主义及反对世界帝国主义的群众行动的工具。实行这种政策的理由在我们看来是很明显的。1914—1918年的战争是在德国和英国之间开始的,它们是争夺世界权力的主要竞争对手。这场军事冲突于1918年结束,当时战场上出现了新的角色,英国人所面对着的不仅是一个战败国德国,而且还有战胜国法国、美国、日本以及无产阶级的革命,它们都是争取世界权力的竞争者。接着,威尔逊先生披着和平外衣登场,手里摇着和平的橄榄枝,然而,凡尔赛和约的发起者的强盗本性并没有受到丝毫的影响。这根本就不是朋友的集会,而是一次盗贼会议,在这次会议上,个个都贪得无厌地抢夺猎获物。大盗贼就是克列孟梭和劳合-乔治,他们断然反对威尔逊先生在美国霸权之下的国际联盟的美梦,并反其道而行之,创作了一幅国际联盟的讽刺画,国际联盟是盟国最高委员会的工具,它把梦想者引入歧途,并向工人隐瞒其真正的目的。

放弃对国际联盟的想入非非之后,他们借口面对革命必须进行自卫。为此目的,他们把欧洲"巴尔干化",建立很多小国家,他们称之为阻止俄国革命继续向西欧蔓延的"急救安全带"。

接着，劳合-乔治先生为了英国帝国的利益加快了速度，他设法把德国的东非殖民地和巴勒斯坦以及美索不达米亚的委任统治权移交给大不列颠。澳大利亚获得了赤道以南的德国占领地，新西兰获得了萨摩亚岛。这一切事件并非是这次会议的偶然结果，而是老谋深算地坚持某种特定政策的结果；早在会议之前很久，这些领导人的头脑中就牢固地形成了这种政策。

我们只有认清这些托管地和这些地区移交的意义，才能判断为实现英国帝国主义的巨大梦想在这方面所花费的辛劳。因为这样一来，不仅好望角至开罗的航线，而且开罗至加尔各答的航线也被开辟出来，通过这些航线，非洲大陆就与亚洲大陆相互联系起来了，这样就靠近东方的新市场了，这些市场是美国、日本以及正在成长的中国资本主义所关注的。印度工业资本主义的发展以及英国资本在本国所面临的困境，与这种扩张在时间上正好吻合。

过去的 12 个月，见证了英国向印度输出巨额资本以及印度各种工业的迅速增长。在这 12 个月里，纺织机械制造者向印度的输出量增长了 400%，同时，英国报刊还公开宣称，现在英国有名的钢铁大王坎默尔·莱尔德斯将在印度安装设备，以生产世界上最廉价的钢材。

这种发展追求着两种不同的目的：其一是奔向东方的市场；其二是直接反对西方的无产阶级。东方在马来群岛提供了原封未动的市场，然而，要吸引西方的市场，使用最廉价的劳动力是必要的。在哪里能够获得比在东方这些国家更廉价的劳动力呢？在英国和欧洲无产阶级生活水平不断下降的时候，我们看到资本向东方涌流，这不仅是为了掠夺新市场，而且也是为了以这种方式来战胜本国的无产阶级。然而，这并不是事情的全部。除了英国以外，还有别的帝国主义国家。法国和美国进行反抗。英国不得不转向埃及的粮田和棉花种植园，转向美索不达米亚的石油资源，以便摆脱对美国粮食、棉花及石油的依赖。然而，还有人注视着东方，并试图阻止英帝国的这种与英国帝国主义者的梦想一脉相承的发展。法国帝国主义的维护者克列孟梭同样也注视着东方，自英国剥夺了法国在印度的统治和剥夺苏伊士运河以来，法国反对英国的斗争持续了多年，克列孟梭正把这场斗争继续下去。近东目前的危机和洛桑会议是法国帝国主义和英国帝国主义之间的困难的最新表现形式，而这种困难可以一直追溯到它们之间的最初斗争时期。

1875年英国政府购买了大量的苏伊士运河股票。于是这条运河实际上就成了英国帝国主义的财产和它打开东方大门的钥匙。1875年11月26日的《泰晤士报》宣称：

"在我们的考虑中，是不能把购买苏伊士运河股票与往后英国与埃及之间的关系问题分开的，或者是不可能将埃及的命运与那把现在悬挂在土耳其上面的达摩克利斯之剑分开的……不管土耳其的政治和财政崩溃是否将由于暴动、外来的侵略或者由于内部的腐败而发生，无论如何必须采取措施，以确保由苏丹统治的大片地产的那一部分与我们息息相关的地产的安全。"

1914年9月18日，英国宣布埃及为英国的保护地区。当凡尔赛和约签订时，反对英国帝国主义发展而同样要求石油的法国，便获得了对叙利亚的托管权，以此给英帝国的发展造成了新的困难。

诚然，法国对叙利亚的托管权并不是对英国拥有的对巴勒斯坦和美索不达米亚托管权的唯一回答，英国在美索不达米亚石油地区的成就带来的后果，是法国与土耳其之间的谈判，并导致了土耳其军队的复辟、色佛尔条约的取消以及土耳其在近东的东山再起。这样，洛桑会议继续了由凡尔赛和约加深的冲突。发生在近东的这场围绕着扩大边界、争夺石油资源及市场的斗争，与西方国家的斗争直接地联系在一起。通过凡尔赛和约，法国不仅获得了对叙利亚的托管权，而且还获得了阿尔萨斯-洛林以及摩洛哥。从下面的事实我们将会看到,不断集中于法国手中的权力将会加剧法国与英国在西方和东方的斗争。尽管向世界声称,它们是伟大的朋友和战友,但是现在法国和英国是不共戴天的死敌,这是显而易见的。然而,英国在它能够在欧洲开发资源来满足自己与法国进行公开斗争所需要的能源之前,还不能摆脱这种与法国结成的联盟或者协约,同样英国也不能让法国听任美国的无限影响。因此,它对法国奉行着友好政策,利用和约进行活动,同时它又为修改和约而斗争,并在东方和北方寻找新的资源。

由于凡尔赛和约,法国逐渐变得既是工业国又是农业国。现在,它有希望成为钢铁生产的世界第二大国。美国居第一位,法国将名列第二。由于它的工业力量的发展,现在它成为世界市场上的一个因素,成为取代德国地位与英国较量的剧烈竞争对手。

因此,凡尔赛和约表明,它不仅仅提出赔款问题,而且也提出别的问题。该和约是帝国主义国家之间残酷无情和剧烈的斗争的继续,它们一方面互相残杀,同时又极力镇压走在革命道路上的工人阶级。

这些运动和斗争不能不在人民群众中产生影响并留下印象。由于过去这些年的这一切巨大变化,东方已经觉醒,并与西方无产阶级建立更加密切的联系。因此就向共产国际提出了这样的重要问题:把这个不自觉的过程变为自觉的过程,唤醒西方工人和东方工人,使他们意识到他们的利益的一致性和共同性。我们必须使东方所有这些力量与西方接近,并设法创造一种能使反对帝国主义的共同行动成为可能的局势。

此外,凡尔赛和约在西方国家的执行引起的挫折,唤起了同样重要的群众运动。加香谈到德国和法国问题时,谈到了支付赔款的情况,谈到了使法国共产党和德国共产党更紧密接触的必要性及在赔款问题上采取某些行动的必要性。诚然,任务要比这广泛得多。只要我们通观一下过去12个月所发生的事情,我们就必定会认识到,这个和约的后果是多么巨大、多么严重、多么广泛。

英国利用这一和约，不仅掠夺了德国的舰队，而且还掠夺了德国的商船队。然后英国在公开市场上以每吨位 1 英镑的价格出售了整整 200 万吨位的船只。每吨位要花 5 英镑 25 先令的造船业无能力与此竞争，这就对欧洲工人的生活水平产生了强大的压力。赔偿煤炭的后果同样也是灾难性的。按和约规定，德国必须每月向法国提供 200 万吨煤炭。这样做的直接后果是法国将被煤炭所淹没。英国的煤炭输出被窒息。接踵而至的是对矿工们的猛烈进攻，他们的社会地位被迫下降到令人惊讶的地步。英国煤矿工人的工资降低到了令人难以相信的地步。英国煤炭工业崩溃之后，我们看到的法国情况又如何呢？矿井关闭，工人工资大幅度地降低，整个市场充斥英国煤炭和赔款的煤炭。

然而，事情并没因此而完结，在法国、英国和德国的煤炭工人被毁灭之后，对美国煤矿工人的进攻立即就开始了。这一和约的后果是无穷无尽的，对世界经济的破坏也是如此，对世界群众运动的发展的破坏也是如此。

欧洲的巴尔干化并没能阻止革命的发展蔓延，相反，这使西欧的群众行动起来，并同时唤醒了东方人民。共产党必须抓住这种时机……它必须揭露赔款的弊端，向群众说明这一和约的根本性质及其与帝国主义争夺世界权力的斗争的关系。凡尔赛和约一方面鞭策着疯狂地争夺石油、土地及市场的帝国主义列强去拼命，这场角逐的高潮必将是一场大规模的战争；另外一方面，该和约造成了一种使共产党有可能把群众引向革命的局势。凡尔赛和约带来了旨在结束和平的和平，因为它将导致世界大战或者世界革命。因此，我们必须重申，反对凡尔赛和约的斗争与反对帝国主义的斗争是不可分割的。结束凡尔赛和约就是结束帝国主义，而人们能够用来结束帝国主义的唯一武器就是世界革命。

凯勒（波兰）：

在19世纪期间，波兰这个名字世世代代被视为暴动的代名词。反对沙皇专制统治的斗争和独立波兰的复兴，是西欧民主革命的口号之一。

卡尔·马克思和弗里德里希·恩格斯是光复波兰的热烈拥护者，在1864年为表达对波兰起义者的同情而召开的伦敦代表大会上，产生了成立国际工人协会即第一国际的思想。

然而，从那时起，在波兰由于资本主义的发展而进行了一次新的革命，以大资产阶级为首的有产阶级，抛弃了民族独立的全部传统倾向；他们的口号是适应三个"承袭国"中每个国家内部的政治情况和经济情况。古老的民族自卫倾向继续残存在小资产阶级和知识分子阶级的某些阶层之中。

几年之后，波兰出现了现代工人运动，这时这些爱国主义传统对工人运动起着明显的反动作用，因为这些传统的目的是把波兰工人群众与共同的斗争分割开，与声援俄国无产阶级反对沙皇统治的斗争分割开。

波兰的革命无产阶级为了社会主义的利益而同这种小资产阶级的爱国主义思想进行斗争，这场斗争应该使欧洲工人阶级获得解放，因而也应该使波兰人民摆脱民族压迫。

只有在沙皇被推翻之后，只有在俄国无产阶级政权已经建立之后，只有在因德国的革命起义而霍亨索伦王朝覆灭之后，过去对沙皇和这两个皇帝一直像奴仆一样效忠的波兰有产阶级，才急急忙忙建立一个资产阶级的、反动的、独立的波兰国家，以便把波兰与东西两边的革命策源地分割开来。

在俄国工人阶级和农民取得胜利以前，协约国眼里根本就不存在波兰问题，这时，它们迫不及待地接受了波兰资产阶级的新纲领。对于协约国来说，重要的是用一堵堤坝或者用一道铁丝网把苏维埃政权与欧洲的其余部分分隔开来。对于法国来说，至关重要的是让附庸国波兰来取代业已土崩瓦解的沙皇帝国，而这个沙皇帝国的替身由于德国现在已在被奴役、已被打翻在地，愿意为法国效劳。

除了那些由协约国派遣的反对苏维埃俄国的远征军，除了高尔察克、尤登尼奇和弗兰格尔外，波兰在协约国手中成了反对俄国革命的得力的战争工具。波兰军队的全部装备，从大炮、飞机直到士兵的服装、鞋子，都由法国或英国提供，除了皮尔苏茨基外，还有一个法国将军被派遣到波兰。

法国资产阶级深知，让自己的士兵开赴反对俄国革命的战场是何等危险，它准备反对这一革命，直到波兰士兵全军覆没为止。

为打倒这个红色巨人而采取的全部战争行动都告失败之后，协约国暂时放弃了这些方法，然而，对俄国进行干涉的计划并没有从皮尔苏茨基的纲领中消失。

肢解苏维埃俄国，把乌克兰、白俄罗斯、高加索分割出来，建立一个从芬兰起经爱沙尼亚、拉脱维亚、立陶宛和罗马尼亚直到格鲁吉亚，在居于中心的强大波兰霸权控制下的所谓独立国家的包围圈，这就是皮尔苏茨基及其朋友眼中的他们祖国独立的唯一的真正保障。资产阶级仇恨它的阶级敌人苏维埃俄国，皮尔苏茨基、小资产阶级、害了自大狂病的社会爱国党则害怕苏维埃俄国，它被视为无产阶级政府的根本体现，然而它也被视为对波兰独立及其大国角色的所谓威胁。

波兰大资产阶级心甘情愿地按照协约国的命令发动反对苏维埃俄国的战争，"解放"乌克兰和建立从芬兰直到格鲁吉亚联盟的梦想支配着皮尔苏茨基的外交政策。此外，一场反对俄国的战争的想法，还具有双重的避雷针的作用；一方面反对工人，另一方面反对农民，这些农民自战争以来就被剥夺了移居他乡的可能性，他们不得不比以前任何时候更加忍受着缺乏土地的痛苦，他们即将进行反对大地主的坚决斗争。

凡尔赛和约创立了波兰共和国，它使波兰的所有边界被许许多多冲突的策源地包围。捷克地区，上西里西亚地区，"走廊"地区，但泽自由城，东察里津，立陶宛，所有这些地区共同组成了一条链子，它的每个环节都可能在一夜之间变成战争的前线。

波兰已经被它的领导人及保护国变成一所巨大的军营，这也是理所当然的，在欧洲大陆上，波兰军队在数量上仅仅次于法国军队。

由此可见，波兰必然要日益强烈地依赖于协约国的强盗们。里加和约之后6个月，波兰的外债就已经高达4万亿波兰马克，从那时起，这个数目变得愈来愈是天文数字了。

保证波兰占领上西里西亚，并容许它无限期地占领东察里津的法国资本，把西里西亚的矿山、企业以及察里津的石油资源作为报酬而占为己有。另外，它还让波兰派遣几万名工人到法国，以便在法国北部的矿山中最残酷的剥削这些工人。

帝国主义的波兰国界现在把40%的非波兰民族包围在内：德国人、乌克兰人、犹太人、立陶宛人、白俄罗斯人。波兰基本上是中央集权制的军国主义国家，它压迫这些民族，对任何独立倾向进行残酷无情的镇压，在这当中，波兰效仿着过去压迫波兰民族的压迫者的最坏榜样。

凡尔赛和约的有关条文庄严地承诺给操少数民族语言的那部分人以自由的保障，然而，这些条文显然只是一纸空文。

凡尔赛和约造成的波兰与协约国主要国家之间罪恶的联系这一纽带，由1921年2月法国强加给皮尔苏茨基的特别军事条约而得到进一步巩固，这个军事条约把波兰资产阶级最终变成法国手中的工具。

因此，取消凡尔赛和约、取消法国与波兰的军事联盟，就成了波兰革命无产阶级的外交政策的主要目标。

凡尔赛和约及法国—波兰协定根本就不是给波兰民族以独立，而是把波兰民族变成了一个殖民地。它们使波兰变成了镇压少数民族的工具；使波兰成为对和平的威胁，成为对它的邻国的自由的经常性威胁；最后，它们使波兰统治势力对无产阶级的镇压变本加厉。

法国驻波兰的公使经常干涉这个国家的各项内政，而且是在最反动的意义上这样干。

这就是说，倘若波兰工人阶级加入全世界无产者反对凡尔赛和约及其全部后果的斗争行列，那么它就是在以此谋求自己的最根本利益。

波兰无产阶级也还有另外的理由，把自己的力量与世界无产阶级的力量联合起来进行反对凡尔赛和约的斗争。协约国拼凑波兰资产阶级国家的主要目的在于能够调动一支庞大的军队去反对伟大的红色苏维埃共和国。用波兰的士兵来扼杀革命俄国的第一次企图以失败而告终了，然而，这却使俄国付出了巨大的牺牲，并拖延了它的重建工作。

和约缔结之后，波兰继续在它的领土上策划反革命的阴谋，它自己还企图通过萨文柯夫、彼得留拉和布拉克—巴拉科维奇的匪帮来扰乱俄国。这就是说，对于波兰无产阶级来说，反对凡尔赛和约及法国—波兰协定的斗争就是维护苏维埃俄国的斗争。

倘若有一个波兰政府有勇气和力量来扯断把波兰与协约国及法国联系在一起的纽带，那么它将以此实现一个具有最大意义的革命行动，它将以此解放被压迫的少数民族，甩掉套在波兰工人群众身上的不受制约的剥削的枷锁。这样，它必然使自己接近苏维埃俄国，并促进周围各国人民的革命运动。只有一个革命的组织，才能够实现这一切。因此，如果波兰无产阶级为取消凡尔赛和约而斗争，那么它就不仅履行了自己的国际义务，而且也是为自己的解放、为自己的革命而进行斗争。

康诺利（爱尔兰）：

爱尔兰与凡尔赛和约的关系具有一种纯粹消极的性质，因为尽管和约为了其炮制者的利益改变了欧洲几个被压迫民族的状况，但是它并没有使爱尔兰的状况发生改变。我们都知道，这个和约的道德基础就是威尔逊总统的那有名的"十四点建议"，其主要之点就是"各民族的自决权"。我们还知道，正是这句惯用语变成一件工具，不是解放被压迫人民的工具，而是英国、法国和美国这三大战胜国妄图实现帝国主义反动意图的工具。由于这个原因，当然就谈不上把这副灵丹妙药应用到那些在英国和美国帝国主义压迫和奴役下呻吟的人民身上。

当凡尔赛和约被草拟出来时，爱尔兰的民族革命运动正在壮大。它还没有进入反对英国对爱尔兰统治的斗争的决战阶段。这一运动的小资产阶级领导人在一定程度上相信把问题提交给国际联盟而和平地、和平主义地解决问题的可能性，人们希望国际联盟也许会在世界各地真正地实施民族自决权。他们相信正义的力量以及"十四点建议"。他们不能够理解参加国际联盟的大国及当时业已草拟好的和平条约的帝国主义性质；他们也不懂得，在凡尔赛集会的五大国不可能按照条约规定来解决爱尔兰的民族问题。他们向凡尔赛会议派出了自己的代表，准备与全世界的其他被压迫民族和人民一道为自由的事业而辩护。从东方的朝鲜到西方的爱尔兰，被压迫民族的全体代表都要求给他们以独立。然而，在凡尔赛，爱尔兰民族的代表很快就认识到，指望最高委员会宣布给被压迫民族以独立的任何希望都是徒劳的。爱尔兰民族主义者的幻想在一定程度上被打消了。

这一点特别重要，因为爱尔兰的民族革命者紧接着就决定，如果他们不能够通过向大国呼吁人道来获得自己的自由，他们就打算通过使用暴力手段，反对英国帝国主义在爱尔兰的统治，夺取自己的自由。因此，在凡尔赛和约之后，我们就在英国进行了一场长达两年半之久的剧烈的民族战争。爱尔兰革命者的激烈斗争在英国方面策划的一次野蛮而残暴的恐怖中达到了高峰，但是由于爱尔兰革命者的抵抗，英国不得不放弃这次恐怖。在历时两年半的征服爱尔兰的一意孤行的企图失败之后，劳合-乔治又生一计：如果说他不能以武力取胜，那么他或许可以用外交手段来获得胜利。与此相一致，劳合-乔治——这个凡尔赛和约的主要发起人，这个以该条约使帝国主义在东方和西方得到保全的人——明白了，人们也许在爱尔兰也能够通过和平条约把帝国主义置于安全稳当而不可动摇的基础之上。

因此，他才和爱尔兰的革命运动领导人谈判，谈判的结果是产生1921年12月6日的有名的"英国—爱尔兰条约"。然而，英国与爱尔兰之间的这一条约并没有解决爱尔兰问题，它只为英国赢得了爱尔兰资产阶级的上层，并且是以从爱尔兰无产阶级和爱尔兰农民身上剥削来的东西的一部分为报酬的。这一条约根本就没有使爱尔兰人民摆脱帝国主义而获得解放，因为它的所有字面上保证给爱尔兰人民以自由的条文，更加牢固地把爱尔兰人民用锁链锁在英国帝国主义的制度上，而且是通过各种各样的例外和保证这样做的。比方说，像这样的措施，即让这个所谓自由邦的行政大权掌握在英国国王和英国帝国主义的代理人总督手里。另外，条约给英国以保留一批可以用做舰队基地或者用做无线电站的港口的权利。事实——即条约给英国在爱尔兰的这些权利——表明，条约根本就没有满足完全独立的要求。实际上，英国当然是不需要和平条约中所给予它在爱尔兰的权利的，因为英国强大的舰队、它的军队及其装备使它有能力在它的权利受到威胁时，随时在无和平条约的条件下去占领舰队的基地和港口。由英国帝国主义和爱尔兰资产阶级的代表们所签署的条约，即便就其形式而言，也没有实现爱尔兰的独立要求，这是可以证明的。

这一条约的结果，实际上与所谓凡尔赛体系诸条约的结果是一模一样的。条约没有给运用的民族或人民带来和平及和睦，反而带来国内混乱、内战及革命力量的增长。英国与爱尔兰之间条约的结果是：事实上，自由邦（作为用来实施条约的方法）刚刚建立5个月，史无前例的恐怖就在爱尔兰猖獗，爱尔兰资产阶级需要这种恐怖，才能实施和平条约。如果说这一条约有些迎合爱尔兰争取民族独立的努力，那么根本就不需要恐怖。然而，就连资产阶级国家用来强调自己意志的一般性辅助手段，也不能够在爱尔兰得到应用；人们使用极端的、在国家职权范围外的手段，并策划恐怖，这一事实表明，这一条约像凡尔赛和约、色佛尔条约一样破产了。这个自由邦的军队与爱尔兰共和派之间的武装斗争，最清楚地显示了目前国内战争的剧烈程度。假如共产国际把这一场反对这个自由邦的斗争或者反对条约的斗争，看成反对全部凡尔赛和约斗争的一个部分，那么它必须了解清楚，参加这一场斗争的是哪些社会阶级，各种不同的军事组织又代表着哪些阶级。

对爱尔兰的局势的考察十分清楚地表明，自由邦及其军队是英国帝国主义的代表，它们得到地主、财政资本以及爱尔兰资本家的支持。另一方面，人们可以说，共和派军队——尽管对其社会成分进行分析是更加困难的——受到没有土地的广大农民群众和还没有阶级觉悟的城市工人的支持，并且是由知识阶层和小资产阶级领导的。简言之，这是两种因素构成的社会成分。认清共和派力量一方面由没有土地的广大农民，另一方面由爱尔兰工人组成，这对于共产国际具有特别重大的意义。这一斗争使我们有理由认为，假如反对自由邦的斗争进一步向前发展，工人群众和农民必将在这场斗争中提出他们的要求，并将逐渐地把它从纯粹反对自由邦、争取民族独立的斗争转变为争取实现无产阶级专政和建立爱尔兰的苏维埃政权的斗争。这是有关爱尔兰共和派运动方面的主要思想，必须把对这个反对自由邦的运动的支持，视为反对凡尔赛和约及其后果的国际斗争的一个不可分割的组成部分。

假如委员会以后就爱尔兰问题取得一致的看法，那么我们将有可能来进一步谈论这种情况。爱尔兰以外的人们对爱尔兰问题的了解是很少的，因此，在这次代表大会上，在一次仅仅15分钟的关于凡尔赛和约的讲话中，要完全公正地反驳这个和约，是不可能的。另一方面，共产国际必须在爱尔兰问题上迅速地采取措施。最近传到这里的消息表明，恐怖已经达到了高峰，自由邦，即资产阶级国家，开始枪杀国内战争期间的被俘人员。爱尔兰共产党深知，拥有国际力量和联系的共产国际，最适于为我们指出，应该采取何种形式去进行反对爱尔兰自由邦的斗争，去反对对革命者和爱尔兰工人所实行的恐怖，所以爱尔兰共产党起草了一份关于恐怖和枪决的决议，提请主席团审核，并随后呈交代表大会审议。

弗里德兰德（奥地利）：

同志们，德国的形势和事态对于欧洲目前的经济和政治局势以及今后的革命发展，无疑具有决定性的作用。因此必须把反对凡尔赛和约的斗争，放在共产国际今后远景规划和斗争计划的中心位置。

然而，除此之外，也不能忽视欧洲还有其他政治和经济发展的重要焦点，它们也给共产国际提出了**任务**。这主要涉及其他和约产生影响的地区，这类和约也许比凡尔赛和约更为强烈地把矛头指向欧洲劳动人民的利益。这些和约业已部分证明它们本身是荒谬的。无论如何，这些和约所造成的并不是中欧、南欧和东欧的持久的政治平衡和均势，而是革命趋势与反革命趋势的你争我斗、相互厮杀的动荡不安局面。看一看匈牙利、南斯拉夫、土耳其的情况吧！

因此，共产国际，尤其是共产国际的有关政党必须紧密合作，在进行反对凡尔赛和约及其后果的斗争的同时，进行**反对其他和约及其后果的斗争**，并且只从工人阶级利益的立场出发，只以革命观点作为行动指南，领导这一斗争。这与各国社会民主党的立场正好相反，它们按照保持各个国家内部的资产阶级制度以及促成资产阶级国家之间的平衡的观点来确定自己的政策。另外，它们还容忍，甚至参与把世界大战及所有和约的负担转嫁到工人阶级身上的勾当。

这些和约造成了欧洲以及全世界的**经济**混乱，并因此造成了最大的**政治混乱**。资产阶级政府为克服这种对于资产阶级带有威胁性的状况所采取的方法是显而易见的，即损害工人阶级的利益，利用赤裸裸的政治暴力手段来帮助摆脱经济危机。这在社会民主党主动地或被动地为资产阶级为虎作伥的地方，——在什么地方不是这种情况呢？——导致了资产阶级的暂时得逞。

社会民主党、第二国际以及第二半国际的作用是在这些和约签订之前、签订期间和签订之后，参与这一行动，参与新建欧洲的资产阶级国家。它们不但不充分利用战争刚刚结束后欧洲轰轰烈烈的革命形势，首先在德国、奥地利、匈牙利建立无产阶级专政，相反它们有计划地阻止革命。从此以后，它们就在同样意义上推行着落实凡尔赛和约的政策。

现在欧洲的局势已经发生了重大变化。这些和约的破产是显而易见的。

奥地利可以被称为这些和约破产的典型例子。圣日耳曼和约业已证明在经济和政治上都是荒谬绝伦的。很久以来奥地利的国家财政困难已经发展到了这样的地步，以至于"大名鼎鼎的"国际联盟、一系列的欧洲国家，特别是法国、英国、捷克斯洛伐克和意大利不得不进行干预。目前奥地利处于一种决定性的形势之下。同志们，如果说我把共产国际代表大会的注意力引向奥地利，那么我并非出于某种地区的本位主义利益，而是因为现在在奥地利所发生的事情，在很大程度上是国际性的事件。

这就是说，当前正在进行着一场针对奥地利的国际行动，一场真正**在国际范围内把矛头指向奥地利工人阶级的行动**。国际联盟现在在奥地利问题上暴露了自己的本来面目，即乔装打扮了的反革命。奥地利资产阶级自己招来了这种反革命。

对于奥地利的战胜国和债权国——13个战胜国和17个债权国——来说,这些和约在财政上的崩溃从一开始就是一清二楚的。它们不得不允许奥地利的赔款延期20年。诚然,外国资本也同样懂得如何把德国、匈牙利和奥地利作为利润源泉吸干,办法就是把奥地利工人变成苦力,以便使得奥地利国内出现虚假的生产繁荣。

然而,这样一来协约国就像在德国那样**搬起石头砸自己的脚**,尽管由于奥地利比德国小,协约国吃的苦头也相应小一些:它们为自己在世界市场上造成了一个不正当的竞争对手。此外,无论是奥地利的经济,还是奥地利的工人阶级,都没有从这种虚假的繁荣中得到任何益处。不过无论如何奥地利工人阶级过去至少免遭失业,而现在,失业在这个没有粮食和原料的国家里就意味着地地道道的饥荒。

现在对此感兴趣的协约国各国认为,为了缓和自己的经济形势,把奥地利从国际市场上排挤出去,摧毁它主要以出口为方向的生产力的时机到来了。奥地利资产阶级由基督教社会党领导,它是执政党,首先是一个反动的农民党。奥地利资产阶级与协约国国家同流合污,希望通过造成一支巨大的、政治上无活动能力的失业后备军,进一步降低奥地利工人的工资,大大地恶化一般的劳动条件。为了能够实施对工人阶级的这种掠夺,就要给奥地利的民主以决定性的打击。

这就是国际联盟行动的目的,这个行动被硬说成是为拯救奥地利以及为奥地利搞到贷款服务的。

同志们,根本谈不上通过战胜国和债权国搞到贷款的问题,国际联盟从一开始就最清楚地指出,参加国际联盟的国家根本不能考虑向奥地利提供贷款。原因是明摆着的,只要奥地利的局势不稳定,就没有任何政府有兴趣向奥地利提供贷款。在涉及贷款事宜时,这也是它们对德国以及俄国所持态度的决定性原因。

那么,国际联盟带来了什么东西呢?它带来英国、法国、意大利和捷克斯洛伐克让外国私人资本家向奥地利提供贷款的保证。然而，出于那种对于外国政府具有举足轻重意义的同一原因，对于奥地利来说，也不能指望从私人资本家方面得到任何贷款。

此外，这种保证要获得所提到的保证国的议会的批准，是根本不可能的。尤其是意大利根本不准备这样做，这一点墨索里尼已经最清楚地表示过了。意大利现在培植着吞并奥地利的一部分领土的野心，它也曾经向奥地利提供过一小笔贷款，现在的主要兴趣是逼它还这笔债，因此它不会考虑向奥地利提供新的贷款。

那么，关于奥地利问题的日内瓦公约是干什么用的呢？日内瓦公约不是为了兑现贷款，**而是为了实现那些与这种贷款有联系的条件的**。这些条件意味着，奥地利工人阶级（它不仅是奥地利，而且也是欧洲重要的力量因素，一直受到在奥地利社会民主党的支持下的协约国压制）现在应该最终被击败。奥地利应当变成协约国的一个反动据点和枢纽。奥地利的确是巴伐利亚与霍尔蒂的匈牙利之间的、南斯拉夫与捷克斯洛伐克之间的、意大利与霍尔蒂的匈牙利以及巴伐利亚之间的联系纽带。

奥地利应该借助外国资产阶级的帮助，成为一个反动的据点，而同时也要成为如此软弱的国内资产阶级的一块可靠而安全的领地。

有哪些是与奥地利贷款的保证相联系的政治和经济条件呢？

主要的政治条文规定：任命一个国际联盟的总督，他必须作为外国和国内资产阶级的，尤其是保证国的独裁者，在奥地利行使职权；他规定法律和措施，由奥地利政府实行；成立一个管制委员会归他领导，委员会由保证国的代表组成；奥地利议会应该取消两年之久；实施这种财政专制的安宁和秩序，必须由强化了的宪兵和警察来维持，同时要裁减本来就为数很少的、由无产阶级分子所组成的奥地利国防军。

这些导致彻底压制任何工人运动、并取消奥地利民主的政治条文，可以从日内瓦公约的经济条文得到说明。按规定，每个工人要缴纳200

万克朗的苛捐杂税,这比他6个星期的收入还要多。在完全依赖粮食和原料进口的奥地利采用高额保护关税和远远超出国际平均价的铁路运输价率。这不仅意味着消灭出口生产,而且由于与此相连的所有商品和粮食的涨价,意味着阻止正在上升的国内生产,因为国内人民的购买力将要比现在受到更大的削弱。这样做的后果就是大幅度压低工资,并造成大量的失业。还有,把国家企业高价出售给私人资本家,大量地裁减国家公务人员,等等。这是一些把矛头完全指向工人阶级的经济措施,在别的不像奥地利这样无生存能力、无行动能力的任何国家里,比方说在德国,任何这类措施都必将导致工人阶级的革命运动。

奥地利共产党认识到,摆脱奥地利目前状况的唯一出路**是阻止日内瓦公约的实施和坚决掌握自己国家的财产**。它制定了一个相应的纲领,一个无产阶级的振兴纲领。小小的奥地利共产党,已经开始了反对日内瓦公约的行动。正如今天的《真理报》所登载的那样,上星期天,它举行了一次值得赞赏的反对日内瓦公约的示威,这次示威是经过许多大会做了准备的。它继续进行着反对日内瓦奴役条约的行动。然而,它在这一斗争中是**孤立无援的**,这点必须加以强调指出。奥地利社会民主党虽然进行了一次反对日内瓦公约的抗议行动,但不想阻止这一公约,尽管这无疑是该党力所能及的,它只能如此。它在战争刚一结束之后,就参与阻止奥地利无产阶级革命的行径,它本身参与了建立无生存能力、无行动能力的奥地利的活动,阻止奥地利与当时匈牙利苏维埃共和国的合并。对于它来说,奥地利过去和现在都是典型"独立"策略的一个理想地区,它在奥地利能够得心应手地进行革命的空谈,建成虚假的无产阶级机构,并同时宣称,由于奥地利对外国的绝对依赖,任何严肃的革命行动,任何反对资产阶级的斗争,都是不可能的。在日内瓦公约中,奥地利社会民主党真可谓种瓜得瓜、种豆得豆。奥托·鲍威尔和弗里德里希·阿德勒以他们的具体态度,正好招致了对奥地利无产阶级的经济专政。根据最近的消息,他们甚至将与资产阶级政府组成联合政府,一种扩大内阁委员会形式的政府,他们将作为毫无希望的少数参加这种政府,按照国际联盟的旨意"重建"奥地利。

现在共产国际,特别是保证国的共产党,即捷克斯洛伐克、意大利、法国和英国的共产党的任务,是把社会民主党的虚假斗争转变为一场真正的、为了阻止日内瓦公约而进行的斗争,同时揭露国际联盟和社会民主党。奥地利无产阶级只有在贷款条件不把矛头指向奥地利无产阶级,而仅仅指向资产阶级,只有在对奥地利和欧洲的有产阶级不利的条件下,才对贷款感兴趣。共产党表态时的关键观点必须是这些。不能像有时已经出现过的那样,提出一些错误的观点。因为共产党,尤其是捷克斯洛伐克、法国和意大利的共产党,是它们国家中的一个因素,这个因素比这些国家的社会民主党更加强大,所以**它们必须在这种意义上,积极而强烈地干预新闻报刊、议会、集会等,以便阻止对奥地利的政治和经济的奴役,并支持现在孤军作战的小小的奥地利共产党,开展反对日内瓦公约的斗争。**

奥地利所发生的事情**对德国也是一种不祥之兆,**协约国拿奥地利开刀,作为试点,为的是进而在德国大规模地进行它们的勾当,并在可能的情况下,以对付奥地利工人阶级的同样方法和同样规模来使德国工人阶级就范。德国资产阶级也像奥地利资产阶级一样,愿意为了这个目的而动员外国的资产阶级。

还有一点!奥地利几乎成了在国际政治上任人摆布的对象,若干战胜国的野心,特别是捷克斯洛伐克和意大利的野心,正虎视眈眈地盯着奥地利这个在经济上和政治上站不住脚的国家,奥地利可能会变成欧洲新的帝国主义的冲突和战争冲突的策源地。因此,共产国际应该更加把奥地利工人阶级的利益视为自己的利益,竭尽全力,通过具体的政治行动来挫败国际资本主义掠夺政策的阴谋计划。与围绕着争夺奥地利的企图以及奥地利内部的种种反动意图相反，奥地利目前的局势和反对日内瓦公约的斗争，能够和必须成为共产党进一步推动中欧革命发展的一个起点。（鼓掌）

表决通过奥地利问题委员会关于日内瓦公约的吁呼书

主席：

同志们，关于凡尔赛和约问题，我们收到了一份由一个专门委员会起草的、以奥地利问题为议题的呼吁书。因为在这个问题上，现在在那里正开展一个行动，所以我们现在宣读一下这份呼吁书。

贝龙（法国）：

同志们，主席团任命的奥地利问题委员会由拉狄克、施特恩和什麦拉尔同志组成，委员会起草的呼吁书如下：

"世界各国的工人们！

奥地利无产阶级正在进行一场反击国际资本和世界反动派的奴役阴谋计划的艰难斗争，这场斗争要求世界各国工人给予极大的关注。国际联盟，首先是英国、法国、捷克斯洛伐克和意大利以及几个较小的国家，在愿意为正在崩溃的奥地利经济提供援助的幌子下，企图与奥地利统治阶级即资本家阶级一起剥夺奥地利无产阶级的最后一点点自由，甚至要铲除资产阶级的假民主，代之以国内外资本的公开的、血腥残酷的资本主义专制。

那些以奥地利的救星自居的国家，根本不想给它提供真正的帮助，它们没有借给奥地利一分钱，它们即使大发慈悲，也只允许奥地利去找那些愿意借给它一点儿钱的私人资本家，这些国家只打算在明年，假如它们的议会批准的话，承担偿还这些贷款的保证。然而，为此——不管奥地利是否真的得到这些贷款，或者仅仅得到这种保证——却要求奥地利以就连在霍尔蒂的匈牙利也罕见的方式，将议会取消两年之久，要把国家企业提供给私人资本的4万多亿克朗的新税收负担强加给工人，要大批解雇职工，延长劳动时间，并加剧在劳动时间内对劳动力的剥削，还要裁减无产阶级的国防军，并代之以有组织的宪兵和警察，要对被驱赶到绝望境地的群众使用血腥残酷的暴力，以维持安宁和秩序。同时，奥地利要心甘情愿地任人把自己变为最低等的殖民地。国际联盟的总督将作为有无限权力的主宰统治奥地利，对群众拥有独裁专制的全权政府则只能成为他手中的听任摆布的工具。

全世界各国的工人们！

如果这一阴谋计划得逞，如果接受日内瓦公约，就会置奥地利工人阶级于最可怕的绝望境地。英国、法国、意大利和捷克斯洛伐克的工人们，奥地利工人本来能够轻而易举地制止本国资产阶级实现这类阴谋计划，可是其他国家的资本家，特别是你们国家的资本主义政府，帮了奥地利资产阶级的忙。因此，你们义不容辞的责任就是帮助奥地利工人，千方百计地阻止你们的政府，以这种方式同奥地利资产阶级一道共同奴役和掠夺奥地利。你们国家的政府对奥地利所进行的是一场地地道道的掠夺战，在这场掠夺战中，你们的政府认为，还没有必要采用流血斗争的手段。正如你们的义务是不能容忍暴力战争一样，你们也有责任最强烈地反对这种采用讹诈和阴谋手段进行的掠夺战。

然而，这不仅是声援全世界无产阶级的义务，而且你们的利益也要求你们全力以赴地挫败你们国家政府的这些阴谋计划，并帮助奥地利无产阶级取得其反击斗争的胜利。世界反动派和国际资本主义对奴役奥地利这个小小国家如此重视，大大超过了人们根据它的国土大小所作出的预计，这并不是没有原因的。世界反动派企图把奥地利作为反对世界无产阶级和反对世界革命的一个至关重要的据点。奥地利无产阶级一直比资产阶级强大得多，资产阶级在奥地利不得不考虑某些民主自由，奥地利也是国防军具有无产阶级性质因而不能被用来反对无产阶级的唯一的国家。世界反动派对以更残酷的资本主义专制形式来最终取代这里的虚假民主怀着巨大的兴趣，这样一来，巴伐利亚与霍尔蒂的匈牙利之间、南斯拉夫与捷克斯洛伐克之间的反动桥梁就架起来，同时，也就为德国反动派的进一步壮大做了准备。假如这个以日内瓦公约为基础的计划得逞，那么英国、法国、捷克斯洛伐克和意大利的工人们就会很快亲身体验到，资本主义反动势力感到自己在全世界更强大、更安稳了。这样一来，反动势力就将为即将来临的世界反动势力与世界革命力量之间的大决战中获得一个重要的、有深远意义的基地，获得一个新的、富有威胁性的实力基地，在意大利的法西斯主义胜利后，它的意义会更大。对奥地利的奴役也仅仅是为了准备对德国进行类似奴役的第一步，而对德国的奴役，对于世界无产阶级来说将会更加危险得多。国际资本也清楚地懂得，所有资本主义国家都面临着资本主义的崩溃，而奥地利则远远地走在前边，因此，对于国际资本来说，就存在着这样的危险：奥地利无产阶级终将比以前更加革命化，因而为世界革命增添新的力量，并可能成为一个新的具有威胁性的革命策源地。然而，奥地利的殖民地化也带来了企图共同对奥地利实行殖民地化的国家之间的帝国主义冲突的危险。正像1914年那样，除了巴尔干外，奥地利也可能轻而易举地成为新的灾难性世界战火的策源地。

对奥地利工人阶级的最后残存的一点点自由的威胁，对于国际工人阶级来说，也是一种危险，似乎连社会民主党也理解，对世界反动势力的这种进攻进行斗争是它的义务。社会民主党的工人们懂得这一危险的程度，要求进行反击斗争。然而，他们的领导人不敢进行这种严肃的斗争，他们的政策也是奥地利落到今天这种地步的主要原因之一。假如社会民主党在11月的那些日子里，或至少在匈牙利苏维埃共和国时期，尽到了他们的义务的话,奥地利就永远不会落到今天这种地步了。当时资产阶级已经无能为力,社会民主党帮助资产阶级在民主的外衣下集结它的力量。现在它骑在工人阶级头上作威作福。在奥地利,社会民主党阻止工人阶级进行任何斗争,就连仅仅为一点点面包的斗争也被阻止,其办法是,它声称这种斗争会危害民主,必须节省力量,以备在这种民主受到攻击和毁灭时为维护民主而斗争。由于这样一味退缩,资产阶级才会变得如此目空一切、肆无忌惮,竟敢想到取消民主,而这时社会民主党人却宣称,捍卫民主的斗争将会使奥地利工人阶级遭受饥饿的危险。然而,工人阶级的压力依然如此强大,使得社会民主党不得不决定至少进行一次虚假的斗争,它被迫在奥地利开始一次自己再也不担心能否取得成功的行动。第二半国际要求世界各国工人反对日内瓦公约对奥地利的奴役,然而,奥地利社会民主党人已经变卦,甚至连虚假的反抗也放弃了,他们准备参加旨在实施日内瓦公约的乔装打扮的联合政府。

世界各国的工人们!我们过去和现在都十分清楚,奥地利社会民主党的领导人以及奄奄一息的第二半国际的领导人,是根本不想进行严肃斗争的。你们的任务是阻止这些英雄们放弃这场斗争,他们被迫进行这场斗争,至少为了装腔作势而进行这场斗争,而斗争还没有真正开始,却又想放弃斗争。你们的任务是把这种虚假的斗争转变为真正的斗争,你们应该要求这些英雄们信守诺言,并表明,你们愿意以最大的决心来进行这场他们自己被迫宣称为必要的斗争,你们要驱赶着他们前进,倘若他们在关键时刻放弃斗争,就摈弃他们,把队伍团结起来,共同进行英勇不屈的斗争!

奥地利的工人们!

其他国家的工人能够和必须支持你们,他们要阻止本国的资产阶级去帮助你们国家的资产阶级,然而,反对你们本国资产阶级的决定性重大斗争，必须由你们自己来进行。只要你们万众一心，你们就有足够强大的力量来进行这场斗争。绝不要被你们的社会民主党领导人吓住，要全力以赴地进行反奴役的斗争！你们要认清，只有你们国家的共产党才给你们指出正确的道路。你们要不分党派地共同进行反对共同危险的斗争！

　　世界各国的工人们！首先是法国、意大利和捷克斯洛伐克的工人们！你们要认清自己的责任，对受到严重威胁的奥地利工人阶级表示无产阶级的声援。你们要懂得，你们的利益，世界革命的利益正处在危险之中！不要让你们国家的政府畅通无阻地推行其反动的掠夺政策，你们要全力以赴地粉碎国际资本家阶级的这些阴谋计划，你们要撕下资产阶级伪君子的假面具，他们为了麻痹你们，对你们民主不离口，与此同时，却在奥地利毁灭民主的最后残余；你们要向他们表示你们的坚决反对态度，并表明你们是一支不容忽视的力量。你们要用革命无产阶级的国际战线去反对反动势力的国际资本主义战线！你们要把无产阶级的国际统一战线建立起来！

　　反对日内瓦奴役条约！
　　反对国际的世界反动派！
　　为了国际无产阶级的团结一致！
　　为了全世界战斗的无产阶级统一战线！
　　为了世界革命的胜利！"

主席：

　　同志们，我们现在表决宣读过的这份呼吁书。赞成的请举手。——有反对的吗？呼吁书一致通过。

　　现在我们进行下面一项议程：共产国际**执行委员会的改组**及其今后的工作。请埃贝莱因同志发言。

共产国际执行委员会的改组及其今后的工作

埃贝莱因（德国）：

同志们，这次代表大会所任命的关于执行委员会改组的筹备工作和今后工作委员会已经开过会了，它将把它的决议以提纲的形式呈交给你们。我想就所要建议的提纲作些说明。

在每次世界代表大会上，都要重新审查共产国际的组织，以便确定共产国际的组织和机构是否胜任它们所承担的任务，这对于我们来说是不言而喻的。委员会的任务是，设法使执行委员会的组织与包括将要在这次代表大会上提交的和已经提交的任务相适应。出于这一原因，我认为，在每次世界代表大会上重新提出以下问题是必要的：执行委员会的机构和组织足以完成它所承担的任务吗？或者有无扩大、改组的必要？

委员会的工作是以这种观点为指导的。我们研究的结果是，应该向你们建议对执行委员会的组织作重大的改变，改变是按确定的目的安排的，改变应该沿着确定的道路走，是为了逐渐实现我们提出的目标的。这就是说，要根除组织中或许还存在的邦联主义思想，要设法创建一个执行委员会，使它能够承担领导一个真正集中制的世界政党的任务。要设法克服过去所显示出来的全部错误和缺点，以创立一个高度集中的世界政党，在这个党内，世界代表大会的决议、扩大执行委员会的决议、执行委员会的决议，都能得到真正的贯彻执行，以便使任何个人、或者任何支部破坏所作出的决议的任何企图，不贯彻执行这类决议的任何企图，都无法得逞。

这就是我们在工作中经常考虑的目标，我们希望，通过向你们提出的这些建议向这一目标大大地靠近一步。

我们必须逐步地创建一个真正集中的世界政党，这一工作的必要性对于共产国际来说是不言而喻的,因为最近的例子至今还足以令我们吃惊。第二国际对于我们来说,始终是这一方面的一个反面教员,它与其说是一个按集中制组织的国际组织,倒不如说是一个以邦联主义形式结合起来的国际,它的活动主要是定期或不定期地召开会议,在这些会议上发表最漂亮的演讲,并作出最娓娓动听的决议,但却没有任何人贯彻执行这类决议。如果各个支部可以随心所欲,每个人可以各行其是,那么这种国际对于共产国际来说是不够的。在这里,各个党必须逐渐习惯于把国际的中央领导真正视为一个领导中心。我们不得不这样认为,前几年发生的一系列事情向我们证明,这个目标还没有完全实现。比方说,有位代表竟可以登上这里的讲台声称:你们不接我们的愿望作出决议,我们就退出代表大会!这是这次代表大会最令人苦恼的时刻之一,在共产国际中这是不应有的,不应发生的事,再也不许重演,在共产国际中必须永远杜绝这种事情。

去年我们又发现,各国支部没有以必要的精力、没有始终以必要的良好愿望来贯彻执行历次代表大会的决议。假如你们今天读一下第二次和第三次世界代表大会的决议,并且对照一下各支部的工作,那么你们就会在几乎所有的党中发现,绝不是全部决议都得到了彻底的贯彻执行。尤为糟糕的是,甚至还不是所有地方都有真正贯彻执行这些决议的必要的良好愿望。为了不让代表大会所作出的决议仅仅是纸上谈兵,为了真正贯彻执行这些决议,各支部必须有更严格的纪律,执行委员会必须有更严格的监督和更强有力的干预。

我们还见到过,共产国际为整个运动的利益所发出的呼吁书,有的党就没有刊印,它们拒不刊印这些决议,因为决议与这些党的愿望不一致,或者它们仅仅发表了决议的某些节录,等等。这也是严重违反纪律的事件,这不允许在共产国际中发生,无论如何必须避免。

去年还发生了另外一件坏事,有些支部党的领导同志不同意国际的这项或那项决议，干脆灰心丧气，把他们的职务推给党或者推给国际，溜之大吉，干脆辞职不干了。这是不能容忍的现象，这是无论如何必须用最严厉的手段加以根除的。倘若我们要成为一个真正团结一致的世界政党，成为无产阶级的战斗组织，我们就需要有国际的纪律，在这个战斗组织中，每个同志在任何情况下都必须使个人的愿望服从于国际的整体利益。

此外，各支部党的代表大会问题在委员会里受到研究，并引起了一场辩论。共产国际通过执行委员会在去年作出了一项决议：今后各支部的党代表大会必须在世界代表大会之后召开。有几个党反对这项决议，并要求今后党代表大会要在世界代表大会之前召开。它们声称，只有在世界代表大会之前召开党代表大会，才可能在世界代表大会上清楚了解各支部的情况和工作。委员会持不同的见解，它同意执行委员会的这项决议，并在这些提纲里再次提出关于党代表大会今后至少在通常情况下应该在世界代表大会之后召开的动议，然而，它给执行委员会留有相当广泛的余地：它授权执行委员会，在特别重要的情况下，有特别重要的政治原因时，可以批准这个或那个党在世界代表大会之前召开党代表大会。然而，无论如何，这必须取决于执行委员会的决议。委员会得出这一结论，因为它认为，在一个真正集中制的世界党中，各支部在世界代表大会的决定之前，就在政治和其他问题上作出决定，然后再带着业已决定的有约束性的路线参加世界代表大会，这是令人不能容忍的。第一，假如各党已经在自己的党代表大会上确定了自己的路线，那么对于世界代表大会来说就更难在具体问题上取得一致；第二，假如在党的代表大会之后召开的世界代表大会所作出的决议与党代表大会所作出的决议不一致，那么这对于有关的党是困难的，有关的党就面临着这样的选择：要么服从国际的纪律，宣布自己的党代表大会决议无效，要么根据自己党的决议来反对国际的决议。

因为国际的纪律对于我们来说必须摆在头等重要的位置，所以我们认为，将来最好的解决办法是，各国支部的党代表大会在世界代表大会之后再召开。那些赞成党代表大会在世界代表大会之前召开的党，还以这样的理由来论证它们的看法：它们认为，不召开党代表大会，就不可能为世界代表大会做好充分的准备工作。委员会认为，这种理由是站不住脚的。在世界代表大会之前，各支部的适当机构，比如说地区的党代表大会、全国中央委员会、支部的其他机构和组织开会，就世界代表大会议程中的问题详尽地表态，这很显然是必要的，不言而喻。我们请求同意我们的在世界代表大会之后再召开党代表大会的提案。

在这次世界代表大会上还表现出了另外一种不良现象，即一些支部派来参加世界代表大会的代表团的授权是有限的。委员会拒绝这种措施，并请求你们作出决议：今后在任何情况下，出席世界代表大会的授权有限的代表无效。假如一些授权有限的代表团来出席会议，整个辩论，整个讨论以及全部取得谅解的尝试都是徒劳的，因为代表团由于受到自己党的约束，只能这样投票，别无他择，那么这是不能容忍的，是违背共产国际的精神的。因此我们认为，代表大会别无他法，只能宣布，今后授权有限的代表无效。

然而，同志们，只有我们同时也设法组织和安排好共产国际的领导机关，使它成为国际的一个真正的领导机关，使那些真正有能力承担共产国际领导工作和重大责任的人们聚集在这里，在共产国际的所在地，才能建立共产国际的这种严格集中制的领导。因此，委员会认为，国际主席团和执行委员会必须一如既往，由各党的代表组成，然而不同之点在于，这些代表不再像以前那样，由各支部选派到执行委员会所在地来，而是在这里由世界代表大会选举，这样选举出来的代表是对执行委员会真正负责的工作人员，又是共产国际的领导人。这就是说，改变产生代表的方式是必要的，再也不能听任各党和各支部派来它们愿意派的代表，而如果它们高兴的话又召回它们的代表。如果这些代表是在这里选举产生的，他们就能够作为共产国际主席团和执行委员会的负责干部扎扎实实地工作。

这一决议并非是出于宣传鼓动原因而作出的，即不是因为共产国际的敌人喋喋不休地胡说，共产国际的领导权掌握在俄国人手里，共产国际只是听从俄国人的支配，才在各支部和各个国家进行工作的。这绝不是这一提案的根据。相反，我们坚信，并完全公开地宣布：就是在将来，共产国际的领导机构中，主席团和执行委员会里，必须给予俄国同志有较强的乃至最强的影响机会，因为正是他们在国际阶级斗争领域中积累了最伟大的经验，唯有他们真正进行了革命，因此，他们自己的经历，他们的经验远比其他支部的代表丰富得多。因此，将来他们也必须在共产国际中具有大得多的影响。然而，其他的党要逐渐地过渡到参加共产国际的领导工作，把它们最优秀而能干的代表派到这里来，以保证共产国际中央委员会的构成具有真正的国际代表性，这是必要的。与此同时，我们也希望做到，各支部要扩大和增强对国际的事业和整个共产国际的关注。实际上，在我们许多支部内有一个大缺点，这些支部内最优秀的同志闭目塞听地生活在自己的党内，闭目塞听地只为自己的党而工作，而对整个国际的工作缺乏足够的关注，缺乏必要的了解。各个支部应该比以前对国际的整个工作更加关注，声明它们愿意参加它的工作，我们希望它们这样做。

根据这些观点，我们建议共产国际领导机构的组成如下：

我们向你们建议选举1名主席和一个由25名成员组成的、有青年国际的2名代表参加的执行委员会。这25名代表应该在这里的世界代表大会上选举产生。当然，各支部都有提建议的权利。然而最终的选举必须在这里的世界代表大会上进行。因为执行委员会的这些委员中，某些委员可能由于重要的政治原因而必须回到自己的支部去，或者由共产国际委派到其他支部去工作,所以我们建议,除了这 25 名执行委员会的常任委员外,再选举 10 名留在本国的候补委员,直到他们被要求接任本国的代表,才到执委会任职。

另外委员会还提议,召开扩大会议,从这个执行委员会中选举一个主席团,主席团成员的人数尚未确定,大约是 9—11 名。这个可以同时视为政治局的主席团,要解决共产国际的政治任务。主席团组织一个大约由 7 名成员组成的组织局。其前提是把 2 名主席团成员选入组织局。组织局的任务是崭新的,迄今为止,共产国际及其领导机构还很少着手解决的任务。情况越来越清楚地表明,共产国际有必要对各国支部的组织发展施加影响,帮助各支部进行组织建设,大力支持它们。组织局应当承担这些任务。我们认为,这些任务是极为广泛的,因为现在有大批的支部参加了共产国际,而它们还没有拥有真正的共产党所必须拥有的组织。比方说,今天还有某些党,它们的组织结构像过去社会民主党的选举协会,活像两个一模一样的臭鸡蛋,这种状况必须加以改变。在共产国际里,我们不需要选举协会,我们需要战斗的组织,各支部在自己的工作中务必以此为指南。明年共产国际执行委员会必须把自己的最大注意力放在各支部的组织建设上,从组织上完善各支部,帮助各支部进行这一工作。

组织部——组织局——还应当承担另一项极为重要的职责,这就是说,它要密切注视各支部的地下工作。过去的世界代表大会已经反复作出过有关这方面的决议,然而,据我们所知,这些决议在一些支部却很少得到贯彻落实,组织局应当关注这一项工作。现在正好在这样一个时期,一个反革命势力不仅仅在政治斗争中日益猖狂的时期,我们认识到这项工作是何等的必要;现在,匪帮用恐怖和剑、用死亡和监牢来对付共产党人。各支部将来的地下工作是何等的必要,意大利的事件就是这方面的一个例子。我们希望各国支部明年将比过去更加重视这项工作,共产国际应当帮助进行这项工作。

另外，我们还建议设立一个总书记处，它是主席团的辅助机构，设一个书记长，书记长由扩大执行委员会选举产生，并配备几个辅助秘书。总书记处本身无权作出具有约束力的决议，它是主席团的辅助手段，而不应该是别的机构。

我们还建议设立宣传鼓动和教育部，该部应该直属主席团，它应当设法把共产国际的宣传鼓动工作尽可能地集中起来，给各党提供具体的建议和指导。

与宣传鼓动部相关联的教育部承担同样的任务，该部也要设法给共产国际的教育工作提供统一的方针政策、统一的指示。我想，这两个部的任务是不言自明的，因此我就不必就这个问题作进一步的说明了。

接下来还要表决的就是东方部。事情是这样的，东方部必须在十分特殊的形势下进行工作，因为在加入该部的国家里，根本还没有像我们这样完好的共产党，因为在那里才刚刚出现共产党的小小苗头，这样一来，整个东方的工作就必须由其他的党来做，由那些已经稳固的共产党来做。但是去年一年中，这种工作不断地发展，东方对于共产国际的政治意义日益显示出来，我们认为，必须成立一个专门的部来主管这个问题，该部的领导人必须是主席团的成员，他参加国际的整个领导工作。

在我们的提纲中还提到，假如执行委员会和主席团认为国际的工作需要，它们可以设立其他的部门，然而，所有这些部门必须隶属于主席团和执行委员会的成员，由他们来领导，这样，这些部的工作在任何情况下都由主席团的某位成员来负责。

我们还建议设立扩大的执行委员会。过去几年的情况业已表明，扩大执行委员会的会议已经做了很多有益的工作，尤其是在要作重要决策时，由各国支部的更多党的负责人来参加会议，决定重要的政治问题，这是最好不过的事。扩大执行委员会应该每年召开两次会议，每4个月召开一次会议，这样一来，每年除了世界代表大会以外，还举行两次扩大执行委员会会议。

扩大执行委员会的组成，我们是这样考虑的，属于扩大执行委员会的首先有执行委员会的 25 名委员，加上德国、法国、俄国、捷克斯洛伐克、意大利的另外各 3 名代表，还有青年国际和红色工会国际的各 3 名代表（前提是，在红色工会国际代表大会上，不能作出取消现在这种合作方式的决议），然后再加上英国、波兰、美国、保加利亚和挪威的各 2 名代表以及其他所有参加共产国际的有表决权的支部的各 1 名代表。在委员会中，研究主席团和执行委员会的组成时，我们很重视执行委员会成员的详细分工，这样一来，由各党派到执行委员会所在地来的代表，就再也不会感到，他们仅仅是自己党的代表，而感到自己是执行委员会的真正负责人员。由选举产生的执行委员会的 25 名代表，也不必都经常地留在执行委员会的所在地。我们建议，至少必须有 15 名代表常驻这里，其他的代表可以受执行委员会的委托被派遣到别的党里去进行工作，他们可以被作为全权代表派遣，或者可以回到自己的党里去。

委员会还向代表大会建议一种新的安排，即作出一项关于执行委员会有权向各国支部派遣全权代表的决议。过去的一年表明，仅仅函件往来是不够的，仅仅派遣到莫斯科来的代表是不够的，更确切地说，必须给执行委员会以向各国支部派遣全权代表的权利。这些全权代表要承担任务，或者实施执行委员会交给他们的具体委托，或者他们接受委托——这点必须特别强调——到各国支部去查明和检查共产国际的二十一条在各国支部的贯彻执行情况。另外，他们还要严格地检查，共产国际及其代表大会的其他决议是否得到真正的贯彻执行。应当从各党最有水平的代表中产生这些全权代表，他们必须是最优秀、最能干的共产党人，全权代表到各国支部去之前，执行委员会应当清楚而明确地规定他们的责任和权限。我们也请求批准这一提案。

另外，我们还建议改变现在的监察委员会的成员构成。监察委员会的任务——我不揣冒昧地说——过去主要是办理共产国际中有关名誉的事务。该委员会除了对现金支付进行检查、监督外，还调解各党的争端或者某个党的某些个人之间的争端。监察委员会是由各党的代表组成的，然而，事实表明，这样组成的监察委员会没有工作能力。在过去的一年里，没有一次能把全部的代表同时凑齐；因为每个代表都身兼数职，并且他们又相隔如此遥远，所以该委员会就不能进行真正的工作。因此我们建议，今后每年由两个支部轮流选出该委员会的成员，这样一来，监察委员会始终由两个支部选举产生，并由它来承担该委员会的工作。下次世界代表大会再委任另外两个党来组成这个监察委员会，这样不断轮流。这个监察委员会的成员由执行委员会批准认可。执行委员会建议，今年委托德国和法国的党来组成这个监察委员会，而且每个党要选出3名代表。我们相信，这样一来，这个委员会就有可能更好地工作。

提纲还探讨了另外一个问题，这就是相互联系的问题。迄今为止，共产国际各党之间的相互联系是极为松散的。我认为，在西欧某个国家日程上的几乎每个政治问题都对别的国家产生着巨大的影响，这一点正日益清楚地表现出来。看来明年最重要的任务之一，就是各党之间的大力合作和持续不断的互相了解，因此我们建议，较大国的党之间互派代表。当然，仅仅是较重要的、较大的党，才可以考虑这样做。参加共产国际的61个党[①]都向所有的党派驻自己的代表，这是不可能的。

我们提议作出这个决议，并不是说非这样做不可，然而，它表达了

[①] 据其他文献记载，当时有62个党参加共产国际，本次大会第三十二次会议记录柯拉罗夫发言中也说，"共产国际由62个党组成"（本卷第449页）。——译者注

这次代表大会在较大的党之间互设代表机构的愿望。

另外,我们还建议作出如下决议:今后,各党有义务定期给执行委员会寄送它们中央机构的记录,以便使执行委员会除了各党定期寄来的情况报告外——可惜这种报告在很多情况下没有寄来,通过这种途径来了解各国支部的经常性工作,这些记录当然必须写得使远离有关支部的中央的人也能够看懂。我们也请求赞同这一决议。

另外,我们还必须像我们开始时已经隐约提到过的那样,建议你们作出一项禁止中央机构的成员辞职的决议,决议应该规定辞职要由执行委员会作决议,即使有关支部的中央委员会同意某几个或某部分成员辞职,仍要求在执行委员会作出决议之后,辞职才生效。

此外,正如我已经提到的那样,我们在提纲中声明应该禁止授权有限的代表的做法。

最后,我还要简要地指出,执行委员会将派2名代表到青年国际执行委员会去作为常驻工作人员,在此,互派代表的做法将通过下述办法得以实行:青年国际的代表在共产国际主席团和执行委员会里有发言权,在扩大执行委员会里有表决权;反过来,共产国际向青年国际派出自己的代表,以保证密切的合作。

国际妇女书记处的1名代表应该被选入执行委员会。国际妇女书记处留在它现在的所在地。

眼下还不能说,与红色工会国际的联系可能解决到什么程度,因为红色工会国际还没有作出与此有关的决议,因为我们只有在看到这类决议时,才能够研究这个问题。然而,情况越来越清楚地表明,经济斗争与政治斗争最密切地联系在一起,我们感到,今后保持共产国际与红色工会国际之间的紧密联系是十分重要的。

关于世界代表大会的召开,我们向你们建议,这次就作出明年召开世界代表大会的决议。明年是否可能把两次世界代表大会的时间间隔拉长一些，这个问题留待明年再作决定。我们认为，今后将少召开像今年这样大规模的代表大会，或许 2 年召开一次，我们将逐步做到这点。

今后出席这种代表大会的人数也要像过去一样，按党员人数、政治情况来确定。

这就是改组委员会要向你们诸位提出的建议。

在委员会里，修改共产国际章程是否适当的问题也被提出。这个建议虽然被一致公认是合理的，然而我们却认为，在这次大会快要闭幕之前时间非常仓促，不再可能对共产国际章程进行彻底的、最终的修改。因此，我们建议，委托执行委员会进行修改和补充章程的准备工作，并把这类建议及时地转告各国支部，以便下一次世界代表大会能够最终通过补充的章程。在这之前，现在的章程理所当然必须被公认为正确和唯一有效的章程。

同志们，我们希望，假如你们诸位采纳改组委员会的这些建议，那么我们明年将在共产国际的组织方面向着我们的目标迈进一大步。我们希望，改组之后各国支部将能够与共产国际更紧密而牢固地联系在一起，各国支部将能够更好地团结一致，领导将更加坚强，更好地发挥作用，这样，明年我们共产国际就将有一个强有力的、组织精良而能干的领导机构。这种领导机构是必要的，谁也不会怀疑这点，由于共产国际在将来甚至明年就要完成的任务是如此艰巨，因此为了完成这些任务，我们必须把最优秀的同志团结到这里的执行委员会中来。（热烈鼓掌）

（会议休会时间：下午 4 时 25 分）

第二十七次会议

(1922 年 11 月 30 日)

会议开始：中午 12 时 40 分

主席：先为马尔赫列夫斯基，后为柯拉罗夫

讨论共产国际执行委员会改组问题

博尔迪加（意大利）：

我要求发言，是要对埃贝莱因同志关于改组国际执委会的报告谈一些意见。参加委员会后，我发现改组工作不只涉及执委会和它的工作，而且涉及整个国际。这里涉及的那些重要问题意味着要在各国支部和中央的全部关系中，在整个国际的总的组织工作方面，对国际的章程进行切实的修改。

我曾经提出有必要修改国际章程的问题，但埃贝莱因同志刚才说，这件事要推迟到下次代表大会再议。

我认为，关于组织问题的整个草案是完全可以接受的，客观地看，在清除老国际邦联主义式的组织方法的最后残余方面，这个草案包含一些很重要的规定。

假若能够在代表大会这个阶段稍稍扩大讨论范围，本来是可以提出这样的问题的：为了实现真正的革命集中，是不是只靠组织机构改革就万事大吉了呢？

关于这个问题，我在就执委会报告发言时已经说过几句，现在不想重复。我没有时间旧话重提，但我不能不再一次声明，如果想实现真正的集中，也就是实现各国革命运动自发先锋力量的有机结合，以消除现已出现的纪律危机，我们是应当实现组织机构集中化的，但同时也要统一斗争方法，并且把有关纲领和策略的一切问题准确地予以具体化。对于属于国际的一切团体和全体同志，我们都要准确地讲清楚，一旦参加我们的队伍，他们必须履行的绝对服从的义务意味着什么。

至于国际代表大会，我完全同意取消指定代表的做法，并把各国党的代表大会安排在国际代表大会之后。我毫无保留地认为，这是符合集中原则的措施。然而，我仍然认为，我们不能只限于宣布，为了实现正确的集中，指定的代表必须取消，国际代表大会必须在各国党的代表大会之前举行，而且还必须更加认真地谈谈代表大会的工作和组织问题。

现在已经在开这次代表大会的最后几次会议了，而我们却不能不承认，这次代表大会并非在各个方面都是令人满意的。

我们已经研究了许多重要的问题，现在正在进行最后几天的辩论，但我们看到，这些辩论并不特别活跃。

我们需要研究辞职问题，说是必须阻止人们辞职，我同意这个观点。但是，也可以使用我们党内业已行之有效的办法，那就是立即接受全部辞职要求，但不准辞职的人在 1 年或 2 年之内重新在党内担任他们的工作。我相信，这个制度会大大减少辞职的数字。

虽然大会的工作已经进行到目前的阶段，但有一个问题还是非提不可：这就是关于每隔两年召开一次世界代表大会的建议。假使下一次代表大会不像本次大会一样面临一大堆工作和问题，那么不再像这次这样耗费大量的组织工作和财力等，本来是很对的。但我提出的特殊问题是：多久之后才举行第五次代表大会？

现在，我们正在把十分重要的问题推迟到下次代表大会解决，我们正在把提出共产国际的新计划，说得精确些，正在把提出共产国际第一个纲领这件事推迟到下次大会。尤其是，我们已经决定推迟修改章程——这是组织上国际与各个支部进行联系的纽带。

根据执委会的报告，我们长时间地讨论了策略问题；但先后登上讲坛的各位发言人，却并没有论述国际的策略这样一个大问题。他们只限于议论执委会关于这个或那个国家支部工作或形势的一些提法，却并没有在讨论中澄清诸如工人政府等极其重要的问题。有关文本交给了一个委员会，迄今还没有结果。这就是说，这个问题还没有澄清，而我们已经没有时间去澄清它了。我并不是建议重新就策略问题进行大辩论；但一想到纲领、章程和策略，我就感到，两年之后才举行第五次代表大会的想法是荒谬的。我要保留权利，代表意大利代表团多数成员向大会建议，鉴于已经推迟了许多非常重要的议题，应在1923年夏季或秋季召开国际第五次代表大会。

主席：

现在由柯拉罗夫同志发表一项声明。

柯拉罗夫（保加利亚）：

博尔迪加同志以为，委员会建议不在明年而在后年举行下次代表大会，并表示反对这样做，这是出于误解。委员会作出决定时的想法和博尔迪加同志是一样的：以后每两年举行一次代表大会，但下次代表大会一定要在明年举行。

博尔迪加（意大利）：

我高兴地听到这个说明。这个误解是因埃贝莱因同志的讲话被翻译得不太准确而产生的。

格律恩(奥地利):

同志们!关于共产国际及参加国际的各国支部的组织工作,第三次代表大会已经作出一系列决议。正如列宁同志在他的报告中明确指出的那样,这些决议绝大部分仍然是纸面上的东西。这种情况有些是可以说明、可以理解和原谅的。第三次代表大会提出这些组织路线的时候,大家还以为,不无道理地以为,到第四次代表大会召开时,可以实现巩固共产国际的任务。当时,捷克斯洛伐克党即将成立,大家相信,在一定程度上,其他党的建党工作也会在不久的将来结束。但是,直到现在,这并没有成为现实。只有第四次代表大会才能把业已合并的捷克斯洛伐克党巩固起来;只有第四次代表大会才能使原来只是一些工会团体大联合的挪威支部组成为一个党;只有第四次代表大会才能创建一个未来伟大的意大利党,并使法国党得以巩固。如果说,第三次代表大会关于组织工作的决议,大部分迄今未能实现,这部分地是可以理解的,因为各个支部没有像预期的那样得到巩固。但另一方面,这里也有国际的原因,那就是,国际的机构还没有**准备好从共产国际工作的第一阶段,即鼓动示威阶段转向组织阶段**的必要过渡——我们现在必须进入这个阶段,并且已经部分地进入了这个阶段。第二国际和第二半国际即将合并,这件事最近会在组织上产生哪些影响,大家看法可能并不一致。政治上,它在可以预见的一段时间中,无疑会给共产国际带来好处。但在组织上,由于这种合并,可能在一些时候、在某种程度上妨碍共产国际的对外争取工作。这段时间将是很短的,我们可以并且应该利用它来自上而下地彻底加强共产国际的组织。在这方面,组织委员会已经向大会提出提案,向上述目标前进了一步。

本次大会开始的时候,季诺维也夫同志写了一篇文章,提出了改组执委会的**最终目标**。迄今为止,执委会采取的是一种松散的邦联主义形式,而作为最终目标,就是要使它成为**统一的**大型国际共产党的组织严密的中央委员会；德国代表团在组织委员会的提案，就是要**立即**成立这样一个组织严密的中央委员会。但这暂时还不大可能，我们还没有一个巩固的国际党，还没有一个强有力的中央委员会，因此不可能在组成这个委员会时不考虑各个党。

组织委员会制定并提交大会的各项建议，包含的是一种**过渡办法**，即从目前这种完全由各支部的代表组成执委会的制度，过渡到成立统一的中央委员会这样一个最终目标：这个中央委员会，将不根据各个支部的意见组成，而是按照国际代表大会的意见，确定一批人选组成，他们要在一定时期内脱离各自的支部，并完全投身于组建统一的国际的共产党中央委员会的任务。希望在第五次或第六次代表大会时能够实现这个目标，目前的建议——对此我们无须怀疑——只是接近了这个目标。

这就是说，委员会提交我们的建议是一种过渡，这些建议仍然保留了对那些在代表大会上有建议权的各支部的某种照顾。但是，由于规定执委会成员的数目增加了，也就应该有可能使各个大、中型的党，必要时还包括那些尚未消失的派别，都在执委会中有自己的代表。扩大的组织委员会选出的小委员会直接向大会提出了一批建议，它在这方面的建议却是不大合乎逻辑的。

这项建议说，除了25名委员外，代表大会还要直接选举10名候补委员。这样，实际上就会产生这样的结果：这10名候补委员将来自较大的党，而可以预料的是，这些党大有可能在一年之内撤换自己的代表。同样可以预料的是，这些党能够准备好一批同志，在必要时从各支部的工作转入执委会工作。

这是不大合乎逻辑的，因为，如果我们的立场是，选举执委会时暂时还要考虑各支部的建议，执委会还不是形式严密的统一的中央委员会，那么我们就必须同时做到，当代表大会选出的代表在年内发生人事变动时，也要保证较小的党和中等的党仍能参与执委会的工作。而且，如果有的党在大会之后确定自己的代表，它们就应该丧失表决权，有关的党最多只能在国际执委会中保留发言权。只要略作修改，这个缺陷便可以克服。

代表大会很多方面的权力将移交给**扩大的执委会**，而如果从明年开始改为两年召开一次全体代表大会，它的重要性还会增加。毫无疑问，扩大的执委会会议就会成为一种**国际代表会议**，成为小型的代表大会。我相信，在某种情况下，如果这个或那个党认为有必要撤换自己的代表，也可以把原来属于代表大会的增补执委会成员的权力交给扩大的执委会——这种扩大的全国①代表会议。自然，每个党都会注意，非有必要不撤换自己的代表，因为如果扩大的执委会不同意这个党的想法，它就会冒着丧失自己的表决权的危险。

奥地利代表团已经提出有关上述想法的提案，在最后审定时应予以考虑。现在中小党的数目和它们在共产国际中的成员数日益增加，如果通过这项提案，对它们是有好处的。

以上是我以奥地利代表团名义所作的声明。

现在，我要根据自己战前和战后长年的经验，特别是根据我在执委会工作中所积累的经验，就扩大共产国际中央机构问题，谈谈个人意见。

根据组织委员会的建议，**共产国际中央机构的设置**应当成为各个支部机构设置的榜样，这无疑是对的。国际中央机构必须这样设置：让各国支部的中央组成相应机构，以便进行相应来往。如果能比建议的内容说得更明确些，机构的设置更严密些，就能够并且应该树立起这样一种榜样。

建议中提出设立两个局，一个组织局，一个担负政治局任务的主席

---

① 原文如此。——译者注

团。叫主席团或叫政治局，都是一回事，但必须更明确地规定，这些局都是执委会的下属机构。这一点，在草案中规定得不够明确。另外，现在的草案似乎没有明确各部隶属什么局，看起来各部和它们是平行的。执委会领导各个局，而局领导各个部，这一点必须更清楚地体现出来。

另外，草案规定设主席团**总书记**，而总书记又要兼**执委会书记**。主席团（政治局）应该像**组织局**一样，有它自己专门的、向它负责的**书记**。

至于分工主管各部的书记与其他书记的关系，也必须在组织上作出明确无误的规定。我相信，对现有草案稍作修改后，国际共产党未来中央委员会的组织，很容易就会成为各支部**组织中央机构的榜样**。据我所知，在中央机构的设置方面，目前已经有两个党堪称楷模，那就是**德国共产党**和**奥地利共产党**，它们已经实现上述分工。通过在国际内实行这种分工，这种榜样就可以在国际的其他支部里成为现实，迄今为止，它们还没有做到这一点。

最后，我想打一个比方作为结束。像我开头所说，共产国际迄今主要从事示威性的宣传鼓动任务，主要从事消除工人阶级内部的幻想和揭露其他的国际。它业已当之无愧地完成了这个任务，但是，它现在已经转而进行在更高程度上组织自己的工作。我们已经到了在某种程度上结束这第一项工作的阶段，而且不知道，我们会从什么时候开始，在同样的或更大的规模上继续这项工作。但无论如何，我们都不能不紧张地把自己组织起来。迄今为止，我们有一件**工具**，一把**锤子**，一柄沉重有力、不断以最大的效力打击敌人的锤子，但它又是一件由许多只手（而且并非总是最胜任的手）操作的工具。今后要采取措施，避免重复这种现象。现在，我们要转向另外一种活动，一种需要**精心工作**的活动。而这件沉重有力的工具，当过去我们在国际内部进行政治干预时，许多情况下已经难以操作，今后在中央对各国支部进行组织干预时还会更难驾驭。今天，这件工具已经不敷应用了，我们必须使它成为一件**精密工**

具，不只成为精密工具，由于任务日益繁重，还要成为一台**精密机器**。我们必须从手工作业转变为机械化作业，把手锤换成汽锤，最好是换成电动锤。它要能够用大得多的力量打击内外敌人，但同时又能够完成共产国际内部精雕细刻的政治和组织工作。委员会向我们提出的建议，已经提供了相当合适的基础，经过一番加工、一番琢磨，就可以在代表大会结束时产生我们今后所需要的东西。我确信，代表大会**能够**并且**一定会**完成这项把手工工具转变为精密机器的必不可少的工作。

片山潜（日本）：

同志们！我们同意埃贝莱因同志提出的建议。我想向在座的各位同志说明共产国际工作一元化以及节省它的力量的必要性。迄今为止，共产国际一直在从事比较重要的各国的问题。比如，如果在德国进行革命，共产国际就对德国问题给予极大注意，这是自然的。对这一点不可能有什么疑问。但是，同志们，共产国际具有的意义是它的国际性。到现在为止，我们在各国的问题上，在反对第二国际和第二半国际的宣传上，浪费了过多的时间。我们希望共产国际的工作能集中起来。西方的许多共产党，眼光无法超出自己的国界，我想举相当年轻的墨西哥党作例子。我在墨西哥的时候，曾经设法使这个党同美国共产党建立比较密切的关系。我们给美国党写了不少信，送去了许多文章，但这些信从未得到答复，文章从没有给发表。我们大多数人以为，这是个人因素在起作用，但是，在我离开墨西哥之后，墨共一位中央委员向美国党提出了合作的建议，他也没有得到答复。这说明，美国党的眼光从未超出自己的国界，这既不是共产国际的思想，也不是它的原则。因此，我们支持共产国际的组织计划。

现在，我想谈一谈最近 10 个月在莫斯科的感受。如果本次代表大会选举执委会的 25 位委员和 10 位候补委员，那么我希望，选出的同志是那些人所共知的优秀共产党人，那些真正为共产国际工作的同志，不只为他们本国而是为其他所有国家工作的同志。这些同志必须是优秀的共产党人，但他们同时也必须眼光远大、视野广阔。

过去，主席团做了大量的、良好的工作。但我们在执委会里也有过一些来自不同国家的委员，他们有时候根本无所事事，甚至常常连共产国际发生了什么事情、主席团在干什么也不知道。肯定有些重要事情，即使对共产国际执委会委员也要保密。但是，让我们选一些可以信赖的同志进执委会吧，这样，他们就可以为共产国际的工作作出一些贡献。如果他们做不到，主席团和共产国际就应该教育他们这样做。这是我的想法、我的感受。选举执委会，就应当挑那些主席团可以信赖的同志。

现在，我来谈一谈**远东问题**。埃贝莱因同志已经说过，应当承认我们是共产国际的一个重要支部，因为，今后几年远东将成为资本主义和帝国主义的中心。在东方，我们只有一些弱小的共产党，必须帮助它们为全世界共产主义运动服务。特别应当承认我们是直属共产国际的一个部分；因为目前远东的一部分是苏俄的一部分，是苏俄与俄国革命和世界资本与世界帝国主义对峙的一个地区，因此，双方的任何对阵、帝国主义的任何侵略行动都会危及俄国革命和苏维埃政府。因此，我们要力争大幅度地、部署妥善地转向东方，以帮助那里的革命工人和共产党。

埃贝莱因（德国）：

同志们！讨论表明，对我们的提纲没有根本性的修改建议。我们从而可以得出结论说，大家基本同意我们的建议。

博尔迪加同志说，从政治上完善国际及其支部是我们的首要任务，这无疑是正确的。如果忽略政治路线和政治工作，或者政治路线和政治工作陷入歧途，那么即使最好的组织也无法弥补政治方面的错误和缺点，这是不言而喻的。但是，我的任务却恰恰不是担负大会的政治任务，而是从事组织工作。其他大量议程却主要是涉及国际的政治任务的。

讲一讲讨论中提出的建议。如果博尔迪加同志以为，从现在开始，世界代表大会就每两年举行一次，那可能是误解了我的意思。不，我们也是建议明年再举行一次大会，并在此期间考虑今后把举行大会的间隔拉大一些是否合适。这个问题，很大程度上取决于明年举行的执委会扩大会议的结果。在这方面，去年举行的少数几次扩大会议做了宝贵的工作，因此，我们相信，今后扩大会议也能完成未来的世界代表大会的一大部分工作，而且，如果扩大会议能更经常地定期举行，那么有关重大政治问题的决定就不会受到长时间的拖延，它的工作就会做得更好。我们相信，扩大会议可以作为代替世界代表大会的方式起到很好的作用。

如果我正确理解了博尔迪加同志的意思，那么在辞职问题上，他是说，执委会应当接受辞职要求，而辞职的人则要停止党的工作一段时间——一至两年，也就是说，他们要由于辞职而受到某种惩处。

同志们！我们不这样看。第一，我们国际中精干的政治干部并没有富余到可以不由分说地长期暂停他们的工作的程度。另一方面，就是从纪律角度看，这些同志也要逐渐学会，即使个人的意见在这个或那个问题上与业已作出的决议相左，在共产国际里也要服从整体的意志。

迄今出现的历次问题都恰恰说明，如果有关同志表现出足够的纪律性和服从整体意志的意愿，他们继续担任自己的工作是极为可能的。自然，也可能出现不能不辞职而又必须接受辞职的情况。我们的建议也没有一概禁止辞职，而是要求这类辞职需要经过执委会同意。我们相信，这样就有可能照顾有关同志的合理愿望，若从政治上、人事上考虑妥当的话，就接受他们的要求。

这就是说，我不建议委员会接受博尔迪加同志的愿望。

格律恩同志说，执委会候补委员数与正式委员数之间的比例太小。不能允许每次会议上都出现一些新委员，他们参加了少数几次会议却又不见了。他们对工作没有好处,并且妨碍执委会、主席团的系统的、有计划的工作。如果有同志从其他国家来到这里,或者应约前来进行商谈,那么他们就应该在完成交给他们的具体任务后,尽快返回本党去,回到自己的工作中去,而不要长时间在执委会逗留。

格律恩同志提到的另一个问题,似乎是由于他搞错了。他说,要成立的各个局没有很严格地置于执委会或主席团领导之下,这不符合实际。我想强调指出,除了执委会,我们还有主席团,它由少数几个同志组成,是本来意义上的共产国际政治局。

各个部都隶属于这个政治局,都要对它负责。而且,我们还进而规定,最重要的部门都要由主席团委员负责领导,这样,组织局、宣传鼓动局和东方部必须直接隶属主席团领导,而其他的部,如统计部等,则必须隶属于组织局,必须由它领导。我们相信,这样做的结果,正是格律恩同志所希望的。

刚才说过,我们将在委员会里再次研究讨论中提出的数量不多的建议。今天或明天,这个提纲将被发给大家,提请大家再次仔细审议,然后批准组织委员会的建议。

表决通过反对南斯拉夫白色恐怖的呼吁书

拉迪奇(南斯拉夫):

南斯拉夫代表团提议发表下列呼吁:

"致全世界工人阶级!

男女工人们!同志们!

年轻的南斯拉夫资本主义的反动政府在南斯拉夫实行白色恐怖两年以来,已经对南斯拉夫的共产主义无产阶级犯下了累累罪行。它的白色司法机关宣判了多起死刑,其受害者之一将在近日被处决。

这位最近的牺牲者是我们的小克罗谢维奇同志,他是1920年南斯拉夫矿工总罢工领导人之一,因此而被判处死刑。

南斯拉夫的革命无产阶级和我党同志尽管处于非法地位,但仍然设法在国内开展大规模运动,反对南斯拉夫政府这一最新罪行。他们也曾向国内的第二国际、第二半国际和阿姆斯特丹国际的成员发出呼吁,要求建立南斯拉夫全体工人阶级反对白色恐怖的统一战线。后者的回答是拒绝这一呼吁。

共产国际第四次代表大会在此表示,无条件地声援正在与反动派进行斗争的南斯拉夫共产主义的无产阶级。大会呼吁全世界革命的无产阶级与南斯拉夫无产阶级共同进行抗议,并宣布全力声援他们反对处决克罗谢维奇同志的斗争。

全世界工人阶级——如果可能,就和领袖们一起;如果必要,则抛开他们——须一致发出震天的抗议呼声,以阻止南斯拉夫资产阶级及其社会民主党盟友实现这一最新罪行。

打倒白色恐怖!

南斯拉夫共产主义无产阶级万岁!"(热烈鼓掌)

主席:

现在表决这项提案。赞成的请举手。一致通过。现在片山潜同志就一项提案发言。

关于埃及社会党问题的决议

片山潜(日本):

同志们!埃及问题委员会开了几次会,听取了埃及社会党的报告,并且非常透彻地讨论了有关问题。我们认为,埃及具有重要的地位,它一方面是东西方的分界线,另一方面又是联结东西方的环节。埃及是通向远东和通向本来意义上的东方的大门。因此,埃及的共产主义运动是重要的。

埃及人民 40 年来一直遭受英、法帝国主义剥削。世界大战的结果,是埃及人民改变了自己的态度,埃及人奋起反对英国帝国主义。埃及小资产阶级和埃及资本家对于埃及名义上的独立心满意足,而共产主义者和革命工人却并不满意这种纸面上的独立。他们要真正的独立,共产国际应当帮助他们。我们的埃及问题委员会一致认为,应当支持和鼓励埃及的共产主义运动,应当在埃及建立强大的共产主义运动,由它掌握通向东方和远东的钥匙。如果印度爆发起义,埃及的地理位置就会使它成为通向印度革命的钥匙,并且它可以通过封锁苏伊士运河来支援印度革命。因此,我们愿意帮助埃及的共产主义运动,承认埃及社会党。埃及社会党还年轻,在许多方面缺乏经验,尽管如此,埃及同志是为共产国际工作的,是按照共产国际的指示工作的。不过,对于批准埃及社会党参加共产国际,我们想提出几个条件。我们通过了以下决议。①

主席:

为了解决**朝鲜**问题,有必要成立一个委员会。主席团建议,派以下委员组成委员会:

费利克斯·柯恩、片山潜、陈独秀、曼纳、普鲁赫尼亚克、库西宁、沃伊廷斯基、蔡特金。

如果没有人提出反对意见,就是大家同意建立这个委员会并派出以上委员组成这个委员会。

没有人反对。

---

① 见本卷收录的《关于埃及社会党问题的决议》。——编者注

表决通过关于黑人问题的决议

现在请萨沙同志就黑人问题委员会的决议提出报告。

萨沙（美国）：

现在我来宣读因为需要澄清和补充曾被退回的关于黑人问题的提纲，希望代表大会一致予以通过。①

同志们，现在我再就黑人问题，即关于黑人工人和工会的有关段落补充几句。以美国劳联为例，名义上其中的大多数工会黑人都可以参加，但除了个别情况以外，它实际上并没有为吸收黑人参加工会作出任何努力。在美国，我们可以借助党这个工具向劳联施加压力，要它接受黑人工人。我们必须为此组织一个真正的运动，正像我们党的组织努力把激进分子集中在工会中一样，我们也可以逐渐清楚而明确地为争取工会吸收黑人开展工作。同志们，如果我们在有关国家开展这样一个运动，并且后来又看到这样做是失败的，那么尔后我们就有义务把黑人组织在黑人工会中，把愿意结成统一战线的黑人工人和白人工人团结在一起，开展我们争取吸收黑人的运动，这主要是在黑人工人和白人工人并肩劳动、罢工以及共同遭受经济压迫的那些工业区进行。这样，我们就有希望形成一致并达成谅解，取得团结人的手段，从而通过一个共同组织发动这些工人投入斗争。我相信，代表大会宣布召开广泛的黑人大会的主张，不言而喻是在正确方向上迈出了一大步。但是，我们的主要工作是吸收从事工业劳动的黑人参加工会，他们将在工会中与白人工人一道为共同的解放而奋斗。

---

① 见本卷收录的《黑人问题提纲》。——编者注

同志们，你们当中有些人来自有黑色和有色工人的国家，我要请这些同志在共产国际的基础上制定一个纲领，纲领应包括给予你们的有关指示，以便进行斗争，特别是工会中的斗争。请你们别让本提纲成为死条文，而是要付诸实践，使黑人工人成为共产国际一个至关重要的部分。

主席：

决议已经译好发给大家，并且已经宣读过了。现在表决这个关于黑人问题的决议。（一致通过）

现在进行下一项议程，由瓦尔加同志报告新成立的土地问题委员会的一些决定，这个委员会对提交大会的决议作了一些更动。

瓦尔加作土地问题行动纲领修改的说明

亲爱的同志们！大家知道，就土地问题进行辩论之后，成立了一个新的修改委员会，以便对提交大会的草案作一些修改。修改委员会主要是在列宁同志的一封信指导下工作的，这封信已经用四种文字散发，大多数同志都看到了。[①] 列宁同志在信里指出，要避免引起哪怕是丝毫的印象，似乎第二次代表大会关于土地问题的决议和这次的土地问题行动纲领之间存在着什么实际的或者只是表面的矛盾，任何矛盾都会使我们的敌人据以指责我们，说我们每两年就改变一次自己的观点。因此，修改委员会非常仔细地对比了第二次代表大会的提纲和这次的行动纲领，并且修改了那些可能引起误解的地方，这些改动已用德文和法文散发。这里我想非常简短地说一下。

---

① 指1922年11月25日列宁给俄国代表团核心小组成员的信，见本卷附录，并见《列宁全集》中文第2版第52卷第532—533页。——编者注

最重要的改动，是修改了副标题，现在的写法是：

"关于运用第二次代表大会关于土地问题提纲的指示"。

我们想用这个副标题表明，这个土地问题行动纲领与第二次代表大会的提纲有最密切的联系，而没有任何矛盾，或者以任何方式对它进行修改。

第1点里加了一句话，在贫农定义的最后，加了下面的句子：

"或者以其他方式受大土地占有者阶级或资本的剥削。"

我们指的是这样一类人：他们虽然不直接从事雇佣劳动，但由于借贷关系、分成制关系或租佃关系而遭受极其沉重的剥削，尽管表面上看他们是独立经营的，实际上却属于农村半无产阶级。

下面关于殖民地国家运动的第5点第2段也有修改，原因是有两类殖民地国家：在第一类型的国家，比如以土耳其为代表，农民正和封建地主一起为反对外国帝国主义而斗争；另外一种类型是我们原来想的那一种，即印度的类型，那里封建地主与帝国主义一起与农民为敌。

在土耳其，农民反对封建地主的斗争将在民族解放斗争、在反对法国和英国的斗争结束之后开始。

在印度，反对帝国主义的斗争同时也就是反对封建地主的斗争。我们把这一段分解为两个部分，以突出这个区别。

第6点，在谈到共产党支持农业工人罢工的地方，我们加了一句话：

"与那些在斗争中从背后袭击农业无产阶级的社会民主党人相反。"

这种事情已经在许多国家发生，首先在德国，社会民主党人公开表示反对农业工人的罢工,理由是农业是"至关重要"的行业。因此,我们要指出共产党和社会民主党态度的不同。

第7点,只加了在誊写打印决议时漏掉的一句话。这句话是:

"反对使农民陷入债务奴役的借贷资本和高利贷资本的剥削。"

第9点,在谈到资产阶级土地改革不会给真正的无产阶级分子带来好处的地方加上了:

"和半无产阶级分子。"

因为某些没有充足生产资料的半无产阶级分子,如果按资产阶级的条件取得土地,必不可免地要陷入对银行负债的境地,而不可能改善自己的生活处境。

第10点中,也是为了突出这个行动纲领与第二次代表大会提纲的一致,我们在提到"根据第二次代表大会提纲"时,从提纲中引用了相当长的一段。我相信,不必要宣读这段引文了,因为各代表团已经拿到全文。

最后,在最末一点中,我们提到,农民党、大农和大土地占有者力图夸大真正的农业工人和小农、极小农之间表面的或次要的利害冲突。我们删掉了"和次要"几个字。我们考虑,这些利害冲突确实是极其次要的,可以干脆认为它们并不存在。为了不让我们的敌人有机可乘,说共产党自己在它的行动纲领中承认,真正的农业无产者和极小农之间存在着——尽管是次要的——利害冲突,我们认为删掉这几个字是正确的。

同志们,列宁同志担心,从这个行动纲领里可能找出或解释出哪些与第二次代表大会提纲有矛盾的内容来。我相信,用上面的办法已经彻底而最终地消除了引起任何担心的原因。

至于第二次代表大会提纲与行动纲领实际存在的差别,那就是行动纲领所指出的既必须考虑狭义的农业无产阶级的实际需要，也必须考虑农村各劳动阶层的实际需要。正像我在第一个报告中所说，这个差别是由当前的历史形势决定的，像我们根据统一战线策略在工业工人问题上采取的类似做法一样，是由于我们也必须顾及广大农业劳动者阶层的日常利益，这自然是一个必要的差别，但它不是本质的差别，而是变化了的策略和方法的差别。受到变化了的历史状况的制约，我们接近广大农业居民阶层的策略和方法也发生了变化。

同志们，我相信，经过这些文字修改，代表大会可以完全放心地通过这个行动纲领，而各党如果把足够的力量投入这项工作，就一定会在这个基础上取得巨大的实际成绩。（鼓掌）

表决通过土地问题行动纲领

主席：

下面是土地问题行动纲领的最后定稿。①

现在对提交代表大会的土地问题行动纲领进行表决。如果没有反对意见，现在就把决议和瓦尔加同志提出的修改意见一起付诸表决。

没有反对意见。我们进行表决。（进行表决）决议，包括瓦尔加同志刚才提出的修改意见，获得**通过**。

表决通过关于建立救援被捕人员红十字会的决议

费利克斯·柯恩（波兰）：

尊敬的同志们！大会开始时，我们通过了一项致资本主义在押人员

---

① 见本卷收入的《土地问题行动纲领》。——编者注

的呼吁书。一个月刚刚过去，我们就收到了几乎所有国家都在进行新的逮捕的消息。在美国、波兰、南斯拉夫、日本，到处都有准备或正在对资本主义进行斗争的我们的同志和工人阶级的领袖被投入监牢。现在是在所有这些国家成立一个政治红十字会的时候了。因此，"俄国老布尔什维克协会"提议，在这次会议上，着手建立政治红十字会，并决定，各国共产党在一切国家建立政治红十字会。

同志们，我们此刻不只要在物质上，而且也要在道义上支持我们被捕的同志。所有的共产主义报纸都要披露监狱中发生的事情，让全体工人阶级都知道，资本主义是如何反对工人阶级的。我以"老布尔什维克协会"名义提出下列决议①，请予以通过。

（鼓掌）

主席：

现在表决柯恩同志刚才宣读的决议，有没有人反对通过这个决议？没有。决议通过。

犹太复国工人党问题

马尔赫列夫斯基（波兰）：

同志们，主席团收到了迄今属于犹太复国工人党的几位同志的一封信。他们通知说，该党的意见分歧已引起激烈斗争，有关同志决定参加共产党。我想先说明一下，执委会曾经在不同场合同这个最近曾自称是共产主义团体的犹太复国工人党进行谈判，以便解决这个党——或者像它现在也自称的那样：世界犹太工人共产主义协会——参加国际的问

---

① 见本卷收录的《关于建立救援被捕人员红十字会的决议》。——编者注

题。由于这个组织内部存在民族主义派别，上述努力已完全失败。

现在，这些同志告诉我们，代表会议已经举行，最后决裂已经完成。退出犹太复国工人党并愿意加入共产党的同志，现在来找国际，以便解决他们的入党问题。这里涉及的主要是这么一些同志，他们现在还在俄国、波兰，可能还在几个东欧国家的讲犹太语的无产者中间进行活动。

我们建议，把了结犹太复国工人党事宜这个问题交给执委会。

主席：

有人反对吗？没有。同意把这个问题交执委会。

（会议结束时间：下午3时）

第二十八次会议

(1922年12月1日)

会议开始:下午1时
主席:柯拉罗夫

托洛茨基作关于法国问题的报告

现在,在我们的议程上,摆着一个极其重要并十分棘手的问题,即我们法国党的问题。

目前,法国共产党正经历着一场非常严重的危机。值得注意的是,这场危机是同法国资产阶级及其国家的危机同时发生的。

之所以说值得注意,是因为一般地说来,资产阶级内部的危机恰好为革命政党的发展创造了有利的形势,而革命的政党往往会从资产阶级社会的危机中汲取力量。

两种危机的同时发生使我得出这样的结论:法国共产党面对资本主义社会仍未取得它在组织上与行动上所需要的绝对独立与自由,从而不能完全自由地、充分地利用上述资本主义社会的危机。后面我们将会更深入和更详细地讨论这一点。

然而,毋庸置疑的这场危机表现在哪些方面呢?

有人指出,它表现在宣传工作的停滞甚至衰退上,我们的报纸、新闻报道,尤其是《人道报》的发行量正在下降。组织机构内部的生活也停顿下来了。

所有这些迹象都是最触目惊心的，同时又是最显而易见和根本无法否认的。

然而，还存在着其他一些现象。派别体系在党内扎了根。毋庸争辩，那些派别之间的斗争，那些尖锐的有时甚至是个人之间的论战，构成了党内这场深刻危机的各种表现形式。

这些表面现象对于我们法国党的发展不具有决定性的意义。

如果我们宣传工作的衰退仅仅是暂时的，如果这种衰退只是下列事实的后果，即我们的党成立初期接纳了一些从思想感情和立场上都不和我们党站在一起的分子，而后党又为了增强和巩固自己的统一，为了提高和巩固自己的共产主义坚定性，清除这些人的话，那么宣传工作的衰退算不上什么大的危险，即使报刊发行量下降也没有什么危险。这也许只是一种由于政局的变化而引起的暂时现象。

毋庸置疑，纵观我们各个党的历史可知，党的发展道路从来不是笔直的，都会不可避免地交替出现低潮和高潮。在高潮的时候，党必须为争取群众发动大规模的外部行动；在低潮的时候，它则必须集中精力，全神贯注地去发展自己的组织，去准确阐明自己的思想，去准备迎接那些不可避免的斗争。

派性和派系斗争在这里起着重要得多的作用。

派系从何而来？谁对这一体系负责呢？

对此有一个形象的回答，一个经常可以在我们法国党的报刊上遇到的答案。诸位大概都知道弗罗萨尔同志吧，我想引用他7月16日发表在《人道报》上的一篇以《这永远没个完》为标题的文章，下面便是文章中的一段话："好像我们是从拜占庭来的！我们是不折不扣的吹毛求疵的人，是蹩脚的牢骚大王！我们不得不为那些看到我们文章的真正的英雄感到无比的遗憾！"

这是一幅十分忧郁的景象。从这几句话中，我们却只看到对党的局势的外部描绘。为什么我们好像是从拜占庭来的人？为什么我们是一帮蹩脚的牢骚大王和一群吹毛求疵的可怜虫呢？这种论断的根据何在？这是一个必须给予答复的问题。人们有时也提出这样一个问题：论战——普遍存在的争论和个人之间的争论——是由哪一方面的原因引起的呢？

那些同弗罗萨尔怀有共同思想倾向的人，常常说左派是这些论战的推动力，同时也是建立派别体系的推动力。那些经常揭露这种派别的同志自己也从属于这些派别，他们把这种派别体系看做不折不扣人为之物，看做没有任何思想基础、与政治能力和政治目标无关的体系。我不揣冒昧引用一下丹尼尔·勒努发表在9月份《人道报》的一篇文章："正如我那位在这一问题上永远得不到答案的朋友迪雷先生所说，党内严重的和重要的派系形成只能在行动中产生，只有通过行动才能实现。"

可见，一方面这些派别激烈地相互争斗，另一方面两派的代表声称，这些帮派不过是以人为的方式组成的，党内真正的派系形成只有通过行动，也就是通过今后的行动才能实现。我以为这个分析并不正确。

首先，人们该扪心自问，既然同志们不承认这些派别的思想形式和政治形式，他们又分别参加党内这三个最重要的派别中的一个，这件事是怎样发生的？

其次，人们还须扪心自问的是：可以在行动中期待，行动会使我们循规蹈矩，不敢越雷池一步，这样一种论点是否无懈可击？

如果仅仅涉及革命的行动，即涉及工人阶级夺取政权的斗争，那么我们同那些分裂主义分子分道扬镳是不对的，因为他们声称：分裂是外来意志所强加的，并不是由于党的自身需要而引起的。

然而，党的全部生活必须是一系列的行动，它们应组成一串行动的链子，而这条链子必须导致最伟大的行动，即无产阶级夺取政权。

假若有人说，已经形成的派别并没有最后确定下来，我们对此表示赞同，同时我以为，我们将决不否认这类观点的正确性。

我相信，人们从来都是根据思想倾向结成派别的，而在革命行动的关键时刻，所有派别的绝大多数成员都会汇合在同一基础之上。确实如此。然而这样的说法，即目前存在的互相倾轧的种种倾向不过是人为的分裂，实际上并不符合法国党的情况。法国党完全是由各种派别组成的，没有这些派别，党便不复存在。法国党内派别的存在和派别的斗争，必定还有其使人信服的原因。

人们认为，派别的组合只有通过行动才能产生。而整整一年半以来，共产国际也正是试图通过行动改组法国党，为了实现这一行动，共产国际提出了两种殊途同归的方法：在工会内部开展的行动以及由工会开展行动和由统一战线开展行动。

为了领导一个行动，人们必须对行动的概念多少有个准确的理解，并得到党内大多数人的拥护。当通过行动来改组党的建议被提出来时，这一行动一直面临种种直接的障碍。人们不允许在法国最重要和最大的组织内部——尽管它们已明显地缩小——采取任何适当的和有组织的行动，也不允许通过统一战线的口号而采取的行动。

这是一个已经老掉牙的真理：在一个国家中，如果没有工人阶级绝大多数人的信任，如果无产阶级从工会和从政治上分为各种派别，如果这些派别的成员无论是在工会还是在党内仅仅是工人阶级中日益微不足道的一部分，那么只有借助于统一战线的口号，即以联合行动的形式才能开展行动。如果人们拒绝这种行动的可能性（它并非人为制造出来的，而是行动本身的一种必要性），他们就等于拒绝了这种行动本身；假若人们仍在派别问题上嘀嘀咕咕的话，那就只会增加不应该出现的矛盾。

同志们知道，去年在国际与法国党即它的多数派之间一直存在着斗争——我不得不使用这一措词。在这一问题上，多数派代表着两派：中派和勒努派。

我们想向我们的法国党阐明关于统一战线的必要性。昨天季诺维也夫同志在大家为解决法国问题而成立的委员会上，提出了一个论点，在法国，人们现在在这一重要问题上，利用这个论点来反对共产国际，即认为正是国际迫使法国党以统一战线的形式重蹈了城堡和平政策①和米勒兰主义的覆辙。在这样一个同时也是法国党开展行动的强有力手段的问题上，已经产生了多么大的误会。

今天，法国资产阶级报刊利用这一论点，这就是为在这次论战中所铸成的错误付出的代价。人们无可奈何地看到，敌人是怎样利用这一错误的公式，怎样将它精心雕琢后又抛到政治市场上去，这是对这场论战的惩罚。我们可以在《时报》上读到这样的话：

"还不能说，这般卑怯的恭顺是否足以平息莫斯科的火气，因为要想跟得上共产国际的政策精神和条文可不是那么容易的，它们总是随着苏联政府眼前的利益以及这一政府领导人所要考虑的情况而没完没了地变化着，以便尽可能地掩盖真正共产主义的失败。"

这一错误公式并不是由资产阶级报刊发明的，他们从我们党某派的一个代表那里借用了这一公式，经过一番精心雕琢，使矛头针对我们全党。

仅在几天前，弗罗萨尔——他同样是反对过统一战线的——还去求助于那些改良主义分子，建议他们根据统一战线的基本原则采取行动。

从分裂主义分子的回答中，可以找到那些我们已经十分熟悉的全部术语，这些词汇我们曾在我们党的报刊上读到过，目前为我们的敌人所

---

① 城堡和平原指中世纪城堡的贵族亲属间关于城堡周围地区不得进行战斗的协议。——译者注

利用。

然而，更糟糕的是，一年多以来，人们竟然等待并容许这些分裂主义分子利用统一战线的思想。现在，在法国无产阶级的眼里，不是我们法国党，倒是那些在这一领域里早就同我们展开较量的分裂主义分子成了这一公式的发起人。读读《人民报》上关于重建统一的工会的文章就足以说明问题了。

所以说，派别体系并不是通过人为的方式造成的，也不是因为接受外来意志的影响偶然产生的；它的基础是形形色色的思潮，这些思潮又是行动的或者缺乏行动的产物，而缺乏行动在法国党内同样不是偶然的现象。

到底由谁来为这一政策负责？对于这一问题，我的回答是：不是由左派，遗憾的是，也许得由共产国际本身承担责任。人们不能行动，因为他们不愿接受这项行动的先决条件。必须用论战来铲除行动的思想障碍。所以是共产国际自己采取了主动，导致这场论争。

为了说明两年来我们对法国党所实行的方针是正确的，我找出了我于1921年6月在执委会扩大会议上所作的关于法国问题的讲话。这已是一年半前的事了。

我必须承认，使我吃惊的是，我们还在原地停步不前。

我只想重温一下讲话中的几处重要的地方：

"人们没有注意到，我们的报纸，我们的讲话在共产党和整个资产阶级社会之间必然要设置怎样的一条鸿沟。没有人注意到这一点。现在工人们必须站出来并对你们说：你们都在那儿干了些什么？你们怎么不使用共产主义的语言？你们的模糊态度比起龙格主义分子的暧昧也好不了多少，实质上你们和他们都一样。"我要补充的是，在这里，人们还必须看到这样一个事实，并应该对它有正确评价，即党对工团主义分子所采取的态度是完全错误的。

下面的话是:"所以,我们必须友好而又坚决地告诉法国共产党:在你们还未意识到形势是否有利的时候,我们不要求你们采取任何革命的行动。我们仅要求你们,不仅在形式上而且在你们的行动上,在你们的思想上,在你们的感情上以及你们整个的态度上,与你们过去对待资本主义社会及其机构的态度、与它的联系和关系永远地决裂。"

难道这些话听起来不像这些日子里我们在讨论共济会时所作的发言吗?

接着还有:"我们只要求你们,将自己的革命意志处处表现出来,在你们的报刊上,在议会里及工会中表现出来,并最终在巴黎的街垒上以最高的形式表现出来……"

我们就是这样向执行委员会阐述这一问题的。我只代表了执委会中的1票,执委会在这一问题上意见是完全一致的;这件事已过去一年半了。我们为了维护代表着未来的革命精神,同代表过去的保守主义思想进行了斗争。我不能说,我们的努力都是徒劳的。党内确实还是起了一点变化。目前这场无疑是令人十分不快的危机给了党内的保守主义一个致命的打击。

当然,如果党不具备克服这一危机所必需的力量,它就可能在法国无产阶级的整个革命的发展中导致一次倒退。然而,我们没有任何理由把法国党目前所面临的种种可能性都看成是悲观的。我重申,这场危机的内容一方面是这场论战带来的结果,另一方面是共产国际同保守主义进行斗争带来的结果,而危机的尖锐性,危机的整个特性,就在于保守主义非常强大,甚至可以说过分强大。

我们把一些习惯做法带到图尔代表大会上去,而这些习惯做法又不想对共产主义行动习惯做法进行让步。派系思想产生的根源就在于此,这只不过意味着未来同过去的斗争,或者意味着一种正在寻求方向的、介于两者之间的倾向。

人们经常指出，党自身的许多因素阻碍了党更迅速地发展；人们也指出了法国的传统和法国工人的个人主义。某些历史学家往往撇开党的善恶不谈，而仅仅描写阻碍党的发展的原因。但是，一个立志成为战斗的党的政党决不能仅仅站在这些历史学家的立场上。

　　这里我要引用瓦扬-库蒂里耶同志的一个精彩的论断。他说：你们声称，你们在同那些充满了个人主义思想的工人打交道，并声称这种个人主义思想阻碍了一个革命政党的建立。但是大战期间，资本主义社会在法国个人主义面前退缩了吗？这种个人主义对那些社会爱国主义者来说是一种障碍吗？绝非如此。恰恰相反，他们借助于警察和现役军队，主要是借助于公众舆论，对法国工人的所谓的个人主义不断施加压力，并把他们拖进战壕长达四年半之久。众所周知，这种个人主义一旦涉及资产阶级的利益，是如何被战胜的。但是，如果为了无产阶级的利益去克服这种个人主义的话，它对我们来说又当真是不可战胜的吗？

　　我们必须驳斥这种论调。诚然，在每个工人身上都有相当严重的个人主义的一面。法国工人身上的个人主义大概比其他国家工人身上的个人主义强烈得多，这主要得归咎于法国的历史传统。

　　然而，法国工人阶级又有其豁达的一面。我们必须懂得号召人们发扬这种豁达的精神，只要我们向法国工人指明行动的前景，他们就会无私地、忘我地投身于这一行动；诸位将看到，只要斗争需要，他们不仅能牺牲自己的物质利益，而且还能献出自己的生命。

　　但是，我们必须具备这方面的能力。如果我听到一个共产党人说：一切都无济于事，工人的个人主义思想太严重了！我就会对他说：这种说法只能招致人们对党或某一派别产生不信任，并表明它本身的无能为力。

工会问题

这次代表大会期间，我们就工会问题谈了很多，我们在中派和勒努派那里，遇到了在巴黎代表大会的记录里已有所反映的同样的障碍。

我想援引一下工会代表团成员雅科布同志的一些言论。他在巴黎大会上的讲话是非常有特色的和十分重要的——不过客气点说，也是完全错误的，并且错误到了近乎危险的地步。

雅科布同志是个党员，同时也是工会组织中颇有能力的成员。他就党在工人运动中应起的作用描述如下：

>"党不得干扰工会的行动，中央委员会决议中的某些章节只会妨碍工会的行动。曼努伊尔斯基所听到的关于勒阿弗尔罢工的报道是错误的。弗罗萨尔和罗佩斯说共产党在罢工中没有履行它的义务，而我们认为，党与此事毫不相干……"

这是一个非常危险的观点。人们可能会说，这不过是一种感情冲动而已。也许是吧！这样的失言也的确极大程度上反映了党的整个精神。有那么一些党员——当然不是那些善意的工团主义者，如蒙穆索或莫纳特——向党叫喊："你在勒阿弗尔罢工之类的事件中无事可做！"

你们大家都知道，勒阿弗尔市的市长迈尔这样一位资产阶级激进分子和已经去世的议员齐格弗里特都介入了勒阿弗尔罢工事件。此外，彭加勒的军队也介入了，这就是政治。只有一个党没有作为政党介入这次罢工事件。当然，这个党为罢工者做了很多事：通过认购公债募集了数量可观的资金，写了大量文章。但是，作为一个善于提供建议的组织，作为一个不用违背工会行动就可以出面的组织，作为一个能向工人表明其政治观点的组织，作为一个可以向工人说，我们是来帮助你们的，我们随时准备满足你们的要求的组织——从这个意义上说，党没有作为一个政党为勒阿弗尔罢工做过任何事情。

有些地方上的工会干部说（我是从在座的同志们那里听说的），不要让我们在政府面前丢丑，政府会指责我们发动共产党的罢工，也许甚至会说是莫斯科指使的。

随后，党在这种论调面前，悄悄地溜走了。

我很理解，有可能出现一些情况，在这些情况下，党在罢工期间甚至允许向群众或者地方代表的最落后的观点妥协。不过，后来人们本该在《人道报》上写清楚，我们已向勒阿弗尔罢工的领导人表示愿意尽力；他们给我们的答复是，我们已同迈尔和齐格弗里特建立联系，别让我们出丑了！我们便对他们说，注意，这是个圈套！你们在同资产阶级职业政客打交道，他们会背叛并出卖你们的。在伟大斗争的关键时刻，只有一个政党会同你们一道前进，这就是共产党！

假如你们从勒阿弗尔罢工的第一天起就说了这些话，假如你们在罢工的发展过程中，在8月28日的悲剧事件之前及在大屠杀之前说了这些话，你们的权威就会大得多。因为人们起码会知道，你们预料到了事件的发展进程。

然而，不是。我们屈服了。弗罗萨尔同志说过："党在这一领域里无事可做。"一位担任工会工作的党员竟声称：党在那里无事可做。

这是一种多么悲惨而危险的情形啊！因为这离埃内斯特·拉丰同志的观点仅一步之遥了。拉丰同志在巴黎代表大会上的讲话是以拉葛德尔主义为根据的。你们大家都知道什么是"拉葛德尔主义"；它绝不是工团主义，不过是工团主义中各种思想渣滓的大杂烩，并同空头政治混杂在一起。埃内斯特·拉丰宣称，工会是一种次等工作，而我生来就是做这种次等工作的人。

拉葛德尔曾是一个伟大的哲学家，他现在是资本主义机构中的一名职员。有些人在党内继续搞彻头彻尾的机会主义、改良主义和非革命的行动，他们依仗的是所谓"应该撇开党去闹革命"的哲学，埃内斯特·拉丰还发现了一个绝妙的公式，他说，我们当律师的干吗要插手工会的事情？

雅科布同志既非律师，又非拉葛德尔分子，而是一个优秀的党员和有工团主义思想的好工人，但他也说："是啊，党在那里没什么事可做。"

这种巧合实在是太危险了。

我在我的朋友莫纳特和卢宗以及尚贝朗等同志共同签署的一项声明中也多少发现了这种巧合。

莫纳特同志不是党员，因而人们可以理解他说的话："我们是革命的工团主义者，也就是说，我们承认工会在无产阶级争取解放斗争中的主导作用。"

这种声明不久前即巴黎代表大会刚刚结束以后，还在罗斯默同志主编的报纸《阶级斗争》上发表，同时附有一个编者按。

我能够理解党外人士莫纳特的这类主张，可是，身为共产党员和统一总工会执委会委员的卢宗、尚贝朗、克拉韦尔和奥利昂热也有同样的主张，这就使我费解了。

"我们承认工会在无产阶级争取解放的斗争中的主导作用"这话是什么意思？是指什么样的工会呢？我们知道，法国有形形色色的工会。是茹奥主义分子的工会吗？当然不是。或者是蒙穆索同志领导的工会吗？也许是的。他们想使两个工会联合起来，想促成两个工会的合并。今天，蒙穆索同志担任着统一总工会的总书记职务，然而昨天，这个统一总工会的管理委员会曾经被操纵在贝纳尔和韦迪耶等这个同盟创始人的手中。

无产阶级难道能在这些人的领导下向革命的目标进军吗？难道能在他们的领导下干革命吗？你们真的以为工人阶级的领导作用应该落到工

会的肩上吗？你们真的以为，这个由改良主义分子、脚踩两只船的人和由那些不愿接受党的纪律和理论约束的共产党员领导的工会是世界上第一个工人组织吗？或者真的是我们所支持的那种充满了共产主义思想的工会吗？你们利用工团主义的公式，阉割了工团主义的革命内容和思想内容，宣称工会是世界上的头等大事！

当然，如果有这样一个工会，即由工人阶级中最优秀、最有组织性、最有觉悟的、具有代表革命斗争利益的理论思想的分子领导的工会，那么，它无疑是个优秀的工会。然而我们现在还没有这样一个工会，尤其在法国还没有。必须首先建立一个这样的工会。通过什么样的方法来建立呢？通过党内外同志的合作。我们必须把工人阶级的优秀分子组织起来，向他们灌输共产主义思想，并让这种思想渗入所有工人组织的灵魂之中。

你们应该让那些不是党员、不是革命者并且抱有落后偏见的工人——例如那些信奉天主教的工人——进入工会。你们不得不这么做。如果工会里只有共产党员和那些由于某些偏见尚未入党的工团主义分子，如果工会仅仅由这些人组成，那么，工会的存在就没有任何价值，因为这样一来它只不过是党的翻版。

然而，情况可能还会更糟糕，因为党比工会更为均质，或者必须拥有最低限度的一致性，在工会里有不服从党纪的共产党人，同时又有没有加入党而又惧怕党的工团主义者，工团主义分子需要分析自己的思想和方法，但在任何一个政党里，他们都不能这样做。

如果工会仅仅是这样组成的，那它就是一个政党的拙劣翻版。

工会的意义在于，它的大多数成员是一些尚未受任何政党影响的人，或者必须由这样一些人组成。但是很显然，工会包括了不同阶层的人：有的阶层有很高的觉悟；有的有一定的阶级觉悟，但还抱有某些偏见的残余；还有的正在试图培养自己的革命觉悟。

到底应该由谁来担负领导工作呢？

我们不应当忘记这个同盟的作用。它必须是每个法国工人，甚至包括那些最落后和最幼稚的工人的榜样。我们一定要向他们讲明事实，让他们了解真相，由于党在工会领域内的工作缺点，一些无政府主义分子或一些持无政府主义观点的分子搞了一个秘密"同盟"，企图夺取运动的领导权。工会应造就一批感到需要有指导思想的优秀分子。这种指导思想不是自发产生的，也不是从天上掉下来的，这种指导思想必须具有连续性，必须受到经验的验证、分析和批判，而这一工作必须由党来完成。

目前人们对我们提出的最大的意见，就是我们要求把工会置于党的领导之下。

不错，我们是要使工人阶级的意志服从革命的思想，这就是我们的追求。断言我们可以借助某种并非建立在工人本身的自由意志的基础之上的外来压力来进行工作，或者断言党拥有可用来对付在人数上比党强大，或者至少必然比党强大的工会的强制手段，是很愚蠢的。各国反动派总是喋喋不休地断言，党和工会企图使工人阶级屈服于它们自己的意志。

让我们看一看在法国，在德国，在任何地方，甚至在美国出版的一些最反动和最恶毒的报纸吧！到处都可以听到千篇一律的论调。按照这些论调，工人组织违背工人阶级的意愿强行采取被证明是必要的行动，但由于它们耍了手段而导致工人阶级屈从于这些组织。

这些工人组织对此是怎样答复的呢？它们宣称，不对，我们始终效忠工人阶级，我们赢得它的信任。工人阶级中的先进分子加入了工会；广大群众在斗争中也支持工会并逐步加入工会。

党的情况不也是如此吗？我们要极力赢得工会组织中的工人的信任。难道这些不是我们的权利和义务吗？即在每一个行动中，尤其是在那些困难的行动中，作为这种行动的最勇敢的领导者，站在工人的前面，激励他们，鼓舞他们，并承担最艰巨和最有风险的工作，用以证明共产党人无论何时何地都是革命斗争中最忠诚的战士。

这难道不是我们的义务和权利吗？

关于这一问题，诸位可以读一读苏蒂夫同志在巴黎代表大会结束后写的文章，这篇文章发表在上期或上上期《共产主义通报》上。在法国，人们以一种独特的方式批评共产国际，即在服从国际的同时狠狠地打击左派，尤其是在那些左派最忠实地代表了国际的思想的问题上。苏蒂夫写道："这个决议——那是我认为很出色的罗斯默决议——宣称：共产党'**确信自己最好地表达了工人阶级的愿望和最有能力保证工人阶级获得解放！**'当然，中央委员会的大多数同志否决了这一提案。"

一个声称要最彻底地为工人阶级服务的党的中央委员会必须"理所当然地"驳斥诸如此类的声明。一位中史委员在我们党的一份机关报上就是这样写的，他指责左派胆敢断言，说我们的党能够最彻底地为工人阶级服务。

这一切都十分令人费解。如果我们让自己的中央委员在党的机关报上如此出我们的丑，那么我们还能赢得工人阶级的信任吗？人们对此能历时数周地忍受下去吗？一个力图赢得工人阶级信任的具有生命力的党，真应该立即给这篇文章的作者讲一讲共产主义的起码常识。

这类文章已不是第一篇了，这不过是我们在信件中，在会谈时和电文中揭露出来的一系列文章中的一篇。

这类文章产生的后果我们已在勒阿弗尔的罢工中看到了，尤其是在这场罢工接近尾声时，即在8月28日惨案之后发生的大规模抗议罢工中看到了。

大家都了解所有这些事件。勒阿弗尔罢工持续了110天，最后以一场大屠杀告终。4位工人惨遭杀害，很多人受了伤。我想给大家看几个关于法国工人运动史的文献，它们都是从《人道报》上剪下来的。这里有统一总工会和工会塞纳联合会的号召。这个号召刊登在星期一的《人道报》上。它向工人阶级报道了勒阿弗尔大屠杀，后面附有一篇题为《星期二，即第二天的24小时总罢工》的编后语。文章补充说："建筑工人工会把总罢工定在今天。"也就是星期一！

正如雅科布同志所说的那样，党与这次勒阿弗尔罢工毫不相干。罢工是一个经济问题。人们出于"经济原因"杀害了4名工人，又由于纯粹的工会问题打伤了一些工人。这样一来，便由经济部门来处理这一事件：首先，建筑工人工会"即刻"也就是刻不容缓地破坏了这一行动。它全力以赴地投入了它所号召的总罢工。

统一总工会干了些什么呢？它向建筑工人工会屈服了。为什么呢？因为它不能把自己的位置让给无政府主义者。这些无政府主义者把自己标榜成比谁都革命的革命者，并声称：我们发动了这场总罢工，而工团主义者即统一总工会的那些半截子共产主义者却破坏了我们的这一伟大行动——这根本不是什么行动，只不过是当时发布的一个口号而已。

人们向严重的错误屈服了，尔后党又干了些什么呢？它向统一总工会低头了。一连串的错误！是谁开的头呢？是几个也许并非有多大过错的青年无政府主义者。他们去找自己组织的中央机构并且说：必须有所行动！他们在那里找到的一位同志，他回答他们说：可不是嘛，必须采取行动。我们将宣布进行总罢工。

统一总工会顺从了。党在勒阿弗尔罢工面前束手无策，它在这场勒阿弗尔工人和强大的资产阶级社会的冲突中完全成为一个多余的机构。这个党干了些什么呢？它顺从了统一总工会。真是一错再错！

结果怎样呢？崩溃！彻底的失败！为什么？因为事情的结局早已注定，因为命该如此。我给你们看的剪报上的这些文章想要动员法国工人阶级从星期一至星期二就掀起一场总罢工。这可能吗？

即使在俄国这样一个国家里也是不可能的。在这里，我们拥有电信网和电台设备；在这里，党的实力雄厚，工会与党步调一致；在这里，没有任何其他的党和工会与我们的党和工会作对，即使这样，也还是不可能的。因此，在诸如为纪念第四次国际工人代表大会举行游行之前，就应首先阐明究竟什么是第四次代表大会。在士兵中有一些人参加了11月7日的游行，当他们群情激昂地从你们面前走过时，你们大概都看到他们奔放的热情。这种热情是怎样产生的呢？那些人当中有一些农民小伙子，他们不十分通晓地理，不了解法国目前的局势，不知道俄国以外发生什么事情，所以人们必须向他们阐明第四次国际代表大会的意义。然后还要求他们做什么呢？让他们在外国代表们面前走过去，并向代表们致以他们兄弟般的问候就行了。

你们要求法国工人阶级总罢工，你们本来应该向工人阶级讲明当时勒阿弗尔事态的发展，而不能满足于"杀人的政府"这个简单的字眼。

法国人比任何其他国家的人都更善于制造这一类公式，对此他们很在行。当时确实有必要向每个男女工人、每个农业工人以及每个男女农民讲明在勒阿弗尔发生了什么：在那里战争夺去了150万工人的生命，紧接着又有4名工人被杀害了。本来应当尽可能地展示这些死者及其子女的照片。你们应立即派出一批了解这一问题和熟悉工人生活的记者，派出一些能去探望死难工人家属的同志，分担他们的痛苦，讲述工人阶级整个令人震惊的历史。

在当时，本来非常有必要在巴黎乃至全国立即动员上千名优秀的共产党人和革命的工团主义者，与统一总工会携起手来，将他们派往各地，不仅派往巴黎的各个角落，而且派往全国，派往各个城市和平原地区，让他们在那里开展一场深入的宣传工作。与此同时，本来还应印发200万—300万份乃至400万份传单和号召书，向工人阶级报道这一事件，并且必须说明：我们决不会毫无抗争地放过这一罪行！

难道大家为了这一目的非得举行一次 24 小时的总罢工吗？不是。必须通过一场深入的、旨在说明事件真相的宣传，把整个工人阶级发动起来。必须向工人阶级简明扼要地阐述一切，这是头等的先决条件。

人们为什么没有这样做呢？因为人们害怕工人阶级的怒火不会持续三五天。这种完全不信任的态度表现了我们革命的工团主义者和我们的一些共产党人对工人阶级所抱有的那种官僚主义的不信任态度。（掌声）

当时的确应该向工人阶级讲明事实，然而，加来海峡的同志们已经去矿井上班，事后才得知他们应该罢工。当然，这一行动无疑从一开始就陷入了瘫痪状态，并丢了面子。我不禁要问，那个故意想让这次行动丑态百出的人就不能不这么干吗？

这样——当然不会永远如此——却救了那些分裂主义分子、改良主义分子和茹奥主义分子的驾。为什么这样说呢？道理很简单，同志们。当法国资产阶级杀害 4 名工人时，不是把资产阶级的朋友即分裂主义和改良主义分子也推入了极为困难的境地吗？他们用某些改良措施、用全国阵线的思想以及用茹奥参加资产阶级为改善工人的命运而召集的大会这一举动，还是能够蒙蔽劳动人民的。所以，这次勒阿弗尔大屠杀对我们的敌手来说简直是一个致命的打击。

我们究竟应该做些什么才对呢？应该在一两周之内的每一期《人道报》上，动用一切可能的宣传手段和一切合适的鼓动手段，应该质问改良主义总工会和分裂主义分子："你们现在还有什么招数吗？尽管我们是无产阶级专政最忠实的信徒，但事情并不涉及无产阶级专政，我们也不建议你们建立这样的专政。但是，要反对刚刚杀死我们 4 名工人的资产阶级，你们有何高见？要反对这个政府即彭加勒，你们有何见教？"

这是一个本来应该天天讲的问题，应该让党和工会的宣传鼓动家们到街头巷尾去，到全国的各个角落去，到哪怕只有一两个工人的村庄去，在一两周内反复讲这个问题。如果实际上那样做了，这倒真有可能成为工人运动史上的一个重要阶段。然而恰恰相反，这一局势被破坏了。人们疯狂地号召要立即举行一次罢工，他们没有以这种方式在星期一宣布要在星期二举行的总罢工，因为这无疑会给那些分裂主义分子和改良主义分子提供退缩的借口，他们会说：我们将不参与这类冒险活动。

由于这次总罢工从一开始就丑态百出，他们才决定给死难者发工资，但是他们并没有执行这一决定。然而，他们的被动所造成的罪行已到处被人们遗忘了，因为全体工人的注意力都集中到那次由于采取危险的方式而丢了丑的总罢工上面去了。

事后《时报》这样写道："这次总罢工的失利预示着一个令人鼓舞的前景。"

《时报》说得不错。《人道报》也解释道：资产阶级企图好好利用一下工人阶级这一前所未闻的消极被动。

这是一次令人震惊的失败；但是，事后还要说这是一次伟大的成功，由于这一观点实在站不住脚，有人又继而解释道：资产阶级想利用工人阶级这一前所未闻的消极被动局面。他们总是把责任推卸到工人阶级身上。这也暴露了法国统一总工会和工人阶级的一个弱点，人们把失败的责任归咎于工人阶级——而工人阶级是不会继续容忍这一做法的。它必然会要求自己的领导人认真分析自己的错误，以便能从斗争的经验中学到一些东西。现在确实是该这么做的时候了，同志们。

我们在法国曾经有过一次大事件，这次抗议罢工只不过是那次事件的可悲的重复而已。那就是1920年5月1日的运动。那时候党还不叫"共产党"，工会内部尚未发生分裂，政治方面和工会方面实力相当。左派分子还没有做好行动的准备，右派分子则竭尽全力，要使这一运动出洋相，并通过他们的叛变而扼杀这一运动，不过他们没有得逞。大家都知道，1920年5月1日在法国战后历史上具有什么样的意义。

工人阶级的热情突然下降,而资产阶级统治的稳定性骤然增强。这次大罢工失败后出现了重大变化。

这一十分深刻的教训已过去两年零三个月,而现在这种罢工又以大规模罢工抗议勒阿弗尔大屠杀的形式重演了。失望无疑会接踵而来,其结果则是工人阶级陷入消极状态,茹奥的改良主义和工团主义不可避免地出现保守倾向。

为什么会出现这种情况呢?因为党不懂得用自己的建议去帮助运动,没有介入运动,没有阐明目前的形势,没有宣传自己的主张,也没有要求我们那位不是党员并且反对党与工会有机联系的蒙穆索同志去决定怎样行动。当时人们应该对他说:你们建议在明天,也就是说在星期二举行总罢工,但是,这是根本不可能实现的;你们的那种做法只会使罢工丢丑,又会给工人阶级的斗争造成不利的形势。

我坚信,蒙穆索同志听了这话一定会说:我准备同你们商谈,不过我的组织是独立自主的,它会作出它认为合适的和正确的决定。

坐下来认真分析一下形势并彼此交换一下意见,这在当时难道是没有必要的吗?

很有必要,因为统一总工会除了顺从建筑工人工会的建议之外,竟然一筹莫展。事情的结局我们大家都看到了。在工人阶级的斗争中,时间是最为宝贵的,我们自1920年5月1日以后却失去了一个月又一个月的时间,失去了不仅几个月的时间。然而资产阶级没有浪费时间。我们明明浪费了两年的时间,居然还有些同志说我们赢得了这段时间。

在巴黎代表大会上,我们的弗罗萨尔同志用下列措词描述了党同共产国际的关系:"我们必须赢得时间。"

这位党的总书记早在图尔代表大会时就是书记,因而最有权代表党说话。《人道报》上发表了他的一篇题为《危机》的报告,其中有这样的话:

"这场危机的原因何在呢？两年来，我把自己的忠诚一半奉献给了国际，另一半则献给了我们党的利益。我自己时常不断地经受责任感危机的搅扰。在我身上可以看到一种前后不一的表现，这是因为对我自己都没有把握。"（经久不息的掌声）

于是，当这位最有权代表党的同志说出"我因自己既得忠于国际又得忠于党而心分两半"时，他赢得了人们的喝彩。因此就存在着两种不能并存且又互相矛盾的忠诚，他接着说："假如有人说，在我身上可以看到摇摆不定，看到两种不同的态度，这便是因为对峙的双方把我拉来拉去而造成的。"据《人道报》报道，这个讲话赢得了长久而热烈的喝彩。

弗罗萨尔同志接下去说道：

"面对国际某些行不通的决议，我要力求赢得时间，我不得不这样说。我宁愿这样做，而不愿毁坏我们的党。"

如此说来，在共产国际和法国共产党之间存在着一种对立，党的总书记则处于这种始终不断的冲突的境况之中。所以，他为了不毁掉自己的党，便首先要争取时间。多么真诚！每当我读到这一段话时，总是激动不已，这真令人感到惊奇！

怎么会这样呢？两年来一直服从国际的领导，末了却宣称国际的这个或那个决议会有把他的党毁掉的危险。那么何必要参加国际呢？不可理解！

当我拿到有关的那期《人道报》，第一次读到这段话时，我便对自己说：这是准备同国际决裂啊！

我们对弗罗萨尔同志是有足够了解的。他不是一个感情用事的人。他是一个遇事能冷静考虑的人。如果他并非随便说说，而是作为总书记在召开的代表大会上这样宣称，两年来他除了争取时间外，没有干别的，因为国际通过了有损他的党的决议，那么我不禁要问：人们除了把这话理解为准备同国际决裂，还能理解为别的什么吗？（掌声）

要是观察一下他讲话之前所发生的事实，事情就愈发严重了。在弗罗萨尔签署并递交到党代会的那个所谓弗罗萨尔—苏瓦林提案中，我们读到如下内容：

"根据经验，我们不得不承认：老党残留下来的社会民主党思想以及对共产国际某些决议的错误理解，损害了年轻的共产党的强大与完善。"

这就是说，有人在党代会前夕的提案中说，对国际决议重要意义的曲解，首先使法国党受到了危害。

这里指的是那些关于统一战线问题和工会行动问题决议的意义。弗罗萨尔在上面签了字，然而决议上的签字墨迹未干，他就站在讲台上向下面的听众宣称，来自莫斯科和共产国际的决议威胁着党的生存。

谁要是能理解这种行为，我要请他出来给大家解释一下。我们曾试图从能说会道的弗罗萨尔同志那里听到关于这一行为的解释。我们向他发出了邀请，并以信件、电报，甚至以执委会决议的形式不断重复这一邀请。遗憾的是，我们的努力都是徒劳的。尽管如此，只要能对这一在我们看来前后既不一致又不十分明确的行为得到一个解释，我们也将是十分高兴的。

为了使大家对国际与法国党之间的关系（主要是与其中央委员会和总书记的关系），至少有一个简明的认识，为了向大家说明执委会究竟是怎样使法国共产党的生存受到威胁的，请大家允许我在这里宣读一下我们曾发出的信函、电报和决议的清单。这当然是一个极为枯燥、索然乏味的东西，一个目录单。我不在这里提那些我自己写的私人信件，这些信的副本已散发给大委员会的成员了。它们是以我个人的名义写的，但都是经过执委会同意并取得完全一致的意见后才寄给法国同志的。

因此，我在这里只列举那些正式文件。

1921年6月，执委会召开了一次扩大会议，会上我讲了话，刚才我已向你们援引了这次讲话中的某些主要段落。

1921年7月，执委会在第三次国际代表大会后作出了关于报刊检查、工会工作以及关于解散共产国际委员会的三项决议。

让我们来看看这些决议吧。也许是关于报刊检查的决议，即关于处理法布尔和布里宗事件的决议（这两个人利用他们党员的威信进行有损于党的荣誉的个人活动）威胁了法国党的生存吧？难道说，中止那种一边在共产党内担任极其重要的职务，一边又与毒害人民的资产阶级报刊合作的勾当没有用处吗？

依我之见，这项决议丝毫没有威胁法国党的生存，它顶多只是危及了法共内部某些野心勃勃的记者们的利益。况且，这项决议根本就没有得到贯彻。

有关工会工作的争论，我已向大家谈了一些。

这三项决议中只有一项得到了贯彻，这便是那项关于解散共产国际委员会的决议。

要说我们犯过什么错误——我们的确犯过不少错误，那么我认为，我们最大的错误就是有点儿过分地相信了法共当时的领导同志的忠诚。

1921年7月26日，执委会在给法共中央委员会的秘密信件中，就党的议会工作、党同国际的关系、《人道报》关于议会的报道（马尔特·比果已在委员会中就这个问题讲了几句话，这些话证明了我们的批评是正确的）、同工团主义分子的关系、工会工作、中央委员会的改组（当时我们第一次书面提议成立那个可怕的寡头机构即中央委员会政治局）、党的机构、《人道报》的不足之处以及报刊检查等一系列问题，提出了一些善意的批评和建议。

邀请弗罗萨尔和加香来莫斯科。

1921年10月1日，国际致电法共，要求党派弗罗萨尔来莫斯科。

1921年12月15日，执委会向马赛代表大会发出公开信，公开信就党的领导工作上的弱点、纪律问题、工会政策、报刊检查、右倾问题以及《人民新闻报》的问题提出了一系列批评和建议。

这还远不是事情的开端，事情早在第三次代表大会期间与代表团会谈时就开始了。然后当法布尔的问题第一次被提出来时，报刊检查的决议才于1921年7月得以作出。第三步是在1921年12月15日。无疑，我们把法布尔的作用"夸大了"，现在那些遭到了驳斥的人全都一窝蜂涌到《人民新闻报》那里去了。于是，那里便鼓起了一个大脓包，不过这次它长在党外，是受了那帮臭名昭著的郊区各镇镇长的影响的。

以上批评和建议还针对党进入企业的问题、吸收工人参加企业管理的问题以及党对国际的活动漠不关心的问题。

再则，1921年12月19日，国际在写给中央委员会的秘密信件中，就下列问题提出了批评和建议：党对《人民新闻报》的容忍态度；拒不执行国际决议的问题（这是第三次提出这个问题了）；党对布里宗和《浪潮》报的容忍态度；党同国际的关系，以及党的执行局或政治局问题。

诸位总是问我，为什么不提他们的答复呢？对此我不得不告诉你们，我们没有得到过任何答复，他们连一点儿回音都没有给过。

1922年1月9日，执委会作出关于马赛辞职事件的决议，发出要求法国党派5名代表来莫斯科的电报。

1922年1月15日，鉴于危机问题，再次发电邀请法国代表。

1922年1月23日，发电邀请弗罗萨尔和加香，并告知他们，已把法国问题列入了2月份执委会扩大会议的议程。

1922年1月24日，致电强调弗罗萨尔和加香与会的必要性，并强调指出他们的缺席将会给与会者留下不应有的印象。

1922年1月27日，致电要求弗罗萨尔到苏俄来，指出"他的缺席将给整个执委会留下极坏的印象"。电报还通知说，执委会扩大会议将推迟几天开幕，以便弗罗萨尔能及时到会。

在那些日子里，我们一方面准备把法国问题提交国际处理，并交给各党讨论，另一方面我们每天早晚都要互相打电话询问：

"托洛茨基，您认为他会来吗？"——"我怎么会知道？"

"季诺维也夫，您看他会来吗？"——"不知道。"

大家等待着，频频发着电报，到底是怎么回事？那时我们要是能立即赶到巴黎，去同那里的朋友们共同商讨问题的话，那我们每一个人都会争先恐后地跳上火车。（掌声）

不过，这一切都是为了讨论、分析法国党面临的一些难题，以期能予以解决。我们一直试图请到他们最有权威的领导人和我们共同商讨这些问题。因此，我们向法共发了这5封电报，邀请它的领导人到国际来，来解决法国的问题。

与此同时，拉狄克在柏林找了加香，并极力劝说加香前来莫斯科。

1922年2月，执委会扩大会议作出了关于法国问题的决议，决议对机会主义、左派集团、小资产阶级的和平主义思想、党对工团主义的无所作为、党的领导不力以及联邦主义思想进行了批评。

责成中派代表团开除法布尔。第四次提出让在马赛辞职的同志复职以及实施马赛工会纲领的问题。

1922年4月，法国党的全国委员会成立。

1922年5月9日，执委会开除法布尔（这个问题被第五次提出，援引了国际章程第九条的规定）。

1922年5月12日，国际在给法共中央委员会的秘密信件中就下列问题提出了批评和建议：

右派的影响日益扩大；

法布尔事件中的被动状态（第六次提出这个问题）；

《人道报》对那些迫在眉睫的问题表示沉默；

对无政府主义分子和工团主义分子不采取任何行动；

对统一战线的敌视态度、《人道报》和《国际》的宣传攻势是对共产国际行动的破坏；

党对共产国际的决议采取无纪律态度；

在执行曾由各个法国代表团在莫斯科投了赞成票的决议时表现出来的恶意；共产国际重申它已经采取过无数次关于和解的步骤；

要求澄清法国党同国际的关系。

同时，发电要求弗罗萨尔参加6月份的执委会扩大会议。

1922年6月，执委会扩大会议就下列问题作出决议：

党的组织机构问题；

内部纪律问题；

塞纳联盟问题；

工会问题；

统一战线问题；

左派集团问题；

党报党刊问题；

党内派别问题；

谴责丹尼尔·勒努；

法布尔事件（第七次提出这个问题）；

党代会；

中央委员会宣言的必要性；

1922年7月，三次发电报要求法共开除韦弗伊、马尤和拉丰。

1922年7月，就下列问题致函塞纳联盟：

联邦主义与集中制问题；

国际章程第九条；

法布尔事件（第八次提出这个问题）；

纪律问题。

1922年9月，国际在致法国共产党第二次代表大会的贺信中谈论了历次信件中提出的全部问题。

1922年10月6日，就下列问题向巴黎代表大会发了补充信：

就二十一条的重新表决；

开除韦弗伊的问题。

1922年11月，再三电邀弗罗萨尔和加香莅临第四次代表大会。

我枯燥无味地列举了一年半以来我们发出的信件、电报、建议和批评，我们几乎从未就此得到过任何反应和答复。这就是我们的弗罗萨尔同志声称要争取的时间。我们说，这段时间将作为损失载入法国党的历史，而这要归咎于当时党的负责同志的消极被动和在经济上、政治上的无所作为。

在我列举的种种建议中，究竟哪一条损害了法国党的利益？要是有人能告诉我那该多好啊。

开除法布尔是理所当然的和不可避免的，为什么非要在这个问题上以及在报刊、政治局，尤其在工会统一和统一战线等问题上赢得时间呢？

诚然，国际的成员也不是从不失误的；没有人对此持怀疑态度。但是谁能向我们证明，国际在这些提案、建议和决议中犯了错误呢？错误究竟在哪里呢？当人们无视国际的这些提案和意图时，那么，最好告诉我们，他们为法国党干了哪些好事！请向我们证明一下，他们是赢得了时间而不是失去了时间！

如果党的总书记自己都宣称，面对威胁着法国党生存的国际，他已赢得了时间，那么不言而喻，那些长期从事宣传工作的党员也会这样说并这样做的，只是表达方式简单一些罢了。于是便出现了这样的事情：奥克莱尔同志向青年们说，共产国际的决议，用他自己的话说，依据的是"无稽之谈"。

当我们问弗罗萨尔，他到底有没有委托奥克莱尔从事宣传工作时，他回答说，这不过是临时性措施。这话是对的。

现在让我们看看巴黎代表大会以后的事情吧：这位同志依然被留在原来的位置上。当我们为此告诫我们法国的中派同志时，他们回答说，你们太过分了！这就是说，我们在法布尔问题上过分了，在奥克莱尔问题上过分了，我们在对统一战线和工会行动的要求上过分了，在报刊问题上也过分了，我们总是太过分。

然而，一种反共产主义的思想一旦表现出来，正如在法布尔和奥克莱尔身上或在同资产阶级报刊合作过程中表现出来的那样，自然会遭到我们的反对。逐一观察一下这些事实，我们便会发现，每一事实都深深地扎根于党的最基层。谁要认为它们是无关紧要的，那就错了，因为所有这些迹象都是一个党的战士所不能忽视的。诸位认为什么是一个非共产主义者的确切标志呢？如果弗罗萨尔声称国际的决定威胁着法国党的生存，奥克莱尔也补充强调说，国际是根据一些流言飞语制定了各项决议，那么人们便可以从中悟出，那些消息闭塞的党内较低层的组织得到的是什么样的启迪和教育啊。

我们这里有了关于路易·塞利耶同志（请不要把他与已被开除出党的亨利·塞利耶混淆）的一些极为珍贵的资料。路易·塞利耶曾一度是党驻莫斯科的代表。现在他已返回法国，并被提名为党的副总书记。这也表明，这位同志在法国党内是深受敬重的。我们在莫斯科认识了他，对他也有同样的高度评价。

1922年8月27日，他在《人道报》上发表了一篇题为《让我们首先消除那些荒唐的神话吧》的文章，文中这样写道：

"我们有那么一些非常恶毒的同志。他们先是手按着心口，信誓旦旦地表白，他们在过去和现在都把整个身心献给了俄国革命，但是……接着便是一连串富有威胁性的、郑重的和荒唐的'如果'和'但是'。如果莫斯科要从党内分裂出一个领取薪水和奴性十足的宗派，如果莫斯科要在每一方面都夺走党的独立性，如果莫斯科要把断头台作为常备设施引入党内……如此等等。"

文章接下去写道：

"如果我们不能向我们的多数派同志、我们的中派同志大声疾呼，说有人在欺骗他们，如果有人向他们讲述关于莫斯科的蠢话——我们刚刚提到过的是最阴险的蠢话，那么我们就会连履行自己最起码的义务都忽视了。莫斯科绝不会愿意看到共产国际像第二国际那样土崩瓦解。"

这是路易·塞利耶写的。因此，必须对中派的同志"大喝一声"：莫斯科并不想搞领取薪金和奴气十足的宗派。这话是一位中派同志说的。

路易·塞利耶传达了这样一种说法："如果莫斯科要从各个方面剥夺党的独立性的话……"同样性质的话，我们还可以在法国问题大委员会那里听到：国际的某些干预威胁着党的尊严。这是一种使我们感到多么陌生而又费解的情感、精神状态和观点啊！

2月，这里就俄国问题成立了一个委员会，如果我记得不错的话，马塞尔·加香同志担任了这一委员会的主席。委员会主要是为了处理我们俄国党内的一些弊病。这个委员会不在巴黎工作，因为遗憾的是，我们还不能在巴黎召开我们的代表大会。不过将来是会在巴黎召开代表大会的！因此，委员会只有在莫斯科进行工作。我们党面临着一个非常棘手的问题，即反对俄国党的中央委员会的所谓工人反对派问题，委员会就是由一些在这个问题上有决定权的外国同志组成的。

季诺维也夫、我本人和其他一些同志被请到委员会，大家各抒己见，感到轻松了许多，因为有了一个国际机构，一个最高的主管部门，并没有人为此觉得党的权威受到了贬低。恰恰相反，人们为能在共产国际的帮助下解决一个重要问题而感到非常幸运。

委员会的干预产生了一个有利于我党的辉煌成果，因为在这个最高主管部门的干预下，工人反对派的活动停止了。

究竟什么是党的尊严呢？党的利益只有一个，这就是它的最高原则，我们每个人都必须服从这一最高原则。党的尊严和我们每个党员的尊严就体现在这里。（掌声）

我在这个问题上再啰唆几句，因为在巴黎代表大会上，人们总是让"党的尊严"这个幽灵出来作祟。大家都了解巴黎代表大会所形成的整个局势。在开会前的几个月我们曾建议，在两个最强大的派别之间，即在中派和左派之间建立一个联盟以对付右派，而对勒努—唐迪科尔派，我以为应该采取某种等待的态度。

这一计划的主要思想是什么呢？很简单：执委会早就预料到会发生这种派系斗争。我们正是向塞利耶同志重复过多次，如果中派坚持其保守主义立场，那么为了使党不至于陷入消极被动的境地，实现各派别之间的联合是一次必要的、有益的和不可避免的行动。

与此同时，当这一不可避免的过程正在进行的时候，就有必要为党提供领导其外部行动的机会。就是在这个时候，勒努—迪雷派针对统一战线的策略建立了一个极端的反对派。当时，丝毫不存在考虑同这个派别进行合作的可能性，尽管执委会清楚地知道，这个派别拥有一批优秀的工人分子，这些人反对议会主义，反对与分裂主义分子结盟，也就是说，他们的头脑中充满了纯真的革命思想，然而又十分闭塞。我们通过批评的方式对这一派采取等待的态度。

我们也清楚地知道，尽管左派也时常做些错事，但正是他们代表了党内反对保守主义和消极被动情绪的前进方向。

另一方面，尽管中派犯了一些危及党的根基的错误，但我们从来也没有忽视过它。这个派别拥有一大批出类拔萃的工人分子，他们明天或后天就会在革命行动的同一基础上联合起来。于是，当时我们建议建立中派和左派两大派别的联盟，以减轻巴黎代表大会的任务。这一任务只是澄清党的思想，并建立一个有能力领导党的中央机构。派系斗争把党拖进了一个死胡同，所以只得采取联合的方式，这一形式虽然还不完善，但它多少总会给下一年带来相应的解决办法。

这一联盟必须把矛头指向右派，必须以充满共产主义精神的、并由左派起草的决议为基础。路易·塞利耶、吕西·莱西亚尼和弗罗萨尔等同志作为中派的代表在莫斯科着手进行关于建立这一联盟的谈判。

我们始终坚持要在革命的基础上建立联盟，这个联盟必须竭尽全力同右派展开斗争，从而能使问题完全彻底地、通过政治手段得到解决。在这种情况下，我们本来完全有可能采取一个强有力的行动，党本来也能够在四大之前就成为一个有严密纪律并有能力领导这一行动的党。

下面这些话不知说过多少遍了，重申过多少次了：假如中派为了赢得时间一味反对，并被保守主义分子和反动分子被动地牵着鼻子走，那么我们相信，它无疑将走向瓦解，而这一瓦解必将蔓延到全党，并招致一场痛苦的危机。

在这里，我不想叙述在巴黎举行的关于建立中央机构的谈判的全部过程——各派都遇到了困难，谈判没有任何结果。在两个彼此斗争的派别之间进行谈判时，组织问题始终是个令人作难的问题：双方总是争论，而且都提出些苛刻的要求。不过也不可能有别的办法。左派的那些非常明确的建议导致了破裂，破裂并不像人们所说的那样是由左派的过分要求造成的，而是由执委会代表提出的关于按对等原则解决的建议造成的。

中派宁愿中断谈判，它拒绝对等原则，甚至拒绝在代表大会之前有效的、暂时性的对等解决方案。克尔同志就这一问题在10月17日做了一个长篇讲话。他是这样提出问题的："这关系到法国党是否应该有自己选举党的领导人的自由的问题。"这段话我是从10月18日《人道报》的那篇关于10月17日大会的报道中摘录出来的。

一旦谈判由于中派采取主动而中断，有人便趁各省代表对国际的建议还不了解的时候对他们说：这可关系到法国党是否有自己选举党的领导人的自由的问题。

这是什么意思？为了确定中央机构的组成人员，中派同左派进行了一系列的谈判。中派认为，这些谈判不会有什么结果。中派还认为，执委会的干预是不对的，是危险的。然而，他们不是向大家说，在中央机构的组成人员的这一问题上，我们还没有同其他派别达成协议，而是到处散布关于谈判的流言飞语，并声称这可关系到法国党是否能自由选举自己领导人的问题。

这样一来，他们既告了左派一状，也告了国际代表一状，说左派和国际代表蓄意剥夺法国党作为一个政党所拥有的自主权。无论是站在民族的立场上，还是站在反国际的立场上，这一指控都是毫无道理的，是极其危险的。

在由中派成员组成的新的中央委员会签署的一项呼吁书中，上述思想再度出现。在巴黎代表大会闭幕后的第一天就有人说："第四次世界代表大会将研究党的形势……党正处于一种冲突之中，其主要问题在于，是否应当剥夺代表大会选举自己信任的、在党的领导机构内负有使命代表其意愿的人的权利。"

同志们，这关系到为每个国际支部确定行动方针，关系到为建立一个党出谋划策以及对一个党的路线方向进行监督的问题。每个党都可以扪心自问，它能不能自由地支配自己的行动，或者是否面临着被剥夺权利的危险？

一个政党的自决权究竟体现在哪里？就目前的情况来看，它应体现在联合起来可以构成压倒多数优势的两派应该相互谅解，制订一份共同的名单，彼此和睦地确定中央机构的人员组成，把名单提请代表大会审议，并在递交名单时说明：这就是我们提出的供采纳的建议，在目前党面临分崩离析的时期，它们展示了最好的出路。

然而，问题并没有以被这种方式提出来。在同左派以及国际的代表——被视为威胁法国党尊严与独立的机构、组织和个人——进行了几轮谈判之后，在代表大会的一番忙乱和激动之后，他们在一份有中央委员会委员签名的呼吁书中宣称："世界代表大会必将研究这个问题，这关系到各国的代表大会是否有权选举自己的中央委员会的问题。"

然而，这是毋庸争辩的权利，我们都看见了这一权利的存在。我们也看见，那些说此话的同志——我可以这么说——也未敢提出通过建立一个正式的中央委员会来维护和巩固其主权的建议，他们自己提出成立一个临时中央委员会的方案。他们为什么要这样做？因为正是他们自己贬低了代表大会的主权，因为他们在进行贬低之后，鉴于党的形势，并不能促使大会以五分之二的票数组成一个中央委员会。于是，唯一的出路便是求助于共产国际代表大会，由它出面重新联结因中派的过错而中断了的联系。

同志们，我已说过，我不能向大家一一叙述巴黎代表大会的始末。然而，大会期间曾发生过一段插曲，我认为有必要让诸位知道。在大委员会里，我们的克拉拉·蔡特金同志处理了这一事情。这是一件十分令人难堪的事情，因为它与让·饶勒斯的名字联系在一起。我之所以认为有必要就这件事情说几句，并不是要重温巴黎代表大会的旧事，只是想澄清一个严肃的思想问题。

就我所知，左派的一个年轻同志担任了调解委员会的书记后，这个委员会曾递交了一份将那位已够格被开除的亨利·塞利耶开除出党的提案。提案指出，亨利·塞利耶的民主思想是以饶勒斯主义的传统为基础的。

谁都会认为，这一提案援引饶勒斯是完全多余的，尽管只是间接地提到。这一拙举不仅在代表大会期间，甚至在代表大会之后，还在党报上引出了一场政治大风波。

一项决议在匆忙中被作出，人们从此中提出了一个倾向性问题，并追究谁是拥护和反对饶勒斯传统的人。问题以这种方式被提出来了，我以为，这不论对纪念饶勒斯，还是对我们党本身均无益处。

我们大家都知道饶勒斯，即使不认识他本人，也对他那闪光的政治生涯十分熟悉。我们大家都认识他那崇高而伟大的、超出了其思想的历史形象，它将作为人类最优秀的形象之一永垂青史。不论在今天还是在明天，我们都可以说：任何一个革命的政党，任何一个被压迫的民族，任何一个被压迫的工人阶级，尤其是被压迫民族和工人阶级的先锋队——共产国际，都将把饶勒斯、把对他的怀念、把他的形象和他的品格看做是属于自己的。饶勒斯是我们大家的，他属于革命政党，属于被压迫阶级和被压迫民族。

然而，饶勒斯是在一个特定的阶段，一个特定的国家，一个特定的政党，在这个政党的一个特定的派别中，扮演了一个特定的角色。这是饶勒斯的另一面。

我们的马塞尔·加香比我更加了解他政治活动的历史。

战前，法国社会党曾分成两派，另一派的思想和政治领袖是茹尔·盖得，在法国和国际工人阶级的历史上，他同样是一个伟大而又光辉的人物。饶勒斯和盖得之间曾展开过一场激烈的斗争，在这场斗争中，与饶勒斯相比，盖得是正确的。

任何时候我们都不可忘记这一点。

如果我们宣布要放弃饶勒斯的传统，也并不意味着我们要让那些分裂主义分子和改良主义分子肮脏的双手来玷污饶勒斯的人格和人们对饶勒斯的怀念，而只是意味着我们的政策经历了重大的转变。

我们将在法国工人运动中与被称为饶勒斯主义传统的残余和偏见进行斗争。谁要是把这件事搞成是一场思想斗争，以为共产党人真的会以饶勒斯的那种民主主义和社会主义的思想作为自己的思想基础，那么他就是在为法国工人阶级帮倒忙。如果我们读一读饶勒斯的著作，读一读他的法兰西大革命的社会主义史，读一读他的论新型军队的著作，读一读他的演讲，那么，我们将会一直感到在一种新的精神和一种新的信仰中再生。然而同时，我们必须注意那些导致第二国际走向衰落的种种严重缺陷，我们最不可能成为第二国际——也就是那个以天才的方式体现在饶勒斯身上的第二国际——的缺陷和偏见的卫道士。我们不能做这些偏见的卫道士；相反，我们要同这一传统作斗争，我们必须战胜它，并用共产主义的意识形态取代它。

同志们，你们所设立的大委员会在进行了一段深入的、间或很激烈的讨论后，委托下面的委员会去解决组织机构问题，拟订一份政治决议草案。你们已拿到了我们的书面建议。在起草这一建议时，我们遵循着两个思想观点：

必须批判主要由在法国共产党内占领导地位的中派所犯的错误和政治失误，必须强调指出丹尼尔·勒努—迪雷—唐迪科尔路线所造成的错误。而且，还必须承认，虽然左派也可能犯过一些次要的错误，但恰恰是这一派在那些对法国工人阶级的生存和斗争至关重要的问题上代表了国际，代表了国际的思想和国际的灵魂。

这些观点，在政治决议中都得到我们的承认。

至于我们对各党中央机构的组织和成员构成问题所提的建议，我们曾力图估计各派之间的力量对比，从而使中央机构的人事安排适应党目前的形势。当然，在一般的情况下，我们是不会这样做的。我们断然拒绝比例代表制原则，因为这一原则蕴藏着使党成为一个各派联盟的危险，这对那些意欲自成一派的小集团是一种鼓励。这种体制会损害党和党的工作。

然而，我们正处于一个由上述事件所造成的局势之中。关于这一局势我们已向诸位谈过一些了，但愿这些谈话足以使你们了解我们的政策。

因此，鉴于目前的形势，我们要求对党的中央委员会和其他一些中央机构，采用比例代表制体制。这项建议是小委员会拟订的，小委员会由蔡特金、博尔迪加、柯拉罗夫、安贝尔-德罗、片山潜、曼努伊尔斯基和托洛茨基等同志组成。

经过详细的讨论和修改后，我们将草案递交给了大委员会，大委员会一致通过了所有政治方面和组织方面的草案。我们请求代表大会采取同样的步骤，一致通过在委员会里已经表决过的决议。

共济会

在大委员会讨论期间，我们又遇到了一个新问题。这就是共济会的问题，直到现在，这一问题在党内生活中一直未引起重视，从来没有人就这一问题写过文章或展开过辩论。报刊上也从未提及，在共产党内乃至在革命的和改良主义的工会中，还有为数不少的同志，同时还参加了共济会这个组织。

委员会在知道这一情况后，感到极为震惊，因为没有一个外国同志会相信，在图尔大会开过两年之后，法国共产党竟然还允许加入了这种组织的同志留在党内。至于这个组织的性质，大概用不着我在这样一个共产党的国际代表大会上下定义了吧。

起初，我曾在代表大会刊物《布尔什维克》上写过一篇文章，试图对此加以论述。为了写这篇文章，我只得重新搜寻那些在我的记忆中早已被遗忘并布满了灰尘的反对共济会的论据。

我不想再对大家重复这些论据，以免让你们感到无聊。事实是这样的，在法国，拥有相当平庸的领导人和相当蹩脚的报刊的激进资产阶级，利用一些诸如共济会之类的秘密组织，主要是为了掩盖他们的反动行径、他们的浅薄的装腔作势和他们的阴险毒辣。他们的思想、精神和纲领，是以这些劣迹和恶习为其特征的。共济会就是这类组织和工具之一。

一年半以前，我们曾对法国党说过："我们看不见那一道我们的报刊、我们的讲话必然会在共产党和整个资产阶级社会之间造成的鸿沟。"

今天看来，非但没有这一鸿沟，反而倒有一些建造坚固、略加装扮和掩饰的桥梁：这就是共济会、人权和民权同盟等组织的桥梁。这一桥梁保障了人权同盟和共济会与党的机构、报社编辑部、中央委员会及联合会的委员会之间的联系。

当然，人们总是发表讲话，写文章，论述这个腐朽的社会必须靠无产阶级的阶级斗争来摧毁，而无产阶级本身又置身于资产阶级社会中一个完全独立的党的领导之下。有些人真是革命至极，竟跑到共济会的集合场所，在那里与代表资产阶级的老大哥们相会，同他们拥抱。

应该怎样理解这种思想和行为呢？有些同志说过，不错，我们也认为，每个共产党人都必须把自己的全部力量贡献给党，而不应该将自己的一部分力量奉送给其他机构、其他事业和其他组织，等等。然而，这不是唯一的理由。假如一个共产党员是音乐家，他理应去听音乐会，去看戏，我们不能要求他做出不为形势所要求的牺牲；假如他是孩子的父亲，他理应把自己的一部分精力贡献给他的孩子，我们当然不能对他提出过多的要求，也决不能要求他忽视自己的孩子。然而，这并非问题之所在。问题不在于把自己的工作、注意力和生命就两个机构或两项事务进行某种分配。绝对不是！如果你们在工人阶级面前用这种方式提出这一问题，工人阶级决不会明白，为什么国际会对这个问题感兴趣。必须强调指出，革命思想与大资产阶级的工具即共济会小市民思想是水火不相容的，是绝对不可调和的。(掌声)

遗憾的是，这一问题在图尔代表大会之后没有提出来。它之所以能提交到我们委员会上来，还多亏了派系斗争。当委员会了解到这一事实之后，便立刻把它作为一个重大问题，列入了他们工作的议程。

有人曾对我们说，你们夸大其词！

总是这一套。法布尔事件一再重演。他真是不朽啊；共产国际已经判过他一次死刑了，但他却总是冠以其他名字，总是带着其他面具，甚至秘密共济会的面具，来庆祝他的复活。

有人曾对我们说，你们言过其实！恰恰相反，我们认为，我们这次面临的问题像杠杆一样，很适合于以有效的方式，用来迅速改变党内的某些状况。

还有一些重大问题，诸如工会问题、统一战线问题，这些问题构成了工人运动发展的基础。然而，法国党的议会传统是在包括议员、记者、律师和知识分子的上层中形成的，从某种意义上说，这一传统的形成造成了国中之国的局面。

我们主要在知识分子身上看到机会主义思想的发展，他们的头脑有时充满着他们经历过的各种场面的记忆，而且很难从中理出头绪来。

该震动他们一下了，尤其应在党内的知识分子阶层里来这样一下震动，这不仅对党有益——这是头等重大的理由，而且对于那些十分宝贵的知识分子也是很有裨益的；在领导阶层中当然有这种人，他们有些恪守传统，过于保守，不是面向将来，而总是抱着昨天或前天不放。

这将是一次巨大的震动，因为对于工人阶级来说，这不可能是一项一劳永逸的、永久性的方针。这是一个关于那些身居领导地位的同志的相互关系、习惯、才能及个人品德的问题。

许多党的干部经常走访共济会。当然，他们在那里并不掩饰他的共产主义信仰，不像在我们这里那样掩盖他们的共济会会员的身份。但不管怎样说，他们的共产主义总是被他们涂上了一层迎合那些资产阶级弟兄口味的色彩，以便使这种共产主义能在这个神经高度敏感的社会里容身。诗人梅特林克曾说过：谁若是把自己的灵魂隐藏在群星之中，那他最终会连自己都找不到了。因此，一个人老是置身于这样一个圈子里，并为了适应那些在激烈的政治斗争中变得老谋深算的弟兄们的特殊口味而不断改变自己的观点，那他最终会连自己的共产主义革命的真正面孔都不认识了。

因此，对于我们以及党的领导阶层来说，这是一个十分严重的问题。当然，如果中央委员会完成了我们向它提出的这些任务，它将会立即在法国遭到十分之九的官方舆论的反对。人们早已怀着某种革命的满足感预见到，这些带有莱昂·都德或赫里欧之友色彩的反动派、天主教派和共济会，将会利用它们控制的整个报界向国际和共产党猛扑过来。但是，如果你们带着求恕和抚慰的态度解释说，共济会本身是无可指责的，但是不应该允许人们把自己的心分别交给党和共济会，因为党需要我们的整个身心。这样，你们——中央委员会的同志们——就造成一个难以维持的局面。相反，党必须用拳头猛击着桌子声明：是的，我们做错了，我们竟允许那些宝贵的同志出于一种不可原谅的迟钝而加入了共济会。一旦我们认识到这一错误，我们便以不可调和的态度立即向这一阻碍革命事业的机构宣战。所谓人权同盟和共济会都是一些旨在使法国无产阶级的代表丧失觉悟的资产阶级机构。我们之所以要同它们采取的这些行动进行不可调和的斗争，是因为它们代表着资产阶级机器中诡秘而阴险的部分。

如果中央委员会以这种不可调和的精神开始它的行动,那些分裂主义分子即莱昂·勃鲁姆之流就自然会起来反对,天主教徒们甚至将会起来为共济会分子辩护。为了讨好共济会,天主教派将会竭力诅咒共产党人。党将遭到整个资产阶级及其所有形形色色人物的反对,然而,共产党将不顾所有这些空头政治及资产阶级社会的种种欺诈手段,而像革命的磐石一般昂首挺立,捍卫无产阶级的最高利益。

我坚信,如果你们采取这种有益的行动,那么在一两个月后你们就会发现,你们党的局势与现在即第四次世界代表大会之前的局势大不相同了。

人们会大喊大叫反对莫斯科的"命令"。人们也将重新叫喊着要求言论自由——共济会分子的言论自由;这些同志还会要求思想自由和批评自由。然而,这些为自由而斗争的同志所关注的是那些共产党干部当中存在的不可避免的意见分歧吗?不是的!他们想要的是一支包括和平主义分子、共济会会员、天主教神圣法律的鼓动分子、改良主义分子、无政府主义分子以及工团主义分子在内的干部队伍。这就是他们所谓的思想自由!

这些人几乎始终属于知识分子阶层,他们往往在资产阶级的圈子里度过他们十分之九的时间,他们从事的是与工人阶级毫不相干的活动。每星期在那样的地方度过六天,他们的思想就在那个圈子里塑造定形。他们只是在星期天才回到党内来,此时他们早就把党的原则忘掉了,自然而然一开口就是批评,尤其是怀疑。他们说:我们要思想自由。于是,人们便作一个新的决议,并将此决议强加给他们。接着他们又返回自己的天地,然后重新开始老一套。这是些业余共产党人,这是些半瓶子醋,其中还不乏野心家。

必须将他们清除出党。党必须甩掉这些人,因为他们把党仅仅视为通向官职和议会席位的晋身之阶。

因此，我们严格实行如下的原则：在党的十分之九的候选职位上，必须安排工人，而且不是那些已成为党的干部的工人，而是那些正在工厂和农田里做工的人。

必须向工人们指出，他们至今为止已被引入歧途，各个党派把他们当做飞黄腾达的跳板。还必须告诉他们，我们党认为，议会这一领域是它的整个革命活动领域中的一部分。

在这一领域中活动的正是工人阶级，这一阶级最纯洁、最优秀的代表正是那些一定能最好地代表本阶级进入议会的人，当然还以一些受过一定文化教育并绝对忠诚可靠的同志作为补充。尤其是在法国，鉴于这一国家的风俗、观念和习惯，工人群众必须在全国、省市、专区各级议会党团中占有压倒多数的席位。

报刊问题

报界被看做是记者们施展自己才干的领域，现在是必须结束这一体制的时候了。当然，一个记者有才干是再好不过的事。然而，报刊不是别的什么东西，它是斗争的工具，这一工具应尽可能地保持独立，应代表集体的意愿，并反映工人阶级的指导思想，而不是反映这个人或那个人的特殊思想。

从这一观点来看，《人民报》倒是很好地代表了议会党的传统。

我这里有一篇附有编者按的《人民报》的社论，该报的主编声称："我认为有必要提醒一句，能对本报社论负责的只有作者自己。"

仅让作者本人对社论负责，这就是他们的道德准则……要求工人为这家以宣传社会主义为宗旨的报纸出钱，而这家报纸却把这样一条原则作为普遍的规则：只让作者对他们所写的社论负责。

在我们这里，党对所有的文章负责。每一名记者都必须默默地服从党的安排。假若那些记者先生——我自己也多少属于这一阶层——回答说,这一做法伤害了他们个人的尊严,那我们就会这样答复:一个共产党记者的最高尊严就在于,为工人阶级的思想、政治和斗争充当最忠实和尽可能不妥协的工具。

我们在农民中的行动

我还要特别谈及两个问题。首先讲讲我们在农民中的行动问题。

在巴黎代表大会上,这个问题比其他所有原则性问题解决得快一些。我们的茹尔·勃朗同志发起了对这一问题的讨论,他说:农民们的来信可以证明,农民中间的革命情绪是显而易见的,这种革命的情绪使我们有可能对过于草率地加在农民阶级身上的"小资产者"这一绰号提出异议;农民们的来信还可说明,散发小册子把农民阶级说成是小资产阶级的行动是党的宣传工作中的一大蠢事。

提出同样反对意见的还有勒诺·让同志,因而我认为,有必要就我们在农民中的工作的这一问题说几句话。

"小资产者"一词并无侮辱之意,这是一种科学的表达,其内容确定了生产者拥有自己的生产资料这一事实。生产者没有完全被剥夺生产资料,但也不是雇佣劳动者。

这便是"小资产者"一词的含意。

如果一个农民在听宣传讲演而不是在听科学讲座时向我发问:我难道是小资产者吗?那么,我会对他进行我自认为不会伤害他的解释。我们经常见到的大多数农民同一无所有的无产者相比,区别仅仅在于农民占有自己的生产资料。这一事实致使他们比工人阶级更具有个人主义思想。

"小资产者"这一表达方式是正确的,也是有必要的,这可以使我们不至于错误估计农民阶级的性质，不至于让工人对我们感到迷惑不解。虽然这两个阶级在生活和思想方法上有所差别，但这一表达方式决不应使我们在农民中的活动有一丝一毫的障碍。

另一个问题是殖民地问题。我不知道，那个关于西迪贝勒阿巴斯支部的决议是否已在这里谈过了。由一个自称共产主义小组——不管它有多么小——作出的这个决议是一桩大丑闻。此决议声称：在殖民地问题上，它（即这一支部）与莫斯科的提纲大相径庭，只有那些土生土长的共产主义团体才有权制定本地区的共产主义行动策略。阿尔及尔的共产主义团体没有任何理由可以同意，在阿尔及尔发表无论在思想上还是在内容上都并非出于他们自己之手的宣言，尽管这些团体可以对此承担责任。

这就是说，国际不能太直接地干涉党的内部问题。于是，一个殖民地支部便同自己的党和国际分庭抗礼，并宣称：不，决不，只要事情涉及本地人，那么，这一领域的问题皆由我们来处理。

这一决议还认为：

"阿尔及尔穆斯林群众的一次成功的起义，如果没有宗主国无产阶级群众一起同样成功的起义作前导，就必然会在阿尔及尔导致倒退到一种同封建主义相差无几的制度，这决不是共产主义行动的目的。"

这就是问题的核心。不许举行暴动，而且还是不许殖民地本地人举行成功的暴动，因为如果做出把自己从法国资产阶级的统治下解放出来的蠢事，那就会倒退到封建制度。所以，在阿尔及尔的法国共产党人不能容许那些穷苦的当地人，通过革命的起义将自己从法国资产阶级的统治下解放出来，并重新陷入封建专制制度。

我们一时一刻也不能容忍党内这样一些同志，他们身上带着奴隶主的气息，希望彭加勒能使他们在资本主义文明的仁厚的统治下生活；彭加勒是这一集团的代言人,因为正是他在这里借助手中的镇压工具,使那些穷苦的当地人幸免于封建主义和野蛮主义。行动中的变节行为始终是与所谓独立、自主及行动自由不谋而合的,人们经常对国际和自己的党即法国党本身的干预发出抗议。因此,法国党内部存在着很多必须改进的地方。而且,我们已经看到,党目前的境况使分裂主义分子多么兴高采烈,他们都在那些作者文责自负的文章中写道:"共产党内部的分化瓦解使时机变得有利起来。现在的问题不再是什么自卫,而是要转入强有力的进攻了,等等。"

分裂主义分子预言,他们的党会出现一个高潮,这不过是一个决不会实现的预言。恰恰相反,我们可以预言——不用害怕有人在记录上耍什么花招,如果各党仍旧保持目前的状况,如果工人群众面前只有两类政治色彩不同的派别和追随者,以及教会和等级森严的官僚机构存在,那这一状况就会数年乃至数十年地持续下去。但是,一旦共产党内部发生一个剧烈的变化,一旦它变得同其他的政党截然不同,并且工人从它身上看到的不仅仅是一个政党,而是看到正在孕育着的无产阶级革命。那么在这样的情况下可以预言:分裂主义分子必将灭亡,他们将如同法国总工会的改良主义分子一样不复存在。

我可以十分有把握地对诸位说,统一总工会不会凭借自己的力量去消灭那个奉行改良主义的法国总工会。不会的。只有一个伟大的、强有力的、真正革命的并包括了工人阶级的全部优秀分子的政党,才能彻底击溃政治的和工团主义的改良主义。大家很快就会看到这一切。

在同共济会或人权同盟进行斗争的头几个星期中,将会产生一些不足之处,会有一些逃兵投向分裂分子的阵营。

我敢肯定,分裂主义分子们一开始会占便宜,但他们所能得到的只是共产党内的渣滓和废料。(掌声)

问题在于,要全力以赴地进行一系列痛苦的手术以加快事态的进程，并能立即着手计划一次重大行动以组建一个革命政党。

我们以委员会的名义向大家推荐一个行动纲领，它是由左派递交给委员会的，在经过一番非原则性的修改之后，获得一致通过。

此纲领的基础为党提供了开展大规模行动的可能性，为此我们要铲除一切有碍革命行动的分子。但愿不会有人说，这些直接的要求在法国的运动中可能造成新的改良主义。在资产阶级社会走向衰亡的时期，直接的要求将成为真正的革命运动的关键。这一运动必须这样发展：运动将工厂委员会作为出发点，采纳统一战线作为必要的形式，去调动一切使行动得以开展并获得成功的可能性，此外，运动在法国尤其有必要采取工人政府的形式。

必须结束关于这一问题的纷争，因为关于这一口号的争论只会使本来已十分不安的工人的思想更加混乱。

关于建立一个勃鲁姆—弗罗萨尔政府的想法只不过是象征性的，是为了言简意赅地描绘这种政府；这根本不是议员们为了组成一个有生存能力的政府而结成的联盟，因为要在议会里占多数，要想控制分裂主义分子和共产党人，就有必要使全体工人投票赞成分裂主义分子和共产党人；为了达到这一目的，就有必要使分裂主义分子不再要求工人阶级去投左派联盟的票；分裂主义分子必须同左派联盟及整个资产阶级社会脱离关系。必须首先向法国工人阶级强调指出，与资产阶级脱离关系，并在各个方面与之抗衡是非常必要的。在像勒阿弗尔罢工和工人惨遭杀害这样的情况下，我们必须对工人们说：假若有一个工人政府，这样的大屠杀是不会发生的；我们在议会中的代表必须声明，工人阶级不能容忍彭加勒政府或所谓左派联盟的存在，工人阶级只承认一个代表工人阶级并由工人组成的政府。

我们是共产党人，我们将全力以赴地朝着通过革命行动建立一个工人政府的方向迈进，但是如果工人以为借助于议会的方法就能改变这样一个政府的话,我们必须对他们说:你们试试吧!但是要想达到这一点,你们必须首先同左派联盟及资产阶级的联盟彻底脱离关系,因为这里只需要一个工人的联盟。如果你们同资产阶级彻底脱离了关系,但仍然相信议会的方法,那我们就会告诉你们:我们毫不相信这一方法,可是一旦你们同资产阶级断绝了关系,我们就会支持你们的行动。假如有人问我们:有没有可能建立一个工人阶级参加的各党派的联合政府呢?我便会回答:当然可能,但决不能以议会的联合为基础,而应以一个包括无产阶级的各种形式的斗争——也包括议会斗争——的伟大运动为基础。

关键的问题是,这一运动能够教育工人阶级懂得一个简单的思想,即工人阶级有能力通过工人建立一个为工人服务的工人政府。

如果你们问我们,能担保那些分裂主义分子不欺骗我们吗?我便会告诉你们:我们永远不能保证这一点。正因为如此,我们甚至在同他们结成革命的工人政府的同时,还必须像对待最坏的敌人那样对他们抱戒备和怀疑的态度,一旦他们表现出怯弱,一旦他们变节,我们就立即将他们赶出政府,就像在我们这里对待那些在我们建立的工人政府里代表着农民利益的左派社会革命党人一样;为了保证工人阶级的全部政权,我们不得不把他们赶出政府。

工人政府这一口号首先意味着我们党的绝对独立性。我们必须迅速获得这一独立性。在法国,中派在今后几个星期内必须对我们法国共产党这一强有力的行动承担责任。我们在委员会中同法国同志进行了一系列尖锐的争论,在这里,我以报告的形式向大家作了汇报,我相信,这类争论不会再重复发生了。弗罗萨尔的讲话向我们表明存在这种危险。我已援引过这一讲话,并对它作过说明。能不能预防这种危险,并将它从这个世界上彻底消除掉,现在就取决于中派。我看不到任何决裂的理由,恰恰相反,我认为,形势对我们法国党是非常有利的。鉴于全国阵线的衰落，鉴于战争赔款根本不可能履行以及左派联盟的窘况，我认为，我们的党掌握着法国乃至整个人类的未来。我们坚信，面对这个伟大而壮丽的前景，中派的同志们将会圆满履行自己的义务，在下一次代表大会上我们将有一个统一的、思想行动一致的、革命的党，这个党将忠诚地履行自己的义务，直至法国无产阶级革命的胜利。（经久不息的掌声）

（会议休会时间：下午4时15分）

第二十九次会议

（1922 年 12 月 2 日）

会议开始：下午 1 时
主席：柯拉罗夫

讨论法国问题

主席：

法国代表团发言，谈谈对托洛茨基同志报告和对委员会建议的看法。

加香（法国）：

我们只想宣读一下我们这一派对于报告及有关报告的说明所发表的声明：

"为了结束危害党的危机，法国全党向第四次代表大会请求帮助，并毫无保留地服从它的指示。法国党因而有义务服从大会的决议，遵守大会的纪律。

我们已经向法国问题委员会递交了声明，我们想在你们面前重复一下这个声明。

报告包含对我党多数派的异乎寻常的批评。这是一个片面的批评，因为它未触动左派。既未提到巴黎代表大会后的辞退问题，也未提到多数派战士所遭受的攻击。在这个文件中，中派的代表反而被指责为这次危机的罪魁祸首。

你们不应坚持这种看法。此外，报告人硬抓住弗罗萨尔在巴黎大会上的一句话，牵强附会地作出结论。但事实的真相是，正如我们大家一样，他在实现国际的决议时遇到了可以想象的困难。尽管我们有良好的愿望，我们，弗罗萨尔和我们，还是不得不为了共同的利益而考虑到这些困难。

现在，共产国际所提到的我们的问题，已经找到了预期的解决办法。党中央的组成问题、同右派的决裂问题以及统一战线问题，都有了解决的办法。

明天，在红色工会国际的会议上，党和工会的问题将按照第四次代表大会所拟定的原则得到解决。如果弗罗萨尔的作用能取得这样顺利的结果，那么他在圣艾蒂纳一定能起到重要的作用。

明天，关于共济会运动和关于报告中提及的其他机构的决议将严格地按照共产国际的精神得到执行

也就是说，共产国际的指示将受到真正的重视。过去犯下的缺点错误，党作为一个整体是参与了的，因为党是在共同的领导之下的。

但是在法国的共产主义运动中，最大的危害是内部的派别斗争造成的。近来，这种斗争表现得异常激烈，因而影响了同志间的关系。这种激烈的局面并不是我们造成的，所以要想使情绪恢复平静，只共同签署一些文件是不够的，必须马上停止一切还在进行的个人之间的争吵。无论如何，必须压一压那些仍在互相作对的派别。如果国际做不到这一点，那么我们明天就会继续无休止地吵得一塌糊涂，而不是为无产者和革命的利益服务。

至于有关我们内部组织的问题，我们已经向委员会提出了一些建议。这些建议对于党的兴旺昌盛至关重要。我们遗憾的是，这些建议并

没有都被采纳。

我们将回去，向党报告第四次代表大会的裁决。

我们的党从一开始就声明，愿意听从大会的裁决。

党会这样做，我们也是这样。"

中派代表团

勒努（法国）：

我代表我们这一派向大家声明如下：

我们这些签字的人同意全部接受第四次代表大会决议，不仅接受国际关于共同行动的决议，而且接受关于法国运动的特殊问题的决议。

我们有责任在各个不同的问题上，都以大会的决议作为行动准则。

我们对于运用统一战线中的一些口号的批评是出自至诚的，是为了防范错误解释、胡乱解释和机会主义解释的各种危险。大会的工作非常有助于消除过去产生的误解，纠正在这方面所犯的错误。这些工作证明，这种策略就是组织和发动无产阶级群众，使他们务必摆脱那些浸透议会和选举思想的社会民主党领袖们的影响。此外，我们这些签署人重申以前的声明，我们有义务同我们党内所有的派别以及国际合作，以实现统一战线的策略。

同时，我们这些签署人赞同法国统一总工会加入红色工会国际，这件事预示着共产主义和法国工会合作的一个新时期的到来。我们向大会保证，愿意在工会问题上努力贯彻大会决议。我们认为，共产党人的经常义务是在党的领导的监督下，在工会中只能按照国际的指示办事。

如果有必要同那些违抗决议的人进行斗争，我们将促进所有决议的彻底实现。我们同意国际作出的判决：共产党人参加像共济会、人权同盟等资产阶级设立的团体，以及使工人疏远阶级斗争，一定要受到谴责。我们深信，第四次代表大会就此问题作出的决议，将有助于通过从自己队伍中开除一切不可靠的分子，确保党的真正无产阶级的和革命的方向。

我们乐意承认党的各个不同派别，包括它们所代表的人在内，在使党遭受深重危害的危机期间，都或多或少地严重违犯了纪律。共同的良好愿望将防止重蹈覆辙。

我们这些签署人本来只是打算树立一个思想上的对立面——按照我们的看法这是为了共产主义，我们拒绝同那些直接或间接攻击过国际的人搞任何团结。

我们再一次保证，毫无保留地忠诚于国际。

迪雷、R. 莱斯帕尼奥尔、勒韦尔、
丹尼尔·勒努、G. 韦特

苏瓦林（法国）：

左派同意委员会提出的决议，并投票支持这一决议。

决议说明我们过去的态度和工作是正确的。我们感到自豪的是，我们的政策方针和最重要的行动都得到了国际的承认。

左派将继续他们的做法，并将从国际对我们工作中一些不太重要的方面所进行的善意批评中汲取教益。

我们非常高兴接受国际和老资格战士的批评、建议和忠告，因为我们从这里面看到合作和支持。我们将一如既往忠实地履行这一义务，我们将永远执行共产国际的决议，我们把决议看得比什么都重要。

贝龙、马尔特·比果、洛里当、
罗斯默、里厄、苏瓦林、大卫、
拉波特、佩瑞、佩尔

勒诺·让（法国）：

同志们，我认为委员会提出的一些具体决议，对于法国共产党来说是充满危险的，对于共产国际来说，也是如此。

固然，就当前情况看来，它在某些方面是有道理的，但是由第四次代表大会挑选中央委员会的委员，这就造成一个严重的先例，它违背了巴黎代表大会明确表达的愿望，可能会引起新的困难。

为《人道报》规定双重领导，在权限问题上就有引起纠纷的危险。这种纠纷将会使报纸工作陷于瘫痪时，无法确定谁应负责任。被辞退的记者立即恢复工作——如果不同时按任职时间长短、能力和工作热情进行一次无倾向性的裁减人员——将给报纸造成沉重的财政负担，一并再次动摇已经遭到削弱的工人和农民对党的信任。

对那些同时参加共济会或人权同盟的党员的处理措施，因为其性质很难预料，有被看做是违背了共产党对国际承担义务的现有协议的危险，并引起对事实的新的曲解，因为党不了解第二次世界代表大会的决议和第二十二条①的存在。不过，尽管道义上我不赞成这一决议，而且我在委员会里也已经反对了这一决议；但是，为了遵守纪律，我将尽力而为，保证这一决议的实现。

主席：

我不得不向您说明主席团的建议，不要就托洛茨基同志关于法国党问题的报告展开辩论。

这一问题在委员会内部确实已经进行了非常详尽的讨论，参加大会的所有重要代表团都在场。他们表明了自己的看法，对澄清问题作出了贡献。

---

① 原文如此。应为二十一条。——译者注

在这里的大会上，托洛茨基同志已经就这一问题的各个方面非常详细地作了说明。我们认为，不能因为有代表团提出异议，再对这个问题作一次说明。

由于这个原因，我要求您接受这一建议，不要再进行辩论。

对于大会议程，还有什么人要求发言？

卡内拉斯（巴西）：

鉴于大会对法国问题辩论得不够充分；

鉴于大会片面地、过分有偏见地听取了情况报告；

鉴于和执行委员会持不同意见的一些代表没有能够表达自己的意见；

巴西代表对这种做法提出抗议，对提交大会通过的决议投反对票。

主席：

巴西同志的建议提得为时过早，因为还没有作出什么决定。这只能看做是要求展开辩论的建议，是对主席团建议的异议。

我提请表决主席团的建议。

应该展开辩论，还是不应该？

大家赞成主席团关于不展开辩论的建议吗？（一致通过，1票反对。）请托洛茨基同志发言。

托洛茨基（俄国）：

我想只就三个重要问题说几句话。

第一，我们的勒诺·让同志的声明中说到由世界代表大会选派中央委员的事，我不得不来澄清这种提法，因为它可能导致误解。

据我看，这是一个很不恰当的提法，如果这样传播开去，只能损害我们大家通过的决议。对于我们来说，谈不上由代表大会指定法国党的中央委员会。我们是根据巴黎代表大会本身和法国党的所有派别的倡议，试图在这里拟定一项建议，将来提交法国党的全国委员会。

这一建议是法国党的各派代表团亲自提出的，而且是在大会指定的委员会的完全赞同下提出的。各派提出了三个不同的名单，经过一些不太重大的修改，终于提出了一个共同的名单。这一名单，如前面所说的，只是一个提案，还需要获得法国党的全国代表大会的同意，三派已经通过他们的全权代表承担了这一任务。

由你们组成的研究法国问题的委员会（既包括小委员会，也包括大委员会）一致通过了这一名单。它不是一个各个方面都理想的名单——当然可能会有人提出反对意见，而是唯一有可能使法国党从巴黎代表大会之后陷入的死胡同里走出来的一个名单。

因此，委员会同法国代表团一致认为，如果现在我们法国支部的某些人开始反对那个实际上只能给法国党带来康复的建议，这种反对也就意味着使各派的愿望落空，也就是使整个党的愿望落空。我以曾经帮助法国代表团提出这一名单的委员会的名义，希望这个已经或者即将呈交大会审议的名单，会得到这次大会的赞同，会被法国党的全国大会所接受，并最终予以批准。

这是消除各派在组成中央委员会这一难题时，在人事上相互争夺的唯一可能办法。

同样，这也并不是在其他国家支部或我们的国际代表大会的工作中应用比例代表制的先例。这只不过是使我们的法国党走出死胡同的一个办法。我们深信，法国党内不会有人反对这样一个由代表各派的法国代表团拟出的明智、必要甚至是能治愈创伤的建议。

第二，要谈到中派的声明。他们责备我没有提到左派的错误和缺点，特别是没有提到辞退问题。

的确，我的报告没有谈及这些问题。从左派自己在大委员会上发表的声明看来，我当时认为，现在还是认为，这一问题已经得到了解决。我们已在委员会第一或第二次会议的讨论中表明，在一个革命的共产党内，不论是在什么样的情况下，辞退或者以辞退相威胁都是违反革命纪律的。

这也是整个委员会的信念。左派为此发表了一个声明，在声明中，他们阐述了促使他们辞退人的客观形势。声明说：

"接受委托研究法国问题的委员会认为，辞退和《共产国际公报》上发表的报道是一个政治错误。左派一贯通过他们的行动证明，他们是认真对待共产国际的纪律的，他们当然无须再声明将无条件地执行第四次世界代表大会的决议。他们在辞退和《公报》等特殊问题上接受委员会的裁决，他们坚持只有补充说明导致这一决定的事实全貌，才能使这一决定保留其真正的意义。"

此外，它的组织委员会将向你们提出一项总的建议，这一建议将一劳永逸地排除所有因有反对意见而造成的辞退，排除各种各样的个人的辞退或集体辞退，不论他们是反对中央委员会还是反对国际。

第三，关于中派就派别活动问题发表的声明中的一项提议。

不容置疑，派别活动对于不得不身受其害的任何一个党来说，都意味着是一件极大的坏事。我早就打算在我的讲话中说明，这种派别活动是一种不幸状况的可悲结果。我们曾建议采取一般的政治措施和组织措施。各个派别，也就是说整个法国党，通过他们的全权代表承担义务，保证这些措施的实施。除了某些保留条款之外，这些措施是在法国代表团完全一致同意的情况下作出的。这使得我们有可能希望，这次大家将具体地、有条不紊地、坚持不渝地，必要的话，将大张旗鼓地贯彻第四次代表大会的决议。

几个星期以后，法国党就要举行全国代表大会，在那个大会上，有关组织问题的那些决议将得到最后的审议。

我们希望,在全国代表大会通过这些决议之后,党的状况将发生根本的变化,并希望由于这一行动,任何派别意识,甚至在搞派别活动那些人心目中,都将消失殆尽。

至于国际,我们希望它将通过自己的执行委员会的代表团出席全国代表大会——我这样说是因为我们同贵党的主席团作过一次会谈,一旦这些决议付诸实施,这个代表团将竭尽全力,坚决要求结束法国党内的派别活动和派别斗争。我们希望,法国党不仅在思想上而且在行动上将永远成为一个统一的党。(掌声)

表决通过关于法国问题的政治决议

主席:

我们表决委员会建议。

有一个政治提案,一个组织提案。

政治提案[①]已经分发给所有代表团。大家已经看到,不需要再宣读了。

大家表决。

政治提案一致通过。主席未投票。

表决通过关于法国党的组织机构问题的决议

安贝尔-德罗同志现在宣读组织提案。

---

① 见本卷收录的《关于法国问题的政治决议》。——编者注

安贝尔-德罗（瑞士）：

法国问题委员会就党内组织机构问题通过了下述决议①，现提交大会通过。

主席：

我们表决整个组织提案。

提案获得通过。2 票反对：布朗松（法）和安东尼奥·B. 卡内拉斯（巴西）。

1 票弃权。

法国同志刚刚告诉我们，维克多·梅里克同志由于进行反对军国主义的宣传，被判处 6 个月监禁。

梅里克同志的英勇行为激怒了法国资产阶级反革命司法机构，当我代表大会对他的英勇行为表示支持的时候，我相信我确实表达了全体代表的感情。（掌声）

现在进行大会的另一项议程，下面是**西班牙问题**。报告人：安贝尔-德罗。

安贝尔-德罗作关于西班牙问题的报告

西班牙问题委员是应西班牙代表团的请求成立的。委员会不打算研究党内某些矛盾，而是打算按照规定，同国际讨论和解决涉及我们党在西班牙的行动的某些策略问题和某些重要的政治问题。

我们党的工作中最重要的问题之一，就是它对待无政府主义—工团主义运动的态度。

---

① 见本卷收录的《关于法国党的组织机构问题的决议》。——编者注

在西班牙，工人运动的特点是无政府主义—工团主义的衰落，它在战争临近结束时曾经联合并赢得大量的工人群众。今天，无政府主义—工团主义领导人的做法——一种个人恐怖行动的无政府主义策略——已经招致来自政府和资产阶级方面的报复，并造成组织的破坏。

我们看到，那些无政府主义—工团主义组织如何背弃了工人群众，这一运动的领导人正在转向一种新的改良主义。

因此，时机有利于我们党在这个环境中展开宣传和行动。在西班牙共产党中有一种思潮值得注意，它要求党在某些问题上，特别是在议会问题上，放弃共产主义的不妥协态度，而向无政府主义—工团主义思想作出让步，以期能更快地把这些分子争取到党的一边来。

委员会认为，尽管我们党的最重要的任务之一，在于把那些脱离无政府主义—工团主义运动和对西班牙无政府主义领导人的策略感到失望的群众吸引到自己身边，但是我们党不能靠偏离自己的原则来赢得这些人。相反，如果我们的党能够稳妥而切实地争取这些人赞成共产主义，那情况就好得多。

如果我们的党在一个时期内赞同了工人运动的某些不问政治的思想，或者回避议会活动，那么在不久的将来，这肯定会导致新的危机。

委员会一致建议我们党，不要对日益没落的无政府主义—工团主义思想让步，而是要按照我们的观点去改造无政府主义—工团主义分子，向他们说清楚，共产党的议会制同老社会民主党的议会制不是一回事，而且在这个问题上，特别要提醒他们想一想第二次世界代表大会的论点。

我们委员会提出的第二个问题，涉及我们党对西班牙工会运动应该采取的态度。

大家知道，西班牙工会运动分裂成两大中心，即改良主义中心（总联合会）和无政府主义—工团主义中心（全国联合会）。除了这两个中心以外，还有一些独立的工会。

在西班牙，正如在所有其他国家一样，党内有一派人，他们由于阿姆斯特丹国际领导人的阴谋诡计，总想脱离改良主义的工会。委员会一致向我们党建议，要在党内同这种倾向作斗争，劝告我们的同志不要离开总联合会的队伍，而是要留在那里，在它里面建立党的支部，争取他们赞成共产主义理想。

不久以前，曾经同共产党一起参加过统一战线行动的一些工会被开除出总联合会。我们建议，我们的党不要让自己的党员为了表示团结而退出总联合会，而应该向全体党员提出如下口号：留在总联合会内，在它内部为争取重新接纳被开除的工会而斗争。如果争取重新接纳被开除的工会这一斗争仍无结果，那么我们建议，我们的同志把这些被开除的工会输送到全国联合会去，绝对不要同它们一起在现有的两个中心之间形成第三个中心。

另一方面委员会认为，提醒一下我们党对统一战线的态度是适宜的。

我们西班牙党在2月份曾同法国党和意大利党一起投票反对过统一战线的策略。但是在5月底或6月初钢厂大罢工之际，我们党非常明智而通情达理地运用了统一战线策略，而且不是出于对国际的口号的机械服从和机械遵守。我们觉得应该强调一下这一事实。

同样要强调的事实是，党内危机曾在某些时候破坏了我们党，通过加强内部纪律，这一危机已经得到解决。

表决通过关于西班牙问题的决议

委员会一致提出如下决议①。

（掌声）

主席：

现在表决西班牙委员会的提案。

一致通过。

下一议程是丹麦问题，请报告人发言。

库西宁作关于丹麦问题的报告

同志们！在丹麦，我们现在有两个共产党，两个党都向这次大会提出了申诉，主席团根据这些申诉提出一个决议草案。我就这一草案做一个简短的发言。

丹麦共产主义运动的形成有两个来源：一是来自社会民主党青年运动内的反对派；一是来自工团主义的革命派。共产主义运动能够把工团主义者中的最大部分争取到自己这边来，是个意外收获。但是应该说，来自青年运动的丹麦领导同志不能胜任他们在这一事业中面临的任务。这些同志形成那个最初很小的共产党的领导。后来，工团主义者中的革命派同这一领导结成联盟。

大约在一年前，共产国际执行委员会向这个党发出指示，由这两派形成的松散组织在丹麦组成一个统一的党。我们也曾几乎深信不疑，在

---

① 见本卷收录的《关于西班牙问题的决议》。——编者注

丹麦真的会有一个牢固的联合。在丹麦发生了迄今为止规模最大的工人运动，即当今年2月资本家关闭工厂的时候，我们突然得知，丹麦以非常尖锐的形式发生了彻底的分裂。恰恰在丹麦共产党人的力量尚微不足道，在他们同工厂主的斗争中迫切需要这支微弱力量的时候，丹麦共产党人却相互激烈地争吵起来。对这件事，执行委员会不能袖手旁观，它断然要求双方联合。首先，它设立了一个斯堪的纳维亚联合委员会，其成员包括瑞典、挪威的同志和丹麦党的两派的同志，主席是芬兰的曼纳同志。这个委员会同所有与丹共前小小的领导集团持不同意见的人一起，要求联合，并起草了一个建议，由丹麦的两个组织表决。因此，关于联合的意见征询得以进行。意见征询的结果是：在人们称作新党的党内，几乎所有党员都赞成斯堪的纳维亚同志的建议。在被称做老党的党内——我认为，两派力量同样大——多数人反对这一建议，但是也有不少人赞成。

今年8月，双方派代表到莫斯科来。共产国际执行委员会仍然坚持要求联合。它要求最后组成一个统一的党，并为此向双方作了特别的指示。双方在这里的代表声明，他们将服从执行委员会的这些指示。尽管如此，应该说，执行委员会的这一措施在丹麦并没有彻底地，而只是部分地达到目的。人们所说的新党，完全忠实地服从了执行委员会的指示。人们所说的老党，党内也有相当一部分人同他们联合起来了。按照执行委员会的指示，人们在那里举行了合并大会。所以，现在有了一个统一的共产党。但是老党的一部分仍然反对这一联合，现在又向第四次代表大会提出申诉。他们提出了什么样的建议呢？是有点奇特的建议：希望大会暂时对两个党**都不要**承认。然而主席团认为，丹麦是一个很小的国家，那里不可能有两个共产党，我们必须承认忠实地执行国际决议的统一党。

然而本大会同时敦促仍然处于统一党的队伍之外的所有组织，在今后3个月之内加入统一党。我们不会对他们提出屈辱性的条件。我们不要求仍然处在统一党之外的党员只能以个人的形式加入。他们被允许作为整个组织来加入。但是，我们也还要提出一个条件：他们要忠实地执行党和共产国际的决议。不满足这个条件，就不可能实现正常的联合。

我们希望，仍然处在统一党之外的大部分组织将同他们的共产党同志们在统一党内团结起来。近来，这个新的统一的党通过它的实际工作，在一定程度上证明了它有理由存在下去。当然，将来对这个党还应有更大的期望。丹麦党的任务非常重大，但是党很小。这个党还不是群众性的党，要它实现同广大群众朝气蓬勃的结合，还有一段漫长的道路。我们不可忘记，丹麦有一个非常有组织的社会民主党，同其他任何国家的社会民主党比起来，它都更为强大。社会民主党的组织控制着工会组织，这个组织实际上是丹麦有组织的工人阶级。在许多重要的生产部门中，工人的95%都属于工会的中央组织。在这个工会运动中，当然有相反的看法、相反的愿望，但是我们的同志们，那些共产党人，直到现在还不懂得利用这一形势，还没有同那些处于反对派地位的人联合起来。

这就是丹麦同志即将面临的一个主要任务。

表决通过关于丹麦共产党的决议

决议草案很短，我给大家宣读一下。它包括两点。①

---

① 见本卷收录的《关于丹麦共产党的决议》。——编者注

主席：

请大家表决库西宁同志关于丹麦共产党的提案。

提案一致通过。

表决通过关于共产国际执行委员会的改组及其今后工作的决议

我们转到另一议程：**执行委员会的工作机构问题**。请埃贝莱因同志发言，阐明在最初文本上所作的小小修改。

埃贝莱因（德国）：

同志们！《执行委员会改组及其进一步开展活动的提纲》① 已经译出发给你们每一个人。委员会请求通过这一提纲。这一提纲没作什么修改。小特别委员会只提出了两项动议，我给大家宣读一下。首先是奥地利代表团的一个动议，全文如下：

"只有在特殊情况下和只有在共产国际执行委员会的扩大会议同意下，由代表大会选出的共产国际执行委员会的委员才能由共产国际该支部的另一成员替补。"

小委员会认为，必须否决这一提案。我们的建议中明确指出，代表不是作为他那个党的代表被选入共产国际执行委员会的，而是作为共产国际中央领导机构的成员在这里工作的。由于这个原因，即使征得执行委员会同意，任何支部都无权召回一个同志。这些同志应该留在这里，

---

① 见本卷收录的《关于共产国际执行委员会的改组及其今后工作的决议》。——编者注

在执行委员会为整个国际工作。只有在指定了候补委员的情况下，执行委员会才有改变任命的可能。现在已有10个候补委员，所以在非常紧迫的情况下，经执行委员会同意，可以进行调整。因此，小委员会请求否决这一提案。

要宣读的另一提案全文如下：

"大会确认，如果执行委员会提出要求，所有共产党的机关报一如既往，有责任立即刊登执行委员会的所有文件（号召、信件、决议等）。"

小委员会请求接受这一提案，并把这一提案列入本改组提纲。这一提案说的是理所当然的事。但是在去年，一再出现个别支部拒绝刊登执行委员会的号召、信件和决议的事，或者是在同执行委员会进行了长期谈判之后，才勉勉强强刊登。因此，我们打算在改组提纲中写上，如果执行委员会提出要求，所有共产党组织都要一如既往，有责任立即发表执行委员会的所有上面提到的那几类文件。我请求赞成这一提案。

主席：

在表决委员会的决议之前，请大家先表决奥地利代表团的第一个提案。

这一提案被否决。

因为第二个提案已经由委员会通过，所以请大家同时表决全部决议（草案），其中也就包括这个提案。

通过，1票反对。①

---

① 见本卷第514—519页。——编者注

表决通过关于青年共产国际的决议

接下去的议程是青年问题。报告人：许勒尔同志。

许勒尔（奥地利）：

主席团指定的委员会审查了关于青年共产国际的决议，经过一些修改，提出如下文本①。

主席：

请大家表决有关青年的决议。

一致通过。

同志们，关于梅里克同志被判刑的问题，我必须作一更正，并作一个补充说明。据我们得到的最新消息，梅里克同志被判处 13 个月的监禁。

当然，我们也对布隆查同志表示同情。（掌声）

在会议结束以前，主席团请各个代表团讨论一下新的执行委员会组成问题，候选人不一定都是这次代表大会的代表。

（会议休会时间：下午 4 时）

---

① 见本卷收录的《关于青年共产国际的决议》。——编者注

第三十次会议

(1922年12月4日)

会议开始：下午1时45分
主席：诺伊拉特

季诺维也夫作关于意大利问题的报告

同志们，我要讲一讲我们现代工人运动史上的一章，这是用意大利工人阶级最优秀儿子的鲜血书写的一章，这是能够最好地刻画工人阶级整个境况的一章。当无产阶级的革命的史学家需要描述我们现在生活的这十年时，他就会说，在最近资产阶级统治的这十年里，无产阶级从数量上来说，已经强大到足以推翻资产阶级统治，但是这个数量上强大的无产阶级，在思想上和政治上却过分弱小，还不能够胜任它的使命。近几十年来，我们阶级的悲剧就在于，虽然我们作为阶级战士早已具备了推翻资本主义的人力，虽然我们阶级胜利的客观前提早已存在，但是在我们阶级内部却有大量的资产阶级思想残余，尽管工人阶级在数量上占优势，但我们阶级内部的资产阶级影响还十分巨大，使我们不能马上最终地战胜资产阶级。

这是1914年到1919年的教训，这一事实在意大利表现得特别明显。

1914年和1919年是极为重要的两个年头，在这两年里，社会民主党的所作所为非常形象地说明了它所扮演的角色，第二国际所扮演的角色，也就是在工人阶级内部体现资产阶级影响的那些人所扮演的角色。

1914年，社会民主党没有领导工人群众，而是把工人群众诱入歧途。社会民主党和第二国际煽动我们的阶级卷入战争，对反对战争的工人搞突然袭击，把他们赶到战场上去。1919—1920年，战争结束时，群众的不满达到极点，当各国群众经过这可怕的四年后终于觉醒，想投入反对资产阶级的战斗时，社会民主党的作用是庇护资产阶级，阻挠工人，使他们不能反对主要的敌人，即资产阶级。社会民主党造成了这样的一种形势：只要我活着，你们就别想碰一碰资产阶级！社会民主党和第二国际站在工人群众和资产阶级之间，用各种办法使工人攥紧了的拳头失去力量。

1914年的情况是，工人阶级用自己的手把绳子套在自己的脖子上。1919年，当工人阶级准备扔掉这根绳子，或许还会进一步把它缠绕在资产阶级的脖子上时，社会民主党又一次在我们自己阶级的队伍中搅浑水——比1914年还要厉害，从而拯救了资产阶级。这些年的整个形势的特点就是老社会民主党反对革命。这就是工人阶级近年来所经历的悲剧的内容。如前所述，意大利的例子特别说明了这一实际情况。

1919—1920年，工人群众的革命情绪，特别在意大利，是很高昂的。我想，我最好用意大利社会党人自己描述当时处境时所用的语言来向你们描述我们意大利1919—1920年的形势。一本社会主义年鉴——意大利社会党的正式出版物——对1920年的形势作了如下的描述：

"战争结束，无产阶级欢呼。它终于看到自己的苦难到了头。它看到自己面临一个新时代，这个时代将给它带来胜利。它准备战斗，它不想复仇。一直受着压迫，积压在内心的怒火在燃烧，千万个创伤在流血，它准备从软弱无能的、残酷的资产阶级手中夺取政权，宣布自己的权利。无产者的眼睛注视着社会党。他们把所有最热切的希望寄托于这个党。他们刚扔掉可恨的军装，就立即跑进我们党的队伍中，要求党拿出办法，作出行动。他们请求并推动党去集结工人群众和夺取政权。"

1919—1920年，意大利无产者、工人阶级内心深处的想法就是这样。附带说一下，在别的国家中，心情也大致如此，但是意大利工人群众的这种心情特别突出。那里的资产阶级的确软弱无能，资产阶级政体是腐朽的、衰败的。成千上万的工人群众涌进我们党的队伍，正如我们在上述引文中看到的那样，复员的士兵纷纷涌向我们的党，要求这个党起来反抗。

我不得不给你们援引塞拉蒂的话，他在1920年给共产国际执行委员会的一份报告中对形势作了如下的描述：

"停战之后意大利的局势尖锐化、复杂化了，资产阶级所有的派别都认识到，战争已经以全面破产和完全背离它的拥护者所宣扬的战争宗旨而告终。至于群众，他们的愤怒和不满与日俱增，这种愤怒与不满的根源及其表现形式都不是经济性质的，而是社会主义性质的。这一点在他们的口号中表现得最清楚：'我们不愿意为资本家干活！'"

总之，工人群众已经攥紧拳头，严阵以待，他们要求下决心。党以空前的规模在发展壮大。请看如下数字。1914年初，意大利社会党有党员5.8万人；1919年，党员人数增加到8.3万人；而1920年则已达21.6万人。在1年之间，党员人数几乎增加了2倍。在1919—1920年，也就是战争结束那年，工人群众怀着对我们党最大的信任，成群结队地加入了党。

在这一时期，工会运动也经历了一个类似的历程。在战争初期的1914年，工会会员只有32万人，到1919年便有115万人，而1920年则增加到215万人。一年之中会员人数增加了一倍多。群众信任工会，他们希望工会和我们的党能够领导他们去斗争，去取得胜利。

但是不能说我们的党此时此刻已经完全意识到了这种形势。如果读一下决议，例如1919年博洛尼亚党代表大会的决议，你一定会认为意大利党已经清楚地认识到这种形势。这个决议包含了共产主义思想。我不想全部引述这一决议，我在这里只提一下博洛尼亚党代会上所决定的几件事。

"1. 使意大利社会党组织适应上述的——即共产主义的——原则。

2. 宣布加入坚决维护并捍卫这些原则的世界无产阶级的组织——共产国际。"

之后决议又接着说：

"必须着手进行用武力推翻资产阶级统治，并把无产阶级组织成为统治阶级的革命斗争。什么人认为同资产阶级合作是可能的，什么人就相信无产阶级和资产阶级之间的生死斗争可以避免；谁要是现在还相信心平气和的协议以及和平过渡到社会主义，他在我们党内就不再具有公民权；谁犹豫不决，谁不同我们在一起，让他从我们这里滚吧！我们必须征服世界，但是不能同意志薄弱者和犹豫不决者一起去征服世界。为此需要勇气，需要为理想而献身！到我们这儿来吧，同志们！"

在博洛尼亚党代会上，人们说了一些自豪的漂亮话。看来，似乎我们党当时真的处于盛时，似乎它真的准备做那些起来造反的无产阶级群众的代言人。但是，另一种情况出现了，在博洛尼亚党代会作出这些决议之后，立刻出现了改良主义者该不该留在党内的问题。于是出现了一个令人痛心的场面，多数人决定，改良主义者应该留在党内。

研究一下改良主义者的立场是很有意思的。

我必须说，如果追溯一下改良主义的历史特征，那就不得不承认它有一点是对的。改良主义作为世界现象，表现出很大的灵活性和无穷无尽的适应能力，而对于资产阶级来说，这正是一种非常可贵的特性，因为资产阶级不需要僵硬的改良主义，却恰好需要一种灵活的改良主义，一种能够适应一切条件的改良主义，而意大利的改良主义者已经表明，这种改良主义是一种多么富于适应能力的东西。

在这种形势下，工人群众紧跟红旗，要求决战。如前所述，士兵们如同在上述引文里所说的那样，脱下军装就立即参加社会党。改良主义者懂得，此时此刻不可以离开党，而应该留在党内，从内部来破坏它。

俄国的孟什维主义（我们对它很熟悉——我们在这所大学里学习了约15年，这所大学在某种程度上对我们所有的人都是十分重要的）在1905年也同样善于表现出极大的灵活性，它用"党的统一"这一口号紧紧地抓住我们，直到1912年，我们才做到最终挣脱孟什维克的怀抱。

意大利的孟什维克表明，他们的适应能力和灵活性不亚于俄国的孟什维克——这一点必须承认。在政治上搞技巧平衡是意大利孟什维克的第一个特点。意大利的孟什维克懂得，在政治上走钢丝是大有可为的。屠拉梯和达拉贡纳曾经声明，他们主张革命，愿意留在党内，服从党，一起干。那是十分重要的时刻。我们的许多朋友认为，党员越多越好；如果改良主义者声明他们愿意服从，愿意留在我们中间，那就更好。

人们于是作出这样的决定：改良主义者留在党内。

化装舞会就这样开始了。达拉贡纳、塞拉蒂——他或许不像别人那样突出，还有多少年来一直作为社会主义者出现在工人群众中的地地道道的资产者屠拉梯，他们把自己打扮成共产党人，串演起滑稽戏来。

1920年，达拉贡纳、杜贡纳和另一些人在塞拉蒂的率领下到了俄国。我曾亲耳听到达拉贡纳的演讲，他在演讲中高喊"共产主义万岁！"那时候俄国正受到封锁，俄国工人非常渴望同国际上的交往。他们像接待亲兄弟那样接待从外国来的每一个同志，我们经历了一个不幸的场面，我们的彼得格勒和莫斯科的工人实在太宠爱达拉贡纳和科隆比诺那些人了，因为他们把这些人看做意大利革命的无产阶级的代表，他们相信这些人讲的话。

当时国际上的形势是，不仅意大利的改良主义者，就连其他国家的改良主义者也都赶到我们莫斯科这里来，试图加入共产国际。我们曾在一个决议中用"共产国际开始时髦起来"这样的话去描述那个时期。你们还记得吧，在这个大厅里，迪特曼和克里斯平先生作了拥护无产阶级专政的热情洋溢的讲演，并且宣称，作为共产党人，他们绝不比其他共产党人差劲，他们也愿意加入共产国际。

当时，改良主义者和半改良主义者从各个国家急急忙忙地赶到我们这里来。我还记得有一个西班牙教授德·洛·里奥斯，他作为西班牙党的代表来到莫斯科，请求加入共产国际。但是这个教授毕竟是教授，在政治上有些天真。（笑声）在座的教授们请原谅，也有例外。格拉齐亚德伊同志——（**格拉齐亚德伊**插入喊声："我从前是教授！"）当然也有例外。这位教授以差不多是动人的天真说道："你们知道，同志们，我个人是个改良主义者，但是西班牙工人在着急，他们要加入共产国际，他们把我派到这里来，是为了让共产国际接纳他们。"

这位教授的确几乎是个圣人，他坦率地说出一切。达拉贡纳和科隆比诺可绝不是圣人，一点也不天真。这两个骗子宁愿到这里说上几句颂扬共产主义的话。

这二十一条对于我们共产国际是很有裨益的，自然也有一些人会钻这二十一条的空子，但是总的说来，它还是起到了防线的作用，能滑过去的人不会很多。

就在这时，意大利悲剧——或者也可以说是悲喜剧——在莫斯科上演了，但是喜剧不久即结束。意大利工人急不可待。重大事件发生了。1920年秋天，意大利工人开始占领工厂。于是，正如你们所知，改良主义者这一下不能容忍了。当工人开始占领工厂，当他们开始组织赤卫队——这时，改良主义者容忍不下去了，这时，达拉贡纳之流摘掉了他们的面具。这时，达拉贡纳已经回到意大利，而塞拉蒂还留在莫斯科。

如果我们稍微研究一下这段历史，研究一下1920年秋天发生的事件，意大利工人占领工厂，开始组织赤卫队；如果我们看到改良主义者起了哪些作用，就不禁要问：还有什么背叛行为能够比那帮人在1920年秋天的所作所为更加明显呢？

5天5夜——的确如此；正是在工人已经占领了工厂，要求进一步战斗的时候，工会领袖同社会党中央讨论了5天5夜；恰恰在这个时候，领袖先生们坐下来讨论了5天5夜，而在当时的形势下，连5个小时也是非常关键的。结果墨索里尼攫取了政权。正如你们从我下面的报告中可以看到的那样，屠拉梯和达拉贡纳相当快地表示愿意支持他，这不需要花上5天5夜去讨论。当工人们开始要把他们对整个生活的憧憬变为现实时，当他们真正开始同资产阶级斗争的关键时刻，人们却告诉工人：别激动，我们已经坐下来讨论了！而且为此需要5天5夜。这就是这次充分讨论的结果。

工会领袖们同社会党有某种形式的协定；有这么一个协定，协定上说在所有的重大斗争中，工会都必须追随社会党。我记得在1920年，我们曾提醒塞拉蒂注意，工会的领导权掌握在改良主义者手中，这一点对于我们的运动来说，可能成为最大的不幸，他却试图宽慰我们说，社会党同工会之间有一个协定，这就是充分的保证。

在1920年的斗争期间，改良主义者很自然地把这一协定扔进字纸篓里。他们采取了如下的方式，达拉贡纳对跟他志同道合的人们说：是的，我们有协定，我们遵守这一协定，但是如果你们决定继续进行战斗，那么我们就只好下台，只好放弃对工会的领导。

不言而喻，对于意大利的中派来说，这就足以使他们跪倒在达拉贡纳面前。他们说，党的创始人达拉贡纳要撒手不干了，这种不幸我们怎么能够忍受呀，我们宁愿背叛工人阶级并停止斗争，只要达拉贡纳不离开我们……

最后投票表决，150万工人参加了表决，尽管工会和党的领袖的这种背叛行径，人们也只是以微弱多数作出决定，停止斗争。达拉贡纳在受到资产阶级部长们的亲切拥抱之后，匆忙赶来出席会议。开会的先后顺序是这样的：先在资产阶级政府的部里商议，然后在劳工联合会协商，最后在社会党内讨论。

现在可以十分清楚地看出，从资产阶级到社会党首脑的这一连串的出卖是如何形成的。

工人被抛弃和被出卖，这是决定性的问题。从此以后，资产阶级的政治、经济进攻开始了，现在，这种进攻以墨索里尼的胜利告终……

在所有这些斗争中，共产国际的作用究竟是怎样的？同志们，我们可以很自豪地断言，共产国际通过执行委员会十分清楚地看到了这一形势。在占领工厂以前，第二次代表大会结束的时候，执行委员会在给意大利社会党的一封正式的信件中这样写道：

"意大利现在正处于这样的时刻，只是由于工人阶级没有很好地组织起来，革命的胜利被推迟了，在这个时刻，疯狂的资产阶级反动派的暂时胜利是完全可能的。任何人要在这样的时刻阻碍党去寻求正确的方针，任何人要在这样的时刻忙于同改良主义者和半改良主义者'联合'，他就对工人革命犯下了罪行——不论他自觉与否。"

在九月事件以前，我们就写了这封信。在第二次代表大会期间，我们同塞拉蒂就有了最初的意见分歧。如果要问塞拉蒂同志的根本错误在哪里，那么我就要说——如果我从最好的方面去揣想，根本错误是对工人阶级的团结和党的统一持错误的态度。改良主义分子已经在一些国家里用团结的口号赢得压倒我们的胜利，在俄国尤其如此。团结的思想在工人群众的队伍中有着巨大的吸引力,使改良主义分子得以用这种思想非常顺利地牵着工人群众的鼻子走。不难理解,之所以如此,是因为工人群众**需要**团结,正像我们需要空气一样。工人群众的主要力量就是它的人数,通过团结,通过众多的人数,工人群众才能获得力量去战胜资产阶级。对于团结的追求是一种非常天然的追求,它往往把所有其他的东西都排斥掉。改良主义分子的领袖们,改良主义的走钢丝的杂技演员们,资产阶级最狡猾的代理人们,都十分懂得利用工人对于团结的这种追求,而群众很容易在这个问题上上当。如上所述,如果我认为塞拉蒂本人至多不过是犯了错误,那么我指的是,他犯的是这样一个错误:对他来说,团结的问题是关键性的问题,他所有的其他错误,看来都是由这一根本错误引起的。

例如,1920年塞拉蒂说过如下一段话:

"这几天,我们将占领数百个、数千个乡镇。数千个合作社和数千个其他无产阶级机构也已经被夺得或即将被夺得。我们的党到处寻找适合在这些乡镇、合作社、劳动协会等组织中工作的人。缺乏能干的人,因为共产国际第二次代表大会规定,所有这些职位都要安排共产党人,而无须考虑他们是否适合做这种工作。我们在这里都置身于不近情理的王国。一帮无能的新手,事到临头假装成热心的共产党人,且看一看他们领导下的米兰公社吧。"

人们可以把塞拉蒂的这些话当做笑话置之不理,可是我认为,当时确实不是说笑话的时候,意大利的局势相当严重。在这种时候,像塞拉蒂这样一个人竟能得出这般结论,真是很难令人理解的。对他来说,1920年的问题在于是否有人。他打算找人去占领数千个乡镇和城区,他又特别操心要找到合适的人去占领米兰地区。他说,能把新手、未经考验的共产党人安排在那里吗?在统一战线问题上的这一错误看法,即"多多益善"这一原则,导致了在局势判断方面的极端错误。统一的口号成为迷信，联合论成了偶像，因此，塞拉蒂自己也失去了决定当时基本政策问题的可能性。

他犯了这第一个根本性错误，所有其他的一切也就自然而然地随之而来，所有其他的错误和反对共产国际和整个共产主义的全部轻率行动都接踵而至。有人对我们说，塞拉蒂在第二次代表大会以后立即组织了一个派别，自称"社会党人—共产党人—联合论者"。社会党人好，共产党人也好，联合论者更好，而如果全都凑合在一起：社会党人—共产党人—联合论者，人们就会认为这是世界上最了不起的。

实际上，这充其量是个大杂烩，客观地说，那不是我们共产党人所需要的。在里窝那党代表大会召开之前，当塞拉蒂恳求我们不要急于决裂的时候，我们回答说，可是没有人能说服我们相信《社会评论》，即屠拉梯的机关报是共产党的报纸。

我们在十几年以前就熟悉这个机关报。已故的普列汉诺夫在他还是马克思主义者的时候，就与这种半资产阶级、半改良主义的报纸作过斗争。我们写过这样一句话：

"世界上所有的联合论者都无法使我们相信，《社会评论》不是资产阶级报纸。"

当时，我们不知道《社会评论》和"商业银行"本来是一回事。（笑声）我们只是从理论的角度看这件事。现在我们知道，如果写的是《社会评论》，那就得读做"商业银行"。因为众所周知，《社会评论》在经济上是受"商业银行"支持的。有人却愿意同这些人待在一个党内！

好，同志们，我们现在回顾一下里窝那党代会前的形势。1920 年 9 月发生了对工人阶级的最严重的背叛，达拉贡纳及其同伙讨论了 5 天 5 夜，终于使社会党跪倒在他们面前，工人阶级被出卖，《社会评论》作为"商业银行"的代理人仍然留在社会党内。所有这一切都是在"工人阶级的团结"的幌子下发生的。

在这种形势下,决裂是不可避免的,必要的。我们十分坦率而诚恳地说,在任何地方和任何时候,一旦类似的形势重新出现,我们认为,主张重新决裂是革命者最神圣的义务。我们现在生活在一个新的阶段,共产主义力量的集结已经开始。决裂的阶段总的说来已经过去。但是正因为如此,我们必须声明,我们绝不是在原则上反对分裂,而是一旦出现了类似的形势,我们将要再次主张分裂。

现在说说里窝那党代会。中派分子为了保住1.4万或者1.6万个改良主义者,宁愿同国际分道扬镳,断绝往来。你们也许记得列宁同志给塞拉蒂同志写的那封信,信中说了我们大家要说的话。我们不要求你们立即进行革命,我们只要求你们成为一个革命的党,为革命进行准备,也就是说,你们开除那些人,那些反对革命的人,那些改良主义者。诸位一定也还记得塞拉蒂同志——这一点我不能不提——在一篇文章中对列宁的信所作的答复:

"您问道,是否能够容忍改良主义者留在党的队伍中,请允许我用另一个问题回答您:谁是改良主义者?"

在1920年秋天发生了那一切以后,塞拉蒂同志提出了这个近乎哲理的问题。我想,那些事件已经对此作了明确的回答,塞拉蒂同志现在可以给我们详细地讲一讲,在意大利谁是改良主义者。改良主义者是那样一种人,他们多年来主张所谓的阶级合作。改良主义者是那样一种人,他们像屠拉梯一样,以其全部才智——才智越多对于我们的事业就越糟糕——出卖工人阶级的人。改良主义者是那样一种人,在1920年,成千上万的工人从心底里相信我们会领导他们去斗争,因而涌到我们的旗帜下来,而他们却在此时此刻混进我们的队伍,企图平息工人群众的怒火，阻碍他们去战斗。改良主义者是那样一种人，他们现在成了给墨索里尼擦靴子的人。现在看清这一点，肯定不需要多大的政治本领。我认为，目前在意大利到处乱飞的乌鸦，都能够回答塞拉蒂的这个问题：究竟谁是改良主义者。即使在1920年，这也算不上是多么高明的本领。对于意大利当时发生的事情，谁要是看不见，他一定是瞎子，谁要是听不到，他一定是聋子。

在这个问题上，同志们，我们的责任是**力促**旧党的分裂。在两年后的今天，我们站在这里扪心自问，年轻的共产国际和共产党是否对此感到后悔，后悔他们在里窝那搞了分裂，我们要说：**绝不后悔**！如果出现类似的情况，我们一定再一次主张这样一种分裂，我们不懊悔。当然，意大利共产党没有领导我们阶级取得胜利，它还不能够办到，它还太弱小，而且时机也已被错过。我们年轻的共产党没能做到这一点，但是它却挽救了意大利工人阶级的荣誉和意大利革命的旗帜。（热烈的掌声）我们应该承认这一点。

那么，改良主义分子把党和工会搞成什么样子呢？关于党，举一些数字就够了。我已经讲过，1920年社会党有党员21.6万人。《前进报》在1919年和1920年发行40万份，只是由于技术上的困难才没有多印刷。它不仅仅是工人的报纸，而且是全意大利人民的报纸，那阵子是这个报纸最光彩夺目的时日，那时它作为革命报纸堪称楷模，是一份使人想起法国革命最美好年代的报纸。

现在，改良主义分子把它搞成什么样子呢？你们知道，同志们，意大利社会党已经被削弱到不能再弱的地步了。1920年，当我们要求塞拉蒂同改良主义者分手时，他说必须等待时机，要等到群众理解这一点的时候。现在，同志们，只需援引一个数字便足以说明问题。在里窝那时，塞拉蒂差不多拥有10万票，共产党人5.8万票，改良主义分子1.4万票。而几星期之前在罗马，两派的改良主义分子和最高纲领派几乎拥有同样人数,大约每派 2.5 万人。改良主义分子几乎增加了 1 倍,而党员的总数却降低到原有人数的 1/4。由于这种集权主义的政策,使得在里窝那时人数还是微不足道的改良主义分子,成了一支真正重要的力量。如果现在有人说,1920 年分裂会遭到误解,1922 年它才被人理解,那无非是诡辩。群众在 1920 年经受分裂要比在 1922 年好得多,也容易得多,党也不会垮掉。

改良主义分子把社会党搞成这个样子。他们自言自语:党员越多越好!他们本想维护好党这座古老而令人自豪的大厦,但实际上他们却搞得房倒屋塌,一半党员逃进改良主义分子的阵营。如果可以把党和革命对立的话,那么他们不仅背叛了革命,而且也背叛了党。的确有这么一些人是这么做的,连社会民主党也说,1914 年它本来也许会反对战争的,但是却不想放弃那些美妙的工会和如此费力筹集来的大笔现款,等等。

现在,同志们,在意大利,不仅工人阶级被搞垮了,而且党也被搞垮了。因为党是工人阶级的领导成分,如果工人阶级垮台,党也就垮台了。

改良主义者把工会搞成什么样子了?工会的团结如同一日三餐的面包那样必不可少。我们主张工会的团结,主张在这方面要十分慎重。现在事实表明,如果我们长期地把工会领导权留在改良主义者手中,历史会如何严厉地来惩罚我们。1920 年,工会有 225 万多名会员,如今却不足 50 万。我们必须明白,如果我们现在不从达拉贡纳的手里把工会夺过来,他就会把工会整个出卖给墨索里尼,他就会用最粗暴的方式把工会送到资产阶级手里。

同志们,我想给你们讲一讲意大利议会最近举行的一次小小的辩论。

大家知道,墨索里尼在那里作了一个纲领性的讲演,某些方面很有意思，例如他说：

"不要说太多空洞的废话，先生们！报名发言的人有52位，他们要就我的声明发表谈话，这太过分了。"

墨索里尼用下面的话结束了他的讲演：

"在我实现我繁重的使命的过程中，但愿上帝支持我完成这一使命，直到胜利。"

墨索里尼，正如我们看到的那样，也要跟敬爱的上帝交朋友。这是职业上的需要：资产阶级专政一定要同上帝交朋友的。

然而有意思的是，屠拉梯也同墨索里尼交起朋友来了。我给你们讲一讲墨索里尼和屠拉梯在议会里表演的一出二重唱。

屠拉梯说，他反对法西斯分子进军罗马，还说墨索里尼目前在议会中的所作所为，从议会的角度看，是法西斯分子向罗马进军的继续，或者如他所说：

"本质上，这是向罗马进军，不过这次是穿着漂亮的大礼服进军。"

墨索里尼打断他说：

"不是穿着大礼服，是穿着黑衫。"

屠拉梯接着说：

"这就意味着——我不需要用文件证明——政府认为，意大利议会在这次信任表决之后，在政治上就不再存在了。"

屠拉梯接着说：

"由意大利人选出的每届意大利议会,都不再存在了。我们不否认革命的权利,我们是一个革命的党,我们愿意做一个革命的党。"

记录在此特别记下了:"法西斯党人发出嗤笑声。"完全可以想象,当屠拉梯说他的党是一个革命政党的时候,法西斯党人发出了嘲讽的笑。

屠拉梯又说:

"我们不否认法西斯党人革命的权利,我们只是说,你们夺取政权不具备革命的性质……"

墨索里尼说:

"你们就会看到的。"

屠拉梯继续说:

"……我们认为,你们夺取政权从不按逻辑办事。"

就是说,屠拉梯发现墨索里尼并不是前后一致的。

"革命的逻辑也好,反叛的逻辑也好,都是要尊重的——因为有一种革命的逻辑。您没有遵守要把统治阶级的半数赶走的诺言。"

墨索里尼尚未兑现这个小小的诺言。

墨索里尼说:

"我会遵守这个诺言的……"

屠拉梯说:

"作为社会主义者和爱国者,赞许墨索里尼所作的关于对外政策的指示,尽管这个指示里有民族主义的陈词滥调。可是,他不赞同墨索里尼关于重建国内和平的看法。冲突仍在进行……"

墨索里尼说:

"两个星期只有四个人死亡。想想过去吧!"

屠拉梯继续说:

"政府的财政、经济政策所采取的路线,正是不久前工业家总联合会所规划的路线。

……墨索里尼为了贯彻他的纲领,创建了他那蛊惑人心的后备军:国家辛迪加。民主一定要胜利,无产阶级无所畏惧,民主是历史的发展趋势。"

墨索里尼高兴地补充道:

"历史可没有硬性规定的轨道……"

这就是墨索里尼和屠拉梯之间的对话。

请允许我再讲讲墨索里尼同达拉贡纳的二重唱,后者在二重唱中提到了工会。

一开始他就声明,他的意见不是一个政党的意见,而是要说明关于工会运动的看法。

对此,我需要作一个简短的说明。我已经讲过,1922年,工会和党之间存在一个协定。这个协定,这个写上了金科玉律的文件,塞拉蒂同志一向带在他左边的衣袋里(这样一来,他便自以为有了可以防止改良主义者任何出卖的可靠保障),现在它却被郑重其事地废除了。在罗马决裂之后,工会领袖们宣布这一协定不复存在。

还有一个很有意思的现象，达拉贡纳立刻急急忙忙做出工会中立的样子。他说，这与政治无关，我们是中立的，我们是独立的，我们不想搞政治。

这是个很有意思的现象，达拉贡纳是新社会民主党的创建人之一，当工会还掌握在他手中的时候，他曾经把一大批工人输送到这个党里。

你们看，改良主义者的牌有时打得多么拙劣。

在同一时刻，在12点，他一气呵成地建立了一个纲领公开要求合作的改良主义政党，到了1点钟，他说，我作为一个工会活动家是中立的，我的工会是独立的，不从事政治。这个谎言是如此的拙劣，然而我们的许多阶级同志还这么缺乏经验，有时竟会被这种拙劣的谎言所蒙骗。

改良主义的党十分虚弱，一个有意思的证据是，它现在不敢让它的工会公开以改良主义的面貌出现，而是在工会独立的旗帜下粉墨登场。

所以达拉贡纳声明，他不是作为党的成员，而是作为独立的工会干部出现的。他说：

"我恳求政府（也就是坐在身边的墨索里尼）在对议会所作的答复中，尽可能明白、准确地说明对工人阶级和工会运动有什么打算。"

墨索里尼说："好的。"达拉贡纳继续说：

"我们从事的是合法的工会运动，我一贯这样主张。此外，历史证明，劳工联合会从来不对秘密活动负责任。"

他向墨索里尼鞠了一躬。

"我一向强调，对于劳动阶级，给他们每天的工资加4苏尔第，劳动时间减少1小时，要比教育他们，使他们觉悟容易多了。"

他就这样同墨索里尼先生谈论工人阶级,这个人对待工人阶级是如此的厚颜无耻,如此卑鄙。

他接着说:

"请问政府,像这样一种保护劳动阶级的运动是否有权存在。"

墨索里尼站起来说道:

"是的,这样的一种运动是允许存在的。"

所有这一切都一字不差地写在记录上。

达拉贡纳又继续说下去:

"如果各方面告诉我们的话属实,看来似乎政府打算承认的工会,只是那些放弃同别国工会来往的工会。"

啊,阿姆斯特丹派!众所周知,达拉贡纳是个坚决的国际主义者。

而且达拉贡纳在莫斯科跟我们一起建立了红色工会国际。在红色工会国际成立的第一次会议上,达拉贡纳作为意大利工人的代表同大家一起签署了会议纪要。如果你们愿意的话,可以到我们的革命博物馆去看有关的材料。而这位先生现在就共产国际问题对墨索里尼说道:

"我们参加了一个国际性运动,就像白色工会和工业家也参加国际性运动一样。我们愿意留在共产国际,但是并不认为,这样一来就同我们的国家处于对立地位。不然的话,我们意大利人怎么才能保护侨居异国的同胞的利益呢?"

为什么屠拉梯要作为国际的一员,你们想知道其原因何在吗?就是因为他要保护流落国外的意大利人的利益。

"我听说,我们有更多的劳力必须迁往外国,我希望这是办得到的。但是我们必须致力于使我们在国外的工作不会因工会运动而丢丑，我们要在那里维护意大利人的体面。我们希望外国人看到我们流亡者贫困不幸的年代到此为止。我逃亡过，您也逃亡过（墨索里尼赞同地点头），您知道，提高流亡者的尊严也就维护了祖国的尊严。"

诸位知道，达拉贡纳的体面就是整个阿姆斯特丹派的体面。这是一些十分相似的尊严，我真羡慕阿姆斯特丹派，他们在意大利有这么一位体面的代表。我相信，（赞同地点头的）墨索里尼会同意达拉贡纳心安理得地待在阿姆斯特丹。

达拉贡纳先生却不得不在讲话临近结束的时候，煽动迫害共产党人。

他用下面一段话结束了他们的二重唱：

"我们反对任何形式的暴力，不论它来自这边的席位（达拉贡纳指了指极左派），还是来自右边，因为我们认为，暴力即使能带来胜利，也会招致巨大的危险。"

同志们，意大利工会目前的状况就是这样。你们看到了，塞拉蒂同志并不能够用他放在衣袋中的那份宝贵文件，真正保住工人阶级的工会。这个文件未能阻止工会成为我们最凶恶的敌人手中的一个工具。我有一份劳工联合会领导人的最近决议，决议说，共产党人和社会党人现在要求召开的工会代表大会，将被不定期地推迟。达拉贡纳甚至在他的决议中说道，代表大会将在尚待确定的时期召开。据说一个新时期即将开始。达拉贡纳表明，他考虑的的确只是时期问题。战争时期，尽管我们敦促，他竟7年之久没有召开工会的代表大会，而现在他又说，到了新时期他才会召开一次代表大会。这就说明达拉贡纳现在不顾多数人的反对，要把这一组织直接拱手送到资产阶级手里。这点已经得到证实。

这就是意大利工会的情况。它们已经土崩瓦解。我们在那里还剩下的东西都落入达拉贡纳先生的控制之中。召开代表大会现在是不可能了,只有到一个新的时期才能召开。工会现在还有一些坚决的会员,如果我们现在不去进行严肃的抵制,达拉贡纳每天都可能向墨索里尼出卖他们,他是会这样做的。

这就是这两年搞联合主义的结果。

人们愿意统一。人们希望有个伟大的党,有个统一的工人运动,有个伟大的扎扎实实的统一运动。可是现在一切都成了泡影,工人群众被抛弃和出卖。

达拉贡纳提出了献身精神的问题。他说,我是为了你们,我只是不希望工人流血。因此,我主张进化演变。但是我们没有得到进化,而已经有了牺牲。成千上万的人已经在战斗中倒下去了,意大利无产阶级才刚开始重新集结,重新战斗。情况就是如此。

党的领袖若在革命时期犯了一个根本性的错误,就必然要引起一连串其他的错误,最终不可避免地导致党和工人阶级整个运动的灾难。在意大利发生的情况就是这样。因此,在这个曾经处于最临近革命的国家里,我们得到了关于共产国际策略的普遍问题、关于如何评价中间派等问题的最明确的启示。我们打算在决议的第一部分引出结论。简而言之,结论如下:

(1) 改良主义是我们的主要敌人。(2) 中间派对于无产阶级政党具有生死攸关的危险。这是第二个教训。这两个教训是我们时代总悲剧里意大利一章所给予我们的最重要的教训。在这次大会上,我们必须记住这些教训。这一章绝不能从我们的记忆中抹去。在我们也许还会经历新的失败的20年代,最富有教益的一章是意大利的事件。问题不在于要追究这个领袖或那个领袖的责任,虽然我们工人运动的历史有朝一日将理所当然地会对我们所犯的一切错误,以及我们各个人为运动所做的好事,作出评价——现在所涉及的是更重大的问题。关键是要**记住意大**

利**阶级斗争的教训**和内战的**教训**。当工人阶级真正地迫切要求进行斗争的时刻,我们不允许不惜一切代价地死抱这个统一的错误思想,不允许用"让社会党人同共产党人混合起来"的口号,不允许用同改良主义者缔结协定的办法,而是必须要有献身精神和果断的共产主义策略,带领群众前进。同志们,委员会就是这样来评价过去的。

历史是很重要的,但是现在的关键是未来。下一步该怎么办?委员会一致决定,**现在共产党同已经摆脱改良主义分子的意大利社会党应该迅速实现统一**。这是委员会的一致决议。我们意大利共产党里的多数派朋友们曾经反对这样做,我希望这种阻力已经消除。

应该说,我理解大多数共产党的朋友存在和必然存在的心理反感。这几个月来的斗争受到的危害有时是太大了,危害不是来自共产党方面,而是来自最高纲领派方面。信奉共产主义的普通工人的愤怒是太可以理解了,他们想:是的,1920年我们本来能够赢得一切,但是我们丧失了一切,我们现在开始踏上一条流血的、艰巨的道路,我们已经到手的胜利被夺去了!这种情绪存在于工人中,它是必定会有的,是一种健康的情绪。我们理解意大利共产党大多数人的这种情绪。

同志们,但是我们不能任凭情绪来支配自己,我们必须克服心理因素。我们面临着重大的政治问题:意大利社会党在**同改良主义者决裂以后**,现在就在我们的面前,它是否能到共产党里来呢?它的大多数成员,它的无产者部分是不是还可以要?这是个**政治**问题,委员会对这个**政治**问题作了**肯定的回答**。我个人也坚信,**必须**对这个问题作出肯定的回答。我们在委员会里说,在俄国有过类似的例子。在革命期间,我们组织了一个发展党员周。在一周之内,几乎每一个希望入党的工人都被吸收到我们党里来了,有数万人参加进来。那是在**什么时候呢**?当时是邓尼金兵临莫斯科城下,尤登尼奇将军攻到彼得格勒,那是俄国共产党人最困难的时候。那时俄国共产党人夜不安寝,在共产主义俄国的心脏,每天都可能展开决战。那是一切都处于危急关头的时刻,在这种时刻——我们当时说——通过实际来考验人,我们号召所有那些愿意和我们分担危险、愿意在这样艰难的关键时刻到我们中间来的工人和无产者,同我们一起前进。我认为,意大利现在也处于类似的情况。当然,并非什么都可以作比较,但情况确实相当类似。对于共产党人来说,意大利当前的局势是很危险的。现在加入共产国际确实需要勇气和个人的诚意。现在这是涉及生死存亡的问题,现在应该通过实际来检验人。虽然墨索里尼宣称目前只死了4人,但是我们知道,这个墨索里尼时期刚刚开始。在目前这个时期,我们可以放心地说,我们必须设法同那些终于摆脱改良主义的人,那些希望加入共产国际的人联合起来。当然,意大利社会党耽误了许多事情,它没有建立秘密组织,在墨索里尼统治的初期,它甚至还表现得相当软弱。但是仍然可以看到,意大利社会党人学到了一些东西。我面前有一份社会党的呼吁书,是近几天拿到的。这个呼吁书非常重要,同志们在呼吁书中建议采取一系列措施,准备建立秘密组织。他们说,在所有的地方,组织的领导人必须事先委派,在任何情况下,都要保证组织的干部的安全。这是一个正确的态度。当然,声明建立秘密组织的必要性,并不等于事实上已经建立了秘密组织,但是社会党懂得了这种必要性,总还是好的。

意大利总的局势就是这样。我们认为,可以冷静地进行尝试。这不是一种轻率的尝试,而是把应该和必须联合起来的力量,真正联合起来的一种尝试。

这并不是说,像目前这个样子的社会党可以全部加入到我们这里来。委员会决议,不接受议员韦拉和那些声明同他一致行动的人,而是要开除他们;也不接受所有对二十一条持保留态度的人。韦拉,人们说他本人是个诚实的人——我不认识他这个人。他在罗马党代表大会上讲了一次话,他在讲话中说,他反对二十一条,主张保留"社会党"这个老名称。他还建议解散共产党,合并到社会党里去。他是那样一种人,认为共产国际不过是俄国外交部的一个工具而已。虽然塞拉蒂同志在他最近的一篇文章里就这一问题谈了自己的看法:好吧,就承认共产国际真的只是俄国无产阶级国家手中的一个武器,即便如此,这也没有什么不好,因为俄罗斯国家是一个无产阶级的国家。

不过,塞拉蒂同志的这种曲解是不对的。我们大家都十分了解所有这些情况,情况并非塞拉蒂同志所描述的那样。

总之,韦拉不是共产党人,我们必须把他以及和他志同道合的人拒于统一党之外。委员会作了这样的决议,我希望大会赞同这一决定。

但是大会有必要一致告诉我们的共产党同志们,即意大利代表团的多数人,统一是绝对必要的,心理上的对抗必须无条件地克服。我们深信,如果我们在意大利只有一个党,工人会把这看做是一个新的纪元。普通工人会说:分裂、失败、绝望、被出卖、令人气馁的时代已成过去;一个新的篇章开始了;我们已经克服了一切失败、一切严重的错误和全然的束手无策,进入了一个新的时期,在这个新时期里,重要的是集结工人阶级所有的力量。当意大利工人看到,在分裂停止之后,所有的革命者和无产者集合在共产国际的旗帜之下时,他们将会松一口气。

我不想掩饰,我们并非处在意大利历史这一篇章的结尾,而是处在中间,或许处在一个新篇章的开端,我们还会有艰巨的斗争。最不妥协的共产党人说:今天,1922 年,你们把两部分联合起来,到 1923 年的第五次代表大会上,你们一定会像托洛茨基同志作关于法国问题的报告那样,作一次关于意大利问题的类似报告。他们给我们描绘了如此黑暗的前景,我绝不想说,不存在这些困难。我们面前有许多困难。建成一个共产党不可能是轻易的,需要时间,还需要进行改组,甚至连最有威望的领袖们最终会走向何方,现在也还说不上。这一点,斗争会予以说明,时间也会说明,我希望,就在**不久的将来**。但是共产国际必须尽一切可能让各个领导人——不是说群众——有可能同群众结合。

这不是自以为是的问题，这关系到把真诚的共产党人集合在一个唯一的党的队伍中的问题。我们已经犯过重大的错误，还遭到了许多打击。有一句俄罗斯谚语："一个人被打倒，两个人补上来。"现在意大利的最高纲领派已经被彻底打倒了，也许这个谚语会确实应用到他们身上。

我们会有困难，但是我不认为，意大利目前会出现像我们这次大会在法国党问题上出现的那种困难。现在法国党的一些派别患了重病，意大利党在分裂以前同样染过重病，只是症状不同，而且现在也开始康复了。当然还可能再病，但是我认为，它像中派得过的那样一场大病已经治愈，病魔已被战胜，现在健康开始恢复。法国党今年在许多地方所染上的病痛，在一定程度上，症状都消失了。

我们会有困难的，如果我们说，由于现在我们作出了决定，我们就会有一个统一的党，会一切顺利，那未免过于轻率。不会这样，还要进行改组。执行委员会非常坦率地告诉意大利同志，我们认为，我们的责任是密切注视运动，支持统一党内的真正的共产党人，支持那些希望进一步使党发展壮大的人。

将来是要进行改组的，德国的例子也说明了这一点。在德国，创伤已经愈合，"统一"党这个词在一年前或更早一些时候就已经消失了。

在意大利，事情也许不会发展得如此之快。在意大利，我们将支持那些愿意成为共产主义者的人。我们不会问：你从哪里来？从老的党还是新的党来的？你属哪一派？我们只问：你现在做什么，你现在的立场是什么？

但是我们要事先告诉你们，会有困难的，共产国际必须看到当前的形势。

第一项任务：我们必须用统一起来的力量打败改良主义。这项任务目前在意大利是很容易完成的,因为意大利正处于内战时期,因为每一个意大利工人现在都懂得这项任务。

第二项任务:在意大利,我们必须在**政治领域**以及经济领域里实行统一战线。如果有那么一个国家,实行统一战线对它最合适,那么这就是目前的意大利,这里每一个工人,每一个无党派的工人,现在都准备进行反对法西斯主义的斗争。

这第二项任务就是在经济以及政治领域里真正地贯彻统一战线政策。在这方面,正如这里进行的其他讨论中所表明的那样,意大利共产党耽误了许多事情。

第三项任务:工人政府的口号。如果有那么一个国家,用这个口号可以取得最大的效果,那就是意大利。墨索里尼政权每过一周都变得更加令人憎恶,每过一周,都会有更广泛的群众提出问题:现在怎么办?应该由什么样的政府来取代墨索里尼政府?必须有一个通俗的口号,每一个工人、每一个农民都理解的口号——这就是工人政府的口号。

第四项任务:打进法西斯的工会!这听起来也许有些离奇古怪,但是必须如此要求。有些意大利同志反对这样做,我认为那是错误的。我有法西斯工会中央最近一次——几周以前——的会议记录。法西斯工会的领袖们声称有150万会员,这未免——客气地说——太言过其实了。它代表了商船队、农业、艺术、戏剧、技术—工业委员会等团体,还有46个省的工会书记处。

的确,法西斯的大人先生们现在企图使用暴力硬逼工人加入工会。如果需要证明法西斯主义是一种小资产阶级的现象,那么他们工会的纲领就是最好的证明。我只想引用其中短短的一段话,法西斯工会的一个领导人罗索尼说:

"中产阶级总是吃亏,因为他们从不肯下决心不顾天良地为自己的利益而坑害国家。中产阶级是国家的头脑，是有文化、有才能的阶级。国家工团主义是最优秀的工团主义，它依赖的主要是这个中产阶级。如果说战争是靠大批农民和工人在战场上搏斗，那么中产阶级却提供了我们最可敬佩的军官干部。

政府目前所处形势的特点可以用下述事实说明：参加工会的人数已超过100万。

我们已经胜利，但是革命并未完成，我们的革命必须进行到底，才能以劳动的名义，在承认工团主义价值的条件下，建立国家的新的协调一致。合理的利润必须在工业资本家和工人之间分配。"

同志们，从这里可以看出法西斯工团主义的思想，这是小资产阶级思想，它同社会民主党的思想并不像人们常常想象的那样风马牛不相及。它们基本上是同一种思想，只是形式不同，可以说，它是在意大利条件下的诺斯克式的社会民主主义。人们很容易提出这种论点，并为之辩护。意大利的现代法西斯主义与诺斯克社会民主主义并非相去甚远，它适应了当前意大利的情况，改良主义者，即意大利的诺斯克们同法西斯分子成为莫逆之交，并非偶然。

在这种形势下，现在的问题是：我们是不是一定不能参加这些工会？绝不是。我们必须有勇气直接提出这种口号：打进法西斯的工会！好吧，那里没有150万会员，不过也许是50万，但是现在在政府机器掌握在法西斯分子手中的时候，会员会多一些。我们必须打进这些工会去，也要打进法西斯的合作社去。进去的人只要是真正的共产党人，在里面也仍然是共产党人。我们必须待在这些组织里面，争取工人的大多数。这是一种非常特殊的形势。我们的劳工联合会明天或许会全部垮台。我们的工会即使依然存在，眼下却落入法西斯主义的代理人手中，落入达拉贡纳手中。另一方面，在法西斯工会里有许多公务员，但是也有工人，首先是被墨索里尼巧妙地用社会煽动的办法拉过去的农业工人和贫苦农民。如果我们想成为拥有群众的政党，我们就一定要打进这些工会，我们必须在那里面建立我们的支部。如果我们不这样做，目前我们就不能作为群众性政党出现。因此我认为，尽管这个口号使人听起来不舒服，我们还是必须提出这一口号。俄国的布尔什维克也参加过由一个沙皇将军建立的所谓"苏巴托夫"工会。我们把最优秀的工人派进去，让他们为我们工作。当然，这需要一个自觉的、组织严密的和机构牢固的共产党。我们必须在不同情况下向这些法西斯工会建议建立统一战线，我们不能畏缩不前。

第五项任务： 我们一定要善于现在就使自己成为整个反法西斯斗争的先驱。我们共产党在这方面犯了严重的错误，党在人民冲锋队问题上没有处理好，我们太软弱了，没有能使由退伍士兵、军官、革命士兵以及一些糊里糊涂的人组成的人民冲锋队成为反法西斯的突击队。我们共产党犯了这样一个教条主义的错误——教条主义是意大利共产党的主要错误，即党对人民冲锋队置之不理。我们的意大利朋友们对它非常傲慢，他们说，这不是共产党人。如果我们现在说同样的话，我们有了一个共产党，不再需要这些人，那么这就是个错误，在委员会上，我已经用列宁的话说明了这种错误。列宁曾说，我们中间有一种共产党人，他们认为他们什么都懂、什么都会。俄国话叫做"Komtschwanstwo——共产党员目空一切"。共产党人什么都能，什么都知道。这种共产党员目空一切是意大利共产党中许多同志的一种通病。这种症状在人民冲锋队问题上暴露出来。有人曾说，难道我们当真应该同这些糊里糊涂的人打交道？他们连马克思《资本论》的第3卷都没有读过。不错，他们也许连第1卷都没有见到过，更不用说读过。尽管如此，那些人是愿意同法西斯主义作斗争的。因此，现在首先需要把愿意同法西斯作斗争的所有意大利工人团体联合起来，不论他们是工人、农民、还是糊里糊涂的士兵，我们必须把所有的人都团结在我们的旗帜下，这不是说要吸收到我们党里来——党必须仍然是一个团结一致的党。但是我们必须善于走在群众前头，反对法西斯主义这一口号现在还不够响亮，它会一天一天地响亮起来，直到它在反对统治阶级的战斗中终于成为霹雳轰鸣。我们必须善于把日益高涨的反法西斯运动团结在自己的周围，学会做一个真正的先锋队来支援无产阶级革命。这是第五项。

第六项任务是统一。委员会决定建立的一个统一的意大利共产党，它将成为整个工人阶级的一种象征，将开辟一个新时代，将提高我们工人的自觉性。勇气现在已经丧失，经过这一次次的失败，经过一次次的打击，经过分裂和分化，一部分工人失掉勇气是自然的。然而联合将会使群众的情绪重新高涨起来，联合将使工人群众团结起来，进行反对改良主义分子和法西斯分子的实际斗争。因此，统一是绝对必要的，必须实现。

这些就是我们向你们提出的议案。意大利工人阶级犯错误的这一章历史，是用意大利工人的心脏流淌出来的鲜血写成的。当然，不可能如此轻易地撇开所有这些所谓的错误——这是对意大利发生的事情的一种很委婉的提法——去谈正题，但是发生了的事情已经不可挽回。我们现在一定要关注未来，我们希望我们在意大利遭受到的惨痛失败和可怕的厄运，将促使我们党把历史的这一页翻过去，再遇到这种情况，至少会记取过去的教训。我们**没有任何别的**国家像在意大利那样，让改良主义分子和第二国际牵着鼻子走。因此我希望，任何地方都不会像在意大利那样，对改良主义者这样疾恶如仇。我希望我们将亲眼看到，当革命钟声敲响的时候，我们会提醒留着长胡须的达拉贡纳先生和别的改良主义者先生们回忆回忆他们进行讨论的那五个不眠之夜；我们将提醒他们回忆回忆同墨索里尼的对话；我们将提醒他们回忆回忆他们对意大利工人阶级犯下的所有那些背叛行径。所有这些，意大利工人阶级永远不会忘记，并将给予恰如其分的回报。同志们，我相信这个时刻会来的，而且已经为时不远了。严酷黑夜的尽头将是朝气蓬勃的清晨。在此期间我们要记住，黑夜愈是昏暗，星星就愈是明亮！（热烈鼓掌）

表决通过关于意大利问题的决议

主席：

在我们把意大利问题委员会提出的决议付诸表决之前，意大利代表团还要发表几个声明。

博尔迪加（意大利）：

意大利代表团的多数派在意大利问题委员会的小会以及大会上，就意大利共产党同意大利社会党联合问题展开了辩论。

意大利共产党在里窝那建立，目的是逐步吸收退出其他政党组织的那些工人加入意共，从而为共产国际，为革命派争取意大利群众，甚至在罗马举行的社会党人代表大会之后，这一目的从逻辑上讲是排斥任何联合的，意大利共产党的多数派还是从这个角度来观察意大利的形势，观察和意大利社会党的关系的全部问题的。

共产国际对这一问题却有不同看法，按照所有代表团一致同意的委员会的决议，第四次代表大会显然是赞成联合的。

意大利代表团的多数派在意大利问题辩论之后，参加了关于切实保证联合的讨论，并且提出若干动议，但是在委员会拟出并通过决议之后，他们不打算再在这里对这些动议进行说明。

鉴于目前的形势，尤其是因为共产国际的建议十分清楚明确，这次表决起不到从理论上阐明观点的作用——顺便提及，表决是在很大的范围内进行的，它只是用来衡量意大利共产党对执行共产国际决议的忠诚程度的一种政治行动，党声明，全党将毫无疑义地、绝不犹豫地力图使自己的行动和政策与第四次代表大会提出的方针保持一致，党承担这项庄严的义务。

为了令人信服地证明我们的纪律性,在党宣布将尽力贯彻这一决议的同时,意大利代表团的多数派把参与争辩局限在这一声明中,并投票支持委员会的决议。

塞拉蒂(意大利):

在看到委员会就意大利问题所提的建议,并对这些建议全文进行讨论以后,社会党代表团声明如下:

1. 最近在罗马召开的意大利社会党代表大会,在开除了改良主义分子和所有公开的或伪装的城堡和平派分子以后,一致同意加入共产国际。

2. 因此,这次参加共产国际就意味着毫不含糊地接受二十一条,以及为了成为国际(在意大利)唯一的一个支部,决心同共产党联合。

3. 我们加入国际是根据大会给我们提出的动议,这个动议接受我们在意大利问题委员会规定的条件下立刻合并,我们在这里将马上开始拟定这些条件的全部细节,并在意大利予以贯彻。

4. 因为在党给我们的委任书上写明要"请示报告",我们有责任向我们党的领导报告我们的活动,我们曾请求允许派代表团的一部分人到意大利去,以便使代表团取得我们党的领导对我们在这里所作的个人决定的批准和赞同,以便让党的领导授权我们继续和完成两党具体的组织条件的拟定工作。

5. 提出这一请求的动机,是我党全体代表这样的一种一致的意愿,即避免回去以后的任何论战,在实现革命的共产主义运动的工作中减少一些困难。

6. 在罗马发生分裂时的形势和当时反动派对意大利无产阶级和整个革命运动的猛烈打击,使我们党作出了明确、彻底的选择。现在,机会主义者和争名逐利者的时刻已经过去。留在我们中间的人都是真诚拥护我们的，他们决心同左派一起进军，而意大利的机会主义分子也像所有其他国家的机会主义分子一样，朝右转了。这一事实是我们真诚参加国际的保证，也是我们希望全力以赴并严守纪律地为共产国际的纲领和策略而奋斗的坚定意志的保证。我们希望，过去的论战只能作为未来的经验和教训，任何人都不能再用它作为分裂的手段，也不能再用它作为所有在捍卫无产阶级和反对反动派和在争取社会革命胜利的斗争中谋求真正共产党人的统一的人当中进行斗争的手段。

格拉齐亚德伊（意大利）：

虽然合并不言而喻地会有危险和困难，少数派曾经要求为此作出必要的保证，**但少数派也坚决赞同所提出的决议**。

少数派深信，意大利代表团多数派同志们的毋庸置疑的纪律性理应受到工人群众出自内心的热情欢迎，工人群众将把这次联合看成是恢复他们运动的必要的先决条件。

主席：

在我们就意大利问题的决议进行表决之前，请大家注意，委员会对决议原文作了某些修改，修改后的决议文本已发给代表团和所有代表团团员，因此，大家已经知道决议文本[①]。对这个决议，还有没有人想发言？没有。那么我们开始表决，是否有人反对这一决议？是否有人在表决中弃权？没有人。我宣布，**一致**通过这个对意大利无产阶级和国际无产阶级至关重要的决议。意大利无产阶级万岁！意大利共产党万岁！

（热烈鼓掌）

---

① 见本卷收录的《关于意大利问题的决议》。——编者注

主席：

现在的议程是捷克斯洛伐克问题。请报告人拉狄克同志发言。

拉狄克作关于捷克斯洛伐克问题的报告

同志们，研究捷克斯洛伐克问题的委员会向大家提出一份一致通过的决议，这一点是比较重要的。大家知道，捷克斯洛伐克党内的冲突，过去在某种程度上被看做是党内左派同右派之间的一种原则性冲突。在我们的委员会里，有些同志在许多问题上并不总是原则上赞同执行委员会的，他们被人称作左派。尽管如此，我们还是取得了一致同意的决议。

共产国际对捷克斯洛伐克党内冲突的实质的了解，比起对其他党内类似冲突的了解要少一些，因为这一冲突直到最近几个月来才表现出来。尽管如此，它在此前已经历了一段较长的演变，这段演变的历史，简要说来就是，捷克斯洛伐克共产党的建立是老社会民主党的多数派转向共产主义的结果。在这个发展过程中，有的同志在政治思想上是这一发展的开路先锋，可是在这一发展过程的某种情况下，在组织上却持保守态度，例如什麦拉尔同志就是这样。他在捷克斯洛伐克党的战斗中，从一开始就起了卓越的作用，而在1920年底——当建党的时机已经成熟的时候——他却认为建党为时过早。当时党内围绕建党的时机问题发生了争论，结果在党内某些人之间产生了不信任的思想，这就是在酝酿建立捷克斯洛伐克共产党时的内部斗争。对于这些斗争，我们从第三次代表大会以来就有所耳闻，而我们在这里处理捷克斯洛伐克党内的冲突时，就是要解决这种残余的不信任思想。

捷克斯洛伐克共产党像我们所有拥有群众的大党一样，是一个刚刚在实践中投身共产主义的党。正像我们没有一个群众性大党是突然诞生的，是在实践中就团结一致的一样，捷克斯洛伐克共产党也不例外。它的存在尚为时不久，而且是由一批全国性的共产主义组织联合而成的。它的政治集中程度还很低，还不能适应党的战斗任务。在7月间举行的执行委员会扩大会议上，我们同今天的反对派代表和党的中央委员会代表仔细地分析了这些缺点。这些缺点是，党很少扩充它的工会，因此在反对阿姆斯特丹派的斗争中常常不得不听其自然发展。另外，党的议会党团在捷克斯洛伐克议会中采取的态度旗帜不太鲜明，缺乏宣传鼓动性。共产党议员还不太懂得把自己在议会里的工作同党在议会外的全国活动结合起来。如果你们要问，我们如何在士兵中开展宣传鼓动，那么这个问题在资产阶级报纸上曾经引起轰动，捷克斯洛伐克政府试图把这件事说成是莫斯科策划的反对马萨里克及其政府的可怕阴谋。在捷克斯洛伐克，士兵有选举权，也就是说，根据宪法，他们有权参与政治生活。那时我们告诉党，你们有责任利用宪法所给予的权利，让捷克斯洛伐克士兵不仅要知道在捷克斯洛伐克的斗争是为了什么，而且也要知道，作为工人和农民，他们在多大程度上站在劳动人民一边。如果捷克斯洛伐克的资产阶级认为，一定要在这个问题上向党发起进攻，那么我们就告诉他们，这种进攻首先是对士兵的政治权利的进攻。我们倒要看看捷克斯洛伐克资产阶级是否敢于孤注一掷地发起进攻。以前党在这方面做的事情太少了，由于党做的事实在太少，当目前失业人数随时增多时，党不懂得，立即充分地同失业人员联合起来，在议会和工会里为他们的事情斗争，并号召工人同失业人员一起斗争。党的这些弱点和缺点加大了一批好的老党员对党的不信任。如果单单强调一下党中央和共产国际已经认识到这些缺点就能使这些同志满意，如果他们会满足于具体地帮助克服缺点，那么，这样一种批评，这样一种积极的工作，是无可非议的；这种批评就会是党的一般工作中的健康部分。可惜，这些同志不得不陷入和被卷入一种不能由他们负责任的不信任的情绪之中。在党内，从这些同志中传出一些毫无根据的说法，因此，反对派的同志散布谣言说，在什麦拉尔同志主持下的党的领导正悄悄地准备同资产阶级联合。在玛丽亚温泉举行的一个资产阶级会议足以说明问题。什麦拉尔同志完全不需要到马里昂温泉浴场去——他在卡尔斯巴德温泉浴场，而且不是出席资产阶级的会议，而是出席党的会议。但是这就足矣：温泉浴场倒是温泉浴场，可是他同谁一起沐浴，那是不清楚的。（笑声）

但是有人在党内散布有损党的统一的消息，说党的领导同资产阶级政党勾勾搭搭。我们说，这种说法荒谬透顶。试想，党主张建立统一战线，主张建立工人党的政府，什麦拉尔执行了这一切，同时还举行了一个参加内阁的谈判。如果他会如此荒诞，那么他也许已经进入内阁，并且退出了共产党。在党内发生冲突的时候，资产阶级报纸报道什麦拉尔清洗党的左派，而反对派的同志们则说，这就证明什麦拉尔的行径同资产阶级配合默契，这就足矣。这种情绪首先诱使一些好同志竭力想办一个派别的机关报。在老捷克斯洛伐克社会民主党内，当我们还是一个反对派时，我们也有我们的报纸《共产党人》。那是我们放在捷克社会民主党内的炸药，这个报纸得以继续存在，只是出于偶然的原因，即什图茨同志是它的发行人。这个反对派发展到给它最信任的人们写了一篇号召书，为此，他们受到党中央的警告，告诫他们不应该用捏造的说法使党的广大群众不安。这个反对派没有服从党的领导的决议。在党的代表会议上，人们斥责他们的看法是错误的，要求他们收回这些言论。反对派没有收回他们的论调，因此，党的代表会议开除了他们。执行委员会没有批准这项开除反对派的决议，并因此在这里受到大多数捷克斯洛伐克同志的攻击。它之所以会受到攻击，是因为人们说，这样做破坏了党的纪律。同志们，捷克斯洛伐克党的纪律状况是很不好的，例如发生过这样的事情，一个地方编辑说，我在这儿待得够久的了！别人对他说，留下吧，我们没有替换的人。于是这个同志宣布在三个月内辞职，然后到布拉格去。还可以举另外一个例子来说明纪律性差的情况,编辑部写了文章,文章没有阐述党的意见,也没有个人署名,编辑部说,我们是神圣不可侵犯的,我们有我们独立的政策。

人们最终一定要改掉这种无纪律的做法,这种老社会民主党遗留的做法。但是如果这么久都容忍了无纪律现象,而现在却坚持要把什图茨同志和另一些同志赶出党去,我们是无法理解这种做法的。我们的意见是,他们本来可以等到这次代表大会,在这里同我们一起与捷克反对派的同志们作一次严肃的谈话。

然而,促使我们作出这一决议的,还不仅仅是这些原因。任何反对派都有许多人聚集在它的周围,我不能担保他们可以长期保留党籍。但是那里也有真诚的老同志,我们希望他们留在党内。这不是因为我们认为他们要好一些,而是因为我们相信他们的无产阶级感情,等他们的严重怀疑消失之后会成为好的同志的。

我们花了很大力气在委员会里分析了所有这些问题。什麦拉尔同志受到指控,对此我们必须说明,这些指控不对,我们不参与。但是我们仍然深信,不该批准开除他们出党。但是,因为这些同志的确犯了粗暴破坏纪律的错误,我们关注的是要捷克斯洛伐克的同志懂得,没有纪律就没有一个有战斗力的党,所以我们主张不开除这些同志,而是在下一次捷克斯洛伐克党的代表大会以前暂时中止他们的职务。等到世界代表大会以后,如果他们表现出在党内认真合作的愿意,那么就没有什么东西会妨碍捷克斯洛伐克党的同志重新选举他们。

但是同志们,我想在这里说几句话,希望同志们尽可能地记住。在委员会里时常有这种情况:我们非常明确地证实某个指控是可笑的,十分钟以后,那些同志却把手插在口袋里,断言事实证明那是真的。那些同志对党提出了指控,说党的领导试图同资产阶级联合。我们强调说明没有这种事情,捷克斯洛伐克党是一个好的无产阶级政党。于是那些同志跑来说，你们只要确认我们对就行。我要特别请教一下博伦和什图茨同志，如果你们想用这种办法干下去，要是党反对，国际是无法阻拦它的。这种毫无根据地散布谣言来反对党的做法必须结束。如果你们在党内看到弊端，那就同它斗争，就求助于国际。但是党必须有这样一种感情，即认为它的最高领导层不是叛徒，不是投敌者，而是同志，是在党的工作中成长起来的同志，是受到党员同志信任的同志。如果有人要把什麦拉尔、克雷比赫和别的一些同志说成叛徒，那我要说，我们早就了解这些同志，不会相信那是真的。我们揭露党内存在的错误，就这些错误来说，反对派应负的责任不亚于另一方。（喊声："对极了！"）只有怀着手足之情共同工作，才有助于使党摆脱这一局面。国际里面没有任何一个党像捷克斯洛伐克党那样处于极为严重的形势之下。

捷克斯洛伐克是一个有 1200 万居民的国家，有 300 万产业工人，60 万失业大军，人民中普遍存在不满情绪。在斯洛伐克人中，在德意志人中，存在着民族争端和社会争端的隐患。在这样一种形势下，捷克斯洛伐克首先是一个可能出现非常意外的事件的国家。我怀疑捷克斯洛伐克党是否能对付这些意外事件。因此，我们的工作方针必须是，充分利用今后这一段时间，使党能够进行积极的工作，使党能够一旦需要，不用散布谣言和不信任的方式，而是用积极的革命工作来证明它是一个好的党。

我们建议大家通过我们提出的决议。在委员会里，不论是所谓的左脚有点瘸的同志，还是人们常说的时时向右斜视的同志，都一致通过了这一决议。这一决议的一致通过经历了长时间的讨论，经过对大量材料的分析研究，这些材料虽然绝不是令人愉快的材料，我们还是不得不通读一遍。这些材料证明，我们这里有一个通向无政府主义—工团主义思潮的出发点。我们不想把这种思潮推到党外，我们想在党内通过积极的工作来克服它。请大家别再争论，接受委员会的决议。（热烈鼓掌）

表决通过关于捷克斯洛伐克共产党问题的决议

主席：

因为所有的代表团，或者说几乎所有的代表团都参加了捷克斯洛伐克问题委员会，而且委员会成员都熟悉这一决议，所以我无须再宣读一次。不过我还是要问一下，大会是否同意取消宣读。（喊声："宣读！"）

那么，我只好宣读。决议如下。①

什图茨（捷克斯洛伐克）：

同志们！我们到莫斯科来，是以持反对意见的工人的名义，来揭露我们党内值得考虑的堕落和腐败现象的。我们的警告没有引起足够的重视，我们的申述没有得到足够的研究。尽管我们告诫不能采用这种解决办法，代表大会还是使用了妥协的办法来解决我们的党内危机。这次决议不会消除我们曾经及时指出的那种危险。我们虽然听从大会多数的决定，但同时认为，我们有责任着重指出，我们代表的是有不满情绪的广大工人群众，他们也许不会理解这一决议，而且我们也难以阻止他们继续去消除捷共党内的一切不健康现象。

什麦拉尔（捷克斯洛伐克）：

同志们！我以捷克斯洛伐克代表团的名义宣布，我们同意这一决议，并将投票支持。我们党的中央委员会和全国代表会议重视的并不是不顾一切地开除人，而是要执行纪律。我们在代表大会之前面临的具体情况是，被开除的同志坚持他们的观点，我们对他们一筹莫展。这个决

---

① 见本书收录的《关于捷克斯洛伐克共产党问题的决议》。——编者注

议正确地指出，全国代表会议的决定正是由于他们顽固地不肯让步而直接造成的。但是我们希望，世界代表大会的讨论将是一次足够的教训，在新的执行委员会的帮助下，我们党将执行真正的共产主义的纪律。为了迅速消除决议中所提到的、也是我们自己认识到了的那些缺点，领导和纪律的权威是绝对必要的。我们的党刚刚一岁，它在相当复杂的环境之中活动，我们认为并且可以说，它的工作去年取得了重大的积极成果。但是尽管如此，现在还不是谈论成就的时候。我们认为，我们的任务是继续完善我们的党，我们将全力以赴地从事这项工作。我们要求党内遵守纪律，因此我们也愿意绝对服从国际的监督和纪律；我们希望这样做了以后，不仅组织上可以按照真正的共产主义精神来建设党，而且还可以使党成为我们国际大军中一支积极的、富有战斗力的部队，它将会通过自己的战斗行动去赢得国际的信任。我们可以期待明年在捷克斯洛伐克发生重大事件。我们深信，统一的、紧密团结的、有纪律的捷克斯洛伐克共产党将会胜任它的伟大任务，明年我们将给整个国际带来不小的成就。

因此，我们以捷克斯洛伐克代表团的名义宣布，将投票赞成这里宣读的决议。

主席：

在表决之前，我受主席团委托，觉得有必要声明如下：什图茨同志在他的声明中说，捷克斯洛伐克问题没有得到足够的调查研究。我在这里声明，这种说法不符合实际情况。反对派当然有权在这里发表声明，但是声明中关于捷克斯洛伐克问题没有得到足够的调查研究的这种说法，必须予以驳斥。

现在，我们进行表决。是否有人反对委员会提出的这一决议？我宣布，决议通过，1票反对。

同志们，我们今天的工作到此结束。今天就不再作关于美国问题的报告了。我只是还要提请大家注意，明天上午 11 点，所有女同志举行一次座谈会。另外，我们要求各个代表团在明天上午以前，就执行委员会组织的候选人，向安贝尔-德罗同志提出建议。

（会议休会时间：下午 4 时 50 分）

第三十一次会议

(1922年12月5日)

会议开始:上午12时50分
主席:诺伊拉特

表决通过关于无产阶级援助苏维埃俄国问题的决议

主席:

按照议程,首先讨论经济援助问题。请明岑贝格同志报告决议修改情况。

明岑贝格(德国):

同志们!大会选出的委员会多次举行会议研究了经济援助问题。昨晚主席团和一个由主席团选出的委员会也研究了这个问题。我受这个委员会的委托,向大会阐明下述决议,并请求大家一致采纳这一决议①。

主席:

我们现在进行表决。这个决议连同修改部分,委员会和主席团均表赞同。

---

① 见本卷收录的《关于无产阶级援助苏维埃俄国问题的决议》。——编者注

是否有人反对刚刚由明岑贝格同志宣读的、附有修改内容的决议文本？

没有人反对。

决议通过。

我们进行下一个议程：南斯拉夫委员会的工作报告。

费利克斯·柯恩作关于南斯拉夫问题的报告

尊敬的同志们，在我以大会指定的委员会的名义开始报告南斯拉夫问题之前，请允许我引用季诺维也夫同志讲话中的一段："虽然我们已逃离了第二国际的怀抱，可是在许多方面，我们却依然因袭它的传统，而要根除这些传统，却非一日之功。然而，如果说这一天的到来要等好几年，那么我们应该想办法加速这一进程。"所有这一切，完全符合南斯拉夫党的情况。

要向大会作关于南斯拉夫党的报告，首先必须采取这样一个态度，即共产主义的伟大力量在于它懂得说真情实话，即使这种真情实话是令人不愉快的。

1919—1920 年，共产主义的口号把群众吸引到自己的一边，南斯拉夫党就在这种时刻诞生了，一方面有意大利的运动，另一方面几乎每一个国家的工人阶级都激起满腔热情，出现了大发展的可能性。我们亲眼看到，原来无足轻重、刚刚摆脱改良主义分子控制的南斯拉夫党，突然之间成了一个最强大的政党，夺取了许多乡镇的行政部门，向议会派遣了 59 名代表，一般说来，当时似乎确是一支重要的力量。

但是，正是由于有大批的人涌入党内，并在党的发展方面比较轻易地取得了胜利，这个在党员数量上相当可观的党长期以来不曾想到，没有经过战斗洗礼，只靠贴上一张共产主义的标签，是成不了共产党的。

它不曾想到，它和过去一样，仍然具有老社会民主党所有的消极特征，它仍然是一个只作决议的党，一个异常重视参加议会的党，一个指望通过这条道路能够影响资产阶级、捍卫工人阶级的党。它不曾想到，群众越是强烈地要求斗争——群众的这种战斗性恰恰表现他们在大批涌进共产党内，无产阶级的阶级敌人就越加注重采取更多的措施来扼杀群众的这种要求。从这方面看来，这个党千方百计地把它的全部力量都寄托在合法斗争上。必须指出，南斯拉夫兄弟党是没有公开发表加入国际的二十一条的少数几个党中的一个，是没有公开发表共产国际有关如何对待议会制的决议的一个党。它似乎担心，这样一来就会削弱它在议会中的地位。尽管客观情况显示出明显的结果，即轻易取得的胜利同样会轻易地转化为失败——尽管如此，党在这整整一段时期内仍然没有采取任何措施，以使自己不是仅仅用决议，而是用行动来为斗争做准备。当臭名昭著的国家安全法令一出笼（该法令有效期半年，如要成为法律，需要经过议会批准），党就指望议会不会批准这一法令，不会让该法令升格为法律。党没有及时进行斗争，事情竟发展到共产党人占多数的市政机构被解散，共产党人被逐出议会的地步。所有这一切情况，在别的任何国家里都没有发生过。党没有发动群众进行抗议，没有在任何地方发表过消息，没有在任何地方发生过抗议行动，任何地方都没有按照共产党的方式作斗争的尝试——这一切都不曾在南斯拉夫发生。无产阶级的阶级敌人不经过战斗，也没有遇到抵抗，就赢得了胜利，这种轻而易举的胜利，连胜利者也为之目瞪口呆。对共产党人、对工人阶级的报复犹如狂风骤雨，新闻机构被封闭，工会被解散，并被移交给妥协者的组织，人们被监禁——但是在党这方面，却看不出对反革命暴行进行斗争的迹象。同时，对党的报复也如暴雨般袭来，这种报复的后果，是产生了在俄国及其他从事地下斗争的国家常见的现象。大部分积极活动的同志为了避免被捕，逃往国外。

于是产生了政治流亡以及随之而来的一些特有现象,这对于南斯拉夫党来说是新鲜的。对于一个数十年来处于地下的党来说,这是人们见惯了的。那些离开了生活的正常轨道,离开了同无产者群众的直接接触,失掉了安全的领袖们,详详细细地讨论了他们失败的原因,照例是时而把责任推诿给这一个人,时而又把责任推诿给另一个人。在南斯拉夫,对过去的事件没有作过马克思主义的分析。相反,他们看到的只是大家都看得到的有关流亡者的一些现象。虽然不存在原则性分歧,却有了纷争,纷争的起因是互不信任,这一部分同志不相信另一部分同志对决议的解释是正确的,这些情况在维也纳会议开会期间表现得特别明显。

同志们,现在我谈谈另一个问题。提起这个问题,有经验的老革命家都会感到惭愧;在不得不对同志们说到这个问题的时候,他们不仅自己感到惭愧,而且也感到愧对同志们。在南斯拉夫党还是一个合法的政党的时候,它曾经制定出明确的组织章程。从那时起,一切都变得颠三倒四。在看起来很有条件展开斗争的地方,几乎只剩下一片废墟。无论如何,总得召集些会议,随便什么会议都行,大会、代表大会、讨论会——一定要把积极的同志召集在一起,商讨摆脱这一局面的出路问题和恢复被彻底打垮的组织问题。我们都很清楚,在这种情况下,人们不会理会在合法境遇下制定的章程,不会考虑召集这次会议是否符合章程的这一条款或那一条款。党的生命和工人阶级的利益必须高于一切。在这种情况下,维也纳会议的召开,已尽可能地考虑到了章程中的一些条款。是的,我可以断言,并非所有的条款都得到了遵守,如果拘泥于某些条款而使那次会议开不成,那么因会议没有开成而应负责任的人,就会受到共产国际的谴责。

会议有幸得以召开。人们必须看到,获得共产国际执行委员会批准的政治决议和组织决议在会议上得以制定。人们还必须看到,这些决议既没有在这一方面的同志中,也没有在另一方面的同志中造成意见分歧。同志们,如果委员会在这种情形下必须调解南斯拉夫党的事务,如果他们亲眼看到有什么东西把同志们分成两个营垒,那么他们就必须考虑——尽管他们所有的声明都说,事实上不存在意见分歧——究竟真的没有意见分歧,还是这种意见分歧尚未具体化。委员会的目的是,当面给同志们分析那些会在别的党内导致意见分歧的一切政治问题:政治形势问题,党对工会的态度问题,以及对南斯拉夫党来说是极为重要的问题,即**民族问题**,合法组织同地下组织的相互关系问题,还有合法组织受地下组织领导的问题——在委员会里,我们把所有这些问题都提了出来,并进行了详细的讨论。同志们,我们必须指出,在所有这些问题上,两个小组之间是没有意见分歧的。问题是不知不觉出现的,出现的问题又引起了大吵大闹。同志们,我已经指出,吵闹是这样产生的。在一次失败之后,政治流亡者之间往往会产生这种争吵。对这些问题,一定要有相应的看法。同志们,当前这个时机对我们极为重要。如果没有政治上的意见分歧,就要制定一定的组织准则。这种准则要使所有有工作能力的人有可能参加工作,这种准则要使他们有可能像在别的一些党内部一样,在共同的工作中消除互不信任。在这方面,一系列有关组织问题的规定已经被制定出来了,我们建议共产国际执行委员会批准这些规定,因为这关系到一个绝大部分党员处于地下状况的党。同志们会同意,这些有关组织机构的问题不在这里的全体大会上讨论,而是转交给共产国际执行委员会。关于该党面临的政治形势问题,我将向你们报告委员会所作的决议。最后我不仅希望,而且也深信,南斯拉夫党所有的同志,从现在起,从党的最高机构——第四次代表大会——作出决定的时候起,都无条件地服从这一决定,不仅要了解决议(他们以前仅限于了解决议),而且还要严格地执行——相信他们将挽起袖子,在那个期待他们去工作的国家中着手工作。我深信,我们在下一届代表大会上将会看到一个统一的、有战斗力的党出现在我们面前,一个依靠庞大的无产阶级队伍的南斯拉夫共产党。

表决通过关于南斯拉夫问题的决议

现在宣读决议①。同志们也许会觉得它比通常的其他决议要长一些,但是委员会认为,这个即将发表的决议有必要写得无懈可击,这样就不至于产生误会和曲解。

同志们,为了使这个决议具有最权威的性质,使它在需要我们这个决议的南斯拉夫能起到应有的、尽可能大的作用,我请求你们一致接受这一决议。(掌声)我还要补充一句,委员会所拟定的组织措施计划,已经送交执行委员会。

主席:

针对南斯拉夫问题委员会的工作报告,有两位同志报名发言。首先,斯塔尼奇发表声明。

斯塔尼奇(南斯拉夫):

我以刚才提到的南斯拉夫党少数派的名义,也就是以南斯拉夫左派的名义宣布,我们同意委员会的这一决议,也就是说,同意它的批评,同意它对机会主义分子行为和南斯拉夫共产党过去两年里所犯错误的批评。这一决议完全确认了我们的批评。但是,在委员会的这一批评和他们为了解决党内冲突而建议的组织措施之间存在着深刻的矛盾,因为他们把党的领导交给在维也纳会议以来受到机会主义分子支持的那些同

---

① 见本卷收录的《关于南斯拉夫问题的决议》。——编者注

志。我们要求，并再一次要求，党的领导要按对等的方式组成，虽然我们本来有权要求占优势，因为在冲突中多数人是站在我们一边的，而且我们共产党的立场是反对机会主义的。我们只要求得到与法国党同样的待遇。

主席：

南斯拉夫代表团还有拉迪奇同志发言，也是发表声明。

拉迪奇（南斯拉夫）：

我代表由四名代表组成的南斯拉夫代表团中的三名代表，声明如下：

我们也考虑到，维也纳举行的上届党中央委员会扩大会议已受权对所有问题作出最终决议，包括选举新的执行委员会。同时这些决议又已经得到共产国际执行委员会执行局及南斯拉夫问题委员会批准，但是为了消除误会和集中党所需要的一切力量，我们接受委员会的决议，并将全力以赴地贯彻这一决议，投票支持这一决议。（"好！"）

主席：

还有第三个声明——马林科同志。

马林科（南斯拉夫）：

同志们，南斯拉夫共产主义青年联盟完全同意柯恩同志的发言，并声明南斯拉夫共产主义青年团不仅接受政治与组织决议，并且将全力以赴地具体贯彻这些决议，更何况决议是符合共青团以前在这方面的工作的。（"好！"）

主席：

我们现在表决南斯拉夫问题委员会提出的这一决议。是否有人反对这一决议？没有。是否有人弃权？也没有。

那么，这个决议一致通过。

现在轮到挪威问题委员会的报告。请报告人布哈林同志发言。

布哈林作关于挪威问题的报告

同志们，大家都知道，在挪威工人党内部存在着相当严重的危机，这个危机表现在存在着两个派别。这两派互相斗争，其中一派与国际的关系不好，至少可以说，有一些情况和事实表明挪威工人党与执行委员会的关系有产生危机的苗头。

首先，我想一般地说一下挪威的两派。这两个派别的存在有着相当深远的历史根源，只有了解了挪威工人党的历史，才能够理解这一点。挪威党内部多数派中最初的思潮可以说是具有部分工团主义、部分改良主义倾向的思潮。挪威工人党内这样一种倾向的存在在如下一些从属于它的倾向中表现出来。它首先在联邦主义中表现出来。工团主义倾向导致联邦主义倾向。以前，代表这种倾向的同志们与社会民主党的路线进行斗争时，这种工团主义的联邦主义可以说是摧毁老社会民主党组织的一种手段。这里指的是集中的社会民主党、集中的工会，此外还有革命的反对派，特别是工会中的反对派。这些反对派建立在联邦主义的原则之上，也可以说，这些工会反对派领导人中的一些人是世界产业工人联合会美国派的学生，一个革命的联邦主义派的学生。他们把世界产业工人联合会的学说搬到挪威，但人们不能说这种学说当时在原则上是坏的，恰恰相反，它是瓦解老的组织、夺取挪威工会运动内部战略要地的一种相当好的手段。

但是在多数人属于我们党的今天,在多数人属于我们这一派、也就是革命的一派的今天,在社会民主党人已经完全被战胜、被打倒的今天,这种联邦主义倾向——作为这些倾向的继续——也还在起着作用。当然,在当前时期,这种联邦主义原则已经走向反面,因此它当然是错的。党内的一派正在犯这种错误。

这种思潮的第二个特征在于强调工会斗争,尤其是强调工会。可以很容易地想象,事情为什么是这个样子。党的绝大部分来自这个工会反对派,我们的力量是在这一基础上发展壮大起来的,因此今天把工会看做根本前提是可以理解的。

这就是这些同志的理论观点,人们可以用它来说明那种非常特殊而又非常新奇的党的结构。直到最近,甚至现在,我们的挪威兄弟党还是建立在工会的基础之上的。工会整个加入了党,因此存在着一种奇特的状况,共产党内没有共产党人。这一点,可以用挪威运动的整个历史来说明。

这种思潮的第三个特征,可以说是总的政策脱离议会政策的倾向。从党的历史发展的观点来看,这也是很容易理解的。如果根本问题在于工会斗争,如果工会作为基本的组织出现,那么从理论上和逻辑上来说,这种状况的基础必然是或多或少地代表着所谓经济在这一个口袋里,而政治又在另一个口袋里的见解。

这种看法是绝对错误的。我们都知道,政治只是经济的集中表现,现在这一派内部还是存在我刚才提到的这种倾向。

这种思潮的第四个特点,就是策略运用上的无能。这种无能在理论上以听起来十分革命的空话作为依据,例如人们说,一定要有一条笔直的无产阶级政治路线,不必妥协,应该一直向前走,不需要利用目前正在进行的资产阶级内部的相互斗争,等等。

这些话听起来是很革命的。但是请允许我这样说，人们实际上可以这样来说明这种现象。有关的一派把资本主义秩序、整个资本主义制度设想成某种现实的、固定不变的东西。在这个制度、这种秩序的范围内，他们只代表特殊的有专门技能的工人的利益，根本不关心其他阶层。而在摧毁资本主义制度的斗争中，人们往往可以利用那些阶层作为助手。这种独特的见解表面上看来十分革命，实际上——请允许我这样说，这种见解的依据差不多是用改良主义的观点来看待发展过程的。当然，我并不是说这一派同志的头脑中肯定都有这样一种想法。对所有这些现象进行实事求是的分析，再把其他问题联系起来加以考察，就能证实我的看法。

党内的第二种思潮，也就是第二个派别，从历史上看，是那些靠搞青年运动起家的人。第一种思潮靠的是老工会，尤其是老工会圈子里的工会反对派；另一种思潮依靠的却是青年运动。特别是在战争时期，青年运动发展成激进的革命运动。如果我们把它的策略方针同第一派的策略方针相比较，那么它的策略方针的特点是更多地强调政治斗争的必要性。第一派具有某种不问政治的倾向，而第二派却强调政治和夺取政权的重要性。可以说，从马克思主义的立场来看，这一派是更加正统的马克思主义者，更多地致力于马克思的学说。至今还没有一派在我们的议会党团中担任领导。由于各种原因，特别是由于革命的议会主义在挪威还是个崭新的事物，这一派在议会活动中犯了各种错误，有些错误还很大。这些错误当时曾受到执行委员会的严厉批评，我们不能否认这些错误。

所以党内总的情况是：第一派里有各种各样的人，他们中的一些人有工团主义倾向，而另一些人则有改良主义倾向。第一派内还有一些人有时别出心裁地把改良主义的或者倾向改良主义的内容，同工团主义的外壳结合在一起。

第二派也不那么单纯。这一派里有的同志应该说是很好的马克思主义者,但也有机会主义分子。

所以,客观地看,第一派反对第二派常常是从改良主义角度出发的,而且往往使用空洞的革命辞藻。我们挪威党内各种不同的思潮、倾向、集团和小集团错综复杂,很难用几句话说明白。我认为,问题的全部困难就在于此。但是总的来说,这两派的情况也就是我现在描述的这个样子。现在党中央的多数派属于第一派,他们在许多场合犯了各种不同的政治策略上的错误,以及作为这种策略错误的基础的理论错误。

我想就这些具体错误谈上几句。首先是联邦主义问题。这种联邦主义在党和共产国际的关系中表现得特别突出。我们正处在日益加强集中的道路上,我们的代表大会在组织问题上已经作出了一项决议,这项决议清楚地表明它已经朝着日益加强集中的趋向迈出了一步。这是几乎所有代表团、所有兄弟党的共同看法。但是,我们挪威兄弟党的看法却是另一回事。

当挪威党和执行委员会之间发生争执的时候,我们挪威兄弟党的中央机关报发表了一条正式消息。这条消息本应澄清挪威兄弟党中央的立场,阐明共产国际的各个国家支部与整个国际的关系。这篇文章在说明挪威兄弟党对待与共产国际关系问题的态度时,有一些很粗暴的措词。挪威工人党的中央机关报《社会民主党人》就发生的一些争执这样写道:

"令人遗憾的是,共产国际在这件事上的所作所为,是一个国际组织干预了一个党的内部争论。"

这是什么意思呢?这就是说,挪威兄弟党认为,共产国际执行委员会干预其内部事务是令人遗憾的现象。这种说法如此粗暴,粗暴到无以复加的程度。

在挪威中央机关报的同一声明的另一处又说：

"某一派企图在挪威党的内部事务中打出执行委员会这张牌，借以损害国际的权威。"

从这两行字中可以看出，如果党内有任何一部分人向国际提出申诉，那就太令人遗憾了。这是一种非常明确的立场。我们可以这样来表达这一明确的立场：共产国际可以作出各种决议，代表大会可以批准这些决议，如此等等，但是共产国际不许干预一个党的内部事务。这是在我们共产国际组织内部搞最纯粹的联邦主义，而且这种联邦主义还绝对不容许批判。当然，我们大家对此一定要提出强烈的抗议。

还可以举另一个例子！

我们委员会曾多次邀请挪威同志，我们还向挪威同志提出过各种问题。在这些问题中，我们多少有保留地并且非常尖锐地提出了挪威党与共产国际以及几位挪威同志的关系问题。人们表示怀疑，共产国际是否真能像所传的那样"粗暴地"干预各国支部的内部事务。

后来，我们遇到一件非常令人遗憾的事，一个与当前这次代表大会有联系的事件，这就是所谓特兰美尔事件。以前在挪威党中央和执行委员会之间有过各种误会和各种较小的争执，因此我们请求挪威党派出挪威党中央里多数派最著名的代表参加这次代表大会。我们曾经三次向挪威党表明了这一愿望。第一次季诺维也夫发了一份电报，然后执行委员会又发了电报，当挪威代表团到达这里以后，执委会又一次发出邀请。党中央的多数派和特兰美尔同志本人拒绝接受我们以共产国际执行委员会名义正式表示的这一愿望。当然他们可以有各种理由，技术上的理由、国内政治上的理由和各种其他理由，但是我们绝不可能把这件事看成正常现象。在这方面我们有先例，那就是我们同法国共产党的关系，大家知道，法国共产党多数派的领导人之一加香同志最后终于参加了这次代表大会。在这方面，特兰美尔的情况是绝无仅有的。在反复邀请之后，执行委员会又发函建议和要求派党的最著名的代表前来，这个请求没有被接受，因此形势也就变得相当严重了。

所有这些事情都有深远的根源。当然，这不仅是特兰美尔同志个人的过错，而且也是挪威党内多数派中直到目前存在的整个政治气氛、整个政策方向的表现。这里说的党内，指的不是挪威党的工人群众，而是指党的机关内部，这一点是确凿无疑的。这是那种联邦主义传统的一种表现，问题的难以解决也恰恰在于这种联邦主义的传统是如此的根深蒂固。正因为如此，我们应该以极大的耐心设法克服这一危机，以取消这种政治策略。

同共产国际相抵触的倾向，还表现为不执行共产国际的各项指示，或者更加确切地说，迟迟不执行这些指示。这首先表现在党的组织问题上。从我前面说到的情况可以清楚地看出，我们必须改组这个党。在当前情况下，必须有一个十分团结的党，如果一个党里有随大流进入党内的非共产党人，这个党就不会很团结。所以，季诺维也夫同志第一次作为共产国际执行委员会的代表到哈雷，同挪威兄弟党的代表和特兰美尔同志本人签订了一项关于必须改组党的"协议"——当然是带有引号的协议。从那以后，很长的时间过去了，挪威党的改组进行得十分缓慢，直到今天这一任务尚未完成。当然有人反驳说，在挪威困难很大，挪威的交通条件很差，挪威党的财政状况也不好，还存在旧的传统，等等。我们承认有这些困难，但是我们向挪威同志举出了俄国党的生活中的两个例子。我们在俄国也进行了两次大改组：（1）清党，（2）改组工会。这两项工作都是在几个月内完成的。我们开除了17万党员出党。这是一项很繁重的工作，它涉及苏维埃俄国的广大地区，虽然如此，我们还是在几个月内完成了这一工作。然后改组工会。当我们开始采取新的方针，开始我们的新经济政策以后，我们立刻认识到，我们工会以前的状况是，在工厂做工的所有工人都是随大流成为工会会员的，这种状况在新经济政策条件下绝对不能继续下去，因为新经济政策以及私人工厂的增多，要求的不是所有工会会员机械地结合在一起，而是要求他们有机地结合在一起，这点已经十分清楚。这项组织工作意味着把我们的工会建立在新的基础之上，意味着我们所有的工会彻底改组，我们也在几个月之内完成了，而且我们的工会有好几百万会员。当时我们的交通运输也完全遭到破坏，财政状况不佳，还有饥荒，等等。虽然如此，我们还是在比较短的时间内完成了这两项改组工作。对比之下，我们要问我们挪威党的同志：为什么他们不能够加快他们改组的速度？为什么他们不能够更迅速地完成这项各方面都承认是绝对必要的工作？在几次激烈的讨论中，我们甚至认为，挪威同志的这种态度是不自觉地破坏共产国际的决议。我并不愿意在这里用这么严厉的字眼，但是很明显，事情拖得太长久了。因此，我们在决议中向挪威党提出要求，尽可能地促进并在最短期限内完成党的这项组织工作。

于是，问题又涉及党的名称！听起来似乎很可笑，恰恰是具有工团主义色彩的党的多数派在拖延更改名称。在共产国际第二次代表大会上已经正式作出决议，清除所有社会民主主义的东西。从那以后，我们已经给挪威兄弟党写了几次信。但是，尽管时间已经过去了将近两年，旧的名称依然存在。同志们，大家已经听到迈耶尔同志站在这个讲坛上宣布，名称问题是区区小事。但是，我们是怎样看待这个问题的呢？我们已经有若干有关名称的先例，我只提醒大家注意意大利党内的韦拉事件，我们都知道这种名称具有何等意义。这一点，我们的敌人也是很懂得的。我从今年9月8日挪威右翼社会民主党人的机关报《工人政治报》的一篇文章中引用如下一句话：

"《社会民主党人》这一刊物的名称足以表明挪威共产党内部的混乱。"

这就是说,《社会民主党人》是挪威共产党内部混乱的一种表现。右翼社会民主党人非常正确地认为,"社会民主党人"这个词表现了我们挪威兄弟党内部的混乱情况。因此委员会建议在最短期限内解决更改名称的问题,因为对我们来说这不是区区小事,而是一件具有重大意义的政治大事。

接下去我要转到一个相当重要的策略问题上,转到一个总的策略问题上来。我在前面已经讲过,两派之间存在着意见分歧。我们可以用下述方式来说明这两派之间的矛盾:第一派,也就是多数派说,我们是一个真正的无产阶级的政党,我们必须跟整个资产阶级进行阶级斗争,我们反对玩弄权术,等等;另一派,也就是由舍弗洛同志亲自代表的少数派说,当然,我们必须反对整个资本主义制度,但是我们必须对资产阶级的各个部分加以区别,尤其是要把大资本家和大地主划为一方,把农民的各个阶层划为另一方。执行委员会从政治上支持第二派,因此我在这里将替这一派辩护。

我们的决议之所以要写上这一问题,是因为这个问题在挪威是相当重要的。当然,如果我们认为我们只需捍卫工人阶级中有专门技能的工人的利益,而无须过问在革命期间我们必须用做后备军的劳动人民的广大阶层,那么,这第一派的态度是完全有道理的。但是,挪威的情况并非如此,在那里有法西斯主义的苗头,我们要求我们的党提出对社会进行社会主义改造的目标,也就是要革命。中产阶级的各个阶层之间有着尖锐的矛盾,一部分农民支持我们,另一部分——富裕农民——在一个资产阶级激进政党的掌握之中。我们绝对需要日益扩大我们的基础,但这并不是说,我们应该把这些农民拉入我们党内,而是应该在反对整个资本主义制度的策略斗争中,充分利用他们。我们绝不应该因为有一些阶层支持我们而心满意足,而是应该执行一项政策来分化那个激进的资产阶级的同时又是农民的政党,把农民中赞同中产阶级的那些阶层拉到我们这一边来，这是我们的责任，这不是反马克思主义的罪行，而是马克思主义学说在挪威当前形势下的实际运用。

这个问题是个相当大的问题，在我们同挪威同志在委员会里的讨论中，大家都看到这个问题在挪威的确有很重大的政治意义，因此应该写进我们的决议中。

但是在另一方面，我们应该一再告诉舍弗洛派的同志们，他们在议会活动中所依据的政策方针总的看来是完全正确的，但是，他们也犯了一些大的错误。议会党团所犯的最大错误是同意强制仲裁法。在工人和厂主之间出现冲突时，我们的同志在议会里投票赞成强制仲裁法。资本家阶级手中的巨大权力，受到我们同志的认可。这件事出于各种动机，实际情况的确相当复杂。同志们认为，可以用法律上规定的仲裁，防止工人阶级地位恶化，**但客观地说，那是一个大错误。尤其是因为挪威有着强烈反对这种做法的老传统，这个错误就特别大**。我记得，例如几年前在克里斯蒂安尼亚曾经发动过一次反对强制仲裁的总罢工，所以我们还得再说一次，这是一个错误，不应该否认这个错误。但是我们同时还要说明，充分利用中产阶级内部存在的相互对抗的力量是对的，是绝对符合马克思主义，符合共产主义的。

现在谈谈《莫特·达格》杂志问题。季诺维也夫同志已经谈到这个问题，还有迈耶尔同志在谈另一个有关问题时也已经说到了这个问题，这是一个共产主义的大学生小组，而且是一个封闭型的小组。这就是说，新的成员只有在小组成员的赞同下才能加入。我们知道，所有这样的小集团都是新生派别的萌芽，这一派在萌芽阶段就在策略上犯了错误。这次代表大会和共产国际都应反对这种错误倾向，并且制定出一些组织措施。

在这个问题上，委员会一致决议如下：这个小组作为一个封闭型的组织，不准存在。当然这并不意味着根本不许有大学生小组，但是它只能作为一个开放型的小组存在，每一个共产主义的大学生都可以加入，可以说它是一个公开的大学生基层组织。

就这个小组办的刊物，我们作出决议，如果它不隶属于党，是不受束缚的刊物，那就不允许它存在。我们在委员会中援引过这个刊物的一些文章。例如，这个刊物的一个编辑写了一篇文章，把我们整个德国兄弟党称做知识分子小集团。我们当然不能容忍这种做法，散布有关共产党的这种"流言飞语"是完全不能容许的。

在最初的一个草案中，我们曾提到两种可能，或者停办这个刊物，或者把它改成党的一个刊物。挪威同志告诉我们，他们赞成第二种办法，我们对他们做了让步。

现在再谈谈共产党报刊和中央机关报。我们在这里仅就其内容谈谈如下看法：挪威同志们在报纸上、在他们的中央机关报上，应该贯彻共产国际历次代表大会的决议。《社会民主党人》即使从它的形式上看，也是非常特别的。至于内容，我们可以看到在那里对一切都讨论，而几乎没有什么能体现一条确定的政治路线。他们讨论与国际的关系问题，他们讨论党中央的决议，他们讨论所有的问题，无休无止的讨论。讨论是件好事情，但也不能滥用讨论。党的组织应该执行一种确定无疑的、有严格界限的政策。但是在我们挪威兄弟党的中央机关报上，丝毫看不到有关这方面的迹象。因此，我们应该再次强调，我们的挪威报纸，还有中央机关报，首先应该执行共产国际和以前历次代表大会的决议。

现在谈两个"个人"问题。

挪威有两位同志，为了他们两人的缘故，党内产生了争执。这种争执在有挪威同志参加的我们委员会的会议上，也表现了出来。他们是卡尔·约翰森和哈尔瓦德·奥尔森。

第一位的情况如下：卡尔·约翰森是一个新党员。他以前是个资产阶级记者，后来入了党。他成为党员以后，立刻开始攻击革命的工人运动。现在的情况非常奇特，一个从前的资产阶级记者是我们兄弟党中央机关报最勤奋的同仁中的一员。他写的文章总的说来都是锋芒直指共产国际的。我们认为，这位先生是我们挪威兄弟党内部的一个特务。我们曾经决定——执行委员会也曾经这样作过决定——开除这位先生。现在我们建议代表大会一定要把他开除。挪威同志们跟我们说，这是一个个人问题，不需要由代表大会来解决。但是，同志们，如果我们看看总的情况，就会从各个方面发现一些倾向，这些倾向凑在一起，就是一种十分危险的现象，而在我们的队伍里出现资产阶级的直接代理机构，这种现象就尤其危险。我们在意大利问题上，后来在法国问题上，现在又在挪威同志中，看到了这一点。从我们非常丰富的经验出发，我们请求开除这个家伙。

另一个是哈尔瓦德·奥尔森事件。哈尔瓦德·奥尔森是个老工人，是党的一个老干部。直到现在他都是一个很忠实的同志，但是他的确犯了很大的错误。在挪威五金工人联合会代表大会上，他违反了党纪，投票反对我们挪威兄弟党的候选人，而支持工团主义者和右翼社会党人，他还在那次大会上发表了一些讲话，这些讲话绝不能说是共产主义的。党已经把他开除。但是，我们打算遵循在捷克斯洛伐克问题上所采取的同样政策。对资产阶级的记者卡尔·约翰森和工人哈尔瓦德·奥尔森，我们要区别对待。我们想给哈尔瓦德·奥尔森以改正错误的机会。因此，我们认为正确的做法是让这个同志重新回到我们队伍中来，然而这并不意味着我们将容忍他继续犯错误、干蠢事。如果他一再地重犯过去的错误，执行委员会将开除他出党，但是我们希望他会改正。因此，我们以委员会的名义建议，对于这个事件的处理应该是，让哈尔瓦德·奥尔森同志重新回到我们队伍里来，今后，执行委员会将根据这个同志的表现再作决定。

同志们，在作完这个报告之后，我现在向你们宣读关于挪威问题的决议草案。这一草案已由委员会的成员通过。我们已经从草案中删掉个人的事情,我们已经把刚才说过的特兰美尔的情况等等,全都从决议中删除。在有关党的改组、党报更名的期限等问题上,我们已经向挪威同志作了很大的让步。因此,我们希望这一决议将会一致通过,并希望借助于这一决议来克服我们挪威党内的危机。决议草案全文如下。①

这就是我们的决议,我请求全面地支持这一决议。(热烈鼓掌)

(会议休会时间:下午3时25分)

---

① 见本卷收录的《关于挪威问题的决议》。——编者注

第三十二次会议

(1922年12月5日)

会议开始：晚6时45分
主席：诺伊拉特

表决通过关于挪威问题的决议

哈康·迈耶尔（挪威）：

挪威代表团的多数派声明，我们对面前的决议是不满意的。决议的一系列条款都不符合我们的观点。我们认为，在有些问题上委员会过分概念化地、过分机械地处理具体的实际问题，例如，哈尔瓦德·奥尔森事件和卡尔·约翰森事件。至于最后一条，整个代表团曾提出一项建议，主张采用另一种写法，但是遭到委员会的拒绝。在其他问题上，我们认为这个决议不够客观，它不仅表现在有关"莫特·达格"的那一条，我们认为那个小组并非封闭性的，而且它也表现在有关批评的第4条。

在委员会里，对所有有争议的问题已经进行了彻底的讨论，在这里的全体大会上，我们不再进行什么争论，而是表明代表团的多数派也将投票赞成这一决议。

主席：

我们表决挪威问题委员会提出的决议，是否有人反对这一决议？是否有人弃权？都没有。决议通过。

同志们，据美国问题委员会报告，一些问题尚未搞清楚，因此，必须把材料送交执行委员会扩大会议。这一意见应该受到同意。

波兰问题委员会、朝鲜问题委员会也向我们递交了类似报告。

下一个问题是，关于爱尔兰5位民族革命者惨遭杀害的决议。请康诺利同志发言。

表决通过关于反对爱尔兰白色恐怖的决议

康诺利（爱尔兰）：

同志们，我以爱尔兰共产党代表团的名义提出下述决议。①

主席：

我们进行表决，是否有人反对这一决议？——没有反对的。我宣布，一致通过这一决议。

表决通过关于凡尔赛和约问题的决议

从事草拟关于凡尔赛和约的决议的委员会通知我们，决议的定稿工作已经完成，这一决议已分发给所有代表。② 因此，我们可以免掉宣读决议这一过程，立即进行表决。

是否有人反对这一决议？没有。我宣布，这项关于凡尔赛和约的决议也一致通过。

---

① 见本卷收录的《关于反对爱尔兰白色恐怖的决议》。——编者注
② 见本卷收录的《关于凡尔赛和约问题的决议》。——编者注

表决通过关于共产国际的策略提纲

赫恩勒（德国）：

德国和奥地利两个代表团就共产国际的策略提纲提出了一些修改建议。因此，大会组成了一个小型的审定委员会，该委员会审查了这些建议。审定委员会提出作如下一些修改。

大家面前的关于共产国际的策略提纲的第5页上，第2和第3两段应该删去，添上如下2段：

"像现在的奥地利这样一个小国里不久前发生的事件，对于说明欧洲的政治形势有着巨大的象征意义。第二半国际的领袖们炫耀他们那臭名远扬的民主，保卫民主成了他们每每背弃工人利益的借口，他们甚至寄希望于那些只是利用民主来恢复自己权势的极右的君主主义者、基督教社会党人和泛德意志派分子来保卫民主，这种臭名远扬的民主，按照奥地利资产阶级所热烈欢迎的协约国帝国主义强加的和约，在日内瓦被一笔勾销，由协约国委派的代理人所实行的露骨的独裁取而代之。就连资产阶级议会实际上也被排挤，它的位置让协约国银行老板派来的一位专员占据了。社会民主党人在短暂而带有蛊惑性的假意抵抗之后投降了，情愿帮助实现丧权辱国的条约。他们甚至表示愿意在稍微伪装一下后重新回到联合政府中去，以尽可能地阻止无产阶级的反抗。

奥地利这个小国发生的上述事件，以及不久前意大利的法西斯政变，非常清楚地说明整个形势的不稳定，并最好不过地表明民主只是一个幌子，实际上它是乔装打扮起来的资产阶级专政，只要资产阶级觉得时机适宜，就会用野蛮的自卫队的反革命暴政来取代它。"

这处修改，更加突出了奥地利社会民主党的作用，并补充了新近发生的一些事情。

然后，在第9页上，第1段第2句应作某些补充，这句话开头是：

"由于日益增长的贫困就连中等阶层等",之所以补充是避免产生如下印象,似乎法西斯主义的起因,只是在于中等阶层、农民不再是资产阶级的一个绝对驯服工具。

这句话现在应如下述:

"由于日益增长的贫困使群众(也包括官吏在内的中等阶层)越来越革命化,由于资产阶级已不再相信他们的官吏体系中还会有足够的驯服工具,资产阶级已经不能满足于对他们来说是法定的支持方式,所以它到处建立自卫军别动队。"

这就是说,自卫军别动队的建立是以广大群众的日益革命化为理由的,而群众也就包括小官吏等阶层在内。

接下去还是在第9页上,在第2段末尾应加上一句。第2段的开头是:"意大利法西斯主义、'正统的'法西斯主义的特点"等,结尾是:"甚至在工人阶级的一部分人中建立一个地盘。"这里应加上一句:

"……建立……他们这样做时,很善于巧妙地利用人们对所谓的民主难免产生的失望情绪为他们的反革命目的服务。"

在同一页的第3段,在"德国","巴伐利亚"和"在美国"之间,应该加上"奥地利",因为那里的法西斯现象同样是显而易见的。

关于工人政府这一段作了最大的修改。委员会认为重要的是尽可能明确地划清工人政府这一问题的界线,并尽可能透彻地剖析这一问题。

在19页上谈到共产党人可能参加一个工人政府的前提条件之处,补充了一个新的前提条件。条文现在是这样写的:

"1. 只有在共产国际同意之后才能参加工人政府;"

这一条是新加的。

接下去仍照第一个草稿的内容：

"2. 参加这种政府的共产党人必须处于本党的最严格的监督之下；

3. 参加这种工人政府的共产党人必须同革命的群众组织保持最密切的联系；

4. 共产党必须绝对保持自己本来的面貌和进行宣传鼓动的充分独立性。

工人政府这个口号虽然具有种种巨大的优点，可是，它正如统一战线的整个策略一样，也包含有自己的危险性。为了防止这些危险，共产党必须看到：任何资产者的政府同时都是资产阶级的政府，但是，并非任何工人政府都是真正的无产阶级的政府，即革命的无产者行使政权的工具。"

在最初的稿子中，这里写的是："一个社会主义的政府。"

委员会把"社会主义的政府"几个字删掉，添上"即革命的无产者行使政权的工具"。因为"社会主义的"这个词含义太广，在这里重要的是需要说明政府的阶级内容是什么。

这一段接下去是：

"共产国际应当考虑到下述可能："

接着是5种可能性，这里也有部分新的提法。

"1. **自由党**工人政府。这种政府在澳大利亚存在过；这种政府不久的将来也可能在英国出现。

2. **社会民主党**的工人政府（德国）。"

在最初一稿上，第3点是：

"工人与农民政府。"

完全有理由指出，在某些国家，一个社会民主党同代表富农而不是代表贫农和小农的什么基督教农民党的联合政府，就可能把这个名称加在自己头上，像奥地利情况就是这样。为了把它的含义表达得更清楚，这一段改为：

"3. 工人与贫农政府。在巴尔干半岛、捷克斯洛伐克等地存在着这种可能。"

第4点原为："社会民主党和共产党的联合政府。"委员会认为，这种提法含义太狭窄。这个政府不单单是社会民主党人和共产党人之间的联合，而是很有可能在这样一个政府里也有无党派的、工团主义的，或许还有在基督教组织的工人。现在这个提法改为："共产党人参加的工人政府。"

第5点没有改动。

"5. 真正革命的无产阶级工人政府，只有共产党才能名副其实地体现这种政府。"

下一段条文增添得还要长些。必须说明，上面提到的前两种形式的工人政府都不是革命的政府，实际上无非是乔装打扮的联合政府。必须准确地阐明共产党人对它所应采取的态度。因此，委员会建议采用下述写法：

"前两种类型都不是革命的工人政府，而实际上是资产阶级同反对革命的工人领袖之间的经过乔装打扮的联合政府。力量遭到削弱的资产阶级，在紧要关头之所以容许这种'工人政府'的存在，只是为了使无产者看不清国家的真正的阶级性质，或者甚至于借助被收买的工人领袖来阻止无产阶级的革命冲击，并赢得时间。共产党人不能参加这种政府，相反，他们必须向群众无情地揭露这种假'工人政府'的真实性质。在目前资本主义衰落时期，最重要的任务是争取无产阶级的大多数进行无产阶级革命，但是在此时期，这种政府也可以有助于加速强暴政权的瓦解过程。

共产党人还准备同那些尚未认识到无产阶级专政必要性的工人，也就是同追随社会民主党的工人、参加基督教工会的工人、无党派工人、工团主义工会的工人等携手并进。共产党人也准备在一定条件下和有一定保证时，支持一个非共产主义的工人政府。但是，共产党人无论如何要向工人公开讲明，只有无产阶级专政才能使工人阶级获得真正的解放。"

最后，谈谈另外两种类型的工人政府，也就是工人与贫农政府和共产党人参加的工人政府。第29页最后一段的头一句不要了。这句应该是：

"另外两种类型的工人政府（第3和第4点），共产党人可以参加，但它们也还不是无产阶级专政，甚至也不是一种历史上不可避免地走向这种专政的过渡阶段，但是，凡是实现这种政府的地方，这种政府可能成为争取实现这种专政的起点。完全的无产阶级专政只是那些由共产党人组成的真正的工人政府（第5点）。"

委员会认为，关于工人政府的不同形式以及共产党人对不同形式的政府采取的态度等问题，这里的写法已足够明确了。

最后，在第21页应加上一个新的段落作为第14段：

"14. **共产国际作为世界性的党**，共产国际随着组织上扩大成一个世界性的共产党，在从事政治活动方面，也必须越来越成为一个世界性的共产党，它必须特别注意从整体上领导各个地区性小组的必要的行动。"

关于国际纪律的最后一段现在就是第15段。

委员会请求代表大会一致通过这里宣读的决议修订稿。

博尔迪加（意大利）：

同志们，意大利代表团多数派本来要就刚刚向大会阐述的策略提纲谈几点意见。

我甚至还拟了另一个提纲草案，并已交委员会，它在一些章节上同提交代表大会的提纲不同，但是，在大会的目前时刻，考虑到与我国特殊情况相联系的政治状况，我们认为，坚持一场关于策略问题的辩论，并非绝对必要。

我们的提纲草案包括有关统一战线和工人政府问题的一些修改。我们希望，我们甚至坚信，在执行委员会的扩大会议上将会讨论这些问题，或者至少在第五次世界代表会上将会谈到这些问题，因为下次代表大会必须研究共产国际纲领问题，而且我们坚信，也一定要对这些策略问题作必要的系统的修改。

因此，我们请求即将选出的执行委员会，把我们提出的草案作为文件保存起来，它可以用做资料，也有助于问题的讨论和进行彻底的研究。

在我们发表了这一声明以后，我们现在将投票赞成这一决议。（掌声）

主席：

我们对策略提纲①进行表决，是否有人反对？有没有弃权的？都没有。我宣布，策略决议联同修改方案一致通过。（掌声）

关于致阿姆斯特丹派的公开信

制定关于**资本进攻**的决议的委员会还有一项任务，即就资本的进攻和统一战线问题起草一封致阿姆斯特丹派的**公开信**。委员会告诉我们，

---

① 见本卷收录的《关于共产国际的策略》。——编者注

这一工作尚未完全结束，这份材料①也应该送交执行委员会。

表决通过关于东方问题的决议

东方问题委员会已拟就他们的决议②，并已将决议复制，分发给各位代表。因此，没有必要再进行宣读。我们现在对这一决议进行表决。

是否有人反对这一决议？没有。决议一致通过。

表决通过关于各国共产党的教育工作的决议

有关**教育问题**的决议③，同样已经被复印和分发，我们同样可以进行表决。

是否有人反对这一决议？没有。这一决议也一致通过。

表决通过法国共产党的工作和行动纲领

另外，**法国党行动纲领**④已在各代表团手中。主席团已接到通知说，法国代表团的所有三派，对于行动纲领中所述原则，意见完全一致。

我们进行表决。是否有人反对这一行动纲领？有没有弃权的？都没有。一致通过法国党行动纲领。

---

① 见本卷附录一收录的《公开信》。——编者注
② 见本卷收录的《东方问题指导原则》。——编者注
③ 见本卷收录的《各国共产党的教育工作》。——编者注
④ 见本卷收录的《法国共产党的工作和行动纲领》。——编者注

表决通过关于俄国革命的决议

接下去我们进行有关"俄罗斯革命的五年"这一报告的决议,请克拉拉·蔡特金同志发言。

克拉拉·蔡特金宣读决议①。

主席:

我们进行表决。是否有人反对这一决议?没有。我宣布,一致通过。(掌声)现在进行我们日程的下一项,选举执行委员会。大会已经指定了一个委员会,现在柯拉罗夫同志以委员会的名义发言。

选举执行委员会

柯拉罗夫:

根据关于执行委员会的组织的决议,下届执行委员会将由1名主席、24名委员和10名候补委员组成。

依照这一决议,主席团曾请求一些代表团提出候选人,并准备一个包括全部委员的名单。一些党已经交来全部名单,而另一些党只是提出了自己的候选人。

小委员会不得不解决一个十分困难的问题,因为大家知道,我们的国际由62个共产党组成,所有这些党都很想被选进执行委员会,这当然是一个无法解决的问题。

---

① 见本卷收录的《关于俄国革命的决议》——编者注

小委员会只好在人选问题上，优先考虑某些党，即那些就其党员人数和政治作用来说对国际具有较大意义的党。

另一方面，小委员会也曾努力使新的执行委员会差不多代表着整个世界。我们认为，小委员会大体上令人满意地解决了这一问题，在它提给大家的名单中包括了各个大陆、所有大党以及在一些方面具有相同条件的各种类型的党的代表。

小委员会所拟定的名单，经过一些修改后，经主席团批准，我受命向大家传达这一名单。下面是名单：

		代表		候补代表
主席	1	季诺维也夫		—
法国	2	弗罗萨尔，苏瓦林	1	迪雷
德国	2	蔡特金，赫恩勒	1	伯奇尔
俄国	2	布哈林，拉狄克	2	列宁，托洛茨基
捷克斯洛伐克	2	什麦拉尔，诺伊拉特	1	穆纳
意大利	2	杰纳利，葛兰西	1	博尔迪加
青年国际	2	许勒尔，沙茨金		—
英国	1	马克·马努斯	1	纽博尔德
美国	1	卡尔	1	达蒙
斯堪的纳维亚	2	霍格伦，舍弗洛		—
波兰	1	普鲁赫尼亚克		—
芬兰	1	库西宁		—
巴尔干	1	柯拉罗夫	1	马卡韦耶
澳大利亚	1	加登		—
南美	1	施蒂纳		—

		代表		候补代表
南非	1	安德鲁斯		—
东方	2	片山潜，萨法罗夫	1	罗易
共计：	25		10	

意大利党有权在他们的统一党代表大会之后，提出他们在执行委员会中的代表的新建议，但必须由执行委员会批准。

我以主席团的名义，请求大家尽可能地一致通过这一名单。

有一些在这个名单中没有他们的代表名额的党，提出了一系列建议。名额有限的原因，我在这个短短的报告中一开始就讲过了。我请求没有照顾到他们建议的那些党不要坚持自己的建议，同意主席团提出的方案。（掌声）

主席：

我建议，会议按下述方法进行，如果有什么我们不会接受的修改意见被提出，我们就要先解决这些建议，然后才能对这整个名单进行表决。迄今为止，我们只接到通知，美国代表团的一部分人不完全同意由代表团来提出候选人的这种方式。在这里，我以主席团的名义指出，任何代表团都有可能提出候选人，现在代表大会应该作出决定。

所以我问，是否有人希望对委员会的建议提出修改意见？看来一场争论是不可避免的了。但是我们希望，讨论只是针对一般的问题，这样我们就可以很快地进行表决。

比林斯（美国）：

主席同志，同志们，我对选举达蒙同志做执行委员会的候补委员持异议。那些提名达蒙同志的同志们这样做是无视党的纪律，美国代表团的多数派有权提出执行委员会委员的候选人，这样做的少数派事先未同代表团的多数派商量。在代表团的会议上，人们通过表决作出决定，卡尔同志作为执行委员会委员的候选人，比林斯作为他的副手。因此，我以代表团多数派的名义反对提名达蒙同志，并希望看到把卡尔同志和他的副手比林斯同志列入名单。

格律恩（奥地利）：

我受奥地利、瑞士和荷兰3个党代表团的委托提出动议，给这3个中等大小党1位代表的名额，它们一共拥有2.3万党员。他们的国家有1700万人口。在委员会的建议中包含了斯堪的纳维亚国家的2名代表名额，那些国家的人口总共不超过100万，它们的党加在一起也并不比委托我在此发言的3个党大多少。

我认为，在执行委员会的成员中，斯堪的纳维亚各党有1名代表、1名候补代表也就完全够了。必要的话，也许重要性才刚刚在提高的美国党少出1名候补委员。请你们接受这一原则提案给这3个代表团以机会，在短暂的休息之后提出具体的人选建议。

托尔普（挪威）（用挪威语发言，瓦伦尼乌斯翻译）：

在委员会的建议名单中，提名舍弗洛同志为挪威在执行委员会中的委员。挪威代表团已经向挪威发出电报，请示党的领导是否赞成迈耶尔同志。现已收到答复，党的领导在1票反对的情况下赞成迈耶尔同志。因此，托尔普建议选举迈耶尔同志来代替舍弗洛同志，他认为，这样做更易于克服党目前经受的巨大危机，也易于与执行委员会协调一致。此外，舍弗洛同志是国会议员，因此不能待在莫斯科，而对于迈耶尔同志来说比较容易做到这一点。他提议，代表大会选举迈耶尔同志为执行委员会委员。

主席：

辩论结束，现在请柯拉罗夫同志代表选举委员会发言。

柯拉罗夫（保加利亚）：

同志们，美国比林斯同志提的抗议非常不恰当。各个代表团提出的建议只供参考，是暂时性的，绝不能是约束主席团和委员会的建议。根据代表大会自己作出的决议，代表大会有权对一些代表团的建议不予考虑。我们希望成为一个国际的党，有一个国际的委员会，一个由代表大会自己提出和委任的执行委员会。

当然，事情非常清楚，代表大会在选举它的执行委员会时，是会考虑不同的党、它们的力量、它们的政策和它们的需要的。但是，如果认为每个党、每个代表团的愿望代表大会都必须予以满足，那就完全错了。

主席团列入名单的达蒙同志是美国的一个老革命家，当主席团向大家提出这个同志作为美国候选人时，只不过是要求大家选一位革命同志，他配得上当执行委员会的候补委员。

奥地利、荷兰、瑞士3个党趁此时机结成了联盟。我不知道，这个联盟除了提名1名代表外，是否还有其他需要。我必须再说一遍，要使所有的党都满意是绝对不可能的。我们已经有很多党，我们希望明年将会有更多的党，因此，许多党仍然不能通过自己的代表来直接代表，而是通过执行委员会来代表，执行委员会是国际党的委员会。

挪威来的代表以挪威党执行委员会的名义提出建议，由迈耶尔同志来代替舍弗洛同志。

我必须以主席团和选举委员会的名义宣布，这个建议是不能接受的，我们也将坦率地说明为什么不能接受。在我前面发言的那个同志指出，舍弗洛同志在党内发生分裂的时候，站在党内的少数派一边，因此，他不代表党内多数派的意志、思想和策略。

同志们，这与要知道挪威党多数派的思想、方针是什么毫无关系，因为这不是在选举挪威党的领导委员会成员。这里是要选举国际的执行委员会成员；因此，重要的是，要知道什么是共产国际的方针和策略。

我们说，舍弗洛同志在挪威代表了共产国际的方针，我们有权利和责任提出建议，让他担任执行委员会的成员。

由于这个原因，我以主席团和委员会的名义建议，大家不要采纳你们刚才听到的修改建议。（掌声）

主席：

我们觉得必须现在就开始进行表决，这样我们就可以把执行委员会主席的选举和委员的选举分别进行。如果没有异议，我们就照此进行。

既然无人提出异议，我们现在就选举主席。共产国际提议季诺维也夫同志。（经久不息的掌声）

同志们，我们现在进行表决，请所有赞成委员会建议的同志举手。反对的请举手。我宣布，季诺维也夫同志被一致选举为共产国际执行委员会主席。（掌声再起）

同志们，现在表决其他的问题。首先提请大家注意，这三个建议，我们必须分别予以表决。首先是美国代表团部分同志建议，选举比林斯同志来代替达蒙同志。同志们，大家已经听到柯拉罗夫同志所说明的理由。委员会没有理由改变自己的建议。

现在我要问：谁赞成选举比林斯同志而不选举达蒙同志的建议？现在统计反对票。谁赞成委员会的建议？问题得到解决，达蒙同志当选。

现在表决挪威的建议。按照挪威代表团部分同志的建议，应该选举迈耶尔同志而不选举舍弗洛同志。我再问一次，挪威代表团建议，不应该接受委员会建议，而应该选举迈耶尔同志不选举舍弗洛同志，谁赞成挪威代表团的这一建议？谁赞成委员会的建议？我宣布，舍弗洛同志当选。

然后是奥地利代表团的建议。这是几个代表团提建议的问题，这也涉及各个代表在全体大会上对委员会建议表态的问题。新的建议当然应该也仅仅涉及已经提出的候选人。格律恩同志提出的问题与我们现在进行的辩论，与我们现在商量的问题，只有一点间接关系。尽管如此，我们还是打算表决一下。格律恩同志建议，奥地利、荷兰、瑞士3个国家联合起来，应得1名代表名额。柯拉罗夫已经说明，委员会没有理由改变它的立场。现在我来问问大家的意见，谁赞成奥地利同志的建议？谁赞成坚持委员会的建议？通过委员会的建议。

现在表决所有的候选人。大家是否希望对每个候选人都分别进行表决？（喊声："不要！"）那么就作为整体来表决。赞成委员会建议的代表请举手。不赞成的请举手。有代表弃权吗？我宣布，委员会所提的候选人，一致通过。（掌声）

季诺维也夫致闭幕词

同志们，第四次代表大会是确切而具体地阐明问题以及研究和区别对待问题的大会。我们这次代表大会是在这样一个形势下召开的，即它不需要制定特殊的、专门的新任务。我们有另外一项任务，这项任务我刚才已简要地说明，也就是要把前3次代表大会，特别是在第三次代表大会上所作的决议加以具体化、明确化，并加以区分。我认为，我们这次代表大会出色地完成了这一任务。我们第一次作为一个真正的国际的世界党举行会议，这一点表现在我们代表大会上处理了一大批有关各党的最重要的事务上。

我们代表大会的大部分工作究竟包括哪些内容呢？我们的大量工作

是挑选出最重要的问题，在一些委员会里进行研究，而每一个委员会都是一个小型的国际会议。我们处理了法国问题、意大利问题、捷克斯洛伐克问题、挪威问题、丹麦问题、南斯拉夫问题、波兰问题、美国问题、西班牙问题，还有一些其他问题，所有这些问题对有关国家的运动来说都是生死攸关的重大问题。我们请其他党的一些最优秀代表一起研究这些问题，可以说是充分利用了我们所有党的共同经验。这就意味着我们国际终于开始成为一个真正的世界党。各个委员会仔细地检查了在一些党内出现的政治和组织问题，可以说是像一个好的认真的大夫在诊断他的病人，我们代表大会就是这样在检查每一个党、这些党的每一个细微差别，以及这些党的每一个有争论的问题，所作出的决议实际上都是我们国际组织的集体经验和集体精神的结晶。虽然在个别问题上还存在少数派（不这样也不行），那么这少数人也必须看到，这里在各个问题上所作的决定，事实上都是整个国际认为是好的决定。这是第一次我们如此难得地这样严格而又深入地研究一大批党的内部问题。

我们有法国问题，我希望，我们已帮助我们的法国兄弟党解决了原有法国党的余留问题。我们同我们的法国朋友坦率地讨论了党内的弱点，我们给了他们整个国际的一系列指示，而现在我们可以静待这些谈判的结果，希望我们的法国兄弟党克服它的毛病。

我们还有意大利问题，那里的情况有所不同，在那里，必须使分裂得支离破碎的革命的工人阶级重新获得新的力量、新的胜利信心，使社会党的优秀分子同共产党联合起来，牢记过去沉痛的教训。

我们遇到了捷克危机，我希望这次危机已成过去。事情是为数不多的工人由于形势的困难走上了错误的道路，现在要使他们回到正确的轨道上来。令人十分满意的是，捷克代表团的多数派虽然完全有理由为捷克斯洛伐克党内部分人所犯的违反纪律的行为而愤怒，但是他们还是完全同意代表大会的决议，我们希望，这个决议在捷克斯洛伐克将使所遭受的损失重新得到弥补。

我们还有挪威问题,在那里正在进行一场斗争,对此,布哈林同志今天已经作了详细而清楚的说明。在那里,同时存在着半改良主义、半工团主义的残余思想;在党内,联邦主义传统与半社会民主主义分子混杂在一起。问题仅仅是,要向我们的挪威党——共产国际和世界工人运动中最强大的党之一——说出全部真实情况。

我们还处理了一些别的问题,但愿它们都已得到顺利解决。

在大会结束之际少数可能对大会的决议不完全满意的人,也许能期待他们自己积累的经验,他们必将像代表大会在意大利问题上所深信的那样,深信整个共产国际的共产主义的问题,要比我们的、属于共产国际的每一个党的问题的确要重要得多。

在这次代表大会上,我们有65个代表团,代表62个国家。而第三次代表大会只有52个代表团,我们的国际正在成长壮大。正因为如此,我们必须着手周密地筹划和确定我们的工作,要深入细致地研究,还要设法帮助各个党,不仅像过去必须做的那样提出普遍性的政治口号和策略方式,而且也还要提出非常具体的建议。总之,这一进程也就意味着共产国际不仅是一个宣传团体,一个共同的政治鼓动团体,而是开始成为一个无产阶级的统一的世界组织。

我们还讨论了一些普遍性问题,在所有这些普遍性问题上,我们已做的工作是,把以前的决议精确化和规范化。我们今天通过的策略决议只有小小的任务,即继续执行第二次,尤其是第三次代表大会的方针路线,并使其十分具体地与当前形势下的政治任务相适应。

我们在这里第一次详细地讨论了工人政府问题,在讨论过程中,我们不得不作某些修改和详细的说明。但是代表大会的使命是,我们互相影响,最终归纳出整个国际的经验。在小委员会里,我们曾和我们的朋友赫恩勒一起工作过,他在谈到我们的工作时说,的确,工人政府这个提法，就在今天来看，也还不是完美无缺的。我同意他的看法。我回答他，我们首先必须真正地有那么两三个工人政府，这些政府必须积累经验，在这个口号下进行真正的革命斗争。我希望，用不了多久，我们就会在一个或是几个国家里有了这种经验。

在统一战线问题上，我们提出一个非常明确的策略。12月，总的方针已经得以拟定。在第四次代表大会上，我们集中了几乎整整一年来的经验，指出我们这种策略所遇到的种种阻力。我希望，现在我们已经很精确地制定了整整一个时期的统一战线策略，现在的问题是要运用这一策略。

土地问题的情况也是如此。在第二次代表大会上，我们已经从理论上出色地制定了总的方针，现在的问题是要使这些方针适应当前时期各个国家的具体情况和条件；第四次代表大会已经完成了这一任务。在第四次代表大会上，我们没有听到反对的意见，说什么共产党人根本不必太多地关心农民。现在，这在共产国际里已经是为大家所接受的立场。我们现在在土地问题上有一条很明确的路线，这就是说，迎接胜利的工作我们已经做了一半。因为工人阶级只有使他们中的大多数人站在共产主义的旗帜下，才能够真正地赢得胜利并保持胜利。而另一半任务就在于，我们也要懂得，在反对资产阶级的斗争中使农民中的一部分人中立，争取另一部分农民站到我们这一边。有了第二次代表大会的理论性决议和第四次代表大会的实际行动的决议，也就给我们农村的整个宣传鼓动工作和我们的整个农村工作奠定了牢固的基础。

现在谈谈**东方问题**。在第二次代表大会上我们已经确定了总的理论路线，现在这一路线已经证明自己是绝对正确的。我们与非共产主义的革命民族运动的关系已经被很清楚地写进第二次世界代表大会的决议之中，理论路线依旧是原来的路线。现在更为重要的是，要在革命正在发展的国家里实际运用这一路线。我希望，第四次代表大会在东方民族亿万人民的实际工作方面取得重大进展。

在第四次代表大会上,虽然我们还没有通过共产国际的纲领,但是,我们确实为我们的纲领奠定了第一块基石。不言而喻,我们进行过的讨论,已经提出来的一些草案,必须经过修改,我们将在今年以内设法掌握整个国际的意图。但是我们还是迈出了第一步,拟定了初步的概括性准则,我们未来的纲领已经有了一个总的轮廓。

我们详细地讨论了**青年问题、妇女问题、消费合作社**以及运动中的所有实际问题,这些问题总括起来构成我们全部工作的内容。

在**工会问题**上,我们作了一个重要的决议。我们与所有工团主义分子中的优秀人物结成一个联盟。我们同工团主义者的谅解绝对不是外交场合上的谅解,而是兄弟般的、开诚布公的谅解,只有革命者才能做到这一点,虽然我们与我们那些不是共产党人而又自称共产党人的工团主义的同志们有重大的意见分歧,我们同他们在理论方面有重大分歧,在实践方面也有某些分歧,但是我们在这里所做的,是完全公开的,每一个工人都可以得到关于这方面的报道。这意味着,这是在有权要求真正体现整个工人阶级精神的我们的共产国际与工人阶级中那些还不属于我们国际而又愿意为争取共产主义而奋斗的一部分人之间的一种谅解。同工团主义者的这种谅解是一个很重要的决定,也是国际无产阶级革命准备工作中的一个非常重要的因素。

总而言之,你们想一想土地问题,争取农民的问题,想一想东方问题,争取被压迫民族的问题,想一想与工团主义者的谅解问题,争取还不属于我们的大部分工人的问题;想一想关于工人政府的决议,即关于争取那些愿意为反对资产阶级而斗争的无党派的、工团主义的、甚至信奉基督教的工人们,争取愿意同我们一起斗争的部分社会民主党的工人们的那些决议。如果你们想想所有这些方面,你们就会看到,我们正在有计划地、有意识地、**认真地、实际地**准备为取得无产阶级革命真正胜利所必需的全部条件。

此时此刻,我们没能作出发起进攻的决议,这样做的时机尚未到来。但是在第四次代表大会上我们采取了一切准备措施,以便在适当时机号召发起进攻,用这些措施在适当的时候帮助工人阶级振奋起来。

在这方面,我认为代表大会的工作是一项了不起的工作,对于我们大家来说,代表大会是一所大学,我们都学到了很多东西。我们第一次很好地彻底调查、研究了每一个党,了解了每一个党。我们现在不仅熟悉这些党的中央委员会,而且熟悉这些党本身,熟悉它们的弱点,它们的问题,它们的内部困难,它们的目标,它们的精神。对于整个国际工人运动来说,这是一件重要的大事。

在工会问题上,我们再一次特别着重地强调了工会统一战线的口号,因为时代的需要要求这样做。我们现在必须像一个人一样,一致主张全世界工会要团结,因为阿姆斯特丹派在准备分裂。这并不是说我们将违背自己的共产主义原则,绝对不是的。

12月11日,由阿姆斯特丹派的先生们召开的和平会议在海牙开幕。他们是那么好心好意地邀请了俄国工会和俄国消费合作社。他们没有邀请我们共产国际,大概他们认为,共产国际不愿意反对战争,或者在这场斗争中无关紧要。好吧,我们不会为此生他们的气,很显然,他们怕邀请共产国际,他们有他们的理由。但是他们邀请了俄国工会和俄国消费合作社,我们的同志急忙前往,俄国同志告诉我们,执行委员会的一个委员拉狄克同志作为俄国工会的代表已经去海牙了,洛佐夫斯基同志作为俄国工会的代表也到那里去了。如果阿姆斯特丹派的先生们打断我们的发言——可以预料这些民主主义先生是会这样做的,我们的同志将在那里开始公开战斗,把应该说的话直言不讳地当面告诉阿姆斯特丹分子,也就是说,他们将告诉他们说:"是的,先生们,如果你们想反对战争,你们首先必须放弃'保卫祖国'的口号。如果把保卫祖国作为论题,就不可能反对战争。如果你们想反对战争,那么你们就必须承认在军队中进行宣传的必要性,在军队中开展秘密工作。如果你们要宣布一次反对战争的总罢工,那么你们必须事先做好准备。人们必须这样开始,也许首先要组织一次为期1天的罢工来反对军国主义;人们必须首先着手准备使军队反对战争。因为如果这些军队20年之久都是受的资产阶级教育,人们就不能在第21年的某一天告诉他们:'现在我们想建议军队参加罢工。'"

这些话我们会当面告诉阿姆斯特丹派的先生们的,我们将提醒他们,他们签署了凡尔赛和约,他们对整个形势是有一份责任的。我们将提醒他们,1914年的工会国际,是进行战争的资产阶级政府手中的主要力量。我们没有什么东西可以奉送给他们,我们在海牙将坦率地把一切都当面告诉他们。

但是,同志们,尽管如此,我们还是到处主张工会的统一,不惜一切代价主张统一,这样,我们在革命的前夕就不至于赤手空拳,毫无准备。无产阶级的这个唯一的真正的群众性组织,我们阶级争取解放斗争的这个不可或缺的工具——当它被共产党人掌握时,它将是不可或缺的——我们必须予以保护,免得它分裂,我们必须不惜一切代价捍卫工会的统一。

同志们,这些就是我们所有决议的主要内容。在这次代表大会上,我们没有自吹自擂。现在,我们必须在每一个党内进行**不倦**的准备工作,一种整顿工作。如果有人听到,有的地方开除了一个资产阶级新闻记者,这可能看起来是一件小事。不,同志们,这不是小事情,这是党在准备整顿,在代表大会提出要准备大力整顿之后,在一些党内已经在贯彻这种必要的"整顿工作"。这是一项乏味的和不总是令人愉快的工作。谁要是想使一个真正共产主义的国际的党准备战斗,现在就必须利用每一天的时间彻底调查研究各个党,这样我们才能有一个真正的共产党,这个党才能在适当时机起到它的历史作用。

同志们,我们作出了具有重大意义的组织决议,我们清除了我们机体中的所有联邦主义的,或者说几乎所有联邦主义的东西。我们希望,在第五次代表大会上不会再出现像我们今天进行的关于选举执行委员会的这种争论。人们可以争吵,究竟这个人或是那个人适合进入执行委员会。我们应该这样做,并冷静地说明,那个人我们信得过,那个人我们信不过,但是像我们今天所遇到的状况,两三个国家结成联盟,希望使自己在执行委员会里有个代表,而且仅仅是站在民族的立场考虑,这种状况将来一定不要再发生。我们希望,今天是最后一次看到这样一出戏。我们是一个统一的共产主义的世界党,因此,我们必须有一个世界党的统一的中央委员会。中央委员会的成员可以来自巴尔干,来自日本、德国或俄国。我们从运动中挑选我们所得到的最优秀的无产阶级分子。从现在起,我们将同一切联邦主义倾向作斗争,贯彻执行真正的纪律。

关于纪律,还要谈几句! 同志们有时强调,自己是守纪律的,因为他们执行了他们所赞成的决议。这还算不上守纪律! 只有在他不完全同意一项决议,而又不得不执行的时候,才开始有服从纪律的问题。("一点不错!")同志们,我们请求也许不赞成与他们自己有关的某一项决议的少数派,在这种特别的情况下要遵守纪律。对于已经同意的事情就不需要纪律,那是信念。但是在必须执行决定,而决定又不完全符合自己的口味时,才真正开始碰到国际的纪律问题。

我认为,我们执行委员会改组的意义是很大的。

它不仅是一项组织措施,而且还是一项具有巨大影响的政治措施,这项措施意味着我们必须成为世界党,必须在任何情况下都执行国际的纪律。在我们的决议中,强调了在第三次代表大会上我们曾经说过这话,我们只是把它简单地重复了一下。我们说,任何一次大的罢工,任何一次局部起义，甚至任何一次重大的议会危机，在已经出现的不稳定的均势下，都会成为一次巨大的革命运动的起点，或者甚至成为一场革命的起点。在这个决议中，每一个字我们都要掂量、斟酌无数遍，才选定这种提法。这句话可以证明是绝对正确，绝对科学的。谁也说不上，这个不稳定的时期将会延续多久，资本的进攻将会持续多久。谁也说不上，我们从守势转为攻势的时机从什么时候开始。但是有一点是明确的，我们现在不必想几十年，而是几年。现在的问题不是几十年，而是几年。

关于革命的规模问题，问题不在于各个党，而要看整个形势。就目前来说，不是十年，而是几年。形势就是这样。人们完全用不着太乐观，人们可以冷静地向公众讲清楚这个问题，我们的主要任务首先是争取工人群众。为此，要做准备工作，为此，还要有共产国际。再过几年，我们就有了巩固的共产党的基础，有了这一基础，我们就能够无所畏惧。

俄国革命的五年不是白白度过的，所有可能的事都出现了。俄国工农最大的骄傲就是，他们可以说，尽管我们历尽艰辛，你们将会看到，我们的确为提高和组织别国的工人群众做了些事情。（掌声）

如上所述，还有几年的工作，然后我们才能喘息一下。我们看到，准备工作已经做下了。在每一个国家我们都有一个坚强的共产党，这是具有历史意义的事情。现在，在任何一个遥远国家里，建立一个共产党的坚强核心，比凡尔赛和约，比洛桑会议，或者比高级外交官终日鬼混的那一切所谓的世界会议，都具有更大的历史意义。例如，在印度建立一个共产党的坚定的核心——就其历史意义而言——要比所有这些会议重要得多。

因此，同志们，着手工作吧！我们正临近困难的时期，在决议中，我们曾指出，国际法西斯主义正在进军。这意味着我们成千上万的优秀战士将进入监狱,遭到资产阶级和社会爱国者先生们的杀害,他们正与自卫队员臂挽着臂地前进。我们正在走向一个困难时期,但是已经流逝的时间并非白白过去。资产阶级同了不起的第二国际和第二半国际一起,想尽一切办法击败我们,他们没有成功。我们在统一战线策略中有扭转整个形势和改进当前处境的策略秘诀。现在,我们给第二国际和阿姆斯特丹分子发出一封公开信,这些人正像社会爱国者所做的那样,将会拒绝统一战线。今天,我看了法国社会爱国党人的中央机关报《人民报》的一篇文章。当我们的法国同志说:来吧!他们回答道,我们不能跟你们搞统一战线。请看看,列宁在下面引文中是如何描写我们的情况的。接下去是列宁论述法国社会爱国者的一些很客气的话。下一页上写道:请看看,托洛茨基是怎样谈论我们的!然后,接下去是一些更加美妙的引文。(笑声)最后又引用了鄙人的一些话,我对他们也曾有过某些恭维。他们把所有这些都凑在一起,然后说道,我们不能跟你们建立统一战线。也许第二国际也会这样做。这些人也许认为,我们会偏爱他们,我们会忘掉他们反对工人阶级的罪行,我们会不再当着工人阶级的面谴责他们。决不会!今后的一段时间里,我们的主要任务正好是继续谴责第二国际这一罪行。阿姆斯特丹国际是叛卖的国际,因为它是资产阶级的一个工具。但是,尽管如此,我们要跟所有愿意同资产阶级作斗争的工人一起建立统一战线!

在这个意义上,同志们,我们完成了我们的工作。我们深信,第四次代表大会为我们的62个党作出了重要的贡献。开始工作吧,同志们,尽管我们必须克服重重困难,我们预祝你们取得最巨大的成就。你们应该把消息带回家去,告诉他们,国际现在已经用十分具体的决议武装起来;告诉他们,你们很好地研究了我们所有的行动,逐步帮助各个兄弟党摆脱困境。你们应该把下面这个消息带给他们,即我们比任何时候都更加团结一致,我们所有的党已经开始进入一个聚集一切真正革命力量的新时期，简言之，我们已经开始成为一个统一的共产主义世界党。让资产阶级及其白色的或黄色的第二国际在它的面前发抖吧！未来是属于我们的！世界共产党万岁！

（暴风雨般的经久不息的掌声。克里姆林宫走读学校小型乐队奏起《国际歌》，全场起立，齐唱《国际歌》。随即又是热烈的掌声，主席团欢呼：卡马尼奥拉！① 意大利和法国人唱起红旗歌。）（掌声）

柯拉罗夫代表外国代表团致谢词

（用法语）请允许我以所有外国代表团的名义向我们的俄国同志表示感谢，并请允许我用俄语向俄国同志表示感谢。（掌声）

（用俄语）尊敬的俄国同志们！我非常高兴，能以第四次世界代表大会外国代表团的名义，向俄国共产党，向整个俄国无产阶级和革命的农民，致以深切的谢意，感谢你们给予我们外国代表的兄弟般的友好接待。

你们给世界代表大会创造了一切可能做到和想到的方便条件，保证会议的艰巨和繁重的工作能够顺利地、从容不迫地进行。我们也许把我们的工作拖得太长，滥用了这种好客精神，可是，你们大概会宽容我们的。

你们使我们外国代表团看到了前景，让我们坚信，伟大的十月革命在俄国无产者中激起了何等难以形容的热情和何等无穷无尽的革命干劲，我们能够亲眼看到，俄国劳动人民如何不顾国内的巨大困难和周围帝国主义国家的种种严重威胁，如何通过坚韧不拔的工作，仅仅依靠自

---

① 卡马尼奥拉（die Carmagnole），即卡马尼奥拉之歌，是1792年法国资产阶级革命时期的歌曲。——编者注

己的力量以及全世界工人和被压迫民族的日益增长的同情，建立起一个新的苏维埃国家，一个共产主义社会。

你们通过直接地、积极地参与代表大会的工作，用俄国革命的丰富经验和犀利的马克思主义思想，给大会的所有决议奠定了基础。代表大会上的一切辩论都是在伟大的无产阶级革命及其伟大领袖的影响下进行的。

此外，你们向我们嘘寒问暖，充满了深切的手足之情。我们早就知道俄国人民的高尚情操，现在我们更亲身体会到，革命大大有利于发扬一切高尚的品德，有了这种品德，也就有了各民族劳动人民的团结。

我们将坚定而勇敢地沿着十月革命为我们指出的道路前进，坚决地继续进行推翻世界资本统治的革命斗争，以此来报答你们盛情友好的接待。

再一次表示我们最热诚的感谢！

（用法语喊）俄国共产党万岁！俄国劳动人民万岁！（经久不息的掌声）

诺伊拉特代表大会主席团致谢词

主席团决定，在此时刻，所有代表都应该懂得各种语言，决定不再进行翻译。（笑声）

首先，大会办公室对从事技术工作的同志表示深深的感谢，感谢他们的辛勤有益的工作。（热烈的掌声）

以主席团的名义，如果可以的话，我还要补充一句，以全体代表的名义，我们向俄国工人表示深深的谢意，感谢他们在彼得格勒和在莫斯科给予我们的热诚接待。（纷纷表示赞同）有阶级觉悟的国际无产阶级的使者今天只有在俄国才能够安安静静地、不受干扰地工作，讨论和研究工人运动的最重要的问题。在这片土地上,俄国的农民和工人是造时势的英雄。我们非常高兴到这里来,作出最重要的决议,准备战斗,以迎接伟大的国际斗争,迎接资本与劳动之间的决定性战役。但是,我们要告诉俄国的工人和农民,我们最重要的任务是,遵照这次代表大会的决议去工作,使我们逐渐能够做到,不再是作为客人到这里来,而是反过来作为一个首先打倒资产阶级、建立起无产阶级专政的国家的主人接待我们的客人——俄国无产者。(热烈的掌声)我们要这样欢迎俄国的农民和工人。俄国工人阶级万岁!坚强的俄国共产党万岁!国际无产阶级万岁!世界革命万岁!(掌声雷鸣)

我宣布,共产国际第四次代表大会闭幕!

(随着博尔迪加的喊声,人们在乐队伴奏下又唱了一段《国际歌》,然后喊卡马尼奥拉,最后在乐曲声中向共产国际各个成员表示敬意。)

(会议结束时间:晚9时45分)

共产国际第四次代表大会决议

关于共产国际执行委员会工作报告的决议

共产国际第四次世界代表大会一致批准共产国际执行委员会的政治工作，执行委员会在15个月之久的工作中，正确地贯彻并根据特殊的政治形势正确地运用了第三次世界代表大会的决议。

尤其是第四次代表大会一致批准统一战线的策略，即共产国际执行委员会在1921年的十二月提纲和执行委员会有关这一问题的其余文件中所提出的策略。

第四次代表大会批准共产国际执行委员会在法国共产党危机中、在意大利工人运动、挪威共产党、捷克斯洛伐克共产党等事件中所持立场。与这些党有关的纯属具体的细节问题将由各专门委员会处理，各委员会的决议还将由代表大会审查。

考虑到一些党内发生的事件，第四次世界代表大会重申并确认，在世界代表大会闭会期间，共产国际执行委员会是整个共产主义运动的最高机构，执行委员会的决议对所有加入国际的党都有约束力。因此特别要指出，借口要诉诸下一届世界代表大会而违反执行委员会的决议就是公然破坏纪律。如果共产国际容忍这种做法，也就等于完全破坏共产国际一切正常的统一的活动。

法国共产党对共产国际章程第九条的解释表示怀疑，第四次代表大会就此声明，这个第九条绝对授权共产国际执行委员会，把共产国际执行委员会认为对共产主义怀有敌意的个人和整个小组开除出共产国际，因而也开除出所在国支部。

如果有关国家的党的领导机关在非共产党人面前暴露出没有足够的毅力和警惕性来保护党，共产国际执行委员会当然不得不运用章程的第九条。

共产国际第四次代表大会再次重申共产国际第二次代表大会制订的二十一条，并委托未来的执行委员会最严格地监督它的贯彻执行。今后，共产国际执行委员会比以往更加是一个同任何机会主义进行无情斗争的国际无产阶级组织，一个按照最严格的民主集中制原则建立起来的组织。

关于共产国际纲领和各国共产党的决定

1. 所有的纲领草案都应提交共产国际执行委员会或它所指定的委员会研究和详细审查，共产国际执行委员会必须将所接到的所有纲领草案尽速予以公布。

2. 代表大会确定，共产国际各个国家支部凡未制订本国纲领者必须立即着手起草，而且至迟要在第五次代表大会召开前3个月送交执行委员会，以便由第五次代表大会批准。

3. 各国支部的纲领必须明确而肯定地阐明为争取实现过渡性要求而斗争的必要性，同时其先决条件必须是，这些要求应取决于时间、地点等具体条件。

4. 在总纲中，一定要为过渡性要求和局部要求提出理论根据。在这个问题上，第四次代表大会坚决谴责力图把过渡性要求纳入纲领的做法叫做机会主义，同样坚决谴责用局部要求掩盖或取代革命根本任务的一切企图。

5. 总纲必须根据不同国家经济和政治结构方面的基本差异，阐明该国支部过渡性要求的基本历史类型，例如，一方面是英国的，另一方面是印度的类型等。

关于日本帝国主义者占领俄国萨哈林岛问题的决议

共产国际第四次代表大会的日本代表团和中国代表团把以下关于日本帝国主义者占领俄国萨哈林岛问题的决议提交大会讨论：

共产国际第四次代表大会向俄国的萨哈林岛北半部和远东的劳动人民以及日本的工人阶级致以问候，谴责日本帝国主义者在4年中使西伯利亚的工人和农民受尽了苦难。

帝国主义者撤出沿海地区和阿穆尔河地区，以及最终撤出符拉迪沃斯托克，这是俄国远东地区劳动人民，首先是沿海地区无产阶级英勇反抗的结果，也是日本广大工人群众越来越强烈地反对干涉和反对日本天皇政府的结果。

日本帝国主义者不得不立即撤出西伯利亚和沿海地区，但是它却一直占领着俄国的萨哈林岛，还继续在那里奴役着俄国的劳动人民，从那里威胁着刚刚摆脱干涉的远东地区的年轻的苏维埃制度。

国际无产阶级坚信，目前还统治着日本工人和农民的军国主义集团将受到胜利的日本无产阶级的审判，将不得不为其犯下的无数罪行，其中包括他们在俄国远东地区所犯的罪行承担责任，他们受审判的日子已经不远了。

关于谴责南非白色恐怖的决议

共产国际第四次代表大会获悉，南非斯马茨将军政府枪杀了 4 名工人，因为他们在矿工罢工中起来自卫，并反击了政府即金矿资本家忠实走狗的武装力量。

大会严厉谴责南非政府，它的化身斯马茨将军在欧洲佯称拥护自由与和平，然而实际上他为了镇压工人运动甚至不惜采取谋杀手段。

第四次代表大会向南非工人致以兄弟般的问候，确信他们不会放弃战斗，相反会更加努力使黑人工人投入反对南非资本的战斗，从而确保工人的胜利。南非工人在这场斗争中可以期望得到共产国际的援助，共产国际把他们看成是自己的先锋队。

关于合作社运动的决议

在世界大战的前几年,尤其在这次大战期间,合作社运动几乎在所有的国家中得到了很大的发展,广大的工农群众加入了它的行列。目前,资本在世界各地所展开的攻势,促使工人——特别是妇女——更加看重消费合作社所能给他们提供的帮助。

老的社会改良主义者早已很透彻地了解到合作社对于他们实现目标的重要性。他们牢牢地把持住合作社的组织,并且在那里长期不懈地毒害着劳动群众的思想意识,是的,他们甚至成功地在具有革命思想的工人群众中间,制造了思想与行动之间的冲突。另一方面,在某几个国家中,社会民主党掌握了合作社运动的领导权,它们急于掏空合作社的钱箱中的资金,拿来支持自己的党,并且在政治中立的旗号下,实现自己实际上支持资产阶级及其帝国主义政策的目的。

处于合作社领导地位的合作社运动的旧领导人,不能够或者说不愿意去理解已经变化了的社会关系和合作社的新任务,也不能为合作社制定新的工作方法。由于他们顽固拒绝放弃他们至尊至圣的合作社原则,他们甚至破坏了纯经济工作和合作社的生存,因而也同时在葬送整个合作社运动。

在无产阶级夺取政权时,这些旧领导人最终没有为使合作社完成自己将要承担的巨大和重要的任务做任何准备工作。

所有这些情况使各地共产党对此给予极大的重视,即把合作社从社会改良主义者的手中夺过来,并且将它从一个资产阶级走狗的工具改造成为一个革命无产阶级的工具。

　　共产国际第三次代表大会审查和批准了关于共产党人在合作社中开展工作的指导原则。现在，一年半的经验说明，制定这些指导原则是完全正确的。共产国际第四次代表大会再次重申这些指导原则，并且紧迫地要求所有共产党、共产主义小组和组织，坚决地开展合作社的工作，同时还要求各新闻机构，在它们报纸的栏目中给合作社运动问题留出充足的版面。

　　第四次代表大会在阐述这些指导原则时，特别强调指出：

　　1. 所有共产党都必须贯彻共产国际的决议，按照这一决议，所有党员都必须是消费合作社的社员，并且必须在这一组织内部进行共产主义工作。参加合作社的共产党员必须在每一个合作社的组织内部建立秘密的或公开的共产党支部，所有党的支部都必须与党的合作社区级组织保持联系，而后者必须与合作社全国性组织保持联系，领导这一全国性组织的必须是一个专门的合作社工作部，也就是所在国共产党中央委员会的一个部门。共产党人在合作社的全部工作必须在党中央的领导下，在严格纪律的基础上进行。支部的任务是，与作为劳动合作社社员的广大群众建立联系，在他们中间不仅要对老的合作社运动的原则，而且特别要对它的实践进行批判，对所有带有不满情绪的群众施加影响，并将他们组织起来，以便在合作社内部建立起一个反对资本和反对资本主义国家的统一战线。各个国家的共产主义合作社运动积极分子联合组织，必须通过共产国际合作社工作部与共产国际保持密切联系。

　　同时，共产主义合作社运动积极分子绝对不可以致力于使革命的或反对派的合作社员脱离合作社团体的活动，或者致力于使合作社出现分裂的活动，因为这只能导致合作社力量的削弱以及革命的合作社社员与广大工人群众联系的中断。出于同样的原因，全国合作社联合会也不可以脱离国际合作社联盟。相反，共产党必须要求所有那些由共产党员构成多数的、还没有成为国际合作社联盟成员的全国性联合会，申请加入国际组织，并吸收它们参加国际组织。

2. 不仅各党中央，而且参加合作社的一切共产党员，都必须以极大的努力与合作社中的种种幻想作斗争。这些幻想表现在：认为合作社本身可以通过自己的力量缓慢地长入社会主义，而不是通过无产阶级夺取政权来实现社会主义制度；或者认为合作社能够用旧的方法从根本上改善工人阶级的生活状况。同时，共产党人还必须与所谓合作社的政治中立的原则进行坚决的斗争，在这一原则的背后，实际上隐藏着对资产阶级及其仆从的政策的一种公开的和隐蔽的支持。这一斗争不应当只表现在理论宣传上，而且必须表现为争取合作社参加我们的政党和红色工会目前为维护劳动者的利益正在开展的经济斗争和政治斗争。例如，反对提高税收，特别是殃及消费者利益的间接税；反对对合作社及其营业额征收特别税或课以重税；反对提高物价；要求把重要的生活必需品的全部分配权交给工人消费合作社；反对将导致增加国家支出以及由此产生的提高税收的军国主义；反对将会引起货币暴跌的帝国主义国家疯狂的金融政策；反对在各地有所抬头的对合作社进行无情破坏的法西斯主义；反对咄咄逼人的新战争；反对干涉；争取与苏维埃俄国缔结贸易协定，等等。参加合作社的共产党员必须努力使自己的组织与共产党和红色工会并肩携手地投入到这些斗争中去，建立起无产阶级的统一战线。参加合作社的共产党员必须要求自己的组织，对资产阶级恐怖统治的牺牲者、罢工工人和失业工人等提供援助。参加合作社的共产党员必须坚定地坚持在合作社中大力开展革命的启蒙工作，并且必须将这一工作掌握在自己手中。

3. 除了全力投入到革命的无产阶级的政治斗争和经济斗争中去，共产主义合作社运动的积极分子还必须在其组织内部进行合作社本身的工作，以使合作社具有无产阶级的新任务所要求的性质。应当将小的消费合作社联合为大消费合作社，摈弃削弱合作社力量的旧的利润分配原则，将获得的盈余利润用于加强合作社的力量；应当用盈余的利润建立援助罢工工人的特别基金；保护合作社职工的利益；反对可能对合作社造成危害的银行贷款，等等。如果需要提高社员会费，共产党员必须坚持要求，不得从合作社开除没有能力缴纳这笔钱的工人，要求减轻贫苦工人的会费。

参加合作社的共产党员的支部，也要将自己的工作尽可能密切地与无产阶级妇女组织的工作和共产主义青年团的工作联系起来，以便用共同的力量在女工中以及青年中开展以共产主义原则为指导的合作社宣传工作。同样必要的是，应当全力进行反对合作社官僚主义的斗争。合作社中的官僚主义者利用民主的口号做幌子，把这一原则贬为空洞的口号，而且在实际上则任意地、肆无忌惮地在合作社中为所欲为，他们回避召开全体成员大会，并且从不考虑合作社组织中的工人群众的意愿。最后，参加合作社的共产党员的支部还有必要让自己的成员，包括女社员，进入合作社的领导机构和监察机构，并且有必要采取其他一些措施，使共产党人具有领导合作社所必需的认识和风尚。

关于在妇女中开展共产主义工作的决议

共产国际第四次代表大会批准柏林共产国际妇女工作书记处作为共产国际执委会的辅助机构在报告年度里所开展的工作。共产国际妇女工作书记处致力于在所有开展革命运动的国家里，发展、培养共产国际支部的女共产党员，并吸收她们参加党的工作和斗争。它还将致力于用共产主义的宣传、鼓动工作和组织工作，争取最广大的妇女群众，使之为实现劳动群众的利益和实现共产主义而投身运动和斗争。

共产国际妇女工作书记处着眼于使各国妇女中参加组织的女共产党员的工作在国际上建立相互联系，也就是说，与各国共产党和共产国际的工作和斗争相互联系起来。妇女工作书记处已经成功地取得各国共产党的一致同意，扩大和巩固参加党组织的女共产党员之间的国际联系。共产国际妇女工作书记处的全部工作始终都是经过执行委员会完全同意的，并且是在它的领导下根据莫斯科共产国际世界代表大会和第二次国际妇女代表会议的方针路线和决议而进行的。

在这些方针路线和决议的基础之上建立的专门机构（妇女工作书记处和妇女工作部等）和运用在妇女中开展共产党工作的特殊方法，对于向最底层劳动妇女灌输共产主义的思想和口号的工作来说，不仅是有用的，而且也是必不可少的。

在资产阶级实行阶级统治的国家中，在无产阶级妇女即劳动妇女中开展的有计划的共产主义活动中，首要的是进行反对剥削劳动者的资本家和维护必需的生活条件的斗争，打倒资产阶级和建立无产阶级专政的斗争。在苏维埃国家则相反，开展妇女工作的主要内容是，努力争取女工和农村妇女在经济和社会生活等一切领域中参加无产阶级国家的建设工作，并对她们进行培训，以使她们能够完成各项任务。苏维埃俄国作为世界革命创建的第一个工人国家所具有的国际意义，为妇女的共产主义活动树立了伟大的榜样，对所有那些必须夺取政权——夺取政权是社会的共产主义变革的前提——的国家的共产国际支部来说，也具有至关重要的意义。在妇女中开展共产主义工作的专门机构的价值和必要性，通过妇女工作书记处在东方国家的工作得到了证实，它在特殊的新领域进行了富有价值的和卓有成效的工作。

共产国际第四次世界代表大会不得不遗憾地指出，有几个支部没有履行或没有全部履行它们的责任，没有有计划地促进开展共产主义的妇女工作。至今，它们既没有实行把党内女党员组织起来的措施，也没有成立对于在妇女群众中开展工作和同她们保持联系来说必不可少的党的机构。

第四次代表大会坚决要求有关支部尽快地弥补这种疏忽，并同时提醒共产国际的所有支部，要全力推动在妇女中开展具有伟大意义的共产主义工作。无产阶级的统一战线只有在妇女的充分理解、努力合作和参与之下才能够实现。如果共产党与劳动妇女之间建立了正确而牢固的关系，那么在一定的条件下，她们就能成为无产阶级统一战线和革命群众运动的开路先锋。

共产国际必须以革命的精神一视同仁地团结无产阶级的一切力量，团结劳动群众的一切力量，去从事建设共产主义的工作，去进行摧毁资产阶级阶级统治的斗争。

关于埃及社会党问题的决议

本委员会在举行数次会议后得出以下结论：

1. 埃及社会党向委员会提出的报告充分证明，它代表一个与共产国际总运动相一致的重要革命运动。

2. 但委员会认为，埃及社会党参加共产国际一事应予推迟，直至该党做到：

（1）开除某些不受欢迎的分子；

（2）召开代表大会，争取吸收目前尚在党外而又愿意接受共产国际二十一条的共产主义者入党；

（3）改名为"埃及共产党"。

3. 要求埃及社会党为实现以上目的，迅速地，即至迟不得晚于1923年1月25日，召开一次代表大会。

黑人问题提纲

反对世界资本势力的起义运动，大战期间和战后在各殖民地和半殖民地人民中间发展起来，目前仍在胜利前进。彻底渗入并加紧对黑色人种居住的地区实行殖民化，是资本主义进一步发展所必须解决的最后一个大问题。法国资本主义清楚地认识到，只有建立一个通过一条撒哈拉大铁路与本土相连的法属非洲帝国，法国帝国主义才能在战后存在下去。美国金融寡头们（他们已经在美国剥削着1200万黑人）开始了对非洲的和平渗入。英国用极端手段镇压（南非）兰德罢工，清楚地表明它害怕自己在非洲的地位受到威胁。正如帝国主义列强在太平洋地区的竞争使新的世界大战的危险迫在眉睫一样，现在也有不祥的征兆，表明非洲正在成为它们争夺的对象。此外，战争、俄国革命以及亚洲和穆斯林各族人民大规模的反帝起义运动，也唤醒了千百万黑人的民族觉悟。几百年来，他们不但在非洲，而且在美国——可能是更残酷地——遭受着资本主义的压迫和凌辱。

黑人在美国的历史，使他们能够在整个非洲种族的解放斗争中起重要作用。300年前，美国黑人被劫离故土，在罄竹难书的残酷条件下装上奴隶船，卖身为奴。250年以来，他们这些奴隶在美国监工的皮鞭下干活，他们用自己的劳动砍伐森林，修筑道路，种植棉花，铺设铁轨，养活了南方贵族。他们得到的报酬却是贫困、无知、屈辱和困苦。黑人并不是驯服的奴隶，他们的历史记载着无数为了赢得自由而举行的起义、骚动和非法斗争，但是他们的一切斗争都横遭野蛮镇压。他们为酷刑所压服，资产阶级报刊和宗教便宣布黑人奴隶制是天经地义的。奴隶制成了美国资本主义发展道路上的障碍，在人身奴隶制和雇佣奴隶制的斗争中，人身奴隶制只有败北。美国南北战争并不是一场解放奴隶的战争，它的目的是保持北方各州工业资本的霸权，它迫使黑人在南方奴隶制和北方雇佣奴隶制之间作出选择。"获得解放"的奴隶的筋骨血泪构成了美国资本主义的建筑材料的一部分，而当美国取得世界大国地位、不可避免地卷入世界大战的漩涡时，黑人就被宣布与白人平等了，他们可以为"民主"去杀人和卖命了。40万名有色工人被征召入伍，参加美国的军队，组成黑人团队。在世界大战中付出可怕牺牲的黑人，返回美国后受到种族迫害、私刑拷打、谋杀，选举权被剥夺，他们与白人之间存在种种不平等待遇。他们起而反抗，并付出了高昂的代价。与战前相比，对黑人的迫害变本加厉，更为普遍，直至他们学会规规矩矩，不敢"妄动"。战后北方黑人的产业化以及由于战后的迫害和暴行而形成的反抗精神（这种精神，虽然受到压制，但在抗议塔尔萨事件之类的暴行时仍然会高涨起来），使美国黑人，特别是北方的黑人站在非洲反压迫斗争的前列。

　　共产国际满意地看到，被剥削的黑人怎样反抗剥削者的进攻，因为他们的种族和白人工人有着共同的敌人：资本主义和帝国主义。黑种人的国际性斗争是一场反对资本主义和帝国主义的斗争。必须在这个基础上组织全世界的黑人运动，包括：在美国——黑人文化中心和黑人抗议活动的汇集点；在非洲——资本主义进一步发展的劳动力基地；在中美洲（哥斯达黎加、危地马拉、哥伦比亚、尼加拉瓜和其他"独立"共和国）——美国帝国主义占统治地位的地方；在波多黎各、海地、圣多明各和加勒比海的其他岛屿——在这里，美国占领军施于黑人兄弟的残暴行径已经引起全世界有觉悟的黑人和革命的白种工人的抗议；在南非和刚果——这里日益加紧的工业化已经引起黑人居民的种种骚乱；在东非——这里，世界资本的步步渗入正在使土著居民起而积极反抗帝国主义。

共产国际的任务是向黑人说明，他们不是在帝国主义、资本主义压迫下受苦受难的唯一民族，欧洲、亚洲和美洲的工人、农民也是帝国主义剥削者的牺牲品；在印度和中国，波斯和土耳其，埃及和摩洛哥，被压迫的有色民族正在英勇地反抗帝国主义剥削者，促使他们起而反抗的弊端——种族压迫、社会和经济的不平等、沉重的工业剥削，也正是激起黑人义愤的那些弊端。他们正在和黑人为同一目标——政治、经济、社会解放和平等——而奋斗。

共产国际体现着世界范围内革命工农反对帝国主义势力的斗争，它不只是被奴役的欧美白人工人的组织，而且也是世界被压迫的有色民族的组织，它有义务在反对共同敌人的斗争中，支持和加强黑人的国际组织。

黑人问题已经成为世界革命生死攸关的问题；共产国际已经认识到，亚洲半殖民地国家有色民族给予无产阶级革命以何等宝贵的援助，它也认为，我们的被压迫的黑人兄弟的援助对于无产阶级革命和摧毁资本主义势力的事业是绝对必须的。因此，第四次代表大会宣布，把《**殖民地问题指导原则**》同样运用于黑人问题，是共产党人的特殊义务。

1. 第四次代表大会认为，必须支持旨在摧毁或削弱或者阻止资本主义进一步前进的任何形式的黑人运动。

2. 共产国际将为争取白人种族和黑人种族的平等而斗争，即争取同工同酬、争取平等的政治和社会权利。

3. 共产国际将运用自己所拥有的全部手段，迫使工会接纳黑人工人，或者在那些名义上已经存在这种权利的地方，专门就黑人入会问题开展宣传。如果事实证明无法实现这一目标，共产国际将单独组织黑人工会，并专门运用统一战线策略，迫使当局批准这些工会。

4. 共产国际将立即采取步骤，筹备召开一次世界黑人代表大会或世界黑人代表会议。

土地问题行动纲领

关于运用第二次代表大会土地问题提纲的指示

我们与农村劳动群众的基本关系,已经在第二次代表大会的土地问题提纲中予以规定。在当前资本发动进攻的阶段,土地问题具有更加重大的意义,第四次代表大会号召各党全力以赴争取农村劳动群众,并为此项工作确定如下方针:

1. 广大农村无产者和没有足够土地而不得不从事部分雇佣劳动或者以其他方式受大土地占有者阶级或资本剥削的贫农,只有通过无产阶级革命才能彻底摆脱当前的被奴役地位和在资本主义制度下不可避免的战争;这场革命将无偿地没收大土地占有者的土地及其全部生产资料,并分配给劳动者;它将用无产者和劳动农民的苏维埃国家取代大土地占有者和资本家的国家,从而铺平通向共产主义的道路。

2. 在反对大土地占有者和资本家国家的斗争中,劳动贫农和小佃农是农业和工业无产阶级的天然同盟军,他们的革命运动与城乡无产阶级的斗争相结合,将大大有利于推翻资产阶级国家。在城市无产阶级夺取政权,剥夺资产阶级生产资料的同时,农村无产阶级和贫农起而夺取土地,驱逐大土地占有者,结束地主和资产阶级在农村的统治。

3. 为了不仅把农业工人,而且也把贫农(极小农、小佃农和一部分小农)争取到革命一边,并使中农采取善意的中立态度,必须使这些阶层摆脱与大地主联合的富农的影响和控制。必须使他们认识到，由于他们的利益并不与大地主的利益相一致，而是与无产阶级的利益一致的，因而只有无产阶级的革命政党共产党才能领导他们进行斗争。为了加快贫农摆脱地主富农控制的过程，仅仅提出纲领或开展宣传是不够的，共产党必须为了这些阶层利益，通过**不断行动**证明自己确实是全体劳动者和被压迫者的政党。

4. 因此，共产党应站在农村劳动群众反对统治阶级斗争的最前列。它根据这些阶层在资本主义范围内的眼前要求，把农村劳动者涣散的力量联合起来，加强他们的斗志，动员工业无产阶级的力量支持他们的斗争，不断向他们提出指引革命方向的新目标。与产业工人共同进行的这种斗争，产业工人在共产党领导下为他们的利益而奋斗的这一事实，将使农村的工人和贫农确信：第一，只有共产党才对他们坦诚相待，而其他所有政党，无论是农民党还是社会民主党，却只是想用蛊惑人心的空话欺骗他们，实际上是在为大地主和资本家效劳；第二，在资本主义制度下，工人和贫农的处境根本不可能获得改善。

5. 我们提出的具体斗争要求，既要考虑工人、贫农和中农对地主和资本家的依附和遭受他们压迫的不同形式，又要符合各个阶层的利益。

在**存在被压迫的土著农民的殖民地国家**，民族解放运动的斗争要么由全体居民共同进行，比如在土耳其，在这种情况下，被压迫的农民反对地主的斗争不可避免地要在解放斗争胜利后开始；或者封建地主与帝国主义强盗结成联盟，例如在印度这样一些国家里，被压迫农民的社会斗争与民族解放斗争同时进行。

在农村**封建主义残余仍严重存在**、资产阶级革命尚未完成、大地主所有制仍与封建特权相结合的地区，必须在进行具有决定意义的夺取土地的斗争过程中，肃清这些特权。

6. 在存在着真正农业无产阶级的一切国家，这个阶层必然是农村革命运动的最重要的因素。与那些在斗争中从背后袭击农业无产阶级的社会民主党人相反，共产党对农业无产阶级为改善自己的经济、社会和政治地位而进行的一切斗争，都予以支持和组织，并引导其深入发展。为加速农村无产阶级的革命化，为了锻炼他们为争取唯一能使他们最终摆脱剥削的无产阶级专政而斗争，共产党支持农业无产阶级争取**提高实际工资**的斗争，即争取：

改善整个劳动、居住和文化条件，集会、结社、工会运动、罢工、言论等方面的充分自由，至少要取得与产业工人同等的权利；

每年平均每天工作八小时，实行工伤事故保险和退休金保险，禁止雇佣童工，发展职业教育等，至少要把社会立法范围扩大到与无产阶级相同的程度。

7. 在社会革命使农民彻底摆脱奴役之前，共产党将为反对资本对贫农和中农的任何形式的剥削而斗争，反对使农民陷入债务奴役的借贷资本和高利贷资本的剥削。

反对**商业资本和投机资本**的剥削，这种资本低价收购贫农拥有的极少量的剩余产品，再以高价卖给城市无产阶级。共产党主张消灭这种寄生性的投机资本，赞同在小农合作社和城市无产阶级的消费合作社之间建立直接联系；反对**工业资本**的剥削，这种资本利用其垄断地位，人为地保持工业品的高价。因此，我们主张低价向贫农供应生产资料（化肥、机器等），工厂委员会应通过监督物价而在这方面发挥作用。

反对**运输业私人垄断资本的剥削**，这种资本主要存在于盎格鲁-撒克逊国家。

反对**资本主义国家的剥削**，它的税收制度为大土地占有者服务，片面加重贫农的负担，我们要求完全豁免贫农的赋税。

8. 但是，非殖民地国家的少地居民所遭受的最严重的剥削来自土地的**大地主私人占有制**。少地农民为了充分利用自己的劳动力和仅仅为了维持生活，不得不为大土地占有者劳动，赚取一份难以糊口的工资，或者以极高的代价租佃或购买土地，这样，劳动农民的一部分劳动工资即为大土地占有者所剥夺。由于缺少土地，少地农民被迫沦为现代形式的中世纪农奴。因此，共产党为没收包括有关设备在内的土地并将它分给实际耕耘播种的人们而斗争。在无产阶级革命取得这种斗争成果之前，共产党支持少地农民为下述目标进行斗争：

（1）减少地主所得的分成比例，以改善分成制佃农的生活条件；

（2）减少小块租地的租金，在租约期满时，对租佃者改良土地的措施必须给予补偿，等等。共产党领导的农业工人工会将支持小租佃者进行斗争，比如在地主因租佃纠纷收回小租佃者的土地时，拒绝耕种这些土地，等等；

（3）将土地、牲畜和生产工具分配给所有少地农民，其条件必须能够保障他们的进一步发展，绝对不得将零碎地块分给少地农民，那会使他们既受其束缚而又被迫为了一份难以果腹的工资而受雇于邻近的地主富农，而是要**分配或补充到足以充分供养全家的土地面积**。同时要特别关照农业工人的利益。

9. 统治阶级企图通过资产阶级土地改革和向农民领袖人物分配土地，削弱土地运动的革命性，他们已经使革命运动暂时陷入低潮。然而，任何资产阶级土地改革都具有资本主义的局限性：土地只能以赎买的方式分配给那些已经拥有经营土地的生产资料的人。资产阶级土地改革根本不会给真正的无产阶级和半无产阶级分子带来好处。资产阶级的土地分配不可避免地要把苛刻的条件强加给接受土地的人，因而不会真正改善他们的状况，而是使得到土地的农民陷入负债的深渊，为革命运动的继续进行打下基础，并加剧富农和贫农以及农业工人间的对立，农业工人并没有得到土地，反而因为大农场土地被分配而丧失了工作机会。

10. 只有无产阶级革命才能使农村全体劳动者获得最终解放，它将无偿地没收大土地占有者的土地和有关设施，但并不触动劳动农民的土地，而是把他们从**一切负担、地租、抵押**和各种封建桎梏下**解放出来**，并给以各种支持。

被没收的大土地占有者的土地今后以何种方式经营，将由劳动者自行决定！在这个问题上，第二次代表大会的提纲指出：

"对先进资本主义国家说来，共产国际认为，**尽量**保留大农业企业，并按俄国国营农场的方式经营这种企业，是正确的。同样，支持农民建立集体生产组织（农业协作社、公社），也是合适的。

由于俄国的经济落后，在大多数情况下，把土地分给农民使用，只有在少数情况下把庄园变成所谓'国营农场'，由无产阶级国家自己经营，并把以前的雇佣工人变成国家委托的工作人员和管理国家的苏维埃成员。

保留大农业生产，最能保障农村居民中的革命阶层，即主要靠在大农场中从事雇佣劳动来谋生的无地农业工人和半无产者贫苦农民的利益。此外，对大农场实行国有化，也将使城市居民在粮食供应问题上，至少部分地不依赖于农民。

然而，在中世纪徭役制的残余形成特殊剥削形式的地方，在还存在着地役权或对分制等等的地方，在一定的条件下，则必须把一部分大地产分给农民。

如果在某些国家和地区，大农业生产所起的作用比较小，而小农数量很大，而且他们希望获得土地，那么，分配大土地占有者的土地就是吸引农民到革命方面来的最正确的手段，何况保留大农业经济，对于城市粮食供应的意义并不大。"

"凡是对大地产进行分配的地方，无论如何必须首先考虑到农村无产阶级的利益。"

在组织上，所有在农业和与农业有关的工厂工作的共产党人，都必须加入农业工人组织，团结和领导其中的革命分子，目的是使这些组织成为革命的工具。在没有建立工会的地方，共产党人要倡导组织工会；在黄色的、法西斯主义的和基督教的工会等反革命组织中，共产党人要坚持不懈地进行教育工作，以瓦解这些反对革命的协会。在大企业中应组织农场工人委员会，以便防止出现粗放耕作现象。农场委员会应当号召工业无产阶级支持农业工人的斗争，并反过来把农业工人的斗争纳入工厂委员会运动。

鉴于贫农对革命运动具有极其重大的意义，共产党人义不容辞的使命是：加入**小农的组织**（经济合作社、消费合作社和信用合作社），使它们革命化，消除被地主和富农人为地加以夸大和渲染的农业工人与少地农民间表面的利益冲突，并把这些组织的运动和行动与城乡无产阶级的运动和行动密切结合起来。

只有把城乡全部革命力量联合起来，才能成功地抵抗资本的进攻，并转守为攻，夺取最后胜利。

关于建立救援被捕人员红十字会的决议

在所有资本主义国家，资本正在发动进攻，因参加反抗资本主义的斗争而在狱中遭受折磨的共产党人和无党派工人数目与日俱增。

第四次代表大会要求所有的共产党建立一个组织，从物质上、道义上援助被监禁的资本主义牺牲者，并欢迎俄国"老布尔什维克协会"关于建立此种救援组织的国际联合会的倡议。

关于法国问题的政治决议

党的危机和派别的作用

共产国际第四次代表大会指出，法国共产党从议会社会主义向革命共产主义的发展过程是非常缓慢的，其原因绝不仅仅在于客观条件、传统以及工人的民族心理等，而且首先在于非共产主义分子的直接反对，而且有时是非常强烈的反对，这些分子在党的上层，特别是在中派当中还很有势力，而在图尔代表大会以后，党的领导权主要掌握在中派的手里。

目前党的严重危机的主要原因是中派领导人所采取的优柔寡断、摇摆不定和观望等待的政策，这些人面对党组织的迫切需要，却企图赢得时间，借以掩盖其在工会、统一战线以及党组织等问题上的直接的破坏政策。中派领导人用这种办法赢得了时间，但法国的无产阶级革命发展却失去了时间。

代表大会责成执行委员会密切注视法国共产党的党内生活，以便依靠党内真正革命的无产阶级的大多数，使党摆脱那些制造并不断加深危机的人的影响。

代表大会不能容忍这种分裂的想法，因为党当前的情况绝不要求分裂。绝大多数党员都是无限忠诚于共产主义事业的。只是由于党在理论思想上不够明确，党内又缺乏自觉性，才使党内的保守分子、中派和半中派分子有可能制造大混乱，建立派别。如能向全党切实说明发生争论的问题的实质，那么绝大多数党员，特别是党的无产阶级基本群众就一定会站到这次代表大会的决议的这一边来。有些人虽已入党，但在思想方法和生活方式方面却与资产阶级社会的习俗保持着联系，既不能理解真正无产阶级的政策，又不能遵守革命纪律，因此，把这些分子从党内清除出去，便成为整顿和巩固党的队伍，使党能够行动起来的一个必要条件。

工人阶级的共产主义的先锋队当然需要知识分子在理论知识以及宣传和写作方面对组织作出贡献，但是这些人必须毅然决然地同资产阶级的习俗完全断绝联系，切断与他们原出身阶层的联系，自己不要求例外，不要求特权，跟普通党员一样服从党的纪律。

在法国，有这么多的知识分子仅凭一时的兴趣或为了个人前途才进入党内，这给党带来了巨大损失，损害了党的革命本色，使党在无产阶级群众面前丧失信誉，妨碍党取得工人阶级的信任。党无论如何必须把这些人清除出去，今后对他们仍要关闭党的大门。要做到这一点，最好的办法是，由在共产主义道德品质上无可指责的工人组成特别委员会，来进行党员的重新登记。

代表大会指出，执行委员会试图根据两个主要派别（中派和左派）对等的原则建立领导机构，借以缓和表现在组织方面的危机，但这种打算遭到中派阻挠。这无疑是受到中派最保守分子的影响，因为这些人每当中派与左派发生抵触时，总是在中派当中占上风。

代表大会认为，必须向法国共产党全体党员说明，执行委员会为使两个主要派别达成暂时谅解而作的努力，目的在于促进巴黎代表大会的工作，而绝不是对作为法国共产党最高机关的代表大会的无可争辩的权利的侵犯。

代表大会认为必须加以肯定的一点是，尽管左派犯了这种或那种个别错误，但是，它在巴黎代表大会以前或在代表大会期间，基本上力求执行共产国际的政策，而且在有关统一战线和工会这些革命运动的最重要的问题上，它都采取了跟中派以及勒努同志集团完全相反的正确态度。

代表大会坚决要求在中派里无疑是占多数的一切真正革命、真正是无产阶级的分子，制止保守分子的反抗，同左派联合起来进行共同的工作。对人数占第三位的、特别坚决而显然是错误地反对统一战线政策的那一派，也采取同样的态度。

极左派

塞纳联盟由于清算了自己在组织上的联邦主义的性质，也就拒绝了所谓极左派所采取的明显错误的立场。但是以海涅和拉韦涅两个同志为代表的极左派，却认为可以授予德尔普郎克先生以限制性的代表权，要求他在表决一切问题时都必须弃权，也不承担任何义务。上述极左派代表的这种做法证明他们丝毫不懂得共产国际的精神实质。我们的组织所依据的民主集中制原则，根本不允许有限制性的代表权，不论在地区性、全国性或国际性的代表大会上都是一样。代表大会之所以具有意义，就在于各级组织——地区性的、全国性的或国际性的——的各项集体决议，都是经过全体代表的自由讨论和自由表决而制定的。十分明显，如果代表们的代表权事先就受到限制，那么在代表大会上进行讨论、交流经验和争辩就将失去一切意义。

在这种情况下，由于这些人拒绝向国际承担任何义务，共产国际的基本组织原则遭到更加严重的破坏，似乎参加国际这一事实本身并不能使全体成员负有无条件地遵守纪律和执行一切决议的义务。代表大会要求我们法国党的中央委员会就地彻底调查这次的整个事件，并根据这次事件作出政治和组织方面的结论。

工会问题

代表大会所作有关工会问题的决议中包含着组织上和形式上的一些让步，以使党更易于接近工会组织和工会群众，原因是这些组织和群众还没有具备共产主义观点。但是，如果认为这就意味着同意放弃工会的政策，那就完全歪曲了上述决议的原意。这种政策曾在党内占据统治地位，目前还有很多的党员在宣传它。在这个问题上以埃内斯特·拉丰为代表的思想倾向，是同工人阶级的革命任务和整个共产主义观点不可调和的、完全对立的。党不可能也不打算侵犯工会的自治，但是它必须无情地揭露和惩罚那些为了在工会中大搞他们自己使组织涣散的无政府主义活动而要求自治的党员。国际在这个至关重要的问题上，比在任何方面，都更加不能容忍背离不论从理论上或国际实践上来说都是唯一正确的共产主义道路。

为抗议勒阿弗尔惨案而进行罢工的教训

勒阿弗尔罢工虽然是一次地方性罢工，但它无疑证明了法国无产阶级战斗决心的加强。资本主义政府以杀害四名工人来回答这次罢工，这个政府仿佛急于提醒法国的无产阶级，只有付出代价，展开激烈的斗争，表现出英雄气概和忘我精神，作出许多牺牲，无产阶级才能夺取政权并推翻资本主义奴役制度。

如果说法国无产阶级给予勒阿弗尔惨案的回答不够非常有力，那么这个责任不仅在于不同政见者和工会改良主义者习以为常的背叛行为，而且还在于统一总工会和共产党的显然错误的做法。代表大会认为有必要谈一谈这个问题，因为它向我们提供了一个根本错误地对待革命行动问题的生动例证。

党把无产阶级的阶级斗争划分为经济的和政治的两个所谓各自独立的方面,这是根本错误的。而它在这次事件中也没有表现出任何自主行事的主动精神,认为自己的工作只是支持统一总工会,好像资本主义政府杀害四名无产者只是经济行为,而不是具有头等重要意义的政治事件。至于统一总工会,它在巴黎建筑工人工会的压力下,在勒阿弗尔惨案发生后的第二天即星期日,就确定在星期二举行抗议总罢工。法国各地工人甚至连这一惨案尚未能获悉,更何况总罢工的号召了。

在这种情况下,总罢工从一开始就注定要失败。毫无疑问,统一总工会就在这次事件中又采取了一种适合于无政府主义分子口味的政策,这些人根本不懂得采取革命行动和为革命行动做准备工作,他们用他们这帮人的革命号召来取代革命的斗争,而不考虑如何实现号召。党对统一总工会所采取的这种显然错误的步骤却默然顺从,没有用友好但又坚决的方式争取使统一总工会推迟罢工示威的日期,以便向群众展开广泛的宣传鼓动工作。

面对着法国资产阶级的卑鄙罪行,党和统一总工会的首要任务本该是立即动员巴黎和各个省的党和工会的大批优秀宣传员,以向工人阶级中最落后的分子说明勒阿弗尔事件的意义,发动人民群众准备进行抗议和反击。在这种时候,党本应当印发千百万份告工人农民书,说明在勒阿弗尔犯下的罪行。党的中央机关报本应当每天每日地向社会叛徒——社会党人和工团主义者——提出问题:"你们究竟打算以什么斗争形式来回答勒阿弗尔惨案?"党这方面本应当同统一总工会一起宣传总罢工的主张,但不要预先规定日期和期限,而应该根据国内宣传鼓动工作和运动的发展情况再行规定。本来人们应当设法在各工厂、住宅区以及各城市和地区成立临时抗议委员会。作为发起人的共产党人和革命的工团主义者,应当吸收当地改良主义组织的成员或代表参加这个委员会。

只有通过这样一种有计划地、集中地、广泛地、紧张而又坚持不懈地进行一个星期或更长时间的宣传工作，才能使以群众抗议罢工和游行示威等等形式出现的一个规模浩大、影响深远的运动达到高潮。这种运动所产生的持久效果将是加强党和统一总工会与群众的联系，增强它们的权威并扩大它们的影响，使它们在革命工作中彼此日益接近，并使工人阶级中一部分今天仍在追随改良主义者的人日益靠近党和统一总工会。对所谓1921年5月1日总罢工，当时革命分子还不懂得要事先做好准备，而改良主义分子又罪恶地进行破坏，那次总罢工就成了法国国内生活的一个转折点，它削弱了无产阶级的力量，助长了资产阶级的气焰。1922年8月的"抗议总罢工"其实是右派的背叛行为和左派的错误做法的重演。国际最坚决地要求法国的同志们，不论在无产阶级运动的哪一个部门工作，都必须非常审慎地对待群众行动问题，仔细地研究这种行动所具备的条件和应采用的方法，用批判的态度仔细检查本组织在每一个具体事情上所犯的错误，通过广泛而紧张的宣传工作，缜密地为群众行动创造条件，使自己提出的口号与群众采取行动的决心和能力一致起来。

改良主义的领袖们是在与他们紧密勾结一起的整个资产阶级舆论的出谋划策、怂恿和指示之下进行活动的。当然，革命的工团主义者在工会组织中只能是少数，但是只要党比他们更加注意工人运动中的一切问题，仔细研究情况和形势，并通过党员向工会提出这种或那种适合于当前形势的建议，革命的工团主义者就会少犯错误。

共济会、人权联盟和资产阶级报刊

共济会是与社会主义不相容的，这一点在第二国际大多数党中已得到公认。意大利社会党已于1914年把共济会会员开除出党，这项措施无疑是使党在大战期间能够执行反对派的政策的原因之一,因为意大利共济会会员充当协约国的工具,进行了有利于干涉者的活动。

共产国际第二次代表大会之所以没有在加入国际的条件中加进一项说明共产主义与共济会不能相容的专门条款,是因为这一原则已经包含在另一项为代表大会一致通过的特别决议中。很多法国共产党人竟然是共济会分会的成员,这件事情对共产国际第四次代表大会来说是一个偶然的发现。国际认为,这一事实极为明显,同时又令人遗憾地证明了我们的法国党不仅保留着改良主义时代、议会主义时代和爱国主义时代的思想遗产,而且还同资产阶级激进派进行政治钻营的秘密机构保持着十分具体的联系,使党的最高领导丢尽脸面。

在共产主义先锋队聚集无产阶级的力量,为了实现无产阶级专政而与资产阶级社会的一切团体和组织进行不可调和的斗争期间,一大批党的负责干部、议员、记者乃至中央委员会委员却与我们敌人的秘密组织保持着紧密联系。

特别令人沮丧的是,尽管共济会这个问题对整个国际来说已经十分明确,但是党内没有任何一派在图尔代表大会以后把这个问题提出来。只是由于法国党内的派别斗争才使国际了解到这件事情已十分严重。

国际认为,必须一劳永逸地割断共产党最高层领导与资产阶级政治组织之间存在的这种丢尽脸面、败坏党风的联系。法国革命无产阶级的光荣任务应该是,从它的一切阶级组织内,把那些打算同时参加两个敌对阵营的分子清除出去。

代表大会责成法国共产党中央委员会在1923年1月1日以前,断绝某些以党员个人或集体形式出现的党跟共济会的一切联系。凡是现在还参加共济会的共产党人,如果在1923年1月1日以前不在党报上刊登声明,向自己的组织公开表示与共济会完全断绝关系,那么他就是自动退出共产党,并从此无权再要求入党。如有人参加共济会而隐瞒不报，这必须被视为党内混入奸细的事件，人们必须在全体无产者面前对有关的人员进行无情的揭露。

鉴于参加共济会（姑且不论参加者是想追求纯物质享受，还是想飞黄腾达以及其怀有他不可告人的目的）本身证明了共产主义觉悟很不够和极端缺乏阶级感情。第四次代表大会认为，以前曾经参加共济会而现在又愿意与之断绝关系的同志，今后两年内无权再担任党内的重要职务，这样做是绝对必要的。只有通过以普通战士的身份为革命事业进行辛勤劳动，才能使这些同志重新得到充分信任，并恢复其担任党内重要职务的权利。

鉴于**保卫人权和公民权利联盟**本质上是资产阶级激进主义的一种组织，它通过自己反对这种或那种"不公平现象"的种种行动，来散布资产阶级民主的幻想和偏见，而且主要是每当紧要关头，例如在战争时期，它就全力支持具有国家形式的资本，因此共产国际第四次代表大会认为，参加保卫人权和公民权联盟是与共产党人的称号绝对不相称的，是违反共产主义世界观的基本原则的，并且要求所有已经参加联盟的党员于1923年1月1日以前退出联盟，报告自己的组织，并登报声明退出。

第四次代表大会要求法国共产党中央委员会：

（1）立即发表告全党书，阐明本决议的精神和意义；

（2）根据本决议精神采取一切措施，在1923年1月1日以前完成清洗党内共济会会员并与保卫人权和公民权联盟割断一切联系，不得有任何宽容姑息和疏忽遗漏。代表大会相信，在这次清洗和整顿工作中，中央委员会定能得到各个派别绝大多数党员的支持。

中央委员会应当列出名单，载明哪些同志（在巴黎或在外省）虽然已加入共产党，甚至还在党内担任各种不同的职务，包括负责的职务，同时却又与资产阶级报刊进行合作。中央委员会必须要求这些人在

1923年1月1日以前，在腐蚀人民群众的资产阶级机构和实行无产阶级专政的革命党之间作出彻底的最终的抉择。违反这项多次提出并反复重申的规定的党的干部，一年之内无权任党内要职。

党的候选人

为了使党具有真正无产阶级的性质，为了从党的队伍中清洗那些把党当做参加议会、市政机构和总参议会等的晋身之阶的人，必须制定一项确定不移的准则，规定选举时提出的党的候选人名单中至少有十分之九的人是在工厂、企业做工的工人共产党员和农民。自由职业代表的人数应受严格限制，最多不能超过党通过党员占有的或者希望占有的席位总数的十分之一，同时对自由职业的候选人必须严格进行选拔（由无产者组成的特别委员会详细审查他们的政治历史、社会关系以及他们对工人阶级事业的忠诚程度）。

只有在这种情况下，共产党的议员、市参议员、总参议员和市长才会不再成为大部分与工人阶级缺乏联系的政客，而成为群众进行革命斗争的工具。

共产党在殖民地的工作

第四次代表大会还注意到，共产党在各殖民地正确地、系统地进行工作的巨大重要性。代表大会严厉谴责西迪贝勒阿巴斯共产党支部的态度，因为它用假马克思主义的空话掩盖纯粹的奴隶制观点，实际上支持法国资本对其殖民地奴隶实行帝国主义统治。代表大会认为，我们进行殖民地工作不应当依靠那些彻头彻尾渗透了资本主义和民族主义偏见的人，而应当依靠当地的优秀分子，首先是当地的无产阶级青年工人。

只有宗主国的共产党为了反对殖民地奴役制而进行最坚决的斗争，并在殖民地进行系统的革命工作，才能削弱殖民地被压迫民族中的极端民族主义分子对劳动群众的影响，赢得群众对法国无产阶级事业的同情，从而使法国资本不可能在无产阶级革命起义时期，利用殖民地的土著人作为反革命的最后一支后备队。第四次世界代表大会要求法国党及其中央委员会，要从人力和物力上更多地注意殖民地问题和在殖民地的宣传工作，特别是应当在中央委员会下设立一个殖民地工作常务局，并吸收殖民地共产党组织的代表参加工作。

关于法国党的组织机构问题的决议

1. 中央委员会

鉴于巴黎代表大会引起的严重危机,中央委员会将破例地按照比例代表制原则组成,并以代表大会对中央机关的表决结果作为依据。

各派人数比例如下:

中派——委员 10 人,候补委员 3 人。

左派——委员 9 人,候补委员 2 人。

勒努派——委员 4 人,候补委员 1 人。

勒诺·让少数派——委员 1 人。

青年派——有表决权的代表 2 人。

政治局将在同样的基础上组成,各派所得席位:中派 3 人,左派 3 人,勒努派 1 人。

为了避免个人争执使危机更加尖锐化,中央委员、政治局委员和较重要的中央机关的成员由各派在莫斯科作出决定。这样形成的名单,将由前来参加第四次世界代表大会的代表团提交全国代表大会,并负责说服全党同意这一名单。第四次代表大会了解这一声明,并深信唯有这个名单才适宜于克服党的危机。

由各派拟定的新的中央委员会名单如下:

中　派

委员：

弗罗萨尔　书记兼执行委员会代表
路易·塞利耶
马塞尔·加香　临时书记
雅科布　纺织工人联合会书记
加尔舍里　巴黎市政局委员
吕西·莱西亚尼　速记员
马拉纳　机械师，塞纳联合会书记
古尔多　邮电局职员
拉盖斯　被解雇教师，塞纳—马恩省联合会书记
帕克洛　镟工，塞纳—瓦兹省联合会书记

候补委员：

皮尔庞特　纺织工人
迪皮耶　下水道工人联合会出纳员（有待巴黎批准）
普莱　电话工人

左　派

委员：

罗斯默　职员
特兰　退职教师
瓦扬-库蒂里耶　议员

苏瓦林　记者
托马西　汽车—飞机驾驶员
克里斯滕　机械师
阿梅代·迪努瓦　记者
科尔迪耶　理发师
布歇　机械师

候补委员：
萨尔　五金工人
德波特　织布工人

勒努派

委员：
巴伯雷　五金工人
弗罗蒙　汽车和飞机装修工人
迪比　加莱海滨省矿工
韦尔特（罗歇·热拉尔德）　五金工人

候补委员：
莱斯帕尼奥尔　职员

这个名单至迟在1月下半月内，由一个具有代表大会权限的全国委员会予以批准。

在此以前，巴黎代表大会任命的临时中央委员会继续执行职务。

2. 报刊

代表大会批准业经确定的报刊制度：（1）报纸的领导工作移交给政治局；（2）发表社论不署名，社论每天要把党的意图告诉读者；（3）党报记者不得为资产阶级报纸撰稿。

《人道报》社长：马塞尔·加香

总书记：阿梅代·迪努瓦

授予2人同等权限；也就是说，他们之间产生的任何争执，将提交政治局，由政治局解决。

编辑部书记处：中派1人，左派1人。

《共产主义公报》的编辑部，将委托左派的一位同志负责。

被辞退的编辑人员重回编辑部工作。

为了给即将召开的全国委员会做准备，各派都有权利在党报上写文章。

3. 总书记处

党的书记处在对等的基础上，由一位中派的同志和一位左派的同志组成；任何纠纷均由政治局解决。

书记：弗罗萨尔

候补书记：路易·塞利耶和特兰

4. 派驻执行委员会的代表

为了在执行委员会与法国党之间建立健全友好的联系，代表大会认为，绝对有必要由最主要的两个派别分别派它们最有资格、最有威望的人，也就是说，弗罗萨尔和苏瓦林同志作为代表驻在莫斯科，而且任期至少3个月，直到法国党结束目前的危机为止。

由弗罗萨尔和苏瓦林代表法国党驻在莫斯科，将充分保证执行委员会在这两位同志一致同意下作出的每一项建议，都将得到整个党的赞同。

根据丹尼尔·勒努派的提议，迪雷同志作为这一派的代表，当选为共产国际执行委员会的候补委员，任期3个月。

5. 党的干部的报酬

关于党的干部、编辑等工作人员的报酬问题，党将设立一个委员会，由品德上得到党的充分信任的同志组成，以期能从下述两个方面来解决这一问题：（1）要防止过分提高工资的一切可能性，以免在党内的工人群众中引起正当的不满情绪；（2）凡是担任党所绝对需要的工作的同志，应给他们提供一切条件，使他们有可能全力以赴地为党工作。

6. 委员会

（1）《人道报》管理委员会：中派6人，左派5人，勒努派2人。

代表大会已同意在重要的委员会中，也可以破例地运用比例代表制。

（2）工会书记处：中派1位书记，左派1位书记，两人之间的任何争执由政治局研究解决。

7. 争议问题

在执行莫斯科作出的组织决议过程中产生的争议，必须由一个专门委员会解决，该委员会由执行委员会代表担任主席，中派和左派各派1名代表参加。

8. 前共济会会员不得担任的职务

前共济会会员不得担任的职务，应理解为这样一种职务，即担任这些职务的人被授权在工人群众面前，通过口头和文字，大体上独立地代表党的思想。

如果在安排这种职务时，两派之间产生了意见分歧，那么这种分歧就由上述委员会解决。

如果在重新安排被辞退的编辑过程中，发生了技术上的困难，这些困难也由上面提到的委员会解决。

除了关于建立中央委员会的那个决议之外,所有的决议都要立即执行。

除了这些决议,勒努派还提出要求,在弗罗萨尔和苏瓦林之外,还要另派1名任期3个月的候补代表进驻执行委员会。

委员会一致接受勒努派的这一请求。

关于西班牙问题的决议

1. 在执行委员会2月扩大会议上同法国党和意大利党一起反对过统一战线策略的西班牙共产党，很快就认识到自己的错误，在5月份钢厂大罢工时就已经运用了统一战线策略。这不是形式上的遵守纪律，而是充分理解地、坚信不疑和十分明智地运用了这一策略。这一行动向西班牙工人阶级表明，党随时准备为他们的日常要求而斗争，它能站在斗争第一线，因而带领工人阶级进行战斗。

通过坚持这一道路，通过利用一切行动的可能性，争取整个工人组织，引导无产者进行战斗，西班牙共产党将赢得群众的信任，并通过群众革命力量的联合，完成它的历史使命。

2. 第四次世界代表大会高兴地看到，今年年初使党受到破坏的无纪律造成的党内危机，随党的内部纪律的加强已经顺利地结束。代表大会呼吁西班牙党坚持这一道路，特别要求青年们竭尽全力一起来加强内部纪律。

3. 目前西班牙工人运动的特点是，工团主义—无政府主义思想和运动日益没落。几年以前，这个运动还能联合和拉拢广大的工人群众，但是它没有采用群众行动和集中进行斗争这种马克思主义的、共产主义的策略；而是运用了个人行动、恐怖主义和联邦主义的无政府主义策略，也就是说，它使行动分散破碎，因而使得工人群众的希望和期待化为泡影。

今天，失望的工人群众脱离了这一运动，脱离了曾经用这种办法来欺骗群众、又迅速滑向改良主义的领袖们。

共产党的一个重要任务是，争取和教育失望的工人群众，把那些揭露了工团主义领袖的新改良主义并认识到他们学说错误的无政府主义—工团主义分子争取到自己这边来。

但是在努力争取无政府主义—工团主义者的信任时，共产党必须避免对他们的业已为西班牙无产阶级本身的经验所驳斥的思想作原则上和策略上的让步。在这方面，党内某些人有一种倾向，为了能够更快地把工团主义者争取过来，他们想把党引导到妥协的道路上去，共产党必须在党内反对和谴责这种倾向。如果吸收工团主义者的工作进行得比较从容，如果只有当他们真正赞同共产主义事业的时候才把他们争取过来，这就比党违背自己的原则，用较快的速度争取他们，并在不久的将来陷入新的不幸的危机要好得多。西班牙党必须向无政府主义—工团主义者讲清楚，让他们领会第二次世界代表大会所阐明的议会制的革命策略。对于共产党来说，选举活动是工人群众进行宣传和斗争的一种手段，而不是小资产阶级或改良主义的追名逐利者的庇护所。

通过反复的实践，统一战线策略将赢得仍然处于无政府主义—工团主义思想影响下的群众的信任，并将向他们表明，共产党是无产阶级进行革命斗争的一个政治组织。

4. 我们党必须更加重视和致力于西班牙工会运动。共产党必须在所有的工会组织中开展关于**统一西班牙工会运动**的强大而有步骤的宣传。为了正确地引导这一行动，党必须依靠由所有工会（包括全国联合会和总联合会的所有工会，以及所有独立的工会）中的共产党支部组成的网络。因此，它必须驳斥和反对那些宣称退出改良主义工会的倾向和派别。如果有的工会和共产主义小组被开除出改良主义工会，共产党人必须避免为了表示团结而退出工会，从而迎合阿姆斯特丹分裂派的愿望。与此相反，他们必须留在总联合会内，并在里面积极地为争取重新接纳被除名者而斗争，以此表明他们同被开除的工会的团结。如果经过持续不断的努力，上述工会和小组仍然被排除在外，那么共产党必须促使他们加入全国联合会。那些属于全国联合会的共产党人必须同那里党的工会委员会结合在一起建立他们的支部。毫无疑问，他们将同那些红色工会国际的拥护者和非党的工团主义者非常友好地进行合作。不过，他们必须保持自己的组织，不许放弃自己的共产主义立场，必须同工团主义者友好地辩论仍然存在分歧的那些问题。

为了领导好争取工会统一的斗争，共产党必须设立一个争取统一西班牙工会运动的混合委员会，它将同时成为一个宣传中心，一个联合赞成统一原则的两个工会组织和独立工会的中心。党要承担的任务是，向西班牙的工人群众阐明，改良主义的和无政府主义—改良主义工会领袖的个人野心和个人利益同工会的统一是完全格格不入的，如果工人阶级想彻底摆脱资本主义枷锁，统一便是工人阶级的最高利益和最大需要。

关于丹麦共产党的决议

1. 大会声明，承认如今的丹麦共产党是共产国际在丹麦的唯一的支部，它是由共产主义统一党和所谓老党中赞同共产国际执行委员会指示的一部分人联合组成的。而且，它忠实地执行了共产国际的所有指示。只有它的主要机关报《工人报》和另一些由这个党承认的报纸，才可以被认为是共产党的党报。

2. 大会敦促尚处在这个联合政党之外的所有共产主义的组织，加入这个党。凡是在最近三个月内决定加入这个统一共产党，并同意忠实地执行这个党和党的领导的所有决议以及共产国际决议的组织和被称做老党的党员，应该被立即接纳入党。

关于共产国际执行委员会的改组及其今后工作的决议

世界代表大会

世界代表大会照例每年召开一次。开会日期由执行委员会扩大会议确定。加入国际的各个支部有义务派遣代表。代表名额由执行委员会规定。费用由每个党负担。各个支部的表决票数由代表大会根据代表人数和国家的政治情况来确定。限制性代表权是不能容许的,将立即被宣告无效,因为这种代表权是与一个国际的、民主集中制的无产阶级政党的精神相抵触的。

执行委员会

执行委员会由代表大会选举。它由主席、24名委员和10名候补委员组成。执行委员会委员至少应有15人常驻莫斯科。

执行委员会扩大会议

一般情况下,每4个月举行1次执行委员会扩大会议。该会议的人员组成如下:

(1) 执行委员会的25名委员;

（2）德国、法国、俄国、捷克斯洛伐克和意大利以及青年国际、工会国际各另派3名代表；

（3）英国、波兰、美国、保加利亚和挪威各派2名代表；

（4）所有其他有表决权的支部各派1名代表。

主席团应当把可以暂缓研究的一切较大的原则问题提交执行委员会扩大会议。第一次执行委员会扩大会议在世界代表大会后立即举行。

主席团

执行委员会扩大会议在进行第一次会议期间选出主席团，包括青年国际和红色工会国际无表决权的代表各1名。主席团下设：

（1）一个东方分局。执行委员会一定要特别重视该分局下一年的工作。该分局的领导人必须是主席团成员。东方分局在政治工作上隶属主席团。与组织分局的关系由主席团处理。

（2）一个组织分局（Org—Büro）。必须有至少2名主席团成员在内工作。组织分局由主席团领导。

（3）一个宣传鼓动分局。由主席团的一名成员领导。该分局也直接受主席团领导。

（4）一个统计与情报分局。该分局受组织分局领导。

执行委员会有权另设其他分局。

执行委员会成员的分工

执行委员会的成员要有详细的分工，主席团也是一样。主席团要给所有重要国家各任命1名负责干事，负责准备各该支部的工作。一般情况下，这位干事应是执行委员会成员，或者如有可能，应是主席团成员。如果这种干事既非执行委员会又非主席团的成员，那么他就应该在主席团的 1 位成员监督下进行工作。

主席团要组成一个总书记处，该书记处由 1 位总书记领导。执行委员会给他派 2 名副手。书记处不具备一个独立政治机构的职能，它只是主席团的一个办事机构。

执行委员会受权，在各个党内帮助它们根据各个国家的条件和状况进行类似的分工。

全权代表

执行委员会在特殊情况下，可向一些国家派遣全权代表，全权代表从各支部最有能力的同志中选调。执行委员会赋予这些代表以广泛的全权。这些全权代表的职责、权利和义务以及他们与有关党的关系应在专门的指示中予以详细规定。

执行委员会受权着重监督二十一条和世界代表大会决议的确实贯彻执行。它的全权代表应竭力担负起这一监督工作。全权代表必须至少每月报告一次他们的工作结果。

国际监察委员会

国际监察委员会继续存在。它的任务仍是第三次世界代表大会所确定给它的任务。世界代表大会决定，每年从两个相邻国家支部的中央各选出 3 名监察委员，选出的监委必须经执行委员会批准。世界代表大会把明年的这一任务交给德法两国支部。

技术情报处

技术情报处仍然保留。它的任务是给执行委员会提供技术情报。它在工作上受执行委员会领导。

《共产国际》

《共产国际》是执行委员会的机关报,编辑部人员由执行委员会选派并受其领导。

执行委员会的出版物

代表大会确认,所有共产党机关报一如既往在执行委员会要求下,应当立即翻印执行委员会的文件(号召、信件、决议等)。

各国党的记录

各个国家支部的中央都有责任把它们一切会议的记录定期送交执行委员会。

互设代表处

希望各重要邻国支部互设代表处,以沟通情况和协调工作。该代表处的报告应同时呈送执行委员会。

另外,希望代表处代表的任命要征得执行委员会的同意。

各国支部的党代表大会

在一般情况下，党的代表会议或者扩大的全国委员会应在共产国际世界代表大会之前召开，为世界代表大会作准备并选举代表。各国支部的党代表大会在世界代表大会之后召开。只有取得执行委员会同意方可有例外。

这样做，才能更好地维护各个国家支部的利益，并同时保证"自下而上地"运用国际运动全部经验的可能性。

这样做，同时使作为集中的世界党的共产国际，有可能"自上而下地"按照民主集中制原则，向各个党下达从整个国际经验总结出来的指示。

辞　职

代表大会最强烈地谴责一些党中央的个别同志和成批委员的辞职。代表大会认为，这种辞职是严重瓦解共产主义运动的行为。共产党内的任何领导职位都不属于被委托担任这种职务的人，而是属于整个共产国际。

代表大会决定，一个支部经选举产生的中央领导机关的成员，只有征得执行委员会同意才能卸任。一个党的中央未征得执行委员会同意擅自批准辞职，应属无效。

秘密工作

代表大会决议指出，一批重要的党已临近一个秘密活动时期，按照这一决议,主席团受权致力于高度重视有关党这种秘密工作的准备情况。代表大会结束以后,主席团应立即同这些党开始进行相应的磋商。

国际妇女书记处

国际妇女书记处像以前一样继续存在。执行委员会指定妇女书记,并在该书记同意下确定一切其他的组织措施。

在青年国际执行委员会中设立代表处

代表大会委托执行委员会,在青年国际中建立一个共产国际的正式的代表处。代表大会认为,促进青年运动的工作是执行委员会的一项最重要的任务。

在红色工会国际中设立代表处

代表大会委托执行委员会同红色工会国际中央一起,共同拟定共产国际与红色工会国际相互联系的形式。它指出,特别是在当前时期,经济斗争同政治斗争紧紧相连,因此要求工人阶级的一切革命组织力量的特别密切的协调。

修改章程

代表大会重申第二次代表大会所通过的章程,并委托执行委员会根据最近作出的决议修改和完善这一章程。这一工作必须及时进行,修改后的章程将送交所有的党进行初议,最后由第五次世界代表大会批准。

关于青年共产国际的决议

1. 根据共产国际第三次代表大会的决议，青年共产国际第二次世界代表大会决定，各共产主义青年组织在政治上应受共产党领导，把共产主义青年组织从一些完全与外界隔绝的纯政治性先锋组织，**改组**成为广大青年工人的**群众性组织**，把在工人阶级活动范围内和共产党的政治领导下、在**一切**领域里代表青年工人的利益作为己任。但共产主义青年组织应一如既往是个政治组织，参加政治斗争仍然是它的工作的基础。为青年工人的日常经济要求和反对资产阶级军国主义而进行的斗争，已经成为唤醒和争取广大青年工人群众的一种最重要、最直接的手段。组织工作的形式和团的工作必须得到改进，以适应新的任务。特别是有必要在组织内部有计划地进行共产主义教育工作，并对团外青年进行群众教育工作。

只有进行长期的坚持不懈的工作才能实现的第二次世界代表大会的决议，其贯彻目前遇到了障碍，例如，所提出的任务对大多数青年团来说还都不熟悉。此外还有对团员数量的多少起着消极影响的经济危机（贫困化、失业），迫使某些青年团减少人数和转入地下的反动派的进攻，革命浪潮的暂时低落和整个工人阶级革命情绪的消沉，也使青年工人受到极其不良的影响，在这一时代，他们的情绪变得对政治越来越不感兴趣。同时，资产阶级和社会民主党更加紧对劳动青年的组织工作施加影响。自从青年共产国际第二次代表大会以来，各地的共产主义青年组织都接受了共产党的领导，然而，党与青年之间的相互关系从总体上看仍然没有得以完全按照国际代表大会决议的精神处理。因为，尤其是党对青年团工作的必要支持，经常**没有**达到应有的程度。在最近的15个月中，由于青年共产国际的努力，人们终于在大多数共产主义青年组织中采取了一些**重要的实际措施，根据第二次世界代表大会决议的精神进行了改组**，为向群众性组织转变创造了重要前提。此外，许多国家的共产主义青年组织通过**宣传**青年工人在经济上和政治上的战斗要求，已经走上一条必将在未来的斗争中使自己对广大群众发挥影响的道路，它们已经发起和进行了许多次运动，甚至发起和进行了**一系列具体的战斗行动**。

但是不论从人数的发展，还是从有机地同群众融为一体，以及从对群众**经常**施加影响和进行领导方面来说，共产主义青年组织至今还没有能够完全转变成为群众性组织，由于这一事实，便产生了它们今后应该完成的重大任务。

2. **资本的进攻**也沉重地打击了劳动青年。削减工资、延长工作日、失业、手工业行业中的剥削，不仅使劳动青年与成年工人同样地身受其苦，而且对青年采取的方式更为恶劣，情况更为严重。同时，劳动青年被利用来反对成年工人，被当做压低工资、破坏罢工和扩大成年工人失业的工具。这种对整个工人阶级来说极其不幸的状况将继续持续下去，而且还将由于改良主义的工会官僚的背叛态度进一步加剧，这些工会官僚无视以至牺牲劳动青年的利益，阻止青年工人群众参加成年工人的斗争。不仅如此，他们甚至常常阻止青年工人参加工会。资产阶级军国主义的滋长也加深了青年工人和农民的灾难，他们被迫为资本主义服兵役，并在未来的帝国主义战争中充当炮灰。反对派特别在欧洲青年中大施淫威，即使在有共产党的地方，他们也要剥夺青年工人建立共产主义青年组织的权利。

两个**社会民主党的**青年国际，对劳动青年身受的灾难至今一直采取袖手旁观的态度，并企图通过在他们中间建立一个阵线，来摧毁群众准备以成年工人与整个劳动青年联合的形式进行斗争的意志。他们结成这种阵线，其目的不仅在于使遭受苦难的青年工人群众脱离斗争、脱离全体青年工人的统一战线，而且在于直接反对共产国际，使社会民主党的两个青年国际实行合并。

共产国际指出青年工人与成年工人结成统一战线的绝对必要性，号召全世界共产党和全体工人在反对资本进攻、反对资产阶级的军国主义和反动派的斗争中，大力支持劳动青年的要求。

共产国际对于**青年共产国际**为了切身要求、为了以整个工人阶级的统一战线的名义而建立劳动青年的统一战线，为了建立青年工人与成年工人的统一战线而进行的斗争表示欢迎，并给予**最充分的支持**。资本的进攻使青年工人有陷于极端贫困的危险，并将使他们成为军国主义和反动派的孤立无援的牺牲品，但是这种进攻必将遭到全体工人阶级同心协力的迎头痛击。

3. 为了做好工作和解决在争取和教育群众方面所面临的任务，共产主义青年运动需要共产党的关怀谅解和有力的支持。

在共产主义**青年运动中**，**积极的政治兴趣和政治力量**必须通过党与青年在各方面进行的密切合作，通过经常吸引共产主义青年组织参加党的政治生活而得到**保持**。因为共产党在开展斗争以及为实现共产国际的决议而进行的工作中，都需要这股政治力量，同时它们又是青年共产主义运动健康发展的基础。共产党对共产主义青年必须给以**组织上的帮助**。共产党应当指派青年党员在共产主义青年中进行工作，并通过派遣青年党员和进行宣传的办法，在没有党组织的地方建立青年组织。由于共产主义青年组织目前的任务是把工作的重心转移到青年工人群众中去，共产党首先应当促进工厂中共产主义青年机构（支部和小组）的建立及其机关工作，支持他们在工会中的小组。必须在党和青年的各级机构（支部、地方组织、地方委员会、中央委员会、代表大会、议会党团等）内建立互派代表的制度。

共产主义青年组织必须加强经济宣传，对青年工人的生活和各种问题进行经常的具体研究，并随时坚持不懈地捍卫他们的利益，从而扎根在青年工人群众之中，并引导他们与成年工人一起进行斗争。因此，共产党必须大力支持共产主义青年在工厂、学校和工会中的这些支部或小组中的经济工作，必须使工会中的共产主义青年团员和共产党员进行密切的合作。党员在工会中的任务，是要特别关心下列事情：使青年工人和学徒平等地加入工会，降低他们工会会费的数额，在工会进行的斗争中同样代表青年工人的要求，在诸如签订工资合同的这类斗争中也要照顾到青年的利益。其次，共产党应当通过宣传和积极支持青年工人的行动，通过把他们的要求作为本身日常斗争的目的之一，协助共产主义青年组织在工会中进行经济工作。

由于帝国主义战争的危险与日俱增，反动势力愈益猖獗，共产党必须极大地支持共产主义青年组织进行反对军国主义的斗争，并在这场斗争中进行切实有效的领导。共产主义青年组织在反对反动派和保卫工人阶级的斗争中，必须是为党服务的最积极的战士。

由于共产主义青年组织转变成为广大的群众性组织，**共产主义教育工作**便具有了重大意义。因为要争取群众，就特别需要对群众进行共产主义教育。共产主义青年组织的教育工作需要专门地、独立地加以组织，并且要有计划地进行。党应当对青年组织给以必要的支持，如大量提供教育方面的人力和物力，协助组织共产主义青年学校和讲习班，在党校中让出地方，供共产主义青年团使用，把青年著作列入党的出版计划。

代表大会认为，党报必须比过去更加积极地支持共产主义青年组织的斗争，不仅要定期出版副刊和开辟专栏，而且还要在党报的其他版面上，经常讨论有关青年工人的生活和斗争问题。

资产阶级世界由于它的罪恶企图遭到有阶级觉悟的成年工人和革命青年工人的反抗，因而加紧毒害工人阶级子女的思想意识，使他们疏远工人阶级。因此，应极为重视组织和促进**共产主义儿童团**的工作。儿童组织应当在组织上隶属青年团并受其领导，党必须支持这一工作，为其提供人力，并参加儿童团的中央委员会。各个国家的共产主义青年组织已经开始发行的共产主义儿童报应当得到党的资助。

在反动派迫使共产主义运动**转入地下**的那些国家里，共产主义青年和党之间必须保持特别紧密的合作。

第四次代表大会强调共产党的工作对争取青年工人具有特别重要的意义，强调青年共产国际在当今时代的特殊意义，并向共产国际今天的最得力的战友和明天的后备队——青年共产国际致敬！

关于意大利问题的决议

共产国际早在第二次和第三次世界代表大会上就曾不得不对意大利问题进行缜密的研究。第四次代表大会已能对此作出某些结论。

帝国主义世界大战结束后,意大利的客观形势是革命的。资产阶级已经无力统治国家,资产阶级的国家机器已受到损害,统治阶级已感到惶恐不安。广大工人群众痛恨战争,他们在国内许多地方掀起暴动。很大一部分农民纷纷起来反对地主和国家,并决心支持工人的革命斗争。士兵反对战争,准备同工人结成同盟。

胜利进行革命的**客观**前提已经具备,只是缺少最重要的**主观**因素:一个坚强的、准备战斗的、自觉的、革命的工人政党,也就是,一个坚决领导群众的真正的共产党。

大体上说来,大战结束后几乎在所有的交战国内,情况都相似。如果说1919—1920年各主要国家的工人阶级都没有取得胜利,那么这只能归咎于缺少一个革命的工人政党。这一点在意大利表现得特别显著,在那个国家,当时革命即将来临,而现在它却堕入了反革命的无底深渊。

1920年秋,意大利工人占领工厂,这是意大利阶级斗争发展过程中的一个决定性时刻。意大利工人曾经自发地催促以革命方法解决危机。但是,没有一个革命的工人政党这一事实就决定了工人阶级的命运,决定了工人阶级在这个革命关头遭到失败,为法西斯主义目前的胜利创造了条件。工人阶级由于缺少革命的领导,表现得不够果断,没有在他们的势力达到顶峰时夺取政权，因此在过了一段时间之后，工人阶级的死敌——资产阶级以其最活跃的一派即法西斯主义的面目出现，把枪口对准工人阶级的胸膛，建立了他们的专政，意大利的实例具有重大的意义。任何地方都没有像意大利这样明显地表现出共产党在世界革命中应起如何巨大的历史作用，在那里，正是由于缺少这样的党，才使历史进程变得有利于资产阶级。

意大利在这些决定性的年代里并非没有一个工人政党：老社会民主党拥有大批党员，而且从表面上看有着巨大影响。但是它的队伍里潜藏着改良主义分子，每逢革命关头，这些人就使党瘫痪，寸步难行。尽管意大利社会党1912年发生了第一次分裂（开除极右派），1914年又发生了第二次分裂，在1919—1920年间，意大利社会党党内仍有大批改良主义分子和中派分子。在一切决定性关头，改良主义分子和中派分子都是这个党的绊脚石。任何地方都没有像意大利这样明显地暴露出改良主义者实际上是资产阶级在工人阶级阵营中埋藏的真正的、最危险的工具，他们用尽一切办法向资产阶级出卖工人阶级。1920年工人占领工厂期间，改良主义者进行背叛，这在改良主义史上是屡见不鲜的，那是一连串的背叛行径。无可置疑，改良主义者是法西斯主义的真正的马前卒和领头羊。意大利工人阶级所受的巨大折磨，首先应当归罪于改良主义者的背叛行为。如果说意大利工人阶级今天似乎仍处在革命征途的起点，面前还有一段无比艰苦的道路，那么原因只是在于意大利党容忍改良主义分子留在党内的时间太久了。

1921年初，社会党多数派同共产国际决裂。在里窝那，中派情愿与共产国际和5.8万名意大利共产党人分道扬镳，而不愿与1.6万名改良主义者决裂。于是就形成了两个党：一个是年轻的共产党，它进行着反对资产阶级及其帮凶改良主义者的坚决而又顽强的斗争，尽管它勇气百倍，不惜牺牲，但毕竟力量过于单薄，没有能够引导工人阶级取得胜利；另一个是老社会民主党，在里窝那分裂以后改良主义者在党内的流毒更加起决定性作用。工人阶级陷于四分五裂，孤立无援。资产阶级借助改良主义者守住了阵地。就在这个时候，资本才开始经济和政治方面的进攻。倒退、改良主义者持续不断的肮脏的叛卖行径，几乎在整整的两年中都没停顿，后来，党内的中派领袖才终于在群众压力下，认识到自己犯了极为严重的错误，并表示愿意作出必要的结论。

直到1922年10月在罗马举行的代表大会上，社会党才把改良主义者开除出党。当时情况已经发展到这一地步，改良主义的最著名领袖们竟公然大言不惭地说，因为他们留在社会党内并迫使党在一切紧要关头没有采取行动，才破坏了革命。现在改良主义者已脱离意大利社会党的队伍，公然投入反革命阵营。他们留给群众的是萎靡不振、自卑和失望的情绪。他们使社会党在人数上和政治上大大遭到削弱。

通过意大利事件的惨痛而又富有教益的教训，应当使全世界有觉悟的工人牢牢记住：

（1）改良主义是**敌人**；

（2）中派政党的摇摆和犹豫，对一个工人政党来说是致命的危险；

（3）团结一致和有觉悟的共产党的存在，是无产阶级进行胜利斗争的首要前提。

这就是从意大利悲剧中得出的结论。

鉴于意大利社会党罗马代表大会（1922年10月）已作出决议，把改良主义者开除出党，而且表示决心无条件地加入共产国际，共产国际第四次代表大会作出如下决议：

1. 意大利总的形势，特别是在法西斯反动派胜利之后，迫切要求无产阶级的一切革命力量最迅速地团结起来。在经历了失败和分裂之后，如果一切革命力量已开始重新聚集，意大利的工人们必将精神为之一振。

2. 共产国际向受到严重考验的意大利无产阶级致以兄弟般的敬礼。它完全相信摆脱了改良主义分子的意大利社会党的诚意和革命信念，决定接受意大利社会党加入共产国际。

3. 第四次世界代表大会认为，执行二十一条是不言而喻的事。鉴于意大利发生的事件，责成共产国际执行委员会严密注视这些条件的遵守情况以及因此而产生的一切后果。

4. 第四次世界代表大会在了解到议员韦拉在罗马举行的党代表大会上的发言以后，决定拒绝韦拉以及与他持同样观点的人加入未来的意大利共产党；第四次代表大会责成意大利社会党中央把一切对二十一条有任何保留意见的党员开除出党。

5. 根据共产国际章程的规定，每一个国家只能有一个共产国际支部，因此，第四次代表大会决定意大利共产党和社会党应立即合并。合并后的党应定名为"意大利统一共产党（共产国际支部）"。

6. 为了切实执行这项合并工作，第四次代表大会指定设立一个专门组织委员会，委员会由两党各派3人组成，由1位执行委员会委员担任主席。共产党选派**塔斯卡、葛兰西、苏奇马洛**3位同志，社会党选派**塞拉蒂、马菲和托内蒂**3位同志，执行委员会派**季诺维也夫**同志参加这个组织委员会（执行委员会保留在必要时以其他同志替换季诺维也夫同志的权利）。这个委员会应当在莫斯科详细拟定出合并的一切条件，并在意大利主持这项合并工作。对一切有争议的问题，执行委员会有权作出最后决定。

7. 在各个企业和大城市，也应立即成立这种组织委员会，委员会由意大利共产党的同志2人和意大利社会党的同志2人组成；主席由执行委员会的代表任命。

8. 这种组织委员会的任务，不仅是在中央和地方筹备组织合并，而且从现在起就要领导这两个组织共同的政治活动。

9. 此外，还要立即建立一个共同的工会委员会，其任务是，揭露劳工联合会中阿姆斯特丹分子的背叛行径，争取多数拥护红色工会国际。这个委员会也由两党各派 2 人组成，主席由共产国际执行委员会或组织委员会指定一个同志担任。工会委员会按照组织委员会的指示并在组织委员会的监督之下进行工作。

10. 在既有共产党报纸又有社会党报纸的城市里，两种报纸至迟应在 1923 年 1 月 1 日以前实行合并。中央机关报编辑部的人选将于明年由共产国际执行委员会指定。

11. 统一代表大会至迟应在 1923 年 3 月上半月召开。执行委员会将决定，在统一代表大会前，两党是否有必要各自召开一次以传达和预备为目的的党代表大会。召开这种党代会的时间和条件同样由委员会决定。

12. 共产国际代表大会决定就合并问题发表由第四次代表大会主席团和出席代表大会的两党代表签署的宣言，宣言应立即得到公布。

13. 代表大会提请意大利全体同志注意，必须严格遵守纪律。全体同志毫无例外都有责任尽一切努力，排除干扰，尽快地实现合并。任何违反纪律的行为，在当前情况下都是对意大利无产阶级和共产国际犯下的罪行。

关于捷克斯洛伐克共产党问题的决议

1. 反对派

伊列克和博伦等同志的被开除，是由于他们一再破坏党的纪律。他们的代表伊列克同志和党中央委员会的代表什麦拉尔同志一样，在莫斯科曾经同意作出一项决议，该决议指出，在捷克斯洛伐克党内不存在根本的分歧，但决议同时批评在一系列问题上，党在实践活动中存在着缺点。决议接着指出，凡是承认这些缺点的同志，都应当赞成克服这些缺点。然而，反对派不但没有这样做，反而要求容许自己一派的机关报《共产党人》继续办下去，这是违反第三次代表大会关于禁止成立派别的决议的。在围绕派别机关报的斗争中，反对派粗暴地违反了党的纪律，在党的委员会和党的代表会议开会前数日，竟不顾中央的警告，散发一份呼吁书，其中包含了对中央委员会的最严厉的谴责。由于反对派拒绝收回这一谴责，大大激怒了党的中央委员会和党的代表会议，非常不理智地挑起自己被开除的事端。

反对派在国际的讲坛上，指控中央的多数派和什麦拉尔同志，硬说他们力争同资产阶级的左派搞联合政府。这一指控不符合党的活动的显而易见的真实情况，是毫无根据的，应该遭到驳斥。瓦伊陶尔的纲领草案中表达的反对派的纲领性要求，包含了工团主义的和无政府主义的，因而也是非马克思主义的和非共产主义的观点。反对派同这种观点沆瀣一气，这一事实证明，它在这些根本问题上背离了共产国际的原则，具有无政府主义—工团主义倾向。

尽管如此,第四次代表大会认为,把反对派开除出党是不适宜的,大会不同意用开除的办法,而主张代之以严厉的谴责和在捷共下次党的代表大会召开前的期间解除他们职务的做法。大会决定,关于开除他们出党的决定是不适宜的,未予批准,但这不等于同意反对派的纲领路线,而是出自下述考虑:党的中央委员会没有事先向反对派讲清楚,创办派别的机关报是不能容许的,因此他们认为有理由力争,使派别的机关报存在下去。中央委员会对他们以前违反纪律的事情没有给予惩罚,从而使反对派削弱了他们对遵守纪律的必要性的认识以及他们的责任感。第四次代表大会准许这些被开除的同志留在党内,反对派已经承担了毫无保留地服从党的纪律的义务,大会强调了最严格地履行这些义务的必要性。既然要服从党的纪律,反对派也就有责任放弃所有那些破坏党的统一的、委员会调查证明是无根据的、不真实的论断和指控。服从党的纪律就要求他们有义务遵循中央所有的指示。如果任何一个同志坚持认为他自己受到了不公平的待遇,有权直接向主管的党组织(扩大的执委会和全党代表会议),直至共产国际的监察机关提出申诉,在上一级组织作出决定之前,任何人都必须无条件地服从党的各级机关作出的决定。

2. **报刊**

党的报刊必须由中央统一领导。不允许党的中央机关报不仅胆敢擅自执行另一套政策,而且把这种做法视为自己的权利。即使编辑部认为党的负责干部在具体问题上犯了错误,它的责任是服从已经作出的决定。编辑部的地位不等同于一个超越一切的机构,而应该像党的所有其他工作部门一样,从属于中央。但这并不是说,党的编辑不能随意在讨论文章中署名发表自己的不同意见。关于党的事务的讨论应该在党的一般的报纸上进行。但是,这种讨论决不允许用一种危及党的纪律的方式进行。党中央和所有组织有责任通过在党组织内交换意见来为自己的行动做准备。

3. **党的缺点**

第四次代表大会完全赞同执行委员会七月扩大会议的提纲，提纲指出了捷共的缺点，并且说明，这些缺点是党在实现由社会民主党向共产党过渡的过程中出现的。既然中央委员会和反对派都承认了这些缺点，我们全体同志就更加有责任来努力克服这些缺点。代表大会着重指出，党在着手消除这些缺点时，行动太迟缓了，例如，党没有努力采取措施，在捷克军队中传播共产主义思想，虽然党的合法存在及捷克士兵享有选举权这一事实，使党完全有可能这样做。

第四次代表大会要求，共产党应比过去更加注意致力于失业工人问题。鉴于捷克斯洛伐克的大量失业和失业者的困难处境，党有责任不应满足于这一次或那一次的示威游行，而应当在全国的失业者当中开展系统的宣传鼓动和示威行动，同时在议会和地方议会中大力捍卫失业者的利益，把议会行动同工会行动和群众行动结合起来。

党在议会中的行动必须更加旗帜鲜明，它必须让群众非常清楚地看到共产党同统治阶级政策的关系，使他们决心夺取国家政权。

鉴于在捷克斯洛伐克发生着重大经济斗争，这种斗争每天都有可能转化为重大的政治斗争，党的中央必须很好地组织起来，使它对任何问题都能迅速而果断地表态，党的组织和党员有责任毫不动摇地维护党的纪律。

关于统一战线和工人政府的问题，总的说来，党是作了正确的处理的。党的中央委员会完全有理由拒绝个别错误的主张，比如**沃塔瓦**同志的错误看法，他认为工人政府就是纯粹议会式的联合。党必须意识到，只有当它通过广泛的宣传，使民族社会党、社会民主党和那些不关心政治的广大工人群众，相信必须与资产阶级决裂，使农民和备受物价上涨之苦的城市小资产阶级疏远资产阶级，加入反对资本主义的战线，才有可能在捷克斯洛伐克建立工人政府。要达到这一步，党必须介入社会冲突，当局势容许时，通过自己果断的行动，通过扩大冲突，使群众认识到，捷共是所有反对资本主义的力量致力于统一战线的核心力量，它愿意使捷克斯洛伐克群众斗争中的力量对比朝着有利于劳动阶层的方向发展。

为了使工人政府能够建立并存在下去，党必须竭尽全力把被阿姆斯特丹派工会开除的工人组成强大的工会，党必须至少争取到一部分穿军装的无产者和农民为工人阶级谋利益，这样才能消除产生法西斯主义和资产阶级使用武力镇压工人阶级的危险。因此，争取实现工人政府的宣传和斗争工作，应该始终同争取建立无产阶级群众组织（自卫委员会、监督委员会、工厂委员会）的宣传和斗争工作结合起来进行，同样必要的是，经常向广大群众展示工人政府的纲领（国家捐税转嫁给有产者，由工人组织监督生产，武装工人），以揭露资产阶级—社会民主党的联合政府同依靠工人阶级组织的工人政府之间的区别。

所有党员都必须参加这项工作，抱怨牢骚、传播莫须有的罪名，散布对党的领导的不信任，都不会使党成为一个有战斗力的共产党，而只有对党的缺点进行实事求是的批评，并为克服这些缺点积极工作，才会使党成为一个有战斗力的共产党，才会使党担负起捷克斯洛伐克由于事态发展向它提出的伟大任务。

关于无产阶级援助苏维埃俄国问题的决议

1. 各国工人，不论他们在政治上和对工会的态度怎样不同，都关心苏维埃俄国的存在和日益强大。除了根深蒂固的无产阶级团结情谊之外，首先正是这样一种认识，使得所有的工人政党都支持援助俄国饥民的活动，激励全世界千百万劳动者踊跃捐献。无产阶级的救济活动已发展成为工人运动史上最强有力的、最持久的国际大团结运动。在这种支援下，苏维埃俄国度过了最困难的饥饿岁月，战胜了饥馑。

但是在救灾活动过程中，大多数提供援助的工人组织已经认识到，援助苏维埃俄国，不能只限于支援粮食。帝国主义国家反对苏维埃俄国的经济战仍在继续。商品封锁仍然以拒绝提供贷款的形式继续存在，资本主义集团凡是与苏维埃俄国进行贸易往来的，都是为了在俄国榨取利润，都是企图剥削苏维埃俄国。

各国工人的责任是，不但要参与苏维埃俄国同它的帝国主义敌人在所有其他方面的斗争，也要参与苏维埃俄国反对帝国主义敌人的经济斗争，必须用一切办法来切实有效地支援苏维埃俄国，其中包括经济援助。

2. 在经济斗争中，支援苏维埃俄国的最好办法，是各国工人展开革命的政治斗争，以及对本国政府加紧施加压力，要求它们承认苏维埃政府，并同苏维埃俄国建立良好的贸易关系。鉴于苏维埃俄国对所有劳动者的重要意义，除了动员政治力量之外，还必须最大限度地动员世界无产阶级的经济力量支援苏维埃俄国。

得不到资本主义贷款的苏维埃俄国,依靠工人的支持,它的每一个工厂、每一个车间的重新开工,都意味着在反对帝国主义掠夺政策的斗争中对苏维埃俄国的有效援助,而世界上第一个工人国家苏维埃俄国的任何发展壮大,都会使国际无产阶级在反对它的阶级敌人、反对资产阶级的斗争中更加强大。

因此,共产国际第四次代表大会认为,一切工人政党和组织,首先是共产党人,有责任除了通过革命的政治斗争之外,还要通过由广大群众开展的经济援助行动,迅速而有效地支援苏维埃俄国重建它的经济。

3. 在苏维埃俄国以外的地区,无产阶级经济援助最重要的任务是募集资金,使苏维埃俄国能够购买机器、原料、工具等。除了迄今为止所采取的募捐、馈赠和组织各种活动等常用的办法之外,还要让党的小组、工会、消费合作社和大多数工人参加向苏维埃俄国提供工人贷款的活动。

宣传无产阶级经济援助,同时也是宣传苏维埃俄国的最有利的机会,因此,宣传工作必须同各国支部取得密切联系。

对苏维埃俄国的经济援助是对整个工人阶级有普遍意义的一个问题,因此必须建立由各个工人组织代表组成的委员会——类似工人援助俄国饥民委员会或一些专门团体——来组织并领导这一活动。这种委员会或团体的任务是,激发最广泛的工人群众对经济援助的关心,并赢得他们的支持。

这些委员会和团体应受共产国际监督。

4. 这种委员会或团体筹集的资金,必须在现有俄国经济机构(无论是国家的或是工人自己组织的)的直接参与下才能使用。

5. 外国工人大规模地移居俄国,在目前俄国的经济生活状况下,不是对俄国的支持,而是加重它重建的困难,这种做法无论如何不应受到鼓励。外国工人移居俄国,只限于工厂迫切需要的有专门技术的工人。即使在这种个别的情况下，也要告知俄国工会并取得赞同后，才能给他们介绍工作。

6. 进行无产阶级经济援助，既要力争使国际工人的团结集中表现在援助世界上第一个无产阶级国家这个理想的目标上，又要取得明显的经济成果，这两个要求必须协调地结合在一起。

7. 按照社会主义协作和经营原则，资金所获利润只能用于扩大援助的范围。

关于南斯拉夫问题的决议

南斯拉夫共产党已经在现有的南斯拉夫各省中建立，它是由原先的一些社会民主党发展而来的。它最终之所以能做到这一点，是由于党清除了右派分子，随后又开除了中派分子，并且加入了共产国际（1920年的武科瓦尔代表大会）。当时席卷中欧的普遍的革命浪潮（红军向华沙进军、意大利的工人占领冶金工厂），以及在南斯拉夫猛烈爆发的罢工运动，大大促进了共产党的发展。它在很短的时期内，就发展成一个拥有群众的党，一个在广大的工人和农民群众中有巨大影响的党。市政选举的结果证明了这一点。在选举中，党赢得了许多市政机构（其中也包括贝尔格莱德市政机构），而在后来的制宪议会选举中，党又取得了59个席位。正是共产党影响急剧扩大的威胁，引起了占统治地位的军事和金融寡头的惊恐不安，他们开始有计划地消灭共产主义运动。在暴力镇压运输工人总罢工（1920年4月）以后，他们把共产党的参议员强行逐出阿格拉姆市（6月），停止了共产党掌管的贝尔格莱德市政局的活动（8月），在12月29日又发布公告，解散了所有的共产党组织和工会组织，查封共产党报纸，把党的俱乐部和其他机构划归社会爱国主义者。6月，共产党被保护国家和秩序法宣布为非法组织，被逐出它最后的庇护所——议会和市政局。

南斯拉夫共产党之所以被消灭，除了由国内总形势产生的客观原因而外，在很大程度上也要归咎于它内在的弱点，因为，既没有形成一个与其外表发展相适应的完整而严密的组织，党员又缺乏足够的共产主义觉悟。党还来不及在自己的发展道路上实现向共产主义方向的转变。但是，党的领导机关由于没有正确理解共产国际指出的斗争方式，犯了严重的错误，工作中出现严重偏差，这一点今天已经十分清楚，这些错误和偏差为反动政府的倒行逆施大开方便之门。工人群众经过一系列强有力的罢工，显示了他们的革命干劲和革命意志，而党却表现得非常缺乏革命的主动精神。于是在1920年，贝尔格莱德出现了警察机关禁止五一示威的事件，而党的领导机关甚至不曾打算过要发动群众进行抗议。第二年，同样的事情照样发生了。同样，党也没有采取任何群众性行动来保护阿格拉姆城的市参议员，他们遭到暴力驱逐。当贝尔格莱德的市政机关被人用最野蛮的方式从共产党人手中夺走时，党的领导机关毫无作为，党的消极态度助长了政府蛮干到底的气焰。实际上，他们利用12月底的矿工大罢工，解散了党和职工联合会。在这个紧要关头，在议会选举中已经得约21万张选票，并且已经向议会派出了59名议员的党，对政府上述做法的反应，依旧是不采取任何群众行动。党在反动派的残酷打击面前采取消极态度，是因为它没有十分明确的共产主义方向，它还没有完全摆脱社会民主党的旧观点。当初党满腔热情地加入了共产国际，这一事实证明群众做好了斗争准备，但是党的领导在新的道路上还有某些不适应，例如，他们不敢发表第二次代表大会通过的二十一条，他们同样不敢发表革命的议会工作问题提纲。他们这样做，使得党和党所领导的群众完全不了解共产国际对一个想成为真正共产党的党所提出的要求。党的领导也没有采取认真的步骤，使党和群众在任何情况下都做好准备，与咄咄逼人的反革命势力进行斗争。他们把注意力首先集中于党在选举中取得的成果，并且竭力避免向小资产阶级分子说明共产党及其斗争方式的实质，怕因此而吓住他们。当贝尔格莱德的金融和军事寡头准备向革命的工人运动发起激烈而疯狂的进攻时，南斯拉夫共产党却把注意力和党的力量集中在比较次要的议会斗争上，使党的后方空虚涣散。这就是他们的根本错误。

党已表明它在白色恐怖下是无能的,是无法保卫自己的。它没有任何秘密的地下组织,如果有这种地下组织,它就能够在新的条件下工作并保持同群众的联系。在议会小组解散之前,共产党的议员只是作为中央和省之间的联系环节。在那以后,连这种联系也中断了。中央以及各省的领导同志被捕以后,运动处于群龙无首的状态。突然之间,党几乎不复存在了。党的地方组织也遭到同样的命运,面临着孤立无援的工人们成为一盘散沙的危险。那些得到警察支持的社会民主党人忙着利用这种最有利的局势,可是没有取得什么异乎寻常的成就。

在白色恐怖统治下,党的领导机关非常迟缓地转而采取适应新形势的组织形式和斗争方式,他们在很长的时期内仍然是消极的,仍然在等待。他们指望统治阶级和它的政党内部会发生冲突和斗争,无需无产者群众动手,这个政权就会很快地自行完蛋。他们曾经希望受审讯的共产党人会被宣告无罪,后来又希望这些同志在国王举行婚礼之际会得到政府的赦免,只是当这些希望全部落空之后,党的领导才着手党的重建工作,使党起死回生。直到1922年7月,党的中央委员才聚集在维也纳,首次召开了扩大会议。尽管从党章的角度看,在维也纳会议的人员组成上还存在缺点,但是这次作为重建党的首次尝试的会议,还是应该受到热情欢迎的。根据当时国内的情况,由于党在一年半之内有些党员被捕或叛变,党的领导消极,形势发生了变化,简直无法使人相信,它还有可能召开一次有权作出决议,而且能够被看做是充分代表党的中央全会。因此,共产国际执行委员会做得完全正确,它赋予这次扩大会议以代表南斯拉夫共产党的权限,并批准了扩大会议的决议,尽管决议中对有关新选出的中央委员会的组成问题作了一些恰当的修改;由于同样的原因,当几个南斯拉夫同志在大会进行到第16天打算离开大会并同大会决裂的时候,尽管他们的主观愿望是真诚的,我们还是应该把这种做法看做是客观上有损于党的一种行为，应当予以批判。

共产国际执行委员会未经修改就批准了维也纳会议有关南斯拉夫总形势与共产党当前任务问题、工会运动问题、党的重建问题的决议以及巴尔干共产党第三次会议的决议。这意味着在前面提到的党的多数派和少数派代表之间，并没有任何实质上的不一致。党在最重要问题上的充分一致令人信服地证明，没有任何理由把南斯拉夫党分为多数派和少数派，领导层在维也纳会议上出现的分裂，只不过是个人的意见分歧。在其重建时期，南斯拉夫党必须被作为一个强有力的统一的政党看待。

同时，党今后一定要保持它的统一。面对着国内资产阶级和社会民主党反革命活动的大肆猖獗，再也没有什么东西比党内派别分裂对党和革命运动更加危险的了。因此，党的新领导绝对有责任尽最大可能采取一切必要的措施来消除党内不安定的思想状态，消除个人之间的不信任，恢复党内必要的信任，把在反革命风暴下仍然坚持斗争的所有战士团结在党的旗帜下。要达到这一目的，人们一方面要贯彻维也纳会议关于使党摆脱妥协分子的决议，另一方面还要请在维也纳会议上积极展开活动的少数派同志们担任重要工作。在这方面，南斯拉夫共产党可以得到巴尔干共产主义联盟的可贵支持。为此，巴尔干地区其他的共产党必须立即派出他们的代表到巴尔干执行委员会去。共产国际执行委员会必须比过去更加深入地同该党的领导保持紧密的联系，从而保证共产国际对恢复和巩固南斯拉夫党作出的支持。但最主要的是，要把党的未来交到政治上和品德上都仍很健康的同志们手中。有了不久以前的严峻的经验教训，经过组织上的统一，再加上对国际革命必然胜利的坚定信念，他们一定能够把涣散的、失去领导的无产者集聚并团结起来，能够建立并加强共产国际南斯拉夫支部。

大会委托共产国际执行委员会制定与实际情况相适应的组织措施。

关于挪威问题的决议

在听取了委员会的报告之后,代表大会作出决议:

1. 提请挪威兄弟党中央委员会注意更加严格地执行国际所有决议的必要性,不但要执行它的代表大会的决议,而且也要执行它的执行机构的决议。在党的机关报上,以及党的领导机构的决议和决定中,对于国际可以干预各国支部党内事务,绝不容许有任何怀疑。

2. 代表大会要求,在下一届党的全国代表大会以后,至迟一年之内,以单个的党员为基础进行党的改组工作。有关这项工作的具体措施和结果,应该定期向执行委员会报告,不少于每两个月一次。

3. 关于报刊的内容,党有责任立即执行历次世界代表大会的决议和执行委员会今年9月23日信中的指示。党报的社会民主党名称必须自共产国际代表大会结束之日后的三个月内更改。

4. 执行委员会曾经指出党的代表在议会中的错误,代表大会肯定执行委员会这一立场的正确性。代表大会认为,共产党的议员不言而喻地应该接受党的监督和党报的批评,但是,这种批评一定要实事求是,并且是同志式的。

5. 代表大会认为,在反对整个资产阶级的斗争中,容许并必须充分利用挪威资产阶级各个阶层之间的矛盾,尤其是要充分利用大资本家、地主与农民之间的矛盾,争取农民的斗争必须是挪威无产阶级政党的一项主要任务。

6. 代表大会再次重申,议会党团以及党报的机构必须彻底地、无保留地服从党的中央委员会的领导。

7. 解散"莫特·达格"小组,它是一个封闭性的社团。对每个共产主义的大学生都是开放的、处于党中央的充分监督之下的共产主义大学生小组的存在,理所当然是完全容许的。《莫特·达格》杂志在它的编辑人员由挪威工人党中央委员会指定,并经共产国际执行委员会同意的条件下,将改为党的机关刊物。

8. 代表大会同意哈尔瓦德·奥尔森同志的申诉,因为他是一个忠诚的老党员同志、工人,又一直是十分积极的党的干部,代表大会恢复他作为党员的权利,但详细阐明了他在五金工人联合会代表大会上所持的错误态度。

9. 代表大会作出决议,把卡尔·约翰森从共产国际的队伍中和挪威工人党中开除出去。

10. 为了挪威党与执行委员会建立更好的联系,为了尽可能顺利地解决冲突,代表大会委托未来的执行委员会派出它的全权代表参加下一届的党代表大会。

11. 代表大会委托执行委员会草拟一个函件,阐明前述决议。

12. 本决议和执行委员会的函件应在所有的党报上披露,并在下届党的代表大会选举代表之前,向党的所有组织公布。

关于反对爱尔兰白色恐怖的决议

共产国际第四次代表大会最强烈地抗议爱尔兰共和国于11月25日枪杀5名民族革命者。它提醒全世界工人和农民注视爱尔兰的大规模的、疯狂的恐怖的兽行。已有6000多名反对英帝国主义的勇敢战士被捕入狱，并备受可怖的折磨，许多妇女在狱中不得不进行绝食斗争；在同白色恐怖作斗争的5个月期间，已经有1800人丧生，累累罪行之血腥残暴，就连意大利的黑黄党徒——法西斯分子或美国托拉斯的匪徒们也望尘莫及。共和国毫不犹豫地使用英国政府给它提供的大炮、弹药、枪械和炸弹，它还使用自己的装备着致人死命的机枪的飞机，来对付手无寸铁的群众和武装革命者，而枪杀5名革命者又使这一切相形见绌，原因只不过因为他们拥有武器。像这样绝望地枪杀被拘留的人，是共和国承认破产的直接结果，也是它企图制服从事反抗英国帝国主义奴役的爱尔兰群众的最后手段。对共和党人的镇压，其结果只能是加强帝国主义的实行恐怖统治的政府，只要爱尔兰工人运动表现出为国家政权或者争取改善条件而进军的一点点迹象，这个政府就会一刻也不迟疑地使用同样凶残的武器来反对爱尔兰工人运动。因为这现在是、将来仍然是无可争辩的事实，所以在约翰逊领导下的工党多数派赞同处死的行动，是这些出卖工人阶级的人前所未有的叛卖行径。这一点，由于下述事实而变得特别明显：甚至1916年曾索要康诺利鲜血的最反动的资产阶级的爱尔兰机关报，也对政府的这一行动表示遗憾。共产国际告诫爱尔兰的工人阶级，要提防对康诺利和拉金的理想的这种背叛，并向爱尔兰工人和农民指出，反抗共和国白色恐怖和帝国主义压迫的唯一可能性，就在于进行政治、经济和军事方面的有组织的并相互配合的斗争，单靠武装斗争，而没有经济和政治行动的补充和支持，必将以失败告终。要取得成就，必须动员群众反对共和国，这一点只有在爱尔兰共产党的社会纲领的基础上才能实现。

共产国际向战斗的爱尔兰民族革命者致以兄弟般的敬礼，并表示深信他们即将很快走上真正自由的道路，走上共产主义大道。共产国际将支持为反对这种恐怖而进行斗争的一切努力，支持有助于爱尔兰工人和农民走向胜利的一切努力。

爱尔兰争取民族独立的斗争万岁！

爱尔兰工人共和国万岁！

共产国际万岁！

关于凡尔赛和约问题的决议

世界大战以德国、奥匈帝国和俄国这三个帝国主义大国的崩溃而告终。美利坚合众国、英国、法国和日本这四个强盗大国成为战争的胜利者。

以凡尔赛和约为基本核心的各项和约,无非都是为了使这四个国家以外的整个世界都沦为听任它们剥削的殖民地,从而在政治方面和经济方面把这四个战胜国的世界统治地位固定下来;和约企图通过建立全世界的资产阶级联盟,加强资产阶级对本国无产阶级以及对取得革命胜利的俄国无产阶级的统治,从而在社会方面把它们的世界统治地位固定下来。为了达到这个目的,它们利用小仆从国在俄国周围建立起一道壁垒,并向这些国家提供武装,以便伺机扼杀苏维埃俄国。此外,战败国还要赔偿战胜国在战争期间所遭受的全部物质损失。

现在大家已看得很清楚,这种和约所依据的一切前提都是错误的。在资本主义基础上建立新的均势的企图失败了。近四年来的历史所展现的一幅图景是:风雨飘摇,动荡不安,经济危机,失业和超工时的劳动,内阁危机,党派危机和国际政治危机。帝国主义列强企图通过接二连三的国际会议,来阻止建立在和约基础上的世界体系的瓦解,来掩饰凡尔赛和约的破产。

推翻**俄国**无产阶级专政的企图失败了。各资本主义国家的无产阶级越来越坚定地站在苏维埃俄国方面。甚至阿姆斯特丹国际的领袖也不得不公开声明,俄国无产阶级政权的垮台,将意味着世界反动派战胜全世界无产阶级。

土耳其这个正在酝酿革命的东方前哨，用武力卓有成效地抗拒履行和约：它在洛桑会议上，隆重地为和约中一部分最重要条款举行了葬礼。

旷日持久的**世界经济危机**证明，凡尔赛和约中的经济方案是站不住脚的。欧洲帝国主义的头子**英国**是高度依赖世界贸易的国家，它如果不让德国和俄国恢复起来，就无法巩固自己的经济基础。**美利坚合众国**这个最强大的帝国主义国家，坚决拒绝批准和约，企图单枪匹马地建立自己的世界帝国主义。在这方面，它已经赢得大英帝国的两个重要组成部分——加拿大和澳大利亚——的支持。

作为英国实行世界统治基础的备受英国压迫的殖民地，纷纷起来造反；整个穆斯林世界到处发生骚乱，有的地方是公开的，有的地方尚未表面化。

除了各资本主义国家的无产阶级必须负起战争和凡尔赛和约的全部重担这一点以外，和约的一切前提都失去了作用。

法 国

表面上看，各战胜国中实力增强得最多的是法国。撇开夺回阿尔萨斯和洛林、占领莱茵河左岸、要求德国支付巨额赔款不说，法国实际上已成为欧洲大陆力量最强的军事大国。它利用由法国将军训练和指挥的它的仆从国（波兰、捷克斯洛伐克和罗马尼亚）的军队，利用本国庞大的陆军、潜水艇和空军统治着欧洲大陆；它扮演着凡尔赛和约的卫道士的角色。但是，法国的经济基础，它的日渐减少的人口，它的巨额内债和外债，以及由此而产生的对英美的经济依赖，都不足以满足它的贪得无厌的帝国主义扩张欲望。在强权政治方面，由于一切重要海上据点都处于英国控制之下，由于英美的石油垄断，法国受到极大的限制。在经济方面，虽然凡尔赛和约使它获得了更多的铁矿，但是，发展钢铁生产所需的煤仍要来自德国的鲁尔地区，这降低了新得到的铁矿的价值。**利用德国赔款整顿法国财政的希望已经落空**。世界财政专家都一致认为，德国无论如何也支付不了法国整顿财政所需的那笔款项。法国资产阶级只有一条道路可走，就是使法国无产阶级的生活水平降低到德国无产阶级的程度。德国工人遭受的饥饿，就是法国工人即将遭受贫困的先声。法国重工业界某些人士有意识地加以支持的法郎贬值，将是把战争重担——在凡尔赛和约表明是毫无用处的废纸以后——转嫁给法国无产阶级的一种手段。

英　国

世界大战使得英国有可能把它从好望角起经过埃及和阿拉伯直至印度的世界殖民帝国统一起来。英国控制了世界海洋的所有最重要的通道。它企图用对自治领作些让步的方法，建立盎格鲁-撒克逊的世界帝国。

但是，尽管英国资产阶级善于随机应变，尽管他们费尽心机企图夺回世界市场，但在凡尔赛和约造成的形势下，英国要想继续前进是不可能的。如果德国和俄国的经济恢复不了，像英国这样一个工业国家也就无法存在。在这方面英法两国之间的矛盾日趋尖锐：英国想向德国出售商品，但凡尔赛和约使它不能这样做；法国想从德国索取巨额战争赔款，这就彻底打击了德国的购买力。因此英国主张削减赔款，而法国则在近东暗暗地打击英国，迫使它在赔款问题上顺从自己。英国的无产阶级肩负着战争重担，数百万工人遭到失业，这时候，英法两国的资产阶级却一再用牺牲德国的方法达成协议。

中欧和德国

凡尔赛和约的最主要**对象**是中欧，它成了帝国主义强盗的新的殖民地区。中欧被分割成无数小国，被划分为许多在经济上没有生命力的地区，这些地区在政治上无力实行独立自主的政策。它们都已沦为英法资本的殖民地。各大国根据各自的不同利益，唆使它们互相倾轧。捷克斯洛伐克脱离了拥有6000万人口的经济区，现在正遭受着持续不断的经济危机。奥地利已经萎缩得难以生存，只是由于各邻邦的互相猜忌，才得以在表面上维持住政治上的独立。波兰虽然分得历来由他人居住的大片土地，却成为法国的一个前沿岗哨，这是对法国帝国主义的一个讽刺写照。在所有这些国家里，无产阶级生活水平降低，大批失业，他们担负了战争的重担。

但是，凡尔赛和约最重要的**对象**却是**德国**。它已被解除武装，被剥夺了任何的防御能力，现在无条件地听任帝国主义列强随意摆布。德国资产阶级时而企图使自己的利益与英国资产阶级的利益联系起来，时而又企图使自己的利益与法国资产阶级的利益联系起来。它力图通过加紧剥削德国无产阶级来满足法国的一部分要求，同时又依靠外国的帮助来保障自己对德国无产阶级的统治。但是，尽管已对德国无产阶级加紧进行最严厉的剥削，尽管已使德国工人沦为欧洲的苦力，尽管已经根据凡尔赛和约把德国无产阶级抛入贫困的苦海，德国还是一直没能保证赔款的如数支付。因此，德国已成为英法手中的玩物。法国资产阶级打算占领鲁尔区，用武力解决这一问题。英国却一再反对这样做。只有经济力量最强大的国家美国从中帮忙，才有可能使英、法、德三国的利害冲突趋于缓和。

美利坚合众国

但是，美国没有批准凡尔赛和约，它早已退出这个条约。合众国在世界大战后已成为经济和政治上最强大的一个大国，又是欧洲帝国主义国家的大债主，它完全没有兴趣通过向德国提供巨额贷款来帮助法国克服财政危机。美国资本越来越坚决地避免卷入欧洲的混乱局势，它力图在中南美和远东成功地建立一个殖民大国，并利用保护关税来巩固本国统治阶级在国内市场上进行剥削的权利。这样，它一方面使欧洲大陆听任命运摆布，另一方面却与英国和日本发生了利害冲突。合众国利用它在制造军舰方面的经济优势，迫使其他帝国主义国家签订了华盛顿协议。这样一来，它就摧毁了凡尔赛和约的一个最重要的基础——英国在世界海洋上的优势，从而使得继续坚持和约规定的大国集团，对英国来说失去了任何意义。

日本和殖民地

最年轻的帝国主义世界大国日本，没有卷入凡尔赛和约所造成的欧洲混乱局势。但是，它的利益因美国发展成为世界强国而受到严重的触动。它在华盛顿会议上被迫解除了同英国的结盟，从而使得根据凡尔赛和约瓜分世界的另一块最重要的基石又坍塌了。同时，不仅被压迫民族纷纷起来反抗英日的统治，就连英国的殖民地也企图与美国紧密地结合起来，希冀在即将来临的美日斗争中保住自己的利益。这样一来，英国的世界帝国主义大厦便显露出日益严重的裂痕。

面临新的世界大战

帝国主义列强企图为统治世界奠定一个牢固的基础,由于它们的利害冲突,这一打算已彻底破产。宏伟的和约大厦已成为一片废墟。各大国和它们的仆从国都在准备新的战争。军国主义比任何时候都更加猖狂。尽管资产阶级十分害怕世界战争将会引起新的无产阶级革命,但是,资本主义社会制度的内在规律将不断导致新的世界冲突。

共产党的任务

第二国际和第二半国际力图支持主要代表商业资本和银行资本利益的资产阶级激进派,支持它们为争取削减赔款数额而进行的软弱无力的斗争。在这个问题上也像在其他任何问题上一样,它们同资产阶级沆瀣一气。共产党,首先是各个战胜国的共产党的任务,是让群众了解到凡尔赛和约把战争的全部重担转嫁到无产阶级的肩上——在战胜国和战败国中都是一样,让群众了解到所有国家的无产阶级都是资产阶级和约的真正牺牲品。从这一点出发,各国共产党,首先是德法两国的共产党,必须联合起来进行反对凡尔赛和约的**共同斗争**。德国共产党必须强调,它决心全力支持遭到洗劫的法国北部的工人和农民重建他们的家园,同时,德国共产党必须对本国资产阶级展开激烈的斗争;德国资产阶级只要能够保住他们的阶级利益,就准备与法国资产阶级勾结在一起(斯汀尼斯条约),牺牲德国无产阶级的利益,执行偿还赔款的政策,甚至准备把德国变为殖民地,拱手让给法国资产阶级。法国共产党必须竭尽全力反对本国资产阶级的帝国主义野心,反对通过加紧剥削德国无产阶级而使法国资产阶级发财致富,为迫使法国立即从占领的莱茵河左岸撤出而斗争，为反对强占鲁尔区、反对肢解德国和反对法国帝国主义而斗争。今天，仅在法国国内开展为反对"保卫祖国"的观念而斗争，已经显得不够了，现在必须从四面八方展开反对凡尔赛和约的斗争。捷克斯洛伐克和波兰共产党以及其他法国仆从国家的共产党的责任，是把反对本国资产阶级的斗争同反对法国帝国主义的斗争结合起来。必须通过群众的联合行动向无产阶级指出，履行凡尔赛和约将使全欧洲无产阶级陷于无法忍受的贫困，而反对和约则是全世界无产阶级的共同利益之所在。

关于共产国际的策略

一、确认第三次代表大会决议的正确性

共产国际第四次世界代表大会首先指出，从第三次代表大会到第四次代表大会期间所发生的事件和工人运动的发展，完全证明了第三次世界代表大会的如下两项决议是正确的：

1. 关于世界经济危机和共产国际的任务的决议；
2. 关于共产国际的策略的决议。

二、资本主义衰落时期

第三次世界代表大会根据对世界经济形势的估计，十分明确地断定，资本主义在完成其促进生产力发展的使命之后，不仅同当代历史发展的要求，而且同人类生存最起码的条件的要求发生了不可调和的矛盾。最近的一次帝国主义战争就反映了这个基本矛盾；这个基本矛盾又由于战争而变得更加尖锐，并使生产和流通的条件受到最激烈的震荡。过时的资本主义已经进入这样一个阶段：肆无忌惮的资本主义势力的破坏，正在侵蚀和毁灭无产阶级在资本主义奴役的枷锁下所取得的创造性经济成果。

资本主义经济瓦解的整个景象，并没有因为资本主义制度所固有

的、无论在其繁荣或衰退时期都不可避免要出现的经济形势的波动而减弱。1921年下半年，在美国经济形势出现了好转，在日本和英国好转的程度要小得多，在法国和其他国家也有局部好转，资产阶级和社会民主党的国民经济学理论企图把这些现象解释为资本主义恢复平衡的征兆，这种做法一方面是基于对事实的故意歪曲，另一方面也是基于这些资本的走狗缺乏判断能力。在目前这次工业复苏开始之前召开的第三次代表大会，就已经预见到在不久的将来工业复苏是不可避免的，并且当时已经十分精确地断定，这只不过是资本主义经济日益瓦解的基本趋势的一种表面现象而已。人们现在可以有充分把握地预言：如果目前这次工业复苏丝毫不能恢复资本主义平衡，或者就连战争遗留下的创伤也一点不能医治，那么下一次周期性危机必然要同资本主义瓦解的主要趋势同时起作用，它将加强资本主义瓦解的一切表现，从而大大加速革命形势的到来。

资本主义直至灭亡为止，都要经受周期性的动荡。只有无产阶级夺取政权和社会主义的世界革命，才能够拯救人类免遭现代资本主义存在所引起的灾难。

现在资本主义所经历的无非是资本主义的日趋灭亡。资本主义的崩溃是不可避免的。

三、国际政治形势

国际政治形势也反映了资本主义的日益瓦解。

赔款问题仍然没有得到解决。当协约国一次又一次举行会议的时候，德国的经济正在不断崩溃，从而威胁到整个中欧资本主义的生存。德国经济状况的极端恶化，或者会迫使协约国放弃战争赔偿的要求，因而加速法国政治和经济危机的到来；或者会导致在大陆上建立德法工业集团，因而使英国的经济状况及其在世界市场上的地位恶化，并且使英国在政治上与大陆对立起来。

在**近东**，协约国的政策遭到彻底破产。色佛尔条约被土耳其用武力撕毁。希土战争以及与战争相联系的事件清楚地表明，目前的政治均势是如何的不稳定，一次新的帝国主义世界大战的幽灵已经明显地出现，过去法国帝国主义因同英国竞争曾帮助破坏协约国在近东的共同事业，现在法国又由于它的资本主义利益的驱使退回到反对东方各国人民的资本主义共同阵线上。但是，通过这一点，资本主义法国再一次向近东各国人民表明，他们只有站在苏维埃俄国一边，并且在全世界革命无产阶级的支援下，才能够进行反对压迫者的自卫斗争。

在**远东**，胜利的协约国企图在华盛顿修改凡尔赛和约。但是，它们在近几年内削减**一种**军备，即减少大型战舰的数目，只能捞到喘息时机。它们不能使问题得到任何的解决。美国和日本之间的斗争仍在继续，并进一步在中国煽动内战。太平洋沿岸依然是一个大规模冲突的策源地。

印度、埃及、爱尔兰和土耳其的**民族解放运动**的实例表明，殖民地和半殖民地国家是反对帝国主义势力的不断增强的革命运动的大熔炉，是无穷无尽的革命力量的源泉。在目前情况下，这种革命力量在客观上对资产阶级世界秩序的整个生存是不利的。

凡尔赛和约已为事实所废除。可是，和约既没有为资本主义国家达成普遍谅解，也没有为铲除帝国主义铺平道路，而是造成了新的对立，新的帝国主义集团和新的扩军备战。在目前情况下，欧洲的复兴是不可能的。资本主义的美国不愿为欧洲资本主义经济的复兴作出牺牲。资本主义的美国像只秃鹫注视着资本主义欧洲的解体，等待攫取它的遗骸。如果欧洲的工人阶级不夺取政权，不着手清除世界大战的废墟，并开始建立欧洲的苏维埃联邦共和国，美国就要奴役资本主义的欧洲。

像现在的**奥地利**这样一个小国里不久前发生的事件，对于说明欧洲的政治形势有着巨大的象征意义。第二半国际的领袖们炫耀他们那臭名远扬的民主，保卫民主成了他们每每背弃工人利益的借口，他们甚至寄希望于那些只是利用民主来恢复自己权势的极右的君主主义者、基督教社会党人和泛德意志派分子来保卫民主；按照奥地利资产阶级所热烈欢迎的协约国帝国主义强加的和约，这种臭名远扬的民主在日内瓦被一笔勾销，由协约国委派的代理人所实行的露骨的独裁取代。就连资产阶级议会实际上也被排挤，它的位置让协约国银行老板派来的一位专员占据了，社会民主党人在短暂而带有蛊惑性的假意抵抗以后投降了，情愿帮助实现丧权辱国的条约。他们甚至表示愿意在稍微拙劣地伪装一下后重新回到联合政府中去，以尽可能地阻止无产阶级的反抗。

奥地利这个小国发生的上述事件，以及不久前意大利的法西斯政变，非常清楚地说明整个形势的不稳定，并最好不过地表明民主只是一个幌子，实际上它是乔装打扮起来的资产阶级专政，只要资产阶级觉得时机适宜，就会用野蛮的白卫军的反革命暴政来取代它。

而**苏维埃俄国**，这个无产阶级战胜资产阶级并且五年来在敌人冲击下保住了政权的唯一国家，它的国际地位在同一时间内显著地加强了。在热那亚和海牙，协约国的资本家企图迫使俄罗斯苏维埃共和国放弃工业国有化，并且承担实际上会使苏维埃俄国成为协约国殖民地的债务重担。但是，苏维埃俄国这个无产阶级的国家有足够的力量来反对这种狂妄企图。在日益瓦解的资本主义国家体系的一团混乱中，从别列津河到符拉迪沃斯托克、从摩尔曼到亚美亚山脉，苏维埃俄国作为一个日益强大的实力因素屹立在欧洲、近东和远东。尽管资本主义世界企图用财政封锁来扼杀苏维埃俄国，但是它将能够着手恢复自己的经济。为了这个目的，苏维埃俄国将会既利用本国的经济资源，又利用资本主义列强之间的竞争，它们将迫不得已地同苏维埃俄国单独谈判。世界的六分之一已在苏维埃政权的控制之下。俄罗斯苏维埃共和国的存在是使资本主义社会不断削弱的因素，也是世界革命最重要的因素。苏维埃俄国的经济越是恢复和巩固，这个最突出的革命因素对于国际政治的影响就越加有力。

四、资本的进攻

由于世界各国（俄国除外）的无产阶级没有利用战争使资本主义削弱的机会而给它以决定性的打击，资产阶级在社会民主党人的帮助下，得以战胜准备斗争的革命工人，重新巩固自己在政治上和经济上的统治地位，并开始对无产阶级展开新的进攻。世界大战的风暴之后，资产阶级企图为恢复国际的商品生产和分配而采取的种种措施，完全是靠牺牲工人阶级的利益来实现的。在世界范围内系统地组织起来的资本对工人阶级一切成果的进攻，像旋风一样席卷了所有的国家。经过重新组织的资本到处疯狂地降低工人阶级的实际工资，延长每日工作时间，限制工人阶级在企业中本来已经少得可怜的权利，并且在币值较低的国家里，强迫一贫如洗的工人为货币贬值等所造成的经济生活中的一切灾难付出代价。

近年来大规模的资本进攻迫使各国工人阶级不得不进行自卫斗争。最重要工业地区的成千上万的工人开始斗争。一批又一批对于经济生活有决定意义的工人（铁路工人、矿工、冶金工人、国家机关和市政机关的公务人员）加入了这种斗争。大多数罢工至今尚未收到直接效果。但是这种斗争正在重新激起成批成批的以往落后的工人群众对资本家及其保护者国家政权的无比仇恨。这种由资产阶级强加给无产阶级的斗争，使社会改良主义者和工会官僚无法推行他们的所谓"劳资合作"的政策。斗争甚至向无产阶级中最落后的阶层清楚地表明，经济斗争和政治斗争有着明显的联系。现在,每一次大规模的罢工都是一次巨大的政治事件。斗争还同时表明,第二国际各政党和阿姆斯特丹工会领袖不仅没有支援过进行艰巨自卫斗争的工人群众,而是干脆背弃他们,把他们出卖给企业主和资产阶级政府。

共产党的任务之一,是痛斥这种骇人听闻的、层出不穷的叛卖行径,并用工人群众日常斗争的实例来揭露这种行径。各国共产党的任务是扩大和加强无数的经济罢工,并尽可能地把它们引向政治罢工和政治斗争。共产党的任务当然也包括加强无产阶级群众的自卫斗争,提高他们的革命觉悟,增强他们的斗争意志,以便在力量足够强大时,由防卫转为进攻。

在扩大这种斗争的时候,无产阶级和资产阶级之间矛盾的日益尖锐是不可避免的。形势客观上仍然是革命的,而且甚至最微不足道的诱因目前都可能成为伟大革命斗争的起点。

五、国际法西斯主义

资产阶级对无产阶级的政治进攻是同经济方面的资本进攻密切联系着的,这一点在国际法西斯主义中表现得特别明显。由于日益增长的贫困使群众(也包括官吏在内的中等阶层)越来越革命化,由于资产阶级已不再相信他们的官吏体系中还会有足够的驯服工具,资产阶级已经不能满足于对他们来说是法定的支持方式,所以它到处建立白卫军别动队。这种白卫军专门针对无产阶级的一切革命努力,并且越来越被用于对工人阶级改善自己状况的任何尝试进行残暴的镇压。

"正统的"法西斯主义一时笼罩意大利全国。意大利法西斯主义的特征是,法西斯分子不仅建立武装到牙齿的、比较严密的反革命战斗组织,而且还企图通过蛊惑性的社会宣传,在群众中,在农民、小资产阶级乃至工人阶级的一部分人中建立一个地盘，他们这样做时，很善于巧妙地利用人们对所谓的民主难免产生的失望情绪为他们的反革命目的服务。法西斯主义的危险目前存在于许多国家：捷克斯洛伐克、匈牙利、几乎所有的巴尔干国家、波兰、德国（巴伐利亚）、奥地利、美国乃至像挪威这样的一些国家。就是在像法国和英国这样一些国家里，法西斯主义也不是没有以这种形式或那种形式出现的可能。

共产党的一个最重要的任务是组织群众抵抗国际法西斯主义，率领整个工人阶级对法西斯匪帮展开斗争，并在这方面坚决运用统一战线的策略，同时**一定要采取秘密的组织方式**。

但是，疯狂的法西斯组织是资产阶级打出的最后一张王牌。同时，白卫军的公开统治正是针对整个资产阶级民主的基础的。通过这一事实，广大的劳动人民群众清楚地看到，资产阶级只有在对无产阶级进行露骨的专政的情况下，才可能维持其统治。

六、新的和平主义幻想的可能性

当前国际政治形势的特点是法西斯主义、戒严和反对工人阶级的白色恐怖的猖獗。但是这并不排斥有这样一种可能性：不久的将来在若干很重要国家里，公开的资产阶级的反动会被"民主和平主义的"时期所代替。在英国（在最近的选举中工党实力的加强）和法国（所谓"左翼集团"的不可避免的兴旺时期），这种"民主和平主义的"过渡时期是很可能出现的，并且它还会使和平主义的希望在资产阶级和社会民主党人的德国复燃起来。从目前资产阶级实行的公开的反动统治时期一直到革命无产阶级彻底战胜资产阶级，需要经过不同的阶段，同时也可能出现各种各样的短暂的插曲。共产国际及其各个支部也必须注意到这些可能性，他们必须善于在任何情况下保卫革命的阵地。

七、工人运动内部的状况

正当工人阶级因资本进攻不得不转入守势的时候，中派各党（独立党人）向公开的社会叛徒（社会民主党人）靠拢，接着又与他们合并。在革命高潮时期，就连中派分子，在群情的压力之下，也表示**赞成无产阶级专政并想尽办法要钻进共产国际**。而当革命低潮一出现，哪怕是暂时的也罢，这些中派分子就又回到他们内心从未离开过的社会民主党营垒。正是这些在群众革命斗争时期态度始终犹豫不决、摇摆不定的人们，现在放弃进行自卫斗争，并且正在回到始终是有意识地反对革命的第二国际营垒。中派各党和整个中派的第二半国际都处于瓦解状态。暂时处在中派营垒中的优秀革命工人，随着时间的推移，正在转入共产国际。在有些地方这个转变已经开始（意大利）。与此相反，现在与诺斯克、墨索里尼之流为伍的绝大多数中派领袖，势必变成顽固不化的反革命分子。

从客观上看，第二国际和第二半国际各党的合并只能给革命的工人运动带来好处。在共产主义营垒之外还有第二个革命政党的这种假象正在消失。现在只有两个集团将要为争取工人阶级的大多数而进行斗争：体现资产阶级在工人阶级内部影响的第二国际和高举着社会主义革命和无产阶级专政的旗帜的共产国际。

八、工会的分裂和镇压共产党人的白色恐怖的准备活动

第二国际和第二半国际各党的合并，无疑是以为全面进攻共产党人准备"有利气氛"为己任的。阿姆斯特丹国际的领袖们有计划地分裂工会，就是这种进攻的一个组成部分。阿姆斯特丹分子畏惧反对资本进

攻的任何斗争，不仅如此，他们还继续坚持其"劳资合作"的政策。为了在进行这种结盟时不受共产党人的阻碍，他们企图有计划地排除共产党人在工会中的影响。虽然如此，但因共产党人在许多国家里已经争取到或者即将争取到工会中的大多数人，所以阿姆斯特丹分子不惜采取公开分裂工会和开除的手段。再也没有什么东西比分裂工会更能够削弱无产阶级抵抗资本进攻的力量。这一点，改良主义的工会领袖们知道得非常清楚。正是由于他们发觉他们的地盘正在丧失，并意识到自己破产的不可避免和日益临近，所以他们急急忙忙地要分裂工会这个无产阶级阶级斗争不可缺少的工具，为的是让共产党人只能得到一些支离破碎的旧的工会组织。从 1914 年 8 月以来，工人阶级再也没有见过比这更为恶毒的叛卖行为了。

九、争取多数群众的任务

鉴于上述情况，第三次世界代表大会的基本指示仍然完全有效："争取在工人阶级的大多数人当中扩大共产主义的影响，并领导这个阶级的主要部分投入到斗争中去。"

现在应当比第三次代表大会时期更加清楚地看到，在资产阶级社会目前呈现不稳定的平衡的情况下，由于大罢工、殖民地起义、新战争或者甚至一次议会危机，完全可能出人意料地引起最尖锐的危机。正因为如此，"主观"因素，即觉悟水平、战斗意志、工人阶级及其先锋队的组织水平就具有巨大的意义。

争取美洲和欧洲工人阶级的大多数——像过去一样——仍是共产国际的主要任务。

在殖民地和半殖民地国家，共产国际当前需要执行以下两项任务：

（1）建立代表无产阶级共同利益的共产党的核心；

（2）全力支持反对帝国主义的民族革命运动，要做这一运动的先锋队，并在民族运动中唤起和加强社会运动。

十、统一战线的策略

根据上述一切可以看出统一战线策略的必要性。第三次代表大会提出的"到群众中去"的口号，现在比任何时候都更为适用。争取在一系列国家中建立无产阶级统一战线的斗争，现在只是刚刚开始。也只是现在我们才开始克服在采取统一战线策略方面的一切困难。法国是一个最好的例子，那里局势的演变甚至使那些不久以前还在原则上反对统一战线策略的人们，也深信有必要采用这种策略。共产国际要求一切共产主义政党和组织都要严格遵循统一战线的策略，因为在当前时期只有这个策略才能够向共产党人指出争取劳动人民大多数的可靠途径。

现在，改良主义者需要分裂。而共产党人则要联合工人阶级的所有力量来反对资本主义。

采用统一战线策略，就是在广大工人群众为捍卫其切身利益而进行的日常斗争中，共产主义先锋队要走在前面。在这种斗争中，共产党人甚至准备同社会民主党人和阿姆斯特丹分子的叛徒领袖们举行谈判。第二国际企图把统一战线说成是一切"工人政党"在组织上的合并，这当然应该坚决加以驳斥。第二国际企图在统一战线的幌子下吞并较左的工人组织（如德国社会党同独立社会民主党的联合），这实际上无非是使社会民主党领袖们能够把一批又一批工人群众出卖给资产阶级。

独立的共产党的存在以及它们在资产阶级和反革命社会民主党面前的充分的行动自由，乃是无产阶级的最重要的历史成就，共产党人在任何情况下都不应当放弃这种成就。只有共产党是维护整个无产阶级的利益的。

统一战线的策略也绝不意味着追求某种议会目的的所谓上层的"竞选联合"。统一战线的策略就是建议共产党人为了保卫工人阶级的最基本的切身利益，而同属于其他政党或组织的所有工人以及一切无党派工人一起，来进行反对资产阶级的共同斗争。为最微小的日常要求而进行的任何斗争，都是革命教育的源泉，因为这种斗争的经验会使劳动人民相信革命的不可避免和共产主义的意义。

实现统一战线的一项特别重要的任务是，不仅取得宣传的成果，而且要取得**组织**的成果。绝不应错过在工人群众当中建立自己组织基地（工厂委员会，由各党派工人和无党派工人组成的监督委员会，行动委员会，等等）的任何机会。

统一战线策略中的最重要的任务，现在是将来仍然是通过宣传和组织工作把工人群众联合起来。只有从"下层"，从工人群众的底层出发，才能使统一战线策略真正实现。但是与此同时，共产党人也不能放弃在某种情况下同敌对的工人党的领袖们进行谈判。不过，应当经常地使群众充分了解这些谈判的进展情况。在同上层谈判的时候，共产党进行宣传的独立性绝不允许受到限制。

当然，统一战线策略的运用，在各个不同的国家应当根据各自的具体情况而采取不同的形式。但是，在一些最重要的资本主义国家，社会主义革命的客观条件已经成熟，而反革命领袖所领导的社会民主党力图分裂工人阶级，那里的统一战线策略对于一个新的时代来说将具有决定性意义。

十一、工人政府

工人政府（或工农政府）这个口号，作为一般的宣传口号来说，几乎在任何地方都可以应用。但是，在资产阶级的社会状况特别不稳的国家里，在工人政党与资产阶级之间的力量对比已经把政府问题作为一个在实践上必须加以解决的问题提上日程的国家里，工人政府**作为当前的政治口号**就具有最大的意义。在**这些**国家里，工人政府这个口号是统一战线整个策略的必然结论。

第二国际的各个党企图通过宣传和实现社会民主党人和资产者的联合政府，来"拯救"这些国家的局势。不久以前，第二国际的一些党（例如在德国）试图拒绝公开参加这种联合政府，同时又以隐蔽的方式促其实现，这种做法不过是安抚愤怒抗议的群众的一种手腕，不过是对工人群众进行巧妙的欺骗。社会民主党人跟资产阶级实行公开的或隐蔽的联合，而共产党人则针锋相对地主张实现所有工人的统一战线，主张一切工人政党在经济和政治领域联合起来，同资产阶级政权作斗争并最终将其推翻。在全体工人对资产阶级进行的联合斗争中，整个国家机器应该转入工人政府手中，从而加强工人阶级的统治地位。

工人政府最基本的任务应当是武装无产阶级，解除资产阶级反革命组织的武装，监督生产，把赋税的主要负担加在富人肩上，以及粉碎反革命资产阶级的反抗。

只有当工人政府是从群众自身的斗争中诞生，并由处于最底层的受压迫群众所建立的有战斗力的工人组织为后盾，才可能有这样一种工人政府。但是，即使那种在议会活动中产生的工人政府，也就是纯粹源自议会的政府，也**可能提供**使革命的工人运动有所活跃的机会。当然，要建立真正的工人政府，并使这个执行革命政策的工人政府存在下去，就必须同资产阶级进行残酷斗争，也可能是国内战争。只要无产阶级想建立这种工人政府，从一开始起就要遇到资产阶级的最强烈的反抗。所以说，工人政府这个口号对团结无产阶级和发动革命斗争是适合的。

在某种情况下，共产党人应该表示准备同非共产主义的工人党和工人组织一起成立工人政府。但是，只有在能保证使这个工人政府真正进行上述意义上的反对资产阶级的斗争时，他们才能够这样做。同时，共产党人参加这种政府的当然前提是：

（1）只有在共产国际同意之后才能参加工人政府；

（2）参加这种政府的共产党人处于本党的最严格的监督之下；

（3）参加这种工人政府的共产党人必须同革命的群众组织保持最密切的联系；

（4）共产党绝对保持自己本来的面貌和进行宣传鼓动的充分独立性。

工人政府这个口号虽然具有种种巨大的优点，可是，它正如同统一战线的整个策略一样，也包含有自己的危险性。为了避免这些危险，共产党必须看到：任何资产者的政府同时都是资产阶级的政府，但是，并非任何工人政府都是真正的无产阶级的政府，即革命的无产者行使政权的工具。共产国际应当考虑到下述可能：

甲、虚有其表的工人政府

（1）**自由党**工人政府。这种政府在澳大利亚存在过；这种政府不久的将来也可能在英国出现。

（2）**社会民主党**的工人政府（德国）。

乙、真正的工人政府

（3）工人与贫农政府。在巴尔干半岛、捷克斯洛伐克等地存在着这种可能。

（4）共产党人参加的工人政府。

（5）真正革命的无产阶级工人政府，只有共产党才能够名副其实地体现这种政府。

共产党人还准备同那些尚未认识到无产阶级专政必要性的工人携手并进。因此，共产党人也准备在一定条件下和有一定保证时支持徒有其表的工人政府，当然只有在这种政府代表工人利益的时候。但是，共产党人同样要向工人公开讲清楚：没有反对资产阶级的革命斗争，工人政府既无法建立，也无法存在下去。只有决心至少为实现工人最重要的日常要求而同资产阶级进行严肃斗争的政府，才可以被视为真正的工人政府。共产党人只能参加这种工人政府。

前两种类型的徒有其表的工人政府（自由党的和社会民主党的）都不是革命的政府，但是，它们有可能加速资产阶级权力的瓦解过程。另外两种类型的工人政府（工农政府，社会民主党和共产党的联合政府）也还不是无产阶级专政，甚至也不是达到这种专政的历史上不可避免的过渡阶段，但是，如果它们在什么地方出现，都是争取这种专政的重要起点。只有由共产党人组成的真正的工人政府（第五种类型），才是完善的无产阶级专政。

十二、工厂委员会运动

任何一个共产党，如果它在企业、工厂、矿山、铁路等中没有建立起巩固的基层组织，就不能算是一个真正的、组织严密的群众性的共产党。在目前条件下，如果工人阶级及其组织没有能建立起工厂委员会作为群众运动的支柱，那么这种运动就不能算是有计划、有组织的无产阶级群众运动。特别是，如果共产党人在所有企业里没有牢固的基地，如果工人们在企业中没有建立起自己的无产阶级战斗组织（工厂委员会、工人委员会），那么反对资本进攻和争取监督生产的斗争是没有胜利的希望的。

因此，代表大会认为，所有共产党的一项主要任务就是，比过去更加深入地扎根于企业之中，支持建立工厂委员会的运动，或者主动开展这种运动。

十三、共产国际作为世界性的党

共产国际随着在组织上扩大成为一个世界性的共产党,在从事政治活动方面,也必须越来越成为这样一个世界性的共产党;它必须特别注意从整体上领导各个地区性小组的必要的行动。

十四、国际纪律

为了在国际范围内和每一个国家内贯彻执行统一战线策略,现在比任何时候都更加需要在共产国际及其每一支部内部执行最严格的国际纪律。

第四次代表大会坚决要求所有支部及其全体成员,在执行策略时最严格地遵守纪律,这种策略只有不仅在口头上而且在行动上同心协力地、有计划地加以贯彻,才能取得成果。

赞同二十一条,本身就包含着要贯彻执行历次世界代表大会和作为世界代表大会闭会期间共产国际机关的执行委员会的一切策略决议。代表大会委托执行委员会极其严格地要求和监督所有各党切实贯彻执行所通过的策略决议。只有共产国际的明确的革命策略能确保国际无产阶级革命取得最迅速的胜利。

* * *

代表大会决定把执行委员会的《十二月提纲》(1921年)[①] 作为附件列入本决议,因为这个提纲详细而正确地阐明了统一战线策略。

---

① 即《关于工人统一战线和关于对待第二国际、第二半国际和阿姆斯特丹国际的工人以及支持无政府主义—工团主义组织的工人的态度的指导原则》。——编者注

关于工人统一战线和关于对待第二国际、第二半国际和阿姆斯特丹国际的工人以及支持无政府主义—工团主义组织的工人的态度的指导原则

(共产国际执行委员会于 1921 年 12 月 18 日一致通过)

1. 目前,国际工人运动正在经历着一个特殊的过渡阶段,这个阶段向整个共产国际及其各个支部都提出了新的重要的策略问题。

这个阶段的主要特点是,世界经济日趋严重。失业人数日益增加。几乎在每个国家中,国际资本都转而向工人发动有组织的进攻,这首先表现在资本家公然设法削减工资,全面降低工人生活水平方面。现在凡尔赛和约的破产已被广大工人阶层看得越来越清楚。如果国际无产阶级不推翻资产阶级的统治,一场新的帝国主义战争,甚至几场帝国主义战争显然是不可避免的——华盛顿会议清楚地表明了这一点。

与一系列事态相联系而在广大的工人阶层中出现的改良主义幻想,在现实的打击下让位于另一种看法。帝国主义大屠杀之后,在工人(一方面是生活优裕的工人,另一方面是最落后和缺乏政治经验的工人)中间复活起来的"民主"和改良主义幻想,还没有盛行起来就消退了。华盛顿会议的"辛勤努力"将使这些幻想更加动摇。如果六个月以前还可以颇有理由地说,欧美两洲的劳动群众有普遍向右转的趋势,今天无疑可以看出他们反而开始向左转了。

2. 另一方面,在资本家变本加厉的进攻的影响下,工人中间产生

了一种简直无法抑制的力求团结的**趋势**，随之而来的是广大群众对共产党人的信任的逐步增长。

现在，越来越多的工人才开始正确地对共产主义先锋队的勇气做出正确的评价，这个先锋队在广大的劳动群众对共产主义始终漠不关心，甚至对共产主义持有敌意的时刻，投入为工人阶级利益的斗争。现在，越来越多的工人坚信，只有共产党人在极其艰难的情况下，在有时作出极其巨大牺牲的情况下，捍卫了工人阶级的经济和政治利益。现在，对不妥协的工人阶级共产主义先锋队的尊重和信任重新开始增长，因为，即使工人中较为落后的阶层也看清改良主义的希望无法实现，并明白，面对资本家的强盗行径，除了斗争别无出路。

3. 各国共产党现在可以而且应该收取他们在前一时期的斗争的果实了。那时，他们是在群众都置身于局外的极其不利的条件下进行斗争的。但是，随着工人们对工人阶级中坚定而富于战斗性的分子即共产党人的信任的增加，整个工人阶级也就被一种力求团结的空前巨大的力量推动起来了。现在觉悟到要积极生活而又缺乏政治经验的工人阶层，都想把一切工人政党甚至一般普通工人组织都联合起来，以加强工人抵抗资本家的力量。那些从前不经常参加政治斗争的新的工人阶层，现在开始用自己的经验来对改良主义的实践计划进行检验。属于旧的社会民主党的很大一部分工人，现在也像这些新的阶层一样，对社会民主党人和中派分子反对共产主义先锋队的运动感到不满，而开始要求与共产党人达成谅解了。不过，他们**还没有**失去他们对改良主义者的信仰，很多群众还支持第二国际和阿姆斯特丹国际的政党。这些劳动群众没有制定出足够明确的计划和目标；但是，总的说来这种新的看法可以说是出于这样一种愿望的，那就是希望建立统一战线并使第二国际和阿姆斯特丹国际所属各政党和工会同共产党人采取联合行动来反对资本家的进攻。从这一点来说，这种看法是进步的。他们对改良主义的信仰，基本上已经动摇了。在工人运动目前所处的一般情况下，任何重大的群众运动，即使只是从局部要求出发的群众运动，也势必会把带有一般性和根本性的革命问题提到议事日程上。只有当更多的工人阶层从切身经验中认识到改良主义和妥协的欺骗性时，共产主义先锋队的力量才会增长。

4. 当反对第二国际领袖们的叛卖行为的有意识、有组织的抗议行动处在萌芽状态的时候，第二国际的领袖们还掌握着工人组织的整个机构。他们滥用团结的原则和无产阶级的纪律来压制革命无产阶级的抗议，并镇压人们反对他们以工人组织的全部力量为本国帝国主义服务的一切行动。在这种情况下，革命派就只好不惜一切来争取宣传鼓动的自由，也就是争取向劳动群众说明他们自己所建立的组织所干下的和正在进行的史无前例的叛卖勾当的自由。

5. 各国共产党取得了用宣传影响群众的组织上的自由以后，现在正在设法实现实际行动中的尽可能广泛、全面的团结。阿姆斯特丹国际的拥护者和第二国际的英雄们，口头上宣传这种团结，行动上却从中破坏。阿姆斯特丹国际的改良主义妥协派既然不能从组织方面来压制无产阶级的呼声和革命鼓动的呼声，现在就想用发动分裂、瓦解和破坏劳动群众斗争的方法，从他们自己造成的僵局中寻找出路。公开揭发他们这种改头换面的阴谋，乃是共产党当前最重要的任务之一。

6. 无论如何，深刻的内部变化已迫使第二国际、第二半国际和阿姆斯特丹国际的外交家和领导人，把团结的问题推到前面。但是，对于工人阶级那部分刚开始产生阶级意识而缺乏经验的人来说，统一战线的口号表达了一种要动员被压迫阶级的力量来反对资本主义进攻的最真挚、最纯洁的愿望；而这几个国际的领导人和外交家提出这个口号的目的，只是为了再一次欺骗工人、用新的花招引诱工人走上阶级合作的老路上去。日益迫近的新帝国主义战争（从华盛顿会议可以看出），军备的扩张，暗中缔结的新的帝国主义密约，这一切都不会使这三个国际的领导人敲起警钟，来让工人阶级不仅在口头上而且在事实上实现国际团结；相反，这一切倒会导致第二国际和阿姆斯特丹国际内部不可避免的、和国际资产阶级的阵营里面所显示的摩擦和分裂大致相仿的摩擦和分裂。这种现象是难免的，因为改良主义的"社会主义者"同"本"国资产阶级的勾结是改良主义的基础。

这就是整个共产国际及其各个支部在拟订它们对社会主义统一战线口号的态度时面临的总体形势。

7. 在这种形势面前，共产国际执行委员会认为，为了共产国际第三次世界代表大会所提出的"到群众中去"的口号，以及整个共产主义运动的利益，各国共产党和整个共产国际都必须**支持工人统一战线的口号**，并在这个问题上起带头作用。不言而喻，各国共产党的策略必须具体联系各国的情况来拟订。

8. 在**德国**，德国共产党在上次全国代表会议上支持工人统一战线的口号，并宣布决心支持一个愿意认真同资本家的政权作斗争的工人政府。共产国际执行委员会认为这种决定是完全正确的，并相信德国共产党在完全保持其独立的政治立场的同时，能够深入广大工人阶层，加强共产主义对群众的影响。德国的广大群众比其他任何国家的群众都会日益认识到：德国共产主义先锋队在最困难的时刻，不但不想放下武器，而且还不断着重指出拟议中的改良主义行动一钱不值，这是何等正确。因为只有无产阶级革命才能解除危机。采取这种策略，德国共产党早晚会把无政府主义者和工团主义者中间那些还没有参加群众斗争的革命分子团结在自己周围。

9. 在**法国**，法国共产党在政治上有组织的工人中拥有多数，因此统一战线问题在法国的意义与在其他国家不同。但是，即便是在法国，分裂统一工人阵营的责任也必须完全由我们的对手承担。法国工团主义者里面那部分革命分子正在对法国工会的分裂行为作斗争，也就是正在为工人阶级在反对资产阶级的经济斗争中的团结而奋斗,这是正确的。但是,工人的斗争并不能以工厂为限。为了对付日益增长的反动势力和帝国主义政策等等,团结也是必要的。另一方面,改良主义者和中派分子的政策却导致了党内的分裂,并威胁着工会运动的团结,这表明**茹奥**完全像**龙格**一样,在客观上是为资产阶级的事业服务的。无产阶级在反对资产阶级的经济和政治斗争中建立统一战线的口号仍然是对付这种分裂计划的最好办法。

尽管**茹奥、梅尔黑姆**之流所领导的改良主义法国总工会出卖了法国工人阶级的利益,但是法国共产党人和法国工人阶级中的革命分子在举行每一次群众性的罢工、每一次革命的示威游行或任何其他革命的运动之前,都必须建议改良主义者支持这些行动;如果他们拒不支持工人的革命斗争,就必须揭露他们。这是争取非党劳动群众的最简便的方法。当然,法国共产党决不能,比如说因为要在竞选中支持"左翼集团",而让自己的独立性受到限制,也决不应对至今还因为同社会爱国主义者决裂而惋惜的动摇的共产党人采取容忍的态度。

10. 在**英国**,改良主义的工党拒绝英国共产党加入,但是接纳了其他工人组织。在工人日益希望建立统一战线的影响下,伦敦各工人组织最近通过了一项决议,赞成英国共产党加入工党。

在这方面,英国自然是一个例外,因为英国工党由于种种特殊情况已经成为一个类似全国工人总联合会的组织。英国共产党人的任务是发动一次有力的运动使工党接受英国共产党。英国工会领袖最近在矿工罢工中的叛卖行为以及资本家不断压缩工资等,已经在越来越富有革命性的英国无产阶级中激起了深深的不满。英国共产党人应该千方百计利用建立反对资本家的革命统一战线的口号,不惜一切地深入劳动群众。

11. 在**意大利**,年轻的共产党虽然与最近完成了公开叛卖无产阶级革命的最后工序的改良主义的意大利社会党和背叛社会主义的劳工联盟是势不两立的，但是它已经根据建立无产阶级统一战线反对资本家进攻的口号，开始进行鼓动工作了。共产国际执行委员会认为，意大利共产党的这种鼓动工作是完全正确的，它只是要求加强这种工作。共产国际执行委员会相信，如果意大利共产党具备足够的远见，它就能为整个战斗的马克思主义的共产国际树立一个处处无情地揭露披着共产主义外衣的改良主义者和中派分子的半心半意和背叛行为，**同时**在越来越多的群众中，**为实现反对资产阶级的工人统一战线**，展开一个不屈不挠的、日益壮大的运动的榜样。

意大利共产党自然还必须竭力吸引无政府主义者和工团主义者中间的全部革命分子来参加这一共同的斗争。

12. 在共产党掌握着一大部分在政治上组织起来的工人的**捷克斯洛伐克**，共产党人的任务在一些方面与法国共产党人的任务是相似的。增强独立性、消除残余的中派主义传统的捷克斯洛伐克共产党，将会使工人反资产阶级统一战线的口号受到群众的欢迎，并以同样的方式最终使落后的工人看清实际上是资本代理人的社会民主党和中派领袖的真面目。同时，捷克斯洛伐克共产党应该以更大的力量来着手占领仍然在很大程度上被掌握在黄色领导人手中的工会。

13. 在**瑞典**，最近的几次议会大选之后出现了这样一种情况，即共产党的小议会党团能够发挥大作用。第二国际最著名的领导之一，同时也是瑞典资产阶级的总理的布兰亭先生如今处于这样一种局势中，在这种局势下，为构成议会多数，他不再能够对瑞典议会中共产党党团的立场漠不关心。共产国际执行委员会认为，正如德国共产党人在德国一些州的政府中（图林根）所正确地处理的那样，瑞典议会的共产党党团在某种情况下不能拒绝给孟什维克的布兰亭总理提供支持。然而这决不是说，瑞典共产党人应该在一定程度上限制自己的独立性，并且不去揭穿孟什维克政府的性质；相反，孟什维克掌握的权力越大，他们对工人阶级做出的背叛就越大，共产党人也越是必须作出更大的努力，在最广大的工人阶层的眼中揭穿孟什维克的真面目。同样，共产党必须在吸引工联主义的工人进行反对资产阶级的共同斗争的道路上继续前进。

14. 在**美国**，工会运动和政治运动的左派分子开始联合起来，这种联合使共产党人有可能深入到美国工人阶级的最广大的群众中，占据这一左翼联合的中心位置。在任何仅有少数共产党人的地方，美国共产党人应该在各个共产主义联合会的帮助下，在这个运动的领导层支持一切革命分子的联合，并坚定地提出如保护失业工人之类的工人统一战线的口号。龚帕斯工会不愿意参加建立工人反对资本家、保护失业工人等的统一战线，从现在起，这种情况就充当了对他们的最主要的谴责。共产党的一个特别的任务仍然是吸引世界产业工人联合会最优秀的分子。

15. 在**瑞士**，我们的党在这个方向上取得了一些成就。由于共产党人为革命的统一战线所做的鼓动，工会官僚被迫召开一个非常代表大会。大会即将进行，在大会上，我们的朋友将会在瑞典全体工人面前揭穿改良主义的谎言，把无产阶级革命联合的工作进一步推向前进。

16. 在其他一些国家中，情况将因当地的环境而异。总的方针既然已经明确，共产国际执行委员会相信，各国共产党一定知道如何根据各国的自身情况来运用这一方针。

17. 共产国际执行委员会认为，对于世界各国共产党来说，有些主要条件是同样的和绝对不可或缺的，那就是，凡与第二国际和第二半国际各政党达成协议的每一个共产党都必须保持自己的绝对独立性，并保持发表自己的意见和批评共产主义的敌人的完全自由。共产党人虽然服从共同行动的原则，但是一定要保留自己对一切工人组织的政策发表意见的权利和可能性——不仅在采取行动之前和之后，而且必要时**在采取行动的过程中**。这种权利绝不能放弃。共产党人虽然支持工人组织要在每一次反对资本家战线的实际行动中都尽可能团结起来的口号，但是决不能停止提出自己的意见。因为提意见是保卫整个工人阶级利益的唯一坚定表现。

18. 共产国际执行委员会认为，请各兄弟党回忆一下俄国布尔什维克党人的经验是有益的。直到现在为止，只有这个党成功地战胜了资产阶级并掌握了政权。从布尔什维主义诞生到它战胜资产阶级的15年（1903—1917）中，它从未停止过对改良主义也就是孟什维主义的不懈斗争。但是，在这15年中，布尔什维克往往也和孟什维克达成谅解。和孟什维克的正式分裂发生在1905年春天，但是到了年底，布尔什维克在急剧发展的工人运动的影响下，便与孟什维克结成了共同战线。和孟什维克的第二次正式分裂最终在1912年1月发生。但在1905—1912年间，人们时而分裂，时而在1906—1907年间、在1910年联合和半联合，这种联合和半联合不仅是在党派斗争的过程中发生的，而且也是在广大工人群众的直接压力下产生的，工人群众已经逐渐起来投入积极的政治生活，并要求有一个机会，用亲身经验来验证孟什维克的道路是否真正在原则上背离革命的道路了。在勒拿罢工之后和帝国主义战争前夕，对于新的革命运动，人们能够在俄罗斯劳动群众中看到一种尤其强烈的要求统一的努力，俄国孟什维主义的领袖和外交家们几乎就像现在第二国际、第二半国际和阿姆斯特丹国际的领袖们那样，千方百计试图利用这种努力。俄国布尔什维克并没有用否定统一战线的方法来回答工人要求团结的努力。恰恰相反，他们提出了"自下而上的团结"的口号，也就是要求劳动群众要在实现工人的革命要求的实际斗争中团结起来反对资本家的口号，用这个口号来抵消孟什维克领袖们的圆滑花招。事态证明，这是唯一正确的对策。由于采用了这种因时、因地、因环境而变化的策略，很多优秀的孟什维克工人都被争取到共产主义这边来了。

19. 当共产国际提出工人统一战线的口号，并允许各支部同第二国际、第二半国际各政党和各工会达成协议的时候，它自己显然不能拒绝在国际一级上达成类似的谅解。共产国际执行委员会在救济俄国饥荒方面曾经向阿姆斯特丹国际提出过这样的建议。它在西班牙和南斯拉夫实行白色恐怖和迫害工人的问题上也提出过这样的建议。现在，它要就华盛顿会议开幕一事再次向阿姆斯特丹国际、第二国际、第二半国际提出建议，因为华盛顿会议表明，国际工人阶级遭到了另一次帝国主义大屠杀的威胁。直到现在为止，这三个国际领导人的行动一直表明，临到**实际行动**的时候，他们**事实上**就把自己的团结口号扔到一边了。凡是遇到这样的情况，整个共产国际及其各支部就有责任向劳动群众说明这三个国际领导人的虚伪态度。这些人情愿同资产阶级团结而不愿与革命工人团结。他们由于，比如说，待在国际联盟劳工局里面，就变成了帝国主义华盛顿会议的一部分，而不以组织斗争来反对帝国主义的华盛顿会议了。但是，尽管第二国际、第二半国际和阿姆斯特丹国际的领导人拒绝了共产国际所提出的这个或那个切实可行的建议，它们也不能说服我们放弃统一战线的策略，因为这种策略在群众中已有深厚的根基，要求我们有系统地、不断地加以发展。只要我们的对手拒绝联合斗争的建议，我们就得把事情告诉群众，使他们知道谁是工人统一战线的真正破坏者。只要我们的对手接受一个建议，我们就必须逐渐尽力加强斗争，使这种斗争达到它的最高度。在这两种情况下，都必须抓住广大群众的注意力，使他们在斗争的各个阶段都关心革命的统一战线。

20. 共产国际执行委员会在提出这个计划的同时，要求所有兄弟党注意统一战线这一策略在某种情况下可能引起的危险。现在并不是所有的共产党都已十分强大和坚定，并不是所有的共产党都已彻底摆脱了中派和半中派的思想意识。可能有些共产党会越出界限，出现这样一种倾向，即使共产主义的政党和团体实际上消失在统一但是散漫的集团中。为了成功地贯彻这一新策略以促进共产主义事业，实行这种策略的共产党必须坚强而且紧密地团结起来，它们的领袖则必须在理论上有极清楚的认识。

21. 就共产国际本身而言，在多少有理由可以列入右派甚至半中派的一些集团中，存在着两种倾向。其中的一种倾向还没有真正摆脱第二国际的思想和方法，还没有完全消除自己对第二国际以前的声势的迷信，正在半自觉或不自觉地寻求同第二国际，因而也就是同资产阶级社会取得思想谅解的道路。另一种则反对拘泥于形式的激进主义，反对所谓"左派"的错误，他们迫切希望年轻的共产党的策略能具有更大的灵活性和机动性，以使这个党能够更快地深入群众。

各国共产党的迅速发展有时把这两种倾向显然都推入了一个阵营，在某种程度上甚至推入了一个集团。揭露共产党中真正的改良主义倾向的最好办法就是运用上述几种方法，因为那些方法是为了支持共产党人在无产阶级联合群众行动中进行鼓动工作的，这些方法如果运用得当，可以通过实践教育急躁的宗派主义分子，并清除共产党中的改良主义渣滓，因而极其有利于共产党内部的革命团结。

22. 工人统一战线就是一切愿意同资本主义作斗争的工人的统一战线；其中也包括目前还在追随无政府主义者和工团主义者等等的工人。在许多国家中，这样的工人对于革命斗争是有帮助的。共产国际自成立之日起，就对这些工人采取友好的方针，他们现在已经逐渐克服自己的偏见，越来越靠拢共产主义了。在工人反对资本家的统一战线正在实现的今天，共产党人对他们就更加需要加以重视了。

23. 为了对将来执行上述方针的工作作出最终规定，共产国际执行委员会决定在不久的将来召开一次执行委员会会议，出席这次会议的各党代表要比通常增加一倍。

24. 共产国际执行委员会对于在有关方面所采取的一切实际步骤将予以密切注意，同时也要求各党将每次努力和每项成就的详细实况报告执行委员会。

东方问题指导原则

一、总　则

共产国际第二次代表大会曾以东方苏维埃建设的经验和殖民地民族主义革命运动的不断发展为依据,对于在帝国主义和无产阶级专政之间进行长期斗争时期的民族殖民地问题,作出了一般原则性的阐述。①

自那时以来,由于战后帝国主义政治危机和经济危机的加深,殖民地和半殖民地国家中反对帝国主义压迫的斗争已经开始大大激化。这种情况从下列事实中得到了证明:

1. 瓜分土耳其的色佛尔条约的失败,以及完全恢复土耳其的民族独立和政治独立的可能性;

2. 民族主义革命运动在印度、美索不达米亚、埃及、摩洛哥、中国和朝鲜的迅猛发展;

3. 日本帝国主义的无可救药的内部危机,正在引起国内资产阶级民主革命因素的迅速发展,并促使日本无产阶级在目前转入独立的阶级斗争;

4. 东方各国工人运动的觉醒,以及几乎在所有这些国家中都建立了共产党。

---

① 本段开头。原文有个序数词"1."。——译者注

上述事实表明，殖民地革命运动的社会基础发生了变化；这种变化加剧了反对帝国主义的斗争，因此，这场斗争的领导权不再仅仅掌握在准备同帝国主义妥协的封建分子和民族资产阶级的手中了。

1914—1918年的帝国主义战争，以及接踵而来的帝国主义的、首先是欧洲帝国主义的持续不断的危机，削弱了列强对各殖民地的经济控制。

另一方面，导致缩小欧洲资本主义的经济基础和政治势力范围的同样的因素，则造成了帝国主义争夺殖民地的经济竞争的尖锐化，从而打破了整个帝国主义世界体系的平衡（争夺石油资源的斗争，英法在小亚细亚的冲突，日美在太平洋地区的争霸，等等）。

正是帝国主义对殖民地所造成的压力的这种削弱，再加上不同帝国主义集团之间争夺的不断加剧，有助于殖民地和半殖民地国家本国资本主义的发展，这种民族资本主义已经超越而且还在继续超越列强的帝国主义统治所施加的狭隘框框的束缚。迄今为止，列强资本一直在竭力阻止落后国家进入世界经济流通领域，以便用这种方式确保它从对这些国家的商业、工业和税收剥削中攫取超额利润的垄断权。殖民地民族主义运动所提出的民族独立和经济独立的要求，表明了这些国家资产阶级发展的需要。因此，殖民地本国生产力的提高便同世界帝国主义的利益发生了不可调和的矛盾，因为帝国主义的本质就在于利用世界经济不同地区生产力发展阶段的不同，来达到攫取垄断超额利润的目的。

二、斗争的条件

殖民地的落后状况表现在反对帝国主义的民族主义革命运动的多样性上，而这些运动则反映着殖民地正处在从封建关系和封建宗法关系向资本主义过渡的不同阶段。这种多样性给民族主义革命运动的意识形态打上了某种烙印。只要资本主义是在殖民地国家中的封建制度的基础之上，以种种畸形的和不完全的过渡形式——这些形式首先是使商业资本占据统治地位——产生和发展起来的，那么，资产阶级民主主义摆脱封建官僚和封建宗法因素的羁绊，也就往往要经历迂回曲折和漫长的道路。进行反对帝国主义压迫的卓有成效的群众斗争的主要障碍正在于此，因为在一切落后的国家中，外国帝国主义总是把当地社会中封建的（也把部分半封建、半资产阶级的）上层社会作为实现其统治的工具（中国当地的最高军事长官——督军，印度的土邦贵族和地租包办人——泽明达和塔卢克达，波斯的封建官僚和封建贵族，埃及的地主和资本主义性质的大农场主等）。

因此，一旦反对帝国主义的斗争采取一种革命群众运动的形式，殖民地和半殖民地国家人民的统治阶级便不能也不愿领导这一斗争。只有在封建宗法制关系尚未瓦解到足以使当地的贵族完全脱离人民群众的地方，例如在游牧民族和半游牧民族当中，这些上层社会的代表人物才能成为积极的领导者，投身于反对帝国主义强权政治的斗争中（例如在美索不达米亚和蒙古）。

在穆斯林国家中，民族运动的思想最初表现在泛伊斯兰主义的宗教政治口号中，这就使列强的官员和外交家们能够利用广大群众的偏见和无知，来反对这一运动（英国帝国主义者为对付泛伊斯兰主义和泛阿拉伯主义所要的手腕，英国把哈里发制度移入印度的计划，法国帝国主义利用它所谓的"对穆斯林的同情"进行的投机活动）。但是，随着民族解放运动的发展，泛伊斯兰主义的宗教政治口号也正在越来越多地被具体的政治要求所代替。最近在土耳其进行的要求世俗权力脱离哈里发的斗争，就证明了这一点。

一切民族革命运动共同的主要任务，就是实现民族的统一和取得国家的独立。要真正地和合乎逻辑地完成这项任务，取决于这个或那个民族运动能够在多大程度上同反动封建分子断绝一切联系,并赢得广大劳动群众的支持,以及它能够在多大程度上在自己的纲领中表达广大劳动群众的社会要求。

共产国际充分考虑到,在不同的历史条件下,争取国家独立的民族意志的代表人物可能是各种各样的,所以它支持一切反对帝国主义的民族革命运动。同时,共产国际也没有忽略,只有采取一条旨在使最广大的群众投入积极斗争的坚定不移的革命路线,并且同一切为了保持其本阶级的统治而不惜与帝国主义妥协的人们实行彻底决裂,才能引导被压迫群众走向胜利。本国资产阶级同封建反动分子的勾结,使帝国主义者能够广泛利用封建的无政府状态、各派系首领的倾轧、氏族和部落间的纷争、城乡之间的对立、各阶级和各宗教派别之间的斗争,以瓦解民族运动(如中国、波斯、库尔德斯坦、美索不达米亚的情况)。

三、土地问题

在大多数东方国家(印度、波斯、埃及、叙利亚和美索不达米亚)中,土地问题在争取从列强暴政奴役之下解放出来的斗争中有着极其重要的意义。由于帝国主义剥削落后国家的大多数农民,并使他们破产,从而剥夺了他们的最基本生活手段,同时,这些国家工业不发达,只局限于少数枢纽地区的弱小工业不能吸收正在出现的过剩农业人口,农业人口也被剥夺了一切向外流动的机会。于是,留在土地上的贫苦农民正在变成农奴。如果说在先进的国家中,战前的工业危机起了社会生产调节者的作用,那么在殖民地中,起这种作用的则是饥饿。因为帝国主义最感兴趣的是以最少量的资本投入攫取最大限度的利润,所以,它在落后国家中尽可能地支持封建高利贷的剥削劳动力的形式。在一些国家中,例如在印度,帝国主义接管当地封建国家对土地的垄断权,并将土地税变成对大国资本及其仆从——泽明达和塔卢克达——的贡赋；而在另外一些国家中，例如在波斯、摩洛哥、埃及等国，帝国主义则通过当地大土地占有者的各种组织来保证地租收入。因此，使土地摆脱封建租税和封建束缚的斗争，便具有了反对帝国主义和反对封建大土地所有制的民族解放斗争的性质。1921年秋季，在印度发生的反对地主和反对英国人的莫普拉起义，以及1922年的锡克教徒起义，都可以作为例证。

只有以没收大地产为目的的土地革命，才能把广大的农民群众发动起来，才能对反对帝国主义的斗争发生决定性的影响。资产阶级民主主义者（在印度、波斯、埃及）惧怕土地革命的口号，并千方百计地企图取消这些口号，这证明了本国资产阶级同封建的和封建—资产阶级大土地所有制的密切联系，以及他们在思想上和政治上对于后者的依附性。一切革命分子都必须利用本国资产阶级的这种动摇和犹豫不决的态度，对民族主义运动的资产阶级领袖们的不彻底性进行系统的批判和揭露。正是这种不彻底性妨碍着组织和团结劳动群众的工作，如同印度的消极抵抗（"不合作"）策略的破产所证实的那样。

东方落后国家的革命运动，如果不依靠广大农民群众的行动，就不能取得成功。因此，一切东方国家的革命政党都必须制定一个明确的土地纲领，在纲领中必须要求彻底消灭封建制度及其以大土地所有制形式和土地税租约形式所表现的封建残余。为了积极争取农民群众参加民族解放斗争，必须进行彻底改变土地所有权的基础的宣传；同样，还必须迫使资产阶级民族主义政党最大限度地采纳这一革命的土地纲领。

四、东方的工人运动

年轻的东方工人运动是近年来当地资本主义发展的产物。尽管人们已经考虑到工人阶级中最先进的因素,但到目前为止,那里的工人阶级仍然处在过渡阶段,即从行会小手工业方式向大资本主义工厂方式过渡。只要资产阶级民族主义的知识分子把工人阶级的革命运动引向反对帝国主义的斗争,那么他们的代表人物在最初阶段也将领导处于萌芽状态的工会组织及其活动。起初,在这些活动中,无产阶级并没有超出资产阶级民主主义的"全民族"利益的范围(如在中国和印度发生的反对帝国主义官僚机构和行政机构的罢工)。正如共产国际第二次代表大会所指出的,那样资产阶级民族主义的代表人物在道义上盗用苏俄的政治权威并适应工人的阶级本能,用"社会主义"和"共产主义"的形式表达他们的资产阶级民主主义的愿望,以便用这种方式——有时他们自己并没有意识到这一点——使最初的、处于萌芽状态的无产阶级社团背离其阶级组织的直接任务,这种现象是屡见不鲜的(例如,用共产主义掩饰泛土耳其主义的土耳其埃喜尔部落党;中国"国民党"某些代表人物所鼓吹的"国家社会主义")。

尽管如此,落后国家工人阶级的工会运动和政治运动,在最近几年中还是取得了巨大的进展。几乎在一切东方国家中都已建立了独立的无产阶级的阶级政党,这是一个具有深远意义的事件,虽然这些政党中的绝大多数还必须做大量内部整顿工作,以克服自己的浅薄幼稚、宗派主义和其他许多缺点。共产国际从一开始就对东方工人运动将来的可能发展作出了应有的评价,这是一个具有极其重大意义的事实,因为它令人信服地表现了全世界无产阶级在共产主义旗帜下的真正的国际团结。到目前为止,第二国际和第二半国际还没有在任何一个落后国家中找到自己的信徒,正是因为它们在欧美帝国主义面前只不过扮演着一个"仆从"的角色而已。

五、东方各国共产党的共同任务

资产阶级民族主义者评价工人运动，是从这个运动对于资产阶级的胜利是否具有重要意义的立场出发的；而国际无产阶级评价年轻的东方工人运动，则从这个运动的革命前途的观点出发。在资本主义统治下，落后国家如果不通过被野蛮剥削和压迫的方式，向列强资本缴纳巨额贡赋，就不能分享现代科学和文化的成就。落后国家之所以必须同先进国家的无产阶级结成同盟，不仅取决于二者在反对帝国主义的共同斗争中的利益，而且还取决于这样一个事实，即东方的工人只有从先进国家获得胜利的无产阶级那里才能得到无私的援助，以发展其落后的生产力。同西方无产阶级的联盟，正在开辟通向建立国际苏维埃共和国联邦的道路。对于落后民族来说，苏维埃制度是从原始生活状况走向共产主义高度文明的最无痛苦的过渡形式，而共产主义的高度文明则注定要在整个世界经济中代替资本主义的生产方式和分配方式。已经获得解放的俄罗斯帝国殖民地的苏维埃建设的经验已证实了这一点。只有苏维埃政体才能保证始终不渝地实行农民土地革命。东方国家某些地方特有的农业条件（人工灌溉），以前是通过以封建宗法制为基础的特殊的集体劳动组织来维持的，后来则被资本主义的掠夺制度破坏，这些条件也同样要求有一个能够有计划、有组织地满足社会需要的国家组织。在整个东方，由于特殊的气候条件和特殊的历史条件，小生产者合作社将在过渡时期发挥重要的作用。

由于殖民地革命的决定性胜利是同世界帝国主义的统治势不两立的，所以，这个革命的客观任务也就超出了资产阶级民主主义的范围。如果说最初本国的知识分子和资产阶级的知识分子是殖民地革命运动的先锋，那么随着无产阶级的和半无产阶级的农民群众被吸收到这个运动中来，当下层人民群众的社会要求受到重视的时候，大资产阶级分子和资产阶级地主分子便开始脱离这个运动，其脱离程度是与下层人民群众的社会利益逐步提到首要地位相一致的。殖民地的年轻的无产阶级还面临着一场贯穿整个历史时代的长期斗争——反对帝国主义剥削和反对他们本国的统治阶级的斗争，因为这些统治阶级企图独占工业和文化发展带来的全部利益，而使广大劳动人民群众停留在他们过去所处的"史前"状态之中。

这场争取在农民群众中发挥影响的斗争，必须被看做是本国无产阶级取得政治领导者地位的一项准备工作。只有当无产阶级做好自身的这一项工作，并且做好同他们最接近的各社会阶层的这一项工作之后，他们才有能力反对资产阶级民主主义。在落后的东方的条件下，这种资产阶级民主主义比西方的资产阶级民主主义具有更多的虚伪性。

殖民地的共产党人借口所谓"捍卫"独立的阶级利益而拒绝参加反对帝国主义压迫的斗争，乃是一种性质最恶劣的机会主义，这种机会主义只能败坏东方无产阶级革命的信誉。为了同资产阶级民主主义者保持"民族团结"或"城堡和平"而不参加工人阶级为争取最迫切的日常利益的斗争，应该说这种企图是同样有害的。殖民地和半殖民地国家的共产主义工人政党负有双重任务：一方面，他们要为尽可能彻底地完成资产阶级民主革命的任务而奋斗，这个革命旨在赢得国家的政治独立；另一方面，他们要把工农群众组织起来，为实现其特殊的阶级利益而斗争，在进行这项工作的时候，则要利用民族主义的资产阶级民主阵营中的一切矛盾。共产主义工人政党通过它所提出的社会要求，唤起了在资产阶级自由主义的要求中找不到出路的革命力量，并推动他们的发展。殖民地和半殖民地的工人阶级必须懂得，只有扩大和加强反对列强的帝国主义奴役的斗争，才能使他们取得革命领袖的地位。反过来说，只有把工人阶级和半无产阶级的各个阶层在经济上和政治上组织起来，并对他们进行政治教育，才能增加反帝斗争的革命活力。

东方殖民地和半殖民地国家中那些或多或少仍处于未成熟状态的共产党，必须参加每一个能够使它们接近群众的运动。此外，它们仍然必须进行反对宗法制偏见、行会偏见以及在工人协会中流行的资产阶级思想的强有力的斗争，以便使这些处于不发达状态的工会组织避免改良主义倾向的影响，并将它们变成群众性的战斗组织。这些国家的共产党必须在维护其日常利益的基础上，竭尽全力将人数众多的男女农业雇工和学徒工组织起来。

六、反对帝国主义的统一战线

如果说在西方，过渡时期是同有组织地积蓄力量相联系的，在这种情况下，无产阶级统一战线的口号得以提出，那么在殖民地的东方，目前则必须强调反对帝国主义的统一战线的口号。这个口号之所以**适当**，是因为看来反对世界帝国主义的斗争将是长期和持久的，斗争需要动员一切革命的因素。由于本国统治阶级乐于在牺牲人民群众根本利益的情况下同外国资本实行种种妥协，这种动员工作就显得更加必要。此外，正如西方的无产阶级统一战线的口号已经而且还将继续有助于揭露社会民主党背叛无产阶级的利益那样，反帝统一战线的口号也将有利于揭露各个资产阶级民族主义集团的动摇性。这个口号还将促进劳动群众革命意志的发扬和阶级觉悟的提高，并使他们置身于斗争的最前列，不仅反对帝国主义，而且反对封建主义的残余。

殖民地和半殖民地国家的工人运动，必须首先使自己在整个反帝统一战线中取得一种独立的革命因素的地位。只有当工人运动作为独立因素的重要性得到承认，并在这种情况下保持着自己的政治独立性，它同资产阶级民主派的临时协议才是可以允许的和必要的。只要目前存在的力量对比还不允许无产阶级把实现自己的苏维埃纲领作为当前的任务，无产阶级就应支持而且自己也提出一些具有局部意义的要求，例如，要求建立一个独立的民主共和国、消除妇女的无权状态等。同时，无产阶级自己还应设法提出促进农民和半无产阶级群众同工人运动建立政治联系的口号。使广大劳动群众明了同国际无产阶级和各苏维埃共和国建立同盟的必要性，乃是反帝统一战线的策略的最重要的任务之一。殖民地革命只有同高度发达国家的无产阶级革命联合在一起，才能获得胜利并保持其胜利成果。

由于帝国主义者彼此之间的你争我夺，在半殖民地国家（如中国、波斯），或者在那些正在为本国的独立而奋斗的国家（如土耳其），资产阶级民族主义同一个帝国主义国家或几个互相敌对的帝国主义国家达成协议的危险性，远比在殖民地大得多。每一个这样的协议，都意味着在本国统治阶级和帝国主义之间的一次极不均等的权力分配，以及在形式上独立的掩盖之下，使这个国家仍然处于过去的为世界帝国主义服务的半殖民地缓冲国的地位。工人阶级可以承认，在反对帝国主义的革命解放斗争中，为了赢得喘息时间，部分的和暂时的妥协是容许的和必要的。但是，工人阶级必须毫不妥协地反对帝国主义和本国统治阶级之间为维护后者的阶级特权而进行公开的或隐蔽的权力分配的一切图谋。同无产阶级的苏维埃共和国建立紧密联盟的要求，是反对帝国主义的统一战线的标志。提出这一口号的同时，还必须为争取政治制度最大限度的民主化而进行最坚决的斗争，以便使那些在政治和社会方面最反动的分子在国内失去依靠，并保障劳动人民在争取实现本阶级利益（为建立民主共和国，实行土地改革、税制改革，在广泛的自治基础上建立行政管理机构，颁布劳工法，保护童工，保护母亲和儿童等要求）的斗争中享有组织自由。甚至在独立的土耳其，工人阶级也没有享受到结社自由，对于资产阶级民族主义者对待无产阶级的态度来说，这一现象是很典型的。

七、太平洋地区各国无产阶级的任务

此外，建立反帝统一战线的必要性也是因帝国主义竞争的不断加剧造成的。这种竞争目前已经达到如此激烈的程度，以致只要国际革命不在战争之前爆发，一次以太平洋为战场的新的世界大战将是不可避免的了。

华盛顿会议是排除面临危险的一种尝试，然而它实际上只加深和加剧了帝国主义的矛盾。最近在中国所发生的吴佩孚和张作霖之间的战争，就是日本资本主义和英美资本主义企图在华盛顿协调双方利益而告失败的一个直接后果。在这场威胁整个世界的新战争中，不仅日本、美国和英国将卷入进去，而且其他的资本主义国家（如法国、荷兰等）也都将卷入进去。这场新战争恐怕要比1914—1918年的战争造成更大的破坏。

太平洋地区各殖民地和半殖民地国家共产党的任务是大力进行宣传，使群众明了这种危险；号召群众积极投入争取民族解放的斗争；以及以苏俄——一切被压迫和被剥削群众的堡垒——为自己的榜样。

美国、日本、英国、澳大利亚和加拿大等帝国主义国家的共产党，在这个咄咄逼人的危险面前，不应当仅仅局限于进行反对战争的宣传，而且要尽一切努力去消除瓦解这些国家的工人运动，并使资本家更易于利用各民族和种族之间矛盾的种种因素。

这些因素就是移民问题和廉价的有色人种劳动力问题。

合同劳工制现在仍然是太平洋南部地区甘蔗种植园招募有色人种工人的主要方法，这些工人都是从中国和印度招募去的。这种情况促使帝国主义国家的工人要求实施反移民法和排斥有色人种工人的法律。不仅在美洲，而且在大洋洲，情况都是如此。这些法律加深了有色人种工人和白人工人之间的对立，分裂和削弱了工人运动的统一。

美国、加拿大和澳大利亚的共产党必须开展一场强有力的运动，反对旨在阻止移民的法律，而且必须向这些国家的无产阶级群众说明，这些法律由于会煽起种族仇恨，归根结底会给他们自己带来损害。

另一方面，资本家不再反对移民法，则是为了能够自由输入廉价的有色人种劳动力，并用这种方式来压低白人工人的工资。资本家发动进攻的这种企图，只能通过一种办法有效地加以挫败，那就是一定要把移民工人吸收到现有的白人工人的工会中去。与此同时，还必须要求将有色人种工人的工资提高到与白人工人工资相同的水平。共产党采取这样一种措施，将揭露资本家的种种图谋，同时将向有色人种工人清楚地表明，国际无产阶级是没有种族偏见的。

为了实现上述措施，太平洋地区各国革命无产阶级的代表必须召开一次太平洋区域会议，以便制定正确的策略，并为实现太平洋地区所有种族的无产阶级的真正的团结一致而找到相应的组织形式。

八、各宗主国的共产党在殖民地的任务

殖民地革命运动对于国际无产阶级革命的极端重要性，使得我们必须加强在殖民地的工作，而首先要由各帝国主义大国的共产党来加强在那里的工作。

法国帝国主义所打的一切如意算盘都建立在这样一个基础之上，即利用其殖民地的工人作为反革命的战斗后备军，来镇压法国和欧洲的无产阶级革命斗争。英美帝国主义则仍在继续分裂工人运动，其手段是，通过许诺将他们从殖民地剥削得来的超额利润分给工人贵族一部分，而把这些工人贵族拉到他们自己这一边来。

每个拥有殖民地的国家中的共产党，都必须承担起对殖民地的无产

阶级革命运动有计划地从思想上和物质上进行帮助的任务。对于殖民地中享受高薪待遇的欧洲工人的某些类型的假社会主义的殖民主义倾向，必须与之进行坚决和顽强的斗争。在殖民地中，信仰共产主义的欧洲工人，必须努力设法把当地的无产阶级组织起来，并通过提出具体的经济要求（把土著工人的工资提高到欧洲工人工资的水平，实行劳动保护，缔结保险合同等）的办法，赢得他们的信任。在殖民地（埃及、阿尔及利亚）中建立单独的欧洲人共产党组织乃是一种隐蔽的殖民化的形式，只会有利于帝国主义者的利益。根据民族特征建立共产党组织的所有做法，都是与无产阶级国际主义的原则相违背的。共产国际所属一切政党，都有责任向广大劳动群众说明，在落后国家中为反对帝国主义统治而进行斗争的极端重要性。在各大国中进行工作的共产党必须抽调中央委员会委员组成常设的殖民地委员会，以实现上述目的。共产国际的帮助应该首先表现在资助建立新闻事业，资助用本国语言出版定期出版物和机关报。对于在欧洲工人组织和殖民地占领军中所进行的工作，必须给予特殊的注意。对于本国帝国主义政府以及资产阶级和改良主义政党所实行的掠夺性殖民政策，各大国中的共产党决不容许放过任何予以揭露的机会。

各国共产党的教育工作

马克思主义教育工作的建设是所有共产党的一项必不可少的任务。这种教育工作的目的在于提高党员及党的干部的宣传教育能力、组织能力和战斗力。对于党的干部来说,除了一般的马克思主义的教育之外,还应该帮助他们获得在专门工作领域从事活动的必要的知识和能力。

共产主义教育工作应该是党的整个活动不可缺少的一个组成部分,它务必隶属于党中央的领导。在一些国家中,对革命工人的教育主要由党外专门的常设机构担任,那里的共产党人应该在这些机构中系统地进行工作,以期达到这种目的。

为了领导党的整个教育工作,各党中央委员会最好设立教育书记处。在不属于共产党领导的一般无产阶级教育机构(工人教育协会、无产阶级大学、无产阶级文化组织、工人专科学校等)中工作的所有党员,都必须接受党组织的监督和指示。

为了开展共产主义教育工作,党应该在可能范围内,根据现有的情况,开办中央党校和地方党校、日校和夜校等类学校,为各种班级聘请巡回教师和报告人,设立图书馆,等等。

党有责任在物质上和精神上尽力支持共产主义青年团独立进行的教育工作。应该吸收共产主义青年团参加党的一切教育活动。对于无产阶级的子女的革命教育应该与共产主义青年团共同进行。共产国际执行委员会下设的教育工作部发布有关的方针。

在共产国际执行委员会下设国际教育工作部,其任务首先是从原则上进一步阐明共产主义教育工作的各种问题，领导党的整个教育工作，统一党外常设的无产阶级教育机构的工作。属于这方面的工作有：积累和交流国际经验，充实各国教育工作的方式和方法，编写和出版教学大纲、手册及其他资料，并对各国在教育工作领域出现的各种特殊问题作出决定。对各国共产党和共产国际的教育政策的各种问题进行研究和酝酿，也是国际教育书记的责任。

为了对共产国际各国支部的有关同志进行深入的马克思主义教育和实际的共产主义教育，将在苏维埃俄国的社会主义学院和其他有关机构中开设各种国际训练班。

宣传鼓动的责任①

1. 共产国际的每个成员都有责任作为一名宣传鼓动员，在党外工人中间进行工作。在车间和其他工作场所，在工会里，在群众集会上，在工人协会、体育协会、歌咏团、房客联合会和消费合作社中，在人民之家和工人食堂，甚至在铁路上，在农村等地方，最好是经常在工人家里（家庭宣传鼓动），只要是在最便于找到工人的地方，这种宣传鼓动工作就随时随地可以进行。

2. 这种宣传鼓动工作应该始终从有关的工人的具体情况和需要出发，以便引导他们走上有组织的革命的阶级斗争的道路，不应该强使听众接受他们还根本不能理解的共产主义的原理或要求，但是必须不断地敦促他们起来为实现无产阶级的共同要求、为在一切领域里反对资本家和资产阶级的阶级统治而斗争。

3. 共产党人应该坚决参加工人反对资本家和反对资产阶级统治的

---

① 在这个标题前，原文有序数词"1."。——译者注

一切斗争和运动,站在为整体利益而斗争的最前列,先公后私,身先士卒,带动他人。

4. 党的领导机构应该向各地方组织发布关于全体党员进行经常性宣传鼓动工作的具体指示,在各项运动(竞选运动、反对物价上涨和要求减税运动、工厂委员会运动和失业工人运动)以及党所领导的其他活动中,也应该发布进行宣传鼓动工作的专门指示(所有这些指示的副本都应送共产国际执行委员会)。

5. 一切党员都有权要求党组织的干部,对他们应该如何进行宣传鼓动工作给予更详尽、更具体的指示。共产党的基层支部、工作组、十人小组和议会党团的负责人尤其有责任下达这样的指示,并对执行情况进行监督。凡是还没有建立这类配备负责人的组织机构的地方,为达到此目的,应该指定专职的宣传鼓动工作领导人。

6. 关于每个党员的情况,应该在今年冬季,在其所属最基层党组织的范围内确实查明:

(1) 该党员是否在党外工人中间进行宣传鼓动工作:

  a. 经常进行吗?

  b. 只是偶尔进行吗?

  c. 根本没有进行吗?

(2) 或者,该党员做了党的其他工作吗?

  a. 经常做吗?

  b. 只是偶尔做吗?

  c. 根本没有做吗?

各国党中央应该在同共产国际执行委员会进一步取得意见一致之后,在给所有的地方组织的通知中,为明确解答这些问题作必要的说明。

各地区领导小组和地方组织有责任按时进行调查。党中央应把调查结果报送共产国际执行委员会。

了解本国党和共产国际的最重要的决议

1. 共产国际的每个成员不仅应该了解本国党的最重要的决议,而且应该了解共产国际的最重要的决议。

2. 所属各国支部的一切组织有责任使每个党员至少要熟悉本国党的纲领和参加共产国际的二十一条,同样应该使每个党员熟悉共产国际通过的,特别是与本党有关的各项决议。应该检查党员对所有这些问题的领会程度。

3. 党的负责干部应该透彻了解世界代表大会所通过的一切策略上和组织上的最重要的决议,为此目的,他们应该接受考察。最好对尽可能多的其他党员也能这样做,但还不作硬性规定。

4. 各国支部的党中央有责任向所有地方组织发布有关贯彻执行这些决议的指示,并在明年春天向共产国际执行委员会提出关于贯彻执行结果的报告。

法国共产党的工作和行动纲领

1. 党的最紧迫的任务是组织无产阶级抵抗资本在法国和在其他大工业国家中展开的进攻，保卫八小时工作制，保障和提高现有的工资，为一切日常的经济要求而斗争——所有这些提供了一个最好的论坛，通过讨论这些问题，将能使处于分散状态的无产阶级集中起来，并能使他们相信自己的力量和自己的未来。党必须立即采取主动，开展各种联合行动，粉碎资本的进攻，并使工人阶级重新团结起来。

2. 党必须开展一场运动，向工人说明维持八小时工作制与保障工资之间的相互关系，说明这些要求相互之间不可避免的反作用。这场运动作为一种宣传鼓动手段，不仅应该利用雇主的敲骨吸髓的行径，而且应该利用国家对工人切身利益发动的进攻，例如，工资税以及工人阶级所关心的一切经济问题——房租的提高、消费税、社会保险，等等。党将在工人阶级中间积极开展宣传运动，以便建立包括各个企业全体工人在内的工厂委员会，不管他们在经济上或在政治上是否已经参加某些组织。这种工厂委员会的首要职责是行使工人对劳动和生产条件的监督。

3. 为无产阶级迫切的物质要求而斗争的口号，应该作为实现反对经济上和政治上反动势力的统一战线的一种手段。工人统一战线的策略将成为群众行动的普遍准则。党必须运用自己所拥有的一切宣传手段和组织手段，着手使自己的组织和同情者认真做好准备，创造促使这种策略获得成功的条件。报刊、文章、小册子、各种各样的集会——所有这些都应该投入这项准备工作，党将把这种工作扩大到一切有共产党人参加的无产阶级团体中去。党必须坚决有力地向处于竞争状态的比较重要的各工人政治和经济团体发出呼吁，而决不允许停止公开评论自己提出的或改良主义者所提出的各项建议，决不允许停止公开评述采纳或拒绝这一建议或那一建议的理由。党在任何情况下都不允许放弃自己完全的独立性，放弃对共同行动参加者进行批评的权利。党必须始终努力采取和保持主动，并依据党纲的精神去影响其他人的倡议。

4. 为了能够参加各种各样的工人行动，为了便于给工人阶级指明方向，或者在一定情况下能够发挥决定性的作用，党必须一天也不耽搁地建立自己的从事工会工作的组织。在各联合会和各部门中建立工会委员会（这一点巴黎代表大会已经作出决定），并在工厂以及私营或国营大企业中建立共产主义小组，将使党的分支机构深入工人群众，这样一来，党将能够传播自己的口号，并扩大共产党人对于工人运动的影响。在党和工会的各级组织中，工会委员会必须与经党同意后继续留在改良主义的法国总工会中的共产党人保持联系，并领导他们反对其官方领导人的政策；工会委员会必须进行工会组织中的党员登记工作，检查党员的工作，并向党员传达党的指示。

5. 共产党人在一切工会中的工作，毫无例外首先应该是为恢复工会的统一而斗争，这种统一对于无产阶级取得胜利来说是必不可少的。共产党人必须利用每一个机会，说明当前分裂状态的有害后果，并大声疾呼要联合。党必须同一切助长组织分裂、助长职业分离主义或地方分离主义、助长无政府主义思想的倾向作斗争。党必须说明使工人运动集中化的必要性，宣布将按工业部门建立大型工会组织，举行联合罢工，以便用能使工人增强对自己力量抱有信心的联合行动，去代替从一开始就注定不会成功的局部行动。在统一总工会中，共产党人必须同一切反对法国工会参加红色工会国际的倾向作斗争。在改良主义的法国总工会中，共产党人必须揭露阿姆斯特丹国际及其领导人搞城堡和平的活动。

在这两个总工会中，共产党人都必须宣布将举行示威游行和采取各种共同行动、进行联合罢工、实行统一战线、实行有机的统一、实施红色工会国际的全部纲领。

6. 党必须利用规模大小不同的一切自发的或有组织的群众运动，以阐明每一次阶级斗争的政治性质，并能够利用这些有利时机宣传党的政治斗争口号，如实行大赦，废除凡尔赛和约，撤退莱茵河左岸占领军，等等。

7. 反对凡尔赛和约及其后果的斗争，必须在党所做的各项工作中占首要地位。这关系到有效地形成法德两国无产阶级的团结，反对借凡尔赛和约彼此分肥的两国资产阶级。因此，法国党负有紧迫的责任，要向工人和士兵说明他们的德国弟兄们在物质生活困境中呻吟的悲惨处境，而这种情况主要归咎于凡尔赛和约的后果。德国只有进一步加重工人阶级的负担，才能满足协约国的要求。法国资产阶级姑息德国资产阶级，同他们进行有损工人利益的谈判，包庇他们操纵国家机构的各种活动，庇护和帮助他们反对革命运动。两国资产阶级准备用法国的铁和德国的煤，结成"煤铁同盟"，并就占领鲁尔区问题达成协议，这将意味着对鲁尔区矿工的奴役。危险不仅威胁着鲁尔区的被剥削者，而且威胁着无法同德国工人进行竞争的法国工人，由于马克贬值，德国工人可以极其廉价地供法国资本家使用。

党必须让法国工人阶级了解这种情况，并促使他们防范直接面临的危险。党的报刊应当不断地报道德国无产阶级这个凡尔赛和约牺牲者的痛苦遭遇，证明这个和约是行不通的。在各军事占领区和遭受破坏的地区，尤其必须进行宣传，揭露应该对这些地区遭受的一切苦难负责的两国资产阶级，激发两国工人之间的团结精神。莱茵河左岸的法德两国士兵和工人是兄弟，这句话应该成为共产党人的口号。党必须同德国的兄弟党保持紧密联系，使这场反对凡尔赛和约及其后果的斗争取得圆满的结果。党必须同法国帝国主义作斗争,不仅反对它的对德政策,而且反对它在全世界范围内所奉行的政策,特别要同圣日尔曼条约、纳伊条约、特里亚农条约和色佛尔条约作斗争。

8. 党必须在军队中开创系统地灌输共产主义思想的工作。反对军国主义的宣传必须迥然有别于虚伪的资产阶级和平主义,必须依据武装无产阶级和解除资产阶级武装的原则。在报刊上,在会议中,一遇良机,共产党人就应该支持士兵的要求,要求承认他们的政治权利,等等。在每一次征召新兵入伍时,在面临新的战争危险时,必须加强反对军国主义的革命宣传鼓动工作。这种宣传鼓动工作必须在党的专门机构的领导下和共产主义青年团的参加下进行。

9. 党必须关心遭受法国帝国主义剥削和压迫的各殖民地人民的事业,支持他们争取早日从外国资本家的枷锁下解放出来的各项民族要求,必须毫无保留地维护他们的自治权或独立权。为殖民地人民有不受任何限制的政治自由和组织工会的自由、为反对征召土著居民入伍、为满足当地士兵的要求而斗争——这就是党的直接任务。党必须坚决地同甚至在某些工人身上也存在着的企图限制土著居民权利的反动倾向作斗争。除了中央委员会外,党必须设立专门机构,负责进行党在殖民地的工作。

10. 在农民阶级中进行宣传工作,目的在于争取大多数农业工人、佃农和半佃农赞成革命事业,并赢得小土地占有者的同情。与此同时,必须行动起来,以改善充当雇工或者依附于大地主的农民的生活和劳动条件。这样一种行动要求各地区党组织制订包括各种切身要求和适应各地特殊情况的计划,并进行宣传。党应当赞助同农民中的个人主义进行斗争的各种农业协会、农业合作社和农业工会。党必须特别热心地致力于农业工人中的专业工会的建立和发展。

11. 党在女工中的工作极其重要,并且需要有一个专门机构负责进行这项工作。除了党中央之外，成立一个设有常设书记处的中央委员会，不断增设地方委员会，创办一份致力于妇女问题宣传的机关刊物，这些都是必不可少的。党应当支持男女工人的统一经济要求，支持不分性别、男女同工同酬，支持被剥削的妇女参加工人的各项运动和斗争。

12. 党必须比过去更加有计划和更加坚决有力地致力于发展共产主义青年团的工作。应该在党和共产主义青年团各级组织之间着手建立双方的联系。原则上，与中央委员会并存的一切委员会都应该有青年代表参加。党的各地区联合会、党的各部门和宣传员有责任对现有的青年团体的发展提供帮助，并建立新的青年团体。党中央委员会应该注意青年报刊的发展情况，并在党的中央机关刊物上增辟青年论坛。在工会中，党应当关心青年工人所提出的符合党的纲领的各种要求。

13. 在合作社中，共产党人必须维护统一的全国组织的原则，并建立共产主义小组，这些小组通过隶属党中央委员会的一个委员会，同共产国际合作社工作部保持联系。在每个党的地区联合会中，都应该有一个专门委员会负责进行党在合作社中的工作。共产党人必须努力利用合作社运动作为工人运动的辅助工具。

14. 被选入议会和市政行政部门等机构的党的代表，必须密切结合工人阶级的斗争以及在党和工会组织领导下，在议会外经常开展的各项运动，大力开展斗争。必须按照共产国际第二次代表大会的提纲，在党中央委员会监督和领导下，利用共产党的国会议员，在党的各个部门及地区联合会的监督和领导下，利用共产党的市议员、大区议员和区议员，开展鼓动和宣传工作。

15. 党必须效法其他各国大党的榜样，并按照共产国际的规定完善和加强自己的组织，以使自己能够适应党纲所包括以及全国代表大会和国际代表大会所提出的各项任务，并能完成这些任务。党必须实行严格的集中制，必须具有不可动摇的纪律，必须规定每个党员绝对服从党的负责机关，每一级党的机关绝对服从党的上级机关。此外，还必须通过有计划地在各部门增设理论训练班以及开办在某个中央委员会或某个指导委员会领导下的党校的方法，提高党的战士的马克思主义修养。

关于俄国革命的决议

共产国际第四次代表大会对苏维埃俄国的劳动人民表示深深的感谢，他们不仅在革命斗争中夺取了国家政权并建立了无产阶级专政，而且在反对国内外一切敌人的斗争中，迄今一直胜利地保卫了革命成果，对此，代表大会表示无限敬佩。他们就是这样为全世界被剥削和被压迫者的解放事业建立了不朽的功勋的。

第四次世界代表大会十分满意地指出，通过无产阶级革命建成的世界上第一个工人国家，虽然面临着大量的巨大困难和危险，但仍然光辉地证明了自己的生命力。经过严酷的国内战争的考验，苏维埃国家变得更加坚强。由于红军的无比英勇，苏维埃国家在各条战线上摧毁了世界资产阶级所装备和支持的武装反革命势力。在政治方面，苏维埃国家粉碎了资本主义国家的一切野心，它们企图用外交讹诈和经济压力迫使苏维埃国家放弃其无产阶级本质和共产主义的革命目的——承认社会生产资料的私有制的权利，放弃工业国有化。在世界资产阶级的冲击下，苏维埃国家坚决捍卫了无产阶级解放的基本前提——生产资料的公有制。苏维埃共和国保卫了自己的工人和农民，使他们不致为了承担巨额外债而沦为各国资本家的殖民奴仆。

共产国际第四次代表大会指出，苏维埃俄国这个无产阶级的国家，从它不再被迫拿起武器来保卫其生存起，就以无比的精力着手建设和发展自己的经济，并坚定不移地着眼于共产主义革命。为实现这个目标而经历的各个阶段和采取的各种措施，所谓新经济政策的过渡时期，一方面是当时俄国特殊的主观和客观历史条件造成的后果，另一方面也是由于世界革命进展缓慢和苏维埃共和国在资本主义国家的包围中处于孤立地位而产生的结果。尽管因此产生了巨大困难，这个工人国家在经济建设中还是取得了重大进展。

俄国无产者在夺取和保卫政权以及建立无产阶级专政方面为全世界工人付出了极高的学费，现在他们又要忍受巨大的牺牲进行试验和摸索，解决从资本主义向共产主义过渡时期的问题和任务。对于世界无产阶级来说，苏维埃俄国始终是革命历史经验的宝库。

第四次世界代表大会满意地指出，苏维埃俄国的政策保证和巩固了共产主义社会的建设和发展的首要前提——苏维埃政权、苏维埃制度，即无产阶级专政。因为只有通过这种专政，才能粉碎资产阶级、资本主义为反对工人的彻底解放而进行的反抗，从而保证彻底消灭资本主义，铺平实现共产主义的康庄大道。

此外，第四次世界代表大会指出，俄国共产党作为无产阶级的阶级政党，在得到农民支持的无产阶级夺取并保住国家政权的斗争中，目标明确，行动果敢，起到了值得称赞的决定性作用。党在思想上和组织上的团结一致和它的严格纪律，使群众认清了革命的目标和道路，高度激发了他们的坚定意志和牺牲精神，激起他们完全忘我的英雄主义精神，使领导与群众的积极性牢不可破、有机地联系起来。

第四次代表大会提请各国无产者注意，无产阶级革命永远不可能单单在一国范围内取得完全胜利，而只有在国际范围内作为世界革命才可以取得胜利。苏维埃俄国为了自己的存在和为了保卫革命的成果而进行的工作和斗争，也就是为了使全世界无产者、被压迫和被剥削的人民挣脱枷锁、摆脱奴役的斗争。俄国的无产者已经充分尽到了作为世界无产阶级革命先锋的责任，世界无产阶级最终也应尽到自己的责任。各国工人、受剥削和受奴役的人们，必须在道义上、经济上和政治上表现出对苏维埃俄国最积极的声援。不仅是国际团结，而且还有他们本身的利益，都要求他们必须为此与资产阶级和资本主义国家展开最激烈的斗争。在每一个国家里，他们的口号必须是：不许干涉苏维埃俄国！正式承认苏维埃俄国！对苏维埃俄国的经济建设进行各种有力的支援！苏维埃俄国在每一方面的加强，都意味着世界资产阶级的削弱。苏维埃俄国已存在五年，这一事实就是对世界资本主义的空前沉重的难以经受的打击。

第四次世界代表大会号召各资本主义国家的无产者，在苏维埃俄国榜样的激励下，准备给资本主义以致命的打击，把一切力量贡献给世界革命。

共产党人在工会中的行动方针

一、工会运动的状况

1. 过去的两年是以资本的普遍进攻为其特征的，在这两年中，各国的工会运动都已显著削弱。除了少数例外（如德国、奥地利），各国工会都失去了大量会员。这种倒退，既可以用资产阶级的强大攻势来解释，又可以用改良主义的工会的软弱无力、未能对资本家的进攻进行认真的抵抗和保卫工人的最基本的利益来加以解释。

2. 劳动群众对资本家的这种进攻和阶级合作的继续存在越来越感到失望。因此，随之而来的不仅是他们试图建立新的组织，而且大批阶级觉悟较低和脱离组织的工人正在涣散。对于许多人来说，工会已不再是个具有吸引力的机构，因为它不善于而且在许多情况下也不想学会阻止资本的进攻和保卫业已争得的地位。改良主义的无所作为已经在实践中暴露无遗。

3. 所有国家的工会运动都具有内部不稳定的特点。相当多的工人团体正在不断地脱离工会，而改良主义者则在"利用资本为工人谋利益"的借口之下，继续醉心于执行其劳资合作的政策。然而实际上，资本却在利用改良主义组织充当其降低群众生活水平的帮凶，不断地利用它们为自己谋利益。过去这段时间大大增强了业已存在于政府和改良主义的领袖们之间的联系，同样，工人阶级的利益更加从属于统治阶层的利益。

二、阿姆斯特丹国际对革命工会的进攻

4. 改良主义的领袖们在完全屈服于资产阶级压力的同时，开始了对革命工人的进攻。由于他们看到，自己缺乏组织工人反对资本的决心，已经在工人群众中引起极大的愤怒，还由于他们决心清除工会组织中的革命萌芽，于是，他们便对革命工会运动发动了一场不折不扣的进攻。这场进攻的目的在于竭尽全力瓦解革命少数派，破坏其士气，以利于巩固资产阶级摇摇欲坠的统治。

5. 阿姆斯特丹国际的领袖们为了维持自己的权威，不仅毫不犹豫地开除个别人和小组，而且开除整个组织。阿姆斯特丹国际的人们决不愿居于少数派地位，在受到革命分子，即红色工会国际和共产国际的拥护者威胁的情况下，只要能够保住行政机构和基金，他们就决心挑起分裂。法国总工会的领导人这样做了，捷克斯洛伐克的改良主义者和德国工会联合会的领导人也采取了同样的方法。资产阶级的利益要求他们分裂工会运动。

6. 改良主义者在若干国家开始进攻的同时，在全世界范围内也开始了同样的进攻。阿姆斯特丹国际的追随者和各国际工会联合会有计划地开除了有关国家的革命工会联合会，或者拒绝它们参加国际组织。例如，矿工、纺织工人、职员、皮革和毛皮工人、林业工人、建筑工人和邮电职工的国际代表大会，就都因为俄国工会和其他革命工会属于红色工会国际而拒绝它们参加。

7. 阿姆斯特丹分子这种对革命工会的进攻，正是国际资本对工人阶级的进攻的一种表现形式。二者追求着同样的目的：在劳动群众的白骨堆上巩固资本主义制度。行将来临的末日困扰着改良主义；它企图借助于开除和分裂最富于斗争性的分子，最大限度地削弱工人阶级，使之

不能夺取政权和夺取生产资料。

三、无政府主义者和共产主义

8. 与此同时，工人运动中的无政府主义派别也发动了一场反对共产国际、各国共产党和反对工会中的共产党基层组织的"进攻"，这种进攻同阿姆斯特丹分子所发动的进攻极其相似。某些无政府主义—工团主义组织现已公开宣称自己是共产国际和俄国革命的敌人，尽管它们曾于1920年庄严地加入共产国际，并声明同情俄国无产阶级和十月革命。在意大利工团主义者、德国的某些地方组织、西班牙无政府主义—工团主义者以及法国、荷兰和瑞典的各无政府主义—工团主义团体中都出现了这种现象。

9. 某些工团主义组织（荷兰全国劳工书记处、世界产业工人联合会、意大利工团主义者联合会等）在工会自治的名义下，一般总是把红色工会国际的拥护者，特别是把共产党人排斥在外。因此，独立这一口号，当它成了凌驾于革命之上的口号之后，就变成了反共的、也就是反革命的口号，而这个口号却与在独立的旗帜下奉行同样政策的阿姆斯特丹国际的口号如出一辙，虽然阿姆斯特丹国际完全依附于国内和国际资产阶级这一事实，对于任何人来说，都已不再是个秘密了。

10. 无政府主义者反对共产国际、红色工会国际和俄国革命的行动，已经在他们自己的队伍中引起分裂和混乱。工人阶级中的最优秀分子已经对这种思想提出异议。无政府主义和无政府主义—工团主义已经分裂为若干个集团和派别，这些集团和派别正在进行着赞成或反对红色工会国际、赞成或反对无产阶级专政、赞成或反对俄国革命的激烈斗争。

四、中立和独立

11. 资产阶级对于无产阶级的影响表现在中立的理论上：工会只许为自己确立纯粹行业的、狭隘的经济目标，而决不许提出一般的阶级目标。中立理论一向是为革命的马克思主义所坚决反对的一种纯粹的资产阶级理论。不为自己确立阶级目标的工会，也就是说，不打算推翻资本主义制度的工会，尽管是由无产阶级组成的，但还是资产阶级社会制度的最好的维护者。

12. 这种中立理论一直是以工会只许关心经济问题而不要干预政治这个论点为依据的。资产阶级总是带有把政治同经济割裂开来的倾向，因为他们完全懂得，如果他们成功地把工人阶级限制在行业利益的范围之内，他们的统治便不会遭到严重的威胁。

13. 工会运动中的无政府主义分子也在政治和经济之间划了一条同样的界限，以便在"任何政治都对工人不利"的借口下，使工人运动离开政治的道路。这种归根到底是纯粹资产阶级的理论，是作为工会独立的理论向工人提出的，而人们则把这种工会独立的理论理解为工会同共产党的对立，以及在臭名昭著的独立和自治的名义下向共产主义工人运动的宣战。

14. 这种反对"政治"和反对工人阶级政党的斗争，正在使工人运动倒退，使工人组织衰落，同样，它也引起一场对共产主义——工人阶级觉悟的集中表现——的围剿。目前以无政府主义或无政府主义—工团主义表现出来的一切形式的工会独立理论，都是一种反共的理论，都必须最坚决地予以反对，因为即使这种理论还没有导致工会反对共产党、反对共产主义和反对社会革命的激烈斗争，那它在最好的情况下，也只会使工会脱离共产主义，并造成工会和共产党之间的对抗。

15. 像法国、意大利和西班牙无政府主义—工团主义者所阐述的那种自治理论，就其本质来说，乃是无政府主义反对共产主义的斗争口号。共产党人必须在工会内部采取坚决行动，反对下述企图：在自治的幌子下偷运无政府主义的破烂货；把工人运动分裂为互相敌对的几个部分，以便延缓和阻止工人阶级的胜利。

五、工团主义和共产主义

16. 无政府主义—工团主义者把他们的无政府主义—工团主义政党说成是唯一真正革命的和能够将无产阶级行动进行到底的组织，他们混淆工会和工团主义。工团主义同工联主义相比是一个巨大的进步，但它仍然包含许多必须予以最坚决的反对的错误及恶劣的方面。

17. 共产党人不能也不允许为了抽象的无政府主义—工团主义的原则而放弃自己在工会内部建立"基层组织"的权利，不管这些工会的倾向性是什么。谁也不能剥夺他们这一权利。当然，在工会内部进行斗争的共产党人，必须把他们的行动同那些已经从战争和革命的经验中学到一些东西的工团主义者的行动联系起来。

18. 共产党人必须采取主动，在工会内部同具有其他倾向的革命工人建立联盟。最接近共产主义的是那些工团主义的共产主义者，他们承认无产阶级专政的必要性，而且同无政府主义—工团主义者相比，他们维护建立工人国家的原则。但是，采取联合行动要以有一个共产党人参加的组织为前提。无组织的、个别行动的共产党人不可能同任何人进行合作，因为他们不会是一种需要人们认真对待的力量。

19. 当共产党人最坚决果断和最坚定不移地贯彻实施自己的原则的时候，当他们在同反共的工会独立理论和政治与经济分离理论这些对于工人阶级的革命进展极其有害的观点进行斗争的时候，必须在具有各种倾向的工会内部，努力将他们在反对改良主义和反对无政府主义—工团主义欺骗的实际斗争中的行动，同一切赞成推翻资本主义和实行无产阶级专政的革命分子协调起来。

20. 在那些存在着有影响的工团主义革命工会组织的国家（法国）中，以及在那些由于一系列历史原因的影响而在革命工人的某些阶层中继续存在着对政党不信任情绪的国家中，共产党人必须同工团主义者互相配合，根据该国以及存在问题的工人运动的特点，明确在对资本发动进攻和进行防御的一切行动中进行共同斗争和合作的方式方法。

六、为工会的统一而斗争

21. 尽管各国改良主义者正在肆虐地迫害共产党人，但是今后我们仍然必须坚持不懈地运用共产国际提出的反对分裂工会的口号。改良主义者企图用开除的手段制造分裂。他们有计划地将最优秀的分子驱逐出工会，希望这样就会使共产党人失去冷静，决心赞成分裂，脱离工会，并因而放弃从内部夺取工会阵地的深谋远虑的计划。但是，改良主义者是决不会得逞的。

22. 工会运动的分裂，特别是在目前的条件下，对于整个工人运动来说是最大的危险。工会的分裂会使工人阶级倒退很多年，因为在工会运动分裂之后，资产阶级将能够轻而易举地把工人阶级赢得的最起码的斗争成果也剥夺殆尽。共产党人一定要利用其组织所拥有的一切手段和全部力量来防止工会的分裂，他们必须制止改良主义者破坏工会统一的近乎犯罪的轻举妄动。

23. 在同时存在两个工会中心的国家（如西班牙、法国、捷克斯洛伐克等国）中，共产党人应该为合并这些同时存在的组织而斗争。因为抱着合并业已陷于分裂的工会的目的，而使个别的共产党人和革命工人脱离改良主义的工会,以便加入革命的工会,这种做法是不明智的。任何一个改良主义的工会,都不应该失去共产主义的酵母。共产党人在两个组织中都大力进行工作,是恢复已遭破坏的统一的前提。

24. 保持工会的统一,正像恢复已遭破坏的统一一样,只有在共产党人事先为每个国家和每个工业部门制定工作纲领的情况下,才有实现的可能;人们能够在实际工作和实际斗争的基础上把分散的工人运动分子集中起来,并在工会分裂的情况下,能够为争取组织上的重新统一创造必要条件。每一个共产党人都必须记住,工会的分裂不仅威胁着工人阶级目前赢得的一切斗争成果,而且对于社会革命也是一种威胁。必须把改良主义者分裂工会的企图消灭在萌芽状态中,但是,只有通过在工人群众中进行强有力的组织工作和政治工作,才能做到这一点。

七、反对开除共产党人的斗争

25. 开除共产党人的目的在于把领导者同工人群众分隔开来,从而使革命运动陷入混乱。因此,共产党人不能再局限于迄今为止所采用的斗争的方式方法了。世界工会运动已经到了一个紧要关头。改良主义者制造分裂的意图越来越强烈,而我们争取工会统一的意志则已为大量事实所证实,今后共产党人必须用实际行动表明他们是多么重视工会运动的统一。

26. 我们敌人的分裂倾向越露骨,我们越是必须更加有力地强调工会运动的统一。不应忽视任何一个工厂、任何一个企业、任何一次工人集会,在所有地方都必须对阿姆斯特丹国际的策略提出抗议。必须向每个工会会员提出工会分裂的问题,不仅当分裂已经迫在眉睫的时候应该这样做,而且要在分裂还在酝酿的时候就这样做。把共产党人开除出工会运动的问题必须列入所有国家的整个工会运动的议程。共产党人有足够的力量，决不能默不作声地被人扼杀。工人阶级应该了解，谁主张分裂，谁赞成统一。

27. 对于共产党人在他们当选之后被地方组织开除的暴行，不能仅仅进行抗议，而且应该精心组织反对这种开除的坚决的反抗。被开除的共产党人不能像一盘散沙。共产党的最重要的任务就在于不允许被开除者离散。他们必须把自己组织在被开除者工会之中，并以要求恢复他们的工会会籍的口号作为政治工作的重点。

28. 反对开除共产党人的斗争，实际上就是一场争取工会运动统一的斗争。在这里，一切旨在恢复被破坏的统一的措施都是有益的。被开除的共产党人不应该同整个反对派以及现有的独立的革命组织孤立开来，断绝联系。被开除的团体应该立即同工会中的反对派以及有关国家中现有的革命组织建立紧密的联系，着眼于进行反对开除的共同斗争，在反对资本的斗争中采取共同行动。

29. 进行斗争的具体措施，可以而且应该因地制宜地加以完善和变通。重要的是共产党采取鲜明的反对分裂的立场，并竭尽全力去制止开除共产党人的浪潮，这一浪潮从第二国际和第二半国际开始合并时就已经明显地增强了。在反对开除的斗争中，并不存在普遍适用和一成不变的手段和方法。用这个角度看，一切共产党都有可能运用自己认为是最重要的斗争手段，去达到夺取工会和恢复被破坏的工会统一之目的。

30. 共产党人应该为反对把革命工会开除出国际产业工人工会联合会而进行最坚决的斗争。当革命工会只是由于它们是革命的就遭到蓄意开除的时候，共产党不能也不想袖手旁观。对于红色工会国际所建立的各企业中的国际宣传委员会，共产党方面必须全力予以支持，以使一切可以动员的革命力量都行动起来，为建立国际上统一的产业工人工会联合会而斗争。

整个斗争必须在下面的口号之下进行：一切工会不分倾向，不分政治派别，都允许加入一个单一的产业工人工会组织。

结 论

共产国际第四次代表大会遵循其夺取工会和为反对改良主义者分裂政策而斗争的道路，它十分郑重地宣布，只要阿姆斯特丹国际不再乞灵于开除，并使共产党人有机会在工会内部运用思想武器为他们的原则而斗争，共产党人就将作为守纪律的成员在统一的组织内进行斗争，在同资产阶级发生的一切冲突和战斗中站在斗争的最前列。

共产国际第四次代表大会责成所有共产党，竭尽全力防止工会分裂，在工会运动的统一已经遭到破坏的地方恢复它的统一，并促使有关国家的工会运动加入红色工会国际。

附录一

未在大会上宣读的声明、抗议、公开信

澄清事实

——多姆斯基声明（波兰）

季诺维也夫在讲话中，反对所谓我的波兰民族主义，完全是由于事实上的误解。我那篇遭到指责的文章，不是在进攻华沙时写的，而写的时间要早得多——大约在7月初。在这篇文章中，我没有阐述不容许把无产阶级专政硬搬到一个处在刺刀尖上的国家这样一个原则性的理论，并认为这种理论是完全不正确的。我只是认为在当时波兰的具体情况下搞这种尝试是错误的，写这篇文章时我还坚信，苏维埃政府不会犯这种错误。后来，我冒昧地在给俄国朋友的一封信中指出了这种错误；列宁同志在一年以后曾公开指出，那是一个错误。

至于指责我在讲话中只是因为波兰而拒绝工人政府（又是一个民族主义的看法），我并没有讲这种话。

L. 多姆斯基（波兰）

美国问题委员会的抗议

沙利文同志在 11 月 12 日的全体大会上作了发言，他在发言中，用最激烈的语言攻击工人党机关报《工人》，当时他从该报的一篇文章中引用了一句话，并答应将有关文章送交美国问题委员会。委员会在审阅了这篇文章之后声明，文章中有关词句的含义与沙利文同志所强加给它的含义恰恰相反。委员会断然反对沙利文同志在全体大会上用这种方法来对待在美国传播共产主义思想的斗争中立过巨大功勋的机关报。

美国问题委员会

瓦列茨基（签名）

公开信

致第二国际和维也纳劳工联合会的公开信
致各国工会和海牙国际工会与合作社会议的公开信

第四次世界代表大会的口号：统一战线！

由欧洲、美洲、亚洲和澳洲62个党参加的共产国际第四次代表大会明确重申共产国际执行委员会扩大会议两次作出的决定：各个共产党的任务是竭尽全力在工人阶级统一战线中的一切阵地上抵抗世界资本的进攻。因此，共产国际的最高机关批准我们去年工作的内容和目标，提出未来工作的口号：为实现世界无产者的统一战线而斗争，为所有无产者（不论其政治派别和政治态度）联合起来进行共同防御而斗争。

共产国际早在春天就向第二国际和维也纳工人联合会提出要求，希望在一次世界工人代表大会上组织共同的斗争，以维护八小时工作日，反对压低工资，反对取消工会业已争得到的一切权益，反对新的军备，反对一场新的战争危险。在三个执行委员会代表参加的柏林会议上，共产国际的代表阐明了这一建议。第二国际的所有的党都拒绝了这一建议。作为召开一次世界工人代表大会的首要条件，它们提出的要求是：让苏维埃政府停止同那些要求俄国无产者放弃革命斗争赢来的最重要的成果，不要占领工厂，把一切权力交还资产阶级的党作斗争。它们提出的第二个条件是，共产党人放弃在工会中进行宣传自己见解的斗争，不要再反对那些不顾当前明明需要加强工人阶级反对资产阶级的斗争却主张削弱这一斗争的部分工会领导人。共产国际不得不拒绝这些建议，因为接受这些建议，统一战线也就完全丧失了它的目的和意义。

我们主张建立无产阶级统一战线，是为了提高无产阶级反对国际资产阶级的战斗力、防御力，而不是要削弱它们。

资本进攻的六个月

自从我们的关于建立无产阶级统一战线和组织防御战的建议落空以来，又有半年的时间过去了。这半年也就是各国资产阶级进攻不断加剧的半年。

在英国，资产阶级挑衅者占了上风。劳合-乔治曾企图用关心和平和重建欧洲的花言巧语掩饰英国资本的进攻政策，现在他们已彻底放弃这种企图。现在独掌大权的保守党宣告他们的口号是"秩序和安宁"、"国家不干预经济"，这就是说，他们充分放手听任资本家扼杀无产者。它们的第一步就是企图废除最低工资法案。博纳·罗甚至拒绝听取失业工人的要求。

在法国，政府在停止杀人后四年，又命令在勒阿弗尔枪杀罢工工人。他们公开向八小时工作日进攻。

在德国，社会民主党和资产阶级的联合政府明目张胆地宣布，夺走营养不良的无产者群众的一切剩余劳动是稳定马克的唯一途径。它公然宣布取消调整经济的未竟措施，也就是说听任肆无忌惮的投机活动。新的库诺政府就是工业巨头的政府，是钢铁和煤炭大王赤裸裸专政的急先锋。它的大资产阶级的实质如此赫然在目，它的反对工人阶级最起码利益的特性表现得如此明目张胆，就连社会民主党也不得不拒绝参加政府。巴伐利亚州极端反革命的势力，正在准备向十一月革命留下来的最后力量，向共和国发起武装进攻。他们在这方面受到意大利法西斯主义胜利的鼓励，意大利的法西斯没有遇到民主主义资产阶级的丝毫反抗就宣布了马刀专政，使议会变成无用之物，其目的就是要加强资产阶级统治，迫使工人阶级流血流汗，老老实实地听从资本的差遣。

在捷克斯洛伐克，资本家每天都要把成千的工人赶到大街上。失业在增加，他们企图通过接二连三的解雇来压低工人工资。

奥地利已经沦为协约国资本的殖民地。奥地利财政整顿的实现，只能依靠牺牲奥地利工人阶级，只能依靠降低工人和在国家机关任职的低级官员的本来就难以糊口的工资。协约国资本的代理人在主宰着人民群众的生死命运。

在美利坚合众国，企业主企图搞垮工会，他们剥夺工人的权利，不许一个厂的所有工人都参加一个工会。资本则应有其强大的托拉斯，不论什么人，只要是不向托拉斯纳贡，就连喝一杯牛奶的权利都不应该有。但是，工人阶级倒应该像一盘散沙，任何一阵风都能把它吹得四处飞扬。

在南非，暴君斯马茨将军是国际自由主义的宝贝。国际联盟的和平主义者斯马茨将军，不仅命令枪杀罢工工人，而且在由他的政府挑起的南非矿工斗争进行了八个月后，他又下令绞死这一斗争的带头人。

面临新的战争

这些事实只是表明，工人阶级的最直接、最普通的利益如何一再遭到践踏。但是，资本进攻的目的不仅是加强对无产阶级的剥削，而且也使一次新的帝国主义世界大战的危险重新呈现在光天化日之下。直到今天，没有一个资本主义国家开始实行华盛顿会议所决定的裁减海军军备，没有一艘军舰变成废铁，新军舰的制造一直没有间断过。

苏维埃俄国政府关于裁军或者至少削减陆军军备的建议，在热那亚遭到所有资本主义大国的拒绝。国际联盟在这方面即使愿意略有作为，也软弱无力，束手无策。它的决议应该一致通过，而且还需要那些反对裁军的政府批准。

欧洲与战前相比更加充满战争气氛。今年9月，东方危机期间，全世界都看到这意味着什么。只有当土耳其政府放弃其权利，没有去占领自己的首都，没有跨越通向首都的通道——达达尼尔海峡，只有土耳其政府这样放弃其自决权，欧洲才能免于一场新的战争。英国工会和英国工党指责劳合-乔治，说他挑起了一场新的战争，一场不会局限在巴尔干的战争。可是有谁愿意说，保守党政府在保卫英国资本主义强盗利益方面，不如劳合-乔治政府坚决？苏维埃政府费了很大力气把波兰、拉脱维亚、爱沙尼亚和芬兰聚集在莫斯科，开了一次限制军备会议。罗马尼亚没有出席会议，因为罗马尼亚的贵族地主索要一块俄罗斯土地连同居住在这块土地上的农民作为出席会议的报酬。当共产国际第四次代表大会结束之际，莫斯科会议尚未结束，但是，从协约国仆从国代表的态度可以明显看出，它们不愿意裁减军备。因此，这就是说，1200万人失去生命的那场战争，还不是最后的一场战争。资产阶级在准备新的战争！

共产国际第四次代表大会向第二国际和维也纳国际的工人，向全世界参加工会组织的千百万工人，向他们的领袖们，向海牙会议，提出如下问题：你们愿意无所作为，袖手旁观，眼看着八小时工作日这个提高工人阶级地位的首要条件如何被葬送吗？只是袖手观望最古老的工业国家的工人生活水平怎样被压低到中国苦力的生活水平吗？只是袖手观望工人们的最起码的自由——你们也曾希望利用这种自由，通过和平途径使自己摆脱资本主义枷锁——怎样遭到破灭吗？只是袖手观望资本主义专政怎样建立吗？你们愿意无所作为，眼看着胜利的资本怎样毫无阻拦地独断专行地决定一场新的战争，在这场战争中你们又要重新为资本的利益流血牺牲吗？

共产国际第四次代表大会要求所有加入国际的政党,要求所有同情它的各国工会,要求所有的国家和地区,向一切工人政党提出这个问题,并要求它们进行共同斗争,反对从法律上或实际上废除八小时工作日制,反对压低工资,反对取缔工人阶级的行动自由,反对新的扩军备战,反对新的战争危险,争取八小时工作日,争取工人最起码的生活收入,争取工人阶级组织起来的充分自由,争取裁军,争取各国人民之间的和平。

共产国际第四次代表大会的要求

共产国际第四次代表大会请第二国际和维也纳工人联合会明确回答:在你们的政策使工人阶级状况进一步恶化之后,你们现在是否愿意伸出和解之手,共同建立国际无产阶级的共同阵线,为进行争取工人阶级最起码的权利和最基本的利益而斗争。

第四次代表大会请阿姆斯特丹国际回答:你们是否愿意停止分裂工会,不再把共产党人开除出工会,你们是否愿意帮助在统一战线中引导无产者进行斗争。

共产国际第四次代表大会请工会与合作社海牙会议回答:你们这次会议的召开,正值协约国的资本家于凡尔赛和约破产后,在洛桑要把新的凡尔赛和约强加给土耳其人民,从而为新的战争奠定基础,值此时刻,你们是否愿意与我们一起,通过工人阶级的进军向资产阶级表明,国际无产阶级再也不愿意毫无反抗地任人拖往新的战场。

正如我们在柏林会议上所说的那样,共产国际并不强求第二国际的党、维也纳劳工联合会和阿姆斯特丹工会的领袖们为争取无产阶级专政而斗争——这一专政过去是,将来仍然是我们的目标。但是,我们要问问你们:你们是否愿意为反对资本专政而斗争,你们是否愿意至少利用残存的民主，组织反抗资本的胜利——资本曾把世界变成了万人冢，现在又在为我们无产阶级的青年挖掘新的万人冢。

共产国际已经表明态度。它向它的党发出战斗口号：

为争取实现无产阶级的统一战线而奋斗，

为争取监督生产而奋斗，

为争取八小时工作日而奋斗，

为争取无产阶级最起码的生活收入而奋斗，

为争取武装工人和解除资产阶级武装而奋斗，

为争取参加政府的工人政党把政府作为为无产阶级最迫切利益而斗争的一个工具而奋斗！

现在是第二国际、维也纳劳工联合会、阿姆斯特丹工会国际及其海牙代表大会表明态度的时候了！

共产国际第四次代表大会

莫斯科，1922年12月4日

附录二

列宁有关共产国际第四次代表大会的材料

致列·达·托洛茨基、格·叶·季诺维也夫、尼·伊·布哈林和卡·伯·拉狄克[①]

(1922年11月25日)

致托洛茨基、季诺维也夫、布哈林和拉狄克同志[②]

你们寄来的文件,即主要由瓦尔加起草并经委员会批准的题为《土地行动纲领草案》的德文稿,我看过了,对这个文件我很难表示赞同。我觉得,这个草案与共产国际第二次代表大会关于土地问题的决议相比,几乎没有提出什么新东西。某些提法,可能是出于偶然,同共产国际第二次代表大会的决议不一致,我很担心会引起误解,造成这个草案与第二次代表大会的决议存在分歧的曲解。似乎还存在这样的差别,这会冲淡决议中所说的支持农民运动的意思,会在贫穷农民和农业无产者之间造成某种裂痕。

我不可能更仔细地研究这个问题,把你们送来的瓦尔加的决议草案同第二次代表大会的决议逐句加以对照。我认为我们必须极力防止就同一问题作出许许多多可能引起误解和混乱的决议。

---

① 见《列宁全集》中文第2版第52卷第532—533页。——编者注
② 这封信是列宁看了送给他的共产国际第四次代表大会决议草案——《土地行动纲领草案》之后写的。格·叶·季诺维也夫在向列宁送决议草案时所附的信中写道,在没有听取列宁的意见之前,他拿不定主意是否把这个草案提交代表大会讨论。——编者注

我建议至少应该：

1. 把新决议同第二次代表大会的决议逐句加以对照。
2. 使这个新决议具有某种类似局部说明的性质。

说实在的，我觉得这个新决议是否有益是很值得怀疑的。①

列宁

---

① 共产国际第四次代表大会关于土地问题的决议草案遵照列宁的指示作了修改。叶·萨·瓦尔加11月30日向代表大会作报告时介绍了这封信的内容，并说明选出来的草案修改委员会"在工作中首先依据的就是列宁同志的这封信"。《土地行动纲领草案》作了一些修改，其中最重要的是增加了副标题：《共产国际第二次代表大会土地问题提纲实施细则》，这个副标题明确了这个决议的性质。——编者注

致列·达·托洛茨基①

（1922 年 11 月 25 日）

致托洛茨基同志
抄送：季诺维也夫、布哈林、
拉狄克、斯大林和加米涅夫

1. 关于博尔迪加的问题，我极力主张采纳您的建议：以我们党中央的名义写一封信给意大利的代表们，十分坚决地建议他们采纳您提出的策略，否则他们的行动在今后整个时期里对意大利共产党人将是极其有害的。②

2. 读了您论述新经济政策的提纲，我认为总的来说写得很好，某

---

① 见《列宁全集》中文第 2 版第 52 卷第 533—534 页。——编者注
② 共产国际第四次代表大会讨论了意大利共产党和意大利社会党合并的问题。意大利共产党的领导权当时掌握在博尔迪加宗派集团手里，他们反对合并。

俄共（布）中央致函意大利共产党代表团，建议不要投票反对处理并党问题委员会起草的关于合并的决议。意大利共产党代表团同意了俄共（布）中央的建议。

代表大会一致通过了关于意大利共产党和意大利社会党合并的决议，并为执行这一决议成立了专门的组织委员会。——编者注

些提法恰到好处,但有少数几点我觉得还值得商榷。我建议暂时先在报上发表,以后一定要再印成单行本出版。要是再加上一些说明,那它对于向国外公众介绍我国的新经济政策将是特别合适的。

列宁

致国际工人援助会书记明岑贝格同志[①]

（1922年12月2日）

我想简要地指出组织援助的意义，对您在共产国际第四次代表大会上的报告作一补充。

国际工人阶级对饥民的援助，在很大程度上帮助苏维埃俄国渡过和战胜了去年的严重饥荒。现在必须医治饥荒带来的创伤，首先是安置成千上万的孤儿，恢复由于饥荒而遭到严重破坏的农业和工业。

在这方面，国际工人阶级的兄弟援助也已经开始发生作用。彼尔姆附近的美国拖拉机队，美国技术援助组织的农业队，国际工人援助会办的农业和工业企业，通过工人援助苏俄协会分配与认购的第一次无产阶级公债——所有这一切都是工人以兄弟般的援助来促进苏维埃俄国的经济恢复这一事业的大有希望的开端。

国际工人援助会如此成功地发起的对苏维埃俄国的经济援助，一定会得到全世界工人和劳动者的全力支持。除了继续对资产阶级国家政府施加强大的政治压力，要求承认苏维埃政权以外，世界无产阶级广泛的经济援助，在目前是对苏维埃俄国反对帝国主义康采恩的艰苦的经济战争的最好和最实际的支援，是对其社会主义经济建设事业的最好的支援。

弗·乌里扬诺夫（列宁）

1922年12月2日于莫斯科

---

① 见《列宁全集》中文第2版第43卷第308—309页。——编者注

致在莫斯科召开的青年共产国际第三次世界代表大会[①]

（1922年12月4日）

亲爱的同志们：

很遗憾，我不能亲自来向你们祝贺。最真诚地祝你们工作成功。希望你们不要因为取得了崇高的称号而忘记最主要的任务——必须切切实实地推进青年的培养和学习。

致最崇高的共产主义敬礼！

弗·乌里扬诺夫（列宁）

---

① 见《列宁全集》中文第2版第43卷第310页。——编者注

在共产国际第四次代表大会上的报告
《俄国革命的五年和世界革命的前途》的提纲①

（1922年11月10日和13日之间）

1
（11月13日以前）

1. 不是报告人，而只能为讨论作一个**简短的引言**（因病等等）。
2. 题目：实践经验对**新经济政策**的检验？（经验）肯定还是否定？
3. 早在1918年就提到"国家资本主义"问题。
4. 摘自小册子的引文② 第5页。‖"国家资本主义将是一个进步。"
5. 引文：俄国经济的"五种成分"。
6. 引文：哪一种成分占优势？
7. **新经济政策**的计划或思想或实质是什么？

（α）国家掌握土地

---

① 见《列宁全集》中文第2版第43卷第422—429页。——编者注
② 列宁这里指的是摘自他自己的文章《论"左派"幼稚性和小资产阶级性》的一段引文（见《列宁全集》中文第2版第34卷第274页）。列宁显然是从小册子《当前的主要任务。论"左派"幼稚性和小资产阶级性》（1918年彼得格勒工人和红军代表苏维埃出版）中引来的。——编者注

　　　　（β）也掌握生产资料方面的一切命脉（**运输**等等）

　　　　（γ）小生产领域中的贸易自由

　　　　（δ）在吸收**私人资本**（租让和**合营公司**）意义上的国家资本主义。

8. 结果是：1918 年的退却是有保障的。

9. 五年中我们是孤立的；其他国家还没有革命；

　　　　　　　　战争和饥荒。灭亡？

10. 稍稍**后退**。后退了。**结果**？

11. 1921 年春至 1922 年秋。结果如何？

12. **卢布**。卢布的稳定在 1921 年 < 3 个月

　　　　　　　在 1922 年 > 5 个月

　　　　　　我们在走出困境，孤立无援地。

　　　　　　（千万亿？是这样，但不久要划掉）

13. 农民？**粮食税**（**成功地**征收了；几个亿）

14. 轻工业？**普遍的高涨**！

15. 重工业？

　　情况很严重。

　　1921—1922 年有好转，但很小

　　(国家银行的收入：2000 万金卢布，帮助的可能性)。

16. 总结：就是说，能够取得成就，

　　　　　现在已取得成就。

　　　　　制度不是随意的，不是混乱的，

　　　　　经过实践考验的。

　　　　　我们孤立无援地在走出困境。

17. 困难很大，还要有好几年。

　　　大量蠢事。是这样。道路是新的。

没有任何外援，恰恰相反。

机关是异己的。

我们的蠢事是 $2 \times 2 = 5$。

"他们的"蠢事是 $2 \times 2 =$ 蜡烛。

    （1）高尔察克 ⎫
    （2）凡尔赛和约。⎬

18. 因此

前途是美好的。

还会更好一些，如果

我们在今后五年**主要抓学习**，

共产国际也这样做，因为关于党的**组织结构**的决议（1921 年）是无法执行的

前途

  ……会更好一些。

———

标题：

"关于各国共产党组织建设"

"关于它们的工作方法和内容"

Organisatorischer Aufbau der kommunistischen Parteien, Methoden und Inhalt ihrer Arbeit.①

---

① 从"标题"起这段文字已被列宁删去。——俄文版编者注

1922年11月13日在共产国际的发言。

载于1926年1月21日《真理报》第17号

译自《列宁全集》俄文第5版第45卷第431—433页

2
俄国革命的五年和世界革命的前途

·专**·**政

斗争、**战争**和饥荒的五年（到1922年的**符拉迪沃斯托克**①**止**）。现在才进行和平建设。

·"·新·经·济·政·策·"。

  农民，它的态度（1922年粮食税的征收）

  工业，它的开始振兴

  （a）消费品

  （b）生产资料（重工业）

$$\begin{Bmatrix}开始？？\\困难\end{Bmatrix}$$

疯狂的仇恨

— — — 起初（斗争的进程；胜利）

破坏— — —现在。战争的受害者。

学习 | 与过去无联系吗？暂时孤立。从前也是低水平，而且**贫困** = 有联系的两个因素

---

① 即海参崴。——编者注

谁来领导？

（农民）资产阶级

还是无产阶级？

驱逐出境＝像是"驱散的手段"

两个俄国。

其他国家①

3②

1. **不是报告人**（因病）。

   只是简短的引言并且只谈一个题目：新经济政策带来的是**好的**结果，还是不好的结果，或者不肯定的结果。

2. "新经济政策"是完全未预见到的，毫无准备的，还是事先预见到的？

3. 我在1918年的说明‖（第5页）

   （第一段引文）。

4. 第二段引文：第**6**页：五种**成分**。

5. 哪一种成分占优势？（引文）（**第6页**）。

6. 因此？"新经济政策"＝

   （1）**经济命脉**在我们手里

   （2）土地归国家所有

   （3）农民经济活动的自由

---

① 列宁划掉了以上一整页稿子，并在上面写道："见背面。"这页背面是德文写的提纲。——俄文版编者注

② 以下提纲是用德文写的。——编者注

(4) 大工业（和大农业）在我们手里

(5) 私人资本主义——它有可能同**国家资本主义**竞争

(6) 国家资本主义是这样的：我们把私人资本吸收过来同**我们的**资本合在一起。

7. 做到这一点并不是事先考虑好的，但是从这些说明得出的结论是**这样的：退却是有保障的**。

实际上三个主要之点 {{国家资本主义}} =
- (1) 小生产范围内的贸易自由。
- (2) 全部经济命脉（大农业和大工业）在我们手中。
- (3) 合营"公司" = "学习的保证"。

8. 结果？1921年春天实行"新经济政策"。

1922年底？**让我们来比较一下**。

9. **卢布**？1921年稳定 < 3个月

1922年稳定 > 5个月

（多余的零要划掉）。

注意

10. 农民？现在已有 ⌒ 亿普特。

11. 轻工业。普遍**高涨**。

重工业：

(1) 情况严重

(2) 比1921年**稍有改善**

(3) 今后用来帮助的资金**已经有了**（2000万金卢布。国家银行）。

12. **对外贸易垄断**。

13. 总结 = 初步成就**已经取得**。

到目前为止**没有任何**债务。

什么也没有支付

没有任何稍许重大的租让合同。

14. 这对于我足够了。

新的制度**不是随意的**

不是混乱的

不是"臆造",不是"空想",等等。

是经过实践**考验**的。

15. 还有很大的困难吗?绝对正确吗?

还会有无数蠢事吗?完全正确。

但是,蠢事的性质、类型?我们的?敌人的?

$2 \times 2 = 5$

2×2 **得蜡烛**

{ 两个证据:高尔察克

凡尔赛和约。}

16. 正因为如此,世界革命的前途**是美好的**。

还会更好一些,如果我们继续学习的话

(我向你们保证这点) ((国家机关**是异己的**))

对于共产国际?

决议无法读完,无法执行。

注意 ‖ 如果纠正了这一点,那么在这方面**前途也是美好的**。

图书在版编目（CIP）数据

共产国际第四次代表大会文献（2）/童建挺主编.
—北京：中央编译出版社，2012.12（2019.8重印）
（国际共产主义运动历史文献/王学东主编；35）
ISBN 978 – 7 – 5117 – 1541 – 8

Ⅰ.①共…
Ⅱ.①童…
Ⅲ.①共产国际 – 代表会议 – 会议文献
Ⅳ.①D165

中国版本图书馆 CIP 数据核字（2012）第 292645 号

共产国际第四次代表大会文献（2）

出 版 人：	刘明清
出版统筹：	薛晓源
责任编辑：	盛菊艳
责任印制：	尹　珺
出版发行：	中央编译出版社
地　　址：	北京西城区车公庄大街乙 5 号鸿儒大厦 B 座（100044）
电　　话：	（010）52612345（总编室）　　（010）52612335（编辑室）
	（010）52612316（发行部）　　（010）52612346（馆配部）
传　　真：	（010）66515838
经　　销：	全国新华书店
印　　刷：	北京环球画中画印刷有限公司
开　　本：	710 毫米×1000 毫米　1/16
字　　数：	525 千字
印　　张：	40.75
版　　次：	2012 年 12 月第 1 版
印　　次：	2019 年 8 月第 2 次印刷
定　　价：	240.00 元

网　　址：	www.cctphome.com	邮　　箱：	cctp@ cctphome.com
新浪微博：	@ 中央编译出版社	微　　信：	中央编译出版社(ID: cctphome)
淘宝店铺：	中央编译出版社直销店(http://shop108367160.taobao.com)		
	(010)55626985		

本社常年法律顾问：北京市吴栾赵阎律师事务所律师　　闫军　　梁勤
凡有印装质量问题，本社负责调换，电话：(010) 55626985